THE MAPS OF
SMALL CAPITAL
INVESTMENT

숨겨진 가치주가 한눈에 보이는

2013 스몰캡 업계지도

THE MAPS OF SMALL CAPITAL INVESTMENT

정근해(우리투자증권 스몰몬스터팀), 이데일리 지음

어바웃어북

차례

01 2차전지

030

삼성SDI, LG화학, SK이노베이션, 코스모화학, 코스모신소재, 후성, 리켐, 피앤이솔루션, 솔브레인

02 그린카·스마트카

042

현대모비스, S&T모티브, 효성, LS산전, 파워로직스, 뉴인텍, 삼화콘덴서, 만도, 현대위아, 우수AMS, 한라공조, 우리산업, 인포뱅크, 코디에스, MDS테크, 유비벨록스

03 풍력

054

두산중공업, 대우조선해양, 효성, 현대중공업, 삼성중공업, STX, 유니슨, 태웅, 용현BM, 우림기계, 현진소재, 동국S&C, 삼강엠엔티

04 원자력

064

두산중공업, 현대건설, 한전기술, 한전KPS, 우진, 일진에너지, 금화피에스시, 비에이치아이

05 태양광

074

OCI, OCI머티리얼즈, SKC, 티씨케이, 에스에프씨, SDN, 오성엘에스티, 넥솔론, 에스에너지, 주성엔지니어링

06 탄소배출저감

084

두산중공업, 휴켐스, KC코트렐, LG상사, 후성, 에코프로

07 물 산업

092

삼성엔지니어링, 두산중공업, 코오롱, 삼천리, 도화엔지니어링, 동양철관, 한국주철관, 자연과환경, 하이스틸, 에이제이에스, 뉴로스, 와토스코리아, 젠트로, 웅진케미칼, 웅진코웨이

08 천연가스·셰일가스

102

한국가스공사, 대우인터내셔널, LG상사, 현대종합상사, 한국카본, 키스톤글로벌, 휴스틸, 비에이치아이, 삼천리, 대성산업

09 스마트 디바이스

114

심텍, 일진디스플레이, 서원인텍, 유원컴텍, 대덕GDS, 인탑스, 이녹스, 알에프텍

일러두기
- 이 책에 수록된 대표 및 유망 기업의 경영실적 중 2012년 매출, 영업이익, 순이익, 영업이익률은 각 기업 및 FnGuide의 컨센서스를 기준으로 했습니다.

테마 타다 낙마하지 말고
제대로 된 명마를 찾아라

테마주의 허와 실

테마주라는 단어만큼 주식 시장에서 매일매일 관심을 끌면서 회자되는 말도 없을 것이다. 세상의 모든 변화가 금융 분야에 녹아들기 시작하면서 주식 시장에서는 이슈가 되는 사건과 관련 있는 주식들이 테마주라는 형태로 발전하였다.

테마주란 쉽게 말해 특정 이슈에 관한 주식들이 하나의 테마로 묶여서 주목을 받는 주식을 뜻한다. LED 테마주, 태양광 테마주, 원자력 테마주 등 다양한 형태로 시장에서 형성되고 사라진다.

최근 주식 시장에서는 개인 투자자들이 유독 테마주를 선호하면서 매매에 나서는 경향이 높아지고 있다. 그런데 시장에서 성숙되지 않는 테마주는 등락의 폭이 크고 붙임이 심해 개인 투자자들을 혼란에 빠트리는 예가 빈번하다. 주식 시장에서는 수십 배의 수익을 노리는 허황된 꿈을 꾸는 투자자들이 여전히 적지 않고, 또 이들의 주머니를 노리는 거품투성이 테마주들도 넘쳐난다.

테마주! 도대체 무엇이 문제이고, 어떻게 접근해야 하는 걸까? 지금부터 차근차근 그 허와 실을 집어 보도록 하자.

테마주란 과연 무엇인가?

주식 시장에서 테마주라는 용어가 사용된 지는 그리 오래되지 않았다. IT 버블이 한창이던 1999~2000년대부터 이러한 테마주가 기틀을 이루었다. 주식 시장에 이슈가 되는 사안에 대해서 연관이 있는 주식들을 하나의 카테고리로 묶어서 테마주라는 이름으로 규정하고, 한데 묶어 투자하게 되면서 테마주가 생겨나게 되었다.

예를 들어, 국내의 원자력 기술로 해외의 대규모 원자력 프로젝트를 수주하게 되었을 때 그러한 수주에 의해 수혜를 볼 수 있는 기업들을 나열하고, 이들은 원자력 테마주로 한데 묶여 진다. 곧이어 관련 주식들에 대한 매수로 인해 해당 기업들의 주가가 오르게 되면 '원자력 테마주'라는 카테고리가 형성되는 것이다.

이렇게 테마주가 형성되고 그 중 한 두 종목이 상한가를 기록하면 나머지 거론된 기업들도 시간을 두어 동반 상승하는 게 보통이다. 그런데 해당 테마 카테고리 안에 들어온 기업들

중에는 주가가 오를 만큼 실적 개선이 이루어지지 않는 기업들도 상당 수 포함돼 있다. 바로 이 점이 테마주의 문제로 지목되곤 한다.

테마주의 위험성

사실 어떠한 특정 사건이 발생하고, 이에 수혜를 기대할만한 기업들의 주가가 상승하는 것은 당연한 일이다. 그러한 의미에서 테마주가 형성되고 그 주가가 오르는 것은 자연스러운 현상이다. 문제는 이처럼 자연스러운 테마주 본연의 의미와 다르게 어떠한 사건에 터 잡아 의도적으로 카테고리를 조작하는 예가 비일비재하다는 것이다.

즉, 펀더멘털조차 양호하지 않은 기업이 어떤 테마의 카테고리에 속했다는 이유로 그 기업의 주가가 급등한다면, 거품이 꺼지는 순간 급락의 길로 치닫게 되는 것은 자명한 일이다. 이 경우 주가가 오르는 상태에서 해당 주식을 사들인 투자자는 불행하게도 큰 손실을 볼 수밖에 없다. 지극히 상식적이고 당연한 얘기이지만 이러한 일들이 반복해서 끊임없이 벌어지고 있다.

근래 주식 시장에서 이슈화되고 있는 테마주를 중심으로 실제로 과다한 거품을 불러일으켜 많은 투자자에게 큰 손실을 안긴 종목들을 사례로 들어 살펴보면 다음과 같다.

정치테마주에 울고 웃는 사람들

박근혜주, 안철수주, 문재인주, 오세훈주, 박원순주……등등. 선거철만 되면 주식 시장에서 회자되는 테마주는 단연 정치테마주이다. 정치테마주는 다양한 주제별로 급등락이 연속적으로 이어지는 모습을 연출하고 있다. 하지만 내막을 들여다보면 대개의 경우 특정 세력에 의해 주가 움직임이 조정되는 경우가 대부분인 것으로 파악된다.

지난 2007년 17대 대선 기간에도 역시 지금과 같은 정치테마주들이 기승을 부렸다. 당시 유력 대선 후보의 지지율 변화에 따라, 그리고 발표한 주요 공약에 따라 각종 테마군이 형성되었다. 이와 같은 현상은 대선 시즌만 되면 늘 등장하는 단골손님이다.

정치테마주는 1990년대 후반부터 정권 교체를 앞둔 시기에 차기 대선 후보의 주요 공약이나 인맥과 함께 형성되기 시작했다. 유력한 후보의 테마주는 비교적 길게 관심을 이어가기도 했지만 대부분 단기간 내에 급락했다.

문제는 경영 상황이 매우 악화된 상태이거나 실제로 관련 테마에 직접적인 수혜가 없는 기업들이 일명 '끼워맞추기식'으로 편입되어 투자자들을 유혹하고 있다는 점이다. 이러한 종목들의 주가는 선거일 직전까지 최대 몇 십 배까지 상승한 후 다시 원래 수준으로 회귀하여 개인 투자자들에게 큰 손실을 입힌 예가 다반사다. 부각된 기업들은 이후 경영 악화로 상장 폐지 또는 부도를 맞는 경우도 종종 있으며, 결국 투자자들에게 쓰라린 기억만 남긴 채 시장에서 사라지곤 한다.

시기	정치인 (유명인사)	명칭	분류	결과 (개인 투자자 피해)
1997~ 2000	김대중	IT·인터넷 테마주	IT·인터넷 사업 관련주	'묻지마 투자'로 닷컴버블 형성
2005	노무현	행정도시 테마주	충청권 건설회사 관련주	세종시 수정안 부결시 급락 등 부침
2005	노무현	바이오 테마주	줄기세포 연구 사업 관련주	'황우석 사태' 계기로 급락
2007	이명박	대운하(4대강) 테마주	토목 산업 관련주	현재 일부 상장사 폐지 등 몰락
2011~ 2012	안철수 박근혜	안철수 테마주 박근혜 테마주	소프트웨어 산업 관련주, 인맥 관련주 복지정책 관련주, 인맥 관련주	여론·정치권 이슈 따라 급등락 여론·정치권 이슈 따라 급등락

2007년 대선에서 가장 부각된 이슈 중 하나는 건설과 토목 관련 인프라 구축 업황을 단숨에 끌어올릴 수 있는 4대강 개발 정책이었다. 실제로 한 대선 후보의 주요 정책 공약으로 내걸린 4대강 개발 정책과 관련하여 여러 중소형주들이 뜨거운 관심을 모으며 움직였다. 이 책에서는 대표적으로 E사 및 T사에 대해 소개한다(해당 기업의 이미지를 위해서 영자 이니셜로 표기함).

E사는 건축, 토목 등 건설업을 영위하던 업체로 교량 및 토지 조성 공사 등 주요 사업 부문이 4대강 개발에 대한 수혜주로 꼽히면서 투자자들을 현혹한 대표적인 업체다. 2007년 초에 이 회사 주가는 2,000원 내외를 형성하고 있었으나(2007.1.2. 2,100원), 대통령 선거 직전인 12월 초에는 최고점 67,300원까지 수직 상승하여 연초 대비 주가가 32배 오르는 기염을 토했다. 8월 초까지 3,000원 미만이었던 점을 감안하면, 대선 직전 3개월 동안 대부분 상승이 이루어진 셈이다.

그러나 대선 직후 12월 말 경에는 15,000원대로 폭락하여 순식간에 1/4로 토막 나고 말았다. 이어 해를 넘겨 2008년 6월 들어서는 7,000원대로 떨어져 불과 몇 달 전 최고점 대비 1/10 수준으로 폭락하여 뒤늦게 열광했던 투자자들에게 막대한 손실을 가져다주고 말았다.

T사도 마찬가지로 건설과 토목 사업을 영위하는 업체다. 국내에서 시행된 대형 교량 건설 및 해외에서 철도 등을 시공한 경험이 있다. 2007년 초까지만 해도 3,000원대 초반에 머물러 있던 주가는(2007.1.2. 3,140원) 17대 대선 직전인 12월 초까지 약 16배 상승하여 E사와 함께 대표적인 4대강 수혜주로 언급되었다. 하지만 T사의 주가 역시 대선 직후 12월 말 경에는 35% 수준으로 절반 이상 폭락하더니, 2008년 들어서는 6,000원대로 최고가 대비 1/7까지 폭락하며 상반기를 마감했다.

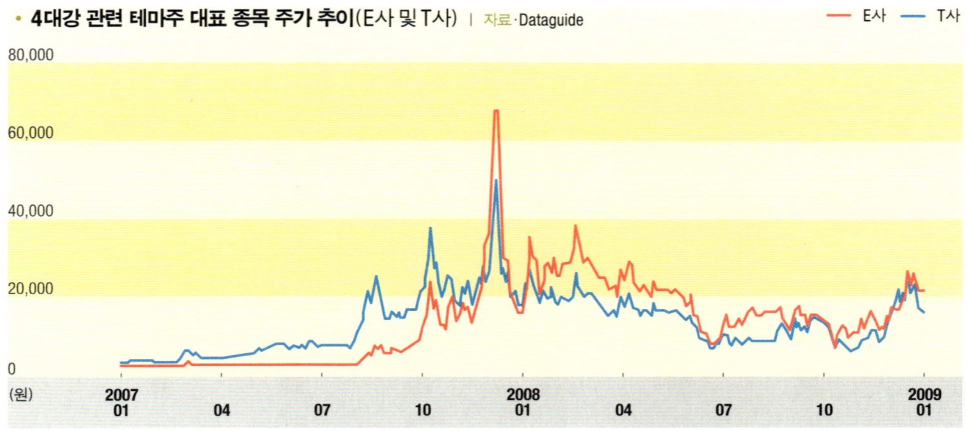

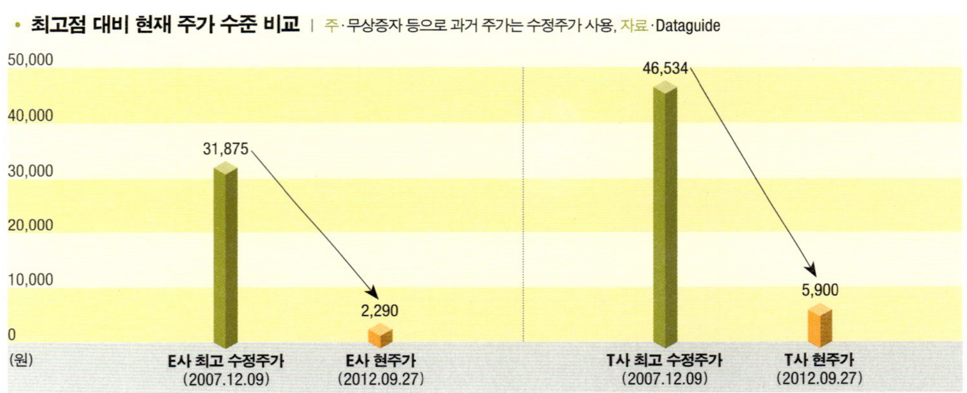

언급된 두 종목은 최근까지도 부진한 주가를 유지하고 있다. 이는 해당 업체가 매력적인 기업 펀더멘털을 바탕으로 평가 받은 것이 아니고 단순히 정치권의 공약을 등에 업고 급등한 것이기 때문이다. 각사의 최근 6개년도 경영실적을 보더라도 뚜렷하게 개선되는 흐름을 시현하지 못하고 있다.

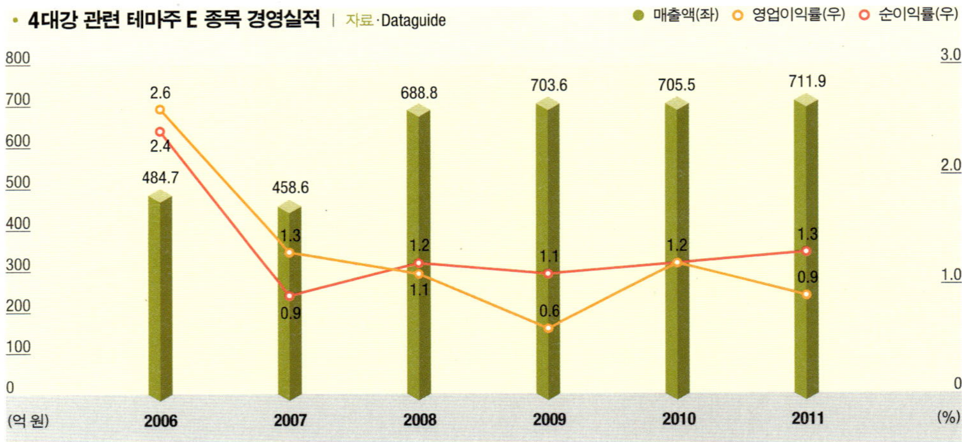

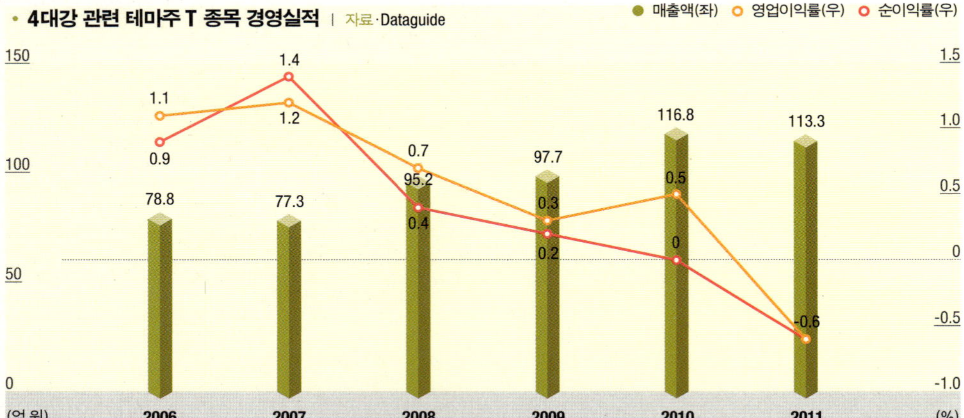

위에서 언급한 4대강 관련 테마주는 특정 후보의 정책 공약과 관련되어 그나마 비교적 명분이라도 가진 것으로 볼 수 있지만, 정치인들의 잠깐의 발언으로도 요동치는 테마는 더욱 위험하다. 예를 들어, 2011년 한 유력 정치인이 언론 인터뷰를 통해 "북핵 문제로부터 가시적인 성과가 도출될 경우 남북 간의 신뢰 안보 구축을 위한 수단으로 유라시아 철도 연결 프로젝트 재논의"와 유사한 문맥의 발언을 한 적이 있다. 발언 직후 철도 관련주로 꼽히는 S사, D사, T사 등은 각각 장중에 가격 제한 상한선까지 오르는 모습을 보였다. 이후 해당 업체의 주식은 그 정치인의 이름을 붙인 테마주로 불리게 됐다.

아울러 2011년 위 정치인이 한 세미나에서 물의 중요성에 대해 논의하자 수 처리 관련 기업인 G사, 파이프 업체 J사 및 N사 등은 4일 연속 상한가를 기록한 후 투자 경고 종목으로 지정되어 순식간에 반 토막 난 경우도 있었다.

하지만 단순히 정치인의 입김에 의한 테마주라는 것은 실제로 존재하기 힘들다. 이는 주식 시장을 왜곡하는 특정 세력들이 정치인의 발언을 이슈화 시켜놓고 나중에 주가가 오르면 차익 실현을 누리는 경우가 다반사다. 결국 정보 분석력이 부족한 개인 투자자들만 뒷북을 치고 마는 것이다.

따지고 보면 주식과 정치만큼 밀접한 관련을 맺고 있는 카테고리도 드물다. 정치인의 발언이나 선거 후보의 공약이 공론화 되어 하나의 정책으로 성숙되거나 민간 기업들의 투자와 연구 개발로 이어지는 과정을 생략한 채, 오로지 돈이 될 이슈만을 수집하는 잘못된 투자 마인드가 결국은 거품투성이 정치테마주를 양산하는 것이다. 정도를 걷는 투자 마인드만이 정직한 주식 시장을 만든다는 진리는 수 백 번 강조해도 지나치지 않다.

인위적으로 형성된 테마주 거품

종종 정치적인 테마주 이외에 특정 이슈와 관련해서 단기간에 급등하는 종목군을 발견할 수 있다. 과거로부터 이어지는 대표적인 사례로 대북관련주, 바이오주 및 개별 기업 단위의 (인수·합병, 지배구조 등에 관한) 루머에 기반한 테마주는 타당한 근거 없이 특정 세력에 의해 인터넷 중심으로 퍼지면서 개인 투자자들을 현혹시킨다. 이로 인한 피해 역시 고스란히 개인 투자자에게 돌아간다.

이 모든 것들이 단기에 급등하는 주식을 이용하여 수익을 내보겠다는 '투기적 발상'에서 비롯한다. 그러나 해당 업종과 기업의 펀더멘털이 수반되지 않는 상황에서 단기적으로 급등하는 종목은 거의 대부분 단기 급락한다고 보면 된다.

태풍·호우·침수 테마주 | 2011년 지난 백 년 이래 장마철 최악의 폭우로 전국이 물난리를 겪었다. 당시 서울 우면산 산사태를 비롯해 전국 곳곳이 침수되면서 엄청난 피해를 겪었다.

수많은 인명과 재산 피해가 불가피한 와중에서도 주식 시장에서는 물 관련 테마 및 폐기물 처리 테마가 강력한 바람을 형성했다. 물탱크 제조사 G사, 하수처리 업체 J사, 폐기물 처리 업체 K사, I사, Y사 등이 시장에서 상당한 주목을 끌었다. J사 주가는 불과 4일 만에 30% 급등했고, G사도 2일 만에 최고 30% 오르는 등 매수 세력이 집중되었지만, 그로부터 12월 말로 시점을 이동하면 주가는 각각 절반 수준으로 폭락한 채 2011년을 마감했다. 사회적 이슈를 바탕으로 언론과 인터넷 중심으로 수혜 업종 또는 종목에 대한 루머가 순식간에 확산되었지만, 실제로 실적 향상에는 아무런 영향을 끼치지 못한 것이다. 당시 이들 종목에 투자한 사람들은 춥고 우울한 세모를 맞이할 수밖에 없었다.

금 값 상승 테마주 | 이밖에 원자재 가격과 관련해서 엮이는 테마주의 폐해도 심심치 않게 반복되고 있다. 2012년 여름, 금값 상승 소식이 보도되면서 금 관련주들은 의도치 않은 '주가 호황'을 겪었다. 당시 문제가 된 H사도 8월 초 1,200원대에서 1,600원 부근까지 급등한 후 그로부터 두 달도 채 안 되어 다시 1,200원 수준으로 원상복귀 하고 말았다. 실제로 H사는 금값 상승과 관련해서 직접적인 수혜 사항이 부족한데도 불구하고 계열사 중 자원 개발 업체가 있어 주목을 받은 것이다. 하지만 H사는 금값 상승 당시 관련 계열사에 대한 지분을 매각하기로 공시한 상황이었다. 결국 많은 사람들이 기본적인 공시 내용도 살펴보지 않은 채 '묻지마 투자'에 열을 올린 것이다.

SNS 선거 운동 테마주 | 2012년 초 SNS 관련 종목들은 연일 상한가를 기록한 적이 있다. SNS를 이용한 선거 운동을 허용한다는 중앙선거관리위원회의 결정이 전파를 타면서 SNS 관련 주들이 일제히 고공행진을 한 것이다.

하지만 당시 이들 관련 테마주 역시 해당 기업의 실적과 연관성 없는 단순한 기대감을 바탕으로 형성된 것이었다. 가벼운 중소형 코스닥 업체 위주로 매수세가 몰린 것도 이를 부분적으로 뒷받침한다.

실제로 SNS를 이용한 선거 운동은 몇몇 유명 서비스 업체를 중심으로 전개될 가능성이 높은데, 테마군으로 엮인 업체들은 선거 운동과 직접적인 관련이 없는 것들이 대부분이었다. 당시 G사의 경우 1주일 만에 2배 이상 급등한 후 며칠 만에 곧바로 25% 폭락했고, I사는 같은 기간 약 2.5배 상승한 후 순식간에 30% 가까이 빠졌다.

물론 선거철이 다가오면서 언급된 종목들이 어떠한 이유로든 실적에 긍정적인 영향을 받을 가능성을 완전히 배제할 수는 없다. 하지만 해당 기업에 대한 충분한 분석 없이 단순히 중앙선거관리위원회의 결정만으로 투자 판단을 내리는 것은 매우 무모한 짓이라 하지 않을 수 없다.

매스컴을 들썩거리는 이슈만으로 순식간에 급등하는 주식은 오른 만큼 급락하는 속성을 지니고 있다. 그 짧은 기간 동안 급하게 사서 상한가에 올랐다고 판단되는 시점에 바로 팔아버리면 되지 않을까 하는 생각은 참으로 순진한 발상이다. 그것이 말처럼 쉽다면 누구나 주식으로 돈을 벌었을 것이다. 주식 매매의 적확한 타이밍을 잡는 것은 증권가에서 잔뼈가 굵은 전문가들도 하기 어려운 일이다. 대부분의 개인 투자자들은 상투 끝을 잡고 땅을 치기 일쑤다.

주가 상승률과 반비례하는 해당 기업의 실적 이익률

2011년 하반기에 무상급식 주민투표를 앞두고 정책 관련 테마주가 기승을 부린 적이 있다. 이를 계기로 금융감독원은 2012년 초 '주가 급등시 주식 매매'와 관련한 리포트를 발표했다. 당시 리포트에 따르면, 64개 종목에서 대주주 202인(특수 관계인 포함)이 주가 급등시 약 1억2,972만 주(약 6천406억 원)에 달하는 보유 주식을 매도한 것으로 밝혀졌다. 대주주가 100억 원 이상 매도한 17개사 중 14개사의 경우, 주가 급등 사유에 대한 조회 공시 요구에 대해 '급등 사유 없음'이라고 밝히고 보유 주식을 매도하기도 했다. 여러 대주주들이 보유 주식을 매도했다는 사실은 모럴 해저드(도덕적 해이)와는 별개로, 테마주 주가는 기업 자체와는 상관없이 허상에 불과할 수 있음을 의미한다.

앞에서 다룬 정치테마주 및 인위적으로 형성된 테마주는 단기간에 최고 몇 십 배씩 상승한 뒤 제자리 혹은 그 아래로 순식간에 폭락하는 패턴을 반복한다. 실제로 금융감독원의 보도자료에 따르면, 2011년 6월부터 2012년 5월 말까지 1년간 35개의 주요 테마주는 최고가 기준으로 평균 300% 이상 상승한 반면, 거래가 이루어진 계좌 중 195만 개에서 총 1조 5,494억 원의 손실이 발생한 것으로 나타났다. 더욱 우려되는 점은, 손실 계좌 가운데 개인 투자자의 계좌가 93%에 이른다는 것이다.

2012년 6월부터 9월 초까지 분석된 16개 신규 테마주의 경우에도 같은 기간 동안 평균적으로 주가가 170% 가량 급등했지만, 총 손실액 670억 원 중 99.26%가 개인 투자자들의 몫이었다. 이 가운데 5,000만 원 이상의 손실을 경험한 개인 투자자는 25명에 이른다. 한 종목에서 최대 1억5000만 원의 손실을 본 개인 투자자도 조사됐다. 앞에서도 밝혔듯이 테마주의 주가 급등에 따른 이익은 소수의 주도 세력에 집중되는 반면, 손실의 대부분은 일반 개인 투자자에게 돌아가는 것이다.

이어 16개 신규 테마군에 속한 기업들의 경영실적을 들여다보면 2012년 반기 말 기준으로 영업이익률 및 순이익률은 모두 시장 대비 확연히 저조한 성과를 보여준다. 같은 기간 코스피와 코스닥 상장사들의 평균 영업이익률은 각각 5.7%, 6.3%를 기록한 반면, 분석 대상 테마주들은 −0.2%에 머물러 있다. 또 순이익률도 코스피 및 코스닥 상장사들은 각각 4.0%, 4.6%

를 기록한 반면, 분석 대상 테마주들은 −1.4%로 적자를 면치 못했다.

　이처럼 해당 테마군에 속한 종목들은 기업의 기초적인 펀더멘털을 구성하는 경영실적 조차 뒷받침되지 못하면서 비이성적으로 주가 상승만을 견인한 것이다.

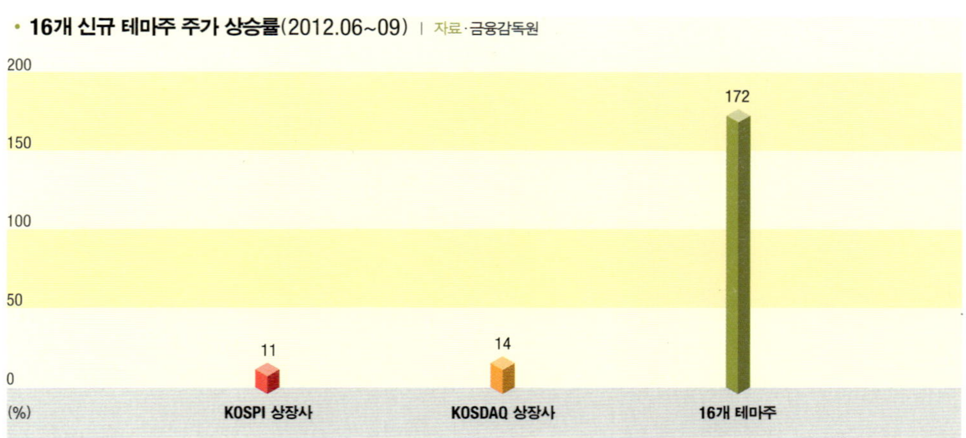

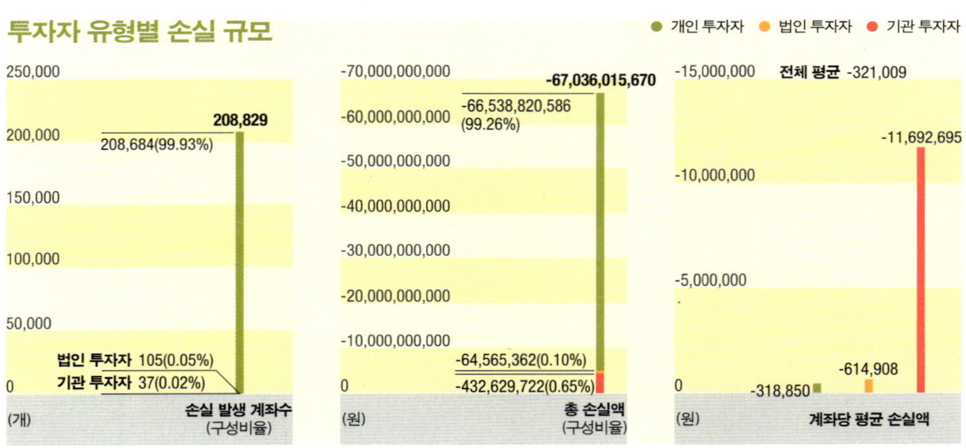

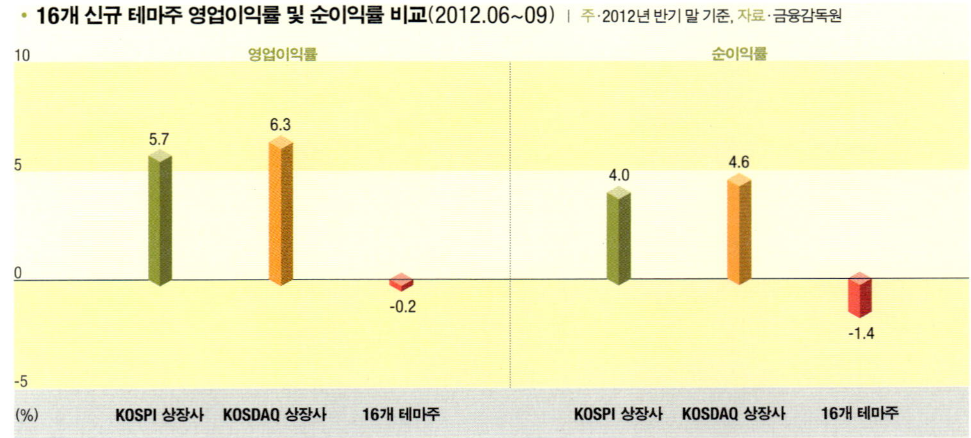

건강한 가치 테마주를 찾는 방법

주식 시장은 참 똑똑하다. 어떤 이슈가 발생했을 때 그 사건에 관련한 기업 및 수혜가 기대되는 기업은 시장의 호재에 반응하여 높은 주가상승률을 보인다. 그 만큼 전체 산업을 이해하는 투자자들이 많고, 어떤 호재에 어떤 기업이 좋은 영향을 받게 되는지 정확하게 알고 있는 투자자들이 상당 수 있다는 뜻이다.

하지만 문제가 되는 것은 특정 뉴스에 큰 영향이 없음에도 불구하고 테마로 묶어서 주가 부양을 노리는 세력이 있다는 점이다. 이러한 움직임에 개인 투자자들이 현혹되지 않기 위해서는 투자하는 기업에 대한 분석과 공부가 선행되어야 한다. 막연하게 올라가겠지 하는 기대만으로 귀한 돈을 투자했다가는 낭패 보기 십상이다.

건강한 의미의 테마주는 발달 이전 단계의 유망 산업군 또는 초기 성장기에 진입한 산업군을 지칭하는 경우도 있으며, 아직 특정 '산업'으로 명명되기 애매모호하다는 이유로 '테마'로 묶이기도 한다. 현재 완전히 자리를 잡은 태양광 산업이나 LTE 산업은 과거 초기에 유망 테마군으로 묶여 관련 기업들의 주가가 상당한 폭으로 상승한 이력이 있다. 또한 2009년 상반기 경에는 LED 및 바이오(줄기세포 치료제) 테마 바람이 불어 전년 대비 관련 종목군의 평균 상승률이 100%를 초과했던 사례도 있었다.

이 가운데 줄기세포 치료제를 제외한 나머지 3개 테마는 단순한 해프닝으로 마무리되지 않고 정책 지원과 대기업들의 본격적인 투자 집행으로 해당 사업이 가시화되고 관련 기업들의 경영실적 또한 뒷받침되면서 현재는 주요 신성장 산업의 대열에 올라섰다.

이처럼 '테마주'가 신성장 산업군의 초기 단계를 의미할 경우, 투자자들에게 장기적인 수익을 안겨주는 사례도 종종 발견할 수 있다. 투자자들은 단순히 '테마'라는 분류에 현혹되어 단기적인 주가 급등을 기대하기 보다는 실체가 존재하고 중장기적으로 산업의 펀더멘털이 안정적인 테마를 구별하는 안목을 키워야 한다.

그렇다면 건강한 테마주는 어떻게 구분할 수 있을까?

테마는 결국 성장하는 사업에 대한 기대의 표현이다. 우선 특정 테마의 향후 성장에 대한 확신이 필요하다. 관련 산업의 진화 흐름과 시장 규모의 기대치를 감안해보면 특정 테마의 성장 속도를 알 수 있다. 그러한 테마로 묶을 수 있는 산업의 시장성이 얼마나 확보되어 있는지도 꼼꼼히 따져 보아야 한다.

특정 테마의 지속성 및 실적 가시성을 판단하기 위해서는 정부의 지원 의지가 어느 정도 되는지를 반드시 확인해 두어야 한다. 정부의 정책적 지원은 초기 산업의 발달 촉진을 위해 필수불가결한 요소가 된다. 아래 표는 2009년 초 이명박 정부에서 제시한 신성장 산업으로, 발표 당시 향후 3년간 7조 원의 예산이 우선적으로 투자될 것임을 밝혔다. 물론 제시된 산업군 중 현시점에서도 가시화 단계까지 도달하지 못한 것도 존재한다. 중요한 점은 정부 차원의 정책적 뒷받침이 없이는 대기업들의 투자가 선제적으로 집행되기 어렵다는 것이다.

정부(기획재정부) 선정 17개 신성장동력 산업

3대 분야	17개 신성장동력
녹색기술산업(6개)	신재생에너지, 탄소저감 에너지, 고도 물처리, LED 응용, 그린수송시스템, 첨단 그린도시
첨단융합산업(6개)	방송통신융합산업, IT융합시스템, 로봇 응용, 신소재·나노융합, 바이오제약(자원)·의료기기, 고부가 식품산업
고부가 서비스 산업(5개)	글로벌 헬스케어, 글로벌 교육 서비스, 녹색금융, 콘텐츠·소프트웨어, MICE·관광

    테마에 속한 산업의 글로벌 성장가능성을 타진해 보는 것도 중요하다. 이미 전 세계가 하나의 경제권으로 묶여 있는 바, 우리나라의 산업 구조 역시 글로벌 경제에서 자유로울 수 없다. 국내에서 신재생에너지 분야가 성장하고 있다면 같은 시기에 세계 시장에서 붐을 일으키고 있거나 그 직후인 경우가 대부분이다.

    아울러 TV나 휴대폰, 자동차와 같은 완성품 말고도 이들을 완성하는 작은 소재나 부품들을 제조하는 기업들에 관심을 가져 두는 것도 중요하다. 소재와 부품 관련 기업은 스몰캡 종목인 경우가 대부분이다. 거대한 조선을 완성하는 대형 조선사에 엔진과 같은 핵심 부품을 만들어 공급한다거나, 또는 AMOLED에 중차대한 소재를 생산해 공급하는 업체들이 여기에 해당한다. 부품이나 소재 관련 종목은 이슈 중심의 테마주보다 미래 신성장 산업으로 발전할 가능성이 훨씬 높다. 이들 가운데는 이미 훌륭한 우량 테마군을 형성하는 종목들도 다수 포진해 있다.

    이 책 『스몰캡 업계지도』는 바로 이러한 우량 테마군을 분석한 유망 산업 레퍼런스 북이다. 이 책에 각 업종별로 소개된 밸류 체인을 바탕으로 해당 산업의 전체 그림을 이해하고, 이어 시장 전망과 핵심 이슈를 다양한 그래픽을 통해 분석해 나간다면 앞으로 성장하게 될 유망 테마군에 대한 개념이 명확해 질 것이다. 이후 각 업종별 대표 및 유망 기업의 경영실적과 지분관계 등을 꼼꼼히 체크해 나간다면, 가치 있는 우량 종목을 찾아내는 선구안을 키우는 데 큰 도움이 될 것이다.

    증권가에는 수많은 정보들로 넘쳐 난다. 그러나 이들 모든 정보가 항상 투자 수익을 보장하지는 않는다. 정보 중에는 정직하지 않는 거품 섞인 것들이 대부분을 차지한다. 또 그 당시에는 해당 정보가 타당하다 하더라도 급변하는 시장 경제 안에서 얼마 지나지 않아 잘못된 정보로 뒤바뀔 수도 있다. 투자에 대한 책임은 정보를 만들거나 전달하는 사람이 아니라 투자자 자신에게 돌아감을 깊이 새겨둬야 한다.

    가치 투자의 대가 미국의 피터 린치는 "시장은 '공부하는 투자자'를 이길 수 없다"라는 말을 했다. 원론적인 얘기겠지만, 투자자 스스로 정보에 일희일비하지 말고 깊게 분석하고 관련 데이터들을 부지런히 관찰해 나간다면 해답이 보일 것이다. 이 책 『스몰캡 업계지도』는 공부하는 투자자들이 험난한 주식 시장에서 길을 잃지 않도록 방향을 잡아주는 나침반 역할을 할 것이다.

ECO, GREEN, ENERGY

01
-
2차전지
65조 원 규모로
급성장 하는 시장

02
-
그린카·스마트카
고유가와 환경오염에 대한
해답이 될 것인가

03
-
풍력
유럽 재정위기도
막지 못하는
거센 성장 바람

04
-
원자력
후쿠시마 사태를
뒤로 하고
재도약 하는 원전 산업

2차전지

65조 원 규모로 급성장 하는 시장

한 번 쓰고 버리는 1차전지(일반 건전지)와 달리 충전해서 재사용할 수 있는 전지가 2차전지다. 부가가치가 높아 반도체, 디스플레이와 함께 21세기 '3대 전자 부품'으로 꼽힌다.

2차전지는 충전 물질로 무엇을 쓰느냐에 따라 니켈전지, 리튬이온전지, 폴리머전지, 리튬폴리머전지 등으로 구분된다. 2차전지의 4대 핵심 소재는 분리막, 양극재, 음극재, 전해질이다.

2차전지는 휴대전화와 노트북, 캠코더 등 들고 다니는 전자기기에 필수적으로 사용되며, 2차전지가 활용되는 산업 중에 가장 큰 부가가치를 창출하는 전기차에도 빼놓을 수 없는 핵심 소재이다.

성장하는 2차전지 산업, 주도권 잡은 한국 기업

업계에서는 글로벌 2차전지 시장이 2012년 약 13조 원 규모에서 오는 2020년에는 65조 원으로 5배 이상 급성장할 것으로 보고 있다. 스마트폰, 태블릿 PC 등 고성능 모바일기기 제품 시장이 빠르게 성장하고 있고, 중장기적으로는 xEV(전기차), ESS(에너지 저장 장치) 시장의 성장 가능성이 크기 때문이다. 각국 정부의 환경 규제로 글로벌 자동차 시장에서 전기차 비중은 꾸준히 늘어나는 추세다.

그동안 2차전지 시장은 일본 업체들이 주도해서 이끌어 왔지만 최근 국내 업체들의 시장 장악력이 높아지고 있다. 일본 2차전지 업체들이 모기업의 구조조정 등으로 경쟁력이 약화된 틈을 타서 국내 업체들이 지속적으로 설비 투자를 진행해왔고, 이는 시장점유율 상승으로 이어졌다. 현재 한국은 40%가 넘는 시장점유율을 기록하며 세계 최대 2차전지 생산국으로 자리매김 하고 있다.

대기업들, 2차전지 4대 핵심 소재 사업에 뛰어들다

국내 많은 기업들이 2차전지를 신성장동력으로 육성하기 위해 뛰어들고 있다. 특히 2차전지의 4대 핵심 소재 산업에 국내 대기업들의 신규 진출이 활발히 이루어지면서 국산화에 가속도가 붙고 있다.

LG화학은 2000년부터 전기차 배터리 개발에 착수하면서, 중대형 2차전지 시장에서 1위를 기록하고 있다. 2007년 현대·기아차에 각각 아반떼와 포르테 하이브리드 차량 납품을 시작으로 2009년에는 GM과 전기차 볼트에 대한 독점 공급 계약을 체결했다. 이어 볼보, 포드, 르노, 장안기차(중국) 등 다수의 글로벌 메이커와 계약을 맺었다. LG화학은 최근 충북 오창에 세계 최대 규모의 배터리 공장을 준공해 안정적인 양산 체제를 구축했다. 미국 미시간주 홀랜드 공장에 대한 투자가 완료되는 2013년에는 35만 대 이상의 전기차에 배터리를 공급할 수 있는 생산능력을 갖추게 된다.

삼성SDI는 소형 2차전지 시장에서 선두를 달리고 있다. 리튬이온 2차전지 분야에서 2010년 처음으로 일본 기업을 제치고 글로벌 시장점유율 1위에 오른 뒤 계속해서 선두를 지키고 있다. 아울러 삼성SDI는 전기차용 2차전지 사업의 경쟁력 강화를 위해 2008년 9월 독일의 자동차 부품 업체인 보쉬와 지분율 50대 50으로 조인트 벤처인 SB리모티브를 설립했다. 최근 합작 관계가 청산됐지만, 보쉬와의 사업을 통해 자동차 부품 시장에 대한 노하우를 습득하고 네트워크를 구축하는 데 성공했다는 게 업계 전문가들의 분석이다.

SK이노베이션은 2차전지용 분리막 제품을 생산하고 있다. 현재 시장점유율은 15% 수준으로 미미하지만 점진적으로 성장하는 추세다. 2012년 1월 독일 자동차 부품 업체인 콘티넨탈과 자동차용 배터리 생산을 위한 조인트 벤처에 기본합의서를 체결했다. SK이노베이션은 약 2,500억 원을 들여 충남 서산에 전기차용 배터리 공장을 완공하면서, 독자 개발한 배터리 핵심 소재(리튬전지용 분리막)는 물론 완제품까지 생산하는 수직계열화를 완성했다. 앞으로 전기차 15만 대에 공급할 수 있는 배터리 양산 체제를 구축한다는 계획이다.

포스코 계열사인 포스코켐텍은 2011년까지 전량 수입에 의존하던 음극재를 2012년 5월부터 본격적으로 양산하기 시작했다. 생산 규모는 연간 2,400톤 수준이며, 향후 최대 3,000톤까지 늘어날 것으로 예상된다. LG화학에 소형 2차전지용으로 납품하고 있으며 앞으로 중대형 전지용 소재까지 공급할 예정이다.

2013년 스몰캡 업계의 대표 주자로 자리매김한 중견 기업들

2차전지 업계에서는 특히 중견 기업들의 활약도 눈여겨봐야 할 대목이다. 코스모화학은 새한미디어를 인수해 코스모신소재로 사명을 바꾸고, 코발트, 전구체, 양극활물질에 이르는 2차전지 소재 수직계열화를 완성했다. 특히, 리튬이온전지 핵심 소재인 코발트를 연간 1,000톤 규모로 생산하고 있고, 역시 핵심 소재인 이산화티타늄의 국내 시장점유율을 90% 가까이 영위하고 있다.

후성은 2차전지 소재인 전해질염(LiPF6)을 국내에서 유일하게 생산하는 기업이다. 소재의 특성상 진입 장벽과 마진율이 높다. 삼성SDI와 LG화학을 주요 고객사로 두고 있으며 각사 사용량의 60%를 공급하고 있다. 아울러 애플의 2차전지 주요 벤더인 중국의 역신전지(Lishen)로의 납품을 시작했다. 스마트폰의 고용량 배터리 채용으로 전해질염 사용량 증가에 따른 수혜가 기대된다.

증권가 애널리스트들은 2차전지에서 국내 대기업들의 행보가 공격적인만큼 이들을 주요 고객사로 확보한 중견 업체들을 주의 깊게 볼 것을 강조하고 있다. 2차전지가 2013년 국내 스몰캡 업계의 대표 주자로 발돋움할 수 있을지 귀추가 주목된다.

> **세계는 지금 2차전지 기술 특허전쟁 중** | 자료·SNE Research

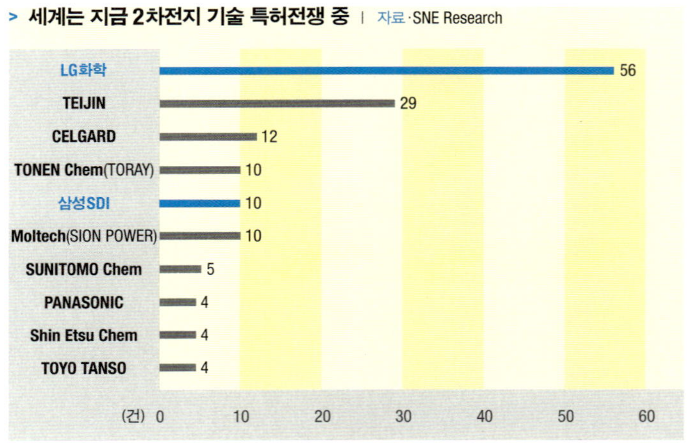

2차전지가 전 세계에 걸쳐 차세대 신성장 산업으로 주목받으면서 해당 글로벌 업체 마다 핵심 소재에 관한 기술 특허에 관심이 쏠리고 있다. LG화학, TEIJIN(일본), CELGARD, Moltech(이상 미국), 삼성SDI 순으로 2차전지 기술 특허 상위 그룹을 다투고 있다. 한편, 국내에서는 SK이노베이션과 LG화학 간 리튬 2차전지 분리막 특허분쟁이 한창이다.

1950　1960　1970　1980　1990　2000　2010　2020

납축전지 · 4Wh/kg
일반 자동차의 기초 전원으로 활용. 에너지 저장 밀도 높고 저비용으로 제조 가능하지만, 무겁고 부피가 큼.

니켈카드뮴 · 60Wh/kg
철도 차량의 에너지 엔진 시동용으로 활용. 카드뮴의 유해성으로 활용 기피.

니켈수소 · 80Wh/kg
에너지 밀도 효율성 높아 전기차에 활용.

리튬2차전지
에너지 밀도 효율성 높으면서 작고 가벼워 활용성 큼. 모바일기기 등 소형 휴대기기에 주로 활용. 향후 전기차에 상용화되면 부가가치 매우 커짐.

리튬이온 · 150Wh/kg

리튬폴리머 · 150Wh/kg

차세대 2차전지(환경친화적, 고성능)

공기아연 · 300Wh/kg

슈퍼커패시터 · 400Wh/kg

>> 리튬이온전지 밸류체인

4대 핵심소재

분리막
국내 > SK이노베이션, LG화학, 제일모직
해외 > Asai Kasei, Ube Industries, Toray Tonen, Celgard

양극활물질
국내 > 엘엔에프, 에코프로, 한화케미칼, 코스모신소재
해외 > Umicore, Toda, Nichia, Kanaka

음극활물질
국내 > GS칼텍스, 포스코켐텍, 애경유화, OCI머티리얼즈
해외 > Hitachi Chemical, Mitsubishi Chemical, JFE, Nippon Carbon

전해액
국내 > 솔브레인, 파낙스이텍, LG화학
해외 > Ube Industries, Mitsubishi Chemical

보호회로 · PCM, SM, BMS
국내 > 파워로직스, 이랜텍, 서원인텍
해외 > Talyo Yuden, BYD, Blueway, Mitsui

금속박
국내 > 일진머티리얼즈, LS엠트론, 대정화금
해외 > Furukawa, Nippon Denkai

리튬이온전지 완성품
국내 > 삼성SDI, LG화학, SK이노베이션
해외 > Sony, BYD, Sanyo/Panasonic, ATL, Lishen

부품·장비
모듈 회로 및 케이스 >
파워로직스, 상신이디피, 이랜텍, 와이즈파워
전공정·후공정 장비 >
피앤이솔루션, 엘티에스

전해액 첨가제·염
국내 > 후성, 리켐, OCI머티리얼즈, 에코프로
해외 > Ube Industries, Mitsubishi Chemical, Stella Chemifa, Morita

>> 종류별 애플리케이션에 따른 활용도

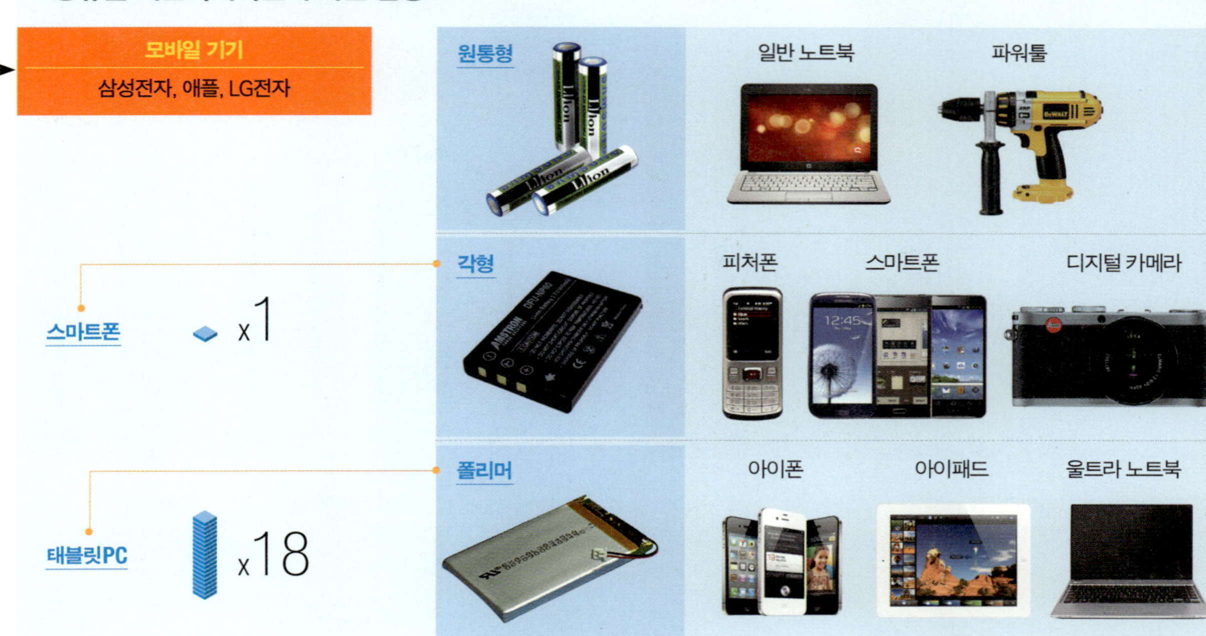

모바일 기기
삼성전자, 애플, LG전자

스마트폰 x1

태블릿PC x18

>> 구동 방식에 따른 활용도

전기차
시보레 〈볼트〉, 토요타 〈프리우스〉, 현대차 〈블루온〉

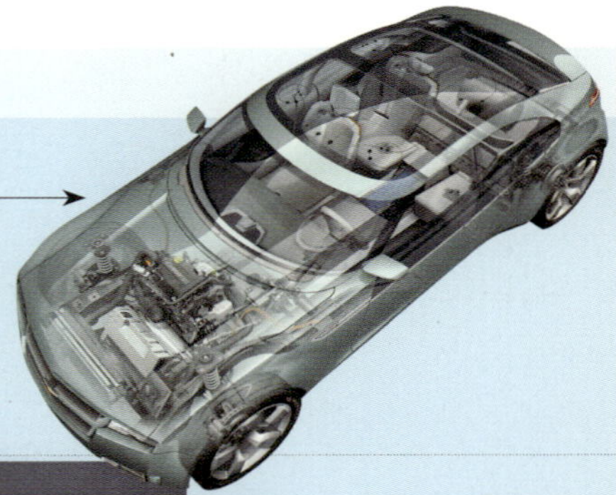

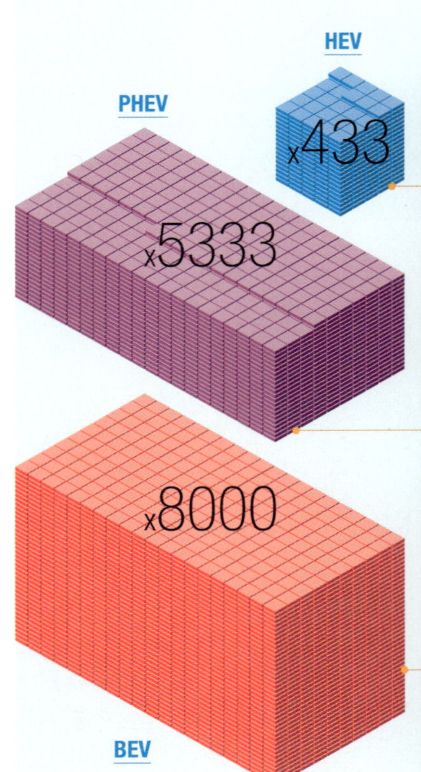

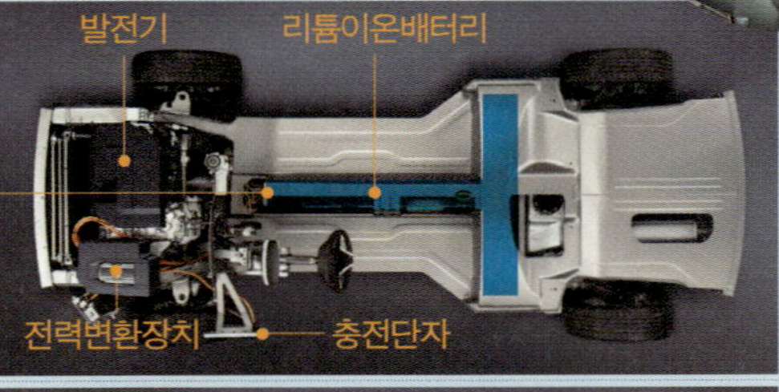

HEV(Hybrid Electric Vehicle)
주동력은 가솔린과 디젤기관, 보조동력은 전기모터.

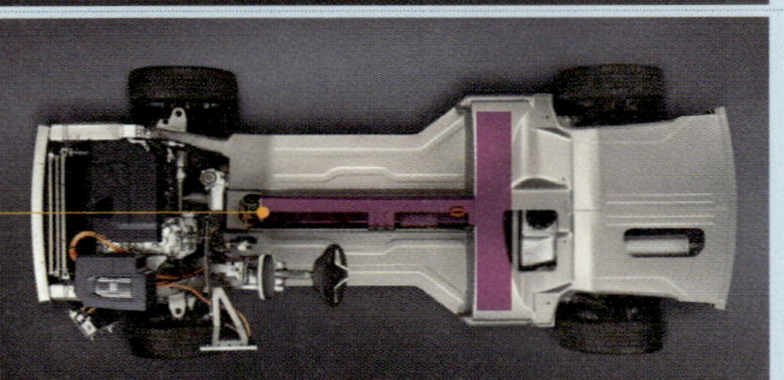

PHEV(Plug-in Hybrid EV)
주동력은 전기모터, 보조동력은 가솔린과 디젤기관.

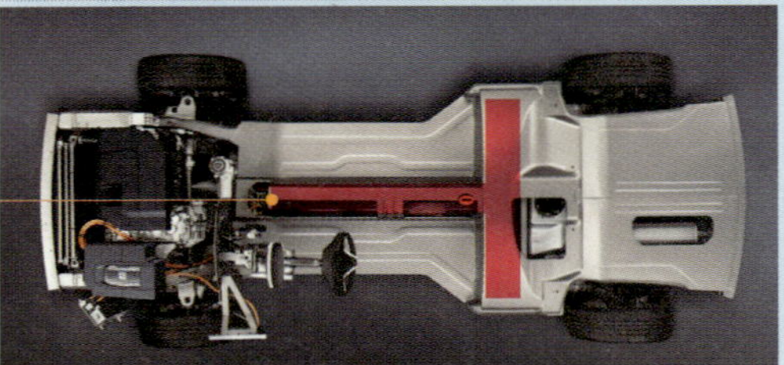

BEV(Battery EV)
내연기관이 없는 순수전기차(많은 배터리 용량이 필요).

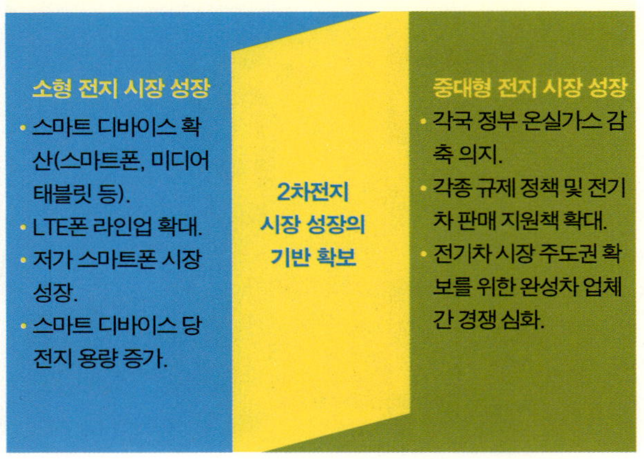

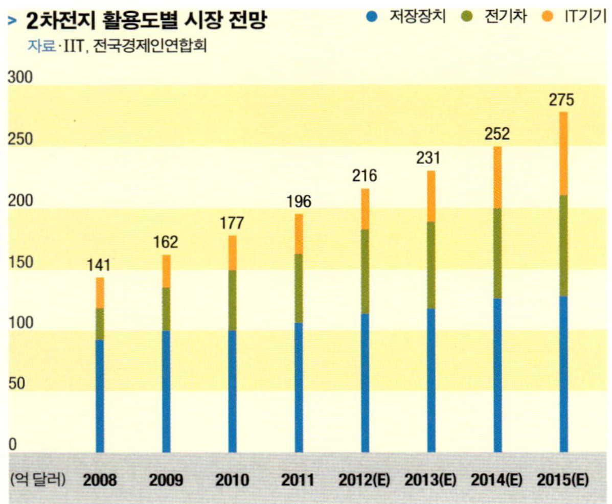

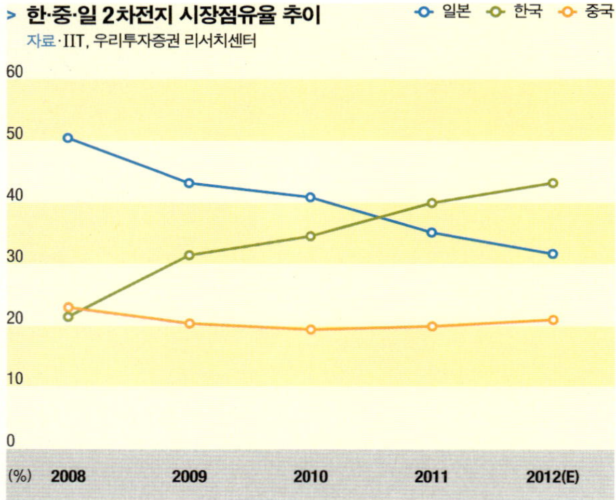

• LG화학과 삼성SDI를 필두로 한 한국 업체들 눈부신 성장.
• 일본 시장 하락세 뚜렷. 중국 시장은 하향 유지.

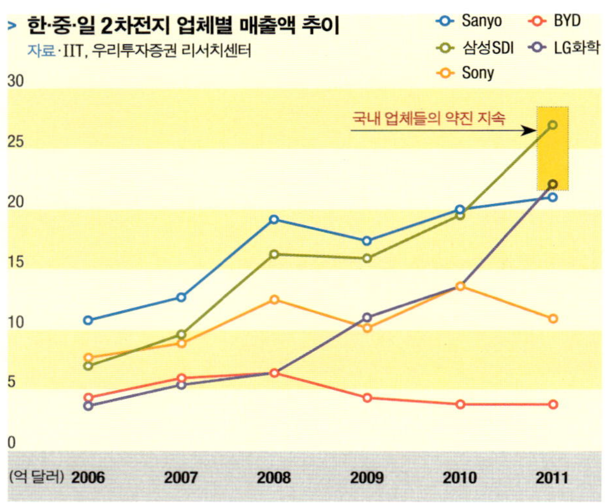

• Sony는 폴리머전지에, Sanyo는 원통형과 각형 전지에 집중한 것에 반해, 한국 업체들은 원통형, 각형, 폴리머 전지 등 모든 부분에 걸쳐 투자 집중 → 전반적인 매출액 상승으로 이어짐.

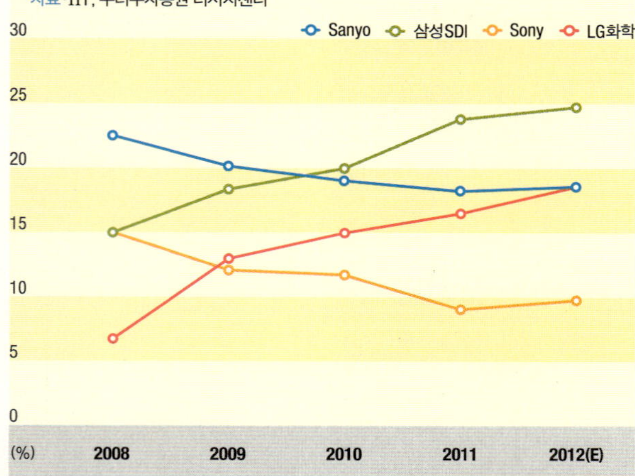

• Sony, Sanyo 등 일본 2차전지 업체들의 경쟁력이 약화된 틈을 타 국내 업체들은 지속적으로 설비 투자 → 시장점유율 상승으로 이어짐.

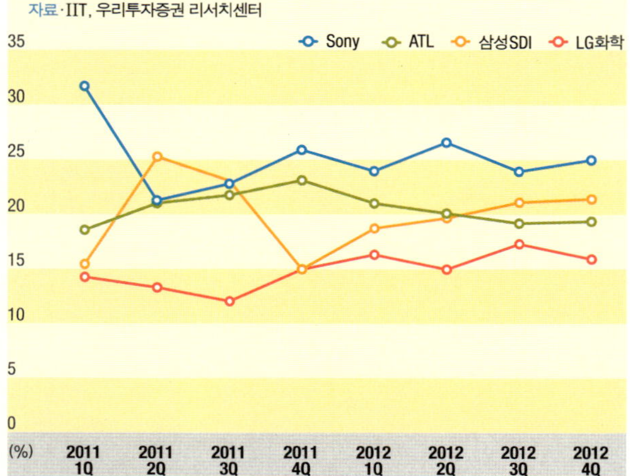

• 한국 업체들의 지속적인 설비 투자로 폴리머전지에서도 가시적 성과 거둠.
• 특히 애플 제품 시장 확산이 국내 폴리머전지 업체 성장을 유도함.

> **2차전지 원가 비중**
자료·IIT, KISTI, 단위·%

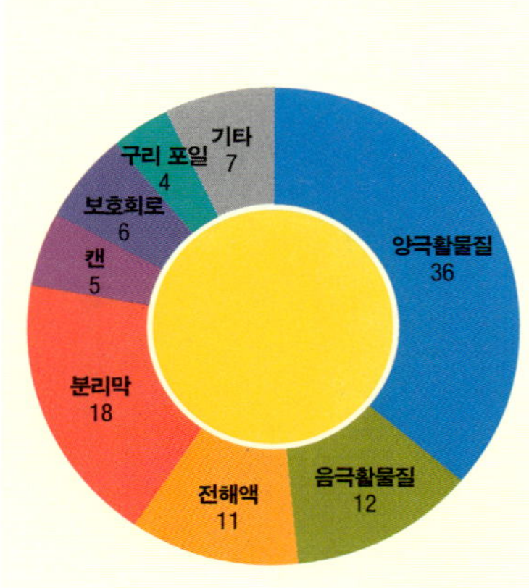

> **2차전지 소재 업체별 점유율 현황**
자료·Roland Berger, Bloomberg

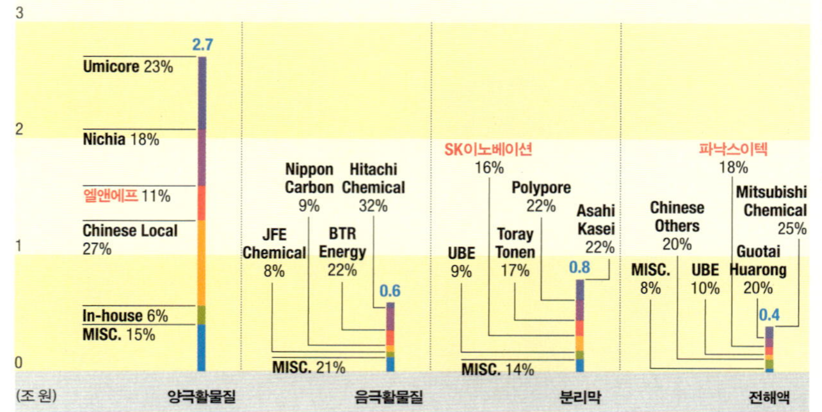

- 2차전지는 양극활물질, 음극활물질, 전해액, 분리막의 4대 핵심소재와 패키지를 위한 캔, 보호회로, 구리 포일 등으로 구성.
- 2차전지의 원재료 비중은 약 50%이고, 이 중 4대 핵심소재의 원가 비중은 75% 차지 → 밸류 체인에서 4대 핵심소재 제조업체의 성장성에 주목.

- 양극활물질은 벨기에 Umicore와 일본 Nichia가 시장을 주도하고 있으나, 고부가가치 시장이므로 신규 업체 진입이 가장 활발함.
- 음극활물질은 일본의 Hitachi Che., Nippon Carbon, JFE의 점유율이 감소한 반면, 풍부한 자원을 기반으로 한 중국의 BTR Energy의 비중이 확대.
- 분리막은 고도의 기술력을 요구하므로 선두 5개 업체의 점유율이 86%에 이르나, 전해액은 진입장벽이 낮아 중국 업체가 난립한 상황.

> **2차전지 4대 핵심소재 시장 추이 및 전망**
자료·우리투자증권 리서치센터

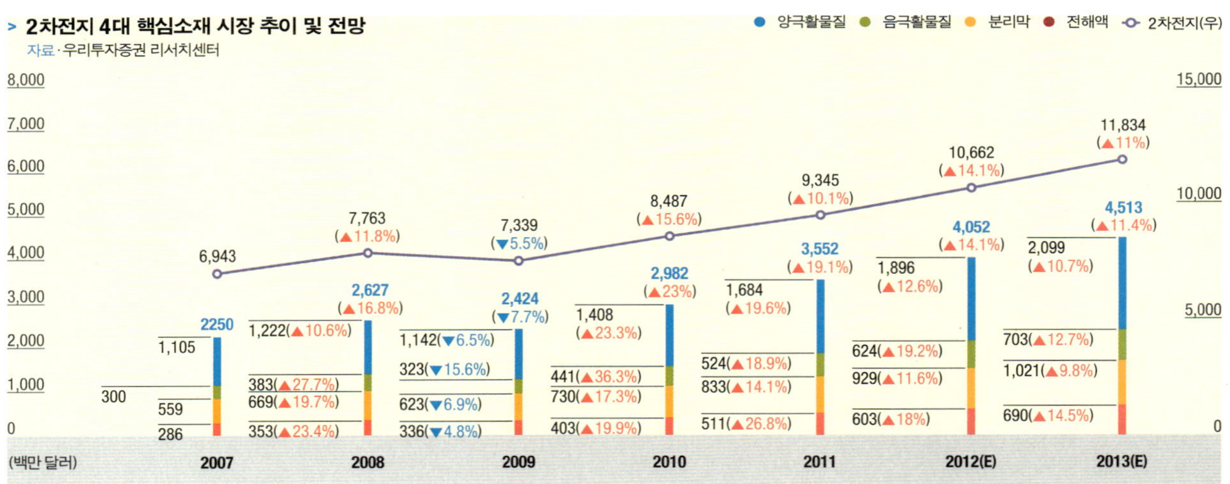

> **2차전지 세계 최고 기술국 대비 국내 기술 수준**
자료·전국경제인연합회, 주·최고 기술국의 기술 수준을 100으로 했을 때 국내 기술 수준을 표시

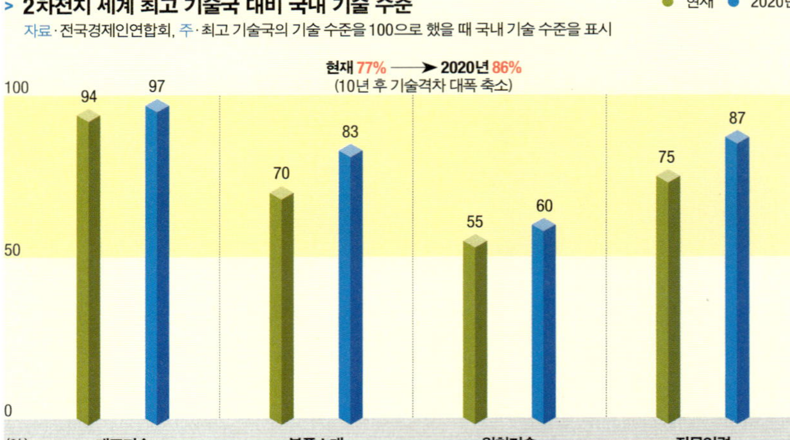

> **2차전지 소재별 국산화 추이**
자료·지식경제부, 우리투자증권 리서치센터

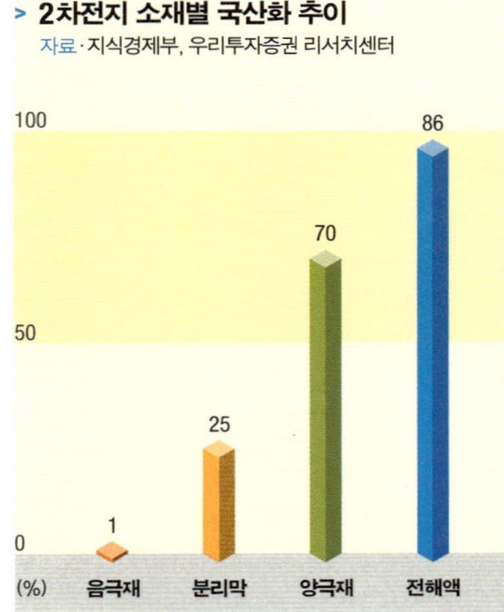

> 2차전지 모바일기기 애플리케이션 비중
단위·%

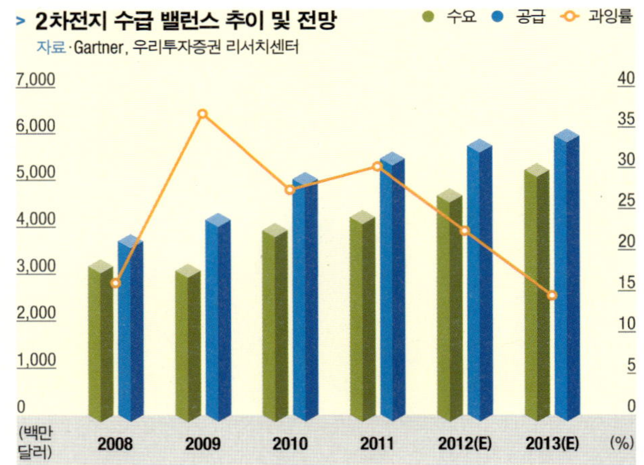

- 태블릿PC향 2차전지가 1년 새 1.1%에서 3.8%로 급성장.
- 태블릿PC향 2차전지 수량은 휴대폰 15.5억 대의 3.5%에 불과한 5,300만 대에 불과하지만, 대당 채용되는 셀 수가 3개 이므로 2차전지 사용량은 휴대폰 16.9억 셀의 9.5%에 해당하는 1.6억 셀임 → 향후 2차전지의 태블릿PC 활용 비중 지속적으로 증가 예상.

- 노트북PC의 수요 침체로 원형 2차전지 공급과잉이 2차전지 전체의 공급과잉 초래.
- 2013년 이후 스마트 디바이스 시장 확대로 2차전지의 공급과잉률이 양호해질 전망.

> 2차전지 제품별 출하량 성장률
자료·IIT, 우리투자증권 리서치센터

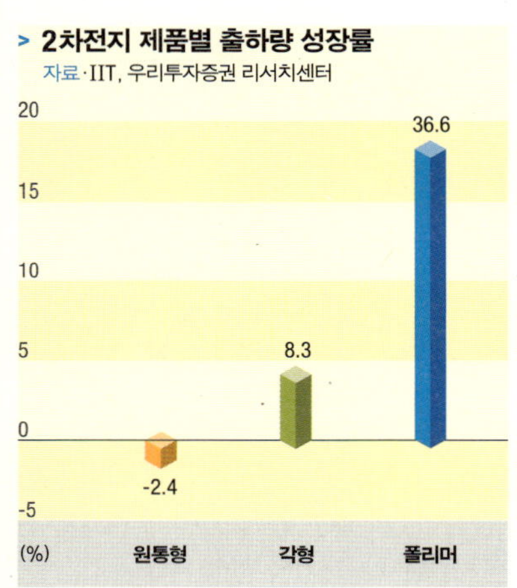

> 2차전지 형태별 출하량 전망
자료·IIT, 우리투자증권 리서치센터

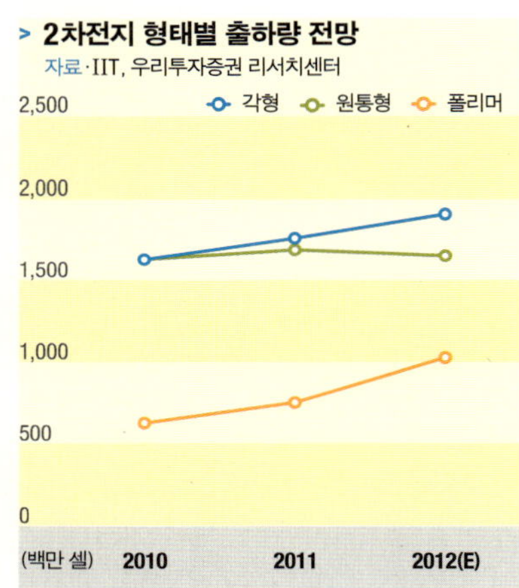

> 스마트폰의 다기능화에 따른 배터리 용량 증가 추세 | 자료·삼성전자

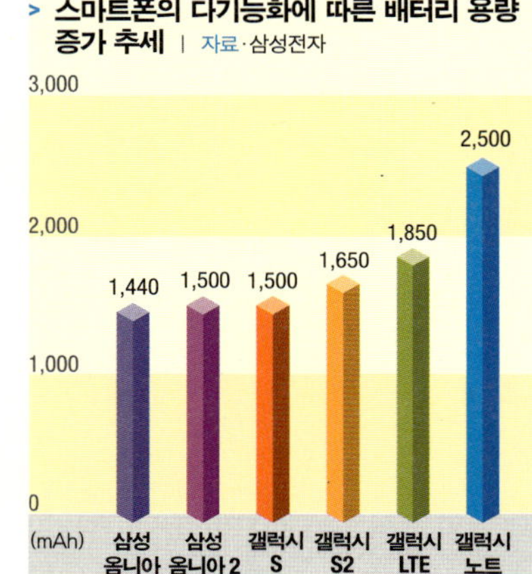

> 2차전지 가격 하락으로 인한 시장 성장 전망
자료·폭스바겐, 우리투자증권 리서치센터

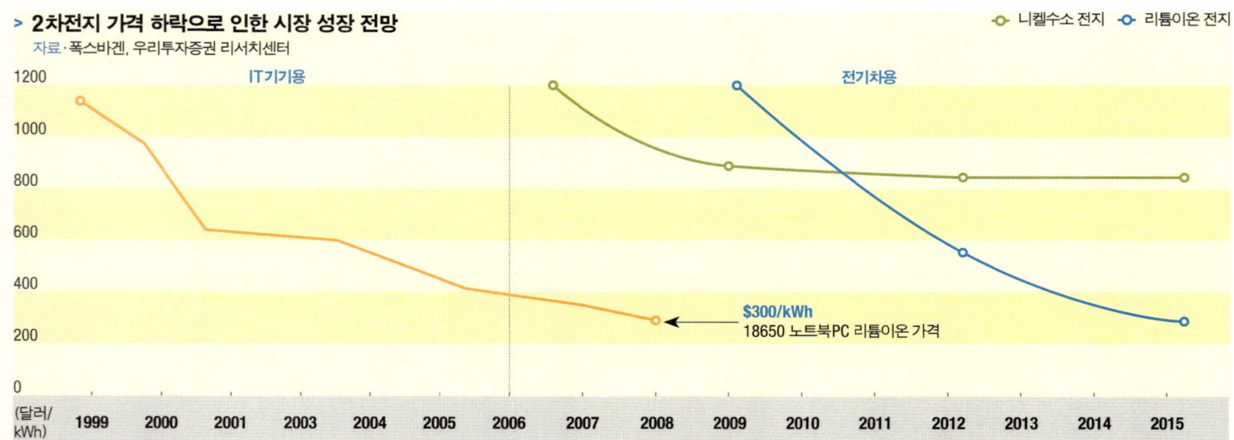

- 과거 노트북PC에 사용되었었던 2차전지의 가격이 2000년 1,000달러/kWh에서 2008년 300달러/kWh까지 하락함. 이로 인해 노트북PC가 보편화됨에 따라 2차전지 시장도 함께 성장함.
- 업계 전문가들은 전기차 배터리 가격도 기술 개발 및 원가 절감으로 머지않아 300달러/kWh 수준으로 하락할 것으로 전망. 그럴 경우, 전기차 시장과 2차전지 시장의 동반 성장 기대.

>> 전기차 시장에서의 2차전지 전망

> 2차전지 내 전기차 규모 비중
자료·Institute of Information Technology

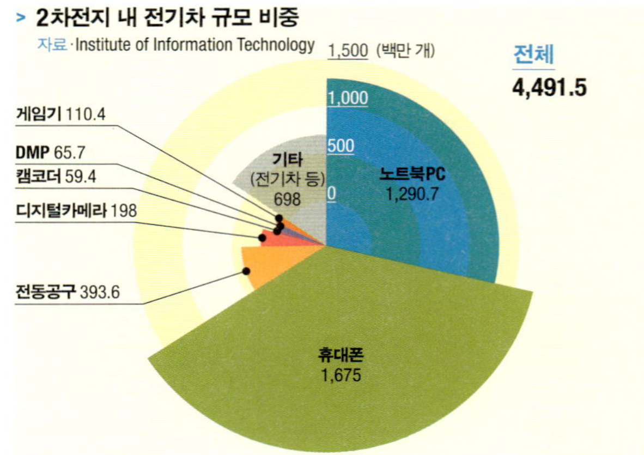

- 전기차 판매 실적 부진으로 전기차향 2차전지 비중은 아직 미미.
- 그러나 환경과 에너지 고갈 등 전지구적 당면 문제를 고려하건대 장기적 관점에서 전기차향 2차전지 수요 성장 예상.

> 2차전지 글로벌 시장 규모 전망
자료·Credit Suisse

- 2010년부터 본격적인 성장세를 이어가는 2차전지 시장은 2017년까지 연평균 72%의 높은 성장률 기록할 전망.
- 리튬이온전지의 안정성이 크게 개선되면서 전기차 시장에서 리튬이온전지가 니켈수소전지를 대체할 것으로 전망.

> 2차전지 글로벌 업체별 경쟁 매트릭스
자료·Pike Research, 우리투자증권 리서치센터

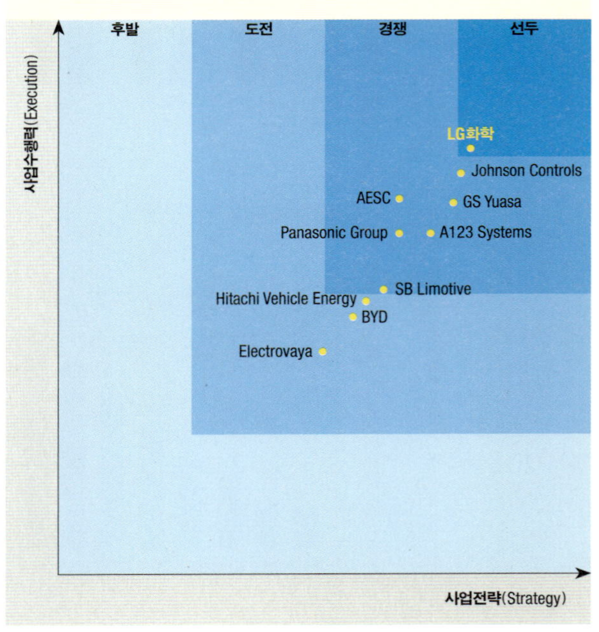

> 2차전지 업체+완성차 업체 협력 현황
자료·업계자료

전지	자동차	합작사	투자
LG화학	GM	-	2013년까지 총 2조 원 설비 투자
삼성SDI	BOSCH	SB LiMotive	향후 5년간 5억 달러 투자
SK이노베이션	Continental	JV 설립 예정	JV 설립 예정
Panasonic	Toyota	Primearth EV Energy	Toyota-Panasonic 60:40 지분 투자
NEC	Nissan	Automotive Energy Supply Corporation	Nissan-NEC 51:49 지분 투자
BYD	BYD Auto	-	PHEV F3DM 및 BEV e6 출시

- 전기차용 시장을 선점하기 위한 한국과 일본의 경쟁이 재개되는바, 전지 업체와 완성차 업체의 전략적 제휴가 활발히 진행.
- 2009년 LG화학은 미국 GM의 전기차용 중대형 리튬전지 공급 업체로 선정된 이후 기술을 선도.
- 2008년 삼성SDI는 독일 자동차 부품 업체 Bosch와 합작하여 SB LiMotive를 설립. 현재 삼성SDI가 지분 100% 인수.
- 2012년 SK이노베이션은 독일 부품 업체 Continental과 제휴하며 전기차 시장 대비.

> 전기차향 2차전지 글로벌 시장점유율 전망
자료·Credit Suisse, 업계, 단위·%

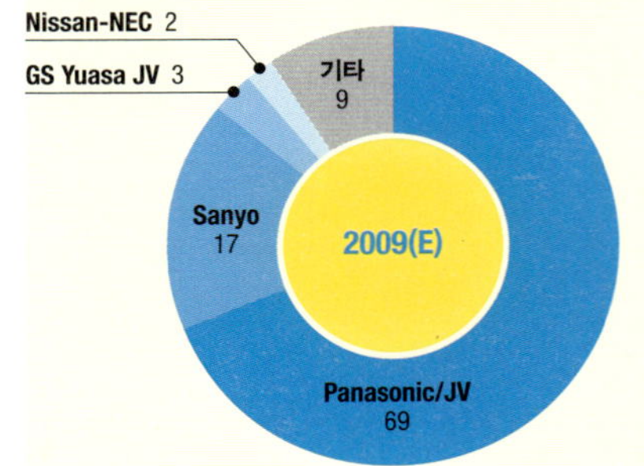

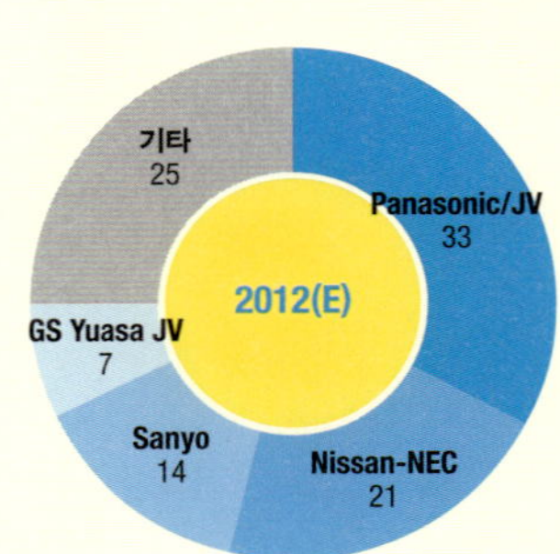

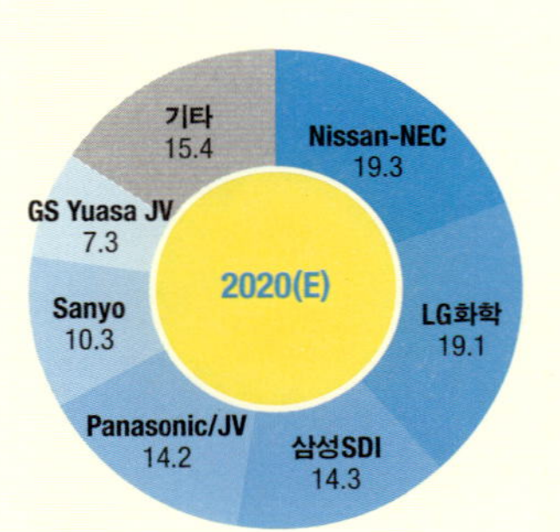

> ## 2차전지 사업 부문 중 폴리머전지 비중 추이
자료 · 삼성SDI, 우리투자증권

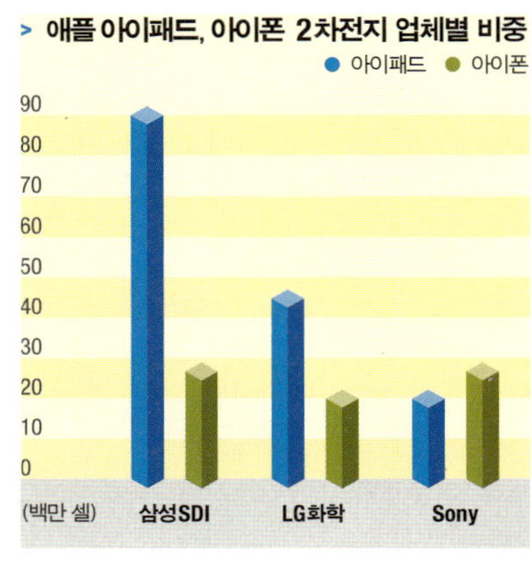

> ## 애플리케이션별 2차전지 매출 비중
자료 · 삼성SDI, 단위 · %

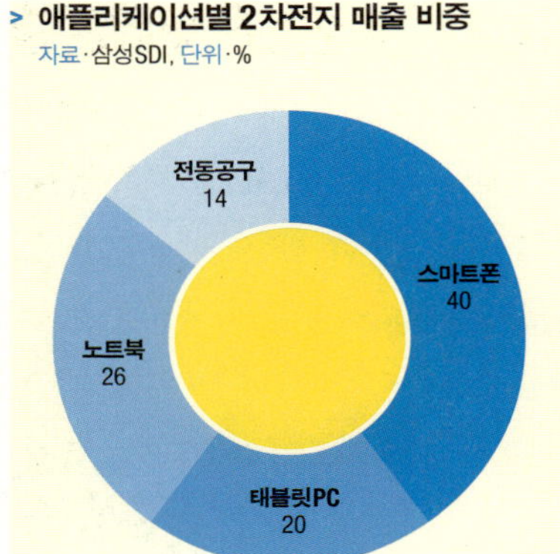

> ## 고객사별 2차전지 매출 비중
자료 · 삼성SDI, 단위 · %

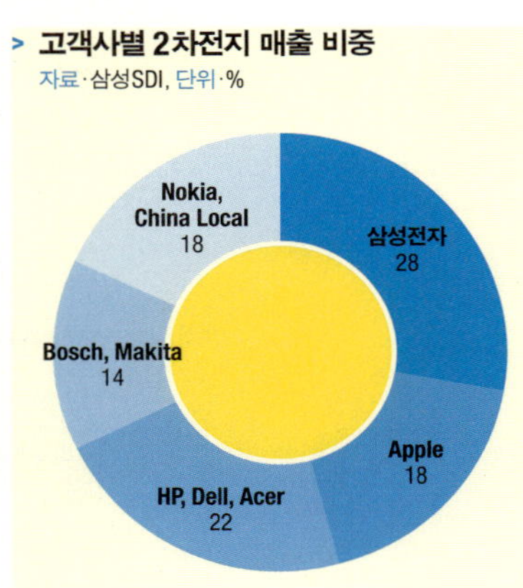

> ## 애플 아이패드, 아이폰 2차전지 업체별 비중

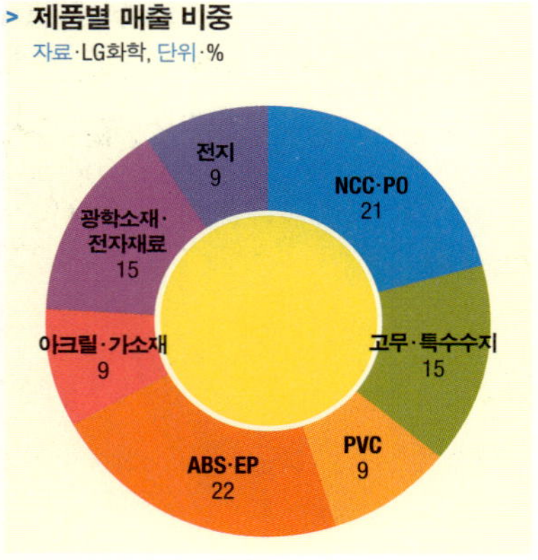

> ## 2차전지 매출액 증가 추이
자료 · LG화학

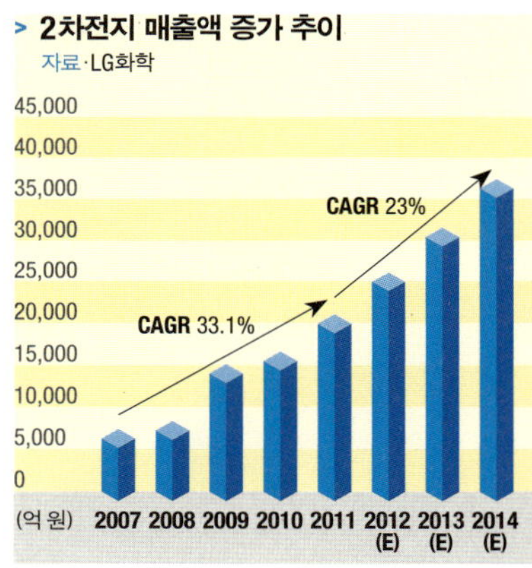

> ## 제품별 매출 비중
자료 · LG화학, 단위 · %

> ## 중대형 전지 설비 추이
자료 · LG화학

> ## Pike Research 선정 글로벌 전기차형 2차전지 업체 Top 10 | 자료 · Pike Research

순위	기업	비고
1	LG화학	한국
2	Johnson Controls	미국
3	GS Yuasa	일본
4	ASEC	일본
5	A123 Systems	미국
6	Panasonic Group	일본
7	SB LiMotive	한국(삼성SDI 100% 지분 보유)
8	Hitachi Vehicle Energy	일본
9	BYD	중국
10	Electrovaya	캐나다

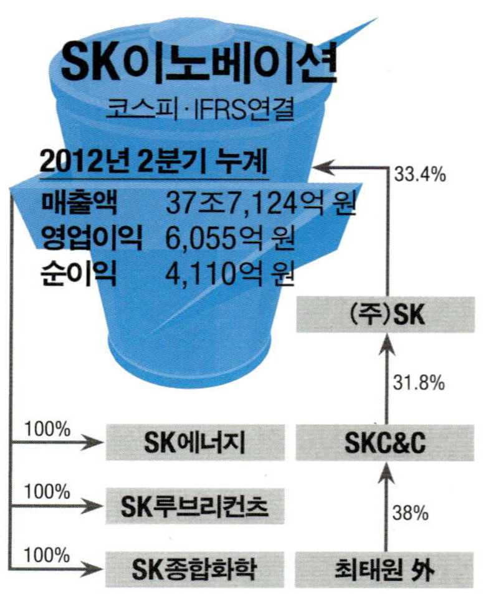

투자 포인트

- 2차전지용 분리막 제품 국내 1위 → 세계 시장점유율 15%.
- 2012년 세계 5위 자동차 부품 업체인 Continental(독일)과 자동차용 배터리 생산을 위한 기본 합의 체결 → 배터리 셀과 제어 시스템(BMS) 공급받아 배터리 판매 증진 기대.
- 2012년 충남 서산 단지에 200MWh 배터리 생산 설비 공장 완공 → 전기차 기준 연간 15,000대 배터리 생산 설비 보유 → 100% 생산·판매시 5,000억 원 매출 증대.

> ### 분리막 시장 규모 추이 및 전망
자료·IIT, KISTI

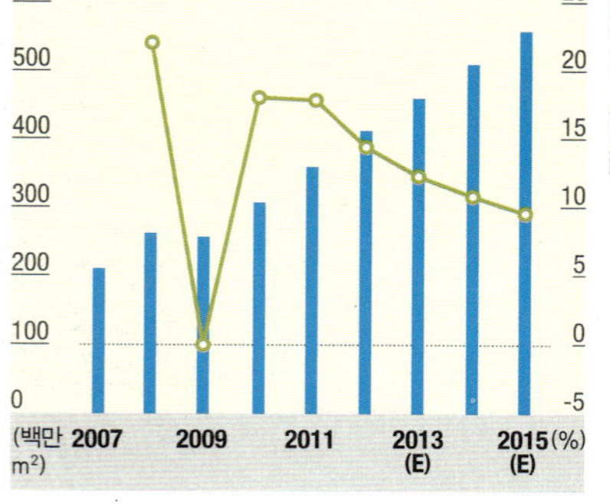

> ### 배터리 생산 설비 시설 개요
자료·SK이노베이션

	1호 생산라인	2호 생산라인
장소	SK이노베이션 R&D센터	서산 산업단지
완공	2010년 5월	2012년
Capacity(MWh)	100	500
Capacity(자동차 대 수)		
HEV	70,000~100,000	350,000~500,000
EV	5,000	25,000

> ### 분리막 글로벌 시장점유율

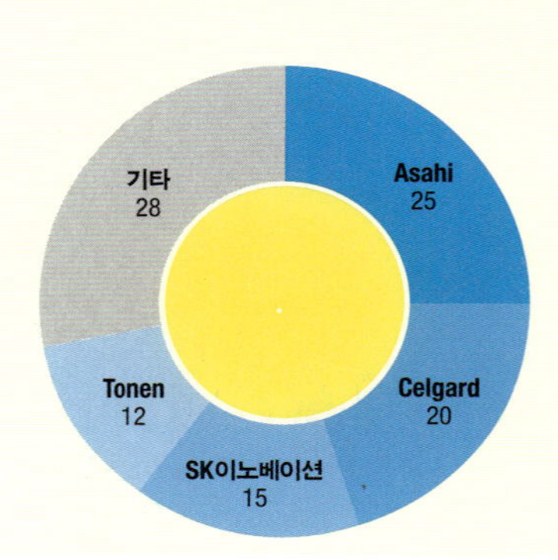

> ### 주요 제조사별 분리막 공급 현황
자료·Institute of Information Technology

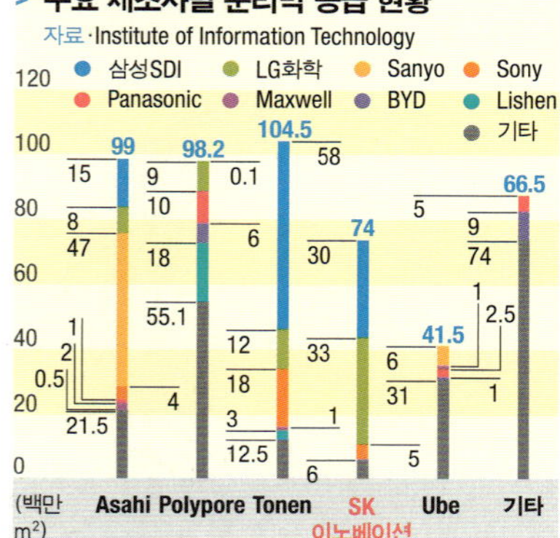

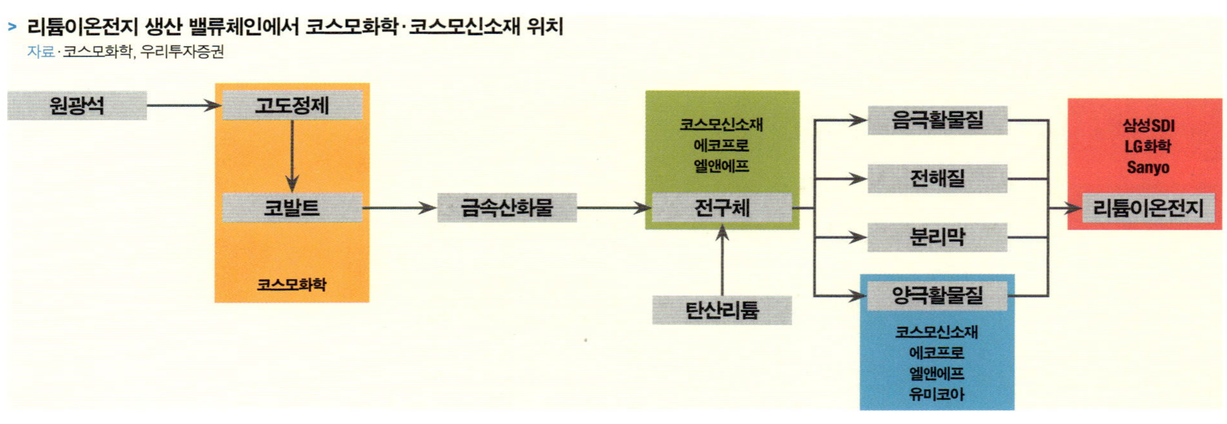

> ### 리튬이온전지 생산 밸류체인에서 코스모화학·코스모신소재 위치
자료·코스모화학, 우리투자증권

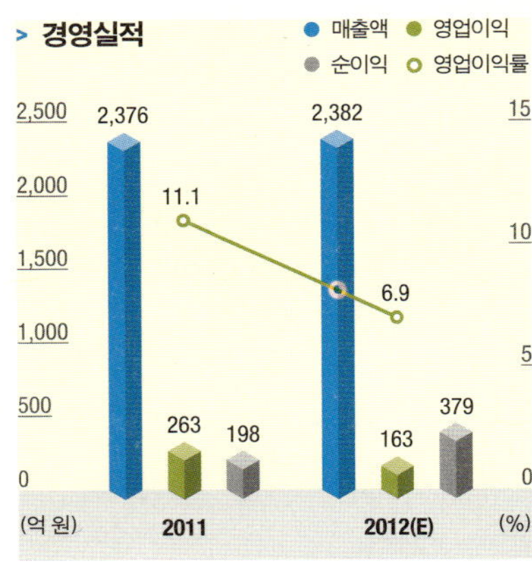

후성

코스피·IFRS별도

2012년 2분기 누계

매출액	1,093억 원
영업이익	-29억 원
순이익	198억 원

투자 포인트

- 2차전지 소재인 전해질염을 국내에서 유일하게 생산하는 업체.
- 스마트폰의 고용량 배터리 채용으로 전해질염 사용량 증가에 따른 수혜 기대.
- 2012년 기준 연간 생산량 2,000톤으로 글로벌 4위권 진입 → 2015년까지 5,000톤까지 확대 예정(2차전지 산업 확대시 글로벌 1위권까지 가능).
- 소재의 특성상 진입장벽이 높고, 국내 유일 전해질염 생산업체로 마진율 높음 → 2차전지 소재 매출 비중은 20%, 영업이익 비중은 62%를 차지할 정도로 수익성 우수.
- 삼성SDI와 LG화학을 고객사로 두고 있으며, 각각의 고객사의 사용량 점유율 60% 차지.

> ### 경영실적

> ### 국내 2차전지 업체향 매출 비중
자료·후성, 단위·%

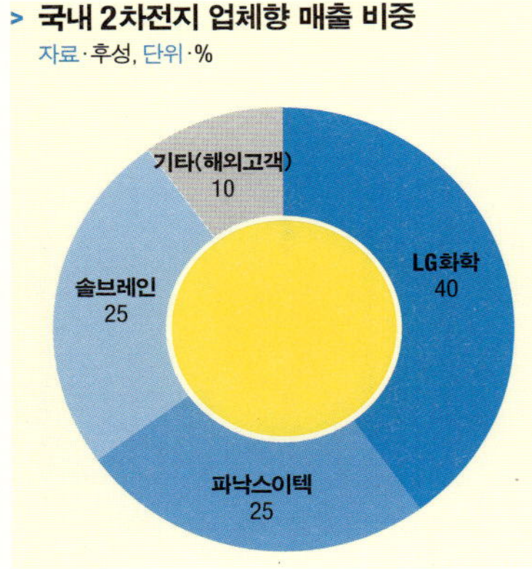

> ### 전해질 생산량 추이
자료·후성

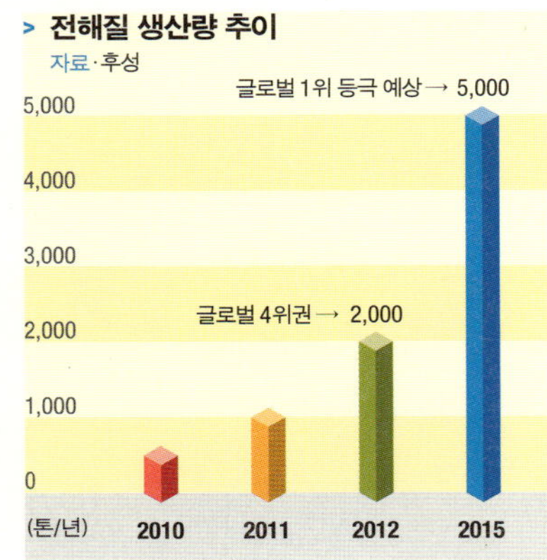

> ### 매출액 및 영업이익률 추이
자료·후성

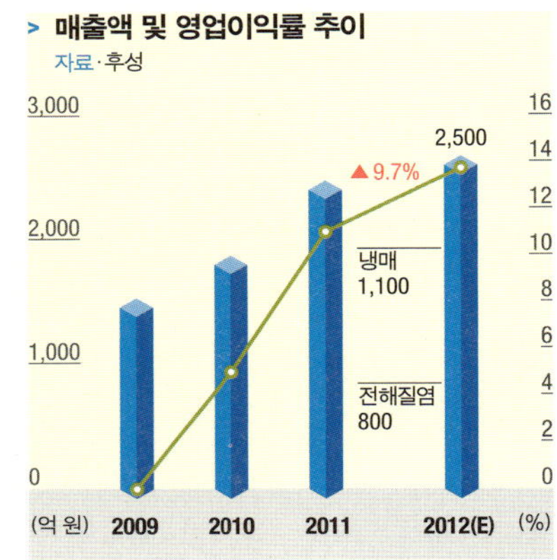

리켐

코스닥·IFRS별도

2012년 2분기 누계

매출액	247억 원
영업이익	7억 원
순이익	4억 원

투자 포인트

- 2차전지 소재인 전해액(용매, 첨가제) 생산 업체.
- 국내 전해액 시장에서 과점적 지위 확보 → 수익 안정성 교두보 마련.
- 전해액 소재 30종 등 다양한 제품(경쟁사 평균 5개 수준임)을 보유해 납품처의 니즈에 즉각적으로 대응.
- 고마진의 폴리머전지용 전해액 소재가 호조를 보이면서 수익성 개선 기대.
- 2012년 연산 4,000톤 생산규모 공장 완공.
- 유가 하락으로 원재료비 부담 감소.

> ### 경영실적

> ### 전해액 공급 밸류 체인
자료·각사

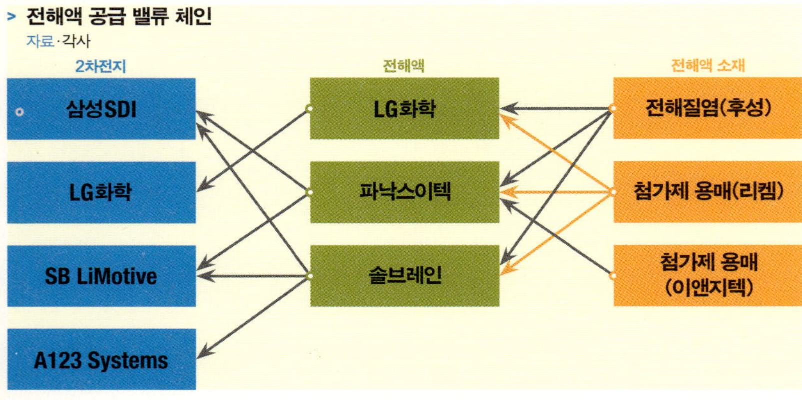

> ### 사업 부문별 매출 비중
단위·%

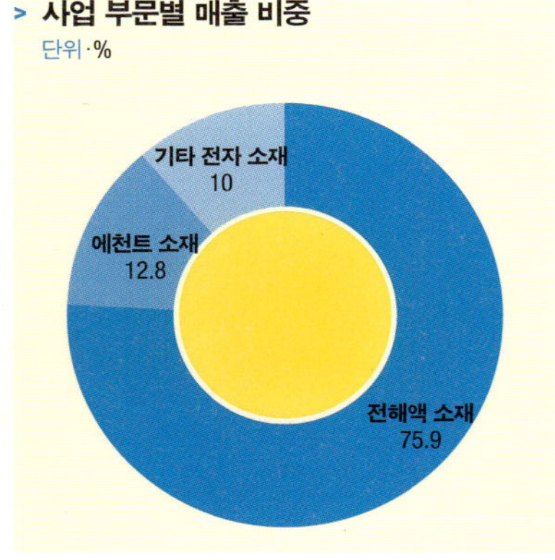

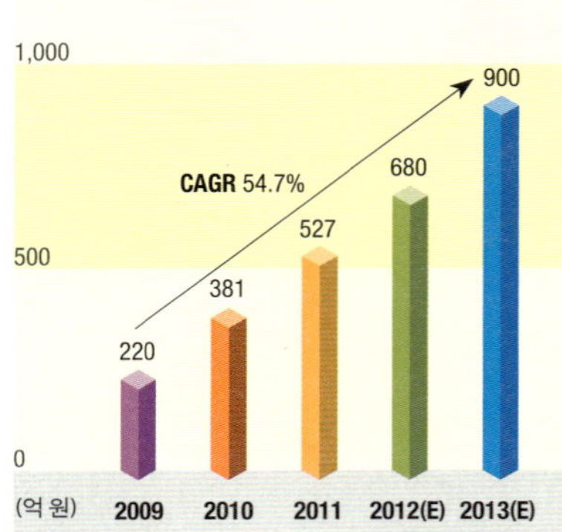

투자 포인트

- 대용량 2차전지 후공정 장비인 포메이션과 사이클러 전문 생산 업체.
- 2차전지 시장이 대형화 될수록 고전압·고전류 발생으로 안정성과 지속성 요구됨 → 국내 유일의 대용량 후공정 장비 업체로 진입 장벽 높음.
- 삼성SDI, LG화학, SK이노베이션 등을 주 고객사로 둠.
- 전기차 시장 확대로 대용량 2차전지 시장이 연평균 35% 성장에 따른 수혜 기대.
- 일본 등 선진국 경쟁제품에 비해 가격이 저렴해 수주 증가 기대.

> 경영실적

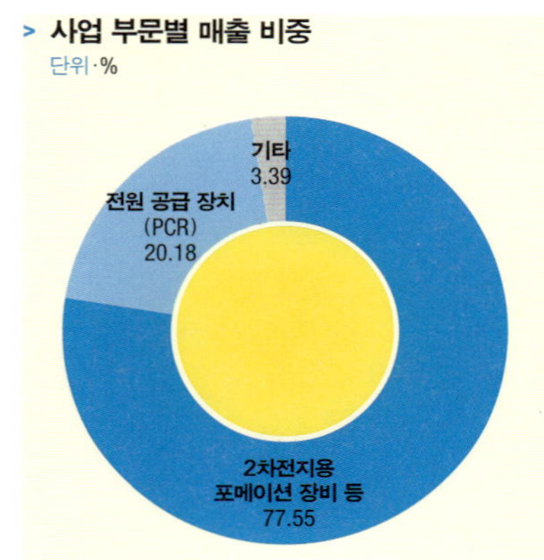

> 매출액 추이

> 국내 시장 규모와 동사의 점유율 추이 전망

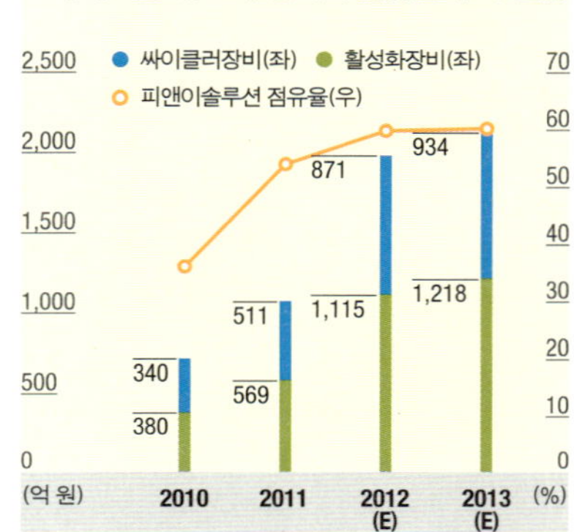

> 사업 부문별 매출 비중

단위·%

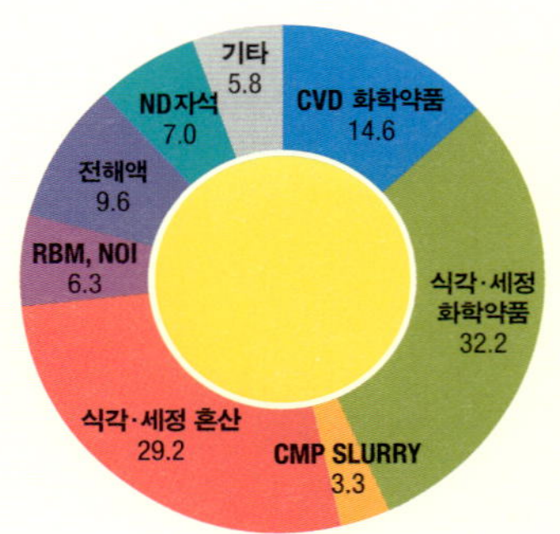

투자 포인트

- 2차전지 전해액 생산 및 반도체 소재, Thin Glass 등 고속 성장 아이템 보유.
- 2차전지 외에도 반도체, 디스플레이 등 모든 IT산업과 연관된 포트폴리오 구축.
- 미국에 진출해 있는 자회사 SB Michigan 통해 미국 전지 업체 A123 Systems에 전해액 수주 → A123 Systems가 GM과 전략적 협력관계에 있으므로 매출처의 매출 증가는 자회사인 SB Michigan의 매출 증가로 이어질 전망.

> 경영실적

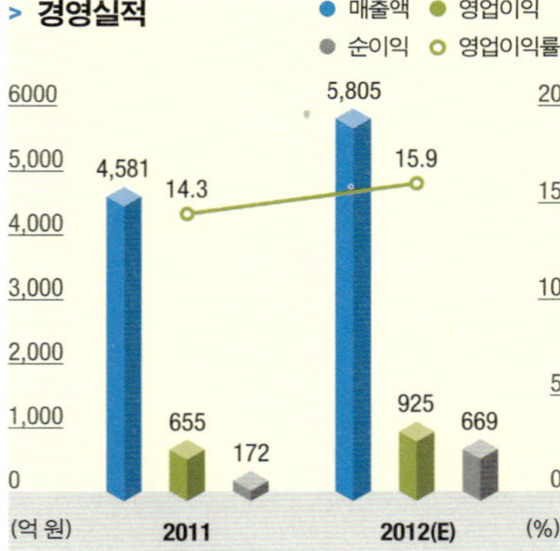

> 사업 부문별 매출 비중

단위·%

> 주력 제품별 시장점유율

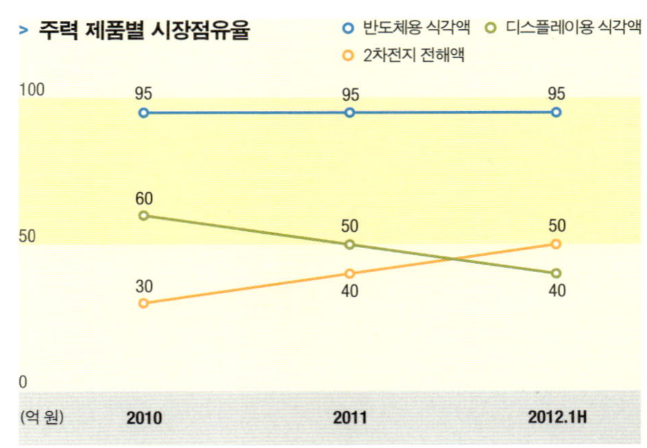

그린카·스마트카

고유가와 환경오염에 대한 해답이 될 것인가

지는 가솔린차, 뜨는 그린카

그린카(Green Car)의 시대가 열리고 있다. 그린카란 가솔린이나 디젤 연료를 쓰는 기존 차량에 비해 이산화탄소 배출이 적은 차를 말한다. 전기차뿐 아니라 전기와 가솔린을 함께 사용하는 하이브리드차, 연료전지차, 클린디젤차, 수소차 등을 포함한다.

환경 규제와 유가 상승, 각국 정부의 지원 확대로 그린카 시장의 성장세가 가파르다. 주요 연구 기관들은 2020년 그린카의 판매 비중을 20~50%로 전망하고 있다. 2010년 1,071만 대였던 그린카는 2020년 3,132만 대로 늘어날 것으로 예상된다. 반면 가솔린차는 2010년 5,966만 대에서 2020년 6,060만 대 수준에 머물 것으로 전문가들은 분석하고 있다.

그린카의 성장 배경에는 무엇보다 감당하기 어려운 수준으로 오르고 있는 유가를 꼽을 수 있다. 현재 가솔린 엔진의 에너지 효율은 25% 정도다. 즉, 연료에서 발생하는 에너지 가운데 25%의 에너지만 차를 움직이는데 쓰고 나머지는 열로 사라져 버린다는 뜻이다. 반면 전기차의 에너지 효율은 무려 80%에 달한다. 연비가 좋은 그린카는 고유가 시대에서 필수품이 될 수밖에 없는 요소를 지니고 있는 것이다.

그린카의 성장 배경으로 유가 못지않게 중요하게 대두하는 것이 환경 문제다. 지구온난화 문제를 해결하고 온실가스를 줄이기 위해 세계 각국 정부가 환경 규제를 강화하고 있다는 얘기는 어제오늘 나온 것이 아니다. 한국도 2015년까지 이산화탄소 배출량을 140g/km, 연비를 17km/리터로 규정했다. EU는 2015년까지 이산화탄소 배출량을 130g/km로 줄이도록 규제한다는 방침이다.

세계 각국 정부가 그린카 보급에 팔을 걷어 부치다

그린카의 종류는 다양하다. 우선 전기차(EV)는 모터와 전기로만 구동되는 자동차로, 운행 중 배출가스가 전혀 발생하지 않는다. 다만 한번 충전 뒤 오래 가지 못한다는 점, 전기를 충전할 만한 인프라가 부족하다는 점은 단점이다.

하이브리드차(HEV)는 엔진과 모터를 함께 사용하는 구조로, 특히 연비가 좋다. 전기 주행은 5km 이내로 가능하며 가솔린 엔진으로 달릴 때 배터리를 충전하기 때문에 별도의 배터리가 필요 없다는 게 특징이다. 현대차에서 출시한 쏘나타 하이브리드가 대표적인 모델이다.

이 밖에 플러그인 하이브리드차(PHEV)는 단거리에서는 전기로만 움직이다가 장거리를 운행할 때 엔진을 사용한다.

세계 각국 정부는 이러한 그린카 보급에 다각도의 노력을 기울이고 있다. 일본은 '차세대 저공해 자동차 개발' 등의 사업을 통해 하이브리드차 기술 연구에 우리 돈으로 1조 원을 지원한다는 방침을 밝했다. 미국도 '그린 뉴딜 정책'의 일환으로 우리 돈으로 150조 원을 투자할 예정이다. 유럽 국가 중 대표적인 자동차 생산국인 독일은 2차전지 등의 기술 개발에 1조 원 가까운 돈을 쏟아부으면서, 전기차 프로젝트에 별도로 7,000억 원을 투자한다는 방침이다. 중국도 '자동차 발전 정책'의 일환으로 그린카에 무려 17조 원이나 예산을 집행했다. 이렇게 세계 각국 정부가 적극적으로 지원하는 상황이라 그린카 시대는 본격화될 수밖에 없다.

우리나라는 '블루온'이라는 이름의 경승용 전기차를 시작으로 2015년 세계 전기차 시장의 10% 이상을 점유한다는 계획을 세워놓고 있다. 또 2020년까지 총 100만 대의 전기차를 보급한다는 방침이다. 현재 공공기관을 중심으로 전기차를 보급하고 있으며, 각종 구매 보조금 정책도 마련해 놓고 있다.

충전 인프라 구축이 관건

그린카 보급 확대를 위해서는 무엇보다 충전 인프라가 과제다. 가격과 1회 충전시 운행거리 및 인프라 확충이 관건이다. 충전 속도 단축과 충전기 보급도 풀어야 할 숙제다. 국내에서는 전기 충전기 설치 기준 제정 및 충전 사업자 법적 지위에 대한 인허가 방안을 마련해놓고 있다. 2014년까지 전기차 및 충전기 보급 여건, 재정 상황 등을 고려해 공공 충전 시설 설치를 지원한다는 방침이다.

이와 관련해 그린카에 들어가는 부품을 생산하는 업체에 관심이 쏠리고 있다. 파워로직스는 중대형 2차전지 BMS(Battery Management System)를 공급한다. BMS는 전기차와 전기 오토바이의 에너지 저장 장치에 사용되는 2차전지용 배터리 관리 시스템이다. 10년간 국책 과제로 정부와 공동으로 BMS 기술 개발을 시행하고 있다. 2012년 초에는 일본 미쓰비시 후소사와 하이브리드 상용차용 BMS 공급 계약을 체결하기도 했다. 뉴인텍은 전기차용 콘덴서를 개발해 기아차 레이에 전기차용 콘덴서를 납품하고 있고, 삼화콘덴서는 하이브리드용 전기차 인버터용 캐피시터를 개발하고 있다.

글로벌 자동차 메이커들도 저마다 그린카 양산에 집중하고 있다. 업계 전문가들은 2013년을 기점으로 그린카 시장이 한껏 부풀어 오를 것으로 전망하고 있다. 충전 시스템 등 몇 가지 기술적인 문제들이 해결된다면 그린카 시장은 급격하게 커질 것으로 전문가들은 관측하고 있다. 세계 유수의 투자 은행들이 그린카를 미래 시장의 핵심 업종으로 분류하고 있는 이유도 여기에 있다.

BMW가 미래 양산할 전기차 시범 모델 액티브E 구조도(왼쪽). GM이 세계 최초로 양산을 시작한 전기차 볼트 구조도(오른쪽 위). 도요타가 내놓은 프리우스 플러그인하이브리드(PHV) 구조도(오른쪽 아래).

>> 그린카 패러다임 시프트

세계적 환경 규제
- CO_2 규제 강화
- 지구온난화 방지
- 수송기관 환경 규제

에너지 자원 문제
- 화석연료 매장량 감소
- 고유가 지속 부담
- 자원 무기화 분쟁

세계 각국 그린 정책
- 녹색 성장 정책
- 지속가능한 환경 조성
- 환경 기준 달성 의무화

소비자 및 산업 변화
- 차량 유지비 부담 감소
- 내연기관 산업 변화
- 신규 산업 창출

화석 연료 자동차 → 그린카

>> 그린카 부문별 생산원가 비중

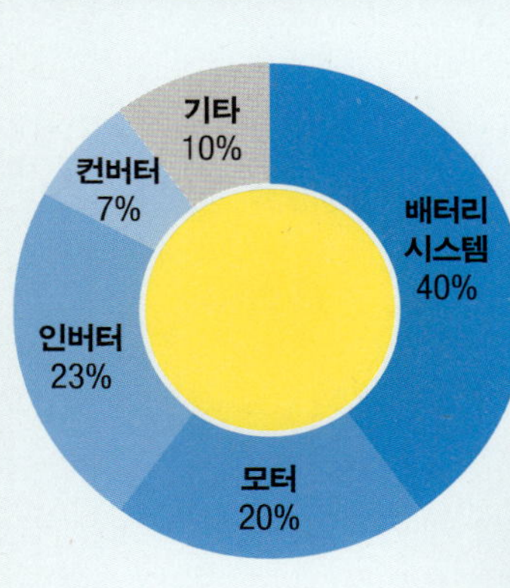

>> 그린카 밸류 체인

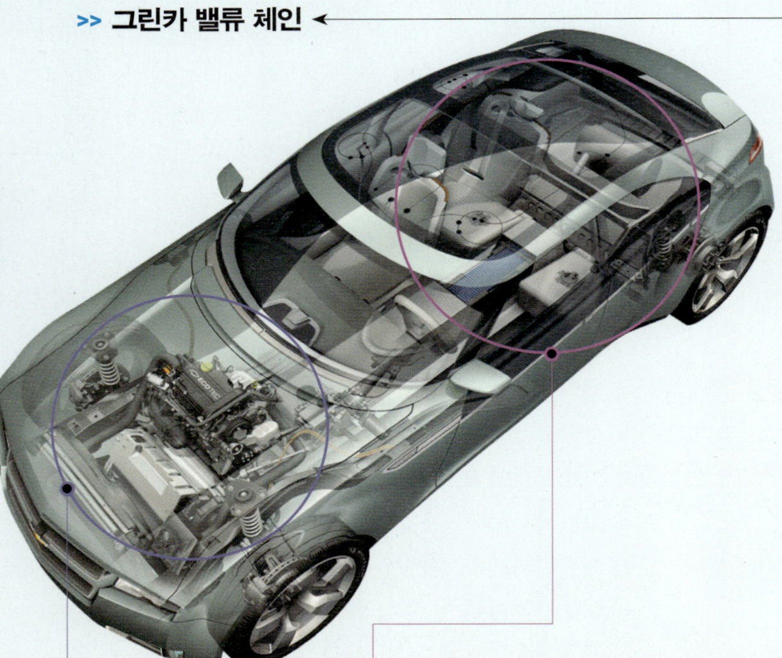

완성차

국내
현대·기아차, 르노삼성, 쌍용

해외
Chevrolet, Tesla, Ford, Nissan, Honda, Mitsubishi Motors, Coda Automotive, METSO, Zap, Fiskar Automotive, Better Place

파워트레인

국내
- 모터
  S&T모티브, 현대모비스, 효성, LS산전
- 인버터, 컨버터
  뉴인텍, 삼화콘덴서
- 감속기
  현대위아, 우수AMS
- 제동시스템
  만도
- 공조시스템
  우리산업, 한라공조

해외
Enova system, UQM Tech, Remy, Azure Dynamics, Meidensha, Eaton, Lear, Magna, Delphi

배터리 시스템

국내
- 2차전지
  2차전지 업계 참조
- BMS
  파워로직스, 현대모비스
- 배출기 차단 유닛
  LS산전

해외
Panasonic, GSYuasa, BYD, Johnson Controls, Tianjin Lishen, Evonik

충전 시스템

국내
코디에스, 제롱산업

해외
Ecotality, Aerovironment, TEPCO(도쿄전력), Schneider Electric, Takaoka Electric, Aker Wade, Coloumb Tech, Better Place

>> 그린카 종류 및 진화

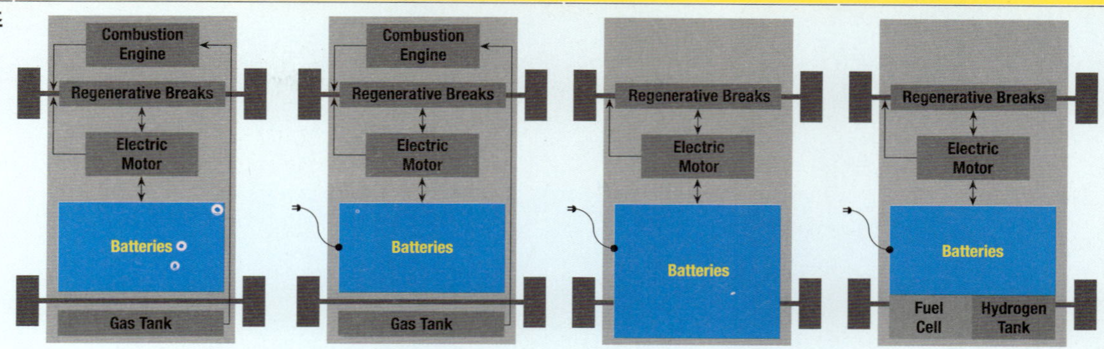

	하이브리드		전기	수소
	하이브리드차·HEV	플러그인하이브리드차·PHEV	전기차·EV	연료전지차·FCEV
동력계 구조				
구동원	엔진+모터	모터, 엔진(방전시)	모터	모터
에너지원	화석연료, 전기	전기, 화석연료(방전시)	전기	수소
특징	• 엔진과 모터를 함께 사용하는 방식으로, 구동시 내연기관과 모터를 적절히 작동시켜 연비 향상. • 전기 주행은 5km 내외만 가능하며, 배터리를 충전하지 않기 때문에 충전 인프라는 불필요.	• 단거리는 전기로, 장거리는 엔진으로 운행하는 방식. • 하이브리드차와 달리 배터리 충전 인프라 필요.	• 모터와 전기로만 구동, 운행 중에 배출가스 전혀 발생하지 않는 무공해차. • 충전 후 150km 내외만 운행이 가능해 충전 인프라 구축과 배터리 성능 향상이 과제.	• 수소와 산소 반응으로 전기를 생산하여 모터 구동하는 방식. • 충전 인프라 구축과 고가 부품값이 관건.
구매비용	다소 고가	다소 고가	고가	초고가
운영비용	다소 저비용	다소 저비용	저비용	저비용
운전편의	내연기관 대비 동일	내연기관 대비 거의 동일	내연기관 대비 불편(충전 필요)	내연기관 대비 불편(수소충전 필요)
국내 출시 그린카	쏘나타 하이브리드	블루윌	블루온	투싼 

>> 충전 인프라

	충전스탠드	급속충전기	배터리교환소

국가	영국, 프랑스, 미국 등	미국, 일본	이스라엘, 덴마크
특징	• 공공 인프라용 보급. • On Board Charger. • 일반 단상 전원으로 가능. • 주차장 등의 옥외용.	• 사업화 용도. • Off Board Charger. • 고전압 대전류 전원계통 필요. • 주유소, 쇼핑몰. • BMS 통신이 필수.	• 규격화, 표준화가 중요. • 국가단위 프로젝트. • 인프라에 초기투자비 부담.
규격	충전시간 4~8시간 충전용량 3~15Kw	충전시간 10~30분 충전용량 20~100Kw	교환시간 5분 이내 충전용량 제한 없음.

• 전기충전기 설치 기준 및 충전사업자 법적 지위에 대한 인·허가 방안 마련 중.
• 2014년까지 공공충전시설 설치 지원, 충전 사업자에 대해 융자 지원.
• 부생수소 및 개질수소(매립가스, LPG, LNG) 충전시설 설치 보조금 지원.

>> 스마트카 레볼루션

자동차 → 융합 ← IT

스마트카
차량 내 정보를 통합 관리하고 자동차의 안전 관리는 물론, 운전자가 차 안에서 오락·정보 등 다양한 콘텐츠를 즐길 수 있는 시스템으로, 스마트폰 등 모바일 기기와 이동통신 기술을 자동차에 접목하여 편의성을 높이고 고객의 니즈에 부응하는 차세대 자동차.

예방 안전
• 운전자의 눈 깜빡임과 호흡 상태까지 감지해 졸음운전이나 음주운전 시 경보 울림.
• 사각(死角) 감지 카메라는 사이드미러나 룸미러로 볼 수 없는 영역을 비춰줌.
• 적외선 카메라는 야간에 전조등이 미치지 않는 거리에 출현한 사람과 동물을 미리 감지.

사고 회피
• 장애물을 감지하지 못했을 때 자동차 스스로 급제동을 걸거나 조향장치를 조작해 피해 방지.
• 운전자가 부주의로 차선을 이탈한 것으로 판단된 경우 경보 울림.
• 운전자가 사각지대 장애물을 인식하지 못한 상태에서 차선을 변경할 때 경보 울림.

충돌 및 피해 확대 방지
• 사고가 발생할 경우 충격 흡수 능력을 극대화한 차체 구조가 승객석을 보호.
• 모터가 달린 능동형 안전벨트가 작동하면서 에어백이 터져 탑승자를 감싸줌.
• 인근 경찰서·병원 등에 사고 사실 자동 통보, 화재 발생 시 소화액 자동 분사.

인포테인먼트
• 스마트 하이웨이에선 자동차가 '움직이는 사무실'이나 '움직이는 응접실'이 됨.
• 차에서 동영상을 즐기거나 이메일을 주고받고 화상회의 가능케 함.
• 음성인식 기술 덕분에 내비게이션, 오디오·비디오 시스템 등은 모두 말로 조작.
• 내비게이션은 운전자와 대화를 나누는 수준까지 지능화. 아울러 연료 잔량을 감안해 값싼 주유소나 충전소 안내.

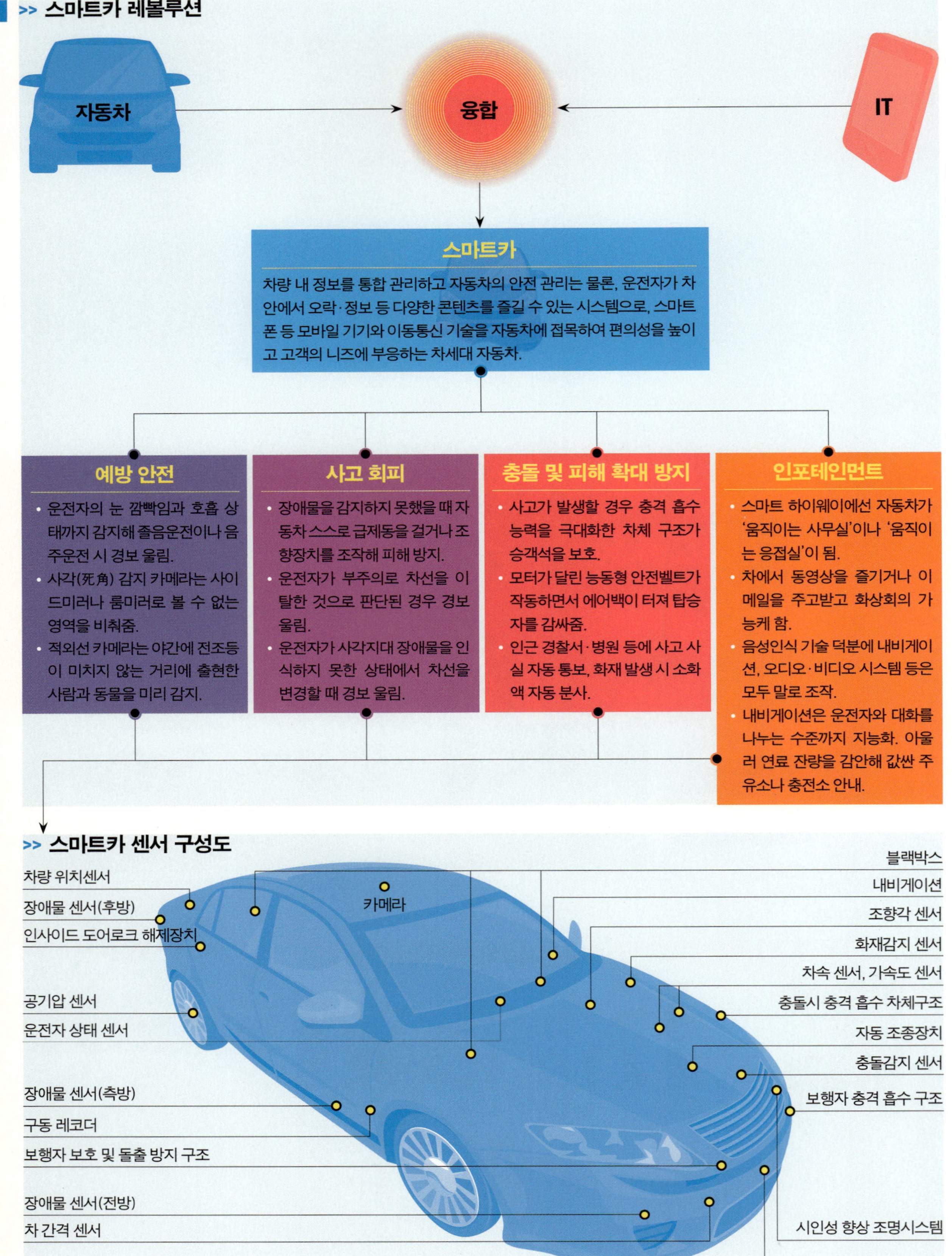

>> 스마트카 센서 구성도

차량 위치센서
장애물 센서(후방)
인사이드 도어로크 해제장치
카메라
공기압 센서
운전자 상태 센서
장애물 센서(측방)
구동 레코더
보행자 보호 및 돌출 방지 구조
장애물 센서(전방)
차 간격 센서
노면 센서

블랙박스
내비게이션
조향각 센서
화재감지 센서
차속 센서, 가속도 센서
충돌시 충격 흡수 차체구조
자동 조종장치
충돌감지 센서
보행자 충격 흡수 구조
시인성 향상 조명시스템

>> 스마트카를 위한 자동차와 IT업체간 제휴 현황

자동차 업체	IT 업체	자동차 - IT 융합 협력 부분
현대자동차	MS	차세대 오디오 시스템, 차량용 정보 시스템, 내비게이션, 텔레매틱스 개발.
	인피니온	자동차 맞춤형 반도체 공동 개발.
	보다폰	2011년 3월 유럽 텔레매틱스에서 협력관계 구축에 합의.
	KT	와이브로와 3G 이통망 등을 활용한 와이브로차 생산 추진.
	삼성전자	2009년 현대차에 삼성전자가 개발한 차량용 반도체 적용 시작.
기아자동차	SKT	음성인식, 원격제어 등이 가능한 스마트카 개발 모색.
르노삼성	SKT	모바일 텔레매틱스(MIV)를 르노삼성 고급차종에 접목해 2012년 출시.
GM	모토롤라	2011년 2월, 4G 기술이 적용된 텔레매틱스 서비스 'OnStar' 제공.
	구글	2011년 5월, 안드로이드 OS 사용 스마트폰 활용 'OnStar' 서비스 제공에 합의.
포드	MS	Sync 및 음성인식·와이파이를 결합한 카 인포테인먼트 마이포드 터치 개발 중.
	소니	차량용 엔터테인먼트, 소니 오디오 장착, 차량용 정보단말기 공동 개발.
벤츠	구글	Search & Send(인터넷 지도데이터 직접 수신)를 S클래스와 CL클래스 쿠페에 장착.
BMW	구글	커넥티드 드라이브(내비게이션에 구글 검색 기능) 도입.
	인텔	모바일 오피스 카(PC, 팩스 등 내장, 이동사무실 기능 갖춘 차량) 개발 중.
	RIM	블랙베리 등 스마트폰과 차를 연계시키는 기능 개발.
아우디	엔비디아	그래픽 프로세서 테그라가 들어간 내비게이션으로 다양한 멀티미디어 제공.
폭스바겐	구글	3D 맵 내비게이션 제공.
	애플	차량 내 엔터테인먼트 시스템 'iCar'(상품&디자인, 자동차와 모바일 통합) 개발.
피아트	MS	블루&미(블루투스를 활용해 차량과 휴대폰 간 연동), 에코드라이브(운전자의 운전성향 분석하여 경제운전 유도) 제공.
재규어	애플	재규어 Driver Selector(애플이 디자인한 다이얼형 변속기) 제공.
	소니	카오디오, 내비게이션, 모바일 LCD TV를 핸들에 장착.
토요타	MS	MS 윈도 클라우드 애저 플랫폼 활용, 텔레매틱스 응용 프로그램 공동 개발.
	RIM	하이브리드 차량의 배터리 상태 모니터링 등 관리 서비스 제공.
혼다	구글	구글 어스의 위성지도 기술을 혼다 내비게이션에 제공.

>> 국내 자동차 업계의 스마트카 관련 서비스 현황

자동차업체	기술	내용
현대자동차	인포테인먼트& 텔레매틱스 블루링크 (Blue Link)	• 2011년 2월 공개, 운전자에게 실시간으로 날씨 정보, 음성으로 문자메시지 전송, 내비게이션 연동 등 편의 제공. • 차량과 멀리 떨어진 곳에 있어도 스마트폰 장착된 앱으로 원격 제어. • 차량 문을 열거나 잠그는 일은 물론, 시동 걸기도 앱 통해 실행.
	스마트 커넥티비티 시스템	• 스마트폰, 태블릿 PC 등과 연동하여 콘텐츠 활용 편의성을 극대화. • 차량 내 구축된 무선 랜(WiFi)과 이동통신망을 활용해 날씨·뉴스·주식·주변 정보를 알려줌.
	통합정보시스템(DIS)	• 제네시스에 장착. DIS는 멀티미디어와 내비게이션, 텔레매틱스는 물론 차량의 공조 정보와 운행 정보까지 8인치 모니터에 표시.
기아자동차	차량용 인포테인먼트 시스템 유보(UVO)	• MS와 공동 개발. 운전자 음성으로 오디오, 미디어기기 등 작동. • 2010년 6월 미국 '텔레매틱스 업데이트 어워드'에서 신제품상 수상. • MS가 개발한 음성인식 제어 엔진이 적용되었으며, 다양한 최신 기능들을 SW 프로그램 형태로 쉽게 추가하거나 업그레이드 가능.
르노삼성	모바일 텔레매틱스 (MIV)	• 2012년경 르노삼성과 SK텔레콤은 스마트폰으로 시동을 걸고 문을 여닫을 수 있는 모바일 텔레매틱스(MIV)를 공동 개발한다고 발표. • MIV는 자동차에 IT 기술을 결합해 내비게이션과 원격 제어, 도난 방지와 긴급구조 통신, 자동차 원격검침 등의 기능 제공.
	휴대폰 스마트 엔트리 시스템	• 카메라, MP3, PDA, TV 기능이 휴대폰 하나로 통합되고, 그 휴대폰으로 자동차의 문을 열고 닫거나, 각종 램프를 켜거나 끌 수 있으며, 무선으로 시트도 조정할 수 있는 최첨단 시스템(SK텔레콤과 공동 개발).

> 보조금 정책의 실효성

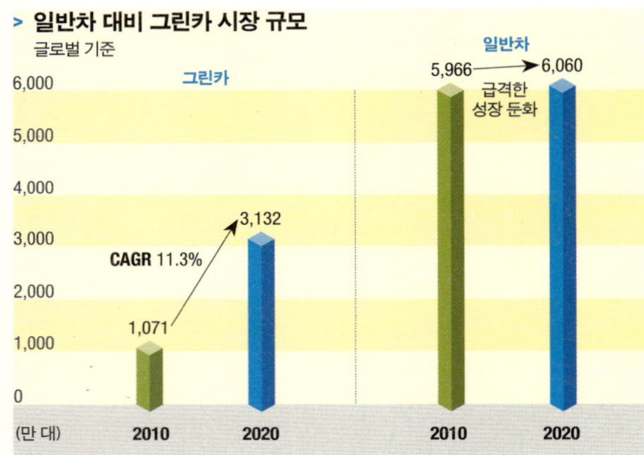

- 한국의 경우, 정부가 전기차 가격과 일반차 가격차의 50%(2천만 원 한도)를 보조금으로 지원 방침 발표.
- 5천만 원 이상 전기차의 경우, 최대 420만 원 세제 혜택 발표.
- 그러나 한국(블루온), 일본(LEAF), 중국(BYD)에서 시판 중인 전기차의 가격은 일반차 대비 4~5배의 고가임 → 보조금과 세제 혜택 실효성 논란 → 전기차 판매 저조.

> 주행거리당 충전 문제

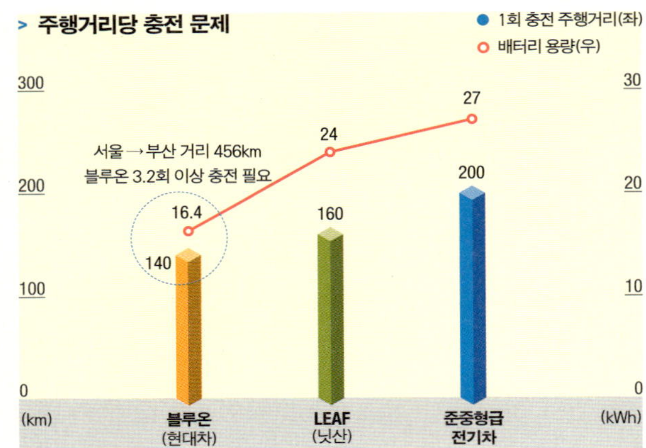

- 현대 블루온의 배터리 용량은 16.4kWh로 1회 충전시 140km 주행 → 서울~부산 편도 기준(456km) 3.2회 충전 요함(완속 충전시 회당 6시간 소요). 따라서 블루온으로 서울~부산을 가려면 충전시간만 약 20시간 요함.
- 물론, 급속충전, 배터리 교환시스템 등 다른 방법이 있지만, 비싸고, 불편하며, 장시간 소요됨.

> 일반차 대비 그린카 시장 규모

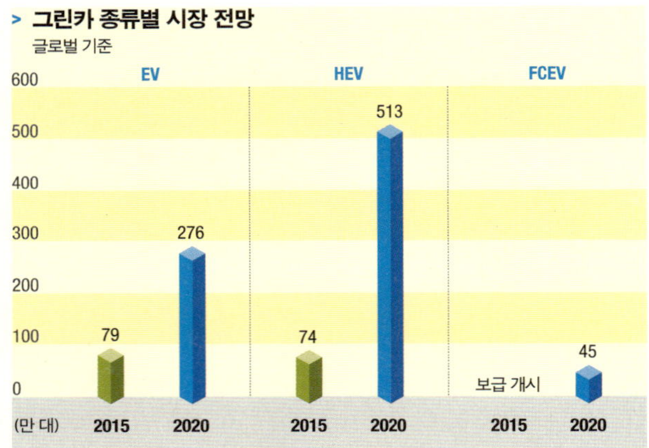

- 비용과 충전 시스템 등 아직 그린카가 풀어야할 난제가 많지만, 환경과 에너지 고갈 문제 등을 고려하건대 2020년 전후로 그린카 시장은 매우 낙관적임.
- 이에 반해 가솔린 등을 연료로 하는 일반차의 성장은 그린카에 비해 급격히 둔화될 전망.

> 그린카 종류별 시장 전망

- 전기차(EV), 하이브리드차(HEV), 수소차(FCEV) 가운데 하이브리드차의 성장세가 가장 돋보임.

> 그린카 글로벌 판매량 전망

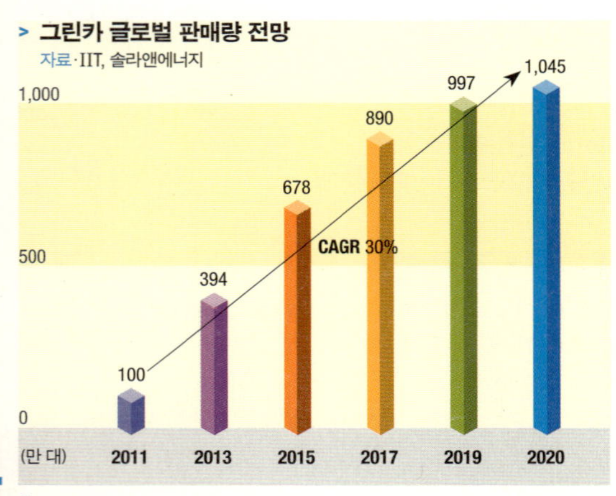

> 국내 전체 자동차 시장 대비 그린카 점유율 전망

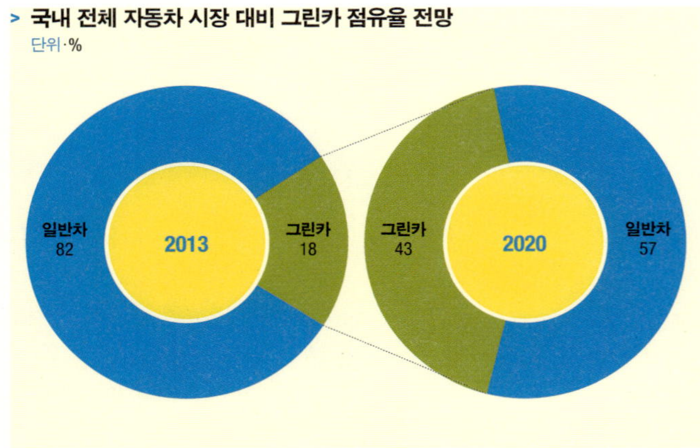

>> 세계 그린카 시장 지도

> 일반차 대비 그린카 시장 규모
2020년 예상

> 거점별 시장 이슈 및 전망

국가	정책구분	항목	내용
미국	지원정책	구매보조금	연방정부, 전기차 1대당 최대 7,500달러 지원. 추가로 주정부마다 별도의 보조금 지급 예정.
		개발지원	총 24억 달러의 R&D보조금 지급.
	규제정책	연비 규제	연방정부, 2016년 CAFE 35.5MPG (=15km/리터) 목표.
유럽	지원정책	구매보조금	프랑스, 전기차 1대당 최대 5,000유로 지원. 영국, 전기차 1대당 최대 5,000파운드 지원.
		개발지원	독일, 전기차 연구개발 펀드 조성.
	규제정책	배기가스 규제	2020년 신차 이산화탄소 배출량, 2007년 대비 18% 감축.
중국	지원정책	구매보조금	BEV와 HEV 각각 최대 60,000위안, 50,000위안 지원.
		개발지원	2020년까지 약 17조 원 집행.
	규제정책	연비 규제	2016년 신차 연비 17.8km/리터 목표.
한국	지원정책	구매보조금	동급 가솔린차와 가격차 50% 지원(최대 2천만 원).
		개발지원	2020년까지 리튬이온전지 개발에 15조 원 투입. 2020년 리튬이온전지 가격 80% 절감 목표. 2015년 글로벌 EV시장 점유율 10% 목표.
	규제정책	연비 규제	2015년 신차 연비 17km/리터 목표.
일본	지원정책	구매보조금	5~10만 엔 보조금 및 취득세 면제.
		개발지원	2020년 EV 200만 대 보급. 2020년 가정용/급속 충전기 200만 대 목표. 2015년 리튬이온전지 가격 65% 절감 목표.
	규제정책	연비 규제	2015년 차종별 연비 차등 규제. 승용차 16.8km/리터, 트럭 15.2km/리터.

> 글로벌 그린카 출시 현황 | 자료·New Energy Finance, 주·미국 연방정부 세액공제액 차감 반영

회사	차량명	전기차 유형	출시년도	예상 가격	총 주행거리	주행거리(전기)
미쓰비시	i-Miev	EV	2010	$36,000	100마일	100
닛산	Leaf	EV	2010	$25,500	100마일	100
포드	Focus	EV	2011	$27,500	75마일	75
Coda	Coda Sedan	EV	2011	$37,500	100마일	100
테슬라	Model S	EV	2012	$50,000	300마일	300
GM	Chevy Volt	PHEV	2010	$32,500	340마일	40
토요타	Prius Electric	PHEV	2010	$27,500	565마일	13
Fisker	Karma	PHEV	2011	$80,500	300마일	50

(마일) 0   50   100   150   200   250   300

현대모비스
코스피·IFRS연결

2012년 2분기 누계

매출액	15조388억 원
영업이익	1조4,428억 원
순이익	1조8,294억 원

투자 포인트
- 하이브리드 모델에 구동모터와 IPM(통합 패키지 모듈) 등 핵심 부품 공급.
- 2010년 2월 현대모비스와 LG화학이 배터리 합작회사 HL그린파워 출범 → 현대모비스 지분 51%.
- HL그린파워는 2014년까지 모두 500억 원을 투자해 20만 대 규모 배터리팩 만드는 의왕공장을 40만 대 수준으로 증설할 계획. 이후 충주에 2차전지 공장을 짓기로 하는 등 2015년까지 설비투자에만 2,000억 원 투자 계획.

> **현대모비스가 생산하는 하이브리드차 핵심 부품**

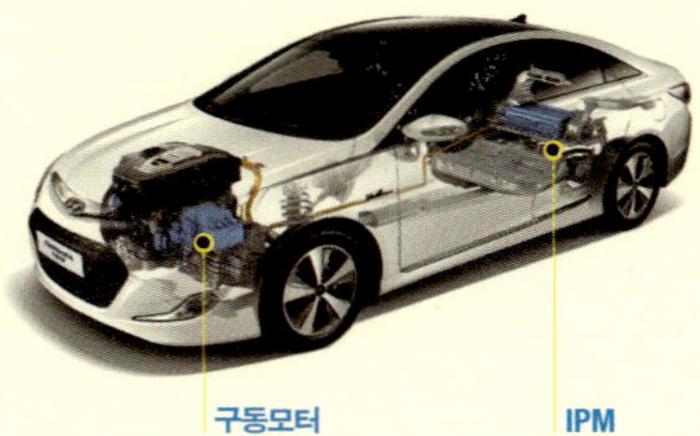

- **구동모터** ｜ 가속시 전기에너지를 이용하여 모터를 구동하여 차량의 구동력을 증대하고, 감속시 모터를 발전기로 작동시켜 운동에너지를 전기에너지로 변화시켜 배터리를 충전.
- **IPM** ｜ 배터리와 제어기(인버터, 컨버터)로 구성된 통합 모듈로 모터와 배터리 제어 기능은 물론 배터리 전압을 저전압으로 변환.

S&T모티브
코스피·IFRS연결

2012년 2분기 누계

매출액	4,531억 원
영업이익	108억 원
순이익	104억 원

투자 포인트
- 현대모비스의 상용 하이브리드 전기차와 연료전지차의 구동모터 공급 업체.
- BLDC 모터 등 고기능성 모터 기술 확보.
- 2014년부터 GM의 하이브리드차인 'Volt'에 모터 납품 예정.

현대모비스에 납품 중인 구동모터

> **제품별 매출 비중**
> 단위·%

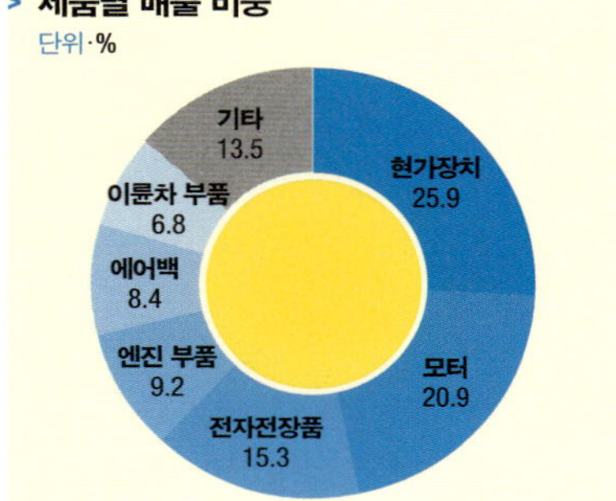

효성
코스피·IFRS연결

2012년 2분기 누계

매출액	6조2,416억 원
영업이익	1,146억 원
순이익	358억 원

투자 포인트
- 국내 첫 고속 전기차 '블루온'에 모터 공급.
- 2011년 말에 출시된 국내 최초 상용 전기차인 '레이'에 50kw급 전기자동차용 모터 공급.
- 80kw급 전기차용 모터 개발 국책 과제 참여 → 2014년까지 준중형급 전기차 모터 개발 완료.
- 2011년 10월 완속 충전기 안정 인증 획득 → 한국환경공단으로부터 약 190기의 완속용 충전기 공급 수주.

> **효성에서 모터를 공급하는 전기차 '블루온'과 '레이'**

LS산전
코스피·IFRS연결

2012년 2분기 누계

매출액	1조568억 원
영업이익	862억 원
순이익	537억 원

투자 포인트
- 전기차 부품인 EV Relay, BDU(배터리 차단 유닛: 고압전류에도 견디도록 만든 일종의 스위치), PCU(구동모터 속도 조절), OBC(차량 내부 장착 충전기) 등 생산.
- GM 전기차 'Volt' 후속 모델에 배터리 차단 유닛 납품, 현대차에 Relay 및 PCU 공급 계약 체결.
- 미국 타이코사와 파나소닉, 한국 LS산전만이 EV Relay 상용화 → 2012년 5월 청주공장 준공으로 2012년 100만 개에서 2015년 400만 개로 생산 규모 확대.

> **EV Relay**

- **EV Relay** ｜ 배터리 전력의 안정적인 공급과 차단 및 급정지시 발생하는 역방향 재생전류로부터 전장품을 보호하는 장치.

BMS

투자 포인트

- 국내 최초로 BMS를 자체 생산하여 해외로 공급.
- 10년간 정부의 국책 과제로 BMS 기술 개발.
- 2012년 초 일본 미쓰비시 후소사와 하이브리드 상용차용 BMS 공급 계약 체결 →2012년 1,200대, 2013년 3,000대 규모 공급 예정.
- 신규 사업으로 에너지 저장 장치 시스템용 배터리팩 진출.

> **고객사별 제품 점유율**

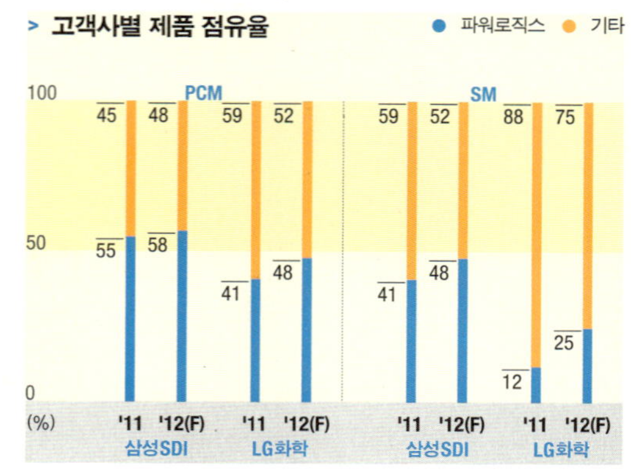

인버터

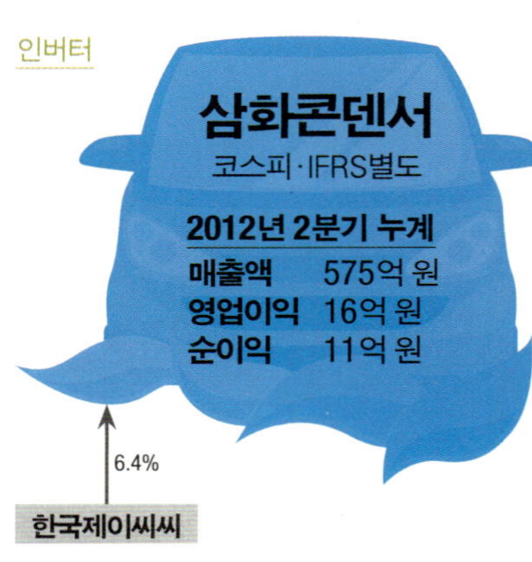

투자 포인트

- AC/DC 가전용 필름 콘덴서 생산 주력 업체.
- 2008년 2월 현대로템으로부터 하이브리드 자동차 부품 업체 1순위로 선정.
- 2008년 11월 현대모비스의 협력 업체로 등록.
- 전기차용 콘덴서 개발, 현대·기아차에 공급 →기아차 '레이'에 전기차용 콘덴서 납품.
- 2012년부터 후막 및 박막 증착 필름 양산능력 확대를 통해 매출 증가 속도 유지 및 이익률 개선 기대.

> **제품별 매출 비중**

단위·%

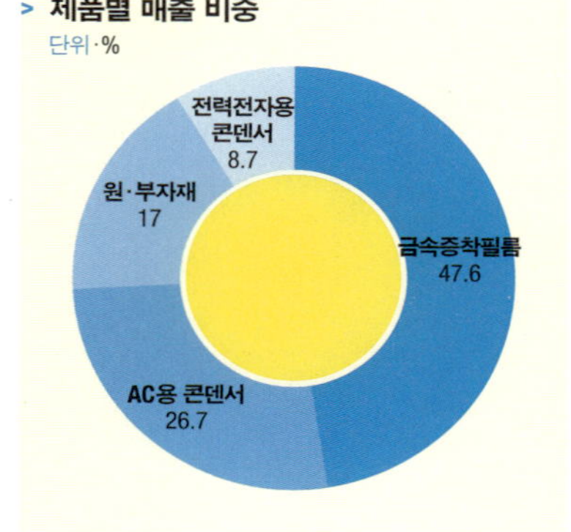

인버터

투자 포인트

- 국내에서 삼성전기 외에 유일하게 MLCC 생산 →MLCC 업황은 2011년 12월을 바닥으로 회복 중.
- 삼성전기가 주로 모바일 기기에 집중된 반면, 동사는 TV등 디스플레이와 AV기기에 집중.
- 하이브리드용 전기차 인버터용 캐피시터 개발.
- 미국에서 전기차 및 신재생에너지 인버터용 DC링크 캐피시터 특허 취득.

> **미국에서 특허받은 전기차 인버터용 DC링크 캐피시터**

제동장치

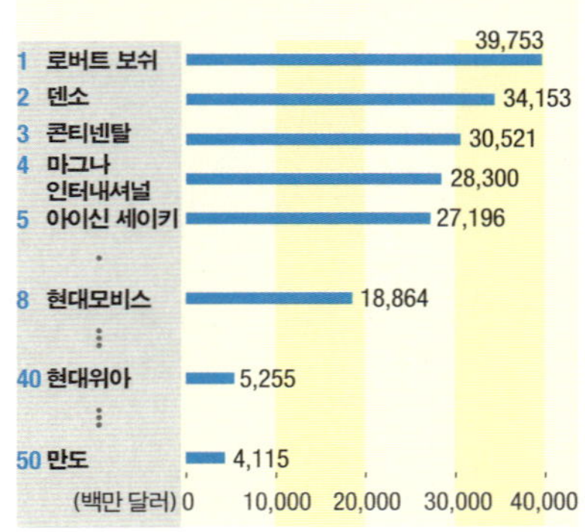

투자 포인트

- 전자 회생 브레이크 자체 생산, '블루온' 및 '레이'에 공급.
- 2014년 5억2천만 달러 규모의 제동 및 조향 제품을 GM에 공급 예정.
- 조향 제품은 자동차 핸들을 움직이는 장치로, 기존 유압 방식과 달리 폐오일 등 환경 공해가 없고 유지비도 저렴하게 드는 친환경 공법 개발 →2009년 세계에서 네 번째로 독자 개발 성공.

> **글로벌 주요 자동차 부품 업체 매출액 현황**

	업체	매출액
1	로버트 보쉬	39,753
2	덴소	34,153
3	콘티넨탈	30,521
4	마그나 인터내셔널	28,300
5	아이신 세이키	27,196
8	현대모비스	18,864
40	현대위아	5,255
50	만도	4,115

(백만 달러) 0 10,000 20,000 30,000 40,000

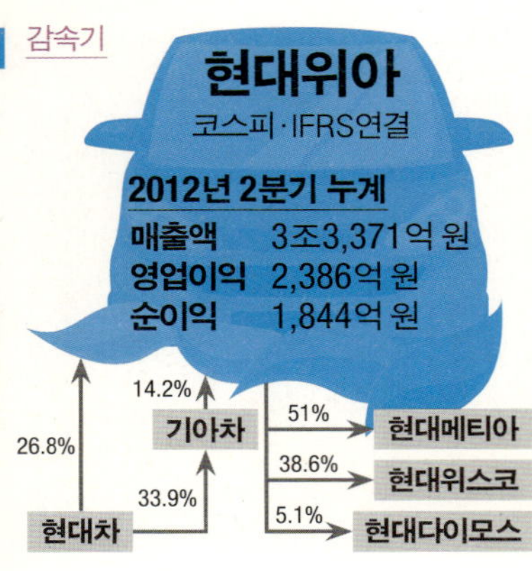

투자 포인트
- '블루온'과 '레이'에 감속기 공급.
- 감속기는 전기적인 신호를 이용하여 전기차 속도를 조절하는 장치.
- 4륜 SUV 하이브리드 차량의 후륜에 장착되는 전기 구동 모듈 개발 계획이 지식경제부가 주관한 '수요자 연계형 부품·소재 기술 개발 사업' 핵심 국책 과제로 선정 → 2015년 완료 목표.
- 후륜 모듈 제품이 장착된 차량은 엔진 및 변속기로 구동되는 전륜과 전기모터로 구동되는 후륜을 운전 환경에 따라 선택적으로 가동할 수 있어 운전의 편의성을 도모하고 주행 안정성도 크게 높일 수 있음.

> **후륜 장착 전기 구동 모듈**

투자 포인트
- '블루온'에 감속기 공급.
- 조향부품, 구동부품 등의 제조를 주된 사업으로 함.
- 해외시장 개척을 위하여 2007년 12월에 인도 현지 계열 법인 설립 → 현대차 인도공장을 비롯하여 해외 유명자동차 메이커에 제품 공급 기반 조성.
- 2009년 일본 SANWA와 자동차용 컴프레서의 제조 기술에 대한 기술 도입 계약 체결 → 자동차용 컴프레서를 제조하여 국내 자동차 업체가 진출해 생산하는 나라 및 SANWA가 지정하는 나라에 판매할 수 있는 독점적 권리 획득.

> **제품별 매출 비중**
단위·%

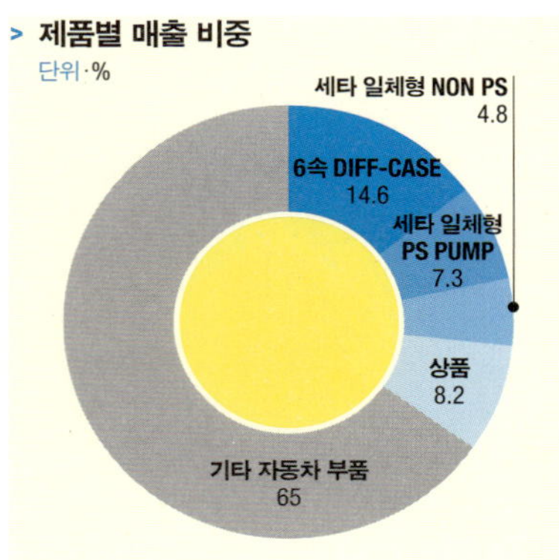

투자 포인트
- 공조 부문 글로벌 시장점유율은 10% 내외로 추정되며, Visteon이 생산하는 공조품을 합산할 경우 12%대로 추정 → 이는 현대차 그룹 및 기타 국내 자동차 부품 업체들의 글로벌 점유율 대비 두드러지게 우월한 수준으로 동사의 글로벌 입지를 증명.
- 공조시스템 중 핵심 부품인 컴프레서의 경우 생산 가능한 업체의 수가 일반 공조 업체의 수보다 적어 한라공조의 컴프레서 점유율은 10% 보다 더 높은 수준으로 추정.
- 전기차용 냉난방 공조시스템 생산 → 미국 전기차 전문 업체인 테슬라모터스로부터 5년간 총 560억 원 규모 에어컨 시스템 수주.

> **국내 공조시장 점유율**
단위·%

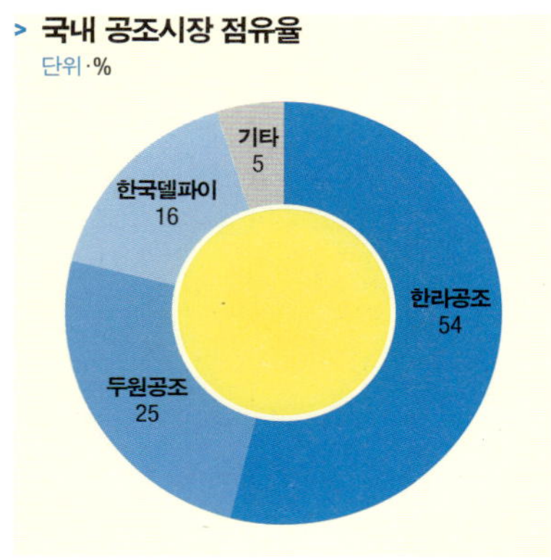

투자 포인트
- 공조시스템 부분에서 전기차용 PTC히터 생산 → PTC히터는 디젤 기관이 가솔린 보다 예열이 늦기 때문에 디젤용 차량에서 겨울철 시동과 동시에 차량 유입공기를 직접 가열하여 내부 온도를 신속하게 예열시키는 보조 난방 장치로 개발.
- 5,000억 원 규모의 기존 디젤 PTC히터 시장에서 유럽 경쟁 업체(카텐, 베루)와 함께 과점적 지위 형성 → 디젤 차량이 많은 유럽 시장에서 점유율 확대 기대.

> **신규 제품의 매출 성장 기여도**

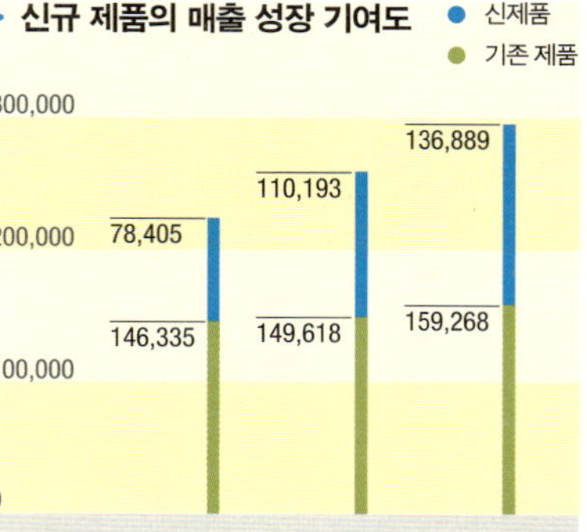

충전시스템

코디에스
코스닥·IFRS별도

2012년 2분기 누계

매출액	76억 원
영업이익	-21억 원
순이익	-17억 원

투자 포인트
- 2008년 한국전기연구원으로부터 급속 전기 충전 시스템 기술 이전 받음.
- 전기차 완속 충전에 대한 국가 통합 인증 획득(급속 충전은 인증 진행 중).
- 전기차 충전 관련 실적은 2010년 12억 원, 2011년 18억 원 매출 기록.

> **서울대공원에 설치된 코디에스 급속 충전 스테이션**

스마트카

인포뱅크
코스닥·IFRS별도

2012년 2분기 누계

매출액	463억 원
영업이익	19억 원
순이익	97억 원

투자 포인트
- 텔레매틱스 개발하여 현대차에 공급, 현대차 앱스토어 개발사로 참여 예정.
- 정부 국책과제로 국제표준 GENIVI 기반 차량 인포테인먼트 시스템 개발 중.

> **제품별 매출 비중**

단위·%

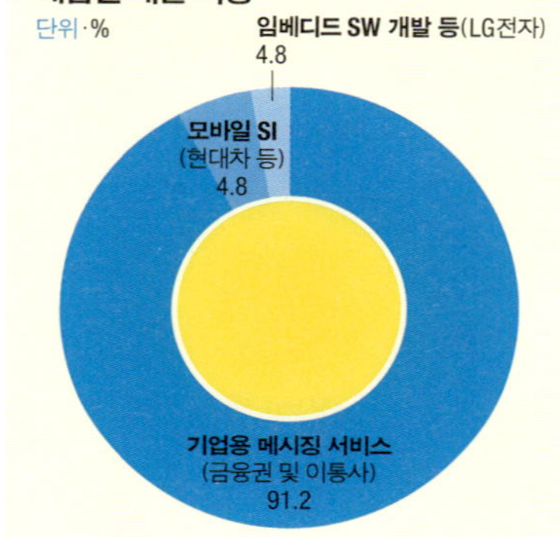

> **경영실적**

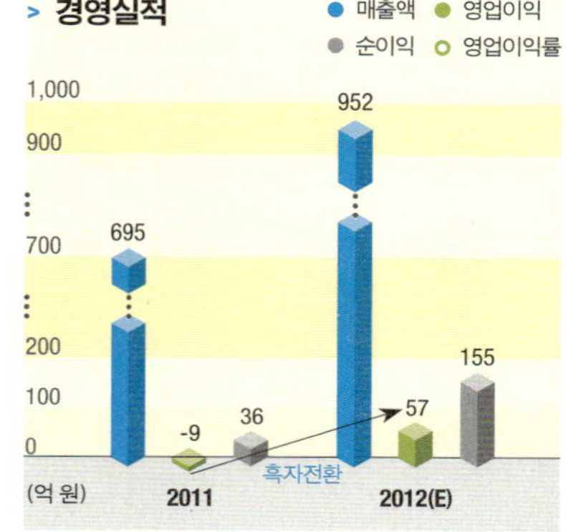

스마트카

MDS테크
코스닥·IFRS별도

2012년 2분기 누계

매출액	284억 원
영업이익	40억 원
순이익	48억 원

투자 포인트
- 국내 임베디드 소프트웨어 1위 업체.
- 임베디드 소프트웨어가 기존 휴대폰에서 자동차, 시스템LSI, 방산용으로 확대되고 있어 사업 확대가 기대됨.
- 자동차에 전장 부품 탑재가 늘어나고 있고, 국내 자동차 부품 업체의 전장 부품 개발 수요가 증가하면서 동사의 자동차용 소프트웨어에 대한 수요도 동반 상승.

> **텔레매틱스 연동 스마트폰 애플리케이션 주요 기능**

- **메인**
  - **차량 제어**
    - 원격 시동
    - 원격 공조
    - 원격 문·창문 제어
    - 원격 경적·라이트 제어
  - **차량 정보**
    - 차량 진단
    - 주행 정보
    - 소모품 관리
    - 차계부
  - **부가 서비스**
    - 주차 위치
    - 최적 경로
    - Send2Car
    - 지역 특화 서비스
  - **고객 센터**
    - 고객 센터 연결
    - 전담 딜러 연결
    - 정비 센터 연결

스마트카

유비벨록스
코스닥·IFRS별도

2012년 2분기 누계

매출액	414억 원
영업이익	55억 원
순이익	43억 원

투자 포인트
- 차량용 인포테인먼트 소프트웨어 개발 업체.
- 차량용 오픈 플랫폼 구축 → 자동차와 IT서비스 환경 기술 및 스마트폰을 통한 차량 제어 시스템이 가능한 스마트 콘트롤 기능 보유.
- 스마트폰 앱스토어 기술을 적용한 차량용 앱스토어 개발 진행.
- 원격 문열림/잠김, 주차 위치 확인, 원격시동·공조, 목적지 전송 등의 서비스가 뉴산타페 및 K9에 적용.

현대차	5.6%	
이흥복 外	32.1%	팅크웨어 22.2%

03 풍력

석유 40년, 천연가스 60년, 석탄 200년!

전 세계 산업화를 빠르게 주도해온 기존 자원들의 예상 고갈 시점이다. 대비책으로 인류는 기존 에너지를 대체할 새로운 에너지원을 찾아 나섰다. 물론 21세기 최대 화두인 환경오염을 줄여야 한다는 옵션도 붙었다. 이러한 조건을 모두 충족하는 해답은 바로 '자연'이다. 물을 이용한 수력, 바람을 이용한 풍력, 햇빛을 이용한 태양광 등이 바로 기존 에너지를 대체할 신재생에너지로 지목됐다. 그 가운데 풍력은 발전 단가가 기존 화석 연료에 가장 근접해 있다. 특히 해상풍력은 부지 확보가 양호한 데다 터빈 설치로 인한 소음 및 시각적 위압감 등 육상풍력의 문제점을 해소할 수 있다는 점에서 최상의 자연에너지로 꼽힌다.

세계적인 경기 침체에도 불구하고 해상풍력 시장은 호황을 이어가고 있다. 2012년에도 해상풍력 시장은 전년 대비 400%대의 성장률을 기록할 전망이다. 향후 성장성은 더욱 기대된다. 2012년부터 2020년까지 유럽 지역 해상풍력 건설 및 그리드(Grid) 연결을 위해 총 1,270억 유로가 투자되며 40기가와트(GW)의 해상풍력 단지가 건설될 예정이다. 우리나라 역시 정부 차원에서 2019년까지 3단계로 나눠 총 2,500메가와트(MW) 규모의 해상풍력 발전 단지 건설을 추진하고 있다.

풍력 발전 시장을 이끄는 업체들

전 세계적으로 해상풍력 산업에 대한 투자가 활발히 이루어지면서 투자자들을 중심으로 관련 기업들에 대한 관심이 고조되고 있다. 현재 글로벌 해상풍력 시장은 정부의 지원 아래 자국 시장을 중심으로 성장해온 해외 업체들이 점유하고 있다. 이에 비해 국내 업체들은 시장을 선점하지 못한데다 진출도 한발 늦어 기술 경쟁력에서 다소 뒤쳐져 있다.

발전기 부문에서 가장 주목 받고 있는 국내 기업은 두산중공업이다. 두산중공업은 2009년 아시아 최초로 3MW급 육·해상 풍력발전기를 출하 한데 이어 2011년 국내 최초로 3MW급 발전 시스템으로 국제 인증을 취득하는 등 경쟁사보다 앞서 나가고 있다. 이에 따라 세계 풍력 시장을 이끌어 나가는 유럽에서의 성공 가능성도 점쳐진다. 현재 6MW급 터빈 개발이 마무리 단계에 있으며 성공적으로 상용화될 경우 스코틀랜드 해상풍력 단지 조성에 참여할 것으로 기대 된다. 이어 40GW의 해상풍력 단지가 조성되는 북해 풍력 발전 시장까지 진출해 글로벌 터빈 업체로의 도약이 가능할 것이라는 게 업계 전문가의 전망이다.

국내 시장에서의 성장도 기대된다. 두산중공업은 2011년 영흥도 풍력 발전 단지를 비롯해 신안군에도 3MW급 발전기 2기를 공급했다. 경쟁사들이 2.5MW급 발전기를 생산하고 있는 데 비해 이보다

한 단계 높은 기술력을 선보인 점이 투자자들에게 매력 요소로 작용하고 있다.

대우조선해양 역시 풍력 발전 시장에서 신흥 기대주로 떠오른다. 대우조선해양은 풍력을 미래 핵심 사업으로 육성해 2020년 매출 40조 원 달성의 청사진을 세워놓고 있다. 기존 조선·해양 설비 분야의 기술력에 캐나다 노바스코시아 신설 법인 및 드윈드 사의 기술력을 결합해 풍력을 미래 핵심 사업으로 육성하겠다는 전략이다.

이밖에 최근 최대 주주가 일본 도시바로 바뀐 유니슨의 행보도 투자자들의 이목을 끈다. 유니슨이 글로벌 주자인 도시바의 강력한 신재생에너지 전략을 그대로 흡수할 경우 성장 모멘텀이 마련되기 때문이다.

지속적 기술 개발로 외형과 수익성 향상 기대

발전기 못지 않는 핵심 분야가 바로 관련 부품 사업이다. 이 분야에서는 국내 기업 중에 태웅이 떠오르는 스타로 지목되고 있다. 태웅은 세계 3대 풍력 발전 터빈 업체인 지멘스, 베스타스, GE윈드 내 단조품 시장점유율이 모두 40%를 넘어서는 글로벌 단조품 생산 업체다. 꾸준한 기술력 향상으로 생산비 절감과 수주 증가를 통한 실적 개선이 기대된다.

발전기의 블레이드 회전 속도를 조절하는 감속기를 생산하는 우림기계도 추천주 가운데 하나다. 최근 두산모트롤과 함께 참여한 3MW급 증속기의 국산화 개발 국책 과제에 성공하면서 두산중공업으로의 납품이 기대되고 있다.

삼강엠엔티는 한국전력의 독일 해상풍력 시장 진출에 따른 최대 수혜주로 꼽힌다. 삼강엠엔티 전체 매출 비중의 20~25%를 차지하는 해상풍력용 타워지지대는 국내에서 유일하게 납품 경험이 있는 품목이다. 400톤 가량의 대중량 타워지지대를 제작·선적하기 위해서는 선박접안 시설이 필수적인데, 이러한 시설을 갖춘 곳은 삼강엠엔티가 유일하다.

풍력발전용 메인샤프트를 생산하는 현진소재도 해상풍력주의 추천 종목 가운데 하나다. 현진소재는 GE윈드, 현대중공업 등 글로벌 대기업을 주요 고객으로 확보해 실적 안정화를 꾀하고 있다. 2011년 풍력 부문 매출이 전년 대비 2배가량 증가해, 급격한 성장세를 보여주면서 향후 실적에 대한 기대가 증폭되고 있다.

왼쪽은 2,500MW 규모의 서남해 해상풍력 발전 단지의 조감도. 예상 사업비만 2조 원이 넘게 소요되는 프로젝트로, 향후 이곳에서 생산되는 전력량은 광주를 포함한 전라남북도와 부산, 포항, 대전을 합한 인구가 사용하고도 남을 정도로 방대하다. 오른쪽은 최근 서남해 해상풍력 발전 단지 지원항으로 선정된 군산항의 배후 항만 조감도. 구축 사업자로 (주)한진이 선정되었다. 군산항에는 풍력 관련 기업의 입주가 크게 증가할 것으로 보이며 향후 해상풍력 산업의 거점 물류기지는 물론 수출 전진기지로서도 핵심적인 역할을 해나갈 전망이다.

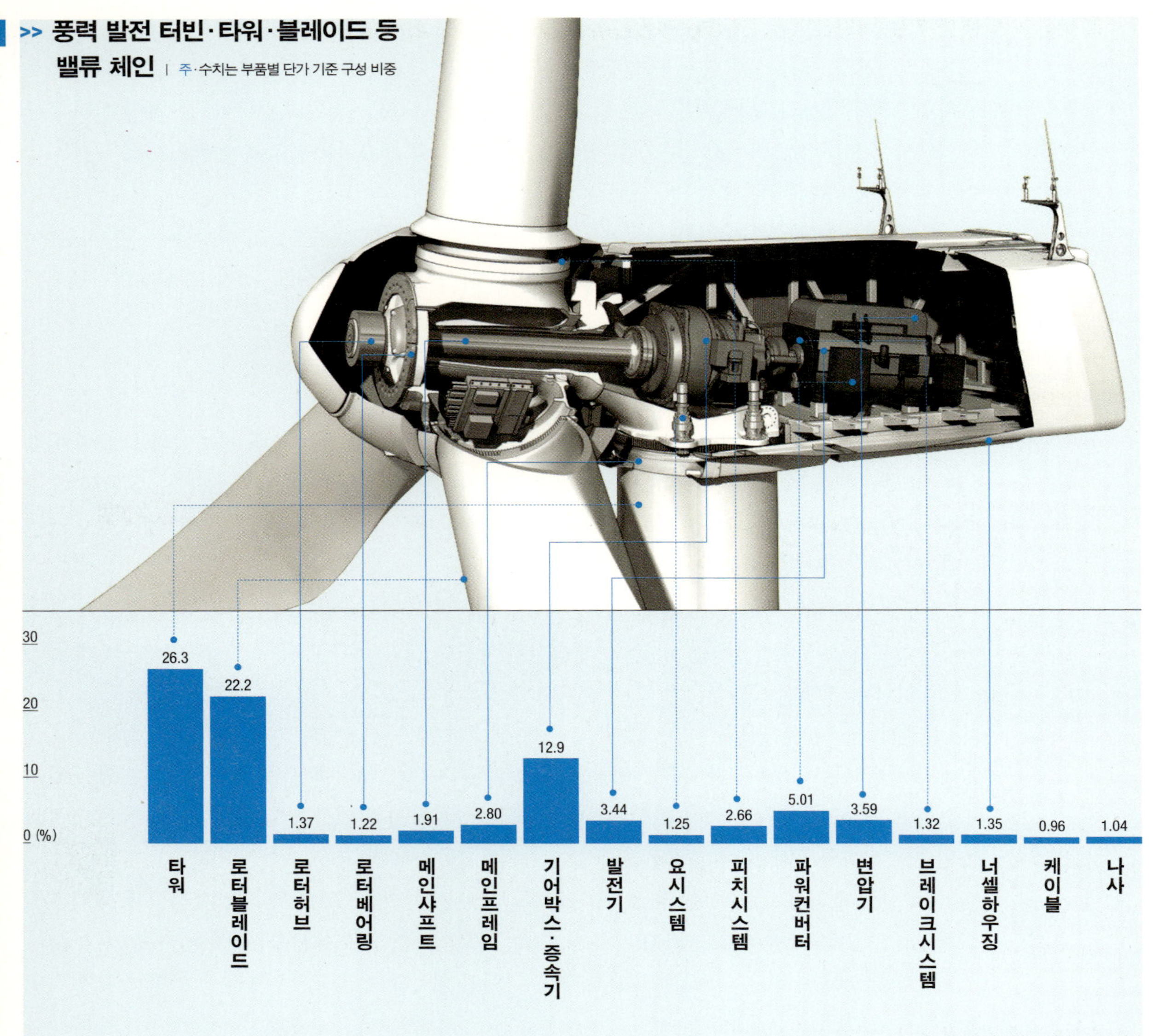

타워	롤형 강재에 격자식으로 말아 올려 구현. 업체 › 동국S&C, 스페코, Gamesa, Vestas
로터 블레이드	유리 및 에폭시 섬유 등으로 고안된 몰드에서 제조. 업체 › 국도화학, Mitsubishi, Nordex, Siemens, Gamesa, LM, Vestas
메인샤프트	회전자의 운동에너지를 발전기로 직접 전달. 업체 › 태웅, 현진소재, 용현BM
기타	우림기계(증속기), 삼강엠엔티(하부 구조물), 삼영엠텍(증속기 부품), 마이스코(단조품)
기어박스	저속 주축의 회전속도를 발전에 필요한 고속으로 변환. 업체 › 두산중공업, 효성, 유니슨, Ishibashi, Winergy, Hansen, GE Rail
발전기	기계적 에너지를 전기적 에너지로 변환. 업체 › 두산중공업, 효성, 유니슨, 현대중공업, STX(STX조선해양), 대우조선해양, 삼성중공업
요시스템	바람 부는 방향으로 나셀 회전. 업체 › 태웅, 용현BM
피치시스템	블레이드 방향 조절. 업체 › 태웅, 용현BM(피치베어링)

- 우리나라의 풍력 산업은 시장 규모와 기술경쟁력이 취약. 그러나 국산 풍력 발전의 보급을 통한 기술 자립화와 대규모 신재생에너지 확보를 목표로 정부와 지자체 주도로 해상풍력단지를 조성할 계획이며 유니슨, 두산중공업, 효성에 이어 대우조선해양, 현대중공업, 삼성중공업, STX조선해양 등 조선 업체도 풍력 사업에 대한 적극적인 R&D와 투자를 진행중에 있음.

- 풍력 발전의 블레이드와 선박 프로펠러의 적용기술이 유사하여 전 세계 조선 업계를 선도하고 있는 국내 업체들의 시장 진입이 용이한데다 단기간 내 기계 등 연관 산업과의 시너지 창출이 가능할 것으로 기대.

>> 해상풍력 발전 조감도, 해상풍력 기초(Foundation) 발달 과정 및 유형별 구조

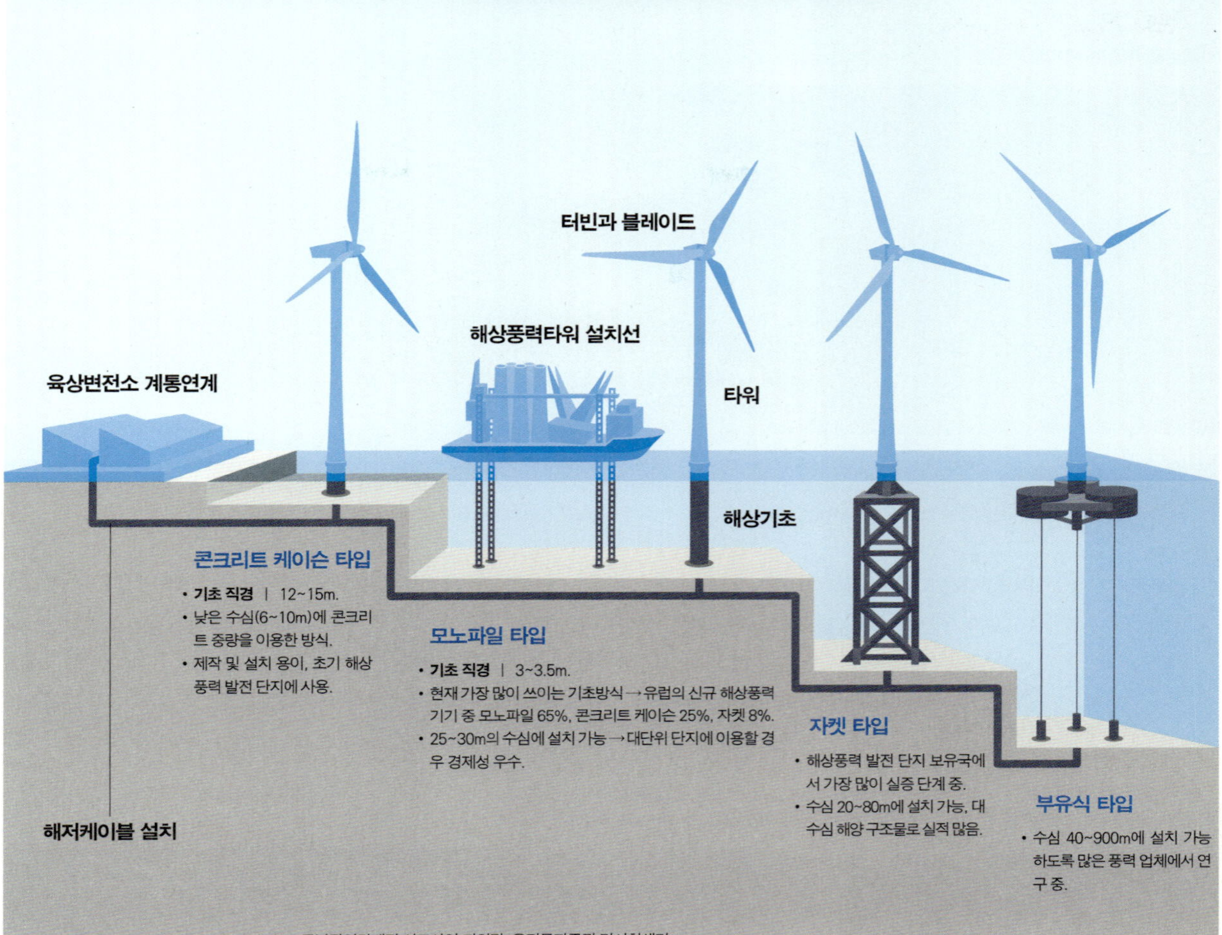

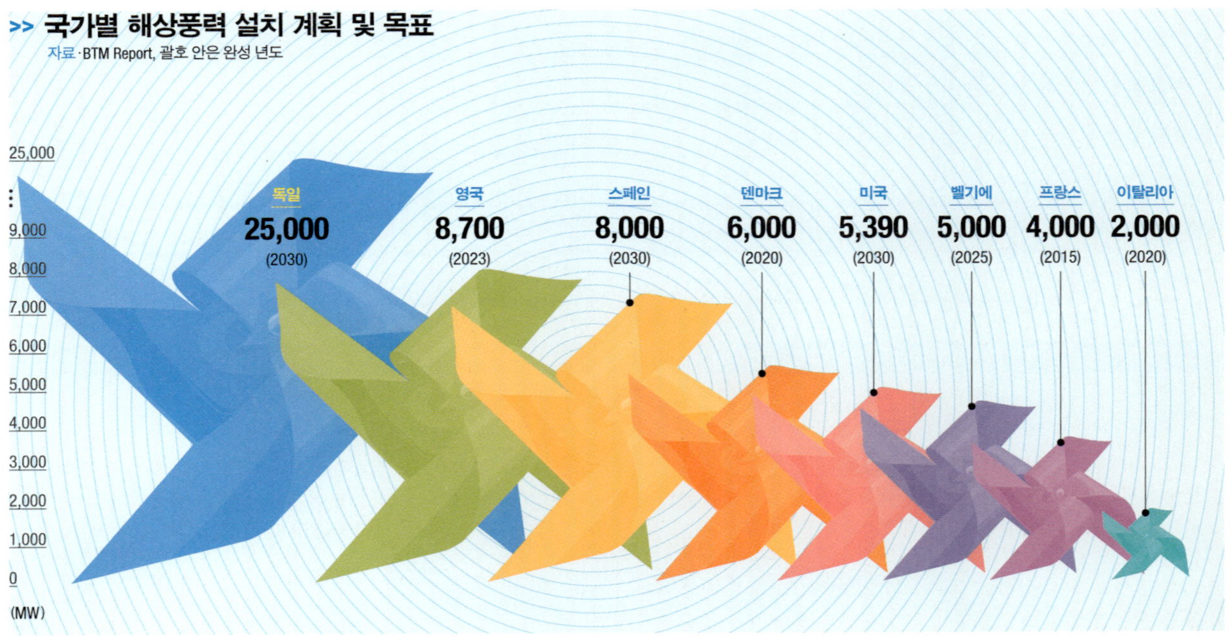

자료 · NREL, Danish Wind Industry Association, 동남광역경제권 선도산업 지원단, 우리투자증권 리서치센터

• 해상풍력 발전은 풍력 터빈을 연안 등 수역에 설치해 그곳에서 부는 바람의 운동에너지를 회전 날개에 의한 기계에너지로 변환해 전기를 얻는 방식.

>> 국가별 해상풍력 설치 계획 및 목표

자료 · BTM Report, 괄호 안은 완성 년도

> 해상풍력단지 배치도

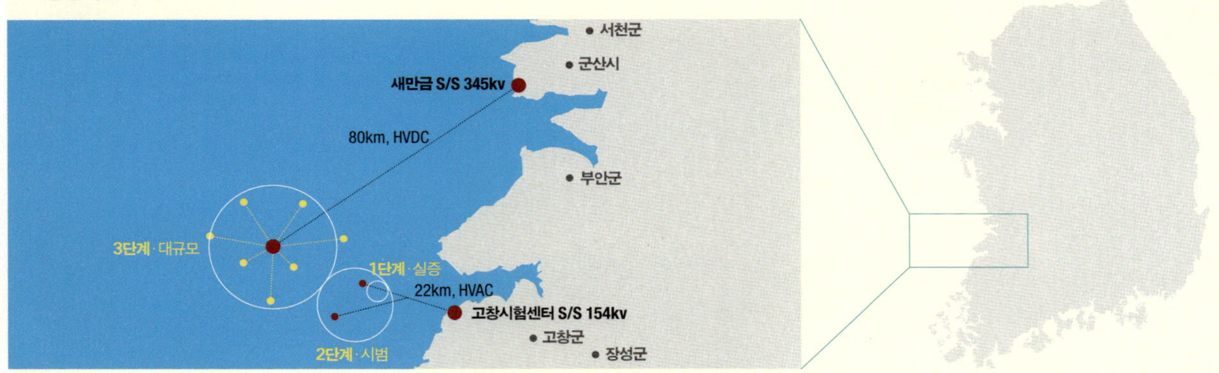

부안 - 영광지역 해상풍력단지 개발 계획

단계		
1단계	2013년까지 100MW(5MW급 20기) 실증단지를 건설하여 Track Record 확보에 주력.	민·관 합동으로 6,036억 원 투자
2단계	2016년까지 900MW(5MW급 180기) 시범단지 건설.	민·관 합동으로 3조254억 원 투자
3단계	2019년까지 1,500MW(5MW급 300기) 해상풍력단지 추가 건설.	민간에서 5조6,300억 원 투자
기타	• 전력계통은 1, 2단계는 전북 고창변전소로, 3단계는 새만금 변전소로 연결. • 총 투자 규모는 9조2,590억 원, 이중 정부는 해상구조물 등의 기술 개발에 290억 원을 지원하고, 나머지 발전기 개발·설치, 지지구조물 설치·계통연계 등 대부분의 예산은 민간에서 투자.	

> **로드맵 세부 추진 계획** | 주·SCADA(Supervisory Control And Data Acquisition, 원격감시제어시스템), CMS(Condition Monitoring System, 상태감시시스템), EIA(Environmental Impact Assessment, 환경영향평가)

● 사업(컨소시엄) ● 연구(한전) ● 연구(정부지원)

추진단계	1단계			2단계			3단계		
	2011	2012	2013	2014	2015	2016	2017	2018	2019
개발 목표	실증단지(100MW)			시범단지(900MW)			확산(Multi GW)		
풍력터빈	기기요건 정의	설계·제작·설치			제작·설치			제작·설치	
계통연계 ㅣ HVAC	설계·인허가	제작·설치(2회선, 600MW)						제작·설치	
계통연계 ㅣ HVDC		HVDC 기술개발(2회선, 1.9GW)				설계·인허가	제작·설치		
자원 평가	해상기상탑 모니터링 분석	자원평가·기상분석							
단지 발굴·설계	부지조사·예상부지 공표·2단계 단지 설계			3단계 단지 설계					
지지구조물	설계요건 개발	설계·제작·설치			설계·제작·설치			설계·제작·설치	
환경영향평가	해상풍력 환경영향 분석			EIA·인허가		모니터링	EIA·인허가		모니터링
운영기술	SCADA·CMS 개발				SCADA 구축·운영			SCADA 구축·운영	

단계	1단계 ㅣ 실증	2단계 ㅣ 시범단지	3단계 ㅣ 확산
목적	• Test Bed 구축 • Track Record 확보 • 단지설계기술 확보	• 운영기술 확보 • 상업적 가능성 검증	• 비용 절감 • 대규모 단지 개발 • 상업적 운영
규모	100MW(5MW 20기)	900MW(5MW 180기)	1,500MW(5MW 300기)
일정	2011~2013년(3년)	2014~2016년(3년)	2017~2019년(3년)
재원	• R&D, 사업비 – 6,036억 원 • 정부, 민간	• R&D, 사업비 – 3조254억 원 • 정부, 민간	• 사업비 – 5조6,300억 원 • 민간

>> 2020년까지 계획된 중국의 해상풍력

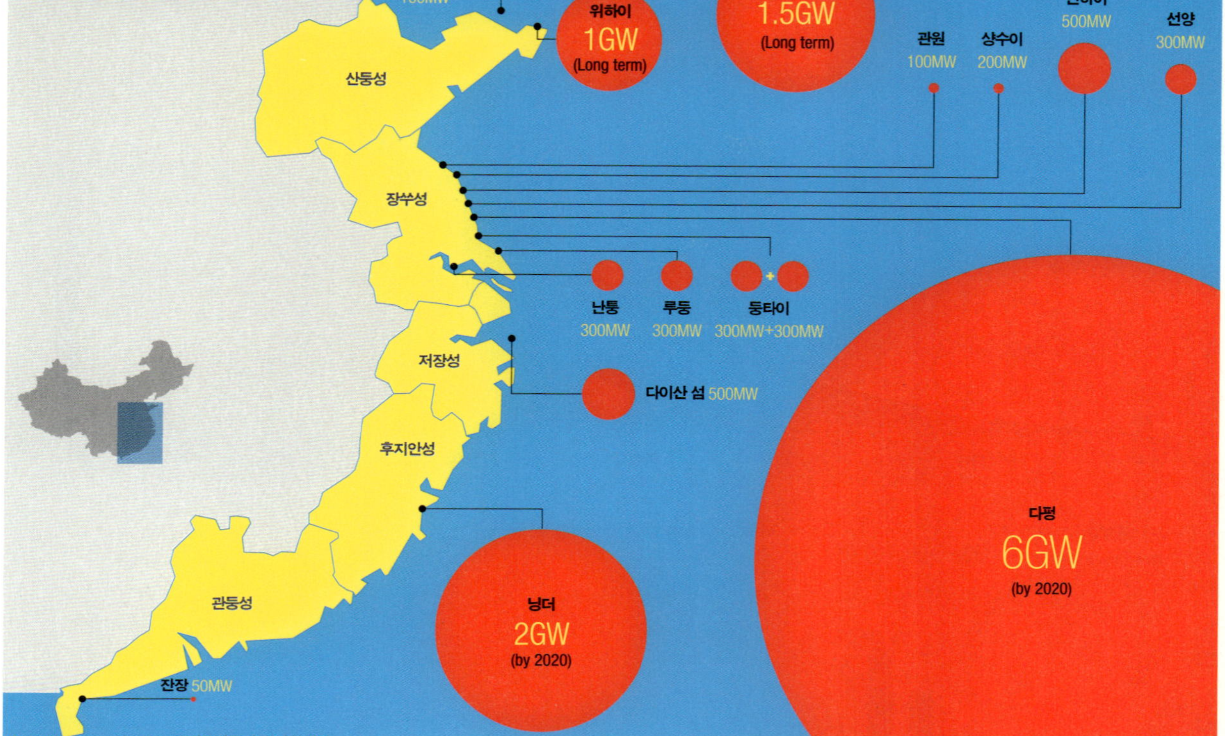

탕산 100MW
위하이 1GW (Long term)
창다오 1.5GW (Long term)
관원 100MW
상수이 200MW
빈하이 500MW
선양 300MW
산둥성
장쑤성
저장성
후지안성
관둥성
난퉁 300MW
루둥 300MW
둥타이 300MW+300MW
다이산 섬 500MW
다펑 6GW (by 2020)
닝더 2GW (by 2020)
잔장 50MW
자료·Windpower Monthly, 우리투자증권 리서치센터

>> 아프리카와 북해를 연결하는 유럽연합의 수퍼그리드 계획

풍력
지열
수력
바이오매스
태양열
자료·고려대 차세대전력망연구실, 우리투자증권 리서치센터

> 전세계 에너지 시장 중 신재생 에너지 비중 전망

자료·ADL, 우리투자증권 리서치센터, 주·전력생산량 기준

> 전세계 해상풍력 시장 전망

자료·Global Offshore Wind Energy Markets and Strategies, 주·누계 기준

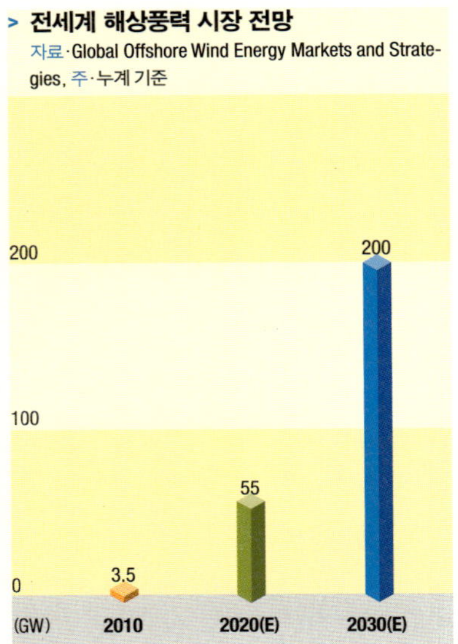

> 전세계 해상풍력 시장 전망

자료·New Energy Finance, 주·신규 설치 기준

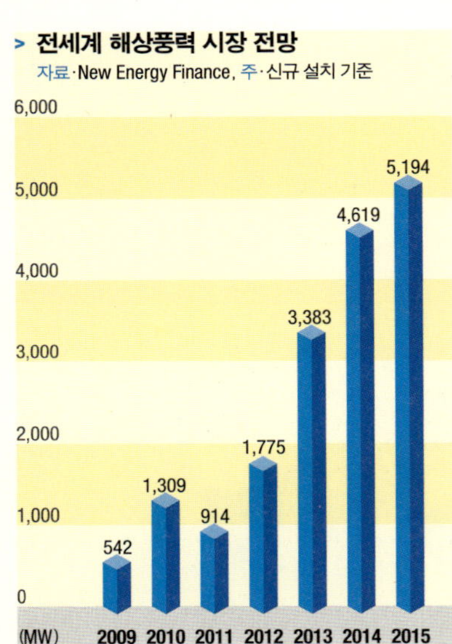

> 지역별 해상풍력 시장 동향 및 전망

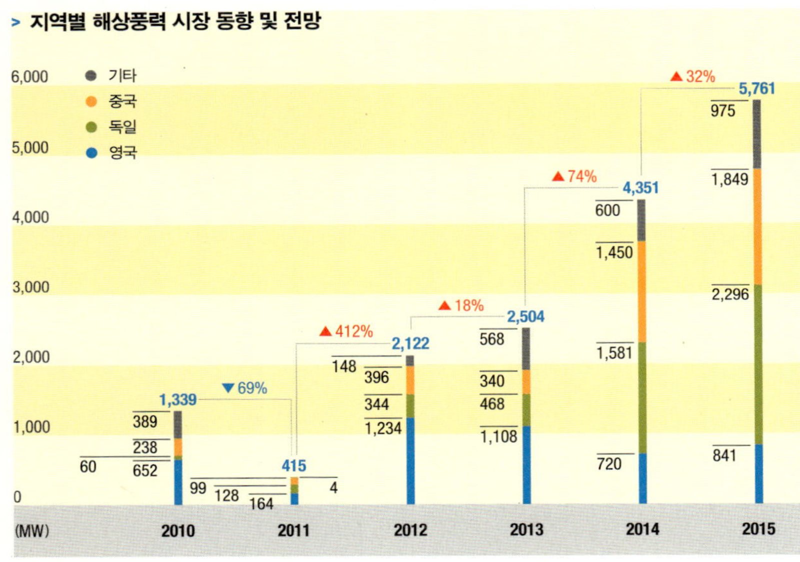

> 전세계 풍력 수요 중 해상풍력 수요 비중

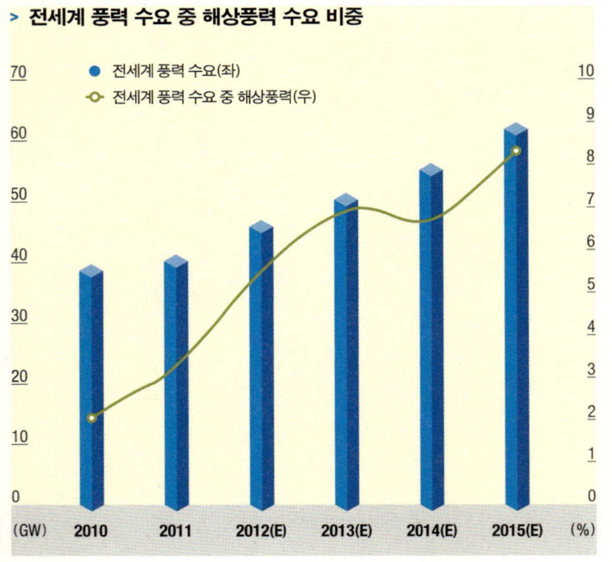

> 유럽 해상풍력 설치 현황

자료·한국풍력산업협회

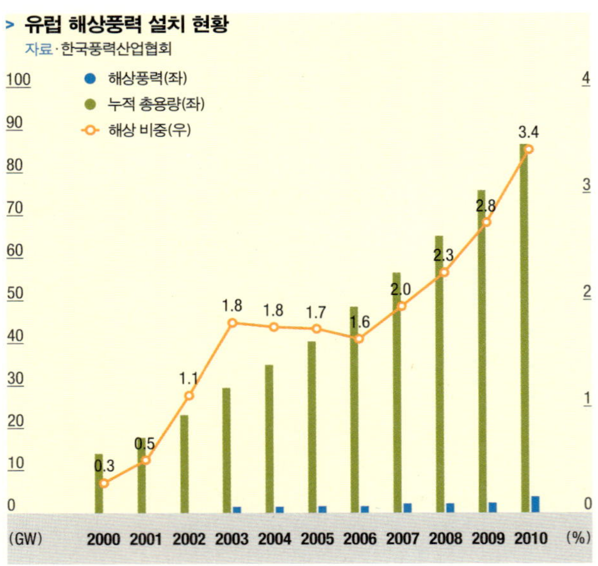

> 전세계 풍력 발전 현황 및 예상 규모

주·괄호 안은 재생에너지 발전 목표

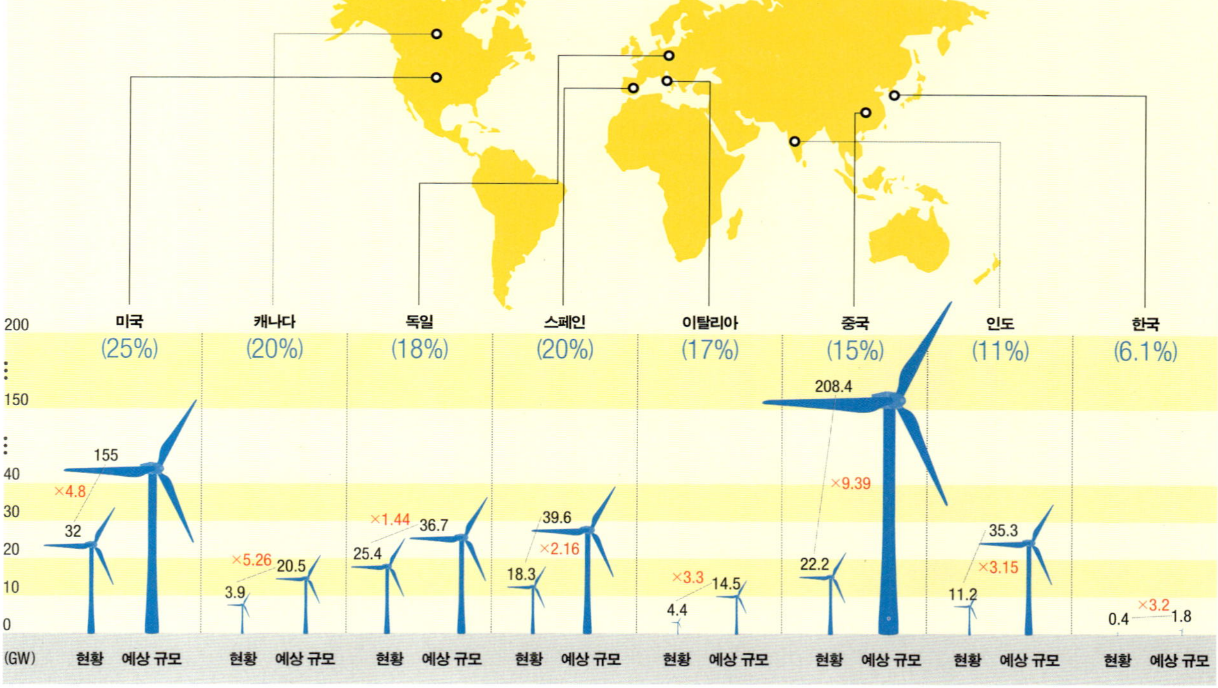

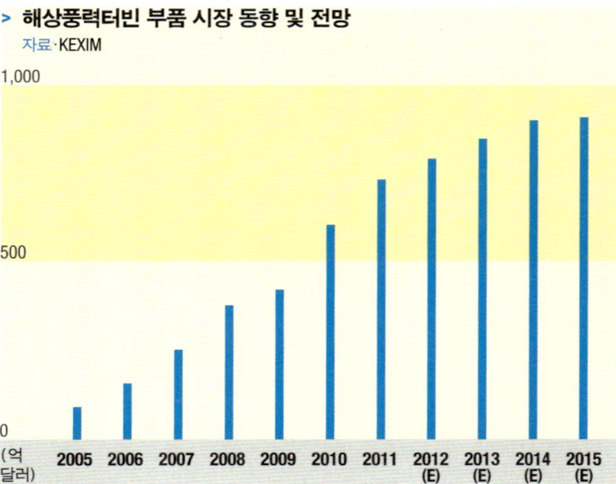

> 해상풍력터빈 부품 시장 동향 및 전망

자료·KEXIM

> 향후 기술 트렌드 전망

자료·Garrad Hassan, ADL, 주·파이그래프는 Innovation 수준

파트별 기술 트렌드 전망	
Blade & Hub	• 저비용 경량화 수준의 Innovation 예상
Tower	• 저비용 경량화 수준의 Innovation 예상
Gearbox	• Reliability 개선 수준의 Innovation 예상
Generators & Drivers	• Variable Speed Design 기술 개발 진행 • Grid Code Requirement 중요도 증가 예상
Nacelle	• Innovation 수준 낮음
Foundation	• Innovation 수준 낮음
Control	• Active Load Control 기술 적용 예상

• 육상풍력의 기술혁신은 발전기와 드라이브에서 발생.

> 주요 풍력 부품 수요와 공급 동향

자료·Make Consulting

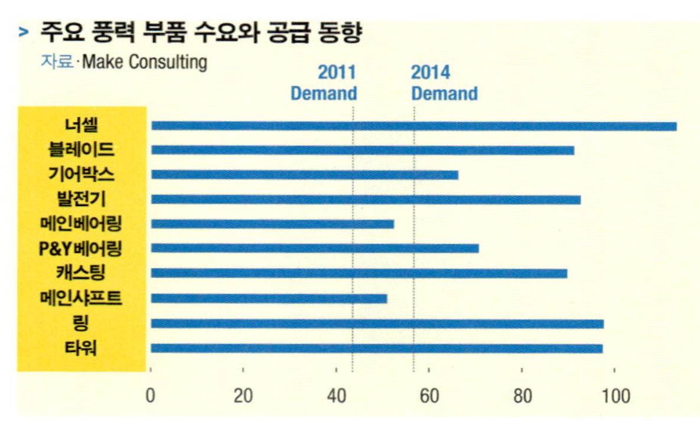

• 극심한 공급과잉 문제는 2014년까지 해결되기 어려울 전망이며, 경쟁력이 떨어지는 부품 업체들은 시장에서 구조조정 될 것으로 예상.

> 글로벌 해상풍력 업체별 시장점유율

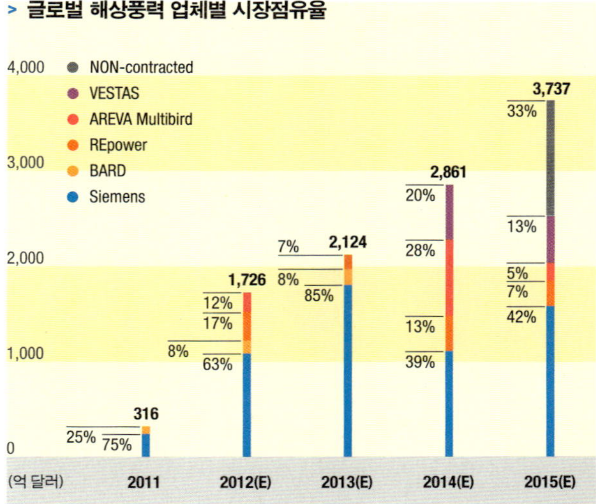

두산중공업

코스피·IFRS연결

2012년 2분기 누계

매출액	4조5,285억 원
영업이익	3,132억 원
순이익	2,129억 원

투자 포인트

- 2009년 아시아 최초로 3MW급 육해상 풍력 발전기 출하.
- 2011년 국내 최초로 3MW급 발전 시스템(WinDS 3000TM) 국제인증 취득.
- WinDS3000은 유지 보수용 크레인을 내장하고 있어 해상에서도 신속한 정비가 가능하고 비용 절감 효과 큼. 아울러 태풍 및 난류 영향을 고려해 초속 70m의 바람에도 견딜 수 있게 강한 구조로 설계.
- 현재 6MW급 터빈 개발이 마무리 단계에 있으며 상용화 성공시 스코틀랜드 해상풍력 단지 조성 참여 및 2020년까지 약 40GW의 신규 해상풍력이 건설되는 북해 풍력 발전 시장 진출 가능.

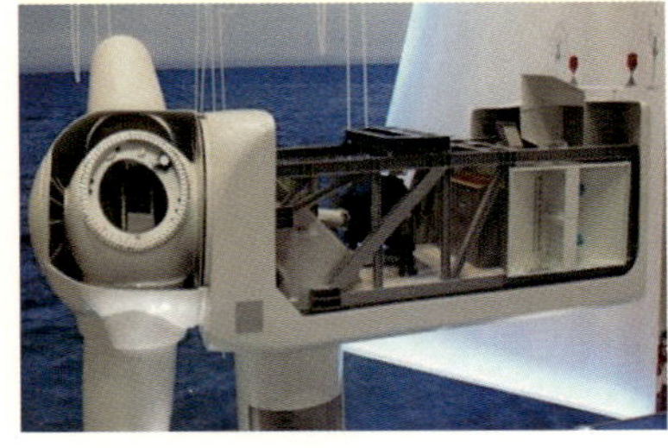

> 두산중공업이 내놓은 3MW급 WinDS 3000TM

대우조선해양

코스피·IFRS연결

2012년 2분기 누계

매출액	7조151억 원
영업이익	2,796억 원
순이익	2,268억 원

투자 포인트

- 2009년 8월 미국 풍력 업체 드윈드사 인수하면서 풍력 사업에 진출 → 2011년 캐나다에 풍력 발전 설비 제조 공장 설립.
- 2012년 1.0GW 이상 터빈으로 북미 시장 진출 및 유럽 시장 재진입으로 1%의 시장점유율 확보.
- 2012년 남동발전과 대우조선해양의 풍력 자회사인 드윈드 및 풍력 발전기 타워를 생산하는 스페코사가 공동으로 미국 오클라호마주 총 40MW 규모의 노부스II 풍력 발전 단지 착공에 참여.
- 플랫폼 형태의 차세대 해상풍력 발전기 설치선을 동사만의 독자 모델로 개발 완료 → 기존 설치선에 비해 한 단계 진화한 개념으로 육상 건조한 해상풍력 발전기를 운송·설치.

> DSME표준형 해상풍력 발전기 설치선

효성

코스피·IFRS연결

2012년 2분기 누계

매출액	6조2,416억 원
영업이익	1,146억 원
순이익	358억 원

투자 포인트

- 2004년 자체 기술로 750kW급 풍력 발전 시스템 1호기를 개발해 국내 최초로 풍력 발전 시스템 국산화에 성공.
- 2007년 2MW급 풍력 발전 시스템 개발 → 2011년 미국 풍력 발전 업체 드윈드사에 160여 대 공급 → 2012년 말까지 미국 텍사스주 팬핸드 윈드팜 단지에 설치 예정.
- 2009년 독일 풍력 발전 인증기관인 DEWI-OCC로부터 국제인증 획득.
- 2009년 한국남부발전과 '풍력 국산화 공동 사업' 협약 체결 → 강원 태백 지역에 20MW급 풍력 단지 조성.
- 정부의 국가에너지 기본 계획에 따라 국내 최대 규모인 5MW급 해상풍력 발전 국책 주관 업체로 선정돼 2012년 중으로 개발 완료 예정.

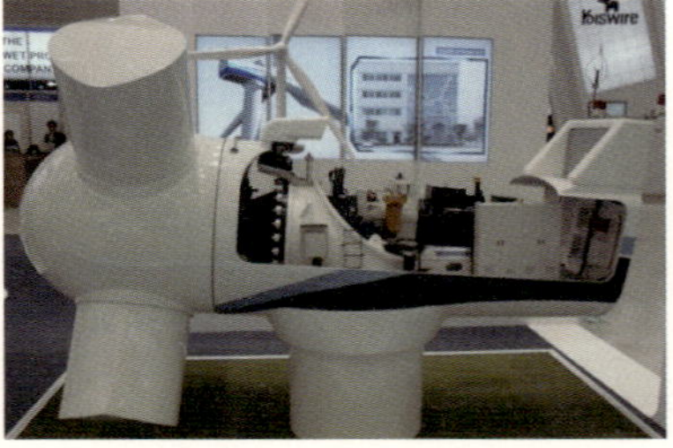

> 자체 기술로 개발해 드윈드사에 공급한 2MW급 풍력 발전기

현대중공업

코스피·IFRS연결

2012년 2분기 누계

매출액	27조6,387억 원
영업이익	1조3,278억 원
순이익	6,278억 원

투자 포인트

- 풍력 등 신성장동력을 확보해 2011년 매출액 66조 원보다 50%나 증가한 매출액 100조 원을 오는 2015년까지 달성 목표.
- 2011년부터 태양광·풍력 등 미래 성장동력을 전담하는 그린에너지 사업본부 신설.
- 사업다각화 노력으로 현대중공업 전체 매출에서 조선 부문이 차지하는 비중은 5년 전 50%에서 현재 35% 정도로 낮아짐.
- 2012년 제9회 국제 그린 에너지 엑스포에서 풍력 발전기 'HQ2000' 모형 전시.
- 동사의 그린에너지 사업본부는 2016년 약 4조 원 매출 달성 기대.

> 2MW급 육상풍력 발전기 HQ2000 전시 모델

삼성중공업
코스피·IFRS연결

2012년 2분기 누계

매출액	6조8,913억 원
영업이익	6,166억 원
순이익	4,458억 원

투자 포인트
- 조선·해양 분야에서 축적한 선박 프로펠러, 축구동계, 전기 제어 관련 기술을 바탕으로 2008년부터 풍력 발전기 제조 사업에 참여.
- 2008년 2.5MW급 육상용 풍력 발전기 개발에 착수하여 2009년 완료.
- 2009년 풍력 발전 단지 개발사인 미국 Cielo 사로부터 풍력 발전기 수주·납품 → 텍사스 주 Lubbock 지역에 설치되어 전력 생산 중.
- 2010년 캐나다 Green Breeze사로부터 2.5 MW 풍력 발전기 수주.
- 동사가 주력하고 있는 미국 시장은 정부의 지원 정책을 기반으로 성장세 유지 전망.
- 2012년 스코틀랜드 파이프(Fife)시 해안 지역에 7MW급 해상풍력 발전기 시제품 설치하여 2014년까지 지역 내 송전망 시스템 구축 계약 체결.

> 삼성중공업이 제작한 풍력 발전 터빈의 부분별 특장점

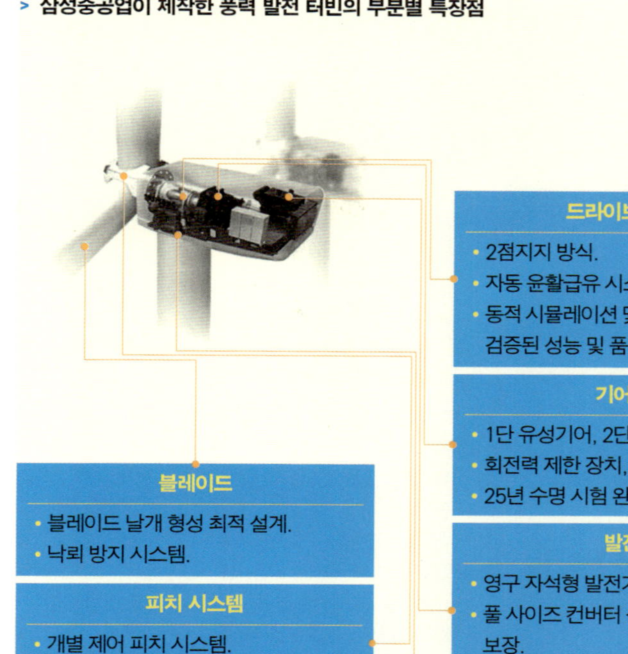

STX
코스피·IFRS연결

2012년 2분기 누계

매출액	3조875억 원
영업이익	-555억 원
순이익	-1,312억 원

투자 포인트
- 2009년 네덜란드 풍력 발전기 제조업체인 하라코산유럽(지금의 STX윈드파워)의 지분 및 풍력 발전 관련 특허 인수를 위한 계약 체결.
- STX윈드파워 인수로 STX그룹은 육상용 및 해상용 풍력 발전기 원천 기술 확보 → 부품, 장비, 설치, 운영 등 풍력 사업 전 분야에 사업 참여가 가능한 수준의 밸류 체인 완성.
- 2011년 STX에너지가 경상북도와 풍력 발전 단지 건설을 위한 MOU 체결 → 경상북도 영양군에 2MW급 발전 설비 20기 건설, 총 40MW 규모의 풍력 발전 단지 완공 예정.
- 경상북도 풍력 발전 단지 건설은 2012년 착공해 2014년 상반기에 완공해 상업 운전에 들어갈 계획 → 국내 사업자가 단독으로 진행하는 풍력 발전 단지 프로젝트 중 국내 최대 규모로, 완공될 경우 연 1만8,800가구가 동시에 사용 가능한 약 9천만kwh 전력 공급 가능.

> STX그룹 내 풍력 관련 계열사 현황

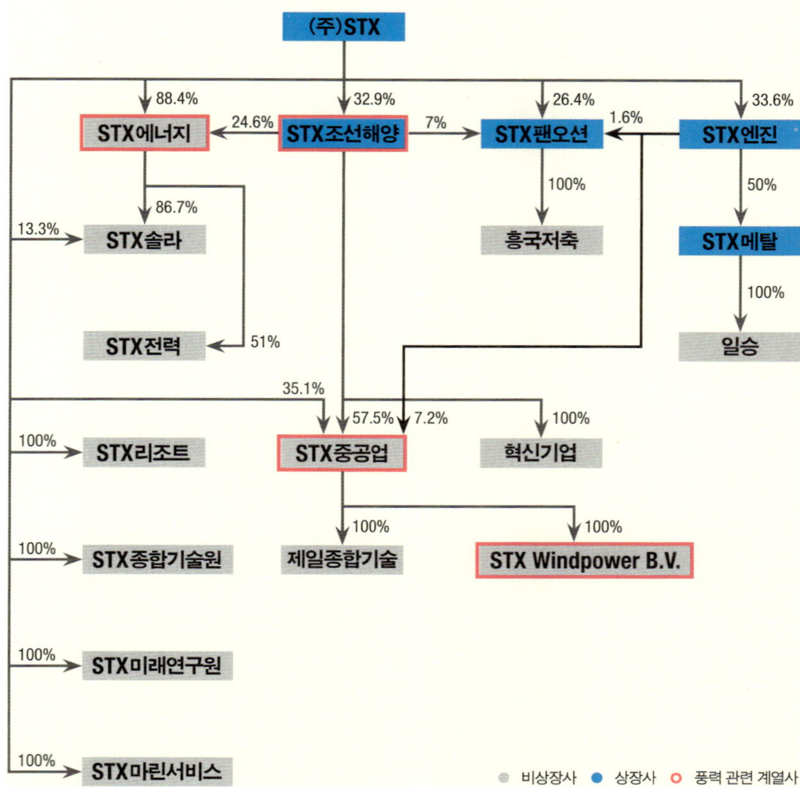

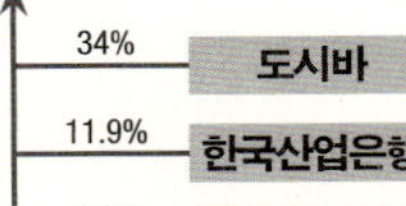

유니슨
코스닥·IFRS별도

2012년 2분기 누계

매출액	479억 원
영업이익	-8억 원
순이익	98억 원

34%	도시바
11.9%	한국산업은행
9.9%	이정수

투자 포인트
- 일본 최대 원자력 업체 도시바, 유니슨 전환사채 400억 원 출자 완료→향후 채권단 지분 + 추가 지분 확보로 최대 주주 가능성.
- 일본 원자력 포기 정책으로 2011년 일본 신재생에너지 법 통과 → 2020년까지 전체 전력량 20%를 신재생에너지로 공급 의무.
- 원전 중심의 도시바로서는 신재생에너지 전문 기업 필요성 절실.
- 유니슨의 발전기 + 윈드타워의 기술력 + 도시바의 글로벌 영업망 상승 효과 기대.
- 유니슨의 750KW, 2MW 발전기 기술은 글로벌 선두 업체(Siemens, GE) 대비 80~90% 수준으로 판단.

> 주요 수주 내역

구분	기종	수주 내역
국내	750kW	한국수력원자력(주) 1기
		국산화 풍력 발전 사업 – 경기도 안산 누에섬 3기, 제주도 김영 2기, 강원도 영월 3기, 강원도 인제 6기, 전남 영암 1기, 제주도 가시리 3기
	2MW	**국산화 풍력 발전 사업**–영흥 풍력 발전 단지 2기, 제주도 한경면 1기
해외	750kW	자메이카 JPS사 4기
		미국 미네소타주 2기
		에콰도르 갈라파고스 3기(설치 중)
		세이셸 마헤섬 8기(설치 중)

태웅
코스닥·IFRS별도

2012년 2분기 누계

매출액	2,506억 원
영업이익	78억 원
순이익	60억 원

투자 포인트
- 풍력 발전, 플랜트, 조선, 산업기계 등에 소요되는 핵심 단조 부품 생산·공급.
- 미국은 신재생에너지 산업 육성을 위한 핵심 지원책으로 PTC(Product Tax Credit: 생산세 공제)와 ITC(Investment Tax Credit: 설비 투자 세액 공제)를 시행하고 있는데, 2012년 말 종료 예정 → 이에 따라 풍력 PJ개발 업체들이 2012년 적극적으로 신규 PJ 발주에 돌입.
- 미국 시장 공략에 들어가는 자금은 대략 3,500~4,000억 원 수준으로 예상되는데, 토지대금을 포함해서 이미 900억 원 정도 투자 완료함(현재 현금 2,000억 원 정도 보유).
- 2011년경 15,000톤 프레스 업그레이드 작업 시행.

> 매출 비중
단위·%

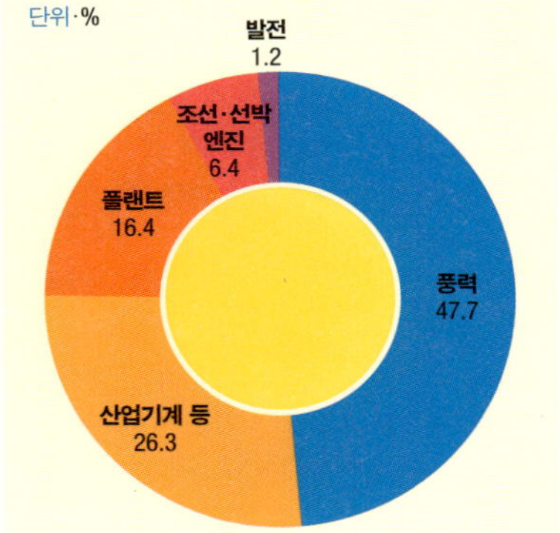

- 발전 1.2
- 조선·선박 엔진 6.4
- 플랜트 16.4
- 풍력 47.7
- 산업기계 등 26.3

용현BM
코스닥·IFRS별도

2012년 2분기 누계

매출액	842억 원
영업이익	5억 원
순이익	-19억 원

30.1%	현진소재

투자 포인트
- 국내 유일의 중대형 씸리스(seamless) 파이프 생산·공급 업체.
- 정유, 가스배송관, 심해 해양 플랜트용 배관 등 고온·고압용으로 사용되는 씸리스 파이프에 대한 설비 투자 완료하고 2011년 말부터 매출 발생.
- 씸리스 파이프는 국내 연간 수입액만 1조 원을 상회하는 것으로 추정.
- 또한 세계 최대 시장인 미국에서 중국산 씸리스 파이프가 반덤핑 관세를 부과 받으면서 중국산 수입이 급감하고 있어 동사 수혜 기대.

> 국내에서 유일하게 중대형 씸리스 파이프 제작

우림기계
코스닥·IFRS별도

2012년 2분기 누계

매출액	298억 원
영업이익	32억 원
순이익	33억 원

투자 포인트
- 기계 감속기 전문 업체로 풍력 발전용 증속기 제작·공급.
- 증속기는 감속기를 응용한 제품으로 풍력 발전기 블레이드의 회전 속도를 적절하게 조절.
- 기어 박스(증속기), 피치·요 시스템 등 풍력 발전기의 핵심 부품 생산을 위하여 지속적인 연구 개발과 투자 진행.
- 두산모트롤과 컨소시엄으로 3MW급 증속기의 국산화 개발 국책 과제 수행 완료 → 두산중공업으로의 납품 기대.
- 두산중공업이 제주도에 설치할 100기의 발전기 중 50기에 대한 증속기는 이미 외국 업체에 발주, 나머지 50기 중 20대(50억 원) 가량 동사 수주 기대.

> 제주도 단지에 우림기계가 제작·공급하게 될 3MW급 증속기

현진소재

코스닥·IFRS별도

2012년 2분기 누계

매출액　2,075억 원
영업이익　38억 원
순이익　15억 원

30.1% → 현진BM
38.6% → 삼현ENG

투자 포인트
- 34년 전통의 단조 제조 전문 업체.
- 크랭크샤프트 및 풍력 발전용 메인 샤프트를 GE Wind, 현대중공업, STX중공업 등에 납품.
- 풍력 발전용 메인샤프트 매출 비중이 향후 전체 매출의 20%까지 증가 예상.
- 현재는 풍력보다는 조선 기자재 매출 비중이 주류를 이루고 있는 관계로 조선 업황 악화에 따라 수주가 상당히 감소(주가 하락의 원인).
- 향후 풍력 부문 매출 급증으로 실적 개선 기대.
- 계열사 삼현ENG, 용현BM과의 전략적 제휴를 통한 풍력 시장 진출 확대.

> **풍력발전기 터빈 중 현진소재 제작 주요 부품**

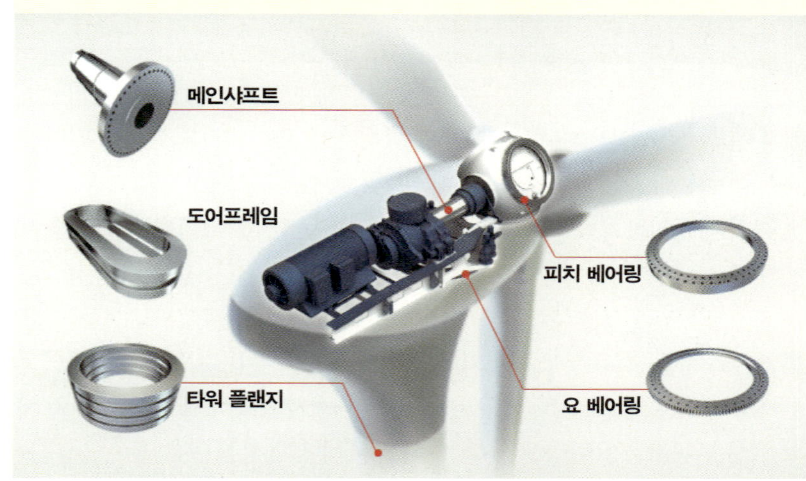

- **풍력 발전용 메인샤프트(Main Shaft)** | 풍력 발전기와 블레이드를 연결하여, 회전자의 운동에너지를 발전기로 직접 전달시키는 풍력 발전의 핵심 부품으로써 운동 중 계속 회전하므로 강한 내구성이 요구됨.

동국S&C

코스닥·IFRS별도

2012년 2분기 누계

매출액　870억 원
영업이익　63억 원
순이익　63억 원

60%
동국산업(주)
경주풍력발전
100% → 신안풍력발전
100% 100% → 고덕풍력발전

투자 포인트
- 풍력 발전기 타워(Wind Tower) 전문 제조 업체로 풍력 발전기에서 마지막 공정을 담당.
- 단조 업체와 달리 풍력에 집중화되어 있는 사업 구조로, 수출이 전체 매출의 90% 차지 → 환율 영향이 크기 때문에 계약 후 즉각 선물환으로 헤지.
- 국내 업체 중 최대인 연간 700세트 규모의 생산능력 보유.
- 동사의 제품은 미국 업체에 비해 6~7% 저렴한 가격 대비 우수한 품질로 해외 시장 공략 유리 → 2012년 상반기까지 수주 물량 1,000억 원 내외 추정.

> **풍력 발전기 타워 운반 과정**

삼강엠엔티

코스닥·IFRS별도

2012년 2분기 누계

매출액　1,033억 원
영업이익　60억 원
순이익　15억 원

투자 포인트
- 풍력 발전기 타워 지지대 전문 제조 업체.
- 한국전력, 중국의 Datang Energy와 함께 독일에서 400MW 규모의 해상풍력 단지 건설 계획.

- 독일은 원전 폐쇄로 인한 전력 공급 부족을 보충하기 위해 해상풍력 건설시 육상풍력보다 40% 이상의 높은 가격에 전력 구매 가능.
- 동사가 제조하는 해상풍력용 타워 지지대는 전체 사업비의 약 20~25%로 가장 큰 부분을 차지 → 최대 수혜주로 동사 지목.
- 동사는 국내에서 유일하게 해상풍력용 타워지지대를 제작·납품한 경험이 있으며, 약 400톤 전후의 대중량인 타워 지지대를 선적하기 위해서는 선박접안 시설이 필수적인 바, 국내 경쟁 업체 중 이와 같은 시설을 갖춘 업체는 동사가 유일.

> **두산중공업에 타워 지지대 납품**

04

원자력

후쿠시마 사태를 뒤로 하고
재도약 하는 원전 산업

원자력 발전은 우라늄이 핵 분열할 때 발생하는 열로 증기를 만들어 터빈을 회전해 전기를 일으키는 시스템이다. 그동안 원전은 화석 에너지(석유, 석탄 등)를 대체할 가장 강력한 대안으로 부상했다. 발전 과정에서 이산화탄소를 배출하지 않는 것은 물론, 경제성이 높고 기술 발전으로 안전성까지 강화됐기 때문이다.

동남아와 중동, 북유럽에 이르기까지 세계 시장을 누비다

원자력 발전은 강화된 안전성에도 불구하고 세계 곳곳에서 방사능 유출 사태가 끊임없이 발생하면서 세상을 공포로 몰아넣고 있다. 특히 2011년에 발생한 일본 후쿠시마 사태 이후 원전의 부정적 요인이 더욱 크게 부각되기 시작했다. 발전 과정에서 필연적으로 발생하는 방사선 및 방사능 폐기물의 위험성을 경고하는 소리가 점점 더 커지고 있고, 이는 노후 원전 가동 중단 및 신규 원전 건설 반대 움직임으로 이어지고 있다.

그러나 원전만큼 이산화탄소가 배출되지 않고, 전력량과 효율이 높은 에너지를 개발하기가 쉽지 않다는 점 때문에 세계 각국 정부가 원전 건설을 포기하지 못하고 있다. 이러한 공감대가 형성되면서 후쿠시마 사태 이후 세계 곳곳에서 원전 발주가 재개되는 등 다시 분위기가 반전되고 있다.

특히 한국형 원전에는 오히려 기회로 작용하고 있다. 세계 원전 시장에서 강력한 경쟁자였던 일본형 원전이 후쿠시마 사태로 신뢰성과 안전성에서 훼손을 입으면서 한국형 원전에 대한 선호가 높아지고 있다. 베트남 원전 5, 6호기 건설 우선 협상 대상자로 한국이 선정됐으며, 터키와도 재협상 중이다. 한국형 원전의 핀란드 진출 가능성도 높아지고 있고, UAE의 추가 5, 6, 7, 8호기 역시 2013년에 수주할 가능성이 높은 상황이다.

최근 원전 협력 MOU를 체결한 사우디아라비아 원전 건설 프로젝트는 그중에서도 특히 알토란 사업으로 꼽힌다. 사우디아라비아는 2030년까지 16기의 원자력 발전소를 건설할 계획을 수립해 놓고 있는데, MOU 체결로 한국이 사우디아라비아가 발주할 16기 중 일부를 수주할 가능성이 매우 높아졌다. 일본과 러시아의 원전 경쟁력 약화를 감안한다면 상당 수준의 호기를 기대해 볼 수 있다.

주춤거리던 원자력주의 반격

현재 한국형 원전의 총괄 운영과 설계는 한국전력과 한국전력 자회사인 한전기술이 맡고 있다. 진입로와 발전소 건물의 건축 및 각종 기기 설치는 현대건설 등의 대형 건설사가, 원자로와 터빈, 발전기 등 주기기 제조는 두산중공업이 담당하고 있다. 이밖에 보조기기와 부품·소재, 계측기기, 정비·보수 등은 비에이치아이, 일진에너지, 태광, 한전KPS 등의 중견 기업들이 맡고 있다.

두산중공업은 한국형 원전 주기기 독점 제작사로, 해외 원전 수출시 직접 수주로 이어지는 사업 구조를 갖추고 있다. 2012년 말까지 종전 연간 3.5기 생산 체제에서 5기 생산 체제로 설비 증설을 완료할 계획이다. 원전 주기기는 원자로와 증기발생기, 가압기, 냉각제 펌프 등으로 구성된다. 원전 주기기의 경우 마진율이 높고(10% 이상 추정) 장기간(7년) 안정적인 매출 확보가 가능하다.

두산중공업의 경쟁력은 소재에서부터 최종 제품 제작에 이르기까지 모든 공정을 한 공장에서 처리할 수 있는 일괄 생산 시스템과 원전 대형 소재 기술 및 자체 공급능력을 갖추고 있다는 점에 있다. 원전 주기기 제품에 대한 일괄 생산이 가능한 업체는 세계적으로 두산중공업과 프랑스 AREVA 등 2개 업체에 불과하다. 또 원전 주기기용 주단 소재 공급능력은 두산중공업과 일본 JSW, 프랑스 CFI 등 전 세계에 걸쳐 3개 업체만이 보유하고 있다.

현대건설은 국내에서 독보적인 원전 시공 실적을 보유하고 있다. 현재 건설 중인 국내외 11기의 원전 중 9기(신고리 원전 2~4호기 및 신울진 원전 1~2호기, UAE 브라카 원전 1~4호기)의 시공 대표사로 참여하고 있다. 신고리 3호기가 2013년에 완공되면 국내 최초로 1,400MW 완공 실적을 달성하게 된다.

아울러 현대건설은 국내 원전 시공 업체 가운데 최초 주관사로 UAE 원전 시공을 수행할 예정이다. 원활하게 수행할 경우 대외적인 신인도가 부각될 전망이다. 향후 해외 원전 수출에서 시공 업체로 가장 선호도가 높아질 것이라는 게 업계의 관측이다.

한전기술은 한국형 원전의 독점적인 설계 업체로, 종합 설계 및 원자로 계통 설계의 양대 핵심 부문을 모두 설계하는 세계 유일의 기업이다. 매출의 70% 이상이 원자력 부문에서 발생하며, 자기자본 이익률이 30%를 웃도는 등 고수익 사업 구조를 확보하고 있다.

한전기술은 그 동안 영광 3, 4호기 및 한반도에너지개발기구(KEDO) 원자력 발전소 등의 설계 업무를 독자 수행하는 과정에서 1,000MWe급 설계를 한국형 설계로 표준화함으로써 국내 원전의 안전성과 경제성을 제고했다. 또 국제 경쟁력을 보유한 1,400MWe급 차세대 원자력 발전소 설계 기술을 개발해 이를 적용한 신고리 3, 4호기와 신울진 1, 2호기를 설계 중에 있다. 최근에는 UAE 원전 건설에 한전 컨소시엄으로 참여해 설계 기술을 해외로 수출하는 단계에 이르렀다.

한국형 원전이 뜰 수밖에 없는 이유

국내 원전 산업은 프랑스와 일본 컨소시엄을 제치고 UAE 원전 4기를 수주하여 현재 공사가 진행 중이다. 한국형 원전은 UAE 원전 수주를 통해 낮은 건설 단가 및 높은 가동률 등 탁월한 경제성을 입증하게 됐다. 특히 원전 건설 기간을 비교해 볼 때 한국형 원전은 다른 국가에 비해 월등히 짧다. 아울러 일단 발전소가 완공된 이후에는 가동률 역시 중요해진다. 원전은 기저발전을 담당하고 있으므로 높은 가동률이 생명이다. 90%를 웃도는 한국형 원전의 가동률은 세계 최고 수준이다. 가동률 100% 원전 1기와 같은 양의 전기를 생산하기 위해서는 가동률 50% 원전 2기가 필요하다. 즉, 높은 가동률 역시 원전 수명 60년 동안의 경제성을 담보해줄 수 있는 중요한 요소가 된다.

물론 원전 도입을 희망하는 국가가 늘어난다고 해서 반드시 한국형 원전의 수출 기회가 늘어나는 것은 아니다. 원전 건설에는 막대한 자본이 필요하고, 한 번 건설하면 60년 이상 가동하게 되며, 운영 효율성이나 안전성 측면까지 고려되어야 함은 두말할 나위가 없다. 그러나 한국형 원전은 지금 새로운 전기를 맞이하고 있다. 증권가의 눈 빠른 투자자들은 이를 놓치지 않고 있다.

주기기

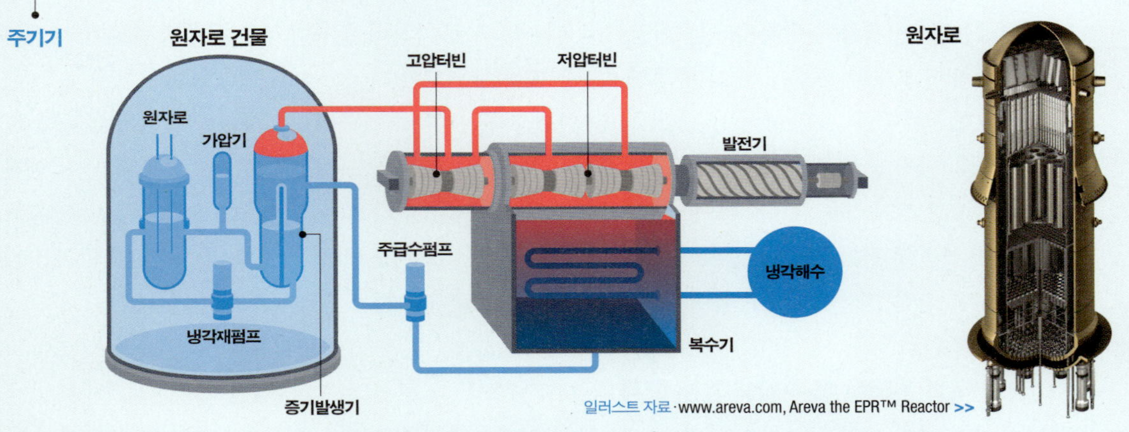

보조기기

부품·소재

>> 원자력 발전 밸류 체인

**디벨로퍼
(Developer)**

국내 원전 건설 총괄

한국전력(민간 기업과
컨소시엄으로 해외 진출 주도)

설계

원전 설계 및 엔지니어링

한전기술

시공

진입로, 지반 보강 등
토목 공사, 발전소 건물
건축 및 각종 기기 설치

**현대건설, 삼성물산, 대우건설,
대림산업, GS건설, 두산중공업**

정비

경상 정비 및
계획 예방 정비

**한전KPS, 일진에너지,
금화피에스시**

**기타 원자력
관련 사업**

핵연료, 건설자재 제어계측
시스템, 원전 폐수처리
시스템 등

**보성파워텍, 이엠코리아,
우리기술, 한양이엔지
우진, 케이엔디티**

**주기기
(원자로 설비)**

원자로와 증기발생기 등
NSSS(핵 증기 공급 계통) 및
터빈과 발전기 제작·공급

두산중공업

보조기기

열교환기, 복수기,
급수가열기, 탈기기 등
제작·공급

**비에이치아이, S&TC,
티에스엠텍, 신텍, 성진지오텍**

부품·소재

파이프 및 계장용 피팅,
단제조품, 각종 밸브류
제작·공급

**태광, 성광벤드, 태웅, 마이스코,
엔에스브이, 비엠티, 하이록코리아,
조광ILI**

> 부문별 사업 비중

단위·%

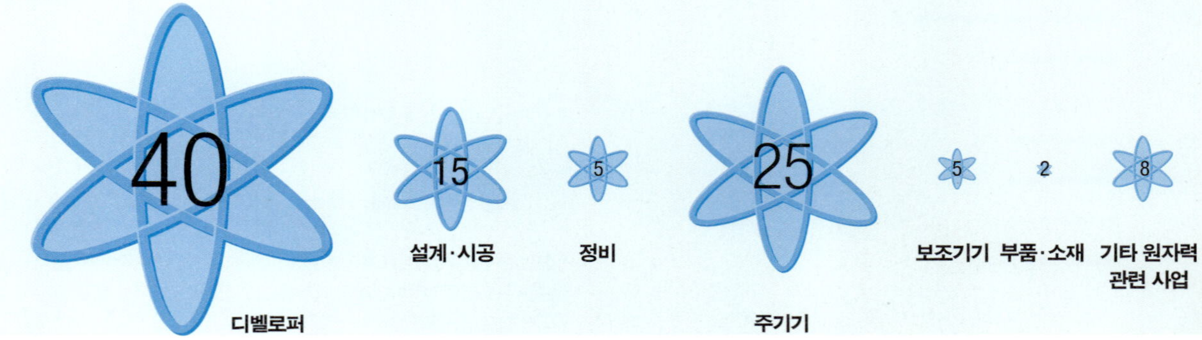

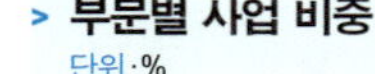

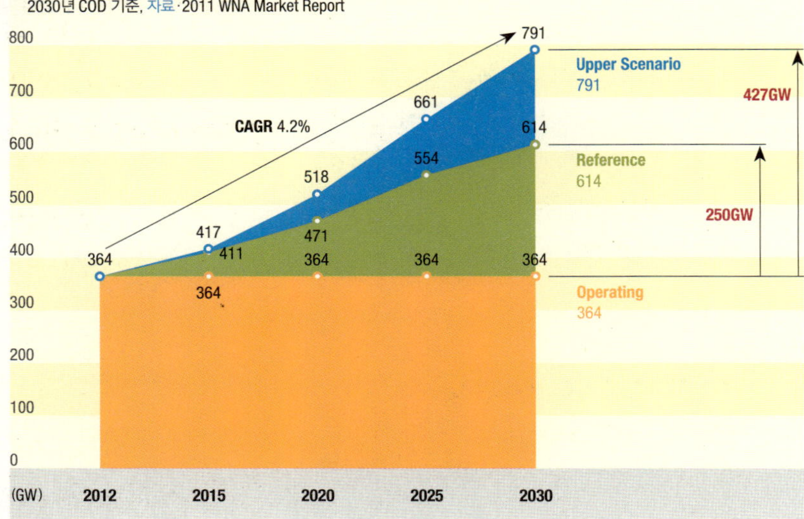

• 후쿠시마 원전 사태 이후 전 세계 원전 건설 계획 감소세 미미 → 후쿠시마 원전 사태 영향 제한적임.
• 늘어나는 전력 수요와 고유가, 이산화탄소 감축 등을 고려하건대, 원전을 대체할만한 대안이 많지 않은 상황임.

Upper Scenario
• 전 세계적으로 2030년까지 최대 427GW Capacity 증가 전망.
• 원전의 건설, 설계, 운영 기술 개선 뒷받침 기대.
• 온실가스 감축 정책 강화.

Reference Scenario
• 전 세계적으로 2030년까지 250GW Capacity 증가 전망.
• 나라마다 신재생에너지 양적 확대 한계 인식.

> 글로벌 원전 운영 규모 톱 10

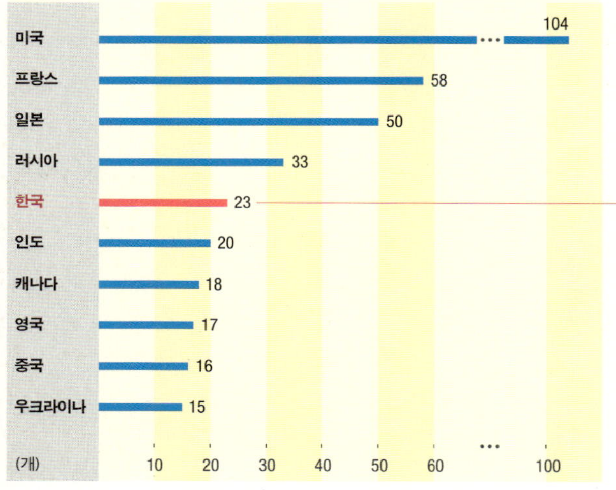

> 국내 원전 운영 현황
2012년 5월말 기준, 자료·IAEA, 우리투자증권 리서치센터

• 우리나라는 현재 가동 중인 원전으로 23기를 보유하고 있음.
• 미국, 프랑스, 일본, 러시아에 이어 글로벌 5위로 세계 톱 클래스 규모를 유지함.
• 일본의 경우, 후쿠시마 원전 사태 이후 50기 모두를 가동 중단한 바 있음.

> 글로벌 원전 비중 톱 10

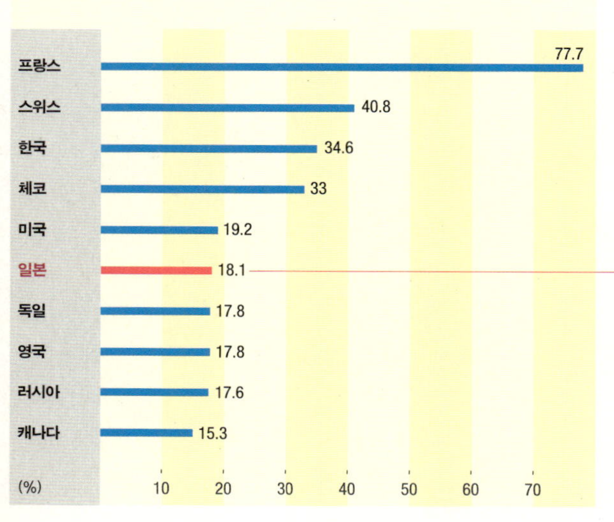

> 일본 원전 가동률 추이
자료·일본전력사업자연합(FEPC)

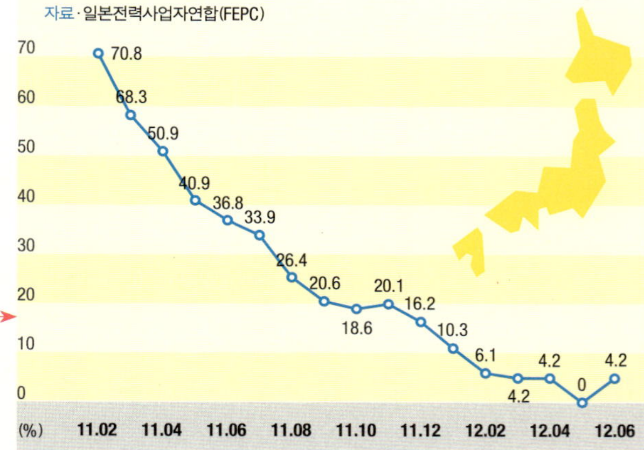

• 일본 정부는 2012년 6월 오이 원전 3, 4호기에 대해 재가동 결정.
• 일본 정부는 한때 원전 폐지 여부를 고민하기도 했지만, 결국 원전의 절대적 필요성 재확인.

> 한국형 원전 글로벌 발주 상한가

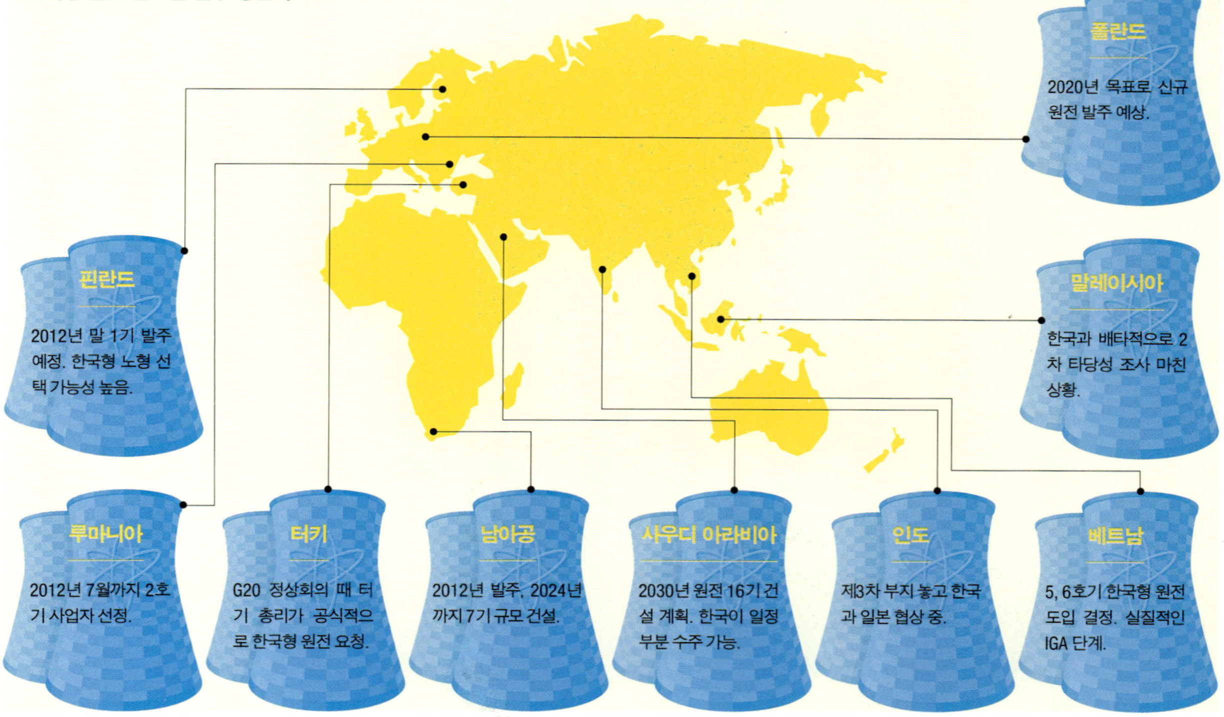

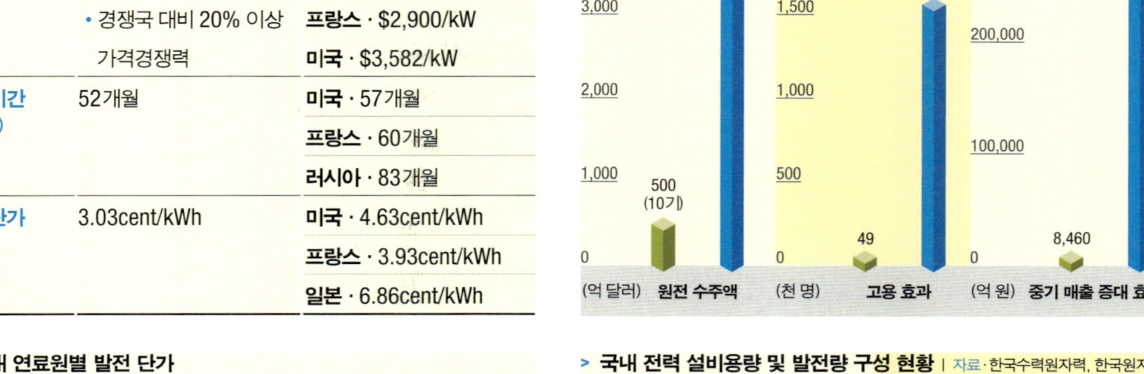

> 한국형 원전의 경쟁력 비교

자료·세계원자력협회(WNA), 우리투자증권 리서치센터

항목	국내 APR1400	해외 비교
가격경쟁력	· $2,300/kW	일본 · $2,900/kW
	· 경쟁국 대비 20% 이상 가격경쟁력	프랑스 · $2,900/kW
		미국 · $3,582/kW
건설기간 (공기)	52개월	미국 · 57개월
		프랑스 · 60개월
		러시아 · 83개월
발전단가	3.03cent/kWh	미국 · 4.63cent/kWh
		프랑스 · 3.93cent/kWh
		일본 · 6.86cent/kWh

> 원자력 수출의 기대 효과

자료·지식경제부, 우리투자증권 리서치센터

● 2012 ● 2030

원전 수주액 (억 달러): 500(10기), 4,000(80기)
고용 효과 (천 명): 49, 1,567
중기 매출 증대 효과 (억 원): 8,460, 268,370

> 국내 연료원별 발전 단가

자료·전력통계정보시스템

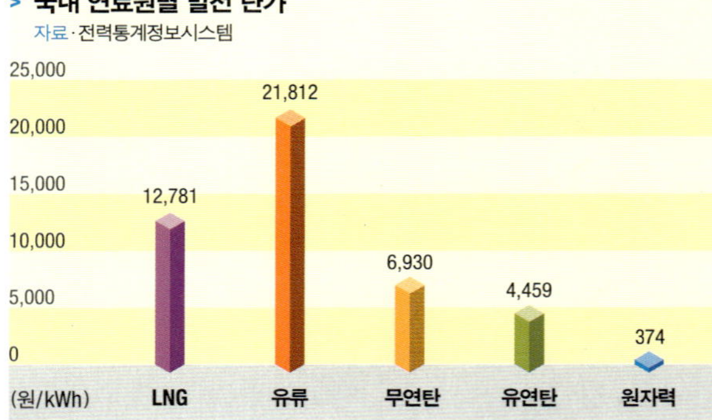

· 원자력 발전은 전기를 생산하는 데 드는 비용이 다른 에너지원에 비해 훨씬 저렴함 → 국내 전기 요금 안정화에 기여 기대.

> 국내 전력 설비용량 및 발전량 구성 현황 | 자료·한국수력원자력, 한국원자력산업회의, 우리투자증권 리서치센터, 주·괄호 안은 비중

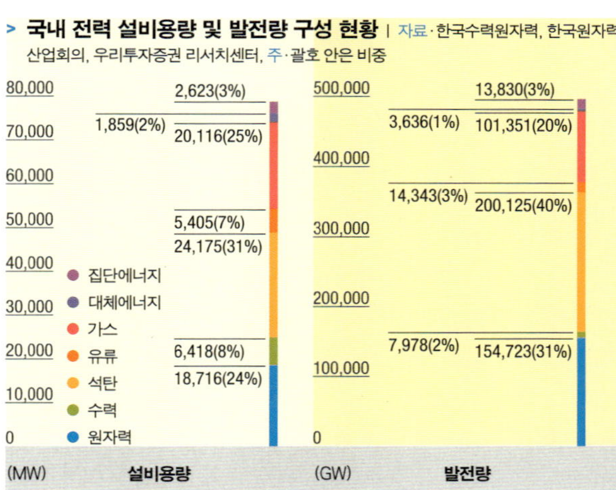

두산중공업
코스피·IFRS연결

2012년 2분기 누계

매출액	4조5,285억 원
영업이익	3,132억 원
순이익	2,129억 원

- 한국형 원전 주기기 독점 제작 업체 → 해외 원전 수출시 동사의 수주로 직접 이어지는 수익 구조(2012년 말까지 연간 5기 생산체제 설비 증설 완료).
- 해외 원전의 경우 연초 발표될 사업 계획(중기 경영 계획상 2012년 수주 목표는 12조 원)에 포함하지 않기 때문에, 수주 확정시 2010년의 134억 달러 수준을 초과하여 사상 최대 규모 실적 기대.
- 원전 주기기의 경우 마진율이 높고(10% 이상 추정) 장기간 안정적인 매출 가능(평균 매출 인식 기간 7년).

> **경영실적**

> **수주 잔고에서 발전 비중 증가 추이**
자료·두산중공업, 우리투자증권 리서치센터, 본사 별도 수주 잔고 기준, 괄호 안은 비중

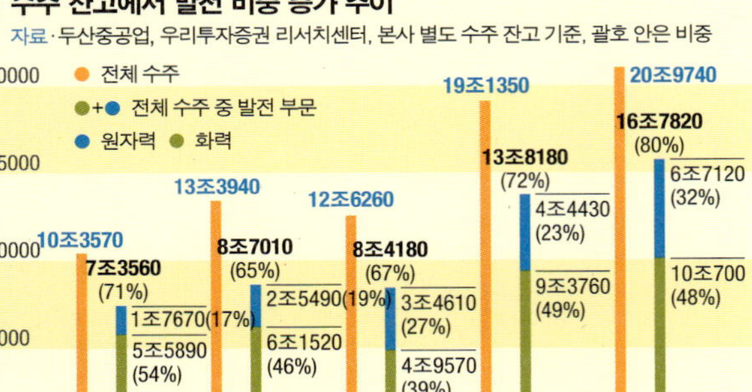

> **국내외 원자력 발전 수주 실적**
자료·두산중공업

국내
- 울진(한국)·1,000MWe급 4기
- 신울진(한국)·1,400MWe급 2기
- 영광(한국)·1,000MWe급 6기
- 신고리(한국)·1,000MWe급 2기, 1,400MWe급 2기
- 신월성(한국)·1,000MWe급 2기
- 월성(한국)·700MWe급 4기

해외
- 산먼(Sanmen, 중국)·1,150MWe급 1기
- 하이양(Haiyang, 중국)·1,150MWe급 1기
- 친산 Phase III(Qinshan, 중국)·700MWe급 2기
- 보글(Vogtle, 미국)·1,150MWe급 2기
- 비이씨 썸머(VC Summer, 미국)·1,150MWe급 2기
- 레비 카운티(Levy County, 미국)·1,150MWe급 2기
- 바라카(Baraka, UAE)·1,400MWe급 4기

현대건설
코스피·IFRS연결

2012년 2분기 누계

매출액	5조8,869억 원
영업이익	3,040억 원
순이익	2,206억 원

- 독보적 원전 시공 실적 보유 업체 → 현대건설이 준공한 원전 발전량이 국내 전체 원전 생산 발전량의 62.1% 점유.
- 2013년 신고리 3호기가 완공되면 국내 최초로 1,400MW 완공 실적 기대.
- 자회사인 현대엔지니어링이 원전 설계 기술력 보유 → 해외 원전 시공 업체로서의 매력도 증가.
- UAE의 브라카 원전 총 4기 중 1, 2호기가 공정률 5% 기록 → 1기 원전은 2017년 상업 운전 예상.

> **경영실적**

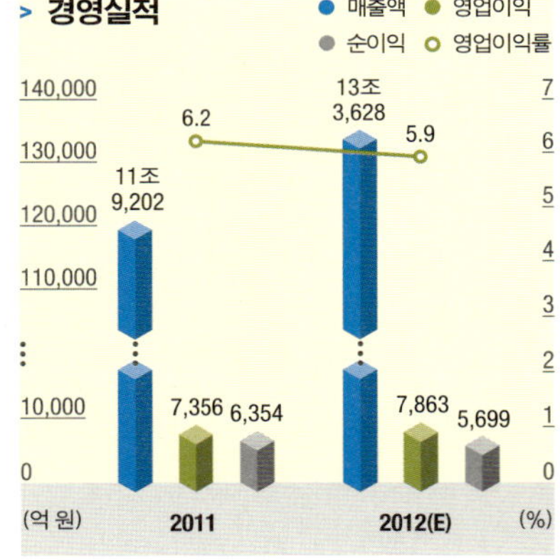

> **원전 수주 현황**
주·2011년 말 기준, 단위·백만 원

발주처	한국수력원자력(주)	한국수력원자력(주) 고리원자력본부	한국전력공사
공사명	신울진원자력 1, 2호기 주설비공사	신고리원자력 3, 4호기	U.A.E 원전 건설공사
완공 예정일	2017.4.30	2014.9.30	2020.4
기본 도급액	524,186	418,427	3,548,770
완성 공사액	44,431	318,430	249,669
계약 잔액	479,755	99,997	3,299,101
진행률	8%	76%	7%

> **현대건설이 시공 중인 UAE 브라카 원전**

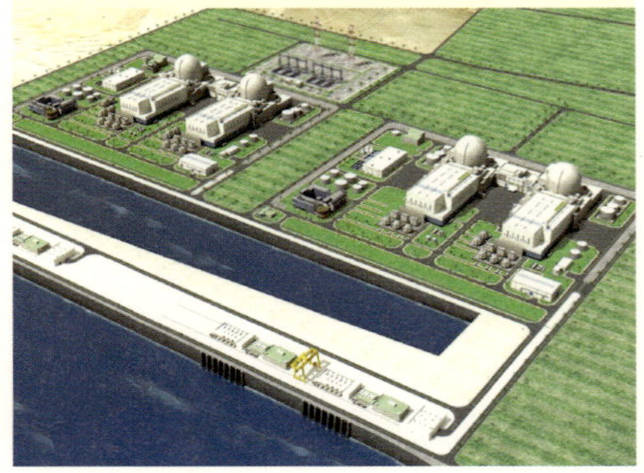

투자 포인트
- 국내 발전소 설계 및 엔지니어링 1위 업체.
- 한국형 원전 독점 설계.

> **매출 비중**
단위·%

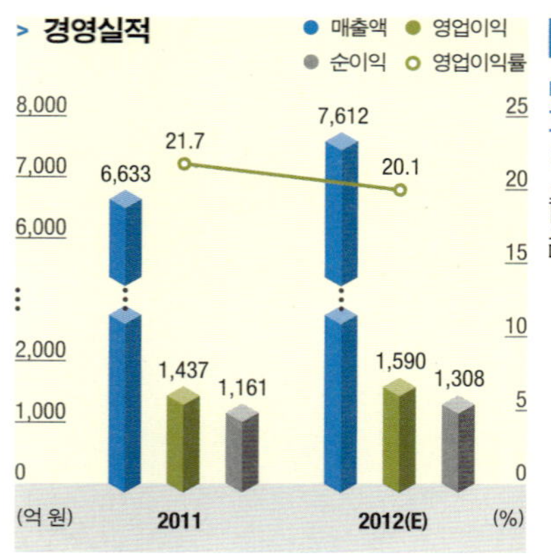

> **경영실적**

> **UAE 원전 한전컨소시업 구성으로 본 원전 산업 밸류 체인**

자료·한국전력연구원, 주·A/E(Architect Engineering, 종합설계), SD(System Design, 계통설계)

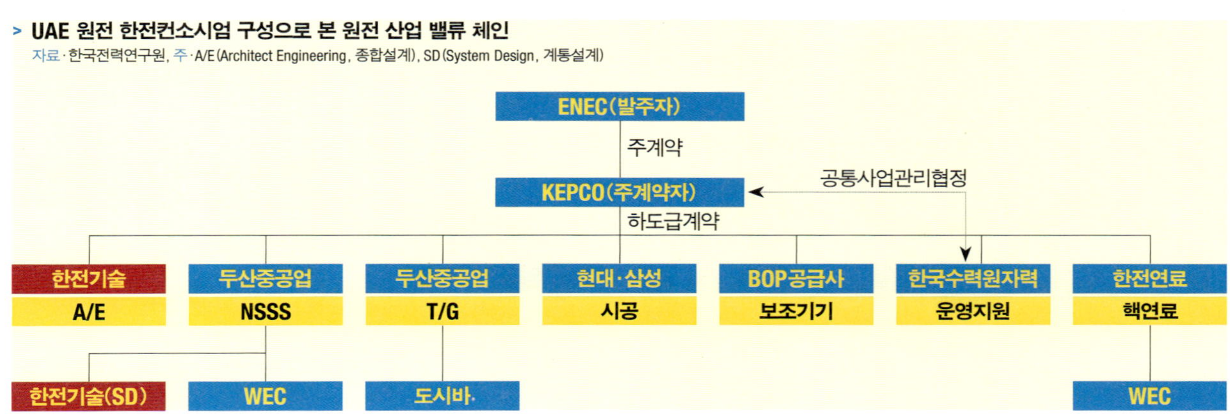

투자 포인트
- 국내 발전 설비 정비 1위 업체 → 국내 시장 점유율 80%.
- 원전 수주 시 정비 수익이 장기간에 걸쳐 안정적으로 발생 → 해외 원전 수주는 주가 상승의 모멘텀으로 작용하기에 충분.
- 해외 사업 매출 마진율이 국내 공사에 비해 10% 가량 높음 → 수익성 향상 기대.
- 한전KPS의 지분 75%를 보유한 한전이 요르단 IPP3 디젤 내연발전소 건설 및 운영 사업에서 낙찰.

> **경영실적**

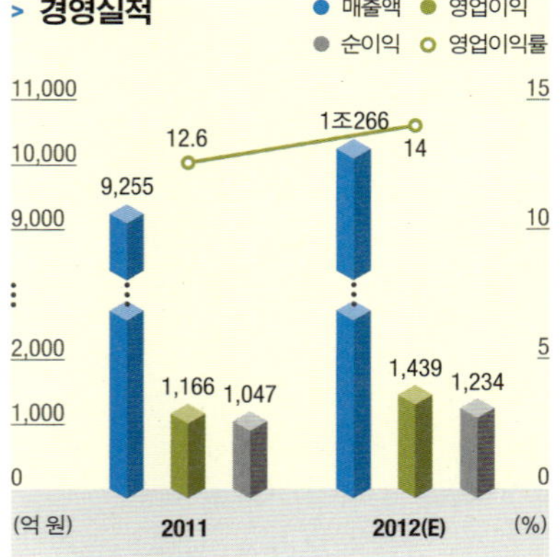

> **글로벌 정비 진출국**

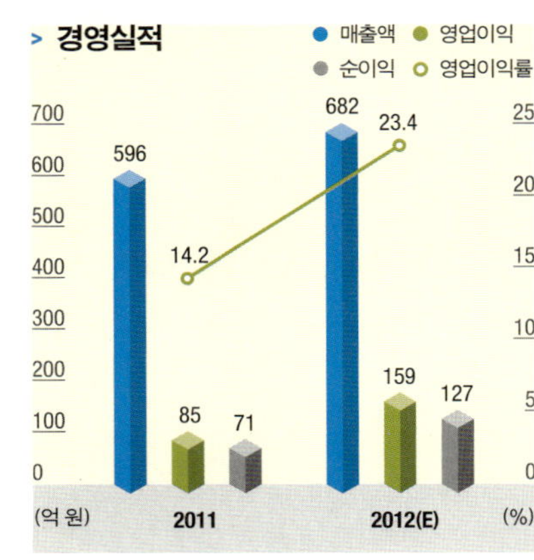

투자 포인트

- 원전계측기 제조 1위 업체 → 원자로 1개당 약 150억 원의 계측 장비 설치 요구됨(이 중 100억 원 가량 동사의 제품이 차지).
- 원전계측기는 인력이 직접 측정할 수 없다는 점에서 원자로에 꼭 필요한 장비로 자리매김함.
- 원자로 최초 가동일로부터 1~2년 전에 제품 납품→제품 주기는 5~7년 수준으로 국내에서 매년 50억 원 규모의 교체 수요 발생.
- 국내 23기 중 8곳에 동사의 계측기 사용 → 향후 나머지도 동사의 제품으로 교체 가능.

> 원전계측기 구성요소

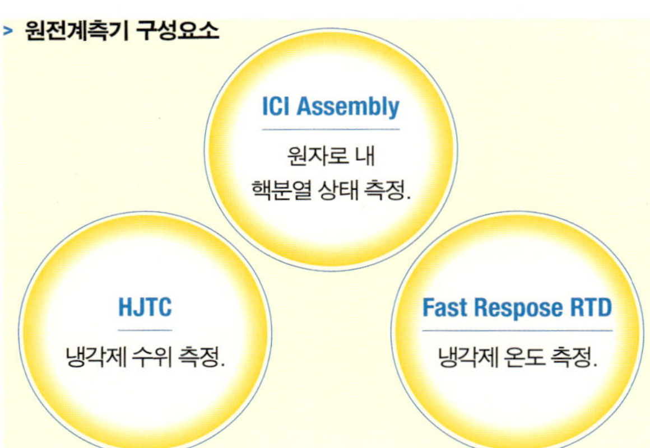

> 원전계측기의 사용 장소

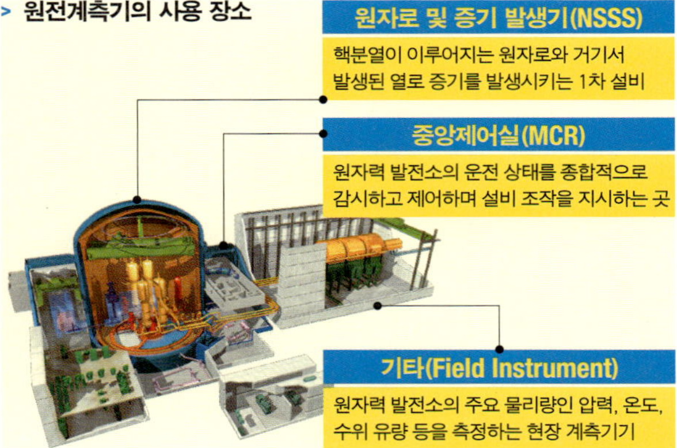

투자 포인트

- 2014년부터 한국형 원자로 'SMART'의 가시적인 실적 기대.
- 지식경제부는 한전KPS가 보유한 화력 발전소 정비 물량의 약 30%를 민간 정비 업체로 개방하려는 발전 정비 산업 경쟁 도입 계획 발표 → 현재 국내 경상정비 시장 80%를 점유하는 한전KPS 물량이 일진에너지, 금화피에스시 등 6개 업체로 개방 예상.
- 발전 정비 시장점유율이 2013년 약 40% 수준으로 확대 전망.

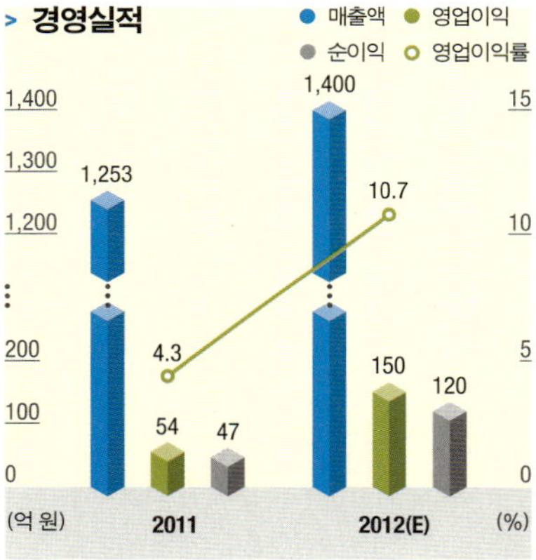

> 성장스토리

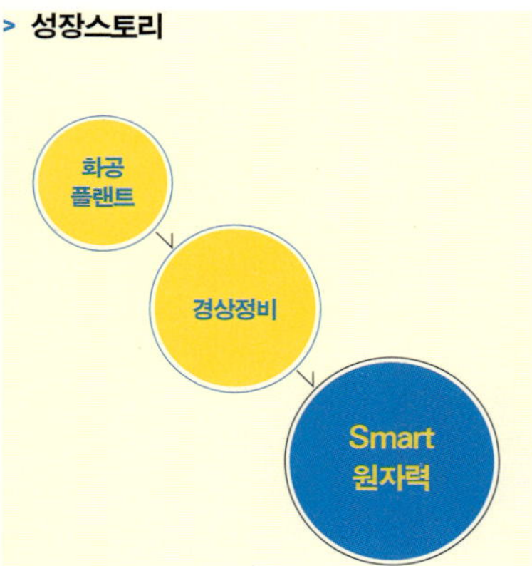

> 한국형 중소형 원자로 'SMART' 구조도

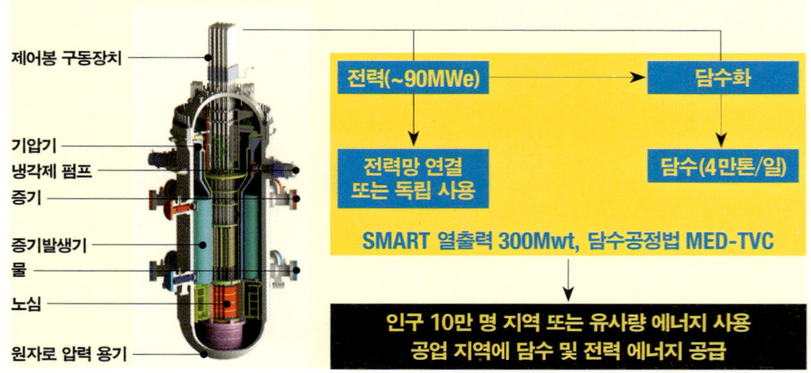

금화피에스시

코스닥·IFRS별도

2012년 2분기 누계

매출액	550억 원
영업이익	73억 원
순이익	78억 원

투자 포인트

- 발전소 경상정비 서비스 전문 업체.
- 현재 국내 발전소 경상정비 시장은 한전 KPS에서 약80%를 점유하고 있으며, 동사를 비롯한 민간 5개 업체가 나머지 20%를 점유함.
- 마진율이 높은 OH(Overhaul: 계획 예방 정비, 약 1.5~2년 주기) 공사가 2012년에 집중될 것으로 보임에 따라 큰 폭의 실적 개선 기대.

> 경영실적

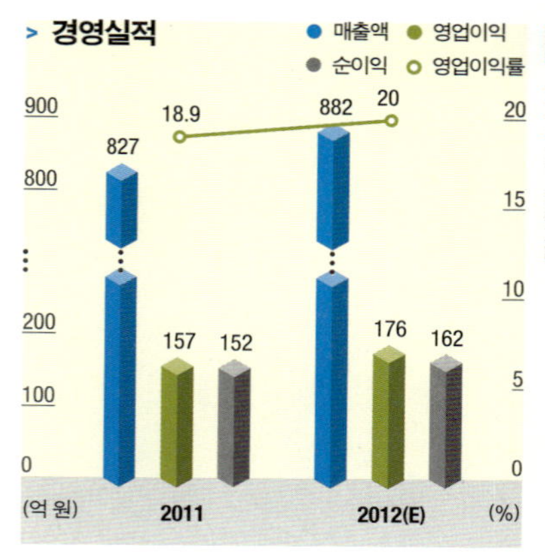

> 원전 주력 사업 분야

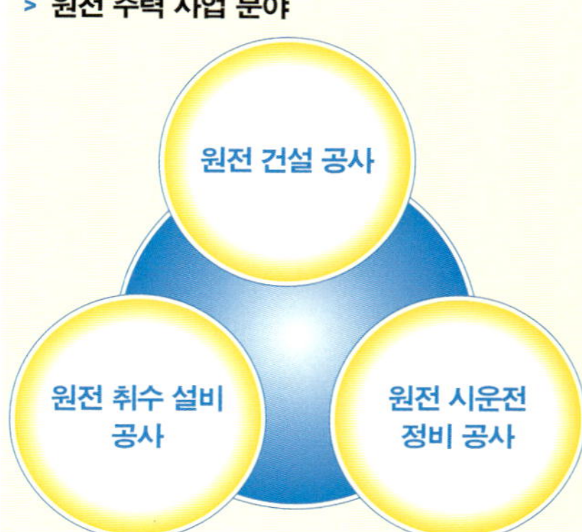

> 원전 수주 현황

2012년 1분기 말 기준, 단위·백만 원

공사명	완공 예정일	기본 도급액	완성 공사액	계약 잔액
월성 원자력 취수설비 정비 공사	2013.12	3,575	1,615	1,960
신고리 원자력 1, 2호기 시운전 정비 공사	2012.12	1,142	548	594
신고리 원자력 3, 4호기 시운전 정비 공사	2014.9	4,361	941	3,420
신월성 1호기 원자력 발전소 건설 공사	2012.1	8,770	8,770	-
신월성 2호기 원자력 발전소 건설 공사	2012.6	13,274	12,977	297

비에이치아이

코스닥·IFRS별도

2012년 2분기 누계

매출액	2,036억 원
영업이익	150억 원
순이익	113억 원

투자 포인트

- 발전 보일러, 복합 화력 발전 등 핵심 기자재의 절대 강자 업체.
- 포스코, 한전 등 국내 EPC 업체와 히타치, 미쓰비시, 지멘스 등 글로벌 업체들을 주요 고객사로 둠.
- 복합 화력 발전에 사용되는 HRSG(Heat Recovery Steam Generator, 배열 회수 처리) 설비의 경우 세계 3위의 시장점유율 차지.
- 미국 조지아주 보글(Vogtle) 원자력 발전소 3호기에 들어갈 복수기의 첫 출하 완료.

> 경영실적

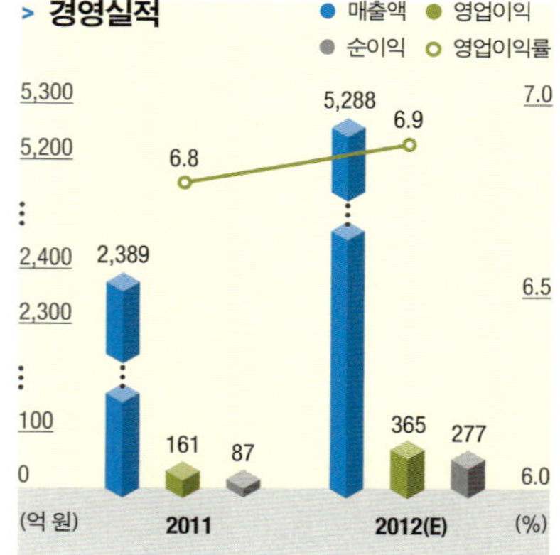

> 전방시장에 따른 선진기술 도입으로 성장 지속

주·BOP(Balance of Plant)

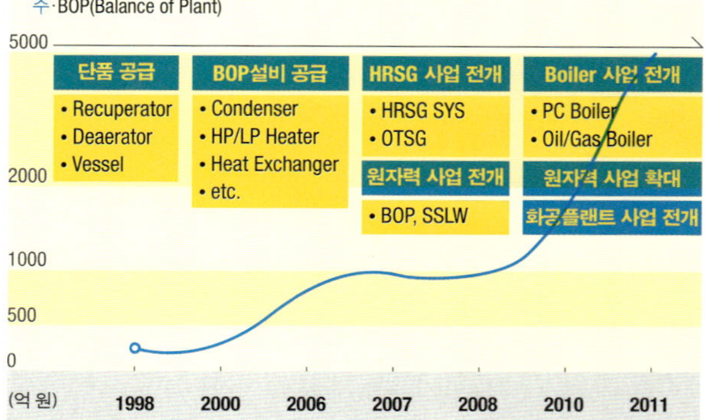

> 사업 부문별 제품 적용 현황

	제품	발전부문	제철부문	수출
발전설비	HRSG	●	●	●
	보일러(Boiler)	●	●	●
	복수기(Condenser)	●	●	●
	열교환기(Heat Exchanger)	●	●	●
	탈기기(Heat Exchanger)	●	●	●
제철설비	공기예열기(Recuperator)		●	●
	기타(Hood 등)		●	
기타	화학용 산업설비 등		●	

05

태양광

혹독한 시련에도
미래 성장 가능성 여전히 높아

화석 에너지(석유, 석탄 등)의 고갈과 환경오염, 원자력 발전소의 위험성이 부각되면서 태양광 및 풍력 등 신재생에너지에 대한 의존도가 높아지고 있다. 특히 태양광 산업은 환경적으로 청정 무공해일 뿐아니라, 에너지 자원 측면에서도 무한한 이점을 갖추고 있다. 태양광은 자연 에너지원으로는 풍력만큼이나 매력적이다. 아울러 경제적 측면에서는 반도체 등 전후방 산업과의 연계 효과가 매우 크다.

태양광 산업의 구조조정과 수요 시장의 다변화

태양광 발전은 태양의 빛 에너지를 변환시켜 전기를 생산한다. 반도체로 만들어진 태양전지에 빛에너지가 투입되면 전자의 이동이 일어나서 전류가 흐르고 전기가 발생하는 원리를 이용한다. 태양전지는 결정형, 박막형 등으로 구분된다. 현재 태양광 시장의 주류는 결정형이다. 결정형 태양전지의 생산 과정은 원재료인 폴리실리콘으로 시작해 잉곳, 웨이퍼, 셀, 모듈, 시스템 등으로 진행된다.

한편, 태양광 산업은 엄청난 성장잠재력에도 불구하고 최근 그 어느 때보다 혹독한 시련을 겪고 있다. 전 세계 수요량의 60~70% 이상을 차지하고 있는 유럽의 재정위기 및 보조금 축소로 인한 수요 위축과 밸류 체인 전반에 걸친 공급 과잉 및 이에 따른 가격 하락이 시련의 주요 원인이다.

특히 정부 지원 아래 급격히 성장한 중국 태양광 업체들은 원가 경쟁력을 바탕으로 한 저가공세로 출혈 경쟁을 부추겼다. 이는 결국 구조조정으로 이어져 소수 선도 업체 중심의 산업 재편이 이루어지고 있다. 산업 구조조정은 앞으로 태양광 시황의 회복 시기를 앞당길 것이라는 게 업계의 관측이다. 원자재와 설치 비용 인하로 태양광 발전 비용이 석유·석탄 등을 이용한 발전 비용과 같아지는 시기가 점점 빨라지는 것도 산업의 성장 가능성을 높여주는 변수다.

아울러 태양광 산업은 수요 시장의 다각화라는 변화를 맞고 있다. 업황 침체기였던 2011년에도 글로벌 태양광 발전 설비 설치량은 전년보다 50% 이상 증가했다. 업계에서는 향후 몇 년 간 비유럽 국가권을 중심으로 두 자릿수의 증가세를 지속할 것으로 보고 있다. 기존 태양광 시장의 중심축이었던 유럽 국가들의 설치량 감소는 불가피하지만 미국, 중국, 일본 등 비유럽 국가들의 태양광 발전 설치 수요가 친환경 재생 에너지에 대한 수요 증가와 보조금 확대 등으로 늘어나고 있기 때문이다.

수직계열화를 완성한 업체를 주목하라

대표적인 태양광 시장 리더 기업 OCI는 전 세계 폴리실리콘 메이저 업체 중 가장 우수한 품질을 자랑한다. 폴리실리콘의 공급 확대와 수요 감소로 가격 하락이 이어지고 있지만 지속적인 원가 절감과 품질 우선 경영, 장기 공급 계약 등을 통해 기업 경쟁력을 강화해 나가고 있다. OCI는 혹독한 산업 구조조정 속에서 오히려 증설에 나서는 등 몸집을 불리고 있다. 연간 1만 톤의 증산을 위해 공정 개선 작업을 벌이고 있다. 2013년 7월에 증설이 완료되면 OCI의 생산능력은 연간 52,000톤으로 늘어나며, 제조 원가도 킬로그램당 2달러가 절감될 것으로 예상된다.

한화그룹은 폴리실리콘-잉곳-웨이퍼-태양전지(셀)-모듈-태양광 발전 등 태양광 사업 전 분야에 걸쳐 수직계열화를 완성하고, 글로벌 시장 공략을 위해 전력을 다하고 있다. 한화는 최근 세계적 태양광 전문 업체인 독일의 큐셀을 인수했다. 이로써 한화는 연간 2.3GW의 생산능력을 갖춘 세계 3위 셀 생산 업체로 도약하게 됐다. 이어 한화케미칼은 전남 여수에 연간 1만 톤 규모의 폴리실리콘 공장을 짓고 있다. 이 공장은 2013년 하반기 또는 2014년 초부터 본격 가동을 시작할 계획이다. 2014년부터 연간 5,000억 원 이상의 매출을 기대하고 있다.

태양광용 잉곳과 웨이퍼를 생산하고 있는 오성엘에스티는 수직계열화 및 국산화된 기술력을 갖춘 기업이다. 폴리실리콘 제조업체 한국실리콘과 태양광용 백시트 제조업체 신화인터텍을 자회사로 두고 있다. 한국실리콘은 2012년 6월 폴리실리콘 생산능력을 연 3,200톤에서 15,000톤으로 늘리는 증설 작업을 끝낸 뒤 본격적인 상업 생산에 들어갔다.

에스에프씨는 주로 태양광 모듈 백시트를 생산하는 업체로, 필름 코팅에 있어서 독보적인 기술을 보유하고 있다. 태양광 모듈 백시트는 20년 이상의 내구성이 보장돼야 하는 모듈의 주요 부자재 가운데 하나다. 태양광 모듈 백시트는 인증을 위해 최소 1,000시간에서 2,000시간 단위의 테스트가 필요하고 제품 완성 이후 약 6개월에서 1년의 인증 기간을 필요로 해 진입장벽이 높은 편이다. 중국 및 일본 업체들로의 공급 물량이 점차 증가하고 있는 점도 성장 모멘텀을 다지는 요소로 꼽힌다.

태양광 시장에도 반드시 봄은 온다!

태양광 산업은 경쟁 강도 상승, 규모의 경제, 공정 개선, 변환 효율 고도화 등의 영향으로 전통적인 에너지원 대비 고비용 구조가 빠르게 해소되고 있다. 장기적으로 볼 때 태양광 제품 가격 하락에 따른 그리드패리티(Grid Parity : 화석연료 생산 전기 발전단가와 태양광 생산 전기 발전단가가 같아지는 시점)로의 순환적인 가격 하락은 정부보조금에 대한 의존도를 낮추면서 태양광 산업의 경제성을 제고시킬 전망이다.

재정위기에 따라 유럽 국가들의 보조금은 삭감될 전망이나, 중기적으로 미국, 중국, 일본에서 큰 폭으로 보조금이 증가할 것으로 전망된다. 이는 세계 시장의 80%를 차지하는 유럽의 수요 감소를 다소 상쇄할 것으로 보인다. 미국과 일본은 2010년에 전년 대비 약 100% 성장을 보였다.

국내의 경우, 2008년 수립된 '제1차 국가 에너지 기본계획(2008~2030)'을 중심으로 2030년까지 태양광 발전 누적량을 3.5GW까지 확대한다는 계획을 세워놓고 있다. 이러한 계획에는 '그린홈 100만 호'와 'RPS 제도(Renewable Portfolio Standard : 신재생에너지 공급 의무화 제도)' 도입이 포함되어 있다.

국내 태양광 시장은 아직 내수 기반이 취약해 매출의 80%를 수출에 의존하고 있다. 공격적인 증설로 규모의 경제를 실현하고 있는 중국 업체와 경쟁을 고려할 때 해외 시장 진출이 쉽지만은 않다. 또한 주요 설치 시장인 유럽의 보조금 혜택이 중국, 대만 등 해외 생산 업체의 배만 불린다는 유럽 내부적인 비판이 제기됨에 따라, 향후 자국 업체 제품의 우선 구매 등 보호무역적 정책을 취할 가능성도 커지고 있다.

이번 태양광 시장의 겨울은 길어질 것으로 전망된다. 하지만 겨울은 지나가고 봄은 반드시 올 수밖에 없다는 게 업계 전문가들의 공통된 의견이다.

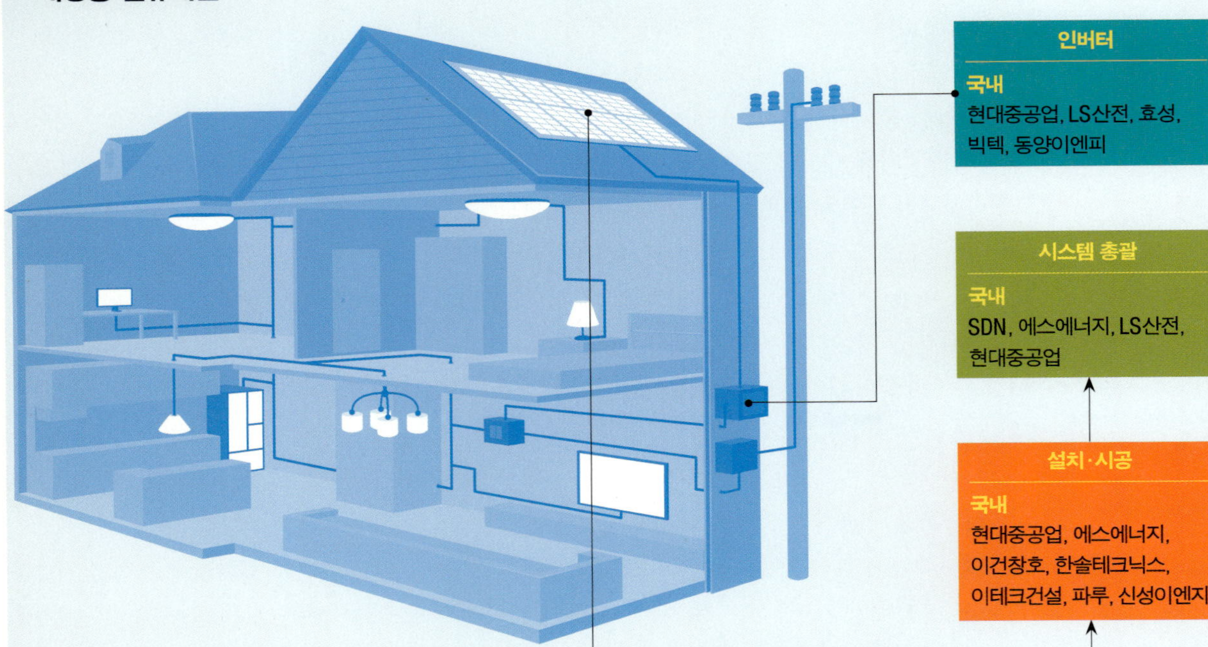

원료 | 폴리실리콘

태양전지의 핵심 소재로, 모래 등에 있는 규소를 용융해서 만듦.

국내
OCI, 한화케미칼, 삼성정밀화학

해외
Hemlock(미국), GCL(중국), WACKER(독일), MEMC(미국), REC(노르웨이)

경쟁요소
원가경쟁력, 고순도 제품, 공정 개선, 장기공급계약

소재 | 잉곳·웨이퍼

고순도 실리콘을 녹여 블록 형태로 만든 뒤(잉곳), 얇은 막 형태로 자름(웨이퍼).

국내
SKC솔믹스, 오성엘에스티, 한솔테크닉스, 넥솔론, 티씨케이

해외
GCL(중국), LDK(미국), REC(노르웨이), Yingli(중국), Renesolar(중국)

경쟁요소
원가경쟁력, 고순도 제품, 슬라이싱 기술, 원재료 조달

태양전지 | 셀

표면에 음극과 양극을 띤 캐리어가 생성되는데, 이러한 캐리어가 이동하면서 전류를 발생시킴.

국내
신성솔라에너지, 현대중공업, 한화케미칼, LG전자, 한국철강, 삼성SDI

해외
JA SOLAR(중국), Suntech(중국), SHARP(일본), First Solar(미국), Motech(대만)

경쟁요소
변환 효율, 원가경쟁력, 인건비, 원재료 조달

모듈

서로 연결된 여러 장의 태양전지에 백시트, 유리, 부품 등과 함께 압력을 가해 넓은 판 형태로 만든 것.

국내
SDN, 한국철강, 에스에너지, 한솔테크닉스, 오성엘에스티, 신성솔라에너지

해외
Suntech(중국), Yingli(중국), First Solar(미국), SHARP(일본), Trina Solar(중국)

경쟁요소
변환 효율, 원가경쟁력, 생산효율성, 인건비

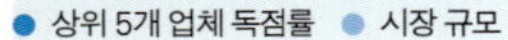

● 상위 5개 업체 독점률　● 시장 규모

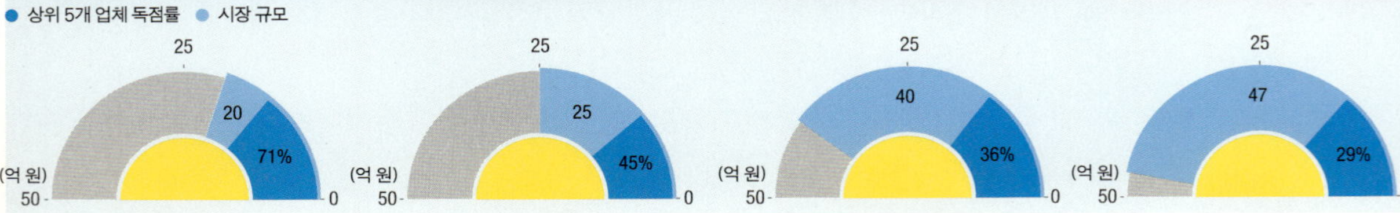

>> 태양광 발전 애플리케이션

> 용도별 발전량 비중
자료·IEA, 괄호 안은 비중

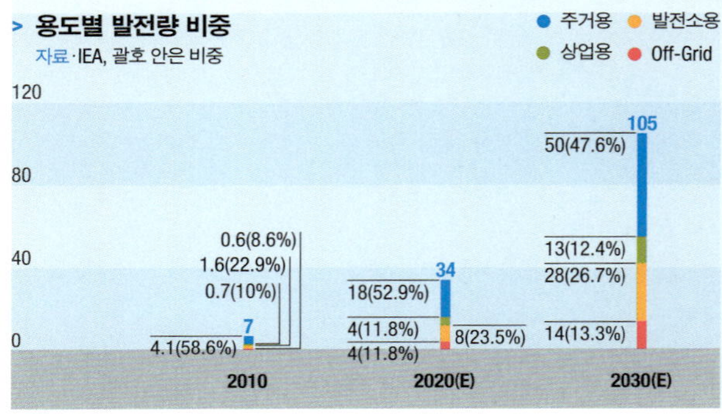

> 미국의 용도별 태양광 애플리케이션 비중 추이
자료·Photon Consulting

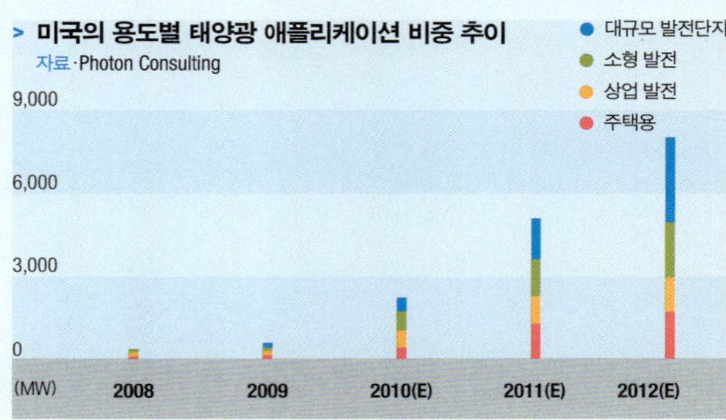

- 주거용은 주로 해당 주택의 전력 공급용으로 사용되며, 대부분 발전차액지원제도를 통해 설치 됨. 독일, 일본에서 태양광 시장의 90% 이상을 차지.
- 상업용은 아직까지는 비중이 높지 않으나 미국(그래프 참조)과 중국을 중심으로 성장세 두드러짐.
- 대규모 전력 공급을 목표로 하는 발전소용 역시 최근 미국과 중국을 중심으로 성장 기대.

>> 태양광 부문별 생산 원가

> 태양광 발전 시스템 생산비 구조
주·BOS(Balance of System) : 시스템을 운용하는 장비(인버터, 컨트롤 유닛, 전기배선 등)의 집합체. 괄호 안은 비중.

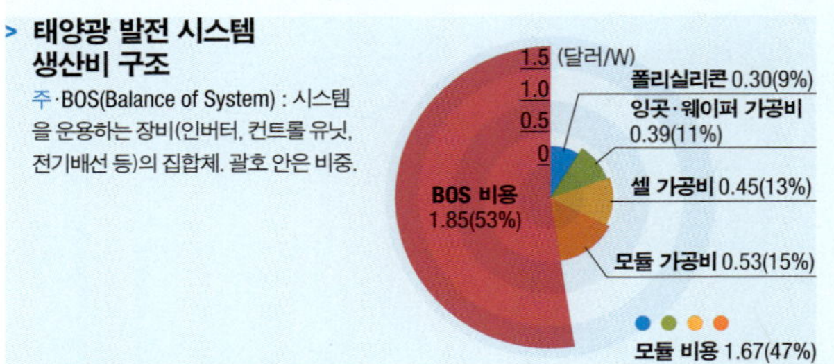

- 태양광 발전 시스템의 평균 생산비는 와트당 3.52달러로, 크게 모듈 비용과 BOS 비용이 각각 절반을 차지함.

> 태양광 발전 시스템 생산비 추이

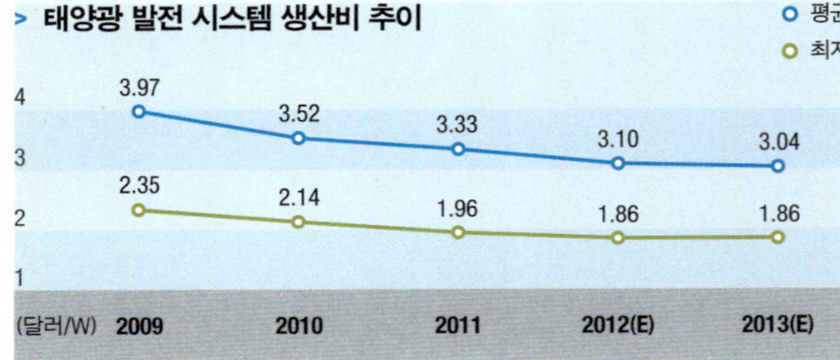

- 태양광 발전 시스템 생산비는 2010년 와트당 3.5달러에서 2013년 와트당 3달러 수준으로 하락할 전망.
- 특히 수직계열화를 구축한 업체의 생산비는 약 1.86달러로 약 40% 낮은 수준으로 기대.

> 태양광 밸류 체인별 원가 비중
단위·%

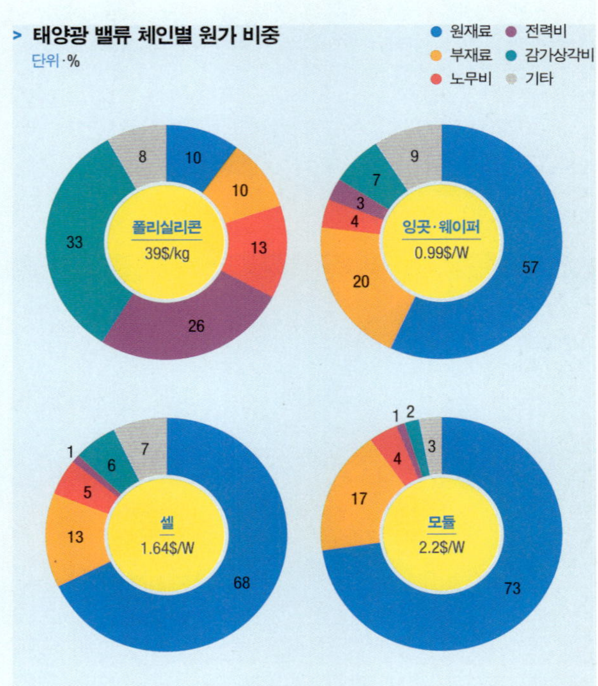

- 잉곳·웨이퍼, 셀, 모듈 등은 소재(원재료와 부재료) 부분 원가 비중이 높고, 폴리실리콘은 상대적으로 전력비와 감가상각비의 원가 비중이 높음.

> ## 세계 태양광 설비 신규 설치량 전망

- 세계 태양광 발전 설비 신규 설치량은 2009년에서 2010년 사이 성장률이 급증한 이후 서서히 하락세를 이어가는 추세.

> ## 세계 태양광 시장 매출 전망

자료·솔라앤에너지, 주·세계 모듈 매출액 기준

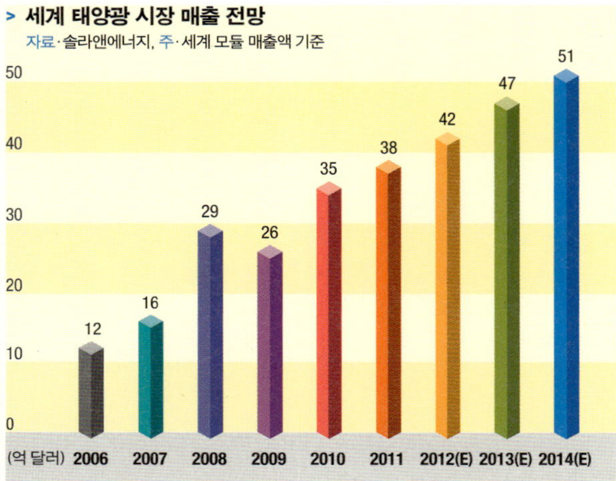

- 태양광 밸류 체인 중 모듈을 기준으로 한 세계 태양광 시장 매출은 2009년과 2010년 사이 가파르게 성장한 뒤 2014년까지 완만한 성장세를 이어갈 것으로 예상.

> ## 국내 RPS 비즈니스 모델

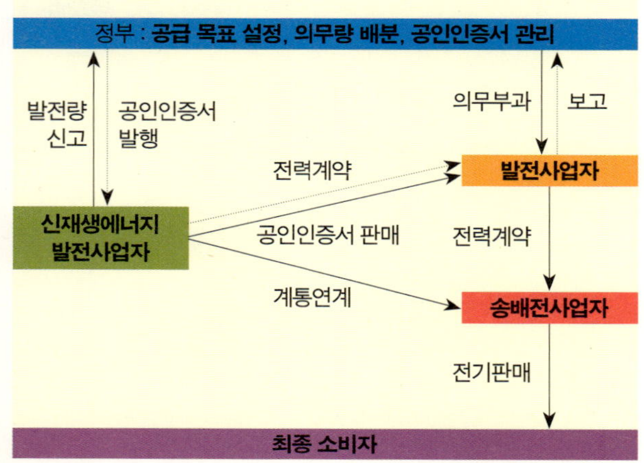

- RPS(Renewable Portfolio Standard, 신재생에너지의무할당제) : 발전사업자에게 총 발전량에서 일정 비율을 신재생에너지로 공급하도록 의무화 하는 제도.

> ## 세계 태양광 발전 설치량 '유럽권' vs '비유럽권'

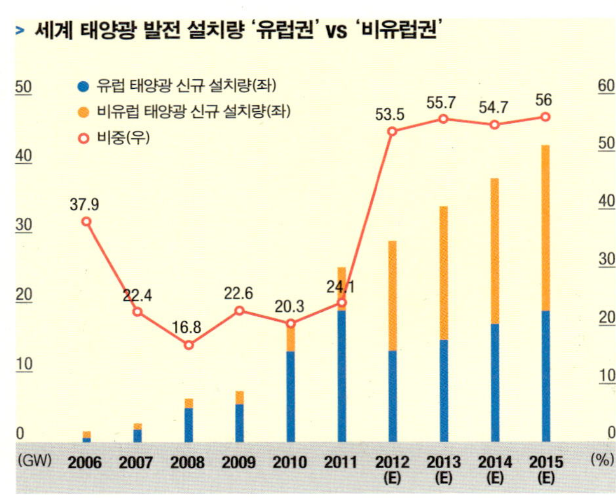

- 유럽 재정위기의 여파로 2012년을 기점으로 유럽권의 태양광 설비 신규 설치량이 비유럽권에 비해 현저히 떨어질 것으로 예상됨.

> ## 세계 태양광 시장 모듈 수급 전망

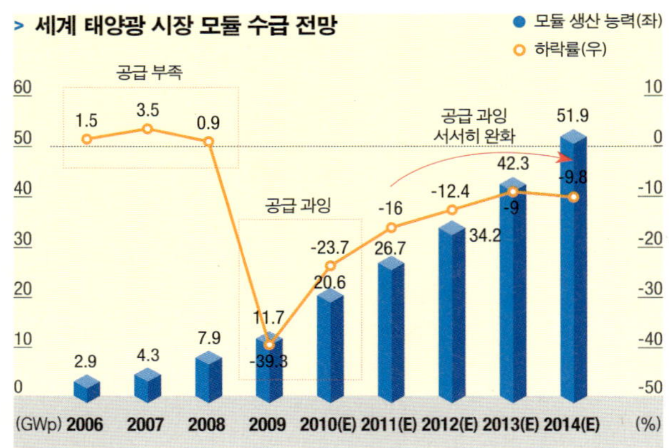

> ## RPS 도입에 따른 공급 의무 비율

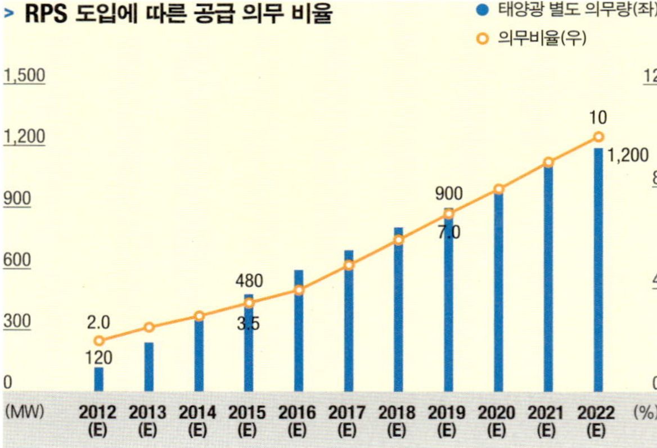

- RPS 도입으로 설비 규모 500MW 이상의 14개 발전사업자는 총 발전량에서 신재생에너지의 공급 비율을 2012년 2%에서 2015년 3.5%, 2022년 10%로 높여야 함.
- 정부는 공급 의무자들이 발전단가가 낮은 풍력 등의 신재생에너지원으로만 집중할 것을 우려해, 발전단가가 높은 태양광에 대해서는 별도의 인센티브 적용할 방침.
- 공급 의무가 있는 발전사업자는 RPS 시행 초기 5년간 태양광 발전 설비를 매년 200~300MW 신규 보급해야 하며, 2022년까지 목표 보급량인 1200MW를 초기 5년 안에 모두 달성해야 함 → 향후 태양광 발전 보급량 증가 기대.

>> 세계 태양광 시장 지도

> 태양광 발전 설치 규모 TOP 10
괄호 안은 비중

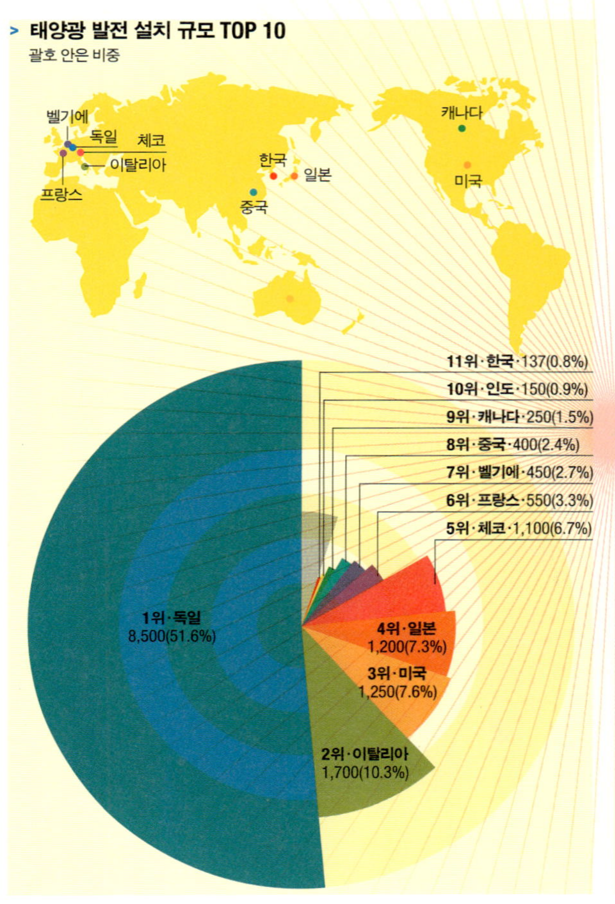

> 태양광 시장 선도국 정부 지원책

미국
- 오바마정부 아폴로 프로젝트 등 적극적인 신재생에너지 육성정책 실시.
- 35개 주 RPS 시행, 2016년까지 세제 혜택(Investment Tax Credit).
- **시장규모** · 2GW(2011E) → 3.5GW(2012E)

중국
- 2009년 Golden Sun Program 발표.
- 31개 지방정부에서 최대 20MW의 시스템에 50~70%의 환급.
- 2011년 하반기부터 국가 차원의 IT 도입.
- 모듈 업체들은 중국개발은행으로부터 저리보조금 지원.
- **시장규모** · 1.2GW(2011E) → 2.5GW(2012E)

일본
- 2005년 FIT 폐지하고 RPS 도입.
- 2012년 7월부터 FIT 재도입.
- **시장규모** · 1GW(2011E) → 1.5GW(2012E)

독일
- 1991년 태양광보조금정책 세계 최초 시행.
- 태양광 설치 비용 감소로 2010년 지원금 감축률을 15~25%로 확대.
- **시장규모** · 7.1GW(2010) → 5.8GW(2011)

> 전력 생산 중 태양광 비중

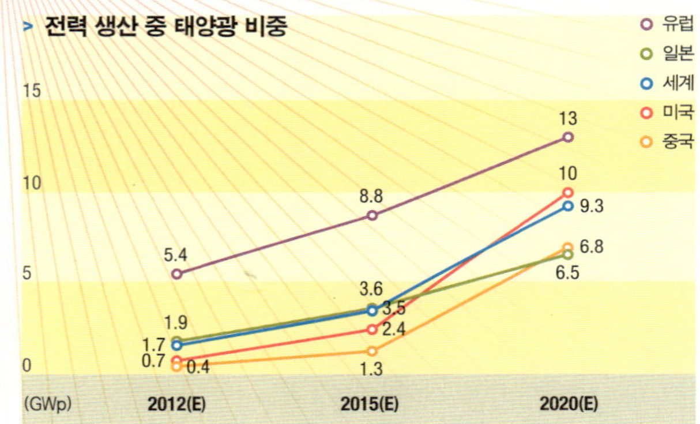

> 국내 태양광 업계 수직계열화 현황

기업구분	기업	폴리실리콘	잉곳·웨이퍼	태양전지	태양전지 모듈	시스템·발전소
대기업	LG	LG화학	실트론	LG전자 LG디스플레이	LG전자 LG산전	LGCNS
	SK	SK케미칼	SK솔믹스	SKC	SKC	SK건설
	삼성	삼성정밀화학 삼성석유화학	삼성코닝 정밀소재	삼성전자 삼성SDI	삼성전자 에스에너지	삼성물산 에버랜드
	현대중공업	KAM(KCC 합작법인)		현대중공업	현대중공업	현대중공업
	한화	한화케미칼	솔라펀파워(중국)	솔라펀파워(중국) 한화케미칼	솔라펀파워(중국)	–
	OCI	OCI	넥솔론	–	–	–
	웅진	웅진폴리실리콘	웅진에너지	–	–	–
	KCC	KAM	–	–	–	–
	STX	–	–	STX솔라	STX솔라	
중견기업	신성	–	–	신성홀딩스	신성CS	신성ENG
	오성엘에스티	–	오성엘에스티	–		
	네오세미테크	–	네오세미테크			
	KEP	–		KPE	–	
	미리넷솔라	–	–	미리넷솔라		
	심포니에너지	–	–		심포니에너지	
	한국철강	–	–	한국철강(박막형)	한국철강(박막형)	
	알티솔라	–	–	알티솔라(박막형)	알티솔라(박막형)	–

- 태양광 산업은 원가 비중이 사업성에 미치는 영향이 큰 특성상 해당 업체마다 수직계열화를 통한 생산 단가 효율화 추진.
- 다만, 최근 태양광 시장의 세계적인 침체로 일부 대기업 계열 업체는 사업 추진을 잠정 보류하기도 함 → LG화학, 삼성SDI 등.

OCI
코스피·IFRS연결

2012년 2분기 누계

매출액	1조7,575억 원
영업이익	1,875억 원
순이익	960억 원

- 전 세계 폴리실리콘 리딩 업체 중 가장 높은 품질을 자랑.
- 2014년까지 증설 감안하면 세계 1위 생산력 보유.
- 폴리실리콘 공급 확대와 수요 감소로 가격 하락 → OCI의 경우, 단가 하락에도 품질 우선 경영과 장기 공급계약으로 기업 경쟁력 확보.
- 주요 매출처를 아시아(중국, 대만, 한국)에서 미국 등 글로벌 시장으로 확대.

> ## 지역별 고객 비중
단위·%

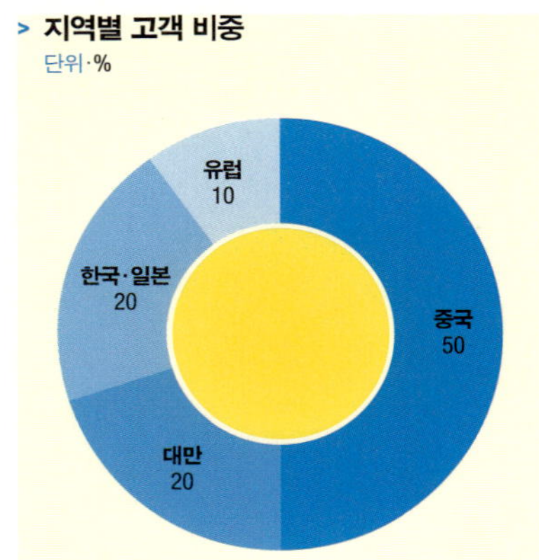

> ## 폴리실리콘 글로벌 TOP 4 생산능력 차이
자료·우리투자증권 리서치센터

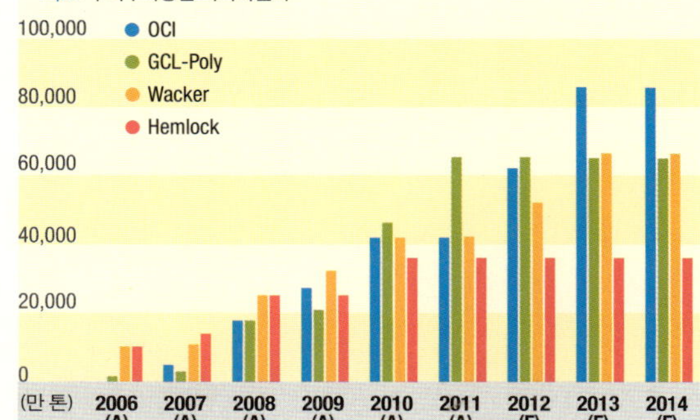

> ## 폴리실리콘 글로벌 시장 전략
자료·우리투자증권 리서치센터

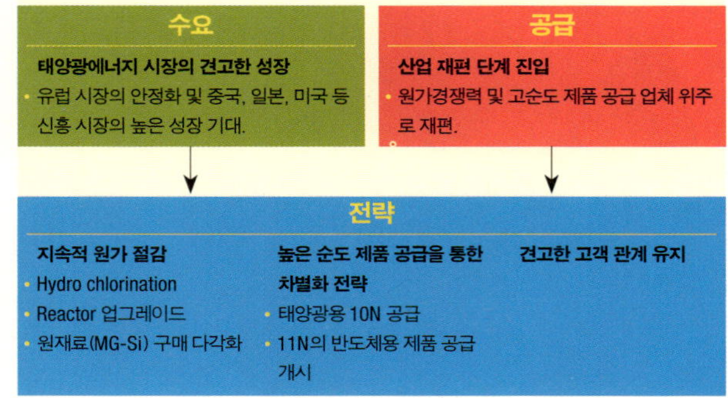

> ## 폴리실리콘 추정 출하량 추이
자료·우리투자증권 리서치센터

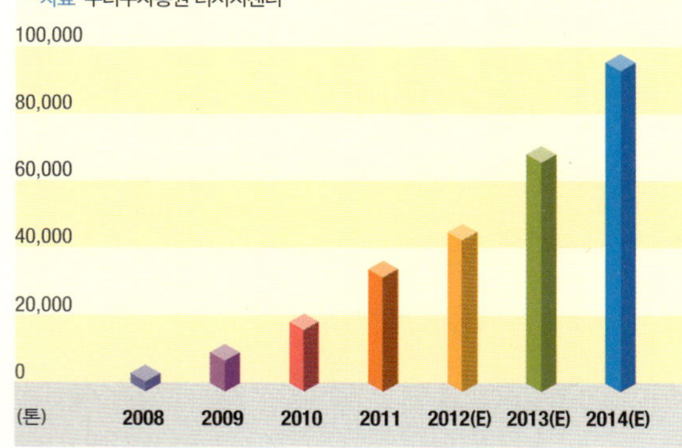

> ## 국가별 장기 공급계약 현황

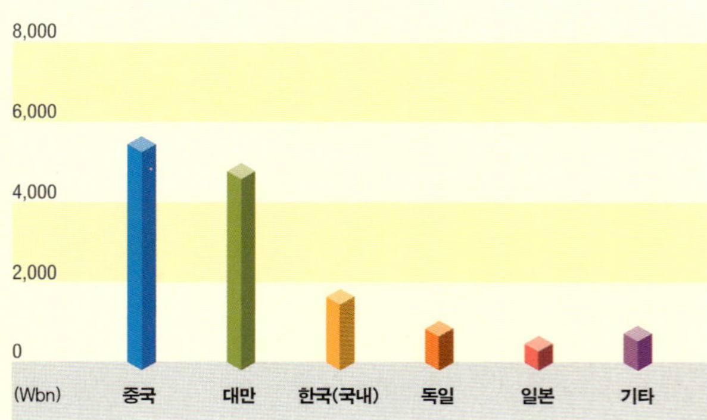

◀ OCI가 2005년 12월부터 OCI머티리얼즈 공동경영에 참여해 2009년 10월 추가 지분 인수해 단독으로 경영권 행사.

옛 소디프신소재
OCI머티리얼즈
코스닥·IFRS별도

2012년 2분기 누계

매출액	1,376억 원
영업이익	355억 원
순이익	226억 원

- 반도체와 LCD/AMOLED, 태양전지 생산 공정에서 CVD 용기 세정에 사용되는 'NF3' 생산 전문 업체.
- NF3 생산능력 연산 5,500톤으로 세계 1위 점유.
- 생산량 세계 2위의 태양광 전지 기초소재인 SiH_4(모노실란)을 비롯하여 WF_6(육불화텅스텐), DCS(디클로로실란) 생산 판매.
- 매출의 90% 이상이 외화결제인 관계로 환율 변동에 따라 수익성이 크게 좌우됨. 특히 장치산업의 특성상 변동비가 낮고 고정비가 많아 생산량의 확대와 축소에 따른 수익률 변화가 크게 이루어지는 특성이 있음.

> ## NF3 생산능력 및 시장점유율
자료·우리투자증권 리서치센터

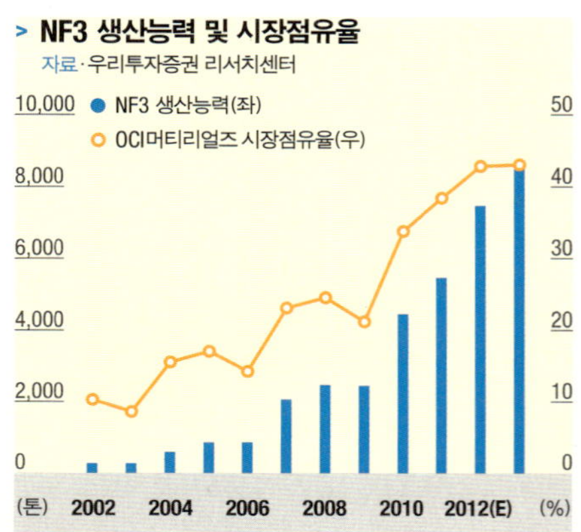

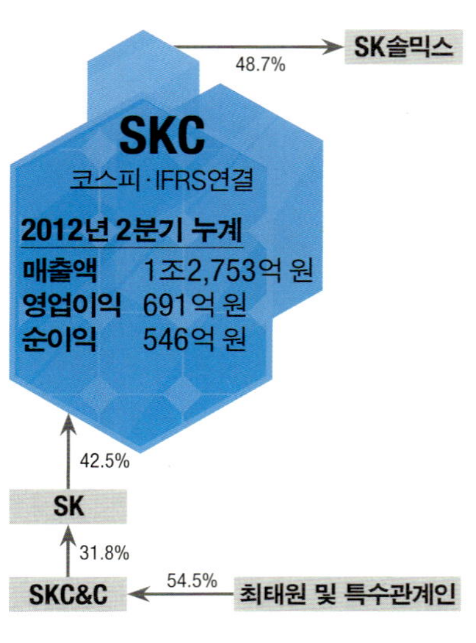

투자 포인트

- 태양광 모듈 보호에 사용되는 보호 필름(PV PET 필름, EVA 시트, 불소필름, 백시트) 세계 최초로 생산.
- 세계 유일의 태양전지 소재 일괄 생산을 통한 토털 솔루션 제공이 가능.
- SKC는 태양전지용 PET필름과 불소필름, EVA시트를 생산하고, 자회사 SKC솔믹스는 태양전지용 잉곳과 웨이퍼를 양산하고 있어 현재 세계에서 유일하게 태양전지에 들어가는 핵심 소재를 일괄 생산.
- 태양광 필름 사업 분야에서 가파른 성장세를 보이며 2010년부터 2014년 사이 연평균 성장률(CAGR)이 20% 이상 가능할 전망.
- 특히, Specialty필름(태양광, 광학용, 열수축용 필름) 분야에서 세계 시장점유율1위 기록.

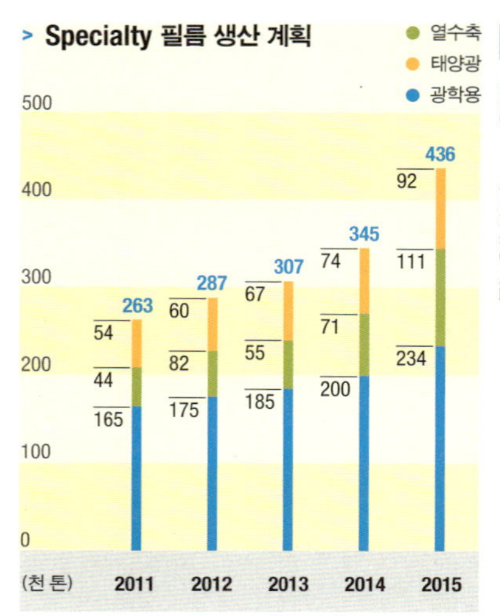

> 태양광 발전용 필름 주요 제품

자료·업계 자료, 우리투자증권 리서치센터, 주·시장 규모 2009년 기준, 불소필름 사용 백시트 기준

제품	용도	마진	경쟁도
PET필름	불소필름과 결합하여 백시트 제조에 사용.	20% 내외	글로벌 6~7개 업체 과점
EVA시트	태양전지 전·후면에 위치. 접착성 향상 및 파손 방지 기능.	5~10%	글로벌 4~5개 업체 과점
백시트	태양전지 후면에 위치. 환경 변화로부터 전지 보호.	3~5%	다수 제조업체 경쟁
불소필름	PET필름과 결합하여 백시트 제조에 사용. 내후성 중요.	30% 상회	Dupont 독점

- 태양광용 PET필름 시장에서 확고한 점유율(글로벌 기준 50%)을 유지하는 가운데, EVA시트, 불소필름과 같은 기타 태양광 보호필름으로도 사업영역 확대.
- 모듈에서 보호필름이 차지하는 비중은 원가의 5% 수준으로 낮은 편임. 태양광 제품의 특성상 장기간에 걸쳐 품질이 보장되어야 하므로 track record가 입증되지 않는 신규 업체의 시장 참여는 제한적임. 따라서 신규 업체 시장 진입에 따른 가격경쟁 심화는 커지지 않을 것으로 전망.

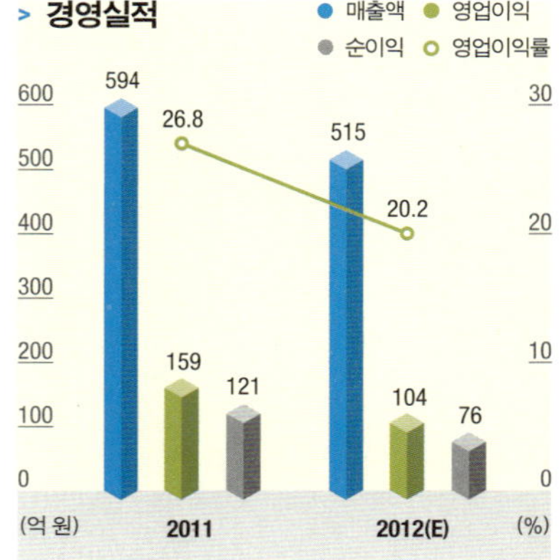

투자 포인트

- 반도체, LED, 태양광 등의 필수 흑연소재를 공급하는 국내 유일 업체.
- 주요 전방 산업인 태양광과 LED의 업황 회복시 실적 향상이 매우 빠르게 이뤄질 전망.
- 최대 주주인 모기업 Tokai Carbon(일본)은 고순도 Graphite 원재료를 자회사인 티씨케이 말고는 국내 다른 업체에 공급하지 않기 때문에 업종 내 경쟁력 매우 높음.
- Graphite 원재료 생산 가능한 포스코켐텍도 Tokai Carbon과 합작했기 때문에 원재료 수급 측면에 있어서 매우 유리.

> 사업 부문별 매출 비중

단위·%

- 전극부품 9.0
- 반도체용 고순도 흑연제품 27.5
- LED 및 반도체 장비용 부품 29.8
- 태양광용 고순도 흑연제품 33.7

> 제품별 교체주기 및 주요 고객처

제품군	세부 사항	교체주기	고객처
Hot Zone용 부품	반도체 및 태양광용 실리콘 잉곳을 생산하는 Growing 장비용 고순도 흑연 제품들	3~6개월	LG실트론, 넥셀론, MEMC Korea 등
LED 장비용 부품	LED 생산 공정 중 웨이퍼 위에 에피를 성장시킬 때 사용하는 MOCVD 장비 내에서 웨이퍼를 고정시켜주는 부품들	2~3개월	Aixtron 등
CVD-SiC 코팅품	흑연소재로부터 Out gassing, Particle 발생을 방지하고 불순물을 감소시켜주는 고순도 흑연제품 위에 SiC 코팅을 한 부품들	2~6개월	국내외 반도체 장비 및 제조 업체

에스에프씨

코스닥·IFRS별도

2012년 2분기 누계

매출액	373억 원
영업이익	52억 원
순이익	47억 원

투자 포인트

- 태양광 모듈 백시트, 라미네이트 필름, 실사 코팅 필름 등을 생산하는 업체로 필름 코팅에 관한 기술 보유.
- 주요 제품은 태양광 백시트로 2012년 매출 비중의 약 80%를 차지할 것으로 예상.
- 태양광 산업의 위축 우려에도 불구하고 동사에 대한 투자 메리트 크게 증가.
- 주요 고객인 중국 모듈 업체의 재고 소진에 따른 주문 증가 확인.
- 2012년부터 신규 고객과 장기 공급계약 본격화.

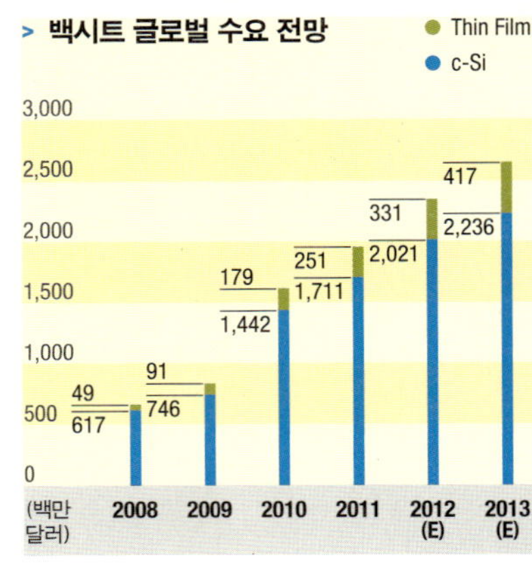

> **백시트 구조도** | 주·**EVA**·에틸렌초산비닐수지(Ethylene Vinyl Acetate), **PVF**·불소기반 백시트(Polyvinyl Fluoride), **PVDF**·Polyvinyllidene Fluoride

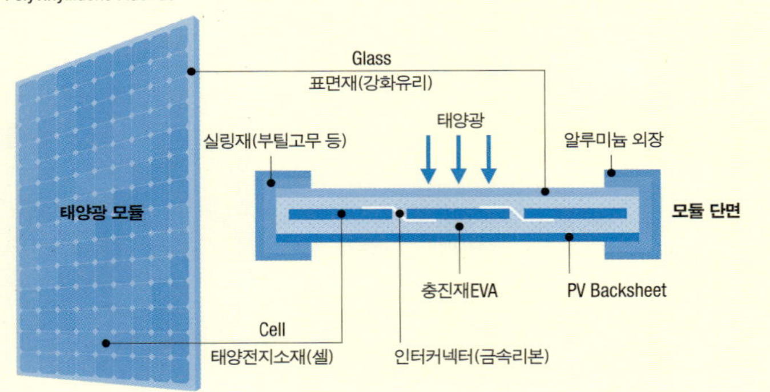

- 태양광 모듈 백시트는 태양광 모듈용 후면 보호 시트로 20년 이상의 내구성이 보장되어야 하는 모듈의 주요 부자재 중 하나임.
- 태양광 모듈 백시트 인증을 위해서는 최소 1,000시간에서 2,000시간 단위의 테스트가 필요. 즉, 제품 완성 이후 약 6개월~1년의 인증을 위한 기간이 필요. 시장 진입을 위해서는 기술력뿐만 아니라 이러한 인증기간을 거쳐야 하므로 새로운 업체가 진입하기가 용이하지 않음.
- 백시트는 설치 후 25년 내외의 장기간 수명을 요하므로 에스에프씨의 제품처럼 검증된 제품으로만 수요 몰림.

SDN

코스닥·IFRS별도

2012년 2분기 누계

매출액	185억 원
영업이익	2억 원
순이익	-36억 원

투자 포인트

- 태양광 밸류 체인의 마지막인 시스템 설치 분야의 대표 기업.
- 축적된 기술력을 바탕으로 효율 높은 태양광 시스템을 만드는 기술 노하우가 장점.
- 국내 RPS 제도의 시행으로 의무 시스템 설치가 확대되어 시장점유율이 높은 SDN으로의 수주가 확대될 것으로 기대.
- 국내뿐 아니라 유럽 불가리아로 진출하여 발전소 건설→전력 생산 사업을 진행하여 시스템 매출과 함께 발전 사업까지 확대 진행 중.

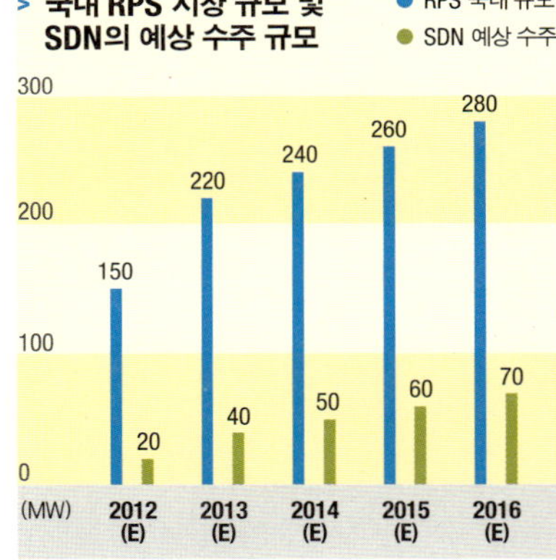

> **불가리아 발전소 SPC 손익구조**
> 주·**SPC**·특수목적법인(Special Purposed Company)

항목	급액	내용
발전수익	400억 원	42MW×4시간×365일×650원/KW
발전비용	-76억 원	감가상각비(64억 원, 1,600억 원 설비를 25년 상각 가정)+운영비(12억 원)
금융비용	-104억 원	1,600억 원×6.5%
당기손익	220억 원	동사 지분 50%

> **SDN이 불가리아 벨리코 루르노브에 완공한 42MW급 태양광 발전소**

오성엘에스티

코스닥·IFRS연결

2012년 2분기 누계

매출액	481억 원
영업이익	-288억 원
순이익	-607억 원

투자 포인트

- 자회사인 한국실리콘에서 생산하는 폴리실리콘을 공급받아 태양광용 잉곳 및 웨이퍼를 생산.
- 국산화된 기술력을 바탕으로 신규 사업인 태양광 에너지 사업을 진행하고 있으며, 태양광 사업 부문을 충북 충주 사업장으로 집중화.
- 자회사인 한국실리콘에 사우디아라비아 국영 석유회사인 ARAMCO가 투자.

> **생산능력 추이**

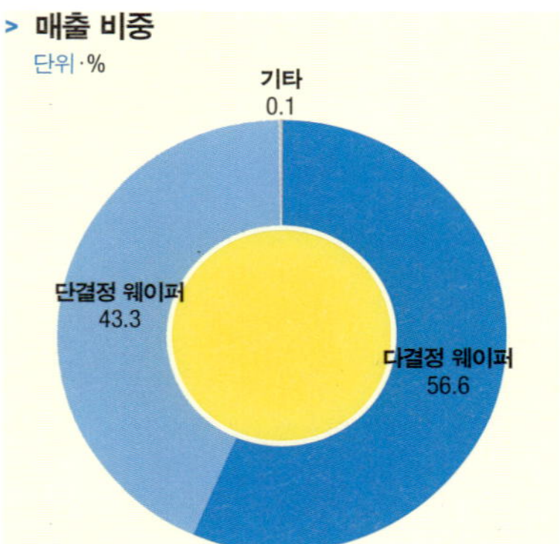

넥솔론

코스피·IFRS별도

2012년 2분기 누계

매출액	2,332억 원
영업이익	-444억 원
순이익	-681억 원

투자 포인트

- 잉곳·웨이퍼 전문 생산 업체로, 1.7GW의 생산능력을 확보하여 세계 5위권 업체로 급부상.
- 잉곳·웨이퍼의 다결정(multi)과 단결정(mono) 제품 모두 생산.
- 글로벌 톱 클래스의 원료 업체(OCI, Wacker, Tokuyama), 모듈 업체(LG전자, 현대중공업, Q-Cells, Gintech)와의 제휴 통해 안정적인 사업구조 확보.

> **매출 비중**
단위·%

에스에너지

코스닥·IFRS별도

2012년 2분기 누계

매출액	1,122억 원
영업이익	114억 원
순이익	67억 원

투자 포인트

- 태양전지 모듈 및 태양광 시스템 설치 및 발전 사업 영위.
- 2011년 생산설비 확장으로 연간 총 생산량은 350MW에 달하며 순수 제조원가는 6% 수준으로 원가 경쟁력 보유.
- 매출 구성은 태양광 모듈 및 발전시스템 매출이 전체의 86%를 차지하며, 총 매출의 88%가 수출에서 발생.

> **주력 제품 및 서비스 현황**
주·2012.03.31 현재, 괄호 안은 비중 단위·백만 원

사업부문	매출유형	품목	구체적 용도
태양광 모듈, 시스템 사업	제품	태양광 모듈, 발전시스템	• 일반 구조물, 조형물 타입 • 건자재 일체형(BIPV) • 단축·양축 추적시스템
	상품·용역	인버터 등	

주성엔지니어링

코스닥·IFRS별도

2012년 2분기 누계

매출액	519억 원
영업이익	-354억 원
순이익	-425억 원

투자 포인트

- 실리콘 박막 태양전지 분야에서 10.6%의 세계 최고 효율성(중첩합 기준) 기록.
- 광변환 원가 절감 위해 투명전극(TCO) 기술 등 독보적인 경쟁력 보유.
- MEMC(미국)의 자회사인 MEMC싱가포르와 50:50으로 합작하여 고효율 단결정 태양전지 사업 진행 중.
- 2013년 모로코 정부에서 추진하는 사하라사막 태양광 프로젝트 참여 준비 중.

> **매출 비중**
단위·%

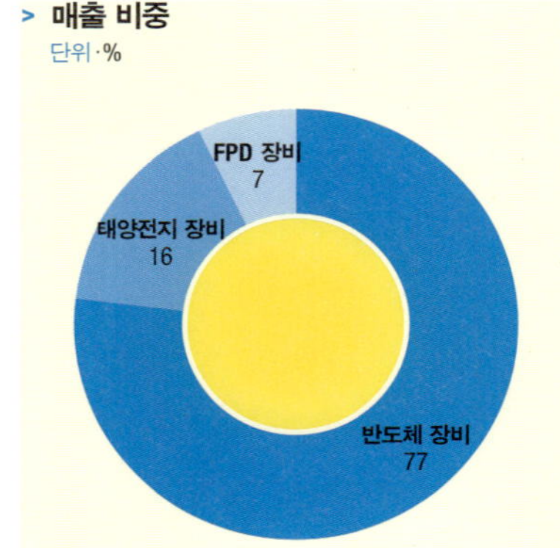

06

탄소배출저감

일시적인 시장 위축인가, 장기적인 침체기에 빠질 것인가

사실 '탄소배출권'은 아직 우리에게 생소하다. 눈에 보이지 않는 것을 사고판다고 하니, 쉽게 와 닿지가 않는다. 연일 뉴스에서 떠들어대도 남의 일 같다. 꼭 봉이 김선달이 대동강 물을 파는 것과 같은 느낌이다.

하지만 탄소배출권을 둘러싼 세계 각국의 전쟁은 이미 시작된 상태다. 인류의 발전을 위해 그동안 등한시했던 환경 문제가 중요한 화두로 떠오르면서 탄소배출권도 함께 부각되기 시작했다.

실제로 현재까지 EU내 7개 등 총 10여 개의 탄소배출권(CER) 거래소가 운영 중에 있다. 탄소배출권을 사고팔기 위한 거래소 중 유럽 탄소배출권(EUA)과 해당 선물 상품 및 옵션 상품을 거래하고 있는 유럽기후거래소(ECX)가 이미 활동 중이다.

2015년부터 우리나라에서도 본격적으로 시행되는 탄소배출권 거래

탄소배출권 거래 시장은 놀라울 정도로 규모가 커졌다. 2010년 이미 1,500억 달러 규모를 넘어섰고 오는 2020년에는 전 세계 탄소 시장이 2조 유로에 육박할 것이라는 전망이 나오고 있다.

우리나라만 해도 2012년 5월 국회 본회의에서 「온실가스 배출권의 할당 및 거래에 관한 법률」이 통과돼 탄소배출권 거래에 대한 본격적인 준비에 들어간 상태다. 이에 따라 오는 2014년까지 시범 사업이 실시된 이후 오는 2015년 1월 1일부터 탄소배출권 거래제가 본격 시행될 예정이다.

탄소배출권 거래 제도는 정부가 기업에 온실가스 배출 총량을 설정하고 기업이 해당 목표를 달성하도록 하되, 초과 달성분과 부족분에 대해서 탄소배출권을 사고 팔 수 있도록 한 제도다. 탄소배출권 사업은 더 이상 '봉이 김선달'식 사업이 아니라, 글로벌 시장 경제에서 매우 중요한 위치를 점하게 될 환경 관련 시장의 핵심으로 부각하고 있다.

대기업에서 중견기업까지, 폭넓게 포진한 국내 탄소배출권 관련 업체들

국내 탄소배출권 사업의 대표적인 기업으로는 두산중공업을 꼽을 수 있다. 세계에서 유일하게 이산화탄소 포집과 관련한 3가지 기술을 모두 보유하고 있다. 업계에서는 두산중공업이 오는 2013년 포스트 교토 의정서 발효 이후 이 분야에서 연평균 10억 달러 이상의 신규 수주를 확보할 것으로 보고 있다.

LG상사의 경우, LG그룹의 주요 업종인 전자 업종을 발판으로 온실가스 사업에 뛰어들고 있다. LG디스플레이의 LCD 공장에서 온실가스를 절감해 연평균 50톤의 탄소배출권을 확보한 상태다. 이를 위해 UN의 사업 승인까지 확보해 두고 있다.

KC코트렐은 분진 처리 설비, 가스 처리 설비, 대기 관련 환경 설비 분야의 기계와 장비 전문 제조업체다. 상용 발전소에 이산화탄소 포집 설비 설치 등을 주요 사업으로 한다. 이미 2010년에 남부발전과 함께 하동화력에 세계 최초로 건식 흡수제를 이용한 이산화탄소 포집 파일럿을 성공적으로 설치했다.

휴켐스도 주목할 만한 기업이다. 남해화학에서 분리된 화학 전문 기업으로 정밀 화학 핵심소재를 생산하고 있다. 오스트리아 카본사와 공동으로 온실가스 배출권을 보유하고 있다.

후성은 국내 최초로 UN의 CDM(청정 개발) 사업 공인을 받은 기업이다. 온실가스 저감 시설을 보유하고 있고 일본 스미토모사와 탄소배출권 계약을 체결했다. 에어컨 냉매 생산 과정에서 발생하는 탄소를 감축하는 기술을 보유하고 있다.

에코프로는 국내에서 유일하게 온실가스 제거를 위한 촉매를 보유하고 있다. 반도체 수소불화탄소(PFCs) 저감 설비를 납품한다.

유럽 재정위기로 유럽 탄소배출권 시장 위축

지속되는 유럽 재정위기로 탄소배출권 시장이 크게 위축되고 있다. EU가 적극적으로 시장 활성화에 나서고 있지만 경기 침체 때문에 제조업 가동률이 떨어지면서 개별 기업들은 쉽게 이산화탄소 배출 기준을 만족시키고 있다. 이로 인해 탄소배출권 매입 수요가 줄었는데도 공급은 오히려 늘고 있는 것이다. 2013년 4월 말까지 EU의 이산화탄소 감축 목표는 14억 톤인데 이미 비슷한 규모의 탄소배출권이 시장에 풀려 있다. 톤당 탄소배출권 매매가는 2011년 여름까지만 해도 16유로 이상이었지만 2012년 10월 들어 역대 최저 수준인 2.16유로까지 떨어졌다.

거기다 지난 몇 년간 이월된 배출권들이 시장에 범람하면서 공급 과잉을 가속화 시키고 있다. 이에 따라 EU집행위원회는 일시적으로 공급 과잉을 억제하기 위해 2015년까지 경매에 제한된 배출권을 할당하고, 나중에 이를 판매하는 시스템을 제안하기도 했지만 실효성은 여전히 의문이다. EU집행위원회는 2020년까지 후속 판매량에 따른 연간 경매 규모를 전망한 연구 결과를 내놓았다. 이에 따르면 약 84.7억 톤 규모의 배출권이 2013년부터 2020년까지 경매될 것으로 전망된다.

탄소배출권 가격은 각 산업마다 득실이 다르다. 탄소배출권 가격이 상승할 경우, 청정에너지 기술에 대한 투자를 유발하고, 이는 다시 풍력 터빈 업체들에게 호재가 된다. 그러나 철강과 화학 같은 전통 산업 분야는 이를 비용 증가 요인으로 보고 있다.

국내 탄소배출권 산업도 유럽의 상황을 예의주시하고 있다. 유럽에서의 탄소배출권 가격 하락이 일시적인 것인지 아니면 장기적인 침체로 이어질지 다양한 분석들이 쏟아져 나오고 있다. 2015년 본격적인 거래 시행을 앞두고 있는 우리나라의 경우 좀 더 세심한 관찰과 대비가 필요하다 하겠다.

> **탄소배출권거래소 설치 지역** | 주·괄호 안은 출범일

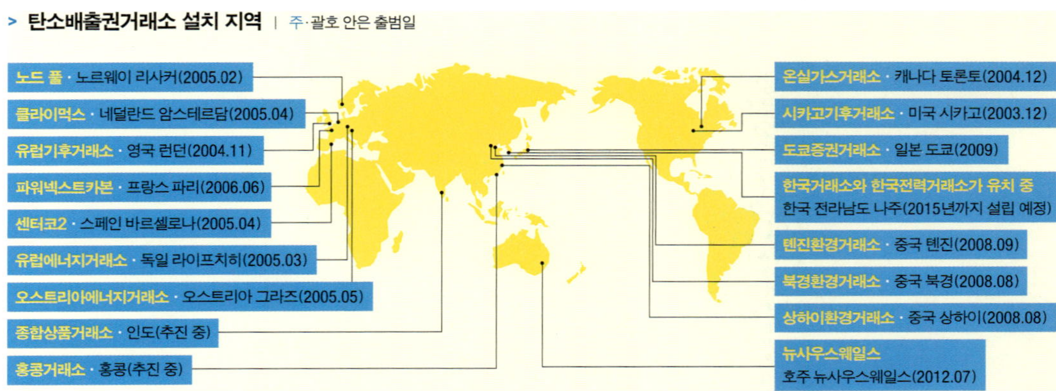

세계 최초 탄소배출권거래소는 2003년 설립된 미국의 시카고기후거래소(CCX)이고, 유럽 최초 거래소는 2005년 설립된 노르웨이 오슬로의 노드풀(Nord pool)이다. 우리나라에도 2015년 전남 나주 등지에 거래소를 유치 중에 있다.

5℃
- 히말라야 산맥의 빙하 소멸.
- 중국 인구 25% 영향.
- 해양 산성화 가속, 해양 생태계 변화.
- 해수면 상승으로 전 세계 작은 섬들과 뉴욕, 도쿄 등 해안 인접 대도시 수장.

4℃
- 지구 30~50% 물 감소.
- 아프리카 농작물 15~35% 감소.
- 아프리카에서 최대 8,000만 명 말라리아로 사망.
- 전 세계 해안지역 인구 최대 3억 명 홍수 피해.

3℃
- 유럽에서 10년 마다 심각한 가뭄 발생.
- 전 세계 인구 중 10억 명 이상 물 부족 호소.
- 전 세계 인구 중 최대 300만 명 영양실조로 사망.
- 지구상 50% 생물 멸종 위기 봉착.
- 아마존 밀림 파괴 시작.

2℃
- 남아프리카와 지중해에서 물 공급량 20~30% 감소.
- 아프리카 인구 최대 6,000만 명 말라리아에 노출.
- 열대지역 농작물 대폭 감소.

1℃
- 안데스 산맥의 작은 빙하 녹음 →5,000만 명 물 부족.
- 전 세계 인구 중 30만 명 매년 기후 관련 질병으로 사망.
- 영구 동토층 녹아 러시아와 캐나다 지역 건물 및 도로 손상.
- 지구상 생물 10% 멸종 위기.

> 교토의정서상 감축의무가 부과되는 온실가스의 종류

온실가스	주요 배출원	지구온난화 지수	온난화 기여도
CO_2 (이산화탄소)	에너지사용/산업공정	1	55
CH_4 (메탄)	폐기물/농업/축산	21	15
N_2O (이산화질소)	산업공/비료사용	310	6
HFCs (수소불화탄소)	반도체 세정용, 냉매, 발포제 사용시 배출	140~11,700	24
PFCs (과불화탄소)	반도체 에칭공정, 전자제품 세정용	6,500~9,200	24
SF_6 (육불화황)	제련된 마그네슘 및 알루미늄의 산화 방지를 위해 주조과정에서 보호가스로 사용	23,900	24

● 자연계 발생 ● 인공합성가스(프레온 가스)
자료·에너지관리공단, 우리투자증권 리서치센터
주·지구온난화지수는 이산화탄소 일정량이 지구온난화에 미치는 영향을 1로 하여 상대적으로 평가, 단위·온난화 기여도(%)

> 분자구조 | 모형 자료·www.wikipedia.org, www.nature.com

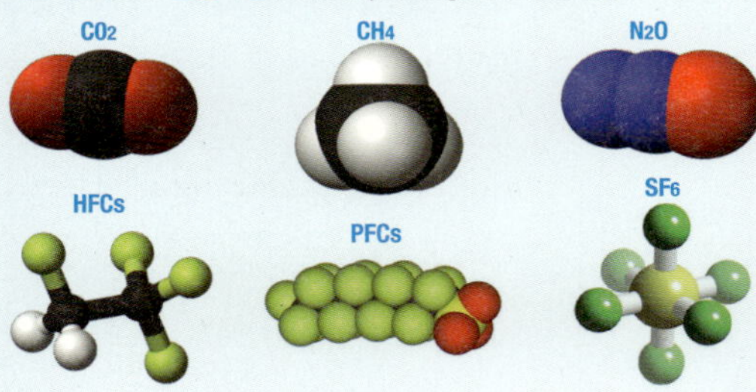

> 2050년 온실가스 감축 비중 CCS가 19% 차지
자료·EIA, Energy Technology Perspective, LG경제연구원, 단위·%

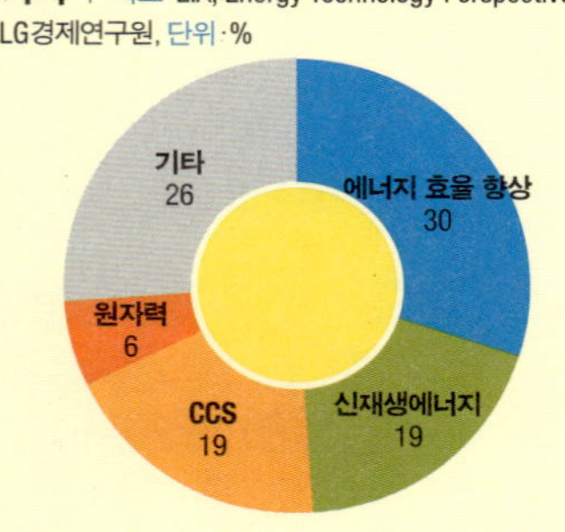

- 녹색에너지만으로는 에너지 수요 빠른 증가 대응 불가.
- 화석연료를 사용하는 기존 시설 단기간 대체 불가.
- 2050년 글로벌 온실가스 감축의 약 19%를 CCS가 차지.

> 화석연료 비중은 지속적으로 증가할 것으로 예상
자료·EIA International Energy Outlook

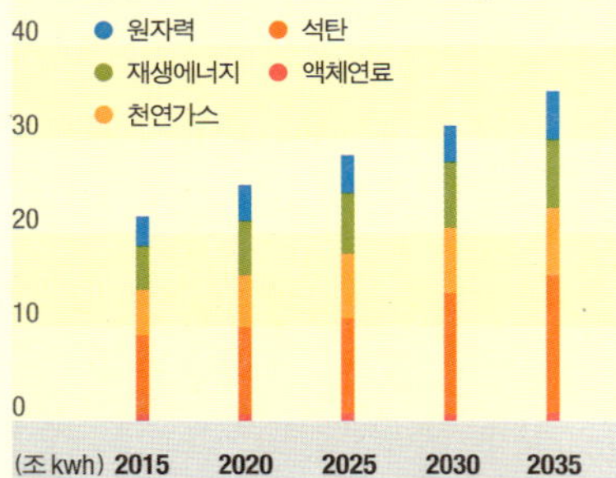

- 2030년 녹색에너지는 전체 에너지의 20%를 넘지 못할 전망.
- 화석연료의 사용 늘어날 전망, 석유 비중 감소 대신 매장량이 풍부한 석탄과 천연가스의 소비 증가.
- 결국 화석연료를 친환경적으로 사용하기 위해 CCS 필수.

> CCS 글로벌 시장 규모

- 화력 발전소만을 감안한 CCS 시장은 2030년 1,358억 달러임. 적용 산업 확대시 4,529억 달러 시장으로 성장 예상.
- 개발도상국의 화석연료 증가에 따라 2030년 CCS 플랜트 수요는 850기에 달할 것으로 전망 → OECD 국가의 배출량은 크게 변동 없을 전망.

>> 지구온난화 주범 '이산화탄소' 이렇게 잡는다!　|　CCS사업 프로세스

- **CCS**(Carbon dioxide Capture and Storage)란?
  화석연료의 전환 과정에서 발생하는 이산화탄소 등을 포집한 뒤, 압축·수송하여 저장 용량이 큰 육상 지중/해저의 가스전, 대수층, 석탄층
  또는 심해에 장기간(수천 년 이상) 안전하게 저장하는 기술.

포집 / Capture

- 포집 비용이 전체 처리 비용의 약 80% 차지.
- 초기 CCS 시장은 연소 후 포집 방식 적용.
- 장기적으로는 IGCC에 연계할 수 있는 연소전 회수 방식 및 순산소 연소 분야로 확대 될 전망.

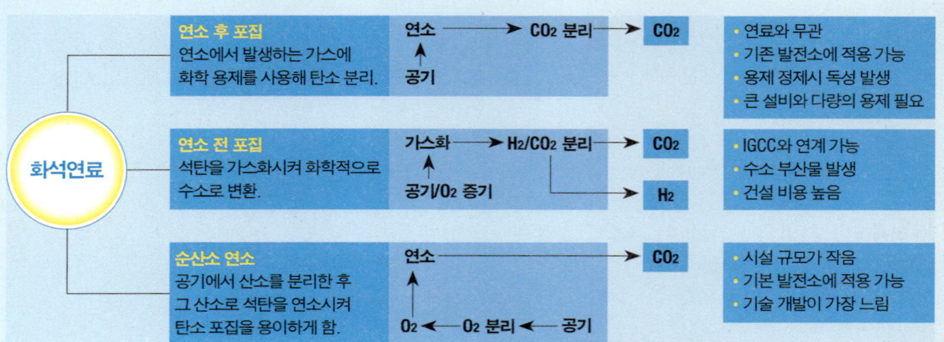

자료·LG경제연구소, 정보통신산업진흥원, 우리투자증권 리서치센터

수송 / Conveyance

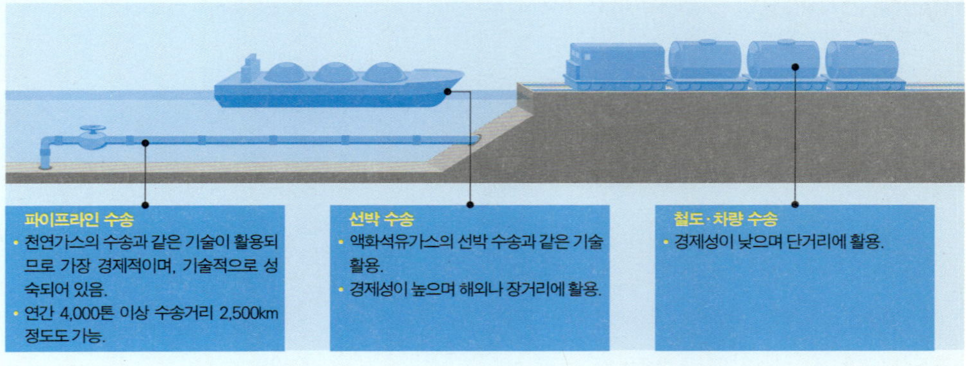

저장 / Storage

- **지중저장**　|　육상이나 해저에서 750~1,000m 정도의 지층에 저장·가능한 지질구조는 폐유전, 폐가스전, 심부대
  염수층 및 석탄층.
- **해양저장**　|　1,000m 이상 깊은 바다에 고밀도 상태 탄소 주입. 해양 생태계를 빠른 속도로 파괴할 위험 상존.
- **국내 추구 방식**　|　육지공간 부족과 인구 고밀도로 인해 해저 심부대염수층 저장 추구 → 2009년 탐사 결과 울릉
  분지 일부에 최소 2.5억 톤 저장 잠재량 확인.

> 탄소시장의 운영체계와 비즈니스 모델
주·1 대염수층, 2 석유·가스층, 3 석탄층, 자료·IPCC

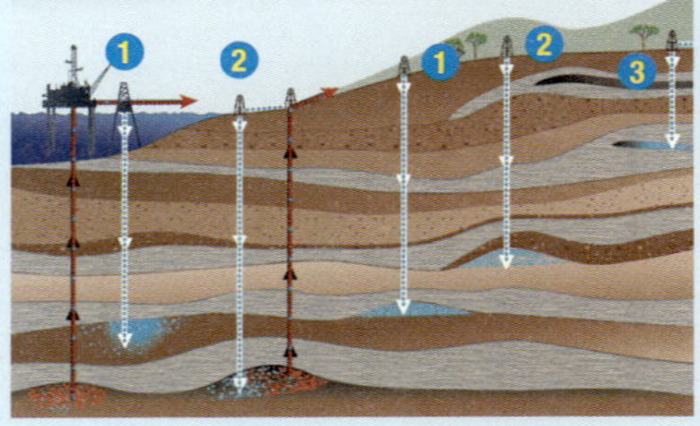

> 저장 방식에 따른 저장 가능량 및 저장 가능기간 추정치
자료·IPCC

구분	용량 (GtCO₂)	저장가능기간 (Year)	특징
석유·가스층	675 ~900	>100,000	• 오일회수증진법 및 메탄회수 증진법과 같은 기존 기술을 활용하여 연구 개발 상당히 진행.
대염수층	1,000 ~10,000	>100,000	
석탄층	3~200	>100,000	• 육상공간이 넓은 캐나다, 미국, 알제리 및 중국 등에서 주로 시도.
해양	2,300	up to 1,000	• 장기적 및 안정적인 보존이 낮음. • 본격적인 기술시도가 이루어지지 않음. • 노르웨이, 일본, 호주에서 연구.

> 탄소배출권 거래 구조

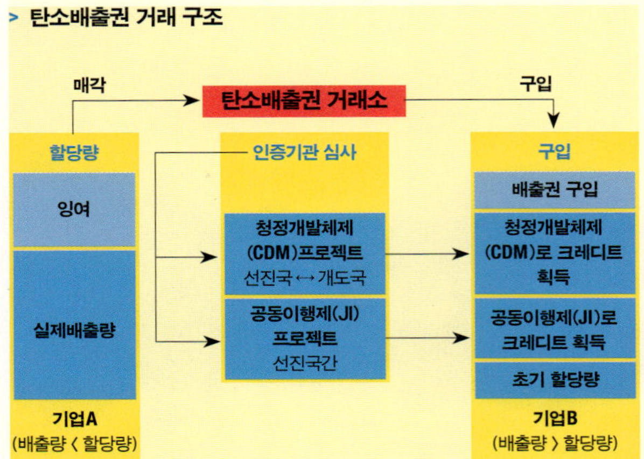

- **청정개발체제(CDM, Clean Development Mechanism)** | 선진국 기업이 온실가스감축의무가 없는 개도국에서 실행하는 사업.
- **공동이행제(JI, Joint Implement)** | 온실가스감축의무가 있는 선진국 내 기업 간에 이루어지는 사업.
- **CER 가격** | CDM 사업으로 발생하는 크레디트(탄소 흡수가 배출보다 많은 경우) 의미.

> 탄소배출권 거래 운영 체계
자료·삼성경제연구소, 우리투자증권 리서치센터

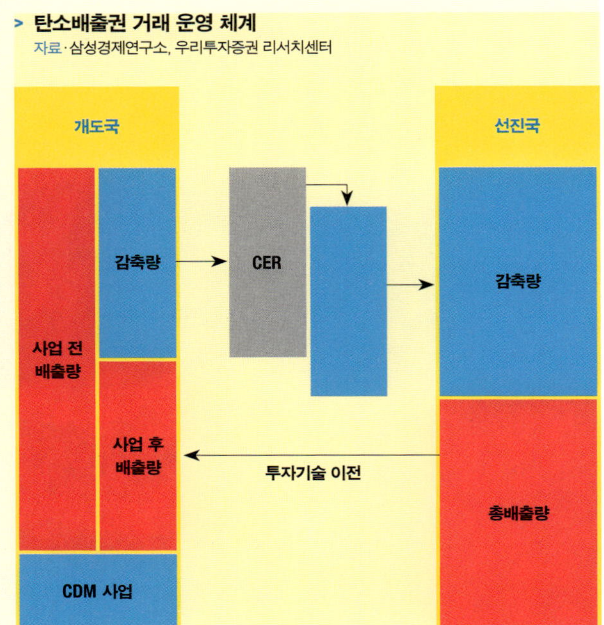

> **2008년 금융위기 이후 탄소배출권 가격 추이**
자료·BlueNext, 우리투자증권 리서치센터

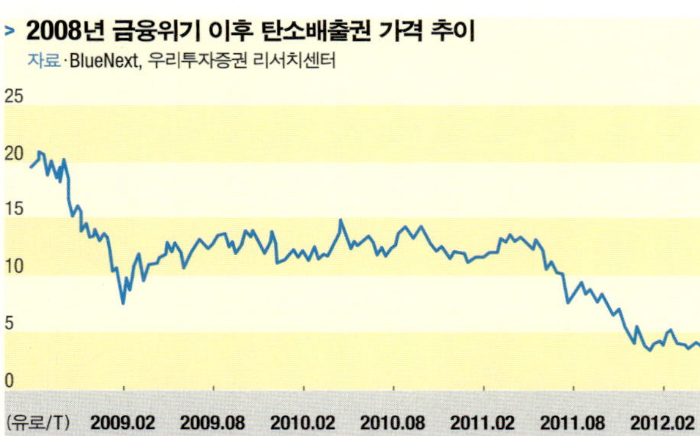

- 2008년 이후 세계 경제 위축으로 배출권 가격 급락.
- 2010년 유럽 경기 침체로 탄소배출권 가격 횡보하며 거래량 감소.

> **전 세계 CDM 등록 건 수 및 시장 규모**
자료·에너지관리공단, 우리투자증권 리서치센터

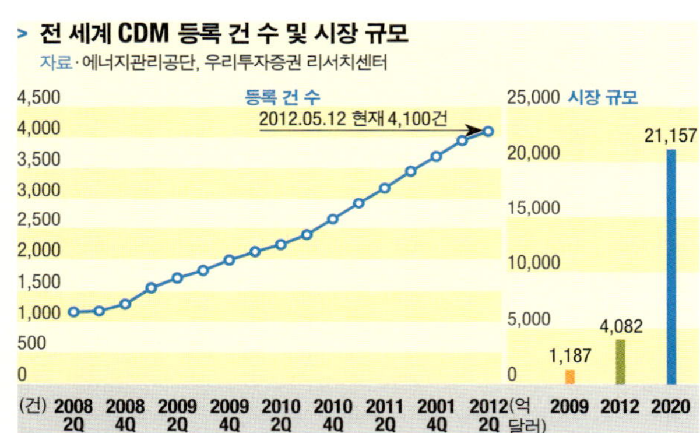

- 2012년 현재 4,100건 기록, 이 가운데 중국이 1,943건으로 가장 많은 건 수 기록.
- 한국의 CDM 건 수는 2008년 19건, 2009년 35건, 2010년 51건, 2012년 현재 67건(세계 점유율 1.6%).

> **국내 CCS 산업 로드맵(2020년 상용화 목표)**
자료·녹색성장위원회

구분	2009	2010	2011	2012	2013-2020	2012-2030
		1단계			2단계	3단계
미래 시장 전망	R&D 및 실증 확대				시장 창출	시장 확대 및 성숙
기술 획득, 사업화 전략	연소후, 순산소, 연소전 연구개발(10MW, 3MW, 3MW 기술실증)				연소후 상용화(300MW급)	순산소, 연소전 상용화(500MW, 300MW급)
				파일럿 저장 플랜트 실증(50만 tCO2급)		저장 플랜트 상용화(300만 tCO2/년)
				전환 플랜트 실증(1~5 tCO2/일)		전환 플랜트 상용화(100만 tCO2급)
핵심기술	CO2 분리 소재 기술(처리비용 현재 30달러 →30년 후 10달러 tCO2 이하)					혁신 통합 공정 기술(500MW 플랜트 건설)
	지질조사, 물리탐사, 정량평가, 모사실험				주입시스템 설계 시작(50만 tCO2/년) 저장 MMW	
	균주 개량 및 배양기술, 촉매 및 반응기술 (CO2 고정능 및 배양 밀도 2배 향상)				균주 배양 및 전환 기술의 상용화 (1hectares급 상용 반응조)	

- 정부는 2020년 온실가스 BAU 대비 30% 감축 수단으로 CCS 도입 강화 명시.
- 2015년까지 정부 주도로 포집 및 저장 실증 기술 확보, 2020년 이후 국내 엔지니어링 기술 연계하여 시장 진출.

> 세계 이산화탄소 배출량

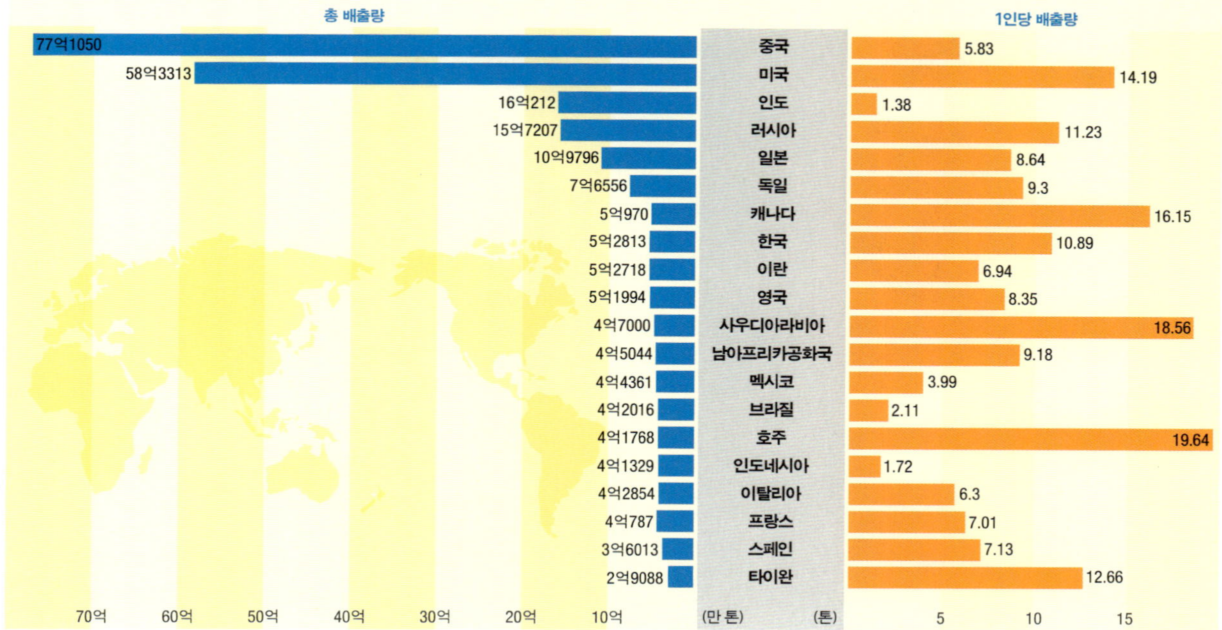

> 한국, 이산화탄소 배출 증가율 세계 1위(2006~2030년 기준)

자료·EIA World Energy Projections Plus, 우리투자증권 리서치센터

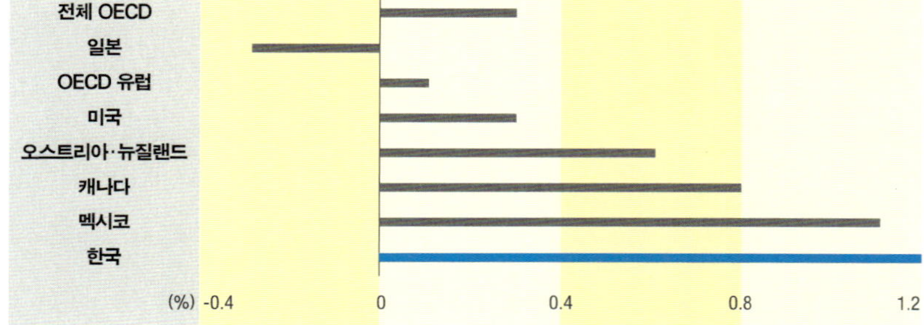

- 2013년 이후 포스트 교토 체제에서 의무대상국으로 될 가능성 높음.
- 에너지 다소비 업종 중심의 경제구조→의무 감축 압력 높음.
- 1990년 대비 2005년 온실가스 배출량은 98.7% 증가한 상황.
- 중국, 미국, 인도는 온실가스감축의무국이 아님. 더반 총회 이후 러시아, 일본, 캐나다 교토의정서 탈퇴.

> 탄소배출저감 산업 관련 이슈 및 지수 추이

주·탄소배출저감지수는 주요 종목의 시가총액 변화기준으로 정리(관련종목 – 두산중공업, 유니슨, 휴켐스, 후성, KC코트렐, 세진전자), 자료·언론보도, Dataguide Pro, 우리투자증권 리서치센터

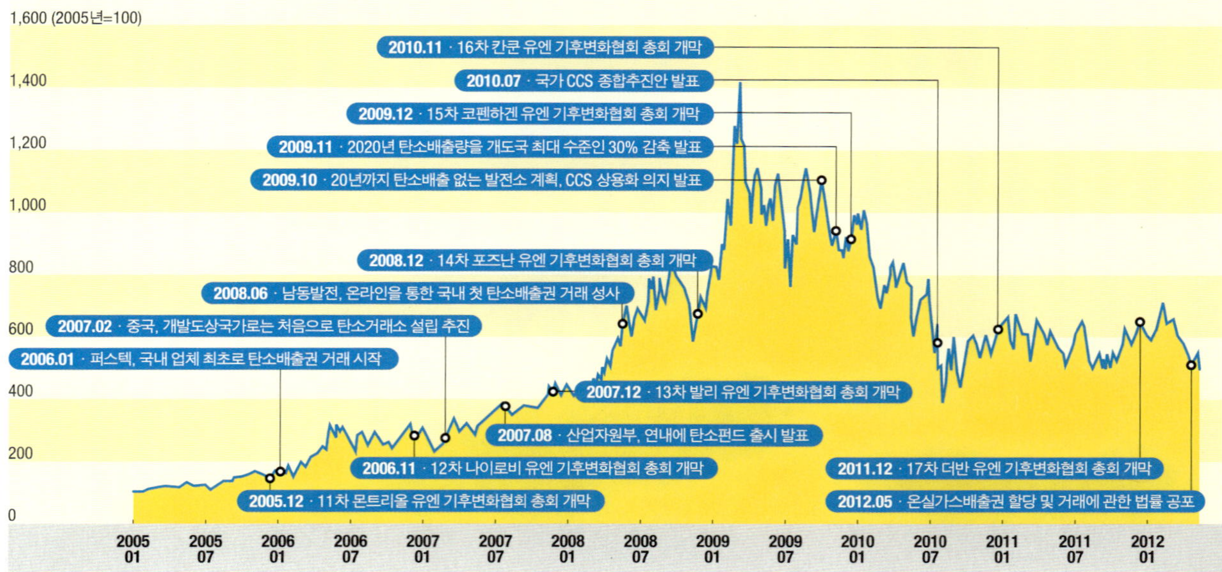

두산중공업

코스피·IFRS연결

2012년 2분기 누계

매출액	4조5,285억 원
영업이익	3,132억 원
순이익	2,129억 원

투자 포인트
- CCS 원천기술 보유한 세계4대 기업→2013년 이후 연평균 약10억 달러 규모의 신규 수주 확보 기대.
- 전 세계 약 650여개 발전소에 CCS 설치가 필요하며 신규 발전소 적용시 연간 시장 규모 50조 원 추정.
- 2008년 9월 두산밥콕과 공동으로 CCS 원천기술을 보유하고 있는 캐나다 HTC와 기술 협약을 마무리하고, 원천기술을 사용하는 조건으로 HTC 지분의 약 15%를 100억 원에 확보하는 계약 체결.
- 캐나다 중남부 지역의 서스캐처원 리자이나에 위치한 HTC는 에너지 기술 엔지니어링 및 컨설팅 기업으로 CCS 원천기술을 보유하고 있는 세계 4대 기업 가운데 하나임.
- HTC는 연소 후 배기가스 중 이산화탄소를 분리·포집하는 PCC 기술 부문에서 선두 주자로 평가받고 있음.
- 국내 첫 '석탄 가스화 복합 발전'(IGCC) 플랜트 수주에 성공.
- 2011년 11월, 충남 태안에 300MW급 IGCC 실증 플랜트 착공.
- 5,132억 원 규모의 태안IGCC 프로젝트 수주에 따라 가스화기, 합성가스 냉각기 등 핵심 기자재의 설계, 제작을 비롯해 설치 시운전에 이르는 전 과정을 일괄 수행해 2015년 말 준공 예정.
- 태안 석탄 가스화 발전 플랜트가 실증에 성공할 경우 국내에서의 후속 호기 제작 및 해외 수출 기대.

> **석탄 가스화 복합 발전(IGCC) 플랜트 흐름도**

IGCC란?
- 석탄가스에서 수소와 일산화탄소를 주 성분으로 하는 합성가스를 추출해 이를 연료로 전력을 생산하는 복합발전소.
- 이산화탄소를 포집·저장하는 CCS 중 가장 핵심적 기술.

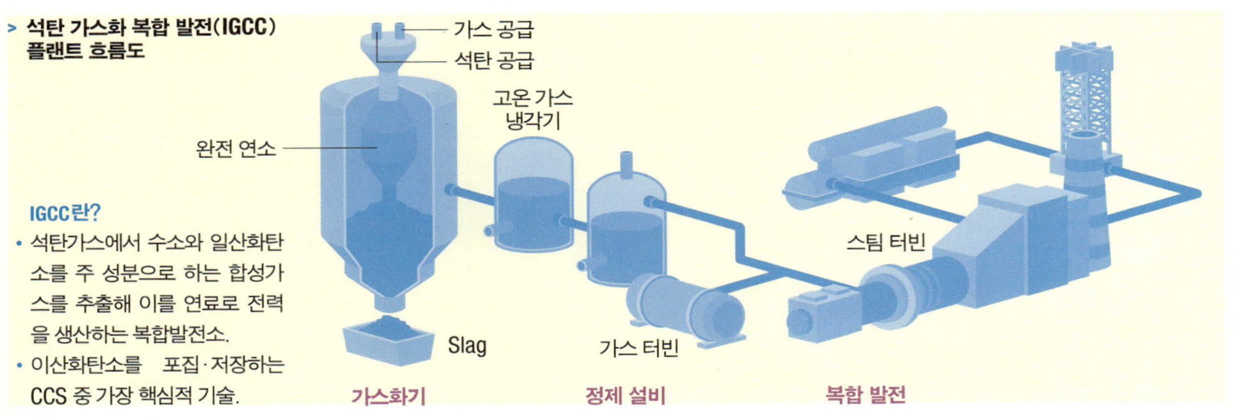

휴켐스

코스피·IFRS별도

2012년 2분기 누계

매출액	3,063억 원
영업이익	367억 원
순이익	290억 원

투자 포인트
- 이산화질소 저감 시설 운영 업체 → 연평균 145만 톤 탄소배출권 확보.
- 2013년부터 오스트리아 Carbon사로부터 CDM 사업 지분율 75.85%를 무상 취득 → 연평균 영업이익이 200억 원 수준으로 급증 전망.

> **경영실적**

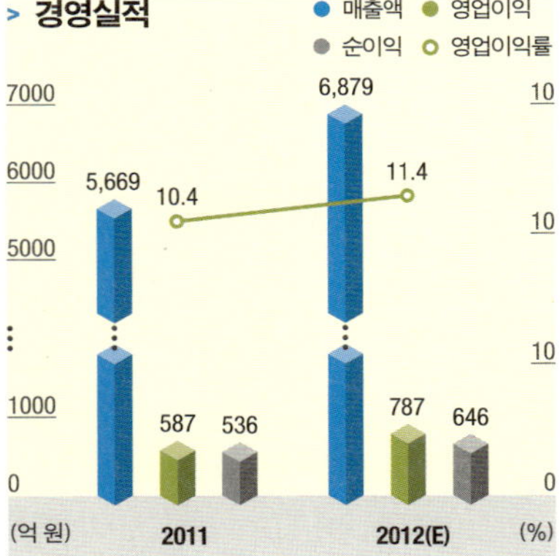

> **2013년 이전과 2013년 지분양수 후 CDM 사업 지분 구조**
자료·휴켐스, 단위·%

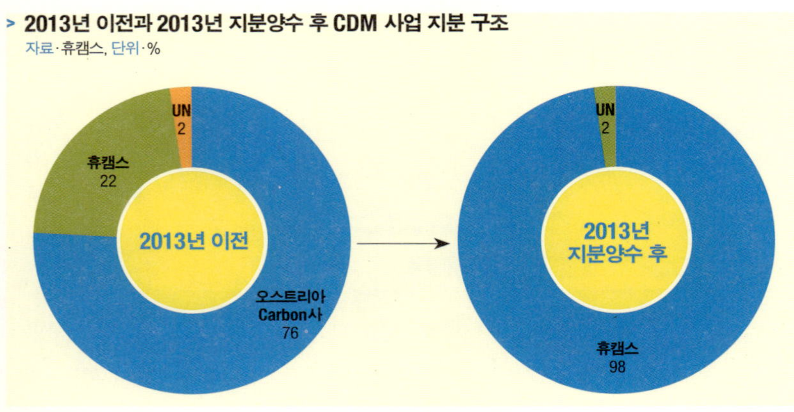

> **CDM 매출액 전망**
자료·우리투자증권 리서치센터

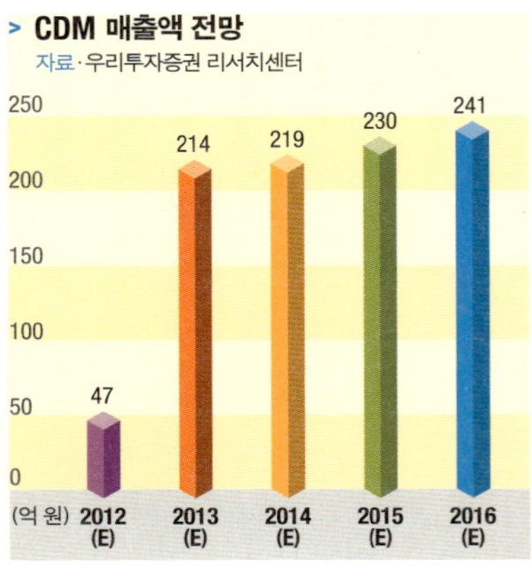

KC코트렐

코스피·IFRS별도

2012년 2분기 누계

매출액	1,208억 원
영업이익	35억 원
순이익	38억 원

투자 포인트

- 세계 최초로 건식흡수제를 이용한 CCS 플랜트 설치.
- 2010년 3월 남부발전과 함께 하동화력에 세계 최초 건식흡수제를 이용한 이산화탄소 포집 파일럿 플랜트 설치.
- 남동, 남부, 동서, 중부, 서부 발전 등 5개 발전사가 KC코트렐, 정부와 함께 실증연구비 공동 투자.

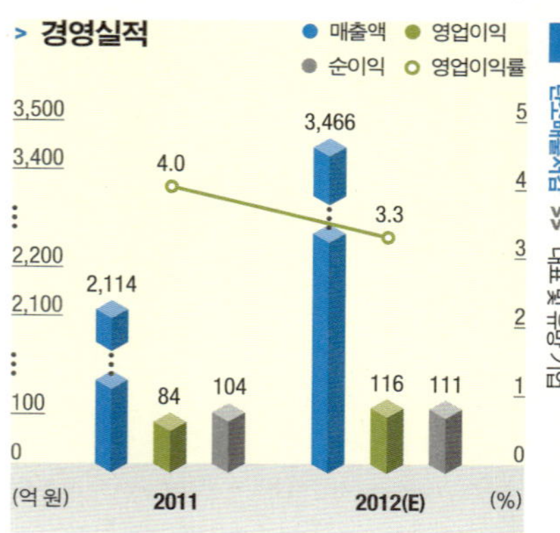

LG상사

코스피·IFRS연결

2012년 2분기 누계

매출액	6조3,683억 원
영업이익	1,117억 원
순이익	980억 원

투자 포인트

- LG디스플레이의 LCD 공정에 대한 온실가스 저감 사업 투자.
- 세계 10여 곳 거래소를 통해 CERs를 온실가스감축의무 국가에 판매하여 수익 실현.
- CDM 시장의 빠른 성장 및 거래량 증가에 따라 연간 55억 원의 영업이익이 CDM 사업에서 창출될 전망.

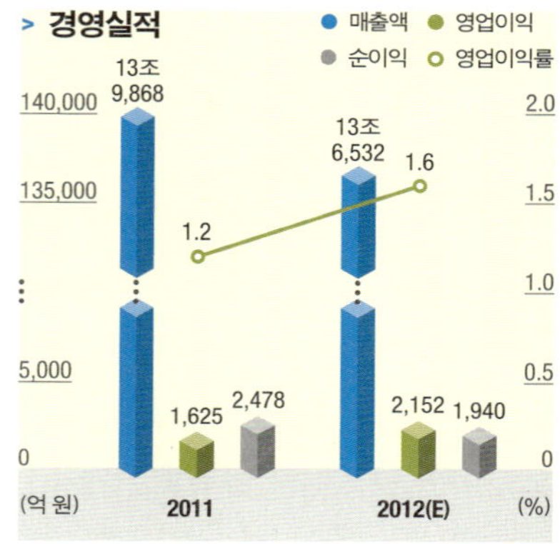

후성

코스피·IFRS별도

2012년 2분기 누계

매출액	1,093억 원
영업이익	-29억 원
순이익	198억 원

투자 포인트

- 에어컨용 냉매가스에서 발생하는 온실가스 저감 설비 구축.
- 탄소배출권 사업의 경우, EU 사업 승인 획득 → 2016년까지 430억 원 수익 창출 기대 (2003년부터 2009년까지 약 360억 원 수익 창출 경험).

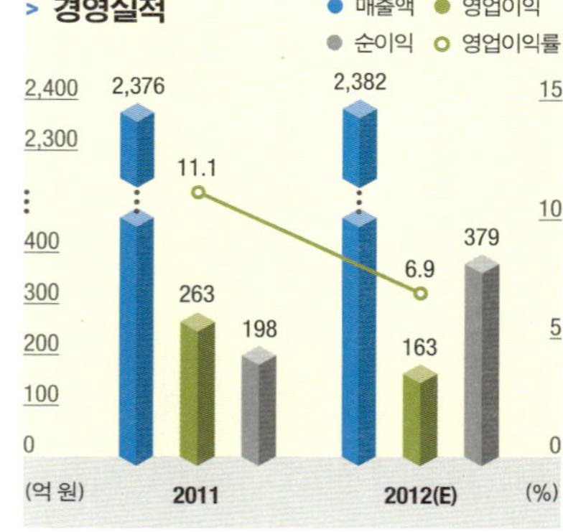

에코프로

코스닥·IFRS별도

2012년 2분기 누계

매출액	455억 원
영업이익	33억 원
순이익	3억 원

투자 포인트

- PFC를 제거하는 촉매기술 보유한 국내 유일 업체.
- 촉매식 PFC Scrubber는 반도체 제조 공정 중에 배출되는 PFC 가스를 촉매식으로 분해 제거하는 가스 처리 장치 → 2010년 삼성엔지니어링을 통해 삼성전자 반도체 5개 라인에 PFC 저감 장치 설치한 바 있음.

PFC Scrubber ▶

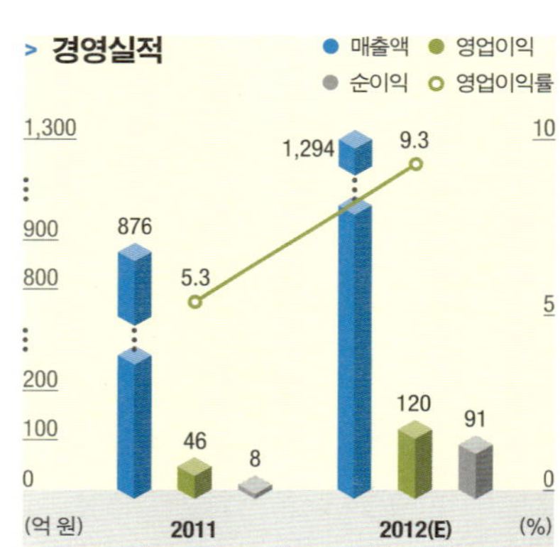

07 물 산업

블랙골드(석유)에서 블루골드(물)로,
세계는 지금 '물' 전쟁 중!

물은 '21세기 금'으로 불린다. 과거에 석유로 세계 패권이 나뉘었듯이 이제는 물 산업을 누가 움켜쥐느냐에 따라 새로운 글로벌 강자로 등장할 수 있다. 물 산업이 중요한 이유는 지구상에서 이용할 수 있는 물의 양이 제한적이기 때문이다. 물 자원은 실제로 사용 가능한 물을 지칭한다. 즉, 공업용수, 생활용수 등 각 수요자가 사용 가능한 '깨끗한 물'을 가리킨다. 바닷물이나 얼어 있는 빙설 등을 빼면 실제 이용할 수 있는 물의 양은 매우 제한적이다. 우리가 쓰는 지하수나 호수, 강 등 지표수는 전체 물 부존량의 0.008%에 불과하다.

여기에 물의 지리적 분포 또한 불균형이 심하다. 중국과 인도 등 신흥국은 물 착취가 매우 심하고, 동남아와 아프리카 대부분 국가에서 위생용수 접근이 가능한 인구는 50%를 밑돈다. UN 환경 계획에 따르면 현재 중동·북아프리카 지역 수준인 연평균 1,000리터 이하 물 부족 인구는 2000년 5억 명에서 2025년 40억 명으로 증가할 것으로 전망된다.

한국은 절대적인 물 부족 국가는 아니다. 하지만 장마철을 제외하면 항상 가뭄 걱정에 시달린다. 저렴한 물 값 때문에 국민들의 물 과소비도 문제다. 결과적으로 향후 물 시장의 성장은 필연적으로 이루어져야 하는 상황이다.

물 부족할수록 물 시장은 커져······ 2025년 962조 원 규모

영국의 물 전문 리서치 기관인 GWI(Global Water Intelligence)에 따르면 2010년 기준 세계 물 산업 규모는 약 4,828억 달러(한화 537조 원)였다. 반도체 세계 시장 규모가 약 2,800억 달러, 조선이 2,500억 달러에 그친다는 점을 볼 때 이미 물 산업은 대단히 큰 산업으로 성장했다. 1999년 전 세계 70여 개에 불과했던 물 관련 기업 수도 2010년에는 164개로 2배 이상 늘었다. 여기에 물 시장의 연간 성장률 4.9%를 적용하면, 2025년에는 그 규모가 무려 8,650억 달러(한화 962조 원)에 달할 전망이다.

물 산업에서 가장 앞선 나라는 프랑스다. 이미 100여 년 전에 물 관련 사업을 민영화했고, 당시 설립된 베올리아(Veolia)와 쉬에즈(Suez)는 세계 1, 2위 기업으로 우뚝 섰다. 아시아에서는 싱가포르와 일본이 선두주자다.

한국도 뒤늦게 물 산업 육성에 힘을 모으고 있다. 정부는 물 산업의 해외 시장 진출을 위해 원천 기술 확보에 집중적으로 투자하기로 했다. 3대 핵심 수처리 기술은 상·하수도, 담수 플랜트, 통합 하천 관리 등과 관련된 지능형 물 관리 기술이다. 오는 2017년까지 물 산업 기술개발 관련 예산을 현재 700억 원에서 2배 확대하기로 했다.

물을 다루는 기업을 주목하라

물 산업이란 담수화, 수처리 프로젝트 등 수자원과 관련된 모든 산업을 일컫는다. 크게는 취수, 공급, 재생 등 3단계로 이뤄져있고, 각 단계마다 건설, 운영, 제조업 등으로 세분화 된다.

국내 물 산업은 한 기업이 여러 단계 사업을 함께하고 있다는 점이 특징이다. 대형 건설사, 중공업, 화학, 엔지니어링 업체를 중심으로 물 산업이 진행되고 있다. 특히 대형 건설사 위주로 수자원의 취수에서부터 공급을 거쳐 재생까지 수직계열화해 구축하는 건설 업계가 비교적 우위를 점하고 있다. 대표적인 기업은 두산중공업, 대우건설, 태영건설, 코오롱건설, 삼성엔지니어링, GS건설 등이다. 특히 두산중공업은 해수 담수화 건설 부문에서 세계적인 기술을 보유해, 전 세계 해수 담수화 시장의 24%를 점유하고 있는 글로벌 리더다.

운영이나 소재 관련 제조업 부문에서는 본격적으로 뛰어들고 있는 기업이 그리 많지 않다. 파이프 부문은 한국주철관과 동양철관이, 멤브레인 시스템에서는 시노펙스가 주목을 끈다. 멤브레인은 일종의 필터(분리막)로, 정수나 담수화 등에 이용되는 핵심 소재다. 모기업인 웅진홀딩스의 법정관리로 곤경에 처한 웅진케미칼이 국내 최초로 이를 개발했고, 시노펙스 등이 후발 주자로 꾸준히 세를 확장해 나가고 있다.

빌 게이츠도 투자한 미래 시장

2010년 빌게이츠가 테라 파워(Terra Power)라는 회사에 투자해 화제가 된 적이 있었다. 빌 게이츠는 향후 장기적인 투자 관점에서 물을 주목한 것이다. 이 회사는 '증발식 담수' 기술력을 가진 회사로 알려져 있다. 기존 역삼투압 방식과는 달리 증발식 담수는 핵원자로에서 방출되는 열로 바닷물을 증발시키고, 이로 인해 생겨난 증기를 물로 사용하는 방식이다. 비용이 상대적으로 낮고, 온실가스 방출이 없다는 것이 역삼투압 방식에 비해 장점으로 부각됐다.

캐나다 온타리오 주정부도 물에 관련한 문제에 상당한 투자를 하고 있는 것으로 알려져 있다. 솔트웍크(SaltWorks)나 나노H20(NanoH20) 등과 같은 캐나다 회사들이 박테리아를 통해 폐수와 바닷물을 순수한 물로 전환하는 기술을 가진 것으로 알려져 있다. 실제로 전 세계에서 물 관련한 기업 중 시가총액이 큰 10개 기업(물 공급 및 관리)만을 가지고 만든 지수(Solactive Water Price Index, SWPI)도 상대적으로 선전하고 있다. MSCI 전 세계 지수는 2012년 연초 대비 3% 상승했지만, SWPI는 같은 기간 동안 12%나 상승했다.

물 산업에 대해서는 장기적인 관점으로 투자 마인드를 다져야 한다는 게 업계 전문가들의 공통된 의견이다. 즉, 해당 기업들의 단기적인 주가 흐름에 집착하는 것은 물 산업을 제대로 이해하지 못하는 데서 비롯한다. 빌 게이츠의 장기적인 안목을 깊이 참고할 필요가 있을 듯하다.

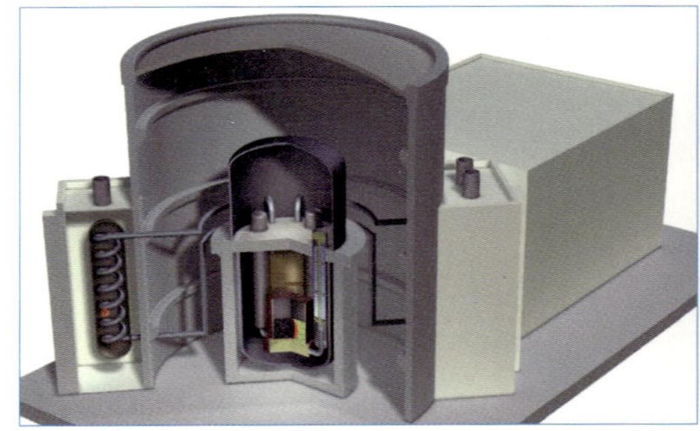

2010년 빌게이츠가 투자한 테라 파워의 증발식 담수 시설 조감도. 증발식 담수는 기존 역삼투압 방식과는 달리 핵원자로에서 방출되는 열로 바닷물을 증발시키고 이로 인해 생겨난 증기를 물로 사용하므로 비용이 상대적으로 낮고, 온실가스 방출이 없다.

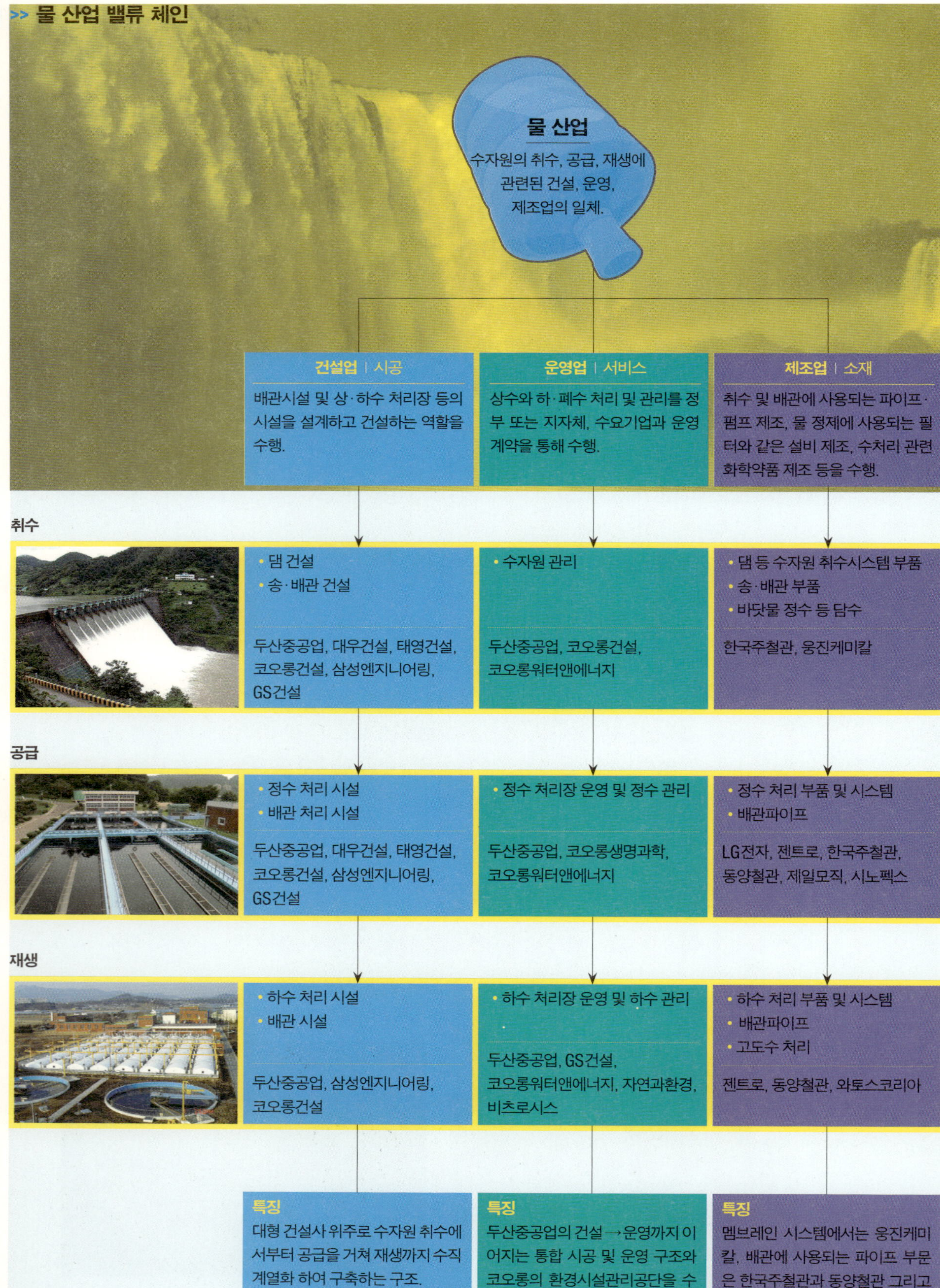
물 산업
수자원의 취수, 공급, 재생에
관련된 건설, 운영,
제조업의 일체.

건설업 | 시공
배관시설 및 상·하수 처리장 등의 시설을 설계하고 건설하는 역할을 수행.

운영업 | 서비스
상수와 하·폐수 처리 및 관리를 정부 또는 지자체, 수요기업과 운영 계약을 통해 수행.

제조업 | 소재
취수 및 배관에 사용되는 파이프·펌프 제조, 물 정제에 사용되는 필터와 같은 설비 제조, 수처리 관련 화학약품 제조 등을 수행.

취수

· 댐 건설
· 송·배관 건설

두산중공업, 대우건설, 태영건설, 코오롱건설, 삼성엔지니어링, GS건설

· 수자원 관리

두산중공업, 코오롱건설, 코오롱워터앤에너지

· 댐 등 수자원 취수시스템 부품
· 송·배관 부품
· 바닷물 정수 등 담수

한국주철관, 웅진케미칼

공급

· 정수 처리 시설
· 배관 처리 시설

두산중공업, 대우건설, 태영건설, 코오롱건설, 삼성엔지니어링, GS건설

· 정수 처리장 운영 및 정수 관리

두산중공업, 코오롱생명과학, 코오롱워터앤에너지

· 정수 처리 부품 및 시스템
· 배관파이프

LG전자, 젠트로, 한국주철관, 동양철관, 제일모직, 시노펙스

재생

· 하수 처리 시설
· 배관 시설

두산중공업, 삼성엔지니어링, 코오롱건설

· 하수 처리장 운영 및 하수 관리

두산중공업, GS건설, 코오롱워터앤에너지, 자연과환경, 비츠로시스

· 하수 처리 부품 및 시스템
· 배관파이프
· 고도수 처리

젠트로, 동양철관, 와토스코리아

특징
대형 건설사 위주로 수자원 취수에서부터 공급을 거쳐 재생까지 수직 계열화 하여 구축하는 구조.

특징
두산중공업의 건설→운영까지 이어지는 통합 시공 및 운영 구조와 코오롱의 환경시설관리공단을 수직계열화한 운영서비스 돋보임.

특징
멤브레인 시스템에서는 웅진케미칼, 배관에 사용되는 파이프 부문은 한국주철관과 동양철관 그리고 기타 부품 취급하는 기업들 포진.

>> 물 산업 흐름도

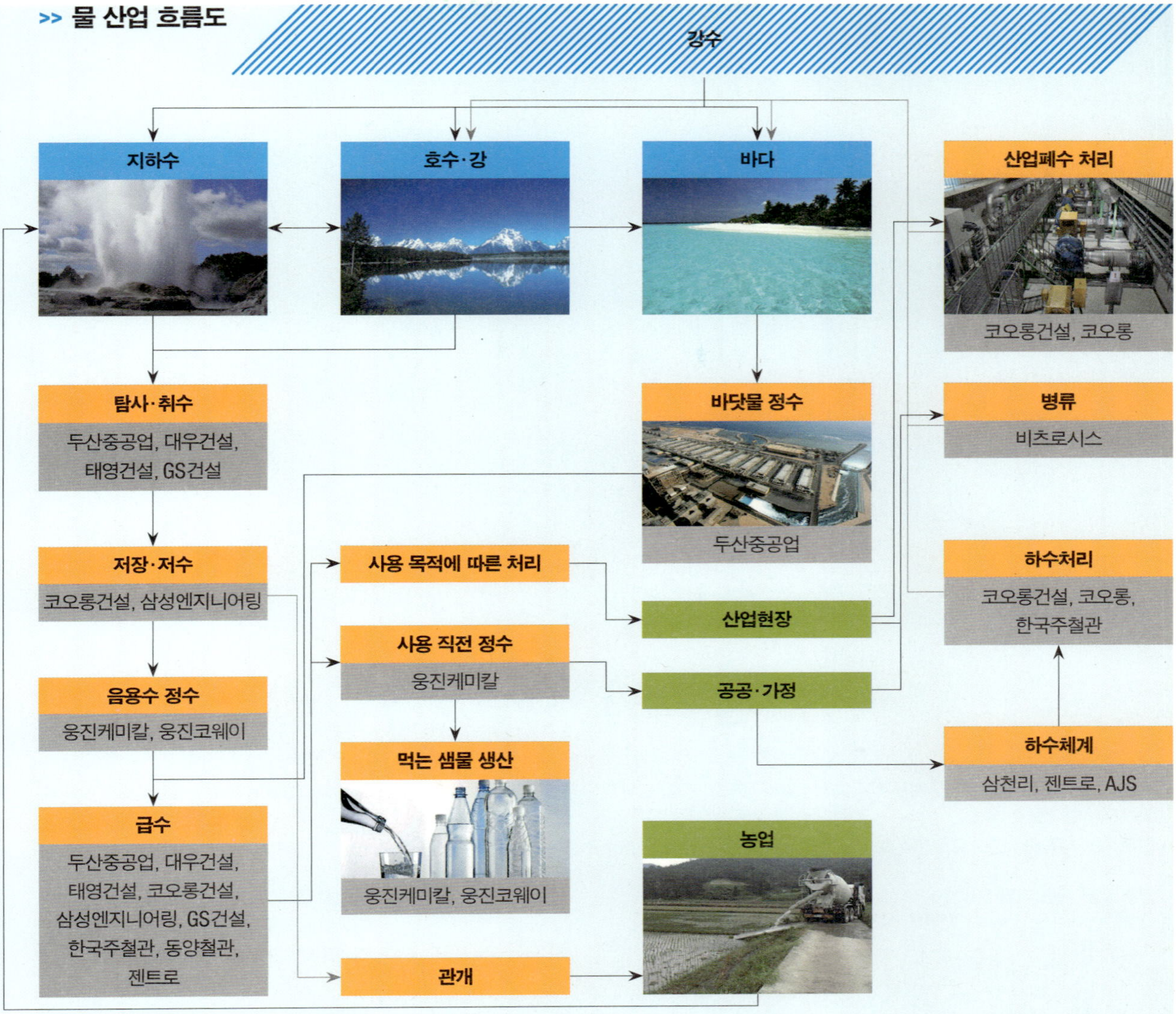

강수
지하수
호수·강
바다
산업폐수 처리
코오롱건설, 코오롱
탐사·취수
두산중공업, 대우건설, 태영건설, GS건설
바닷물 정수
두산중공업
병류
비츠로시스
저장·저수
코오롱건설, 삼성엔지니어링
사용 목적에 따른 처리
산업현장
하수처리
코오롱건설, 코오롱, 한국주철관
사용 직전 정수
웅진케미칼
공공·가정
음용수 정수
웅진케미칼, 웅진코웨이
먹는 샘물 생산
웅진케미칼, 웅진코웨이
하수체계
삼천리, 젠트로, AJS
급수
두산중공업, 대우건설, 태영건설, 코오롱건설, 삼성엔지니어링, GS건설, 한국주철관, 동양철관, 젠트로
농업
관개

물의 산업화 과정에서의 네 가지 키워드

- **공공서비스** 통상적인 상수도와 하수도를 의미.
- **식량** 농업용 관개와 먹는 샘물의 생산과 소비에 관련된 활동이 대표적임.
- **처리** 상수도를 한 번 이상 추가적으로 정수하는 것과 바닷물을 담수화 하는 것 그리고 하수에서 오염물질을 제거하는 것을 의미.
- **효율성** 수요 측면에서 물의 사용량과 폐수 발생을 줄이는 노력을 도와주거나 폐수를 재활용하는 것을 도와주는 행위 등을 의미.

>> 물 산업 미래 청사진

세계 시장 규모 | 2025년 기준 8,700억 달러 전망
제조업 관련 시장 비중
33.9%
운영업 관련 시장 비중
35.8%
건설업 관련 시장 비중
30.4%
물 산업 민영화 가속화 | 글로벌 민간 운영 시장 2005년 9% →2015년 16% 성장 전망
민간 기업 참여 확대
제조업 관련 시장
참여 기업의 고른 성장

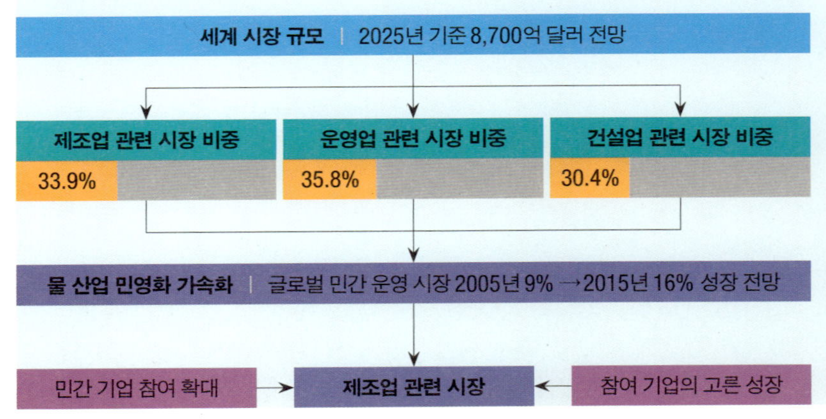

- 시장 규모 확대 + 민간 기업 참여 확대 = 시장 참여 기업의 성장 도모.
- 한정되어 있는 물의 공급량 대비 인구 증가와 산업화로 인한 물 사용량은 급증하는 추세(미국의 경우 30년 만에 물 사용량 300% 증가).
- 과거 물은 국가가 관리해야 하는 공공재로 인식되어 왔으나 수자원의 효율성 강조에 따른 물에 대한 경제재 인식이 민간 기업 참여 기회 부여.
- 제조업, 운영업, 건설업 등 관련 사업 분야에서 경쟁력을 보유한 민간 기업들은 물 시장 성장에 따른 지배력 확대로 수혜 예상.

> 국가별 물 산업 인프라 투자 규모 순위

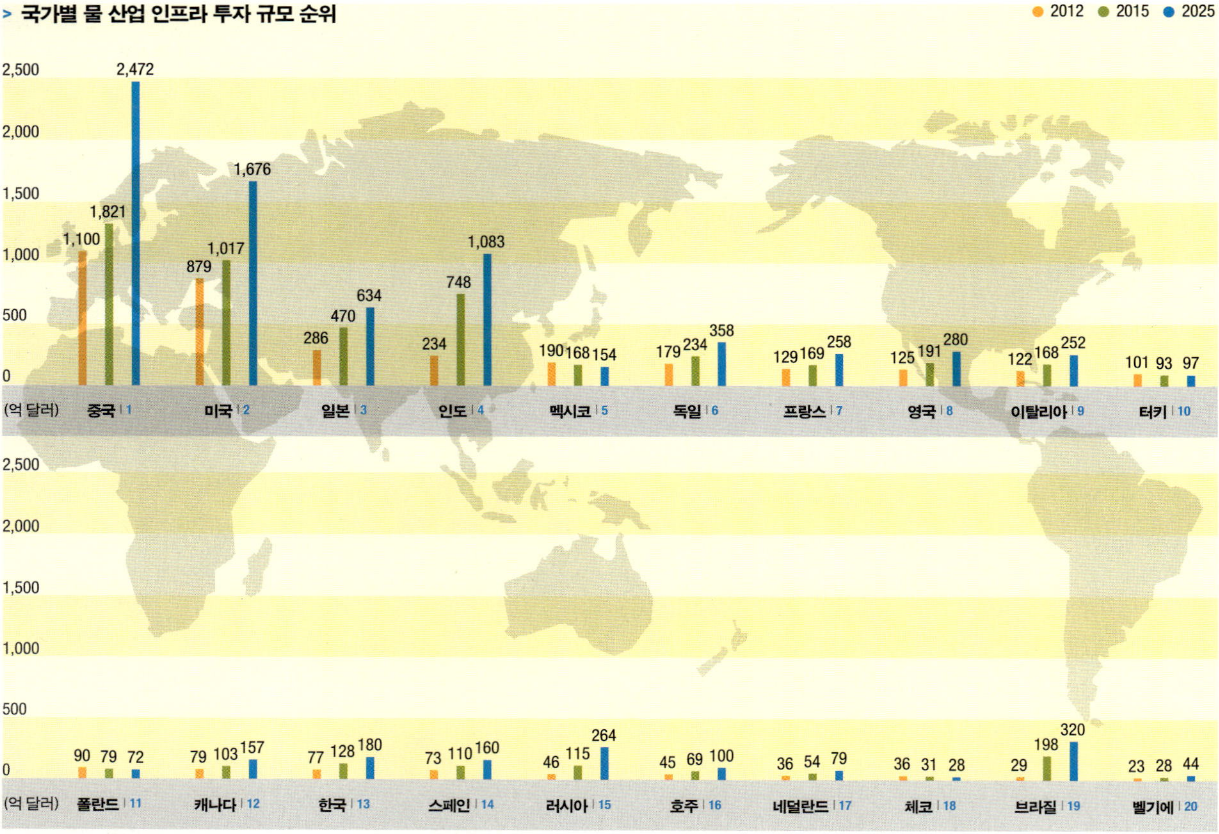

- 물 산업 글로벌 인프라 투자 금액은 총 4,050억 달러 정도로, 2015년까지 연 평균 투자 금액은 6,200억 달러에서 2030년까지 9,000억 달러 정도 증가(45%)할 것으로 예상.
- GDP 대비 비중을 기준으로 보면 인도, 브라질, 러시아, 중국, 한국 등 신흥국 중심으로 투자 규모 급상승.

> 글로벌 물 관련 기업 TOP 10

주·순위는 서비스 인구 기준, 괄호=(**매출액** _ 백만 달러, **해외사업 비중** _ %)

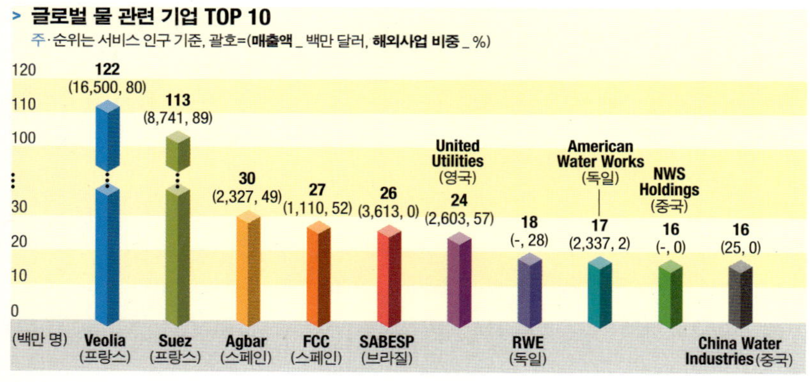

- 글로벌 선도 기업들의 전략적인 확장 노력이 지속되는 가운데 민영화 선두주자인 프랑스 기업들은 독보적인 시장 지위 수성.
- 100여 년 전 이미 프랑스 물 사업 민영화로 인해 설립된 Veolia와 Suez는 안정된 운영 및 관리 사업 기반으로 사업 역량 확장.

> 3년간 글로벌 물 관련 기업 TOP10의 주가 차트

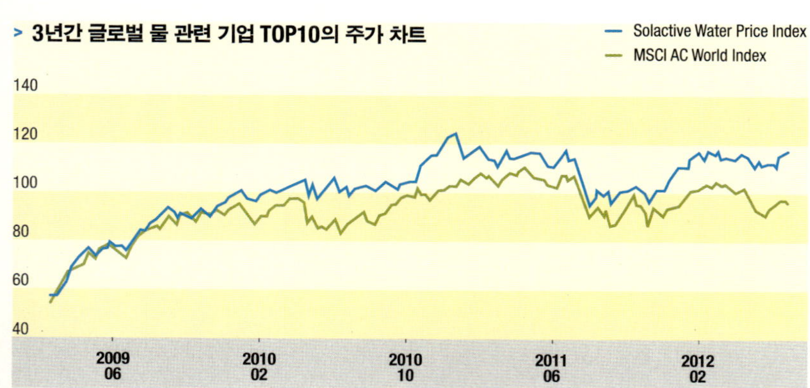

- 글로벌 물 관련 기업들의 주가 지수는 꾸준한 성장세 이어감(MSCI가 3% 인상한 것에 비해 SWPI는 12% 성장). 다만, 물과 관련된 사업이 대부분 중장기적인 기술 개발 계획과 투자 관점을 가지고 있다는 특성을 고려해야 함. 따라서 해당 기업들의 단기적인 주가 흐름에 집착하기 보다는 장기적인 시각에서 접근해야 함.

※ **SWPI**(Solactive Water Price Index) | 전 세계에서 물 관련한 기업 중 시가 총액이 큰 10개 기업(물 공급 및 관리)만을 가지고 만든 지수.

> 이용 가능한 물의 부존량 현황

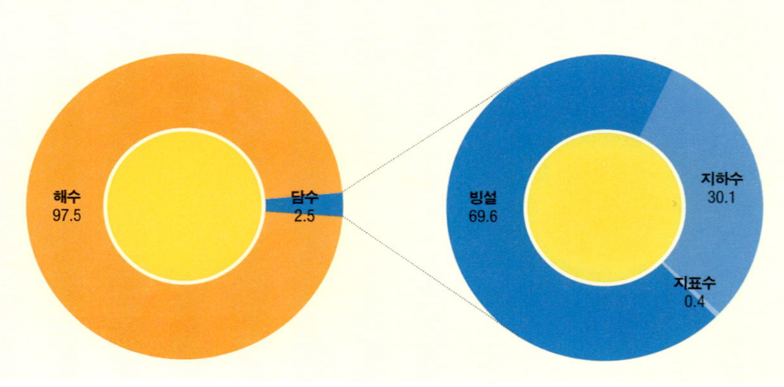

- 지구상에 존재하는 물 부존량 약 14억Km^2 중에서 해수를 제외한 담수는 2.5% 정도에 불과.
- 담수 중에서 빙설(빙하, 만년설, 영구동토 등)을 제외하고 인간이 이용할 수 있는 지하수 및 지표수(강, 호수 등)는 물 부존량의 0.008%에 불과.
- 신재생에너지의 경우 기존의 에너지를 대체할 수 있으나, 물은 대체 대상이 없다는 점에서 2020년경 물 산업의 중요도는 매우 클 것으로 판단.

> 세계 물 부족 인구 전망

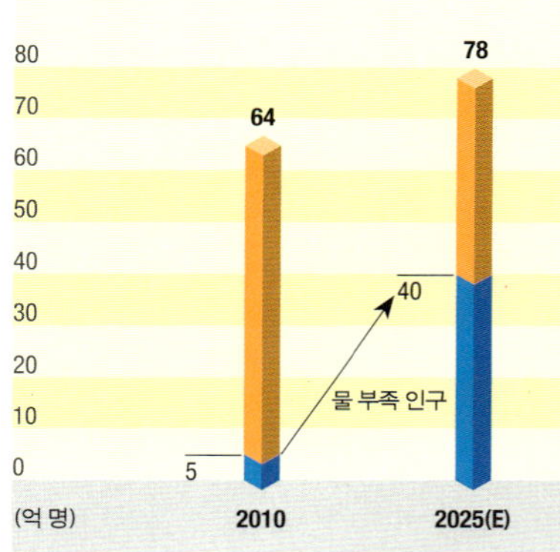

> 신흥국 중심의 물 부족 추이 (2030년 기준 수요와 공급 전망)

● 수요 ● 공급

주·괄호 안은 수요 대비 공급 비율

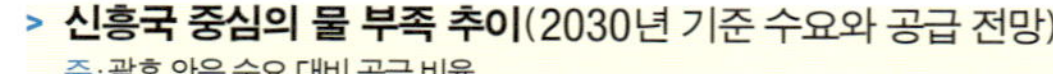
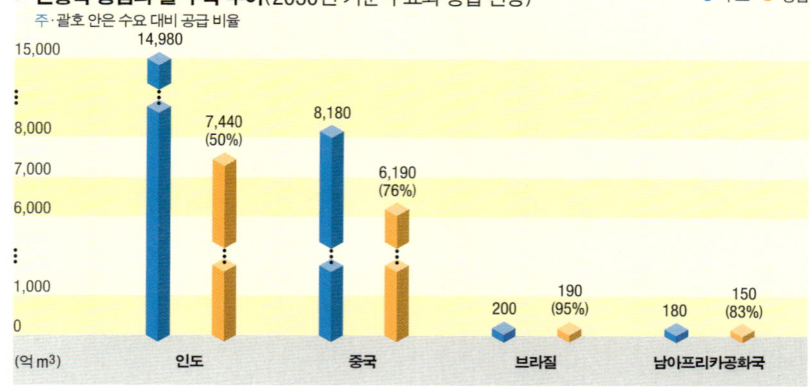

> 세계 물 시장 규모 전망

자료·SAM Study, 'Water, a market of the future'

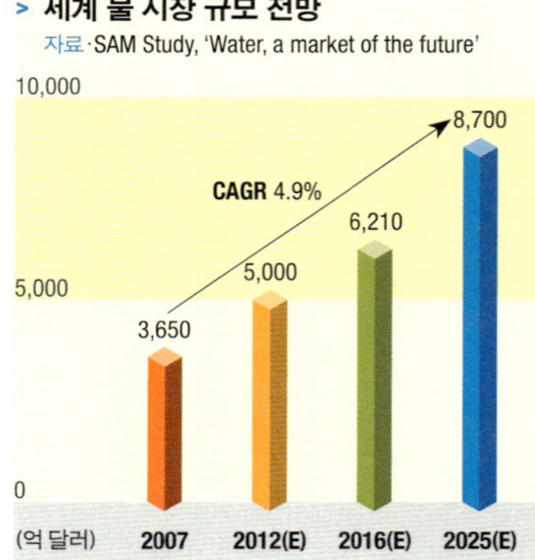

> 국내 물 산업 시장 규모

자료·GWI, Mason's Water Yearbook, 업계 자료, 국토해양부

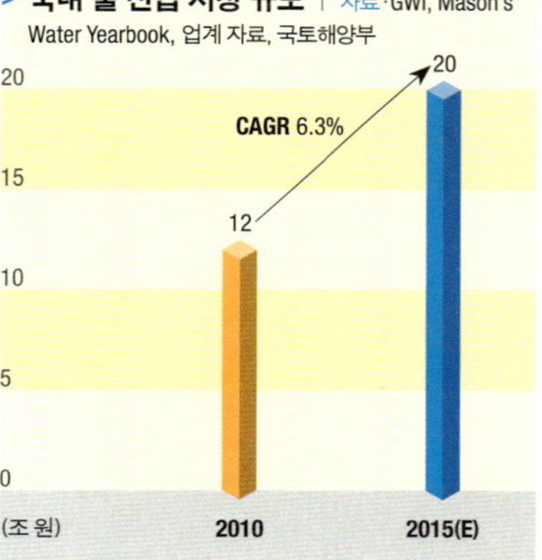

> 물 산업별 비중

단위·%, 괄호 안은 시장 규모

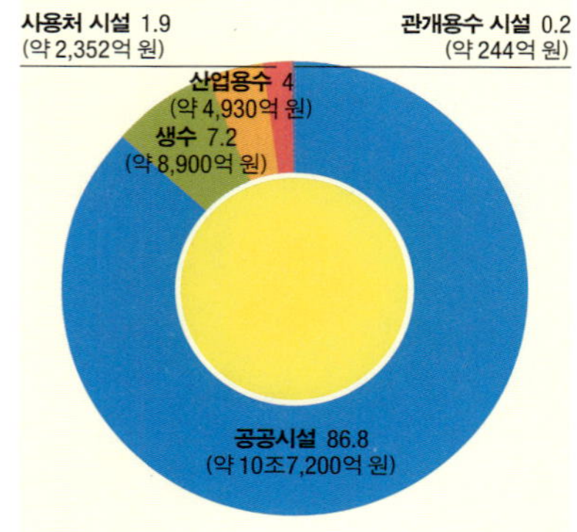

> 멤브레인과 화학처리제 시장 전망

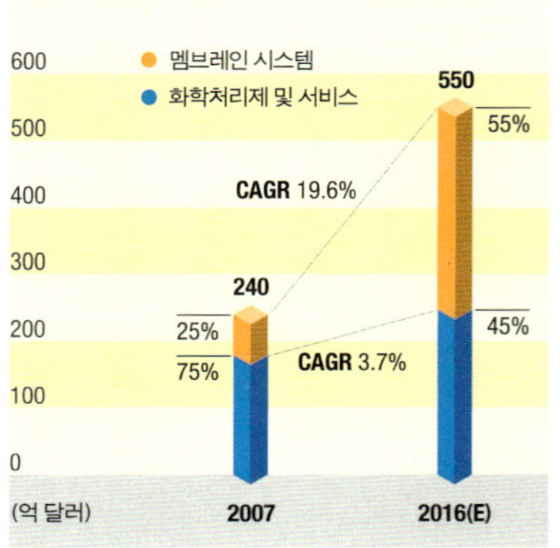

> 해수담수화 플랜트 시장 전망

주·괄호 안은 시장 규모

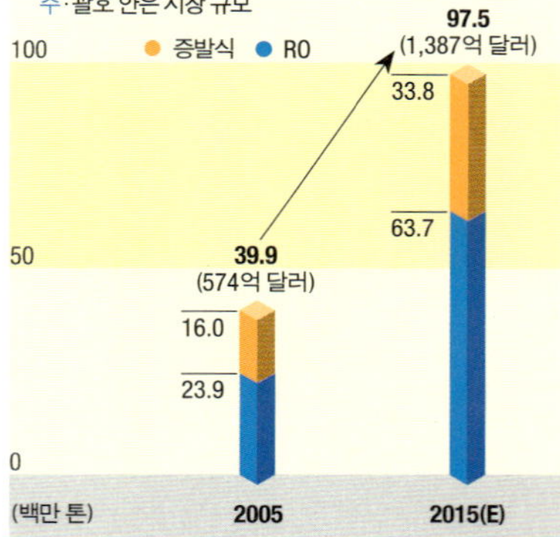

> 글로벌 민간 운영 시장 전망

● 국영 부문
● 민간 부문

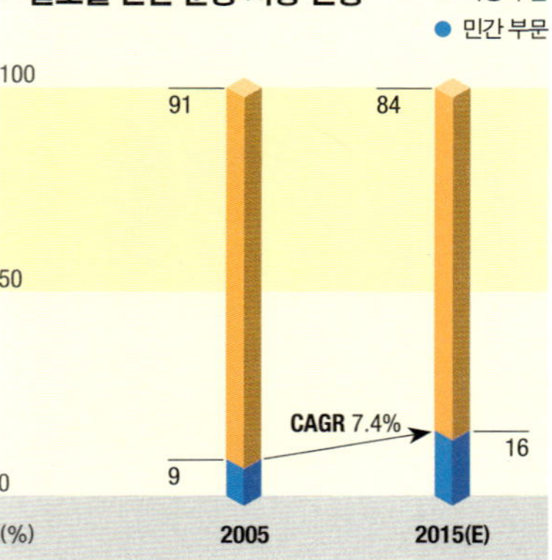

삼성엔지니어링

코스피 · IFRS연결

2012년 2분기 누계

매출액	5조7,697억 원
영업이익	3,786억 원
순이익	2,872억 원

5.1% **삼성SDI**

13.1% **제일모직**

투자 포인트

- 파이낸싱, 설계, 구매, 시공, 시운전, O&M에 이르는 엔지니어링 전 분야에서 종합 솔루션 능력을 갖춘 삼성그룹의 글로벌 엔지니어링 업체.
- 동사는 특히 하·폐수 처리에서부터 초순수, 해수담수화에 이르기까지 수처리 전 과정을 제공하는 수처리 종합 디벨로퍼로 활약.
- 무하락 컴퍼니(Muharrq STP Company BSC)와 2억5,000만 달러(한화 약 2,630억 원) 규모로 바레인 무하락 하수처리 프로젝트의 EPC(설계·구매·시공) 계약 체결 → 하루 10m²의 하수 처리. 2014년 완공 목표로 일괄 턴키 방식으로 진행. 완공 후 24년간 운영.

▲ 삼성엔지니어링이 2009년 완공해 가동 중인 아랍에미리트(UAE) ICAD 수처리 플랜트 현장.

두산중공업

코스피 · IFRS연결

2012년 2분기 누계

매출액	4조5,285억 원
영업이익	3,132억 원
순이익	2,129억 원

- 2010년 기준, 발전 부문 매출이 65%로 가장 큰 비중 차지.
- 전 세계 해수담수화 시장의 24% 점유 → 특히 두산중공업이 자랑하는 다단효용식 담수증발기는 다수의 튜브 내로 증기를 통과시키고 튜브 표면에 바닷물을 분사해 수증기로 증발·응축시키는 과정을 통해 담수를 생산하는 방식으로, 상대적으로 설치 비용이 저렴하고 고효율임.
- 중동 전역의 9백만 명에게 하루 385만 톤의 담수 공급.
- 수 처리 설비에 있어서도 두산하이드로테크놀로지와 함께 용수, 하·폐수 처리 기술 선도.

투자 포인트

- 발전, 산업(담수, 운반), 주단, 건설, 운반 설비, 그린 에너지 등의 사업 분야 영위.

▲ 2012년 사우디아라비아 마라픽 얀부 해수담수화 플랜트에 설치될 다단효용식 담수증발기.

코오롱

코스피 · IFRS연결

2012년 2분기 누계

매출액	2조2,953억 원
영업이익	571억 원
순이익	295억 원

40.5% 1.2% **이웅렬**

28.4% **코오롱인더스트리** (사업자회사)

23.9% **코오롱생명과학**

54.6% **코오롱워터앤에너지**

56.9% **코오롱글로벌**

54.6% **환경시설관리공사**

투자 포인트

- 2009년 인적분할 통해 지주회사로 전환. 지배회사에 미치는 영향이 큰 종속회사로는 코오롱글로벌과 코오롱워터앤에너지, 네오뷰코오롱 등이 있음.
- 수 처리 사업은 계열사인 코오롱워터앤에너지를 통해 운영·관리 → 설비와 시공은 코오롱건설에서, 소재는 코오롱생명과학에서 맡아 수직계열화 완성.

> 코오롱워터앤에너지 수 처리 시설 운영 현황

운영 실적	사업소	시설 용량(m^3/일)
하수 종말 처리 시설	32개소	1,495,400
축산 폐수 및 분뇨 처리 시설	19개소	2,020
폐수 처리 시설	12개소	446,100
중수도 시설	1개소	20,000
마을 하수도 시설	203개소	12,935
기타 공사	16개소	174,895
합계	283개소	2,150,810

> 코오롱그룹 물 사업 밸류체인

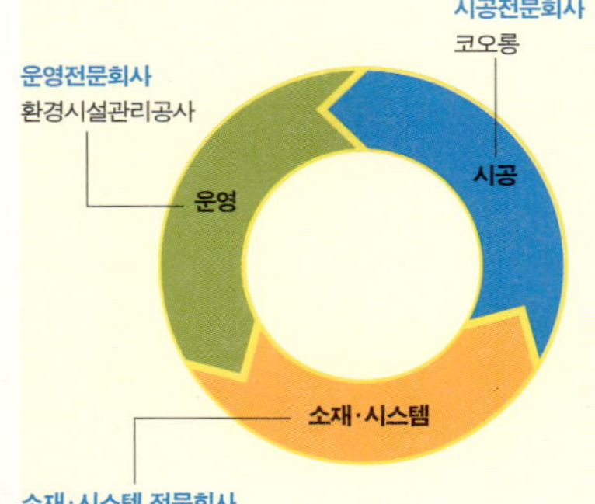

소재·시스템 전문회사
코오롱, 코오롱생명과학, 코오롱베니트, 코오롱환경서비스

◀ 물 사업, 원 스톱 서비스 가능한 국내 유일의 기업

- **시공 부문** ｜ 코오롱건설의 경험을 바탕으로 한 경쟁력 확보.
- **운영 부문** ｜ 환경시설관리공사의 운영 네트워크 기반의 사업모델.
- **소재·시스템 부문** ｜ 각 계열사의 핵심 소재 및 시스템 융합.

토털 워터 솔루션 통한 글로벌 플레이어로의 진화 ▶

- 통합 솔루션 제공을 통한 사업영역 확대 가시성 주목.
- 연계성 있는 통합 솔루션을 통해 고객 니즈에 부합.

> 국·내외 주요 기업의 솔루션 매트릭스

물 관련 기업		컨설팅·기계	기자재 제조	시공	운영
운영기반 기업	Veolia	●			●
	Suez	●			●
	Agbar	●			●
제조기반 기업	GE Water	●	●		●
	Siemens	●	●		
	두산중공업		●	●	●
건설기반 기업	대우건설			●	●
	태영건설			●	●
	삼성엔지니어링			●	●
토털 솔루션	코오롱	●	●	●	●

삼천리
코스피·IFRS별도

2012년 2분기 누계

매출액	1조8,605억 원
영업이익	555억 원
순이익	561억 원

80%

삼천리엔바이오

투자 포인트
- 2010년 수 처리 전문 업체인 대양바이오테크의 지분 80%를 인수함으로써 본격적으로 물 사업에 진출(대양바이오테크의 사명을 '삼천리엔바이오'로 변경).
- 대양바이오테크는 폐·하수처리 운영 관리 전문 업체로서, 설비의 시운전, 가동 및 안정화, 문제점 해결 등에 탁월한 기술 및 노하우를 보유하고 있는 동 분야의 국내 실적 1위 업체임.
- 동사는 향후 상·하수도 운영 사업을 기반으로 재이용수, 공업용수 등의 운영 사업까지 확장해 추진할 계획.

> **삼천리엔바이오 수주 현황**

수주 사업명	발주처 계약	만료일
오산 공공하수처리시설 증설공사 중 종합 시운전	현대엔지니어링(주)	2013.02
수도 및 댐 시설 점검 정비 용역(제4권역, 제7권역)	한국수자원공사	2013.04
영등포 아리수 정수센터 배출 수처리장 운영 관리	영등포 아리수 정수센터	2013.09
안동 임하댐 권역 공공 하수도 시설 운영 관리	환경관리공단	2015.12
암사 아리수 정수센터 배출 수처리장 운영 관리	암사 아리수 정수센터	2013.08
파주시 문산 하수도 민간 투자 사업 위·수탁 운영 관리	에코술이홀	2013.12

도화엔지니어링
코스피·IFRS별도

2012년 2분기 누계

매출액	1,406억 원
영업이익	30억 원
순이익	-85억 원

투자 포인트
- 상하수도, 수자원 개발, 도시계획, 조경, 도로교통, 교량, 터널, 항만, 철도, 환경 등 엔지니어링 전 분야에서 기획, 타당성 조사, 설계, 분석, 시험, 감리, 시운전, 평가, 자문 및 지도 업무 수행하는 종합 건설 엔지니어링 업체.
- 국내 시장점유율은 공시자료 기준으로 토목 엔지니어링 업계 상위 10개사 중 동사의 비중이 19.3%로 가장 큼.
- 특히, 수자원 관련 사업은 전체 매출의 30%를 차지할만큼 비중이 큼.
- 해외 사업으로 베트남 띠엔딴 상수도 2차 사업 진행.

▲ 개발·관리·운영에 참여한 대청댐 계통 광역 상수도 천안정수장

동양철관
코스피·IFRS별도

동국실업

20.11%

2012년 2분기 누계

매출액	1,039억 원
영업이익	30억 원
순이익	23억 원

2.9%

국인산업

※ **국인산업** | 갑을상사그룹 오너 일가 소유인 국인산업(비상장, 환경업)이 동사의 지분을 단기간에 대량으로 사들임 → 상장 계열사 중 한 축인 동사의 경영권 다지기의 일환.

투자 포인트
- 수도용 도복장강관, 강관말뚝, 가스관 등을 생산하는 강관 업체.
- 강관 업계는 건설 경기에 많은 영향을 받고 있으며 특히 대형 강관 업계는 광역상수도망, 가스관(LINE PIPE), 농수로 공사, 항만 건설 및 보수공사 등 대단위 토목공사 및 건설시 많은 수요가 발생함.
- 동사의 강관 시장점유율은 5% 정도에서 안정적으로 유지되고 있음.
- 동사는 매출액 기준 수출 비중이 46%에 이를 정도로 높아 환율 영향 많이 받음.

> **경영실적**

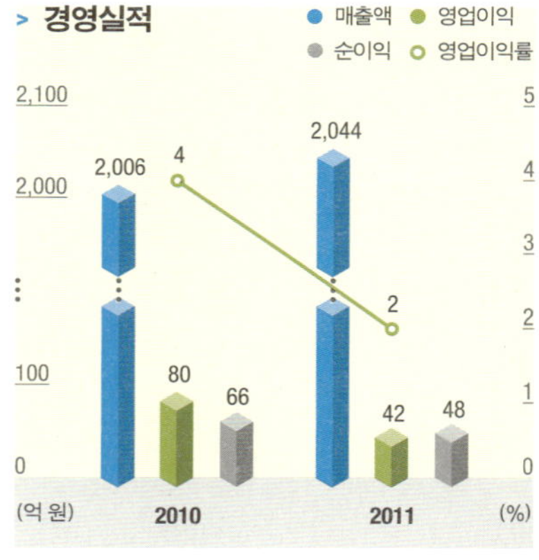

한국주철관
코스피·IFRS별도

2012년 3월 결산 법인(1분기 실적)

매출액	509억 원
영업이익	30억 원
순이익	25억 원

투자 포인트
- 수도용 파이프 국내 시장점유율 1위 업체.
- 동사는 상하수도용 주철관 및 각종 강관을 생산하는 업체로, 1968년 국내 최초로 덕타일 주철관을 생산하고 1969년 상장함.
- 강관 제조 업체인 진방스틸코리아와 화장품 제조 업체인 엔프라니를 계열사로 둠.

11.6%

세아홀딩스
(세아제강, 세아특수강 계열사 둠)

12.7% **마천캐스트**

5.9% **동양야금공업**

8.2% **재단법인 김전**

52% **엔프라니**

100% **진방스틸**

18.5% **부산MBC**

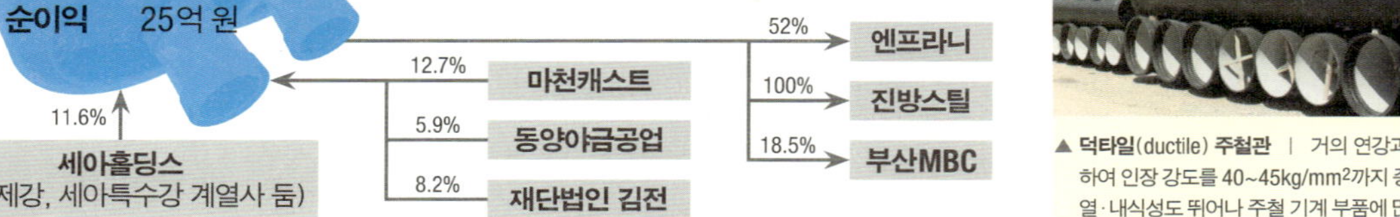

▲ 덕타일(ductile) 주철관 | 거의 연강과 같은 성질을 갖게 하여 인장 강도를 40~45kg/mm² 까지 증대시킨 것으로, 내열·내식성도 뛰어나 주철 기계 부품에 많이 이용됨.

자연과환경

코스닥 · IFRS별도

2012년 2분기 누계

매출액	224억 원
영업이익	8억 원
순이익	-3억 원

투자 포인트
- 2007년 철강유통업을 시작으로 (주)피에스피를 합병하면서 유통에서 제조까지 사업 확장.
- 2008년 생산공장 준공과 생산라인 추가로 다양한 제품군과 가격경쟁력 보완.

- 조경과 플랜트 사업의 주요 매출처는 국가, 지방자치단체로 경기 변동에 비탄력적이어서 안정적인 수익 구조 형성.
- 대현산업기술과 24.3억 원 규모의 안산 공공하수 처리 시설 에너지 절약 사업 계약 체결.
- 주요 사업 분야
  철강(에코스틸) | 스테인리스(STS) 파이프 제조 및 철강 제품 유통.
  환경 생태 복원 | 생태(호안) 블록 및 투수(보도) 블록 제조, 판매 및 시공.
  조경원예 | 종자 및 조경 자재 유통, 조경 식재 공사.
  환경 플랜트 : 수 처리, 오염 정화 등.

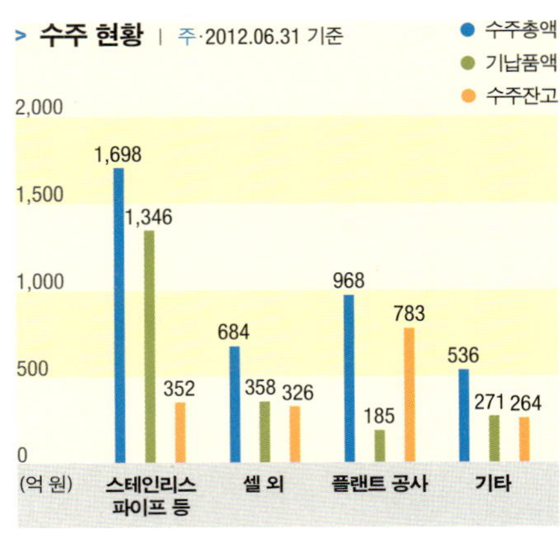

하이스틸

코스피 · IFRS별도

2012년 2분기 누계

매출액	1,339억 원
영업이익	44억 원
순이익	18억 원

투자 포인트
- 강관 전문 생산 업체.
- 동사는 강관 분야의 전문화를 통한 장기적인 경쟁력 강화의 일환으로 2003년 1월에 한일철강으로부터 분할 설립.
- 2009년 당진공장 준공으로 기존 ERW강관에서 SAW강관까지 생산하는 체제 갖춤.
- 세경관, 소경관부터 원유, 가스 수송이 가능한 60인치 대구경 후육강관까지 다양한 제품 생산 능력 보유.
- 물 산업 이외에도 강관 산업의 전방 사업으로는 건설, 자동차, 조선, 전자, 기계 등의 제조업이 포진되어 있음.

▲ 동사의 주력 제품인 라인 파이프. 최대 길이 12m로 물, 석유, 천연가스 운반 등 대형 프로젝트에 사용됨.

에이제이에스

코스닥 · IFRS별도

2012년 2분기 누계

매출액	233억 원
영업이익	28억 원
순이익	14억 원

투자 포인트
- 1965년 설립 이후 각종 배관용 자재 전문 생산 → 특히 배관용 관이음쇠의 제조에 주력하여 조인트, 플랜지, 밸브 등의 제품을 생산 중임.
- 동사 제품은 국내 설비 투자 동향에 따라 수요가 증감하므로, 산업 전반의 경기에 민감한 편임 → 국내 배관 시장은 규모와 기술, 시설 면에서 상당한 진입 장벽 갖추고 있음.

와토스코리아

코스닥 · IFRS별도

2012년 2분기 누계

매출액	79억 원
영업이익	11억 원
순이익	4억 원

투자 포인트
- 세면기 및 양변기 부속품 전문 생산 업체.
- 동사의 사업 성장성은 국내 건설 경기에 영향을 받으며 특히 국내 주거 부문 건축 수주액과 주택 공급 및 입주 물량에 좌우됨.

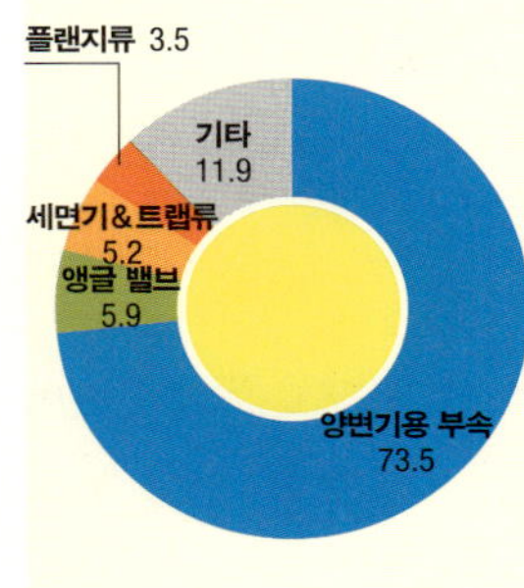

뉴로스
코스닥·IFRS별도

2012년 2분기 누계

매출액	145억 원
영업이익	25억 원
순이익	18억 원

투자 포인트
- '블로워(blower)'로 불리는 오·폐수 처리용 송풍기 전문 제조 업체로, 블로워 세계 시장점유율 10% 영위 → 수출이 전체 매출에서 85% 비중 차지.
- 블로워 산업은 설비 투자 및 건설 산업에 큰 영향을 받으므로 경기 변동에 민감함.

◀ turbo compressor 기종인 블로워.

> 경영실적

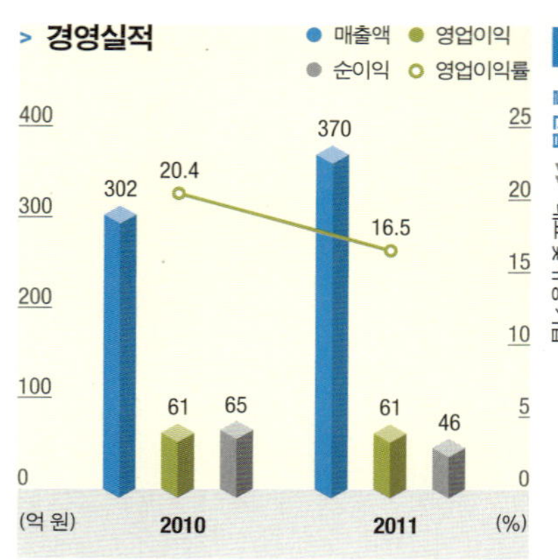

젠트로
코스닥·IFRS별도

2012년 2분기 누계

매출액	181억 원
영업이익	-3억 원
순이익	-25억 원

투자 포인트
- 합성수지 건설 자재 제조·판매 및 수질 관련 사업 영위.
- 아파트 등의 복합 건물에 들어가는 PDF물탱크, PE라이닝과 맨홀 거푸집, PE수밀벨트, PE사다리 등의 토목 자재, 광케이블 보호관인 COD관 등의 건설 관련 제품과 상하수도 처리 관련 PDF도류벽, PDF정류벽과 오·폐수 처리 장치인 RPS 등 환경 관련 제품 생산.
- 동사는 특히 하·폐수 고도 처리 기술 개발에 주력하여 기존 처리 방식과 전혀 다른 차원의 신개념 RPS 고도 처리 공정 개발에 성공, 2005년 10월 환경신기술 지정(제141호)과 환경기술검증(제83호)을 통과.
- RPS(Roll Pipe System) 처리 공정은 하천의 자연 정화 원리를 이용한 고효율 처리 시스템으로, 하·폐수를 미생물 접촉재가 내장된 고강도 파이프 내부에 0.5~6시간 동안 체류시켜 유기물, 질소, 인 등을 제거함.

> 매출 비중 | 단위·%

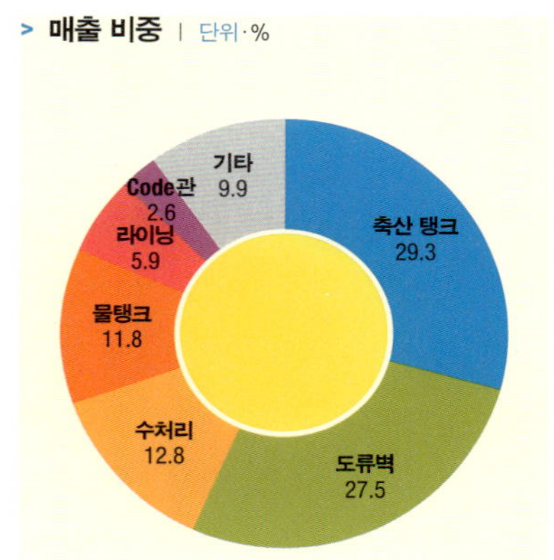

웅진케미칼
코스피·IFRS별도

2012년 2분기 누계

매출액	5,152억 원
영업이익	181억 원
순이익	91억 원

↑ 46.3%

투자 포인트
- 정수기 필터 기술 중 역삼투압방식 RO필터를 국내 최초로 개발.
- 가정용 RO 시장은 대부분 정수기에 적용. 국내 시장의 경우, 정수기 보급률이 50%에 이르면서 완만한 성장 중이나 세계 시장의 경우, 중국, 인도 등 이머징 시장을 중심으로 높은 성장 견인.
- 주력 사업은 여전히 섬유 분야이지만, 비섬유 분야인 필터 사업의 연평균 영업이익률 20% 상회.
- 가뭄 등으로 물 부족이 심각한 미국과 중동 등 해외 마케팅 강화.

> 역삼투압방식

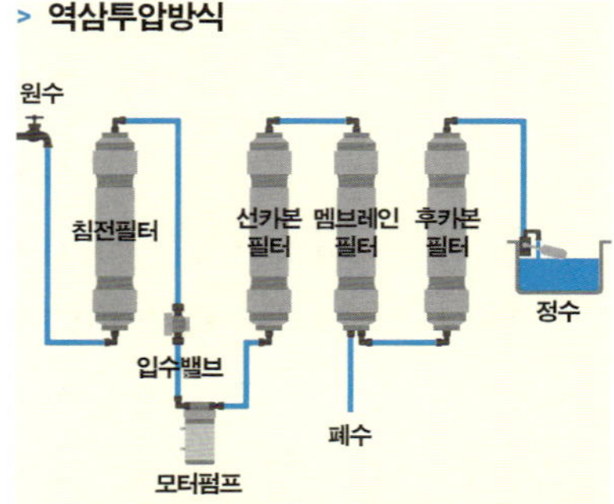

역삼투 멤브레인은 물은 통과할 수 있으나 이온은 통과할 수 없는 얇은 막으로, 상변화 없이 용액에서 이온을 제거할 수 있어 염분 및 물 속 오염물질을 제거하는 데 탁월.

웅진코웨이
코스피·IFRS별도

2012년 2분기 누계

매출액	8,887억 원
영업이익	1,546억 원
순이익	852억 원

↑ 40%

← 웅진홀딩스 법정관리 이후 웅진코웨이 매각 (매각가격 1.2조 원) 절차 진행

MBK파트너스

> 매출액 추이

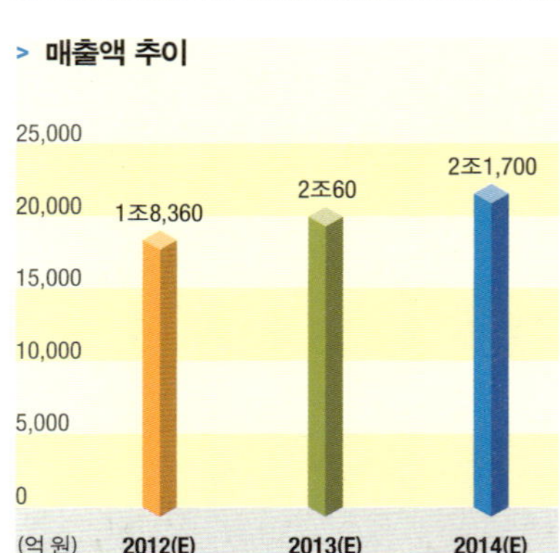

> 웅진코웨이 주력 제품 시장점유율

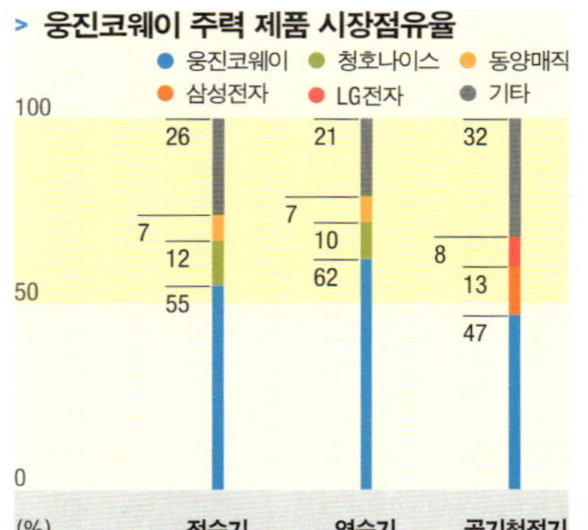

08

천연가스·셰일가스

미국에 부는 新골드러시 열풍, '셰일가스 개발'에 주목하라!

셰일가스로 미국이 다시 살아날 것이다!

최근 미국 경제계에서 자주 회자되는 말이다. 실제로 셰일가스 시추로 2010년 미국 GDP 중 760억 달러 이상 성장하는 효과가 나타났고, 2015년 1,180억 달러, 2020년 후에는 2,300억 달러가 넘는 기여를 할 것으로 전문가들은 예측하고 있다. 누적으로는 향후 25년간 9,330억 달러의 정부 수입을 창출할 것으로 전망된다.

셰일가스가 미국인들을 흥분시키는 이유를 좀 더 들여다보자. 미국 가스 생산량 중 셰일가스 비중은 2015년 43%에 이어 2035년에는 절반을 넘어서 60%에 육박할 전망이다. 이에 따라 2035년까지 셰일가스 관련 산업에 1조9,000억 달러가 투자된다. 아울러 셰일가스 산업은 2010년 60만 개 일자리를 창출한 데 이어, 2015년 87만 개, 2035년 160만 개의 일자리를 창출하는 등 사회적인 효과도 막대하다.

셰일가스는 다른 에너지 산업에 미치는 효과도 크다. 즉, 셰일가스 개발 비용은 전통가스 개발 비용에 비해 40~50% 저렴하다. 셰일가스가 없다면 LNG 의존도 증가로 인해 미국 천연가스 가격이 크게 오르게 된다. 즉, 셰일가스는 천연가스의 가격을 떨어트리고 이로 인해 전력 가격도 하락시키게 된다. 전력 가격 하락은 궁극적으로 산업 생산력 증대로 귀결된다.

셰일가스는 진흙이 굳어 형성된 암석(shale) 속의 가스를 말한다. 암석 내에 갇혀 있어 그동안 채굴이 쉽지 않아 버려진 에너지원이었다. 하지만 수평시추기법(Horizontal Drilling)과 수압파쇄기법(Hydraulic Fracturing)이 개발되면서 미국에서 본격적으로 생산되기 시작했다.

셰일가스는 지구 곳곳에 187조4,000억㎥가 매장돼 있다. 이는 앞으로 인류가 60여 년간 사용할 수 있는 양이다. 세계 각국은 그 방대한 매장량과 경제성에서 대체연료의 가능성을 발견하고 셰일가스 개발에 분주하다. 우리나라도 2012년 1월 미국과 셰일가스 수입 협약을 체결하고 2017년부터 연간 350만 톤의 셰일가스를 들여올 예정이다.

국내 조선주들 셰일가스 호재로 반등 기대

셰일가스 수혜주로는 시추된 가스를 LNG선으로 이동시킨다는 점에서 조선 종목이 꼽힌다. 그리고 셰일가스 공정을 위한 플랜트 건립이 늘어날 것으로 예상됨에 따라 화공기기 업체들이 지목되고 있다. 또한 폐회수보일러(HRSG) 부품 및 피팅 업체들도 셰일가스와 관련해 조명을 받고 있다.

현대중공업, 대우조선해양, 삼성중공업 등 세계 1위 기술력을 갖추고 있는 국내 조선사들은 셰일가스가 대단히 큰 호재거리가 아닐 수 없다. 그동안 글로벌 조선 시장은 미국발 금융위기와 유럽 재정위기 등 경제 파고를 겪으면서 크게 위축돼 왔던 게 사실이다. 업계에서는 셰일가스 개발이 조선 시장에 활력을 가져올 하나의 기폭제가 될 것으로 기대감을 나타내고 있다. 해상에서 시추한 셰일가스를 지상으로 운반하기 위해서는 '부유식 액화 천연가스 저장 · 재기회 설비(LNG-FSRU)선'이 필요하다. LNG-FSRU는 기술력이 집적된 선박으로 고부가가치 기술을 요한다. 기술력이 뛰어난 국내 조선사들이 수주할 가능성이 높아 이에 따른 수익성을 동반한 실적 개선이 기대된다.

셰일가스 수혜 톡톡히 누릴 알토란 중소형주 찾기

중소형주 중에서 전문가들의 주목을 가장 많이 받고 있는 기업은 한국카본이다. 업계 전문가들은 한국카본이 북미 셰일가스 호황의 최대 수혜주로 부각될 것으로 내다보고 있다. 한국카본은 LNG운반선용 보냉재를 제조하는 기업이다. 미국에서 셰일가스가 시추된 이후 태평양 및 대서양 항로를 이용해 운송되면 운송 수요가 크게 늘어나게 되고, 이는 LNG선 발주 확대로 이어진다. 따라서 LNG운반선용 단열 판넬을 제조하는 한국카본의 중장기적인 수혜가 예상된다. 화인텍 역시 보냉재 제조업체로 관심이 뜨겁다. 특히 최근 보냉재 관련 매출 증가로 실적 성장이 기대되고 있어 셰일가스 시대가 본격화될 경우 수혜가 클 것으로 예상된다.

피팅 제조업체인 성광벤드와 태광 역시 셰일가스 수혜주로 꼽힌다. 미국 셰일가스 개발로 가스 플랜트 증설이 예상됨에 따라, 플랜트 수요 증가와 함께 피팅 시장의 장기적인 성장이 예상된다. 가스 플랜트가 만들어지면 피팅 수요가 늘어나는 만큼 관련 기업들의 매출도 자연스럽게 증가한다.

아울러 전문가들은 폐회수 보일러 관련주에 주목하고 있다. 전력 생산에서 가스 발전 비중이 높아짐에 따라 LNG 복합 화력 발전 건설이 늘어날 것으로 전망되기 때문이다. 최근 국내 관련 업체인 비에이치아이의 HRSG 등 천연가스 발전 부품에 대한 계약 의뢰가 증가하고 있는 점도 이를 방증한다.

미국을 시작으로 전 세계로 퍼져 나가는 셰일가스 열풍은 이처럼 국내 관련 기업들에서도 감지되고 있다. 2013년 국내 증권가에도 新골드러시 바람이 불지 주목해 볼 일이다.

미국 텍사스주 샌안토니오 남서쪽에 위치한 이글포드 셰일가스 광구. 광구 면적만 무려 1,166㎢로 서울(605.25㎢)의 2배 가까운 크기다. 시추기가 땅속 4.2km까지 파이프라인을 밀어 넣어 셰일가스를 발굴한다. 광구를 개발 중인 아나다코사에 따르면 이글포드 광구에서 생산할 수 있는 전체 셰일가스 양은 1억5,000만BOE(석유 환산 배럴)에 달하는 것으로 추정된다.

>> 천연가스 시추·저장·운반 프로세스

해상 생산

FSRU (액화천연가스 저장 및 재기화 설비선)
해상에서 LNG선이 운반해온 가스를 액체로 저장했다가
필요시 다시 기체로 만들어 해저 파이프 라인을 통해 발전
소 등 육상 수요처에 공급.
업체 | 현대중공업, 대우조선해양, 삼성중공업

발전소
FSRU
LNG 운반선
LNG FPSO
해수면
강관
해저
시추

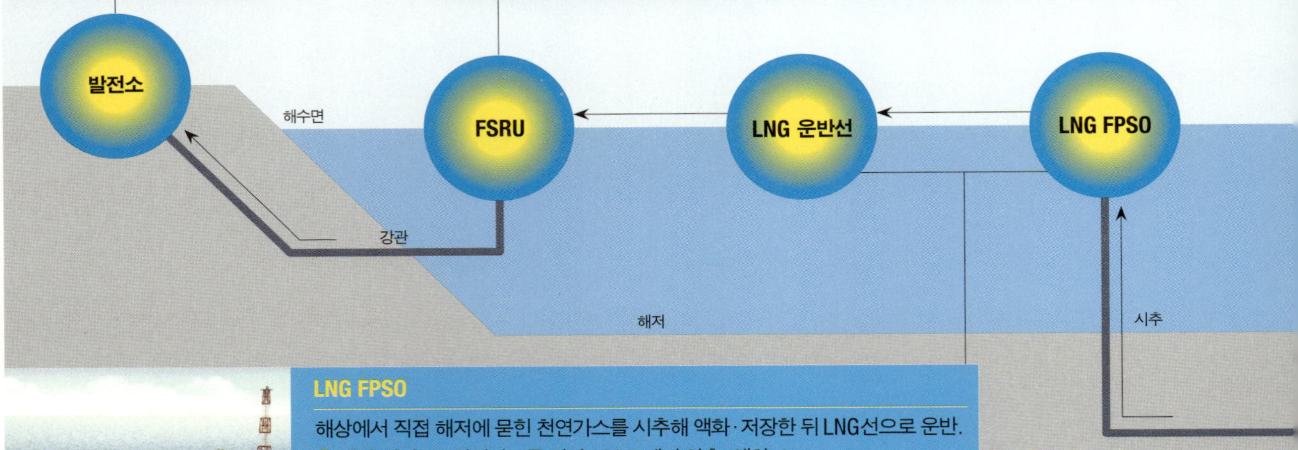

LNG FPSO
해상에서 직접 해저에 묻힌 천연가스를 시추해 액화·저장한 뒤 LNG선으로 운반.
① 액화 설비 | 천연가스를 영하 163도에서 압축·액화.
② 생산 설비 | 1km 해저에서 천연가스 추출.
③ 계류 설비 | 해저면에서 24가닥의 철재 체인으로 LNG FPSO 고정.
④ 저장 설비 | 선체 내부에 LNG 저장.
⑤ LNG선 | 가스 하역, 운송.
업체 | 현대중공업, 대우조선해양, 삼성중공업

>> 천연가스 발전 주요 부품 해부도 | 일러스트 및 사진자료(발전소 조감도, 가스터빈, 스팀터빈, 발전기)·GE.com

가스터빈 | 두산중공업, 현대중공업
스팀터빈 | 두산중공업, 현대중공업
HRSG | 현대중공업, 두산중공업, 신텍, 비에이치아이, S&TC,대경기계기술, 성진지오텍
변압기 | 현대중공업, 일진전기, 효성
복수기 | 두산중공업, 비에이치아이, S&TC, TS엠텍
발전기 | 두산중공업, 현대중공업

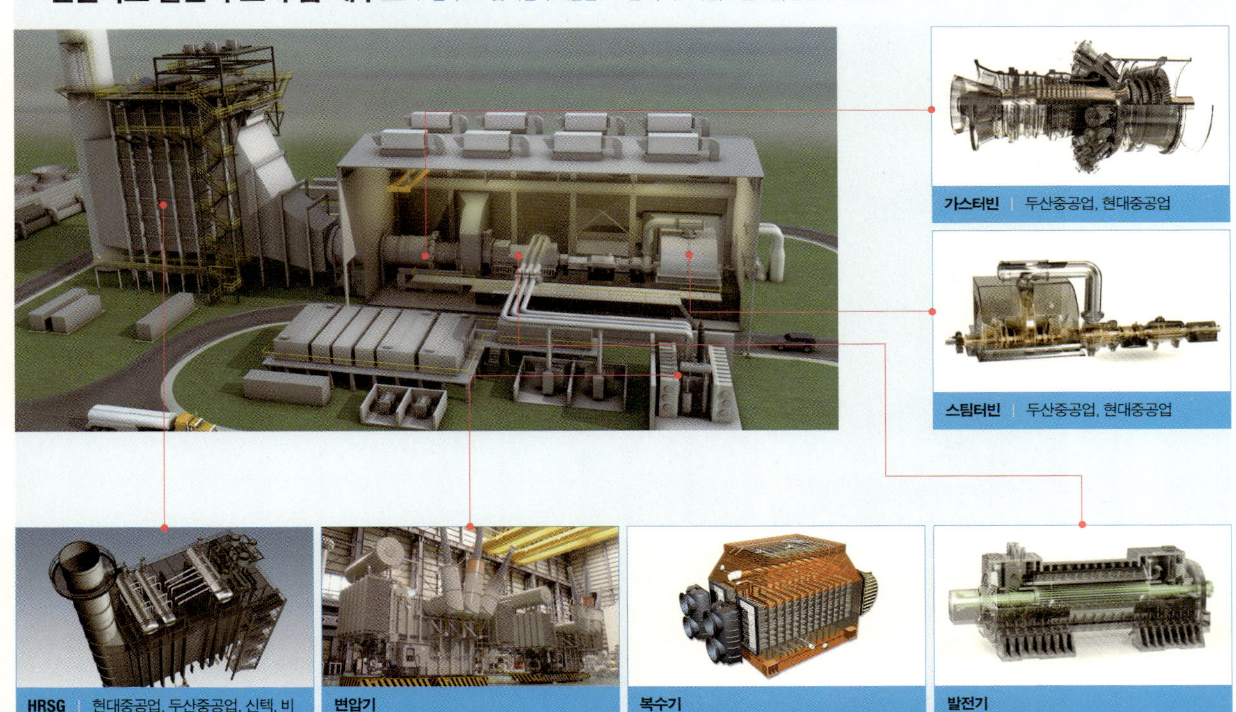

육상 생산

업체
현대중공업,
대우조선해양,
삼성중공업

LNG 액화 설비 기자재 업체
한국카본, 성진지오텍, 세원셀론텍, 대경기계, S&TC, 티에스엠텍

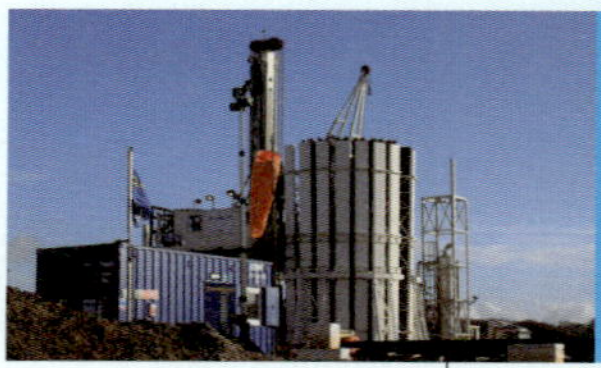

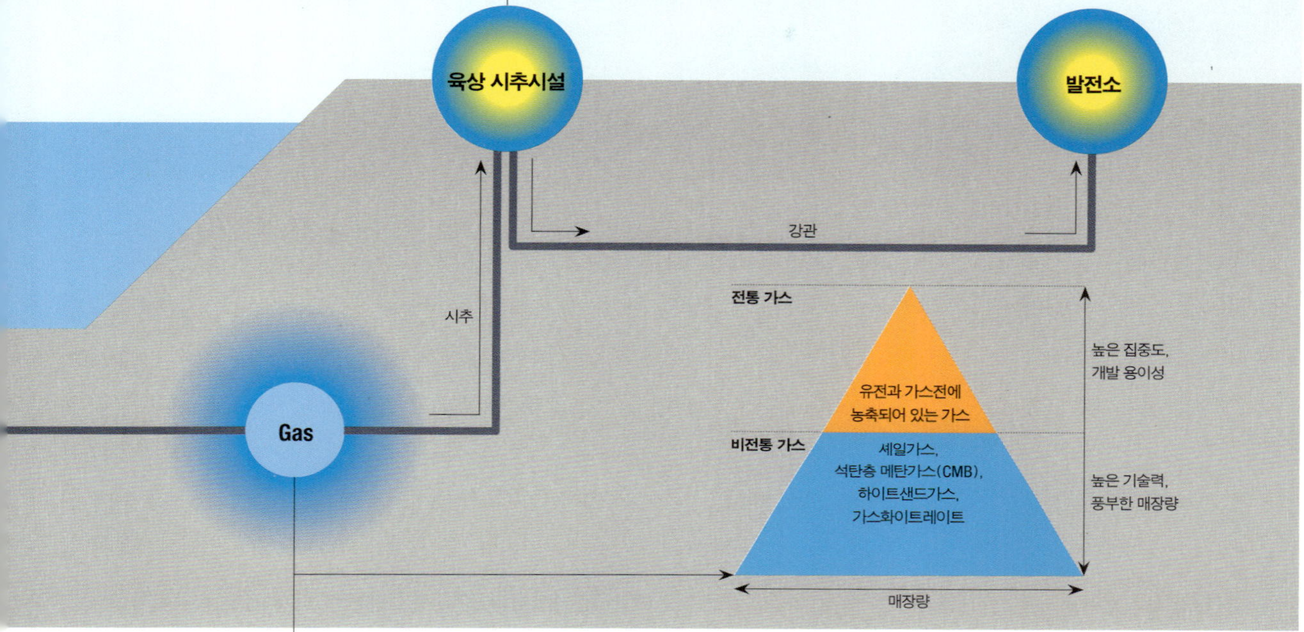

>> 천연가스 시추 방식 | 자료·미국에너지정보청(EIA), 단위·조m^2

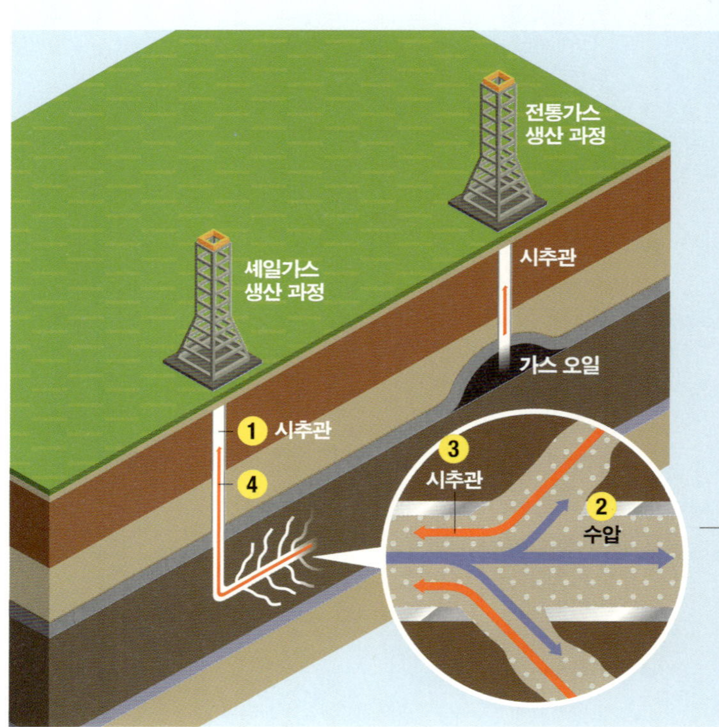

셰일가스란?

- ‘셰일’(shale)이란 우리말로 혈암(頁岩)이라고 하며, 입자 크기가 작은 진흙이 뭉쳐져서 형성된 퇴적암의 일종으로, 셰일가스는 이 혈암에서 추출되는 가스임.
- 혈암층에 함유된 매탄가스로 유혈암에 높은 열과 압력을 가해 추출하는 천연가스의 일종으로 탄화수소가 풍부한 셰일층(근원암)에서 생산됨.
- 전통적인 가스전과는 다른 암반층으로부터 채취하기 때문에 비전통 천연가스로 불림.
- 중국과 미국이 매장량 1, 2위를 다툼. 오바마 대통령은 연두교서에서 “우리에게는 100년간 쓸 수 있는 새로운 형태의 가스가 있다”고 말할 정도로 미래형 에너지로 각광.
- 천연가스의 일종으로 난방연료와 발전용, 에탄 등 석유화학원료, 액화천연가스(LNG) 처럼 활용도 매우 높음.
- 해외자원개발에 뛰어든 상사와 가스 운반 관련 조선 업체 및 발전 부품 업체 수혜 기대.

셰일가스 시추 방식

1 지하 2~4km 수직 시추.
2 지표면과 수평으로 뚫고 들어가 수압을 이용해 암반에 균열 발생.
3 균열 사이 가스가 모래에 밀려 시추관으로 이동.
4 시추관 내 가스가 압력 차이로 지표면으로 분출시 포집.

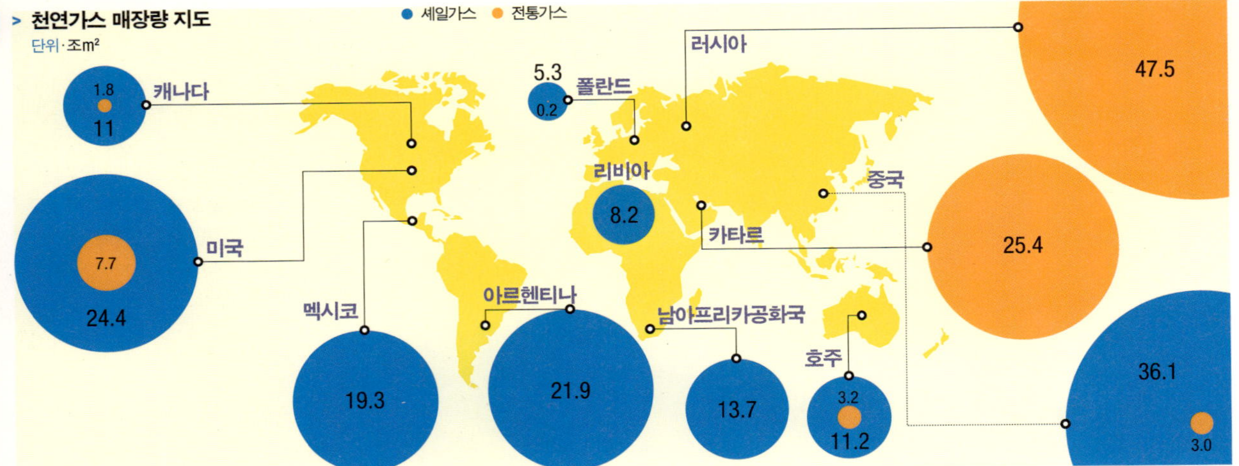

- 전통가스를 뛰어넘는 새로운 에너지원으로 셰일가스 주목.
- 셰일가스는 전 세계에 걸쳐 골고루 매장 → 현재 확인된 매장량 187조m², 잠재 매장량 645m² 추정 → 세계 인구가 59년간 사용할 수 있는 수준으로 석유 매장량과 맞먹는 수준임.
- 향후 천연가스 가격 안정이나 에너지 자원 무기화에 대한 견제 요소로 부상할 전망.

> 미국내 연료별 발전량 (1990~2035)

자료·EIA AEO2012 Early Release Report, 단위·조Kwh/년

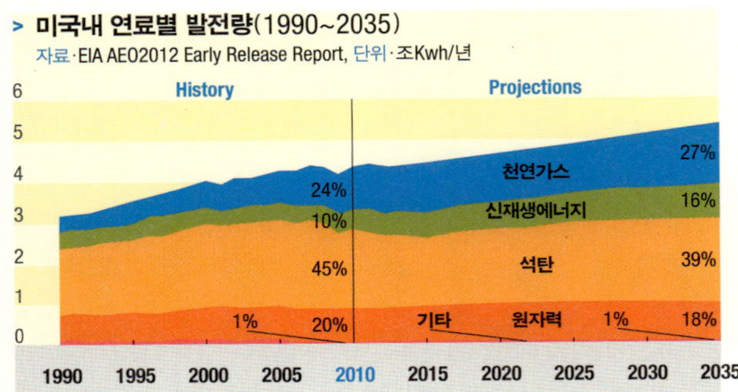

- 미국 에너지기구인 EIA는 미국 내 가스 생산량 증가에 따른 가격 하락으로 가스 발전에 대한 비중은 2010년 24%에서 2035년 27% 증가할 것으로 예상.
- 석탄 발전은 2010년 45%에서 2035년 39%로 하락할 것으로 예상.
- 신재생에너지가 보급되기 전까지의 중·단기 기간에는 가스 발전이 그 간극을 채울 것으로 판단. 따라서 미국 내 천연가스 생산량 증가와 함께 수요도 증가할 것으로 예상.

> 미국 천연가스 생산 (1990~2035)

자료·EIA AEO2012 Early Release Report, 단위·조 입방피트(cubic feet)

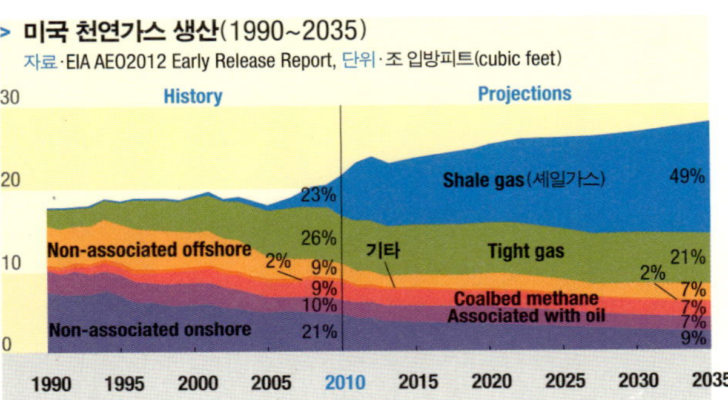

- 미국 셰일가스 호황에 따른 영향 : ▲북미 지역 천연가스 가격 하락, ▲미국 LNG 수출국으로 전환, ▲셰일가스 투자로 인한 고용 증가, ▲미국 내 복합 화력 발전소 증설 및 가동 증가, ▲셰일가스 개발과 관련된 환경 이슈 부각

※ **Non-associated** | 원유 생산과 연계되지 않는 가스, **Associated with oil** | 원유 생산시 수반되는 가스, **Coalbed methane (CMB)** | 석탄층 메탄가스, **Tight Gas** | 치밀가스

> 한국가스공사 글로벌 가스 개발 프로젝트 참여 현황

국가	사업명(계약년도)	단계	지분율(%)	기타 지분(%)	누적 투자비(백만 달러)	생산량(생산 목표)	생산시점
이라크	주바이르(2009)	생산	18.75	ENI 32.81, Occidental 23.44, Missan Oil Company 25	225	총 63억 배럴	2011
	바드라(2010)	개발	22.50	Gazprom 30, Petronas 15, TPAO 7.5, Oil Exploration Company 25	75	총 8억 배럴	2014
	아카스(2010)	개발	75.00	NOC 25	8	2.1Tcf	2013
	만수리야(2010)	개발	15.00	TPAO 37.5, KEC 22.5, Oil Exploration Company 25	1	1.68Tcf	2014
카타르	RASGAS(1999)	생산	3Ⓡ	-	29	6.6mn tons/year	1999
오만	오만 LNG(1997)	생산	1.2Ⓡ	-	8	6.4mn tons/year	1997
예멘	예멘 LNG(2005)	생산	6Ⓡ+2.88	YGC 21.7, Total 39.6, Hunt 17.2, SK 9.6, 현대 3	283	6.7mn tons/year	2009
캐나다	엔카나(2010)	생산	50.00	Enacana 50	606	2017년 106만 톤	2010
	코르도바	개발	10.00	미쯔비시 60, JOGMEC, 추부전력, 도쿄가스, 오사카가스 각각 7.5	-	-	2012
	우미악	개발	20.00	MGM에너지 40, 코노코필립스 40	-	729만 톤	2020
미얀마	미얀마 A-1, A-3(2001)	개발	8.5+4.17	대우인터내셔널 60, OLNGC Videsh 20, GAIL 10	159	A1:3.25~5.58Tcf/ A3:1.28~2.16Tcf	2013
호주	호주 GLNG(2011)	개발	15Ⓡ	산토스 30, 페트로나스 27.5, Total 27.5	1,050	연 350만 톤	2015
인도네시아	인니 DSLNG(2011)	개발	9.8Ⓡ+14.975Ⓡ	미쯔비시 59.9	251	-	2015
우즈벡	우즈벡 수르길(2006)	개발	22.5	호남석유화학 24.5, STX 2.5, Uzbekneftegaz 50	4	9,600만 톤	2015
	우준쿠이(2008)	탐사	25	호남석유화학 15, LG상사 5, STX 5, Uzbekneftegaz 50	-	2D 광역 탄성파 탐사 작업 완료	
모잠비크	모잠비크 Area4	탐사	10	Eni 70, ENH 10, Galp 10	-	6억8천만 톤	-
인도네시아	Krueng Mane(2007)	탐사	15	Eni 85	-	-	-

> 글로벌 가스 트레이드 경로
자료·BG Group

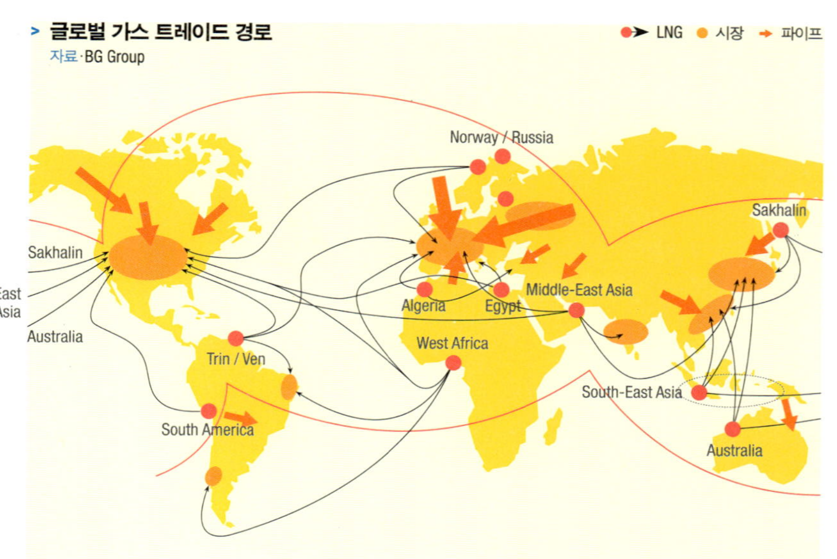

- 세계 LNG 물동량은 250만 톤 내외 추정 → 2020년까지 현재 대비 60% 성장 전망.
- 현재 LNG 최대 수입국은 일본, 한국, 스페인, 영국, 대만 등이지만 향후 중국, 인도 같은 신흥국의 수입이 급격하게 증가할 전망.
- LNG 운반 시장 호황으로 LNG선 발주 증가 → 국내 조선 업체 및 보냉재 업체 수혜 기대.
- LNG 물동량이 2015년까지 연평균 6% 증가할 경우, 2012년~2015년 3년 내 발주 예상 선박 수는 60척. 연평균 8% 증가할 경우, 3년 내 발주 예상 선박 수는 100척으로 대폭 증가.

> 증가율 별 LNG 물동량 추정
주·1 cubic meter(CBM)=0.4746 metric ton

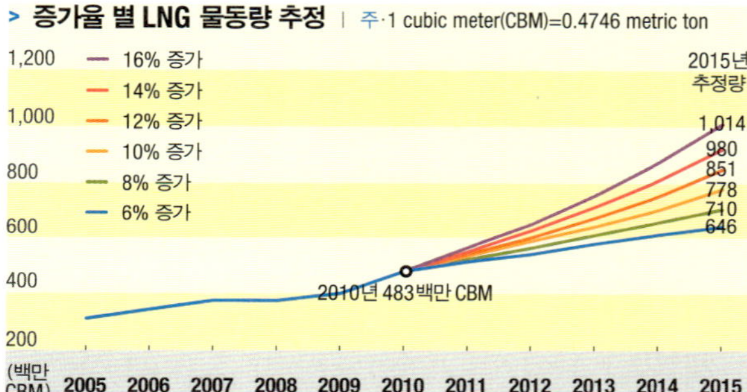

> 8% 물동량 증가시 3년간 98척 발주 예상
주·물동량 증가분은 2011~2015년 증가분

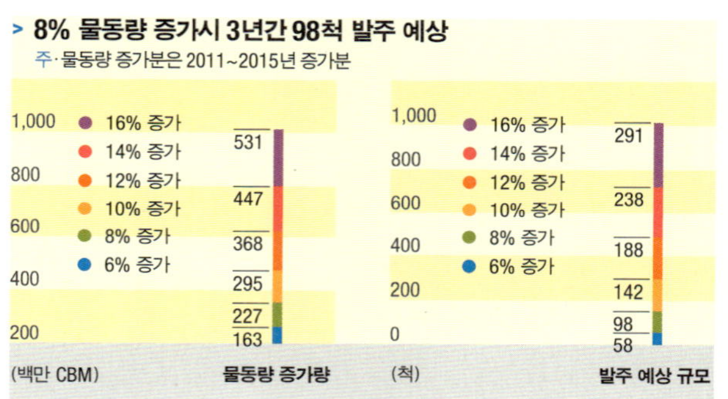

>> 글로벌 에너지 수요 전망 | LNG 중심의 에너지 수요 확대

> 글로벌 에너지 소비 전망
자료·EIA(2011)

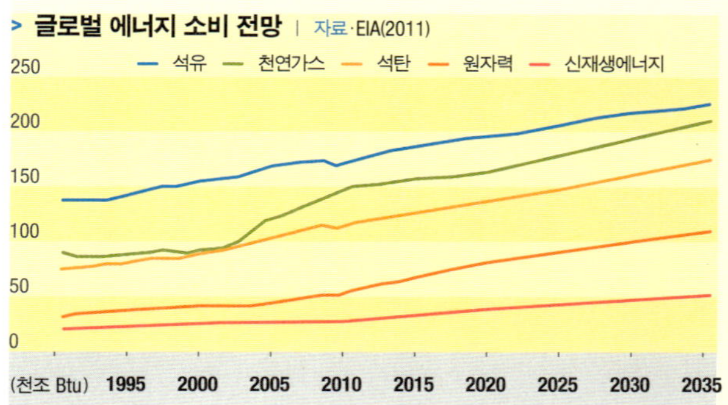

> 주요 국가별 천연가스 발전 연평균 성장률(2008~2020)

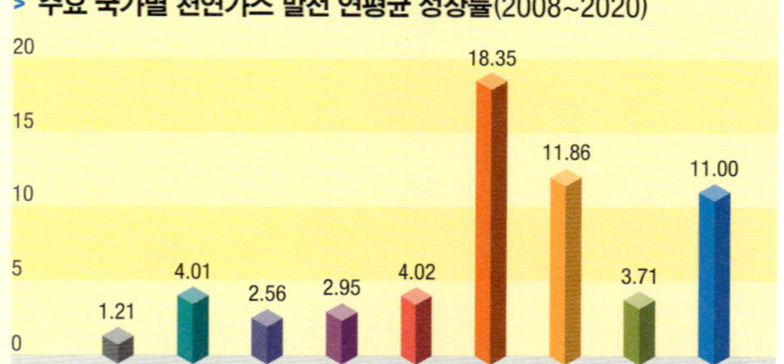

> 천연가스 섹터별 사용 비중

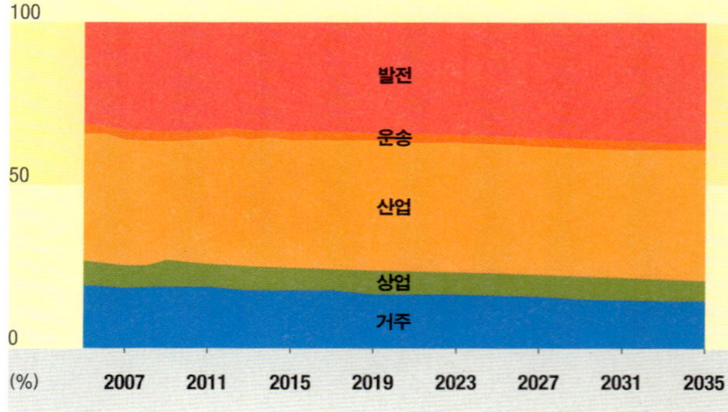

- LNG(Liquefied natural gas)란 천연가스를 압력을 가해 액화시킨 무색 투명한 액체로, 사용할 때 다시 열을 가해 기화 후 기체 상태로 공급 → 공해물질이 거의 없고 열량이 높아 우수한 연료로 전 세계적으로 각광받음.
- LNG는 운송방식 측면에서 PNG(파이프라인 천연가스)의 대체재이지만, 파이프 부설이 어려운 지역의 천연가스를 액화하고 해상운송을 통해 이송함으로서 지역적 제한 없이 전 세계 수요처에 운반할 수 있는 효율적인 방식.
- 천연가스 소비의 38%는 산업용으로 사용되며, 발전용은 33% 수준임 → 추후 발전용으로 사용이 늘어날 것으로 기대.
- 중국, 브라질, 인도 등 신흥국을 중심으로 천연가스 발전 증가율이 글로벌 평균을 상회할 것으로 전망.

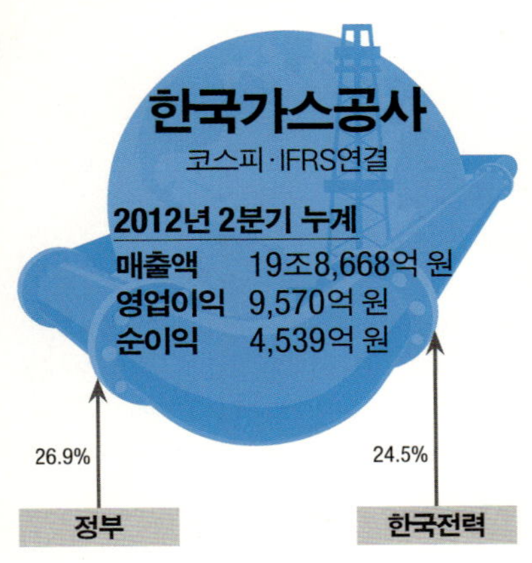

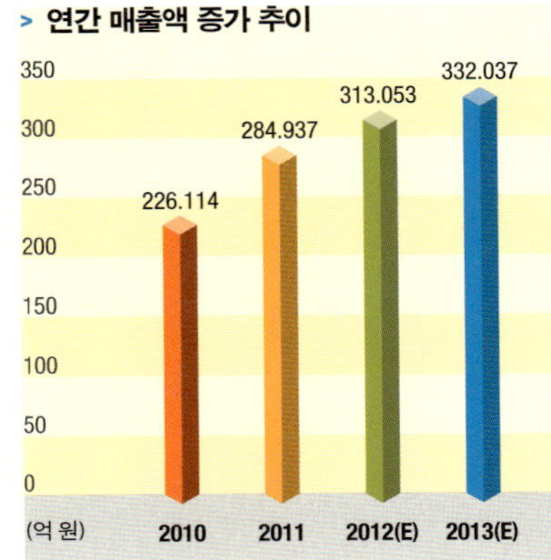

투자 포인트

- 해외 11개국 20개 유전·가스 광구 탐사 및 개발과 함께 LNG 도입 연계 사업 전개.
- 이라크 주바이르 유전 개발에서 생산량 대폭 증가 → 순이익으로 이어질 전망.
- 대우인터내셔널이 운영권자로 있는 미얀마 가스전 사업에서 동사의 지분율이 8.5%로 2013년 5월부터 본격적인 판매가 이뤄질 경우 연간 400억 원 이상의 추가 매출 기대.

> 모잠비크 광구 위치 및 Area1, Area4 광구 비교

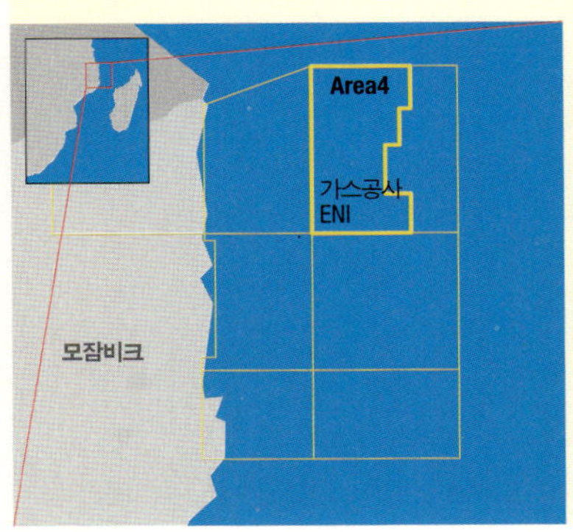

광구	Area1	Area4
추정매장량	17~30Tcf	40Tcf
지분보유자	Cove	한국가스공사
지분	8.50%	10%
확보가스량	1.5~2.5Tcf	4Tcf
최소가치	16억 달러	16억 달러 이상

- 10% 지분을 보유하고 있는 모잠비크 북부 해상 Area4 광구에서 2011년 10월 첫 번째 탐사정 최초로 가스 발견 이후로 2012년 2월과 3월에 추가로 대형 가스전 발견.
- 총 3회의 탐사로 확인된 자원만 40Tcf(약 9억 톤)으로 10% 지분 보유분만 해도 총 9천만 톤의 가스 확보.
- 가치 산정시 참고할 만한 사항은 인접한 광구인 Area1 지분의 8.5%를 보유중인 Cove에너지가 로얄더치셸로부터 18억 달러에 인수 제안 받음. 따라서 한국가스공사의 10% 지분 가치는 최소 16억 달러 이상이라고 사료됨.

투자 포인트

- 2013년 5월 완공 예정인 미얀마 가스전 A광구(동사 지분율 51%) 공정률이 50%를 넘어섰고, 2012년 말까지 92% 목표.
- 2013년 5월부터 중국 CNOOC(중국석유공사 CNPC의 자회사)를 통해 중국 충칭으로 가스 공급 예정.
- 미얀마 가스전 생산 기간은 약 25년이며, 일일 생산량 5억 입방피트 기준으로 25년간 총 4.8조 입방피트 생산 가능.
- 2012년 하반기부터 호주 나라브리 유연탄 및 마다가스카르 니켈 광산 상업화 개시.

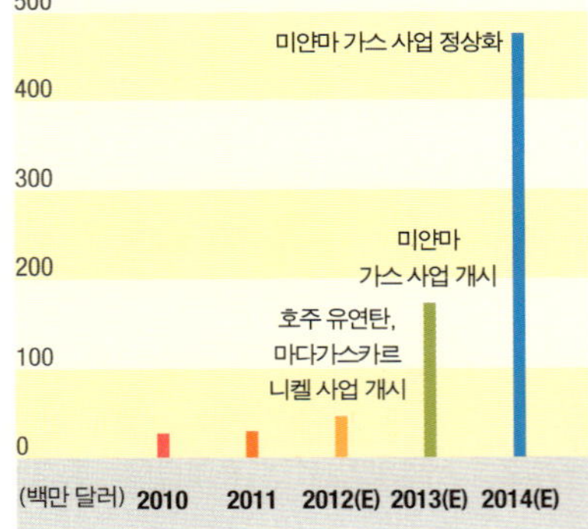

> 미얀마 가스전 개발 주요 계획

일시	주요 계획
2008.06	CNUOC와 가스 판매 MOU 체결.
2008.12	가스 판매 및 구입 약정 체결. · 판매자 대우인터내셔널, ONGC, MOGE, GAIL, 한국가스공사. · 구입자 CNPC(중국석유공사).
2009.11	상업화 공표, EPCIC 계약자 선정.
2010.02	미얀마 정부 가스전 개발 승인, EPCIC 계약.
2009~2013	EPCIC(Engineering, Procurement, Construction, Installation & Commissioning) 진행 시기.
2013.05	최초 가스 공급.

> 미얀마 가스전 개발 사업의 주주 구성 | 단위·%

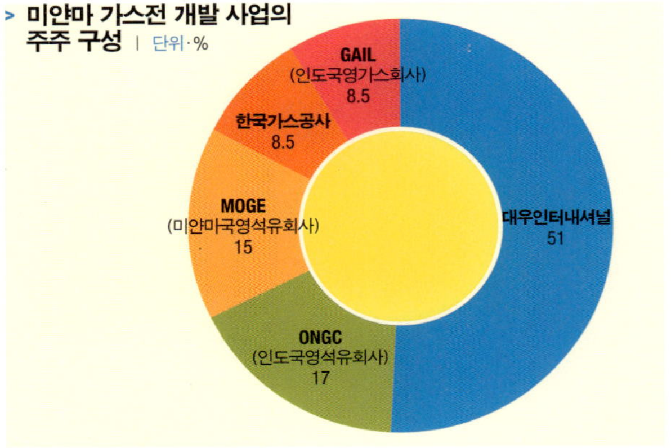

투자 포인트

- 2015년까지 E&P 및 신규 사업 부문에 투자 확대.
- 기존 트레이딩 사업 부문의 비중 줄이고 자원 개발 투자 본격적으로 진행.
- 중·장기적으로는 석탄 자원 개발 비중 강화 → 석탄은 가격변동성과 탐사 리스크 낮고 무역 트레이딩 부분과 연계 가능.

> 부문별 누적 투자액 추이 | 단위·%

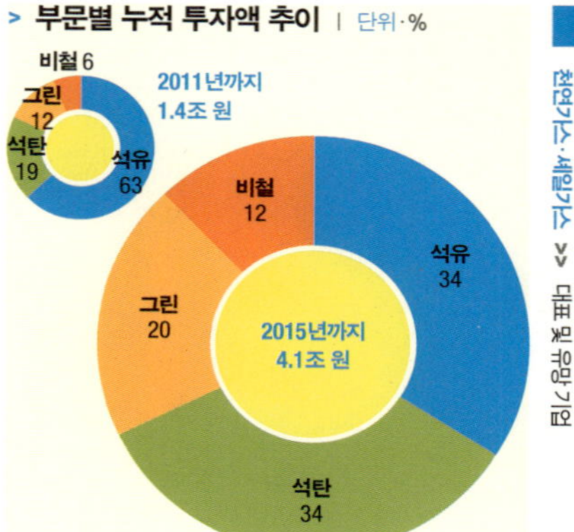

> 주요 석탄광구 및 원유·가스 투자 현황

석탄광구 투자 현황

❶ 세전이익(억 원)
❷ 생산량(만 톤)
❸ 지분율(%)

원유·가스 투자 현황

❶ 매장량(BOE)
❷ 생산량(BOE/day)
❸ 지분율(%)

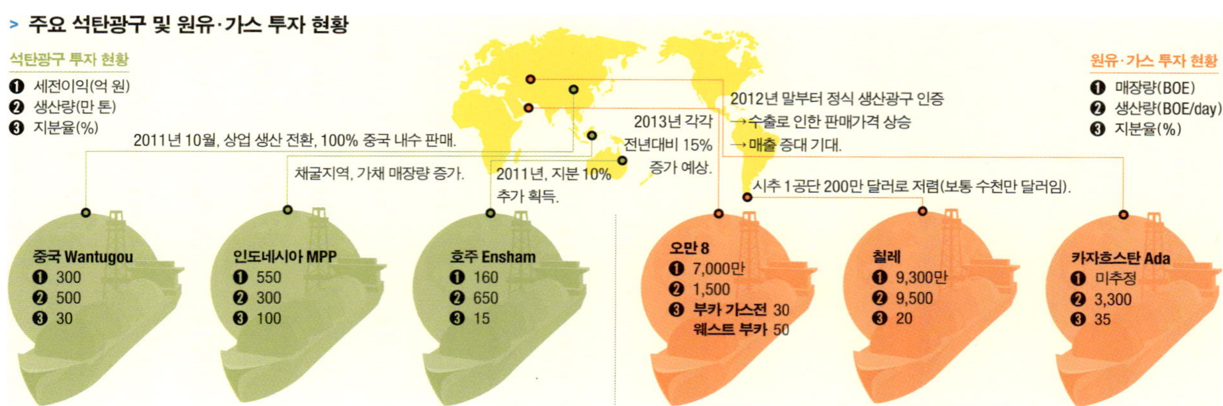

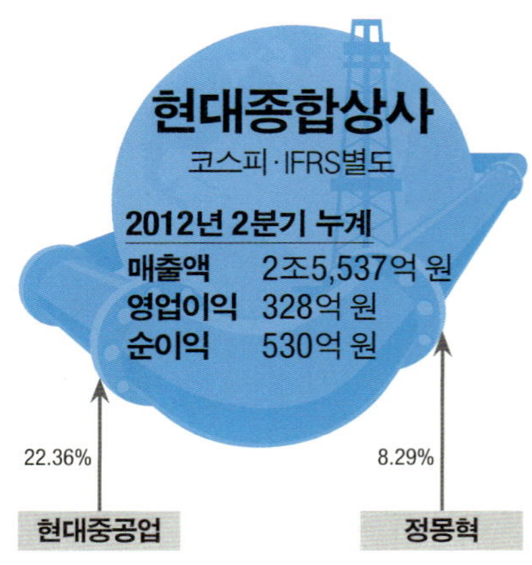

투자 포인트

- 생산 단계 4곳과 개발 단계 1곳에 자원 개발 진행 중 → 불확실성이 낮은 생산 단계의 자원에 투자하고 있다는 점과 LNG 중심의 천연가스 중심의 투자라는 점은 매력적인 요소.
- 에너지 가격 상승으로 LNG가스 집중 투자된 자원 가치 증대 예상.
- LNG 중심의 투자인 오만LNG(KOLNG) 및 카타르LNG(KORAS) 지분 투자로부터 매년 200억~300억 원 상당의 배당금 수입이 꾸준히 발생 → 2011년에는 전년 대비 20% 이상 증가한 491억 원 수익 실현.

> 주요 해외자원개발 현황

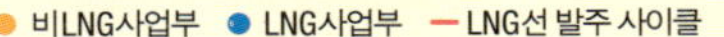

한국카본
코스피·IFRS별도

2012년 2분기 누계

매출액	699억 원
영업이익	50억 원
순이익	23억 원

투자 포인트
- 2011년 미국이 40년 만에 LNG에 대한 수출을 허가 → 향후 LNG 시장 확대가 예상되면서 LNG선에 필수적인 보냉재 제조업체인 한국카본 수혜 기대(셰일가스 최대 수혜주로 꼽힘).
- 2011년 하반기 이후 척당 보냉재 단가 20~30% 상승으로 이익 구조 개선.

> 미국 LNG 공급 계약 현황
2015년부터 셰일가스 기반 LNG 수출 개시

계약일자	수출 개시	수입국	수입 업체	연간 수입량
2011년 11월	2015년	영국	BG group	350만 톤
2011년 11월	2016년	스페인	Gas Natural Fenosa	350만 톤
2011년 12월	2017년	인도	Gail	350만 톤
2012년 1월	2015년	영국	BG group	200만 톤
2012년 1월	2017년	한국	KOGAS	350만 톤

> LNG선 발주 사이클과 한국카본 사업 부문별 매출액 추이 및 전망

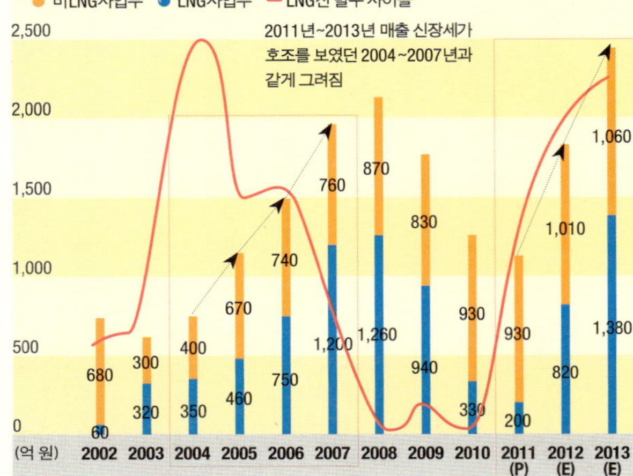

> 국내 조선사 LNG 수주량 추이 및 전망

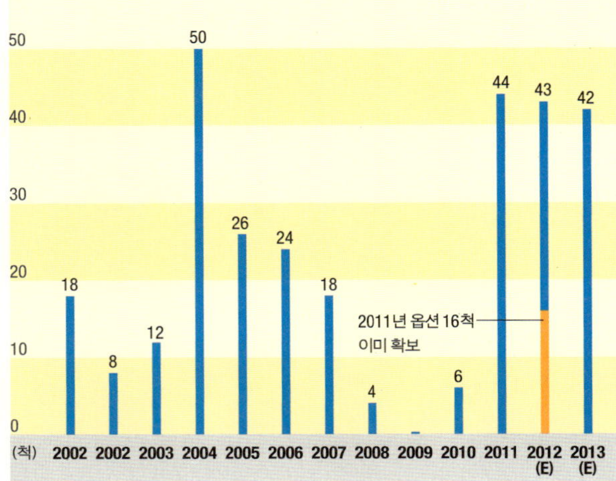

키스톤글로벌
코스피·IFRS별도

2012년 2분기 누계

매출액	347억 원
영업이익	10억 원
순이익	4억 원

투자 포인트
- 모기업격인 미국 키스톤인더스트리즈의 지원을 받으면서 철강 산업에 필수적인 제철용 석탄 광산 지분 보유.
- 키스톤인더스트리즈의 아시아 지역 판매권을 기반으로 포스코와 일본의 JFE, 현대제철 등에 2011년 2분기부터 납품 시작 → 2011년 매출 급등, 이익구조도 흑자로 전환.
- 전 세계 판매권 확보로 향후 이익 모멘텀 확보 기대.
- 점결탄 광산 인수를 위한 투자를 진행 중에 있으며 향후 철강용 석탄 광산 보유와 트레이딩이 모두 이루어지는 자원 개발 기업으로 자리매김할 것으로 기대.

> 경영실적 호전 추이

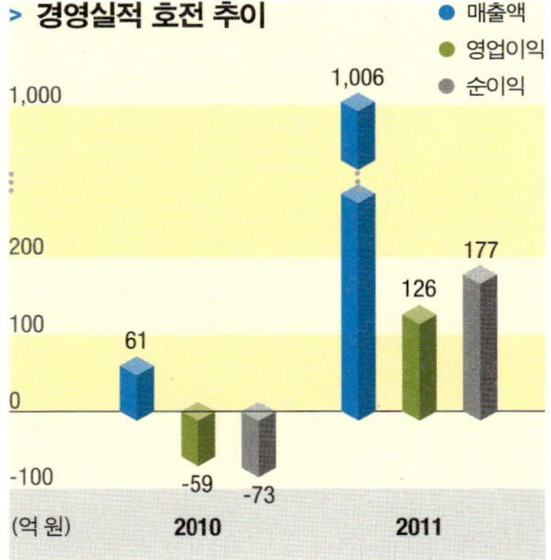

> 키스톤 인더스트리즈 글로벌 거점

키스톤인더스트리즈
1864년 미국 펜실베이니아에서 설립된 세계 최대 석탄 제조·판매 회사로, 미국 전역은 물론 남미, 아시아, 유럽 등에 글로벌 네트워크를 갖추고 있음.

휴스틸

코스피·IFRS별도

2012년 2분기 누계

매출액	2,969억 원
영업이익	197억 원
순이익	176억 원

투자 포인트
- 국내 3위 전기저항 용접 강관 업체로 생산능력은 연간 80만 톤 수준.
- 세계적인 석유 공급 업체인 '쉘'의 공급 업체로 등록되었음은 물론, 미국 건설 업체 '벡텔'과 에너지 업체 '윌리엄스', 캐나다 에너지 업체 '싱크로드'의 공급 업체로 승인.
- 2011년 수출액은 2,152억 원으로 북미향 유정용 강관 수출 확대로 인해 전년 대비 27% 성장.
- 셰일가스, 오일샌드 등 비전통 에너지에 대한 미국 정부의 지원이 확대되면서 동사와 같은 연관 제품 생산 업체 호조세 기대.

> **제품별 매출 비중** | 단위·%

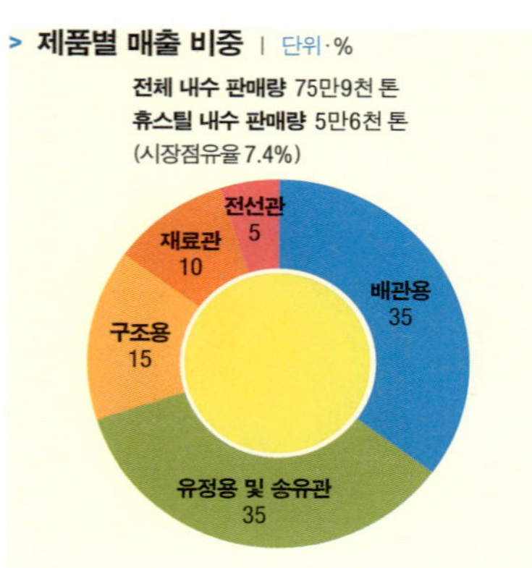

비에이치아이

코스닥·IFRS별도

2012년 2분기 누계

매출액	2,036억 원
영업이익	150억 원
순이익	113억 원

투자 포인트
- 천연가스 발전용 HRSG(배열 회수 보일러) 부문에서 연간 수주 기준 글로벌 7위 업체.
- 300MW 이상의 대형 HRSG 부문에서는 두산중공업과 경쟁할 정도로 기술 수준과 가격 경쟁력이 높음.
- HRSG보다 기술력이 높은 석탄발전용 보일러의 개발(라이선스 생산)을 완료해 2012년 수주할 가능성이 높아지고 있기 때문에 새로운 성장 모멘텀이 될 것으로 예상됨.

> **매출액 대비 수주액 추이**

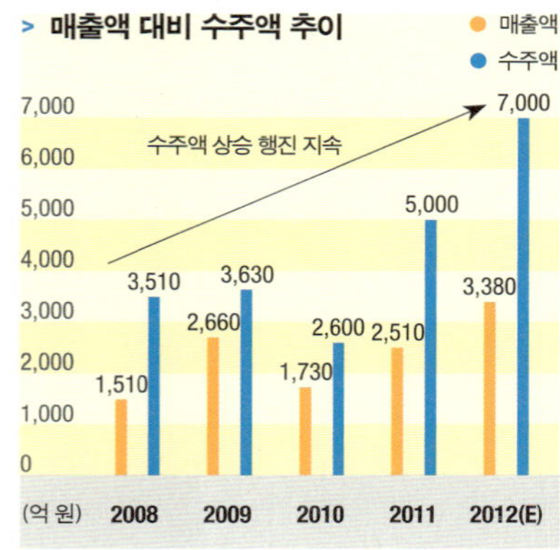

삼천리

코스피·IFRS별도

2012년 2분기 누계

매출액	1조8,605억 원
영업이익	555억 원
순이익	561억 원

투자 포인트
- 국내 도시가스 시장점유율 1위 업체.
- 도시가스 공급량은 지난 5년간(2007년~2011년) 연평균 5.5% 성장해 왔으며, 특히 서울을 제외한 지역에서는 보급률이 낮은 상태로 신규 택지 개발 등을 통해 향후에도 성장이 예상됨 → 천연가스의 우수성 등으로 인하여 열병합 및 냉방용 공급이 증가할 것으로 전망.
- 최근 이라크, 미국, 우즈베키스탄 등지에서 석유 및 가스 개발 사업 영위.

> **국내 도시가스 점유율** | 단위·%

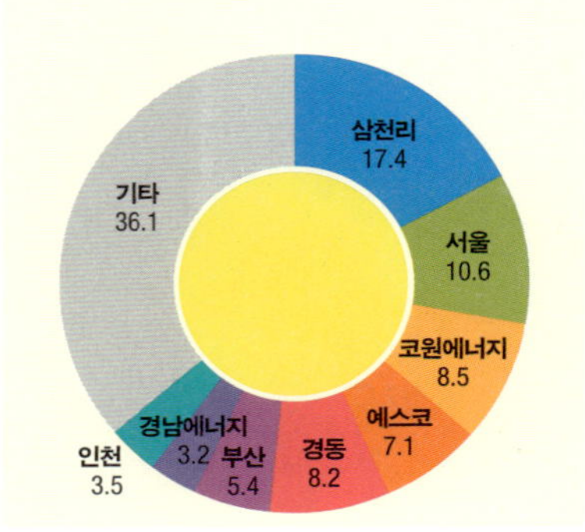

대성산업

코스피·IFRS연결

2012년 2분기 누계

매출액	6,829억 원
영업이익	-147억 원
순이익	-240억 원

57.2%
대성합성지주

투자 포인트
- 서울, 경기, 경남, 경북 지역을 공급권역으로 하는 GS칼텍스의 최대 일반대리점으로서 경인지역에 주유소 23개소, 가스충전소 8개소와 대구, 부산 및 경북, 경남 지역에 주유소 16개소, 가스충전소 6개소를 설치·운영 → 자동차용, 산업용, 난방용 유류와 LP가스 판매.
- 해외자원개발 사업으로는 카타르, 리비아, 베트남 등 3개 광구에서 20년 간 매년 200억 원 수준의 현금 매출 확보.

> **해외자원개발 참여 광구 현황**

국가	광구	지분	생산 시작	생산 기간
카타르	Qatar LNG	0.27%	2000년	2000~2023 (24년)
리비아	Libya NC 174	0.20%	2004년	2004~2032 (29년)
베트남	Vietnam 11-2	6.938%	2006년 11월	2006~2004 (19년)

SMART TECHNOLOGY

09
-
스마트 디바이스

삼성 對 애플.
고래 싸움에도
새우등 끄떡없다!

10
-
LTE·IPTV

시장 성장 속도는
세계 톱클래스,
주파수 확보 문제는
아킬레스건

11
-
AMOLED

원가 절감과
킬러 애플리케이션
개발로 돌파구를 찾다

12
-
LED

성장과 침체의
갈림길에 직면,
2013년부터 반등 조짐

09 스마트 디바이스

삼성 對 애플. 고래 싸움에도
새우등 끄떡없다!

불황의 그늘에서 대부분의 산업 성장세가 둔화되고 있다. 사람들이 허리띠를 졸라매며 소비를 줄이고 있기 때문이다. 이런 와중에도 가파른 성장세를 보이고 있는 시장은 따로 있다. 똑똑한 기기들, '스마트(Smart)' 관련 제품을 취급하는 시장이 바로 그렇다.

포문을 연 것은 휴대전화 쪽이다. 애플이 '아이폰'을 출시하면서 스마트 기기의 열풍이 시작됐다. 스마트폰이란 휴대전화 기능에 컴퓨터 기능을 추가한 지형 단말기다. 무선 네트워크와 와이파이를 통해 언제 어디서나 인터넷 접속이 가능하고, 개인 일정과 정보 관리 등의 기능도 할 수 있다. 무엇보다 PC처럼 운영체제(OS)를 탑재하고 있다는 점에서 다양한 응용 프로그램, 즉 애플리케이션을 원하는 대로 이용할 수 있다. 스마트폰 하나만 있으면 별도로 전자사전이나 내비게이션 같은 기기들도 필요치 않게 된 것이다. 이런 이유로 다른 IT 관련 수요까지 잠식하면서 스마트폰의 인기는 더욱 뜨거워지고 있다.

휴대전화를 넘어 다양한 제품들에도 스마트한 뇌가 장착되고 있다

스마트폰의 선전에 힘입어 태블릿PC 등 다른 스마트 기기들에 대한 수요도 커지고 있다. 이제 IT 관련 산업은 제2라운드에 주목하고 있다. 가전이나 자동차와 같은 기존 제품들을 또 다른 스마트 기기로 만드는 것이다. 관련 업체들은 스마트TV, 로봇청소기 등을 잇달아 선보이고 있고, 와이파이가 연결되는 스마트 에어컨과 냉장고 등도 출시되고 있다. 자동차 업체들은 스마트카 제작에 공을 들이고 있다.

2012년 삼성전자가 독보적인 실적을 내놓을 수 있는 이유도 바로 스마트 기기 관련 시장에서 성공한 덕분이다. 갤럭시S 시리즈, 갤럭시노트 등 스마트폰과 태블릿PC인 갤럭시탭이 선전하면서 2012년 1분기 실적은 분기 기준 사상 최대치를 기록하기도 했다.

우려되는 점도 있다. 글로벌 스마트 시장이 급속도로 커진 만큼, 이제 성장이 둔화될 수도 있다는 점이다. 실제로 최근 몇 개월 동안 스마트폰 시장은 다소 주춤한 성장 흐름을 보이고 있다. 그도 그럴 것이 북미에서의 스마트폰 보급률은 이미 50%를 넘어선 상태다. 서유럽 스마트폰 시장 역시 40% 수준에 이르면서 신규 수요 성장세가 둔화되고 있다. 경기 침체로 휴대전화 교체 주기가 길어지고 있는 만큼, 이들 국가들의 스마트폰 시장의 성장은 당분간 정체될 수밖에 없다.

그러나 아시아 등 신흥국 시장은 탄탄한 성장세를 보일 것으로 기대된다. 아시아 지역 스마트폰 보급률은 여전히 10% 초반에 머물고 있기 때문이다. 특히 아시아 지역 스마트폰 판매량의 절반 이상을 차지하는 중국 시장이 빠르게 확산되고 있다는 점도 국내 업계에는 호재거리다.

삼성 VS. 애플, 세기의 특허전쟁

2011년 하반기부터 본격화되기 시작한 삼성전자와 애플의 시장지배력 확대 추세는 당분간 계속될 전망이다. 삼성전자와 애플은 브랜드와 제품 경쟁력뿐 아니라 원가 경쟁력까지 강해 다른 업체들을 압도하고 있다. 여기에 폭발하기 시작한 삼성과 애플의 특허전쟁은 전 세계 스마트 기기 시장을 긴장시키고 있다. 전 세계 9개국에서 벌어지는 삼성전자와 애플의 특허소송 1심 판결이 속속 나오면서 세기의 특허전쟁으로 불리는 이번 싸움의 최종 결말에 대한 전망들이 엇갈리고 있다. 그 가운데 설득력 높은 전망은 양사가 어떤 형태로든 합의를 도출할 것이라는 점이다. 즉, 어느 한쪽으로만 기우는 싸움은 되지 않을 가능성이 높다. 따라서 이번 소송은 사실상 '패자가 없는' 게임으로, 결국 특허사용료(로열티) 싸움으로 모아질 전망이다. 무엇보다 애플 제품의 삼성 부품 의존도는 합의를 부추길 변수로 꼽힌다. 애플이 아이폰 핵심 부품 공급처를 변경하려는 움직임이 있지만, 적어도 아이폰의 '머리'에 해당하는 애플리케이션 프로세서(AP)는 삼성 외에는 대안이 없는 것이 현실이다. 또한 시간이 흐를수록 소송을 통해 삼성의 인지도를 키워주는 효과만 초래할 뿐이라는 견해도 나오고 있다.

스몰캡 기업들의 활약이 눈부신 스마트 디바이스 업계

아무튼 삼성전자와 애플은 치열한 전투 속에서도 이어지는 호실적으로 여전히 미소 짓고 있다. 투자자들로서는 이들과 함께 웃는 업체들을 주목할 필요가 있다. 완성품 업체들이 잘 나간다면 거기에 부품을 공급하는 기업들의 장사도 함께 잘되는 것이 당연한 이치다. 스마트폰 판매량이 늘면, 모바일 칩(기판), 메인보드, 연성회로기판(FPCB), 카메라 모듈 등 스마트폰 부품 공급량도 함께 늘어나기 때문이다.

전문가들은 삼성전자가 새로 출시한 갤럭시S3 부품 업체들을 중심으로 관심을 가져 볼 것을 권한다. 갤럭시S3의 대표적인 수혜주는 계열사인 삼성전기와 삼성SDI다. 삼성전자 스마트폰 부품의 중심축을 맡고 있기 때문이다. 삼성전자의 스마트폰 관련 실적이 성장하면서 두 기업의 실적 모멘텀도 강해지고 있다.

옵트론텍, 이노칩, 파트론, 인터플렉스 등도 기대되는 부품 업체로 꼽힌다. 휴대전화 이미지센서용 필터 생산 업체인 옵트론텍은 갤럭시S3에 블루필터를 공급하고 있다. 이노칩은 스마트폰에 들어가는 CMEF칩 시장을 일본 TDK와 양분하고 있다. CMEF칩은 휴대전화에 들어가는 정전기나 과전압으로부터 보호하는 ESD와 전자파 노이즈를 제거하는 CMF를 하나로 합친 칩이다. 인터플렉스는 국내 최대 FPCB 업체로 삼성과 애플에 모두 납품하고 있어 더욱 주목을 끈다.

이처럼 스마트 디바이스 업계에서의 스몰캡 기업들의 활약은 2013년에도 눈부실 전망이다.

특허소송 전후로 애플이 아이폰 핵심 부품 공급처를 변경하려는 움직임이 있지만, 적어도 아이폰의 '머리'에 해당하는 애플리케이션 프로세서(AP)(오른쪽)는 삼성 외에는 대안이 없는 것이 현실이다. 삼성전자를 비롯한 삼성전기, 삼성SDI 등 삼성 계열 스마트 디바이스 라인업은 애플에게는 매우 위협적인 요인이다.

>> 스마트폰 히스토리

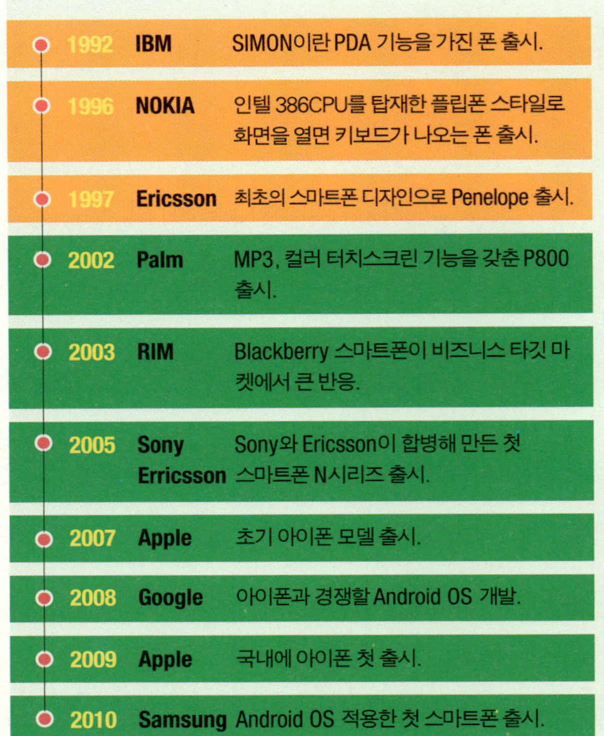

1992	IBM	SIMON이란 PDA 기능을 가진 폰 출시.
1996	NOKIA	인텔 386CPU를 탑재한 플립폰 스타일로 화면을 열면 키보드가 나오는 폰 출시.
1997	Ericsson	최초의 스마트폰 디자인으로 Penelope 출시.
2002	Palm	MP3, 컬러 터치스크린 기능을 갖춘 P800 출시.
2003	RIM	Blackberry 스마트폰이 비즈니스 타깃 마켓에서 큰 반응.
2005	Sony Erricsson	Sony와 Ericsson이 합병해 만든 첫 스마트폰 N시리즈 출시.
2007	Apple	초기 아이폰 모델 출시.
2008	Google	아이폰과 경쟁할 Android OS 개발.
2009	Apple	국내에 아이폰 첫 출시.
2010	Samsung	Android OS 적용한 첫 스마트폰 출시.

>> 태블릿PC 히스토리

>> Smart War

- **휴대폰 부품**·삼성전기, **반도체**·삼성전자, **패널**·삼성다스플레이, **배터리**·삼성SDI, **완성폰**·삼성전자로 이어지는 수직계열화 완비.
- 원가 경쟁력, 납품 효율화, 제품 차별화 등 시너지 효과 극대화.

- **스마트폰**·아이폰, **태블릿PC**·아이패드, **노트북PC**·맥북, **스마트TV**·애플TV로 이어지는 거대한 단일 생태계 구축.
- 향후 클라우드 컴퓨팅(아이클라우드), 아이애드, 아이튠즈 등으로 이어지는 소프트웨어 측면에서도 막대한 수익원 창출 기대.
- 애플의 생태계는 '애플에 의한 애플을 위한 애플만의' 철저하게 배타적 그라운드임.

>> 스마트폰 부품 밸류 체인

사진 출처 · iFixit.com

메인PCB >
삼성전기, LG이노텍, 대덕전자

MLCC >
삼성전기, 삼화콘덴서

모바일 D 램 >
삼성전자, SK하이닉스

칩배리스터 >
아모텍, 이오칩테크놀러지

EMI 쉴드 > KH바텍, 이녹스

플렉서블 PCB >
플렉스컴, 이녹스, 비에이치, 인터플렉스, 영풍전자, 액트, 에이아이플렉스, 뉴프렉스

낸드플래시 >
삼성전자, SK하이닉스

CPU > 삼성전자

키패드 > 서원인텍, DK유아이엘

안테나 >
서원인텍, 알에프텍, 파트론

배터리팩 > 서원컴텍, KH아텍,
피앤이솔루션, 파워로직스, 상아프론테크, 이랜텍

디스플레이 > 삼성디스플레이,
실리콘웍스, 이라이콤

터치패널 > 멜파스, 에스맥,
태양기전, 일진디스플레이, 시노펙스, 삼성디스플레이, 토비스, 디지텍시스템, 이엘케이

터치IC > 멜파스

카메라 모듈 > 캠시스, 파트론,
삼성광통신, 파워로직스, 코렌, 디지탈옵틱, 나노스, 엠씨넥스, 세코닉스

배터리 > 삼성SDI, 파워로직스

무선충전 > 켐트로닉스,
알에프텍, 와이즈파워,

스피커 > 이엠텍, 부전전자

MAP > 코아로직, 엠텍비젼

케이스 > 인탑스, 피앤텔, 신양,
참테크, 모베이스

SAW필터 > 와이솔

FPCB > 인터플렉스, 이녹스

MLCC > 삼성전기

칩배리스터 > 아모텍

모바일 D 램 >
삼성전자, SK하이닉스

백라이트 유닛 > KJ프리텍

프리즘시트 > 엘엠에스

배터리 > 삼성SDI

낸드플래시 >
삼성전자, SK하이닉스

카메라 모듈 >
LG이노텍, 옵트론텍

디스플레이 >
LG디스플레이, 디지텍시스템, 이엘케이

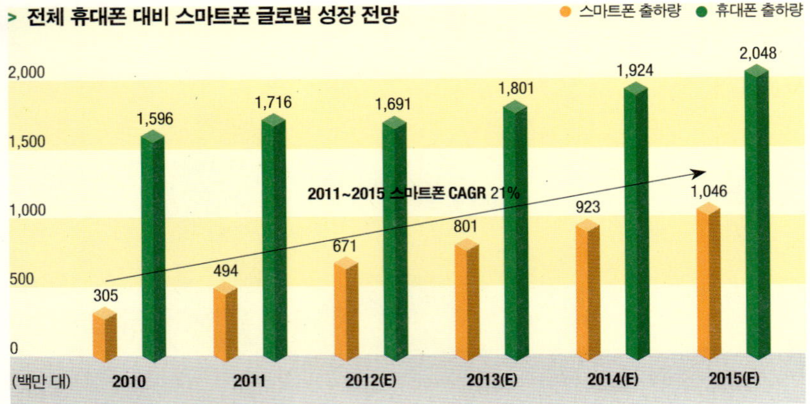

전체 휴대폰 대비 스마트폰 글로벌 성장 전망
스마트폰 출하량
휴대폰 출하량
2,048
1,924
1,801
1,924
1,716
1,691
1,596
1,046
923
801
671
494
305
2011~2015 스마트폰 CAGR 21%
(백만 대)
2010
2011
2012(E)
2013(E)
2014(E)
2015(E)

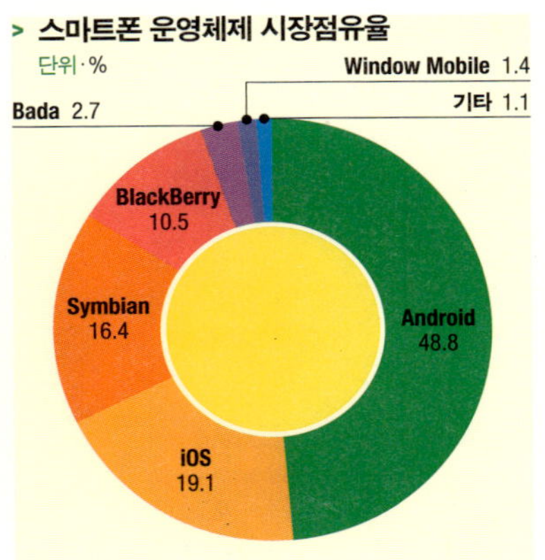

스마트폰 운영체제 시장점유율
단위·%
Window Mobile 1.4
기타 1.1
Bada 2.7
BlackBerry 10.5
Symbian 16.4
iOS 19.1
Android 48.8

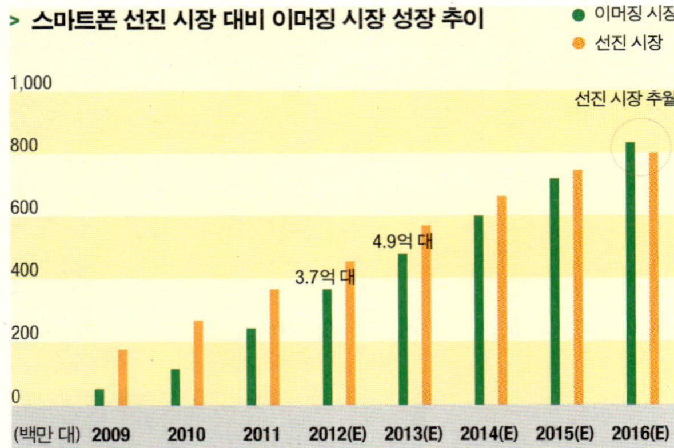

스마트폰 선진 시장 대비 이머징 시장 성장 추이
이머징 시장
선진 시장
선진 시장 추월
3.7억 대
4.9억 대
(백만 대)
2009
2010
2011
2012(E)
2013(E)
2014(E)
2015(E)
2016(E)

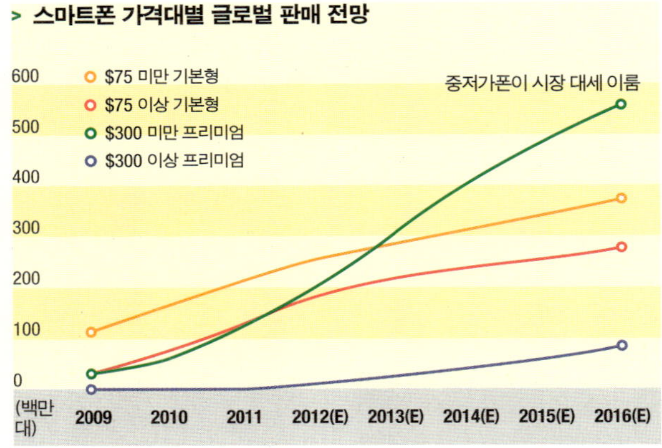

스마트폰 가격대별 글로벌 판매 전망
$75 미만 기본형
$75 이상 기본형
$300 미만 프리미엄
$300 이상 프리미엄
중저가폰이 시장 대세 이룸
(백만 대)
2009
2010
2011
2012(E)
2013(E)
2014(E)
2015(E)
2016(E)

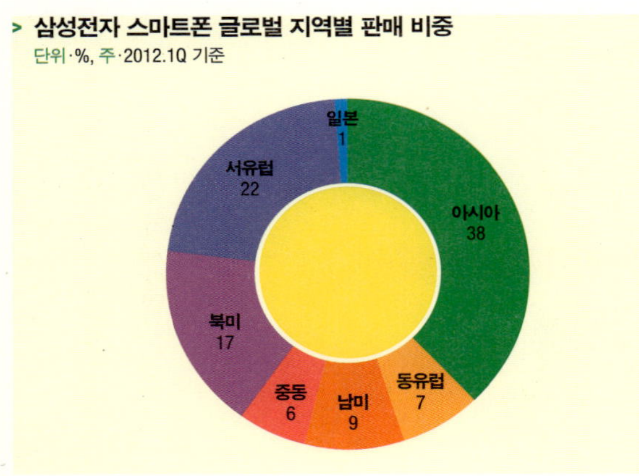

삼성전자 스마트폰 글로벌 지역별 판매 비중
단위·%, 주·2012.1Q 기준
일본 1
서유럽 22
아시아 38
북미 17
중동 6
남미 9
동유럽 7

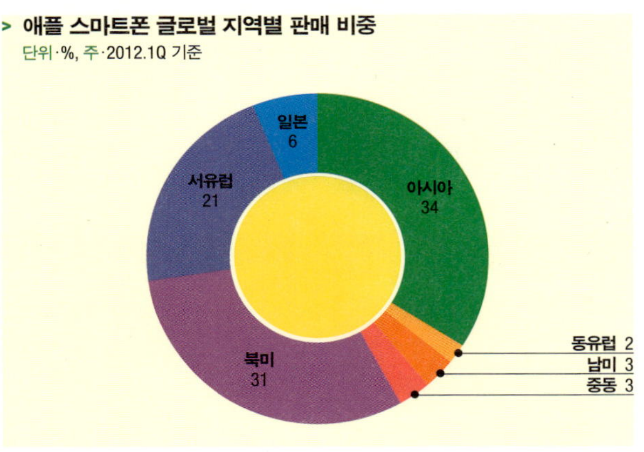

애플 스마트폰 글로벌 지역별 판매 비중
단위·%, 주·2012.1Q 기준
일본 6
서유럽 21
아시아 34
북미 31
동유럽 2
남미 3
중동 3

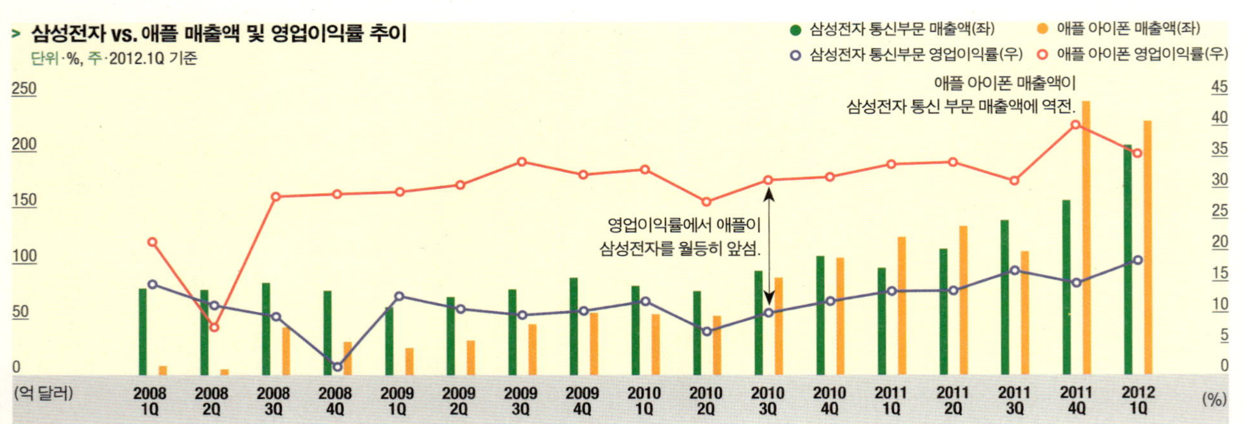

삼성전자 vs. 애플 매출액 및 영업이익률 추이
단위·%, 주·2012.1Q 기준
삼성전자 통신부문 매출액(좌)
애플 아이폰 매출액(좌)
삼성전자 통신부문 영업이익률(우)
애플 아이폰 영업이익률(우)
애플 아이폰 매출액이
삼성전자 통신 부문 매출액에 역전.
영업이익률에서 애플이
삼성전자를 월등히 앞섬.
(억 달러)
2008 1Q
2008 2Q
2008 3Q
2008 4Q
2009 1Q
2009 2Q
2009 3Q
2009 4Q
2010 1Q
2010 2Q
2010 3Q
2010 4Q
2011 1Q
2011 2Q
2011 3Q
2011 4Q
2012 1Q
(%)

> 태블릿PC 글로벌 시장 성장 전망

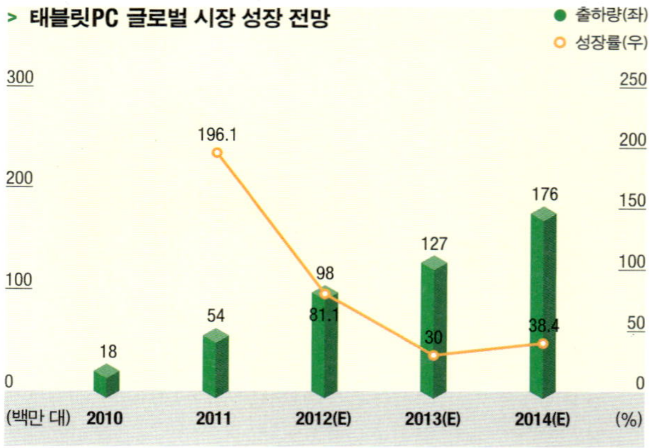

> 태블릿PC 글로벌 시장점유율

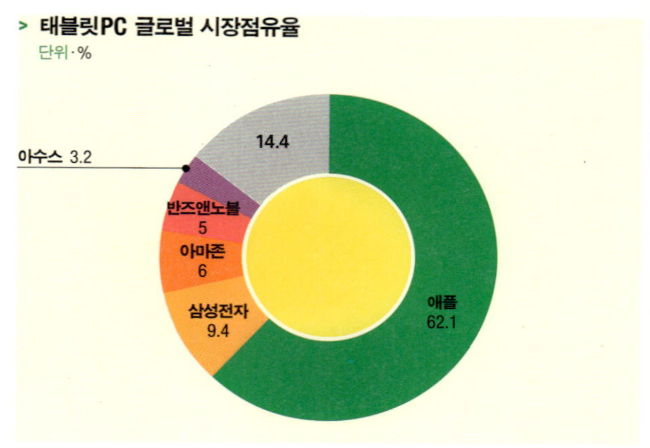

> 애플 아이패드 판매 추이

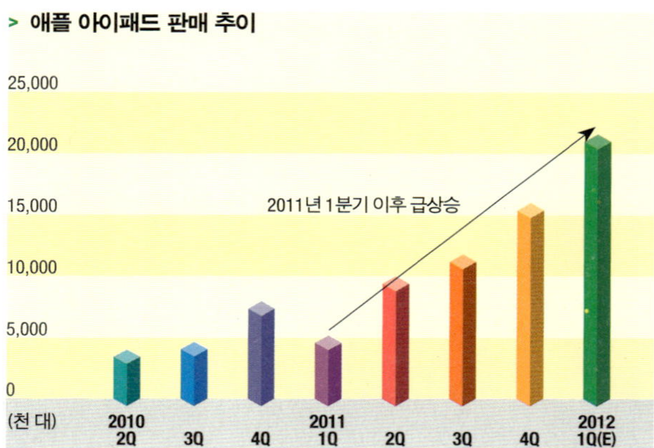

> 삼성전자 갤럭시탭 판매 추이

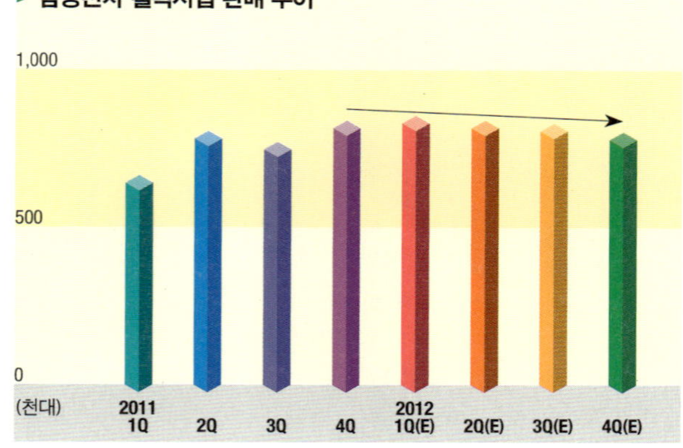

> 업체별 스마트TV 글로벌 판매 추이

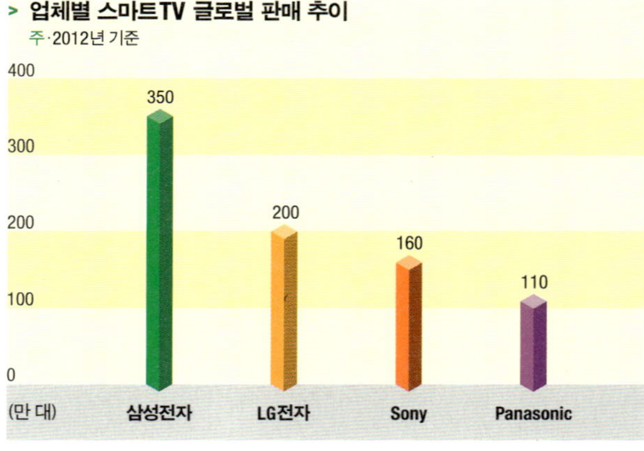

> 글로벌 스마트TV 시장 성장 전망

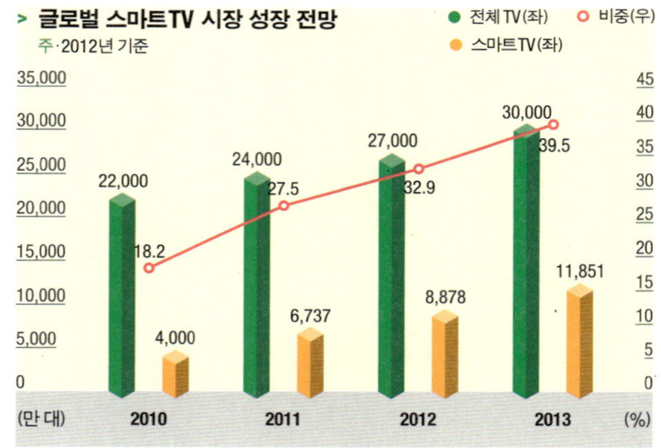

> 스마트TV로의 진화 과정 및 경쟁 주도 업체

	디지털TV	커넥티드TV	스마트TV
경쟁력의 원천			
콘텐츠	방송	방송+Widget 기반+Internet Contents	방송+앱·웹브라우저 기반 Internet Contents
소프트웨어	Low-Level 전용 OS	전용 OS(폐쇄용)	전용 OS(개방용)
하드웨어	Tuner, MPEG, Display, Remocon etc	디지털TV+LAN	커넥티드TV+WiFi+Smart Remocon etc
네트워크	RF	RE+Internet	RF+Internet+Mobile Network
주도기업	삼성전자, LG전자	삼성전자, LG전자	애플, 구글

심텍

코스닥 · IFRS별도

2012년 2분기 누계

매출액	3,206억 원
영업이익	286억 원
순이익	190억 원

투자 포인트

- DRAM용 substrate인 BOC와 메모리 모듈 PCB(인쇄회로기판) 시장에서 글로벌 시장 점유율 30% 차지.

> **제품별 매출 비중**
단위 · %

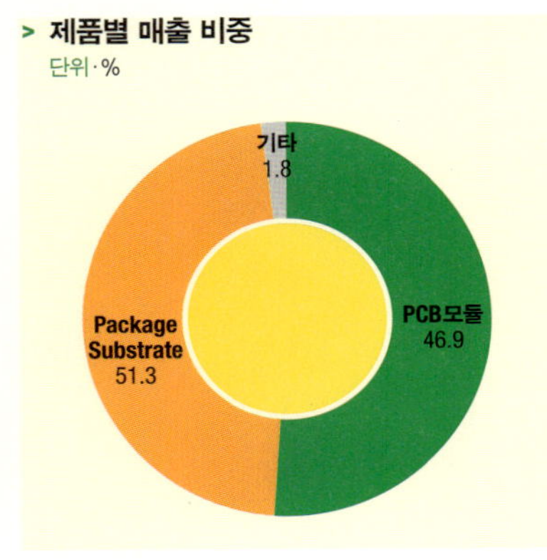

> **고객사별 매출 현황**
단위 · %

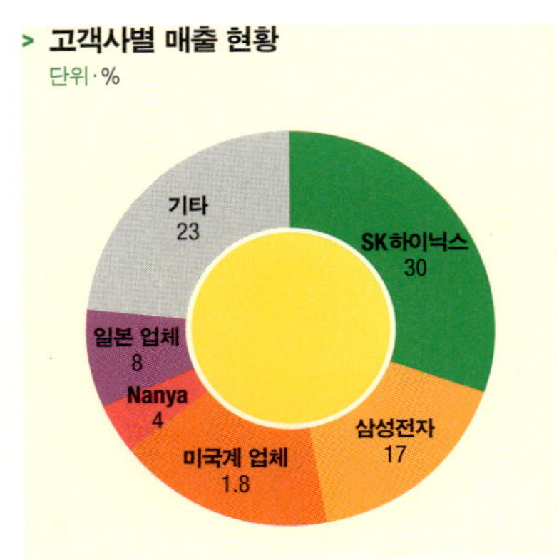

일진디스플레이

코스피 · IFRS별도

2012년 2분기 누계

매출액	2,746억 원
영업이익	340억 원
순이익	311억 원

투자 포인트

- 삼성전자 갤럭시탭에 터치패널 납품.
- 삼성전자의 중저가형 스마트폰이 지속적으로 성장함에 따라 휴대폰용 터치패널 시장 호조세 기대.

> **제품별 매출 비중**
단위 · %

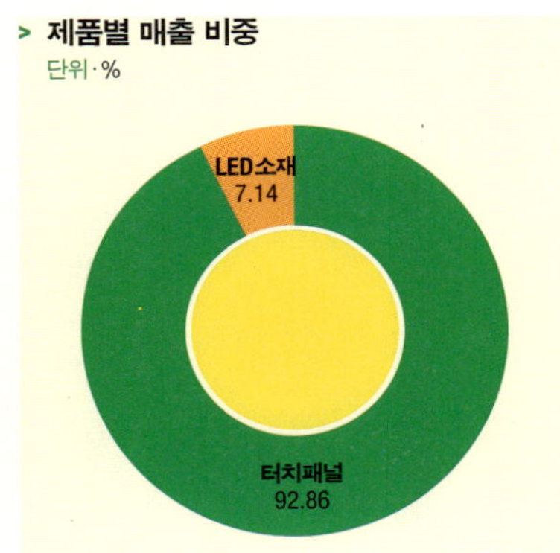

> **터치패널 출하량 추이**

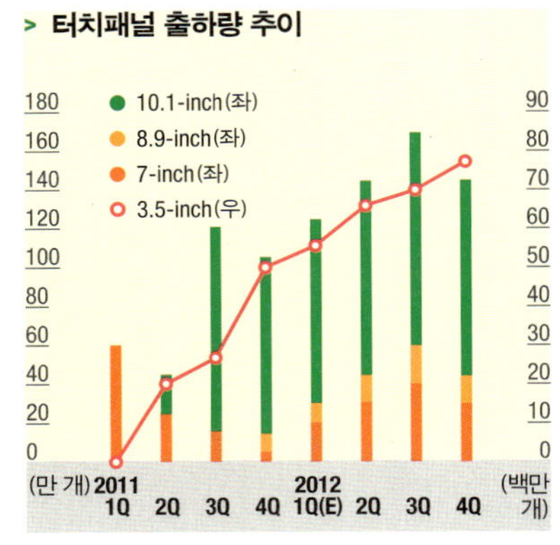

서원인텍

코스닥 · IFRS별도

2012년 2분기 누계

매출액	796억 원
영업이익	33억 원
순이익	94억 원

투자 포인트

- 휴대폰 키패드 및 부자재, 배터리 보호회로, 와이브로 단말기 제조 업체.
- 삼성전자 갤럭시S3에 방수기능 고어텍스 부품 공급.

> **해외 법인 실적 추이**
주 · 100% 종속 법인

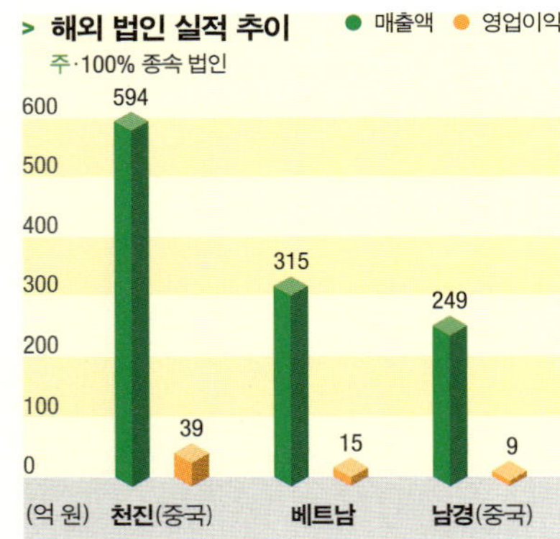

> **사업 부문별 매출액 추이**

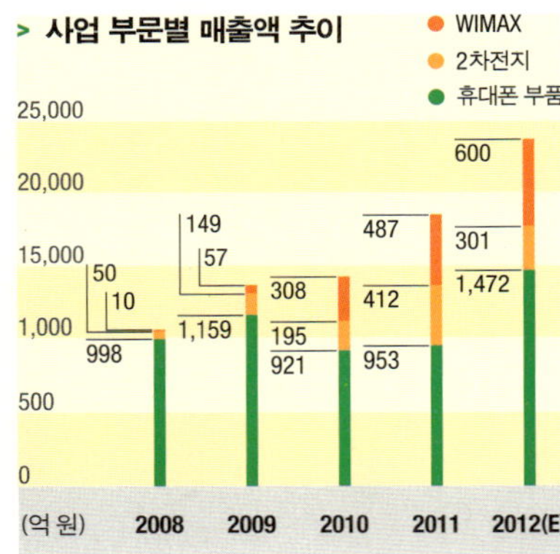

유원컴텍

코스닥 · IFRS연결

2012년 2분기 누계

매출액	147억 원
영업이익	11억 원
순이익	1억 원

유원화양	← 57.1%	21.3%
보리준유한공사	← 80%	
아이메탈아이	← 40%	최병두 외 2인

> **투자 포인트**

- 반도체 · LCD 부품 원재료인 엔지니어링 플라스틱 컴파운드(매출 비중 55%)와 자동차 부품 원재료 컴파운드(35%) 및 플라스틱 색상 · 기능 첨가제인 마스터 배치(10%)를 생산하는 소재 업체.
- 자회사 유원화양(중국 혜주 소재)을 통해 마그네슘 소재의 스마트폰 내장재(Bracket Module) 제조. 최근 휴대폰과 태블릿PC의 내외장재 소재가 알루미늄에서 마그네슘으로 바뀌고 있음→삼성전자 주력 스마트폰에서 마그네슘 내장재 점유율 50% 이상 차지.

> **유원화양 고객사별 매출 비중**
단위 · %

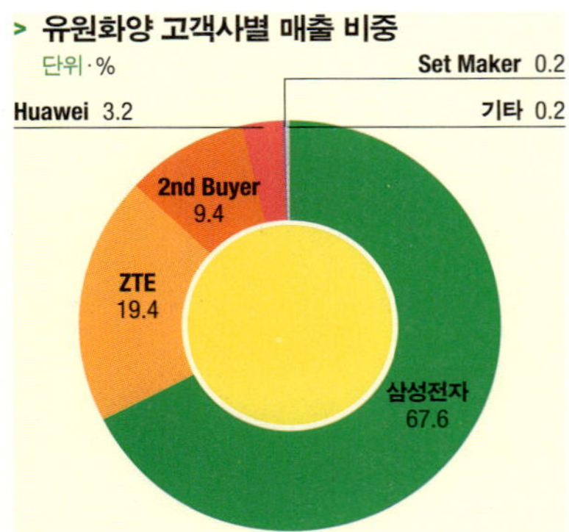

대덕GDS
코스피·IFRS별도

2012년 2분기 누계

매출액	2,253억 원
영업이익	202억 원
순이익	209억 원

투자 포인트
- 카메라 모듈 업체를 통해 삼성전자에 Rigid-Flexible PCB 공급.
- 향후 고화소 카메라 모듈 채택 증가 수혜 전망.

> **FPS 시장점유율**
단위·%, 괄호 안은 매출액(단위·억 원)

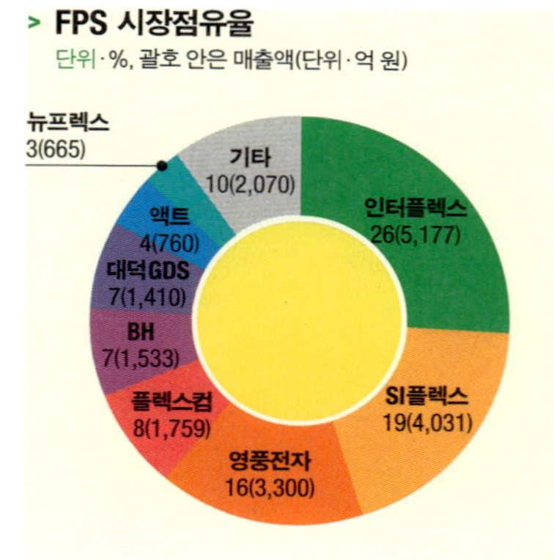

> **Rigid-Flexible 시장점유율**
단위·%, 괄호 안은 매출액(단위·억 원)

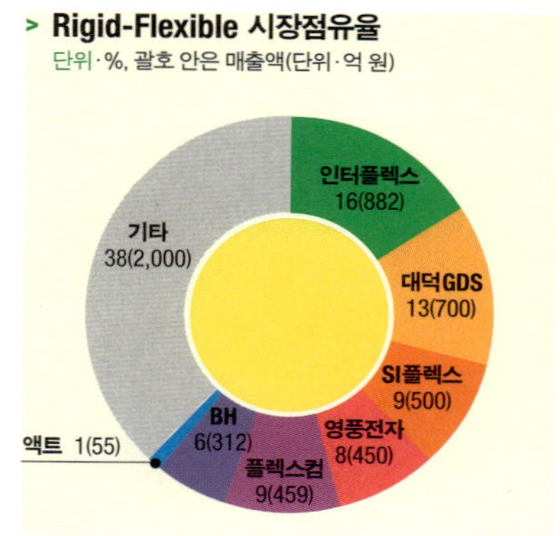

인탑스
코스닥·IFRS별도

2012년 2분기 누계

매출액	2,295억 원
영업이익	121억 원
순이익	333억 원

투자 포인트
- 휴대폰, 태블릿PC용 케이스 업체.
- 갤럭시S3 등 삼성전자 스마트폰의 판매가 급증하면서 높은 성장세 이어감 → 삼성전자 내 납품 점유율 1위 유지.

> **제품별 매출 비중**
단위·%, 괄호 안은 매출액(단위·억 원)

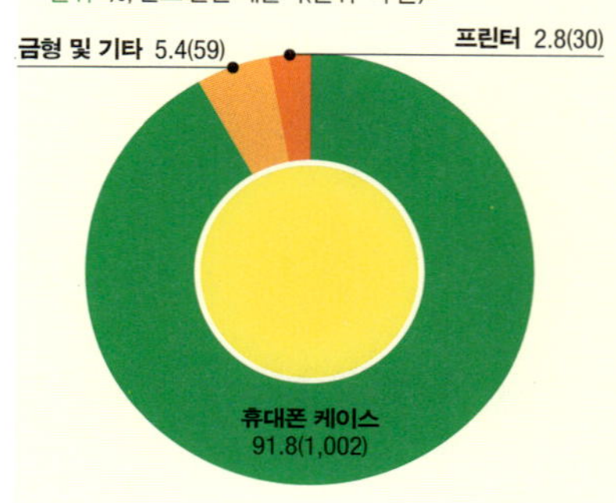

휴대폰 케이스
기초가공 처리가 완료된 외장 조립품 및 기초 부속 부품을 조립한 형태로 최종 휴대폰 단말기 생산에 소요되는 제품.

프린터
프린터기의 핵심 부품인 OPERATING PANEL, 케이스, 급지 장치가 주 생산 제품으로서, 프린터 기능 통제와 종이 공급 기능을 가지고 있음.

금형 및 기타
휴대폰, 프린터 사출제작용 금형.

이녹스
코스닥·IFRS별도

2012년 2분기 누계

매출액	628억 원
영업이익	89억 원
순이익	59억 원

투자 포인트
- FPCB(Flexible Printed Circuit Board)의 소재인 FCCL과 Cover Lay, Bonding sheet 생산 업체.

> **FPCB 시장점유율**
단위·%

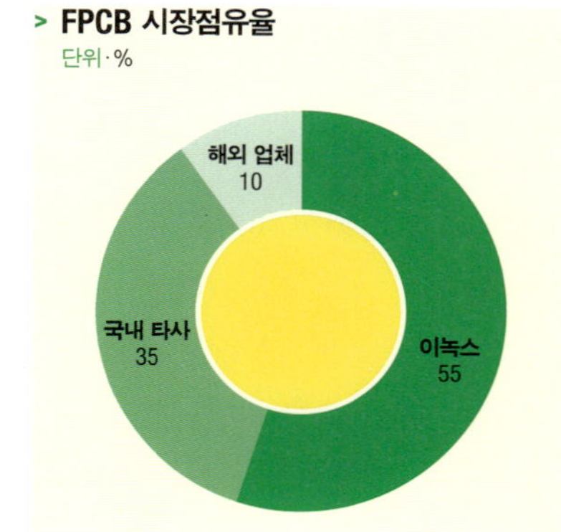

> **경영실적**
매출액 · 영업이익 · 순이익 · 영업이익률

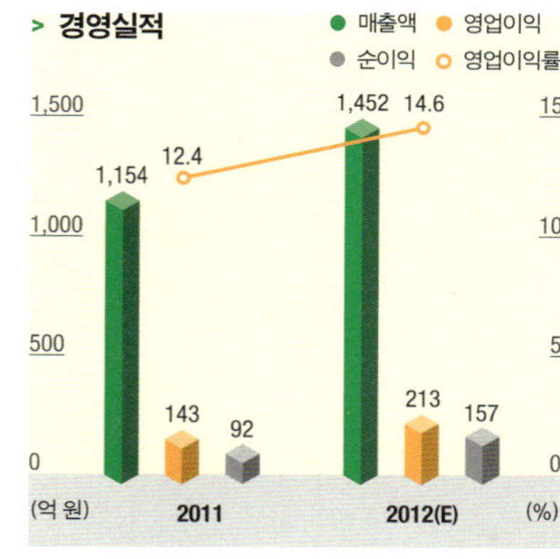

알에프텍
코스닥·IFRS별도

2012년 2분기 누계

매출액	1,120억 원
영업이익	77억 원
순이익	75억 원

투자 포인트
- 삼성전자 휴대폰용 충전기, 안테나 주력 생산.
- 휴대폰 충전기는 삼성전자 내 점유율 30%.
- 갤럭시 노트, 갤럭시S3에 방송용 안테나 공급 후 높은 성장세 기록 중.

> **제품별 매출 비중**
단위·%

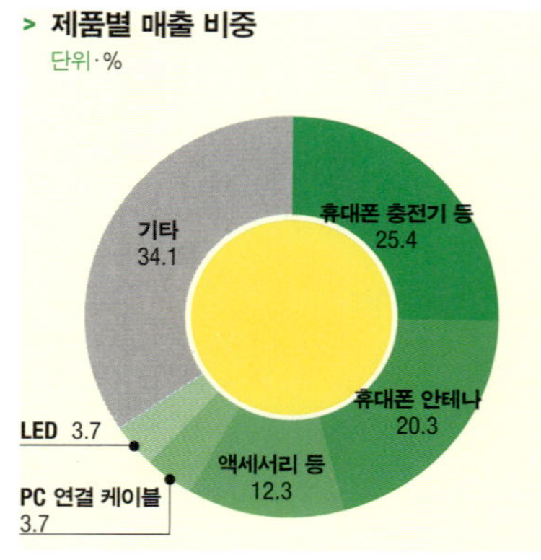

> **경영실적**
매출액 · 영업이익 · 순이익 · 영업이익률

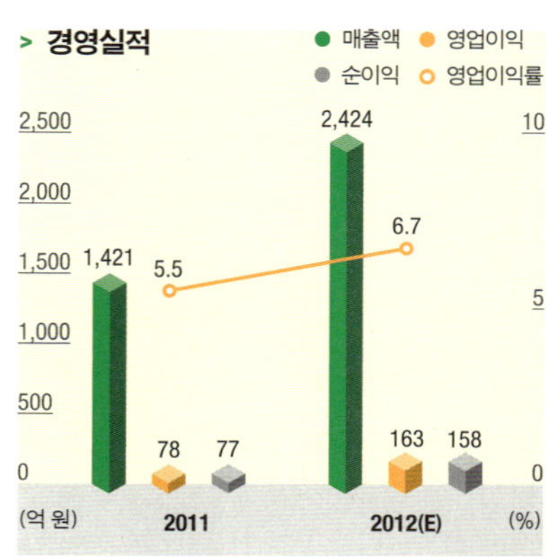

10 LTE·IPTV

시장 성장 속도는 세계 톱클래스,
주파수 확보 문제는 아킬레스건

2011년 7월 국내에 LTE가 상륙한 지 이제 1년을 훌쩍 넘어섰다. 국내 통신 3사는 경쟁적으로 망을 구축했고, 1,100만 명이 넘는 소비자들이 LTE를 선택했다. 스마트폰 3,000만 명 시대에 3명 중 1명이 LTE 스마트폰을 이용한 셈이다. 3G 출시와 비교해 약 2.5배 빠르게 가입자가 늘고 있다. 유럽이나 미국과 비교하면 1~2년가량 늦었지만, 가입 속도는 세계 최고 수준이다. IPTV도 디지털 방송 전환이 이루어지는 가운데 가입자 수 500만 명을 넘어섰다.

2012년 LTE 가입자 1,700만 명, IPTV 가입자도 연평균 25.7% 증가

LTE는 롱텀에볼루션(Long Term Evolution)의 약자로, 3G 이동통신을 장기적으로 진화시킨 기술이다. 데이터 전송 속도가 3G보다 무려 5~7배 빠르다.

국내 LTE 시장은 2011년 7월 SK텔레콤과 LG유플러스가 서비스를 개시하며 문을 열었다. KT는 2012년 1월에 2세대(2G) 서비스 종료와 함께 LTE 서비스를 개시하며 경쟁에 합류했다. 사업자들의 경쟁적인 망 구축과 마케팅에 힘입어 2012년 8월 말 기준으로 국내 LTE 가입자 수는 1,000만 명을 넘어섰다. 이 같은 분위기에 국내 이동통신 업체들은 연중 예상했던 LTE 가입자 수 목표치를 상향 조정했다. 2012년 연말에는 LTE 가입자가 1,700만 명을 넘어설 것으로 전망된다.

국내와 마찬가지로 해외 통신사업자들도 LTE 서비스를 하거나 준비하고 있다. AT&T는 주파수 부족이라는 이유를 들어 2G 네트워크를 중단하고, 이를 3G와 4G로 활용한다는 계획을 밝혔다. 미국 최대 이동통신사 버라이즌 와이어리스도 2013년까지 미국 전역에 3G 네트워크와 동등하게 LTE 커버리지를 구축할 계획이다.

IPTV 시장도 빠르게 성장하고 있다. 2008년 KT, SK브로드밴드, LG유플러스가 차례로 서비스를 시작한 이래 2012년 4월 기준 국내 IPTV 가입자 수는 500만 명을 넘어섰다. 전체 유료 방송 시장점유율의 15%에 해당하는 수치다. 미국 시장조사 업체 에스앤엘케이건의 2011년 조사에 따르면 2013년부터 국내 IPTV 가입자 수는 연평균 25.7%씩 늘어날 것으로 전망된다. 이는 독일 34.8%, 중국 25.8%에 이어 세 번째로 높은 수치다.

LTE는 MLB 생산 업체에, IPTV는 셋톱박스 생산 업체에 주목

LTE 사업의 성공 여부는 얼마나 안정적인 속도로 끊김 없이 음성과 데이터를 전송하느냐에 달렸다. 결국 음성과 데이터 서비스 품질 상태를 실시간으로 측정해 문제점을 진단하는 장비가 중요할 수밖에 없다. 이노와이어는 이동통신망 품질 상태를 진단하는 시험 장비와 단말기 성능 시험을 하는 계측 장비를 국내 및 글로벌 시장에 공급하는 대표적인 통신 장비 업체다.

이수페타시스와 대덕전자는 네트워크 장비용 다층회로기판(MLB)를 생산하는 업체다. LTE 데이터 사용 증가는 고사양 통신 장비를 만드는 이들 업체에게는 호재거리가 아닐 수 없다.

이밖에 와이솔은 휴대전화 통신에 필요한 주파수를 선택적으로 통과시키는 SAW필터를 생산한다. 4G에서 SAW필터가 휴대전화에 들어가는 개수가 늘어난 만큼 성장세는 더욱 커질 전망이다.

휴대전화 기지국을 연결하는 네트워크 통신 장비 제조업체인 다산네트웍스도 LTE 관련 매출이 점차 증가하고 있다. 아울러 윈스테크넷도 네트워크 보안이 중요해지면서 실질적인 수혜가 기대된다.

IPTV 쪽에서는 위성·케이블·지상파 셋톱박스 등 다양한 셋톱박스 제품을 공급하는 휴맥스와 홈캐스트가 주목을 끈다. 디지털 방송 전환에 따라 디지털 셋톱박스(STB)에 대한 수요가 계속 증가하는 만큼, 글로벌 STB 시장은 2012년에도 18% 수준의 성장이 가능할 전망이다.

휴맥스는 기술력과 현금 창출 능력을 함께 보유하고 있다. 세계 STB 산업의 구조조정이 이뤄지고 있는 상황은 휴맥스에게 기회로 작용할 전망이다. 홈캐스트는 미주와 유럽 지역을 중심으로 하이엔드(High-end) 제품 판매 확대로 수익성이 상승하고 있다.

2013년 LTE 시장, 주파수 확보 전쟁 돌입

한편, 현재 사용하고 있는 주파수가 2013년 상반기가 되면 한계에 이를 것이라는 전망이 업계를 중심으로 제기되고 있다. 이에 따라 향후 주파수 확보가 통신사 간의 핵심 과제로 떠오르고 있다. LTE 가입자가 예상보다 빠르게 증가하는 데다 무선 인터넷 사용량도 폭증하고 있는 데 따른 것이다. LTE 상용 서비스 시작 1년 6개월 만에 가입자 2,000만 명을 넘어설 것으로 예상되는 만큼, 2013년 하반기부터는 무선 인터넷 사용에 제한이 생길 수 있다는 우려가 여기저기서 제기되고 있다.

LTE의 등장으로 무선 인터넷 사용량도 폭증하고 있다. 2011년부터 2016년까지 전 세계 무선 인터넷 사용량이 연평균 78%씩 증가해 2016년 세계 무선 인터넷 사용량은 월 10.8EB(엑사바이트) 규모로 2011년에 비해 18배 이상 늘어날 전망이다.

이동통신용 주파수 부족 문제는 전 세계에 공통된 현상이라 데이터 압축 기술이나 데이터 분산 기술이 급속히 발전하고 있지만, 이러한 기술을 당장 상용화하기에는 어려움이 따른다. 이에 따라 미국이나 유럽에서도 이동통신용 주파수를 추가 확보한 뒤 이동통신 사업자에게 경매하는 방식으로 주파수 부족 문제를 해결하고 있다. 독일과 프랑스 등 유럽 각국도 LTE용 추가 주파수 경매를 마쳤고, 영국도 2012년 말 경에 경매를 앞두고 있다. 그러나 우리 방송통신위원회는 주파수 확보나 경매에 대한 계획을 아직 내놓지 않고 있다. 이동통신용 주파수 확보 문제는 2013년 LTE와 IPTV 산업에 자칫 걸림돌로 작용할 수가 있어 업계 전체가 긴장하고 있다.

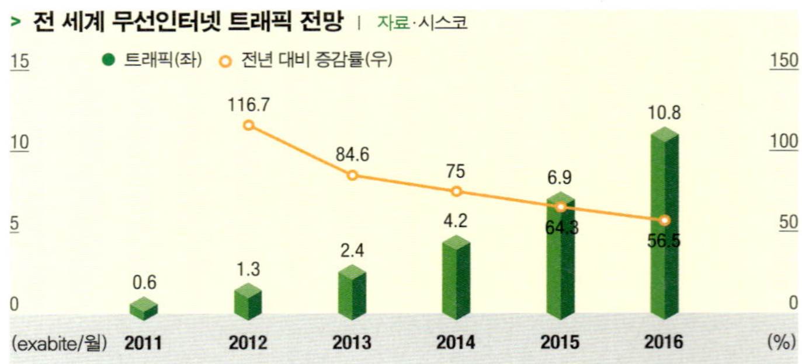

> **전 세계 무선인터넷 트래픽 전망** | 자료·시스코

백본망(Backbone Network)　　　　　　이동통신망(기지국, 중계기)

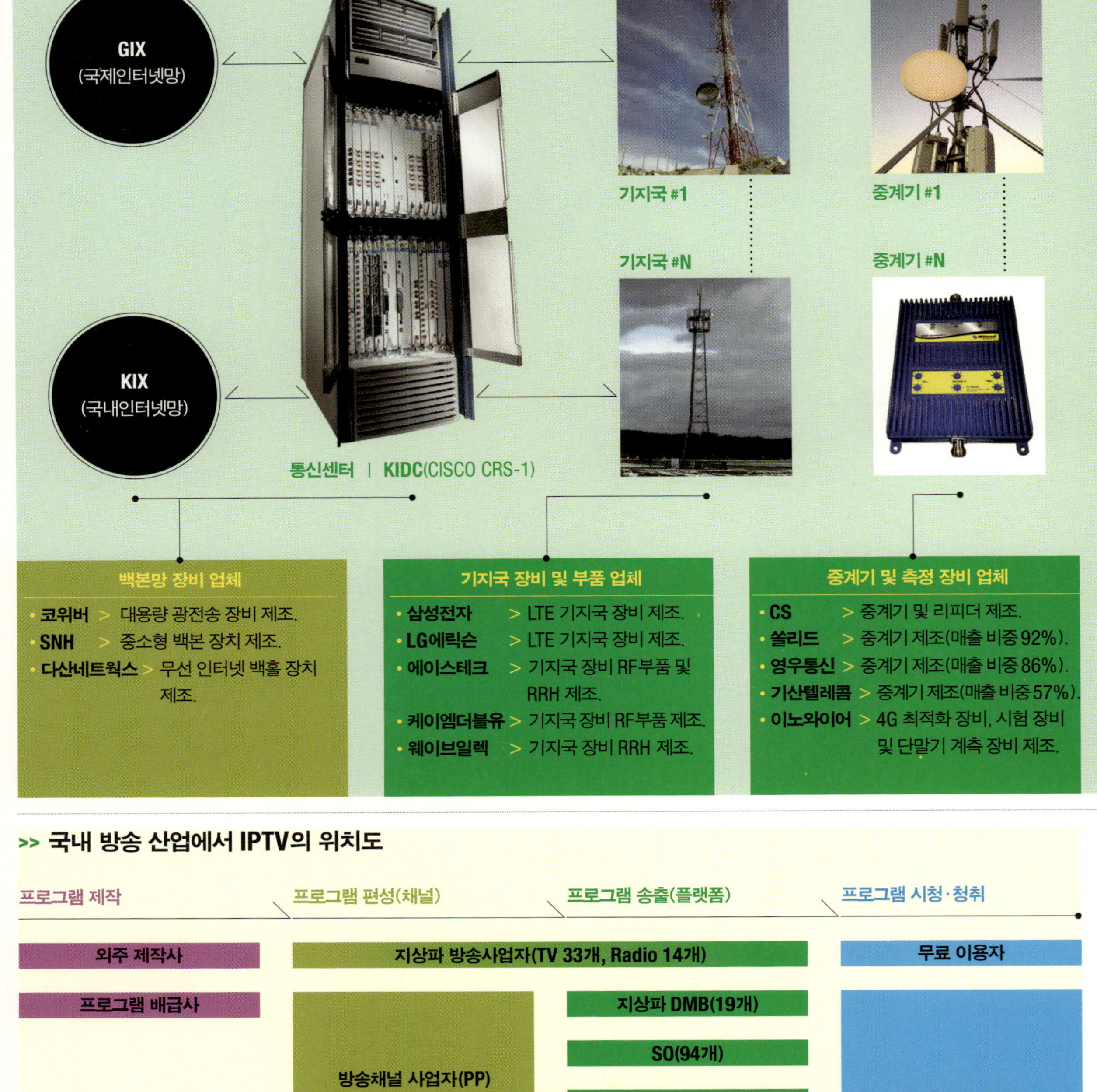

백본망 장비 업체

- **코위버** > 대용량 광전송 장비 제조.
- **SNH** > 중소형 백본 장치 제조.
- **다산네트웍스** > 무선 인터넷 백홀 장치 제조.

기지국 장비 및 부품 업체

- **삼성전자** > LTE 기지국 장비 제조.
- **LG에릭슨** > LTE 기지국 장비 제조.
- **에이스테크** > 기지국 장비 RF부품 및 RRH 제조.
- **케이엠더블유** > 기지국 장비 RF부품 제조.
- **웨이브일렉** > 기지국 장비 RRH 제조.

중계기 및 측정 장비 업체

- **CS** > 중계기 및 리피더 제조.
- **쏠리드** > 중계기 제조(매출 비중 92%).
- **영우통신** > 중계기 제조(매출 비중 86%).
- **기산텔레콤** > 중계기 제조(매출 비중 57%).
- **이노와이어** > 4G 최적화 장비, 시험 장비 및 단말기 계측 장비 제조.

>> 국내 방송 산업에서 IPTV의 위치도

프로그램 제작　　　프로그램 편성(채널)　　　프로그램 송출(플랫폼)　　　프로그램 시청·청취

프로그램 제작	프로그램 편성(채널)	프로그램 송출(플랫폼)	프로그램 시청·청취
외주 제작사	지상파 방송사업자(TV 33개, Radio 14개)		무료 이용자
프로그램 배급사		지상파 DMB(19개)	
	방송채널 사업자(PP)	SO(94개)	유료 이용자
		위성방송(Skylife)	
		위성 DMB(TU미디어)	
기타 플랫폼 자체 제작		IPTV(3개)	

- 국내 유료방송 시장은 크게 케이블TV, 위성방송, IPTV로 나뉘며, PP(방송채널 사업자)로부터 방송채널(프로그램)을 공급받는 대가로 PP에게 프로그램 사용료를 지급하고 이 프로그램을 시청자에게 제공해 수신료를 받는 사업 구조로 되어 있음.
- 국내 IPTV 사업자로는 KT와 SK브로드밴드, LG유플러스가 시장을 선도하고 있으며, 전국을 방송권역으로 양방향 서비스를 하고 있음.

국내 4G 업체

해외 4G 업체

4G 휴대폰

4G 지원 태블릿PC

4G 넷북, 노트북 PC

통신사업자

- **SK텔레콤** > 2011년 7월부터 4G 서비스 개시. 2012년 6월 전국망 설치 완료.
- **LG유플러스** > 2011년 7월부터 4G 서비스 개시. 2012년 3월 전국망 설치 완료.
- **KT** > 2012년 1월부터 4G 서비스 개시. 2012년 10월 전국망 설치 완료.

단말기 및 부품 업체

- **삼성전자** > 휴대폰, 태블릿PC, 노트북 등 단말기 제조.
- **LG전자** > 휴대폰, 태블릿PC, 노트북 등 단말기 제조.
- **팬택** > 휴대폰, 태블릿PC 등 단말기 제조.
- **와이솔** > 주파수 잡는 SAW 필터 및 듀플렉서 제조.
- **유비벨록스** > 유심 제조. SK텔레콤, LG유플러스에 공급.
- **솔라시아** > 유심 제조. SK텔레콤에 공급.

>> IPTV 밸류 체인

	콘텐츠		플랫폼 및 네트워크			단말기
밸류 체인	콘텐츠 제작 및 관리	콘텐츠 통합	솔루션 · SI	서비스 관리	전송	단말기기
사업 내용	방송 영상, 콘텐츠 제작, 라이선스 계약 관리 등 콘텐츠의 권리관계를 소유하고 이를 제공하는 사업.	IPTV서비스를 고객에게 제공하기 위한 인터페이스 제공. • 콘텐츠 패키징 • 콘텐츠 인코딩 • 저작권 관리 지불 처리 • 광고 삽입	IPTV 관련 기술서비스 제공사업자. • 콘텐츠 관리, 솔루션 • 미들웨어 및 운영체제 소프트웨어 • 헤드엔드 벤더 • 멀티캐스팅 제어 • 애플리케이션 솔루션	마케팅, 고객관리·서비스, Usage tracking, 고객 요금 처리.	헤드엔드, 스토리지, 엑세스 네트워크로 전송 (Encording).	STB • IPTV사업자가 주로 제공 • 구입(고기능 사양, 게임기 형태 등) • DRM 지원 • 기기간 연동 지원
주요 업체	공중파 방송사, CJE&M, SBS콘텐츠, 허브, NHN, 다음		KT, SK브로드밴드, LG유플러스			휴맥스, 홈캐스트, 가온미디어

> LTE 사업 최고의 시기 도래
자료·방송통신위원회

	1세대	2세대	3세대	4세대
유럽방식 (비동기식)	음성	GSM	WCDMA > KT, SKT	LTE > KT, SKT, LGU+
미국방식 (동기식)		CDMA > KT, SKT, LGU+	CDMA 2000 > LGU+	Wibro (와이브로) > KT, SKT
주요 서비스	음성	음성, SMS	음성, 영상통화, 무선인터넷	멀티미디어, 통신
전송속도	10Kbps	14.4~64Kbps	144Kbps~100Mbps	100Mbps
상용화	1981년	1991년	2000년	2010~2012년

	1단계	2단계	3단계	가입자 목표
SKT	2011.07 서울전역 서비스 시작	2012.01 수도권 및 6대 광역시로 확대	2012.06 전국망 구축	2011 · 50만 명 2012 · 500만 명
LG U+	2011.07 서울 등 수도권, 부산, 광주 서비스 시작	2011.12 수도권 및 전국 주요 광역시로 확대	2012.03 전국망 구축	2011 · 60만 명 2012 · 300만 명
KT	2011.11 서울전역 서비스 시작	2012 수도권 및 주요 광역시로 확대	2012.10 전국망 구축	–

- 무제한 데이터통신요금 서비스 등장 이후 데이터 트래픽이 폭등하면서 LTE 투자가 급속도로 진행됨.
- 국내 이동통신 3사, LTE의 본격적인 전국망 구축 경쟁 돌입 → 4G망 구축에 LG유플러스가 가장 공격적인 행보 보임(2012년 전국망 구축 계획).
- SK텔레콤은 2012년까지 수도권 및 광역시로 확대하고, 2013년 전국망 구축 계획.
- KT는 와이브로와 와이파이망을 연계하여 2012년까지 수도권, 2013년 전국망 구축 계획.

> LTE 도입 배경 및 연관 산업의 선순환 구조

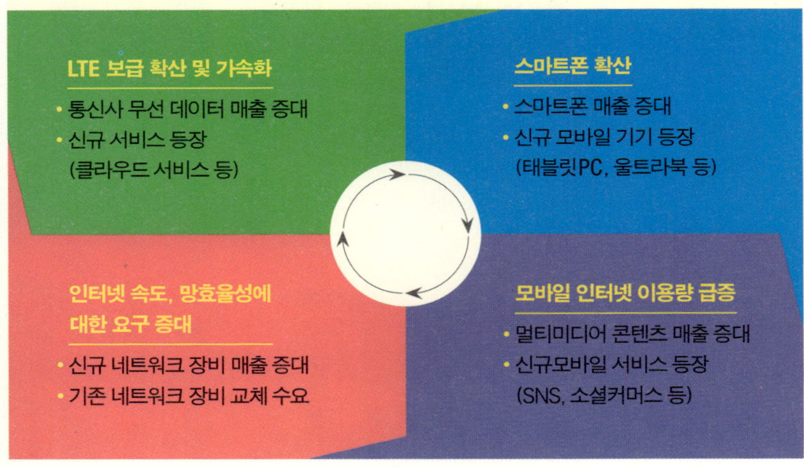

- 스마트폰 성장은 LTE 도입을 촉진하고, LTE 성장은 다시 연관 산업 확산에 기여하는 선순환 구조를 나타냄.
- 스마트폰 확산에 따라 대용량 멀티미디어 콘텐츠, SNS, 모바일 웹서핑 등 모바일 인터넷 이용이 급증.
- 모바일 트래픽 급증으로 인해 인터넷 속도 개선 및 효율적 망 운용을 위한 차세대 이동통신기술 도입 필요.
- LTE 보급 확대로 스마트 기기 사용 환경이 개선되어 모바일화가 촉진되고, 이는 다시 스마트 기기 시장 성장으로 연결됨.

> 국내 LTE 가입자수 전망
자료·산업은행

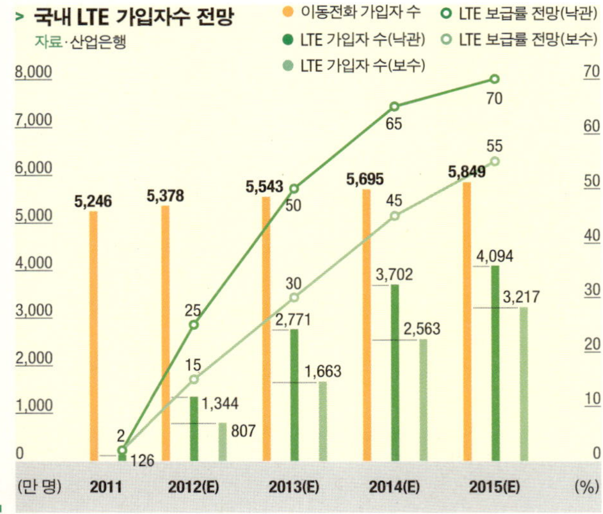

> 세계 LTE 가입자수 전망
자료·Juniper Research, IHS iSupply

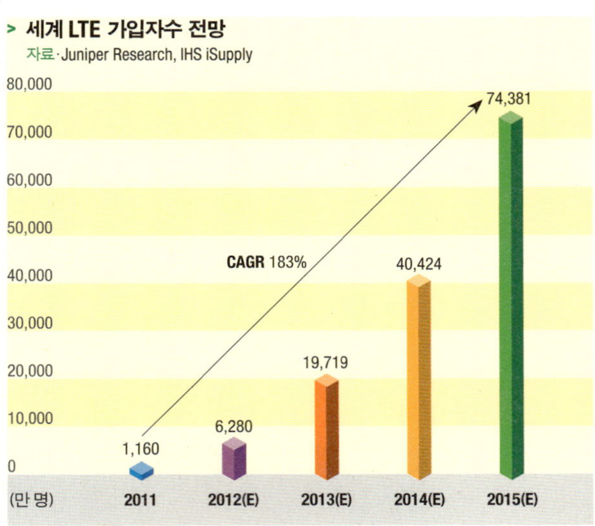

> **세계 LTE 서비스 전개 현황** | 자료·Global Mobile Suppliers Association(GSA) 'Evolution of LTE Report'

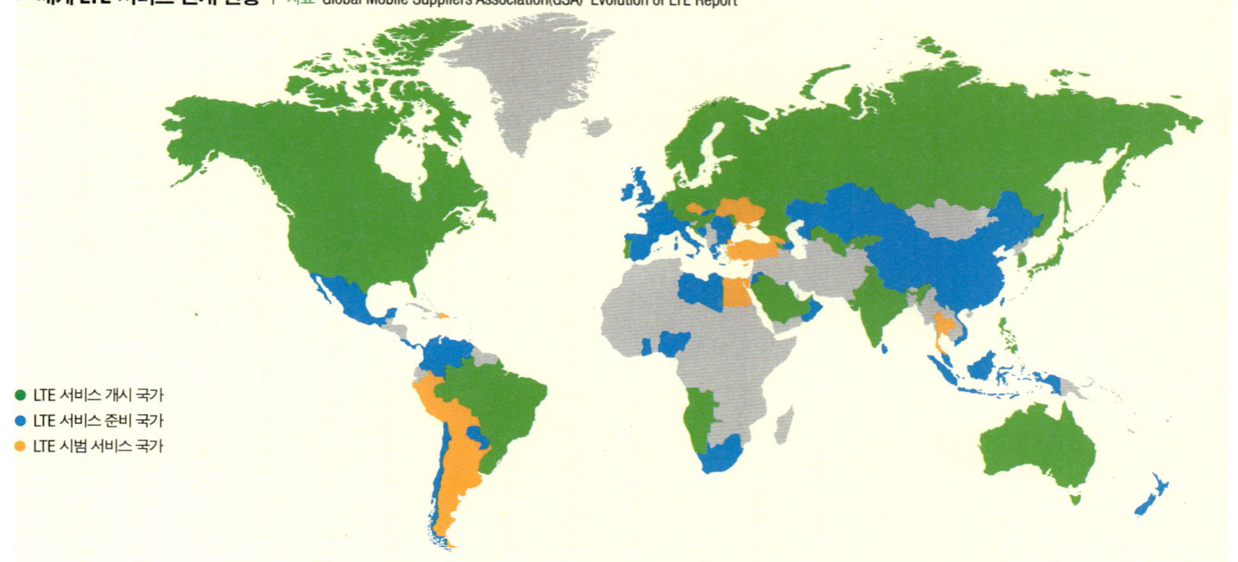

- 세계 이동통신 가입자는 2015년 75억 명으로 보급률 100%를 넘을 것으로 전망되며, LTE 비중은 10%로 예상.
- 미국이 가장 활발하게 LTE 서비스 전개 중 → 미국 내 LTE 연결망은 700만 개 수준으로, 이는 세계 LTE 네트워크 보급률의 47%에 해당함.
- 2011년 미국 내 LTE 스마트폰 판매량은 540만 대로 세계 LTE 스마트폰 판매량의 50% 차지.

> **세계 이동통신 장비 시장 규모 추이 및 전망**
자료·IDC, ETRI

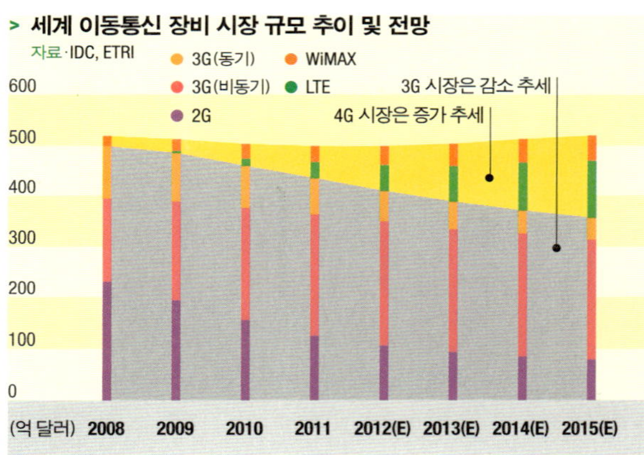

> **세계 4G 장비 시장 규모 추이 및 전망**
자료·IDC, ETRI

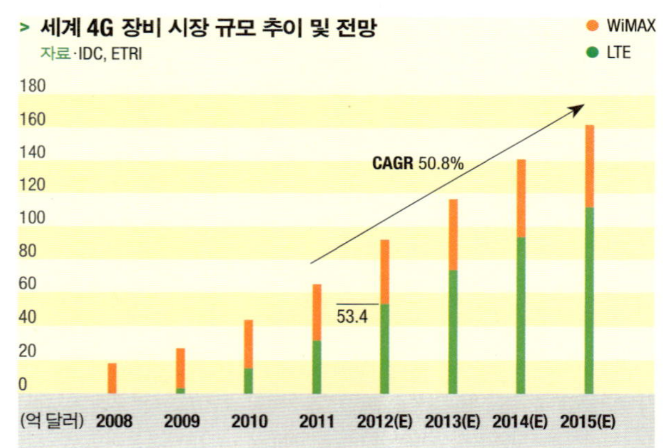

> **LTE 특허 후보 비중**
자료·특허청, 단위·%

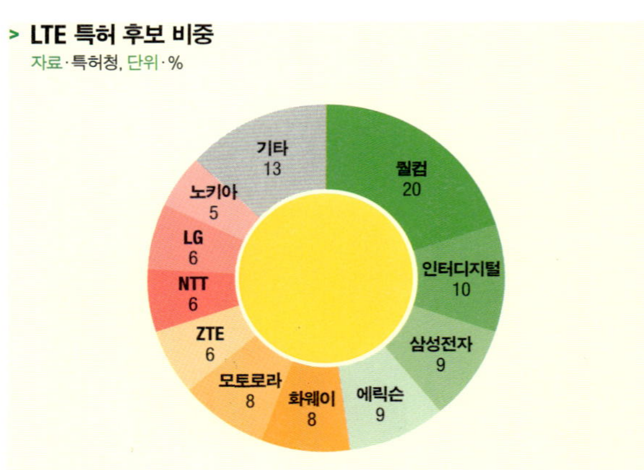

> **LTE 표준 특허 후보 증가 추이**
자료·특허청

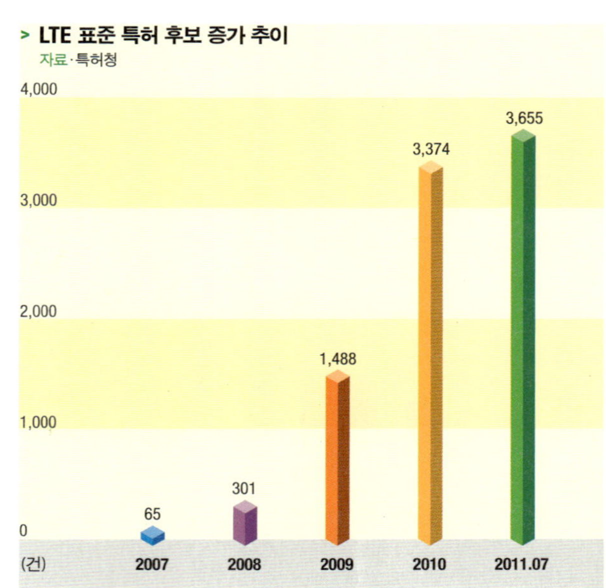

- 유럽통신표준협회(ETSI)에 제출된 LTE 기술 표준 특허 후보군 중에서 국내 기업인 삼성전자가 9%, LG전자가 6% 차지.
- 4세대 이동통신을 열어갈 LTE 관련 업체들이 지나치게 많이 들어가는 특허 비용과 기술 경쟁을 피하기 위해 특허풀(Patent Pool) 결성을 위한 업체 간 협의를 활발하게 진행 중.

> **국내 방송 TV 점유율 추이**
자료·방송통신위원회

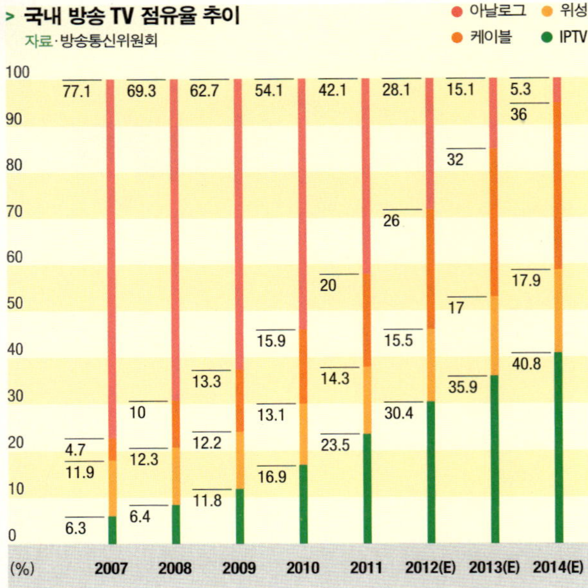

> **국내 IPTV 가입자 증가 추이**
자료·각사

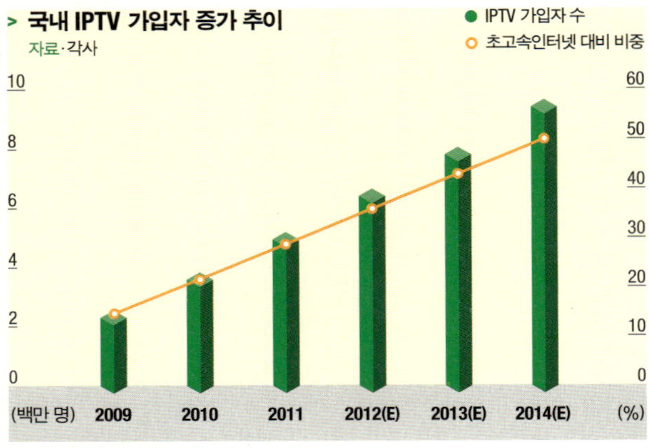

- 2012년에 IPTV 가입자가 31% 성장해 초고속 인터넷과 번들률 35%로 상승 전망.
- 2012년 손익분기점 도달, 2013년부터 영업이익 기대.
  - 가입자 증가에 따른 영업 레버리지 효과 발생.
  - 홈쇼핑 송출 수수료 증가 예상.
  - 셋톱박스 가격 하락으로 인당 감가상각비 감소.

> **글로벌 주요국 IPTV 가입자 성장 추이**
자료·SNL Kagan

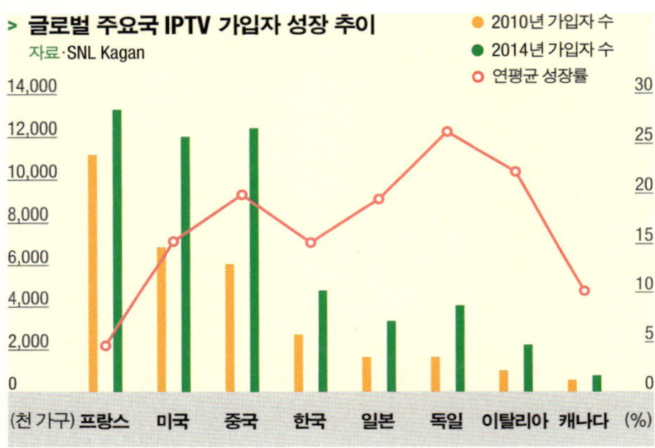

- 세계 IPTV 가입자 수는 2014년까지 연평균 19% 성장할 것으로 전망됨.
- 2010년 말 기준 세계 약 4,000만 가구에서 IPTV를 시청하고 있으며, 이는 전체 유료방송 시장의 6.1%에 해당함.
- 특히, 유럽지역에서 침투율이 가장 높음. 향후 성장성은 아시아와 북미 지역에서 두드러질 전망됨.

> **IPTV 사업자 3사 순증가입자 규모**

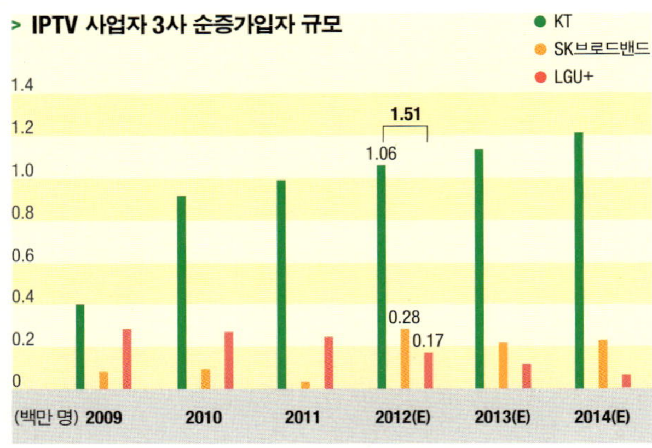

- 2012년 통신 3사 IPTV 가입자 수는 151만 명 순증해 전년 대비 31% 성장함.
- 초고속인터넷과 결합이 2011년 28%에서 2012년 35%로 상향됨에 따라 통신사들은 IPTV를 자사의 인터넷 상품과 결합했을 때 할인을 해주는 등 번들서비스를 통해 고객 유치함.

>> IPTV 시장 위협 요소로 부각되는 스마트TV 시장

> **국내 스마트TV 수요**
자료·한국전자통신연구원

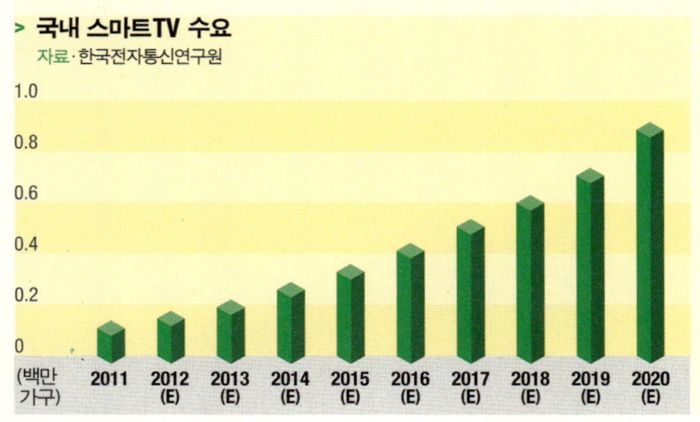

> **글로벌 스마트TV 출하량**
자료·IDC

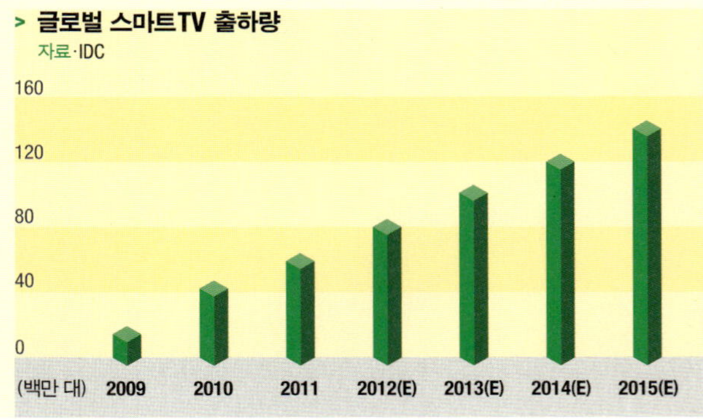

- 스마트TV는 앱을 통해 실시간 방송을 서비스 할 수 있고 주문형 비디오도 제공하므로, IPTV와 수익 모델이 겹침.
- KT는 스마트TV가 일으키는 트래픽이 망에 부담을 준다며 삼성전자 스마트TV 접속을 차단하기도 함.
- 국내는 물론 전 세계적으로 증가하는 스마트TV 시장과의 상생 도모 절실.

투자 포인트

- **시험 장비** ｜ 이동통신망 음성과 데이터서비스 품질 상태를 실시간 측정하여 음영 및 간섭 지역을 찾아 문제점을 진단하는 장비 → 국내 3대 이동통신사, 일본, 미국 등 글로벌 이동통신사 및 기지국제조사로 공급.
- **계측 장비** ｜ 단말기 개발 및 생산시 성능시험에 사용되는 장비로 현재 Agilent를 통해 LTE용 단말기 계측장비를 글로벌 시장에 공급 → 로열티와 반제품 판매 수익 형태로 매출 인식. 최소 로열티 연간 400만 달러로 향후 2년간 지속 기대.

> 경영실적

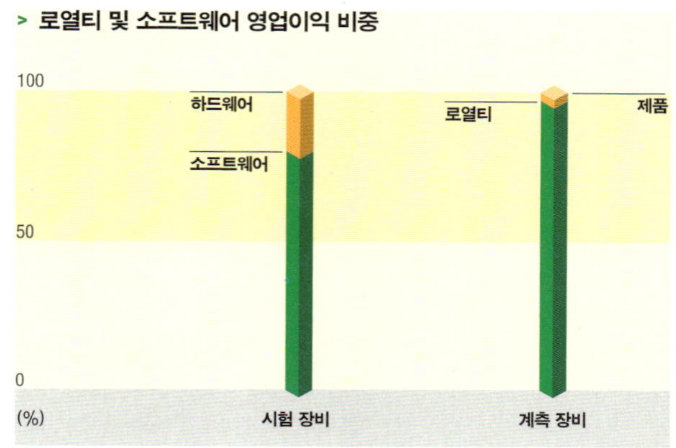

> LTE 매출 비중

단위·%

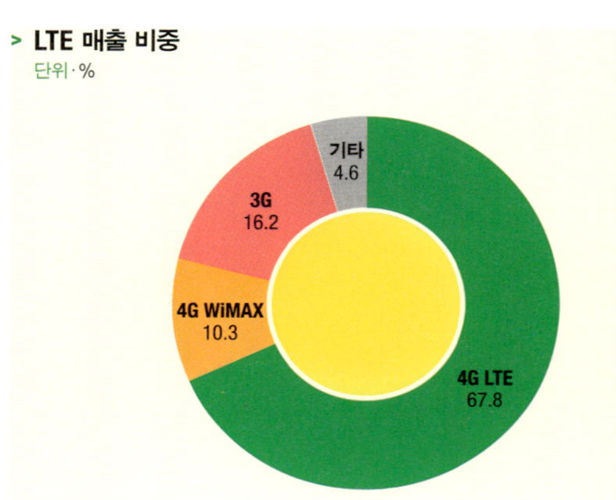

> 로열티 및 소프트웨어 영업이익 비중

투자 포인트

- 네트워크 장비용 MLB 전문 생산 업체.
- **MLB**(Multi-Layer Board) ｜ 초고다층 PCB로 통신 및 네트워크 장비와 서버 등에 주로 사용.
- 동사의 MLB는 스위치와 라우터에 사용, 시스코와 알카텔-루슨트 등 세계 최대 장비 업체를 고객사로 확보.
- 2012년부터 서버용 MLB 매출이 본격적으로 확대되면서 클라우드 환경 트렌드에 대한 수혜가 커지는 동시에 고사양 통신 장비 수요까지 증가.

> 제품별 매출 추이

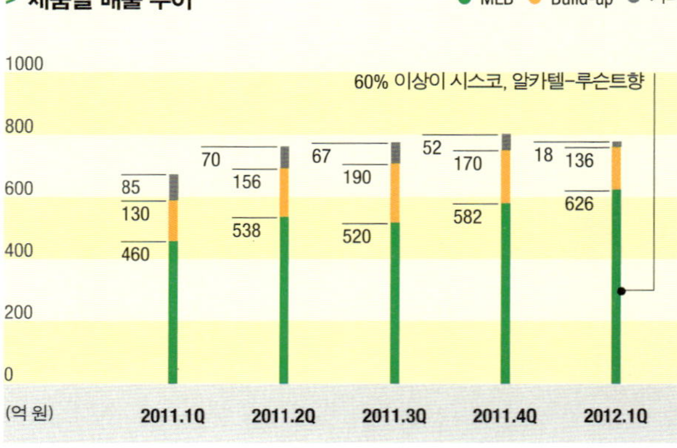

> 경영실적

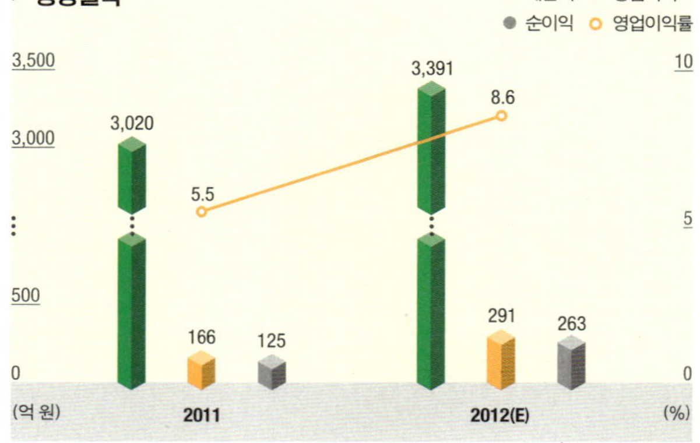

투자 포인트

- 휴대폰용 메인 기판인 HDI, 메모리 모듈 PCB 및 네트워크용 MLB를 주력 제품으로 생산.
- 네트워크용 MLB 부문은 2012년에도 전국망 구축을 위한 LTE 통신망 투자가 지속될 전망이어서 안정적 실적 유지 기대.
- 모바일 기기 고사양화 추세에 따라 모바일용 패키지 제품과 HDI 수요 증가 수혜.
- 향후 성장동력으로 FC-CSP 시장 진출 준비.

> 경영실적

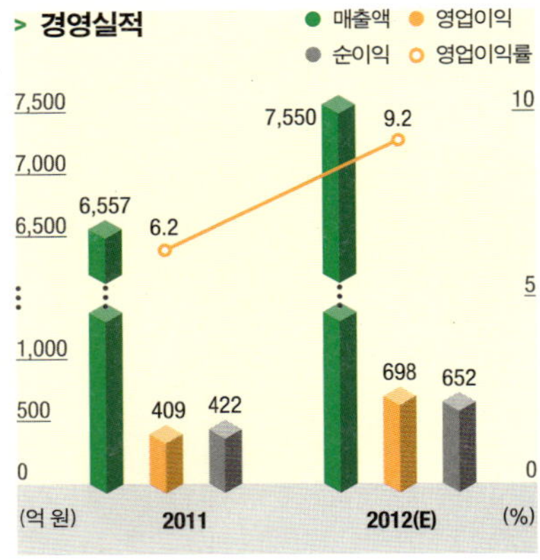

> 주요 제품 및 고객사

자료 · 대덕전자, 주 · HDI(High Density Interconnection), MLB(Multi Layer Board), BOC(Board on Chip), CSP(Chip Scale Package), UT-CSP(Ultra Thin-CSP, 신텍의 MCP와 동일한 제품)

주요 제품		제품 설명	적용 애플리케이션	주요 고객사
Module PCB	메모리모듈 PCB	• DRAM 반도체 여러 개를 표면에 실장하여 모듈화한 PCB	PC, 서버	삼성전자, SK하이닉스
	HDI	• 휴대폰용 메인 기반, 동사의 경우 High-end 제품 생산 중 (주요 고객사의 메인 모델에 채용되는 3단 Stack Via 방식 HDI 생산)	Mobile	삼성전자
	MLB	• 네트워크용 메인 기판. 동사의 경우 High-end인 18층 이상의 제품에 주력 중	통신, 네트워크	Cisco, Harris, 삼성전자 등
Package Substrate	BOC	• DRAM을 메모리모듈 PCB에 설정할 때 사용되는 기판	PC	삼성전자, SK하이닉스
	CSP (UT-CSP 포함)	• CSP ｜ 다수의 Chip(블루투스, GPS, Wi-Fi Chip 등)을 HDI(모바일용 메인 기판)에 실장할 때 사용되는 기판. • UT-CSP ｜ 모바일 DRAM, Embedded Nand를 HDI에 실장할 때 사용되는 기판	Mobile	삼성전자, SK하이닉스

투자 포인트

- 4G 통신망 백홀장비 제조 → 주력 제품은 가입자망 접속 장비, FTTx, 이더넷 스위치 등 초고속 인터넷 장비와 모바일 백홀(Mobile Backhaul) 장비임.
- 이동통신망에서 제어국(기간망)과 기지국 사이의 구간인 모바일 백홀에 설치하여 대역폭 확대, 비용 절감, 가입자 커버리지 확대 등의 효과가 입증된 동사의 모바일백홀 솔루션 제품(G-PON/해외, Switch/국내)은 실적 호전 일등공신으로 자리매김할 것으로 기대.
- 2012년 영업이익이 전년 대비 1,400% 이상 증가할 것으로 시장 관측.

> 경영실적

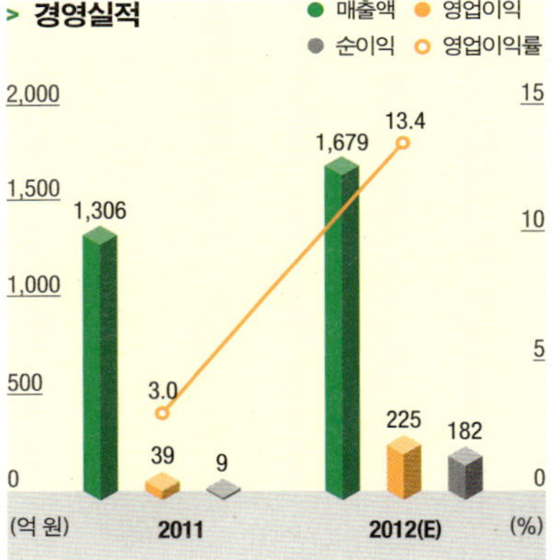

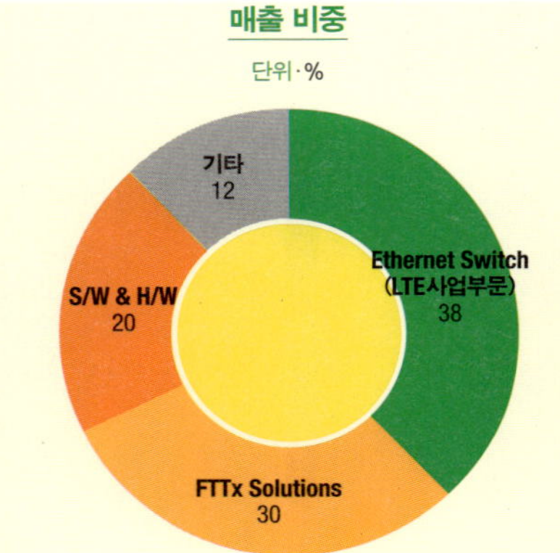

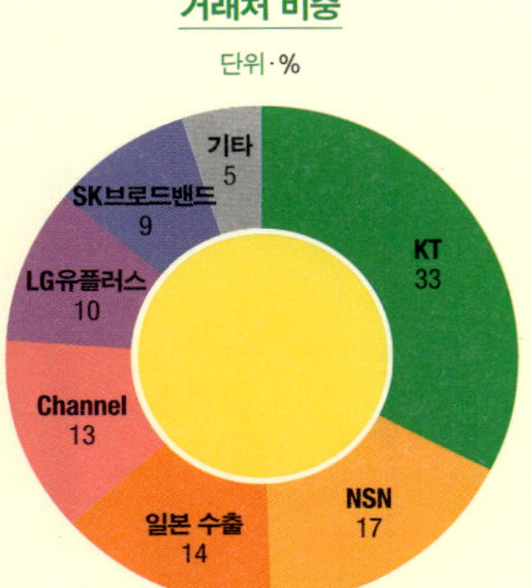

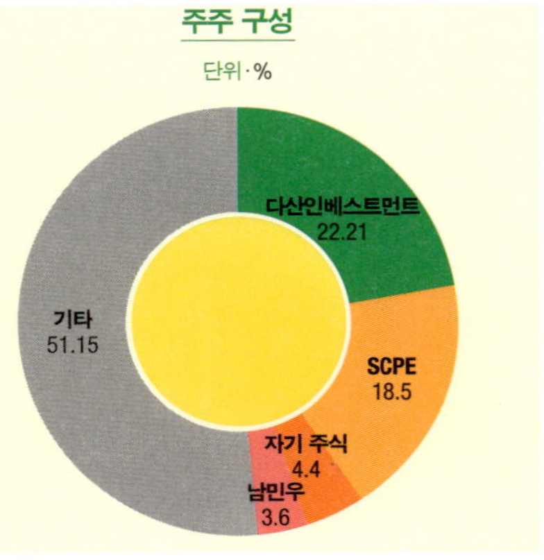

와이솔
코스닥 · IFRS연결

2012년 2분기 누계

매출액	590억 원
영업이익	57억 원
순이익	60억 원

투자 포인트
- 2008년 삼성전기에서 분사한 국내 유일의 SAW 필터 제조업체로 글로벌 5위, 듀플렉서는 글로벌 7위이며 신규 사업으로 블루투스 모듈 판매.
- 전방산업 호조 수혜 → 전체 매출에서 삼성전자 비중 70%, 삼성전자의 스마트폰 침투율 2012년 57%.
- **SAW필터** ㅣ 휴대폰 통신에 필요한 특정 주파수만을 선택적으로 통과시키는 핵심 RF(Radio Frequency : 무선 주파수) 부품.
- **듀플렉서** ㅣ 하나의 안테나로 주파수의 송신과 수신을 가능케 하는 부품으로 높은 성장성과 수익성 기대.

> 경영실적

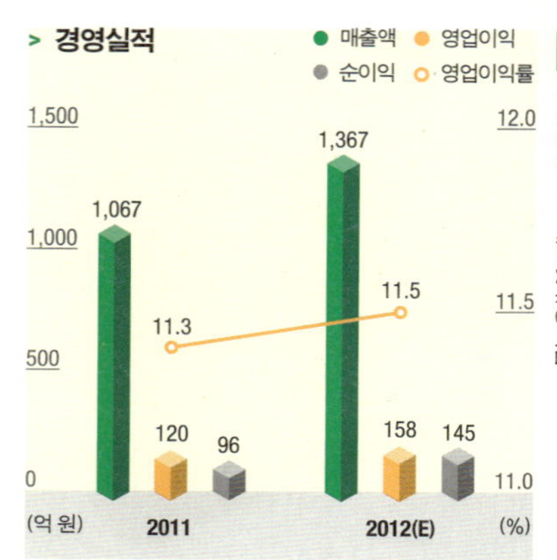

> 제품별 매출 비중
2012년 예상, 단위 · %

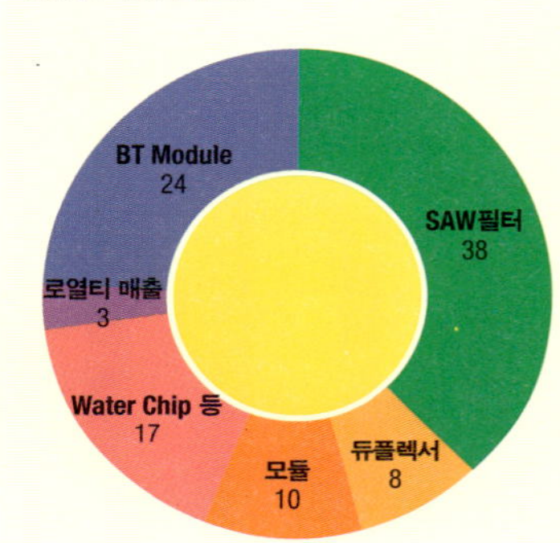

> SAW필터와 듀플렉서 (Duplexer)
자료 · 와이솔, 사진 출처 · www.ifixit.com

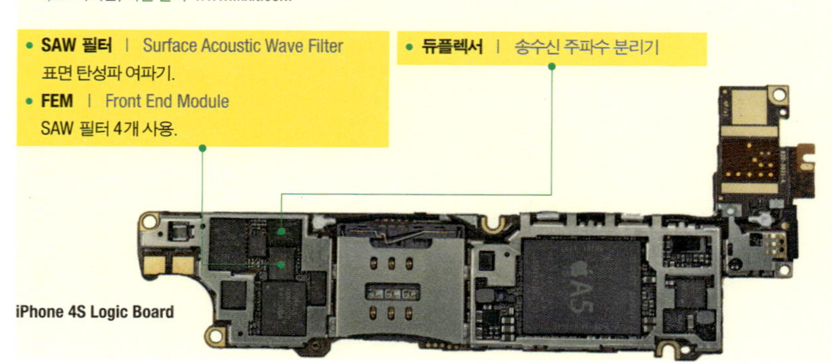

케이엠더블유
코스닥 · IFRS별도

2012년 2분기 누계

매출액	1,153억 원
영업이익	139억 원
순이익	122억 원

투자 포인트
- 기지국용 RF부품 및 알카텔-루슨트향 RRH 제조.
- RRH(Remote Radio Heads)는 기지국 장비를 RF 부분과 베이스밴드 부분으로 분리해 베이스밴드는 센터에 설치하고, RF 부분만 기지국에 설치해 원격 조정하는 차세대 기지국.
- 케이엠더블유는 독자적으로 개발한 Triple Mode RF Filter 기술을 이용해 RRH의 소형 · 경량화에 성공함으로써 RRH 시장에 진입, 삼성전자와 알카텔-루슨트 등에 RRH 공급.
- 2011년 11월부터 시작된 RRH 수주는 2012년 4월까지 500억 원에 육박.

> RRH 구조

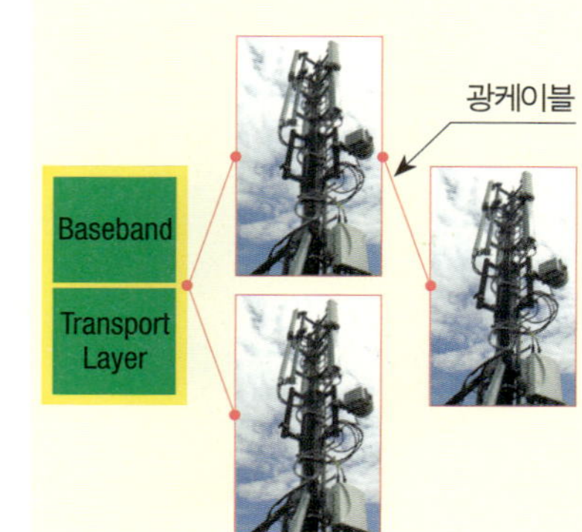

> 매출 비중
단위 · %

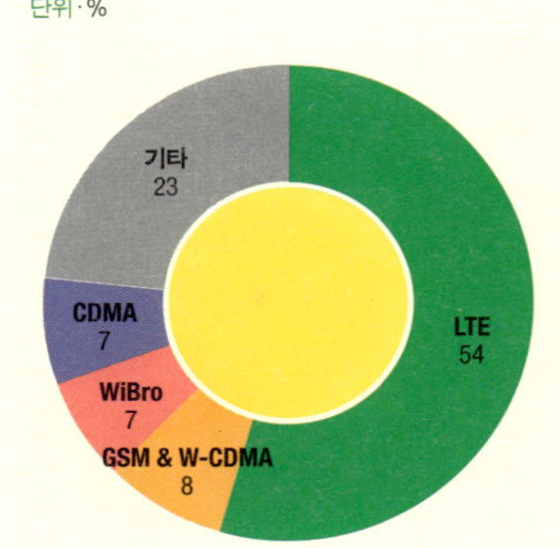

> RRH 수주 현황
자료 · 케이엠더블유

수주 일자	계약 내용	납품처	계약 금액	납기일
2011.11.17	Sprint향 iDEN 800MHZ	알카텔-루슨트	78억 원	2012.03.01
2012.02.07	RRH 공급	삼성전자	46억 원	2012.04.05
2012.02.15	Sprint향 iDEN 800MHZ	알카텔-루슨트	164억 원	2012.06.30
2012.04.17	Sprint향 iDEN 800MHZ	알카텔-루슨트	194억 원	2012.08.31

네이블

코스닥·IFRS별도

2012년 2분기 누계

매출액	62억 원
영업이익	-6억 원
순이익	-6억 원

투자 포인트

- IP 시대의 핵심 기술인 IMS(IP Multimedia Sub-system) 솔루션 소프트웨어 보유 업체.
- 주요 매출처는 국내 통신 3사, OTT사업자(NHN), 단말제조사 등임.
- IMS는 IP 기반의 유무선 융합 서비스를 위해 전 세계 통신 사업자들이 채택한 표준 기술의 총칭.
- 4G LTE, 스마트 기기 확산으로 IMS 시장은 2015년까지 연 36% 성장 전망.
- 동사는 FMC, RCS, Push, SBC/SG 솔루션을 국내 통신 3사에 독과점적으로 공급하며 안정적 매출 확보 및 높은 진입장벽 구축.

> 경영실적

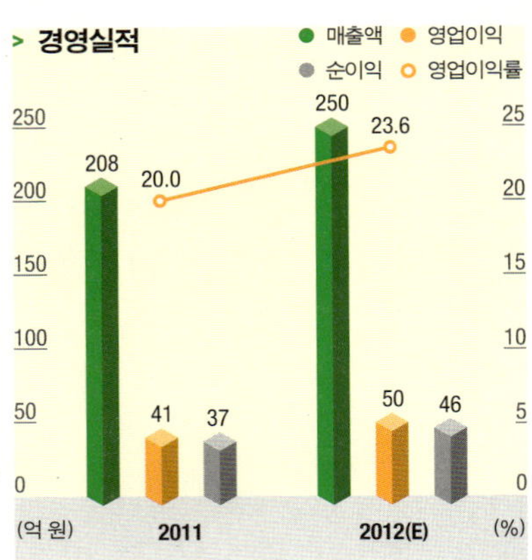

> 매출 비중
단위·%

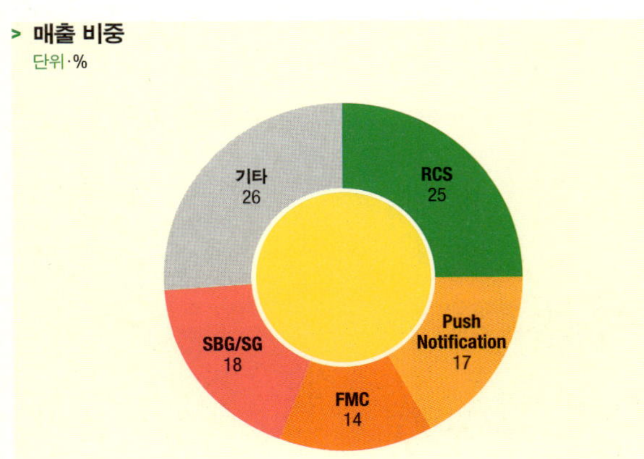

> 국내 VoIP 및 LTE 시장 전망

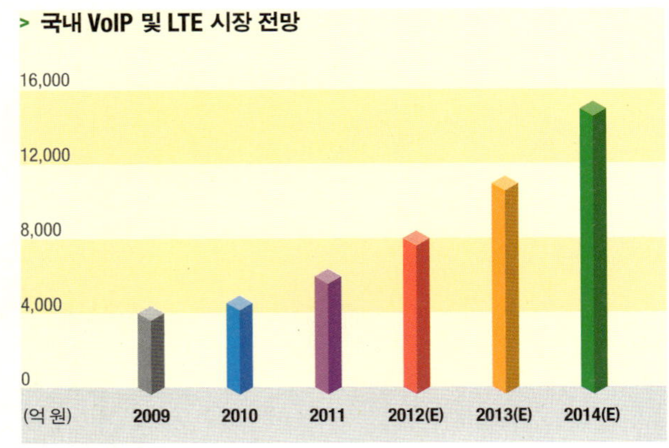

윈스테크넷

코스닥·IFRS별도

2012년 2분기 누계

매출액	261억 원
영업이익	58억 원
순이익	42억 원

투자 포인트

- 2011년 5월 나우콤에서 네트워크 보안사업 부문이 인적분할된 네트워크 보안솔루션 업체.
- 침입 방지 시스템(IPS)과 DDoS 차단 시스템 분야 국내시장점유율 1위.
- 주 고객사는 관공서 및 공공 통신 업체.
- 주력 분야인 IPS는 특허권으로 진입장벽 확보해 안랩과 함께 독과점 체제 구축.
- LTE 서비스 확산으로 통신 부문 보안 장비 및 솔루션 스펙의 고 사양화 수혜 기대.

> 경영실적

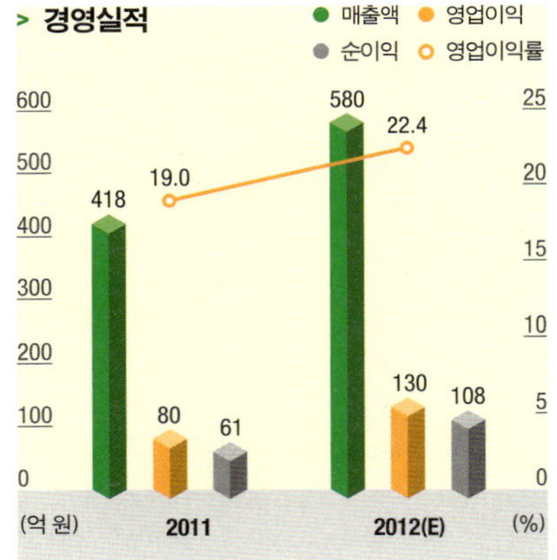

> 사업모델 | 자료·윈스테크넷

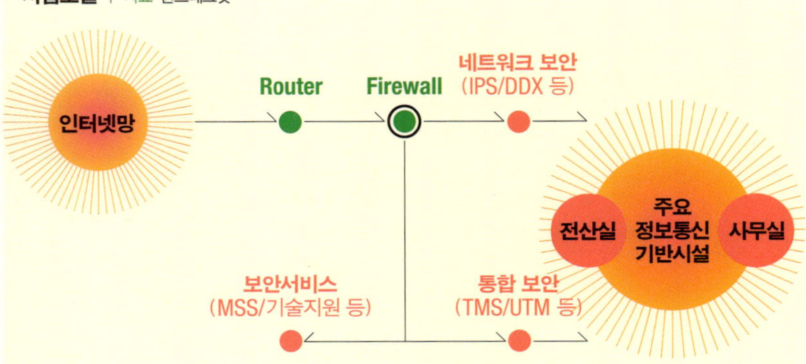

네트워크보안

- 네트워크망에 설치되어 기업·기관 내외로 이동하는 통신데이터(트래픽)를 감시해 해킹, 웜, 유해 트래픽을 탐지·차단하는 제품군.

통합보안

- 개별 보안솔루션 기능을 통합해 종합적으로 관리·분석·제어하는 제품군.

보안서비스

- 보안솔루션과 보안관리자의 역할을 아웃소싱해 전문인력으로 구성된 기술기반 서비스.

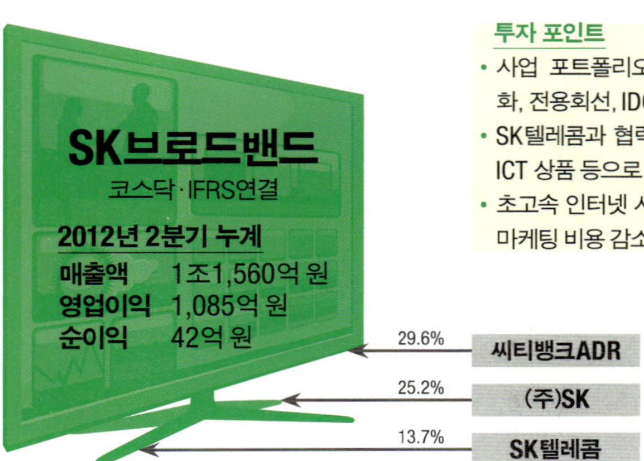

투자 포인트

- 사업 포트폴리오 강화로 기업사업(기업전화, 전용회선, IDC) 부문 매출 호조 지속.
- SK텔레콤과 협력해 B2B 클라우드 서비스, ICT 상품 등으로 신규 시장 대응 능력 확대.
- 초고속 인터넷 시장 경쟁 완화에 따른 인당 마케팅 비용 감소.

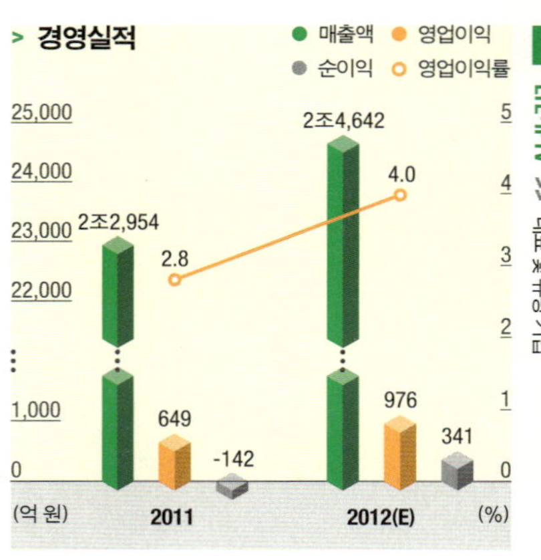

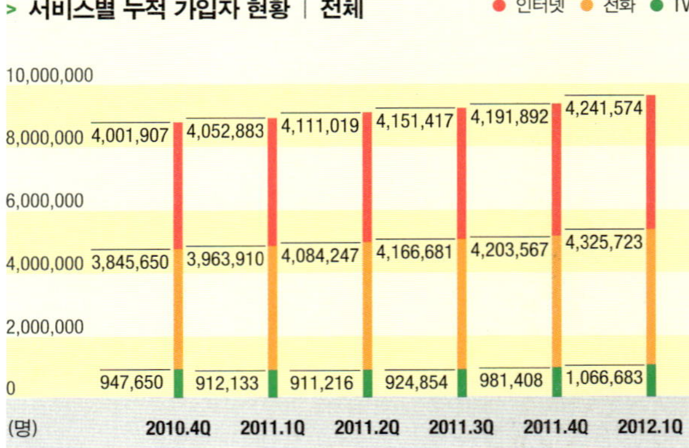

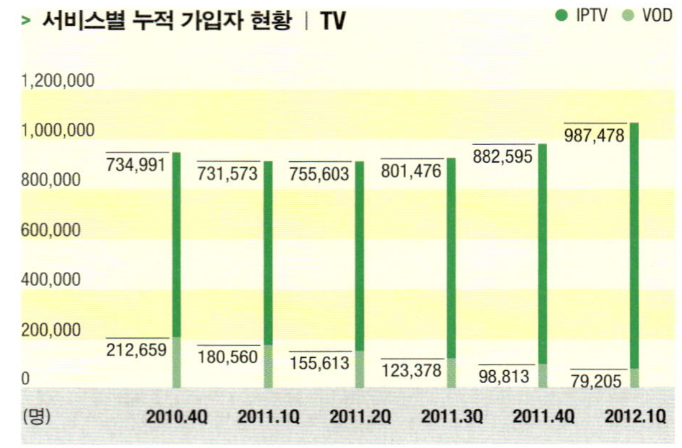

투자 포인트

- 글로벌 디지털 STB(셋톱박스) 시장 성장 수혜 업체.
- 각국 디지털 방송 전환으로 디지털 STB에 대한 수요 증가는 향후 지속될 전망.
- 글로벌 STB 시장은 2011년 14% 성장에 이어 2012년에도 18% 성장할 전망.
- 미국 케이블 STB 시장 진출 가시화 → 그동안 노력해 오던 미국 케이블 시장 진출은 큰 모멘텀으로 작용할 전망.

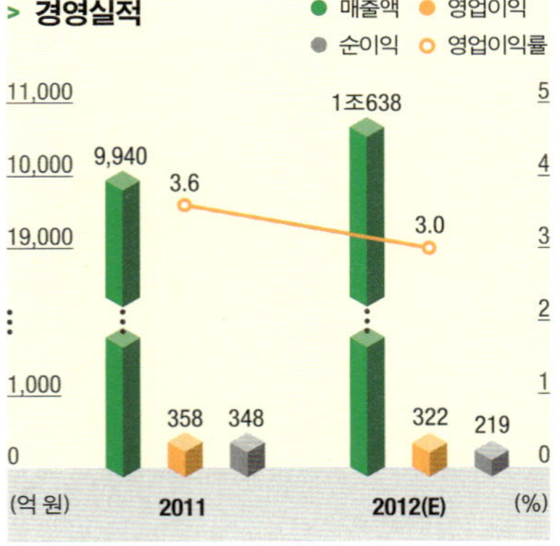

투자 포인트

- 디지털 STB, 디지털 위성방송수신기, 디지털 지상파 방송수신기 및 디지털 케이블방송수신기 개발, 제조 판매.
- High-end 제품 위주의 고수익성 시현.
- 미주, 유럽, 남미 지역을 중심으로 High-End 제품 판매 확대로 수익성 상승.

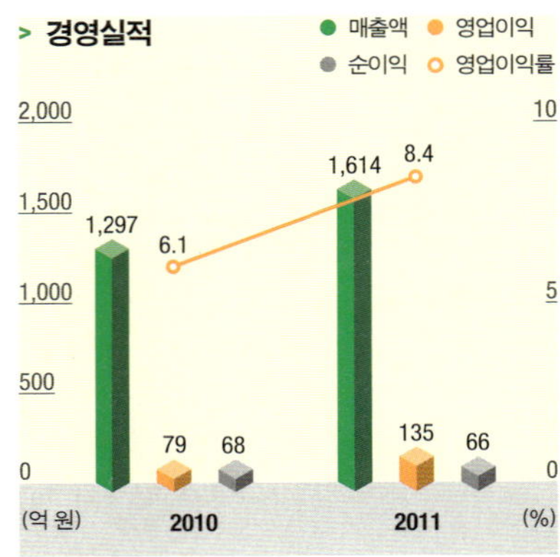

11 AMOLED

불과 10여 년 전 만 하더라도 뒤가 볼록 튀어나온 브라운관 TV가 대세였는데, 지금은 날씬한 벽걸이 TV가 이곳저곳 아무데나 걸려 있다. 시간이 흐를수록 TV가 액자처럼 얇아지고 있는 것이다. 삼성과 LG를 비롯한 글로벌 가전 업체들은 저마다 TV의 두께를 두고 경쟁하는 듯하다.

이러한 TV의 진화에는 다양한 부품들의 발달이 뒤따르겠지만, 그중에서도 일등 공신은 디스플레이다. 빛을 쏘아 화면을 만드는 TV를 만들기 위해 진공관을 통째로 넣었던 과거 브라운관 방식과 달리 아예 화면 유리에 빛을 쏠 수 있는 광원을 넣는 방식으로 TV가 가볍고 얇아질 수 있었다.

플렉서블(flexible)과 투명(transparent) 디스플레이로 진화를 거듭하다

최근 디스플레이 시장을 주도하는 기술은 초박막 액정표시장치(TFT-LCD, Thin Film Transistor Liquid Crystal Display)다. TFT는 액정을 제어하기 위해 초박형 유리기판 위에 반도체 막을 형성한 회로다. 백라이트유닛에서 빛을 쏘면 컬러 필터를 통해 유리판에 원하는 그림이 구현되는 원리다.

여기서 한발 더 나아간 디스플레이가 바로 발광다이오드(OLED, Organic Light Emitting Diode)다. 백라이트에 의해 빛을 발하는 LCD와 달리 자체적으로 빛을 발현하는 디스플레이다. 양극과 음극으로 주입된 정공과 전자가 내부의 유기 발광 층에서 만나 빛을 발하는 디스플레이가 그것이다. 자발광 소자인 OLED는 백라이트가 필요 없어서 얇고 가볍다는 장점이 있다. 또 유기물질을 이용해 만들어지기 때문에 디스플레이를 두루마리처럼 휘거나 구부릴 수 있고, 투명하게 구현할 수도 있다.

OLED는 다시 수동형 PM과 능동형 AM으로 나뉜다. PMOLED는 하나의 라인 전체가 발광해 구동하는 라인 구동 방식이지만, AMOLED는 발광소자가 각각 구동하는 개별 구동방식이다. AMOLED는 휴대전화 등 소형기기에 먼저 적용되면서 인정을 받았던 제품이다. 점차 소형TV나 노트북, 차량용 디스플레이 등을 거쳐 이제는 대형 TV 등에도 적용되고 있다. 앞으로는 자동차 등 신시장으로의 확산도 가속화될 전망이다.

제품에 AMOLED 패널을 적용하는 업체가 늘어나면서, 관련 기업들은 저마다 AMOLED 대형 패널 투자에 나설 것으로 보인다. AMOLED가 LCD 시장을 잠식해나가기 위해서는 원가 절감과 신기술 개발이 반드시 선행되어야 한다. 기업들은 봉지 기술 개선, 장비 효율 개선, 소재 업체 다원화 등으로 원가를 줄이면서, 플렉서블과 투명 디스플레이 개발에 전력을 쏟고 있다.

호실적만큼 설비 투자도 꾸준히 늘려야 산다

대표적인 AMOLED 디스플레이 업체는 삼성디스플레이다. 삼성디스플레이의 2012년 AMOLED 관련 실적은 양호한 편이다. 갤럭시 시리즈의 선전을 앞세워 삼성디스플레이의 AMOLED 생산량이 꾸준히 증가하고 있기 때문이다. 2011년 1분기만 해도 분기 5,000억 원 선에 그쳤던 AMOLED 패널 매출액은 2012년 1분기 2조 원 가까이 증가했다.

그러나 실적 분위기는 좋지만, 설비 투자 규모는 다소 지연되고 있다. 글로벌 경기 둔화에 대한 우려가 발목을 잡고 있기 때문이다. 2011년 삼성은 AMOLED 부문에 4조 원 이상의 설비 투자를 집행했으며, 2012년에도 6조 원 이상 투자할 것으로 전문가들은 예상하고 있다. 그러나 2012년 상반기 투자 집행 실적은 현금 유출 기준 2조 원 선에 그치고 있다.

삼성디스플레이의 투자 둔화로 장비 업체들의 실적에도 빨간 불이 들어오고 있다. 그러나 전문가들은 스마트폰의 인기 등으로 디스플레이 업체들이 생산 규모 확대에 나설 것으로 전망하고 있다. 스마트폰의 대형화 추세와 AMOLED 비중 확대 등을 고려하면 투자에 나설 수밖에 없다는 의견이다. 다만, 현재 삼성전자 이외에 AMOLED를 필요로 하는 회사가 없다는 점은 부담스런 요인이다.

관련 업체들은 크게 장비 업체와 소재 업체로 나뉜다. 아이씨디, 원익IPS, 테라세미콘, AP시스템, HB테크놀러지, 비아트론, 에스에프에이, 엘티에스, 로체시스템 등이 장비 관련 업체다. 소재 업체로는 덕산하이메탈, 제일모직, LG화학 등이 있다.

2013년, 성장의 길목에 서다

지난 3년간 AMOLED 산업은 LCD와의 디스플레이 품질 경쟁과 대량 양산 기술 확보에 초점을 맞춰 발전해왔다. 사실, 옴니아2 출시와 함께 공격적인 AMOLED 마케팅 바람이 불었던 2009년만 해도 AMOLED에 대한 회의적인 시각이 컸다. 소비자 입장에서는 LCD와 비교해 특장점을 찾기 어려웠고, 패널 업체의 입장에서도 상업화하기에는 많은 투자 비용이 부담되었기 때문이다. 그런 의미에서 AMOLED는 차세대 디스플레이로서 검증의 시간을 보냈다고 할 수 있다.

이후 디스플레이 품질 면에서 AMOLED는 괄목할 만한 기술 개발을 이뤘다. 크기와 화소 밀도(PPI: Pixel Per Inch), 픽셀 구성 개선이 그 예이다. 대량 양산 기술 역시 주목할 만한 개선점이다. 이는 공정 난이도가 가장 높은 유기물 증착 기술 개선을 예로 들 수 있다. 아울러 장비 및 소재 국산화도 눈에 띄는 요인이다. 삼성디스플레이 A1은 외산 장비 중심으로 투자되었으나, A2 기판과 봉지 공정에 이어 A3부터는 AMOLED 대형화의 가장 큰 기술적 난제였던 유기물 증착 부문까지 빠른 속도로 국산화가 이뤄지고 있다.

향후 AMOLED는 원가 절감과 킬러 애플리케이션 개발이라는 숙제를 안고 있다. 원가 절감을 통해 LCD 시장 잠식이 가능하고, 더 나아가 킬러 애플리케이션(플렉서블, 트랜스페어런트) 개발을 통해 기존 디스플레이가 진입하지 못했던 새로운 시장 창출이 가능하기 때문이다. AMOLED에 맞닥뜨린 숙제야말로 유망 투자처로서의 명맥을 이어나가는 열쇠가 될 것이다.

AMOLED는 휴대전화와 TV에 이어 자동차에도 활용되고 있다. 사진은 아우디가 출시할 전기 스포츠카 'R8e트론'에 장착될 삼성디스플레이의 AMOLED 디지털 룸미러. 사진에서처럼 R8e트론에는 뒷유리가 없고 AMOLED 디지털 룸미러가 대신한다.

>> AMOLED란 무엇인가?

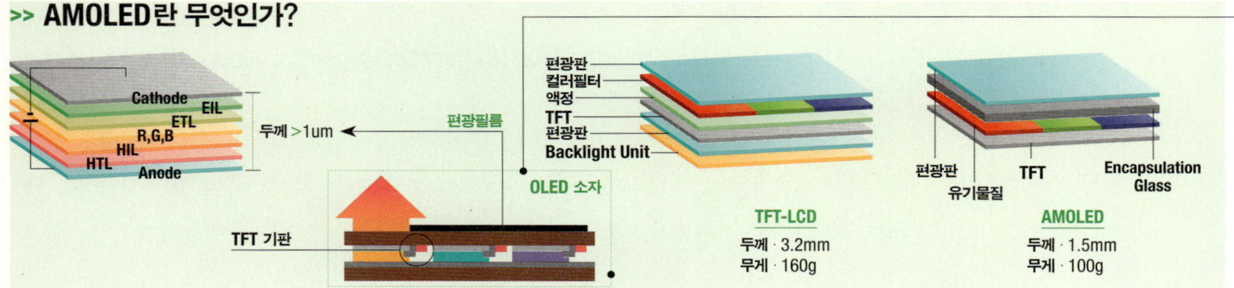

- OLED란 Organic Light Emitting Diodes의 약자로, 스스로 빛을 내는 유기 물질임. 보통 '유기발광다이오드'라고 부름.
- OLED에는 능동형 유기발광다이오드와 수동형 유기발광다이오드가 있는 데, 'AMOLED'는 바로 능동형(Active Matrix-) 발광다이오드임.
- AMOLED는 백라이트(BLU)에 의해서 빛을 내는 LCD와 달리 '자체 발광'하므로, BLU가 들어가지 않아 기판을 훨씬 얇고 가볍게 제조할 수 있음.
- AMOLED는 LCD에 비해 응답속도가 1,000배 이상 빠르고, 화질이 월등해 동영상에 최적화된 차세대 디스플레이로 꼽힘.

>> 삼성디스플레이, LG디스플레이 채택 AMOLED 구조 ◀

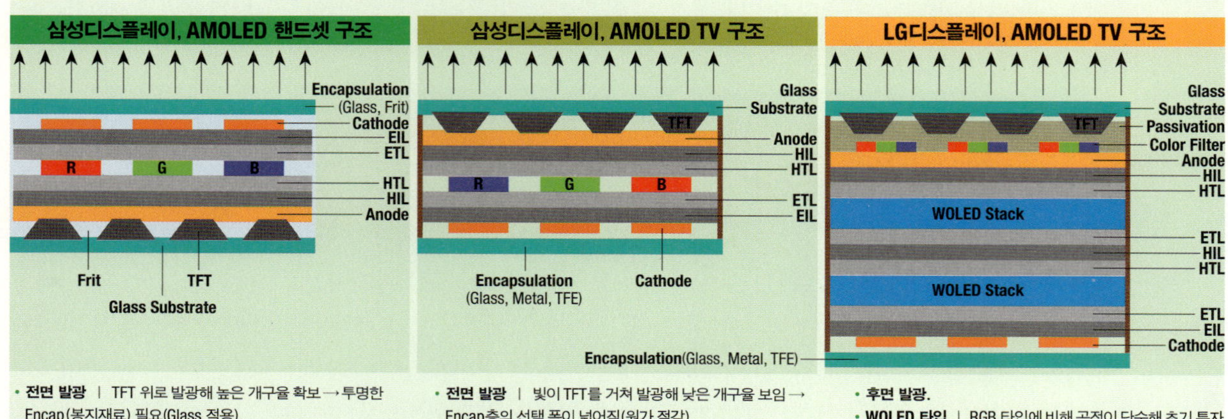

- **전면 발광** ㅣ TFT 위로 발광해 높은 개구율 확보→투명한 Encap(봉지재료) 필요(Glass 적용).
- **RGB 타입** : 고해상도 구현을 위해 LITI로 R, G를 패터닝하고, 증착으로 공통층 및 B를 패터닝함.

- **전면 발광** ㅣ 빛이 TFT를 거쳐 발광해 낮은 개구율 보임→Encap층의 선택 폭이 넓어짐(원가 절감).
- **RGB 타입** ㅣ 대면적 증착 기술 요함.

- **후면 발광.**
- **WOLED 타입** ㅣ RGB 타입에 비해 공정이 단순해 초기 투자 비용이 저렴하지만, HTL 등 소재 소모가 많음.

>> AMOLED 진화 로드맵

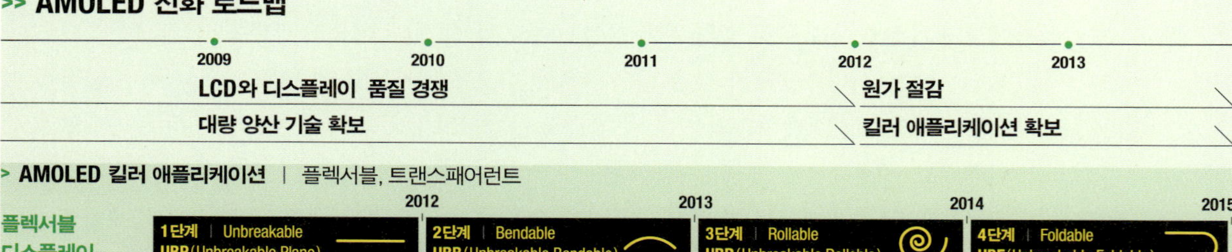

> AMOLED 킬러 애플리케이션 ㅣ 플렉서블, 트랜스패어런트

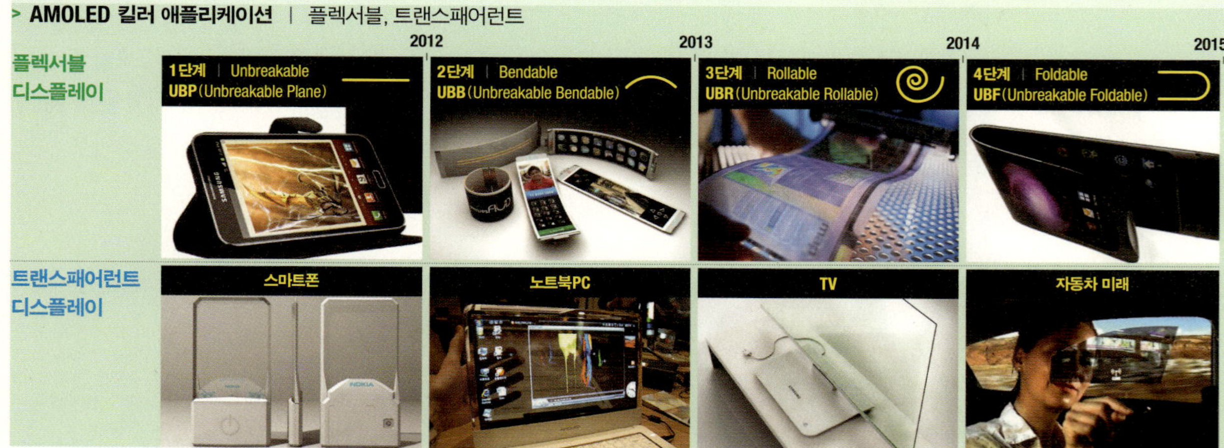

- 플렉서블은 유리 절약을 통한 원가 절감이 가능하고, 가볍고 충격에 강해 스마트기기의 경박단소 트렌드에 적합.
- AMOLED는 양면 발광 구조이고 BLU가 불필요하므로 트랜스패어런트 디스플레이로 적용 가능성 높음 → 자동차 창이나 유리창 등 주변 환경 속에서 원하는 정보를 시현 가능 → 다양한 부가가치 창출 기대.

>> AMOLED 공정 및 밸류 체인

AMOLED 공정

TFT 공정

비정질 실리콘으로 유리기판을 만든 뒤 저장용량으로 구성된 backplane을 만드는 공정.

Backplane (LTPS TFT) — Active Area

OLED 공정 · 증착

FMM(Fine Metal Mask)을 이용한 진공열 방식으로 유기물질을 증착하는 공정.

Anode Deposition — TFT Backplane / High Injection Layer Coating / Primer Layer Coating

Evaporation — Active Area / Inactive Area

Cathode Deposition — Cathode / Emission Layer

Encapsulation 공정 · 봉지

유리와 필름을 이용해 보호막을 형성하는 공정으로, 산소와 수분에 민감한 OLED 양산에 있어서 특히 기술신뢰성 요구됨.

Encapsulation — OLED Stack / Back / Epoxy / Glass / Front

AMOLED 밸류 체인

LTPS 장비

- **5.5G** · AP시스템, 아이씨디, 테라세미콘, 비아트론, 원익IPS
- **Oxide-TFT** · 테라세미콘, 아이씨디, 원익IPS

증착

- **4G** · Tokki, Hitachi
- **5.5G** · AP시스템, 에이에프에이, 에스엔유, Tokki, Ulvac
- **8G** · 에스에프에이, 원익IPS

봉지

- **4G** · AP시스템
- **5.5G** · AP시스템, 엘티에스, 테라세미콘, 에스엔유, 원익IPS, Ulvac
- **8G** · AP시스템, 에스에프에이, 원익IPS

물류, 커팅 등 기타 장비

- **4G, 5.5G** · 에스에프에이, 톱텍, NCB네트웍스, 로체시스템, 엘티에스
- **8G** · 원익IPS

※ **4G**(세대) | 730×920(기판 사이즈), **5.5G** | 1200×1500, **8G** | 2200×2500

> AMOLED 채택사 추이

주 · 애플사는 LCD 채택

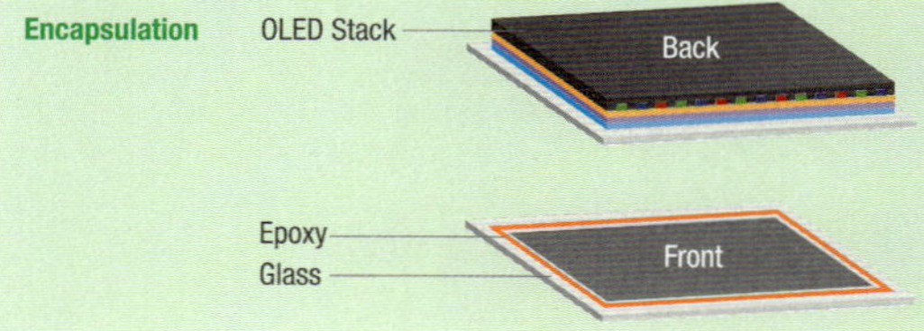

> 주요 업체별 AMOLED 출하량

단위 · 천 개

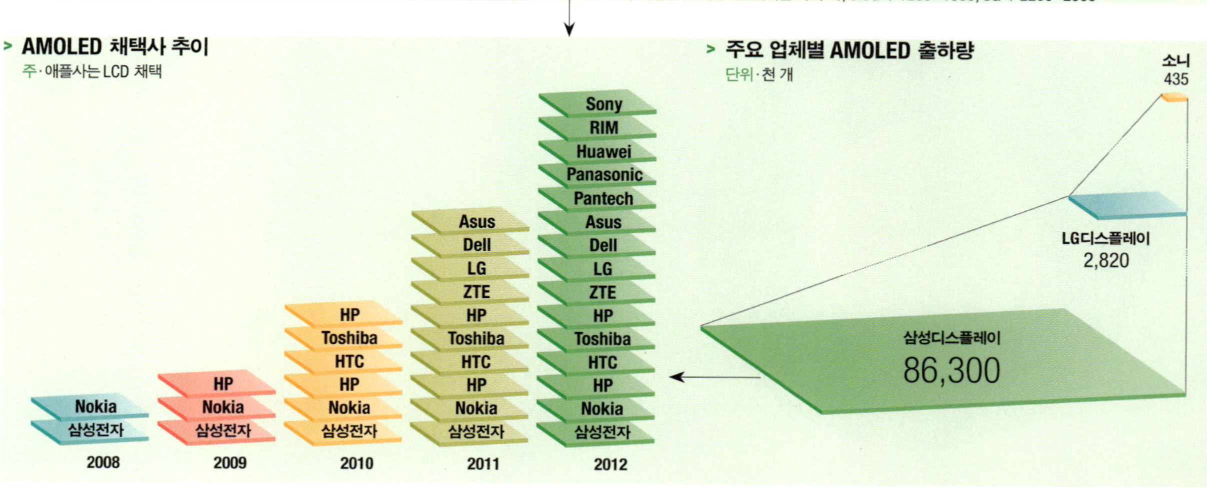

> ## AMOLED 산업 중·장기적 투자 전망

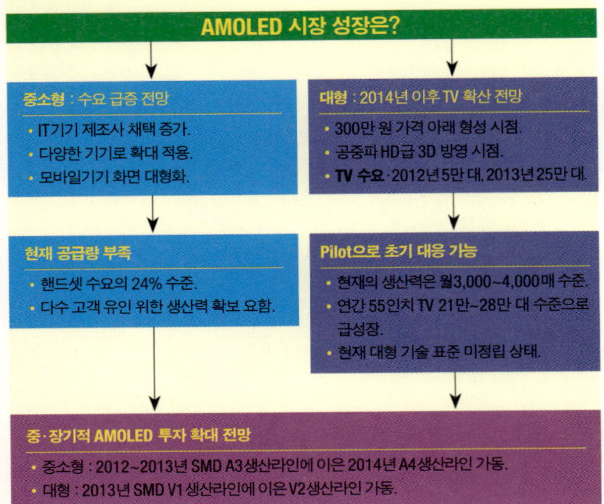

> ## AMOLED 산업 미래 투시도

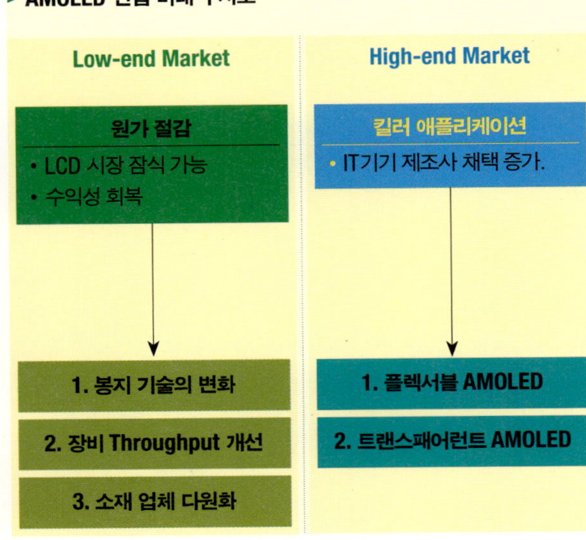

> ## 글로벌 AMOLED 패널 시장 규모 전망

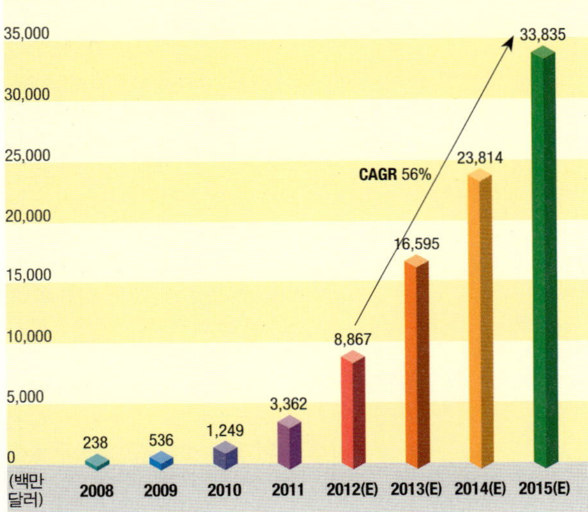

> ## 글로벌 AMOLED 패널 수급 전망

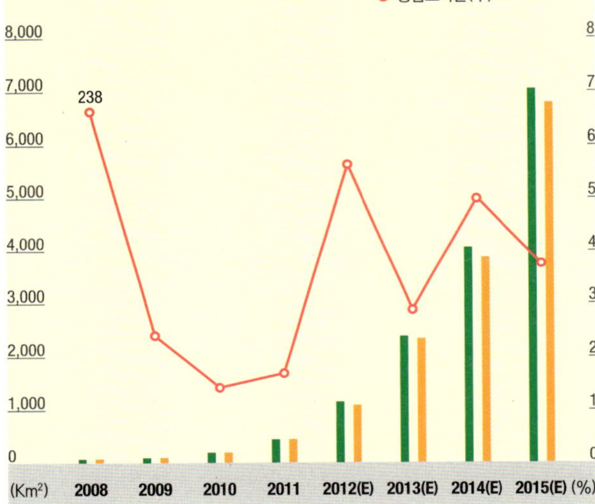

> ## 적용 기기별 AMOLED 매출액 비중

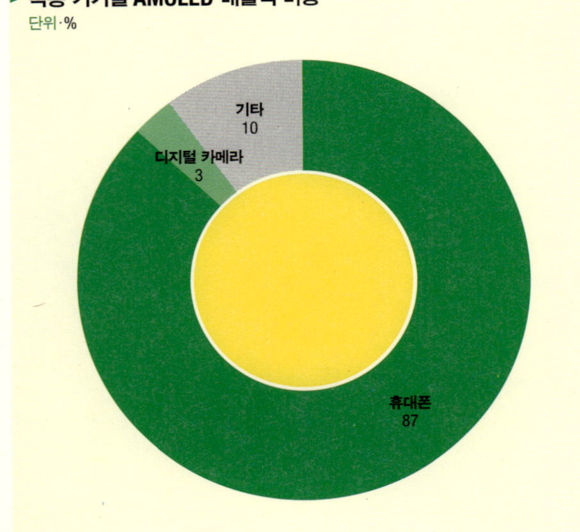

> ## AMOLED 탑재 휴대폰·스마트폰 비중 전망

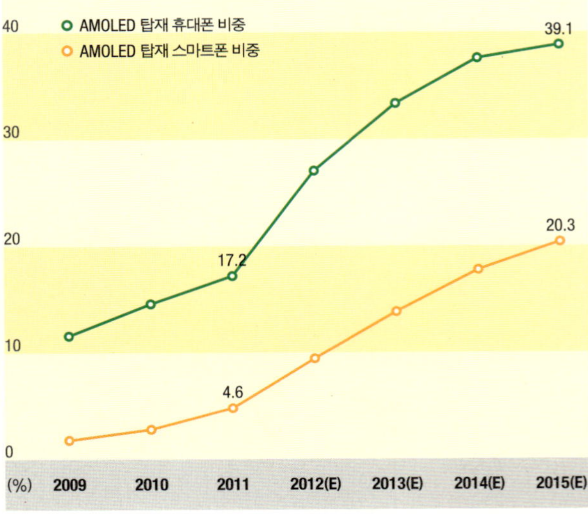

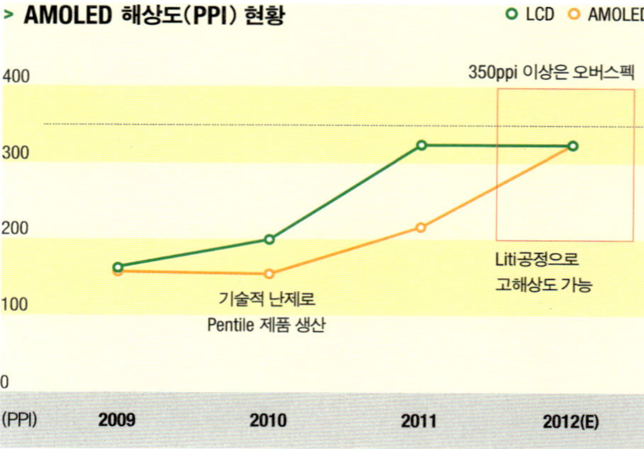

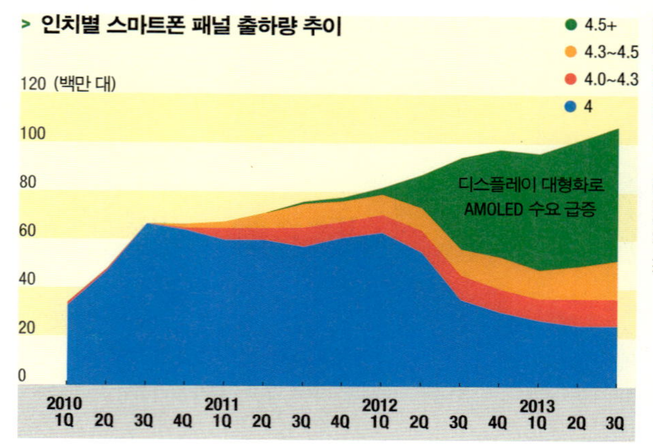

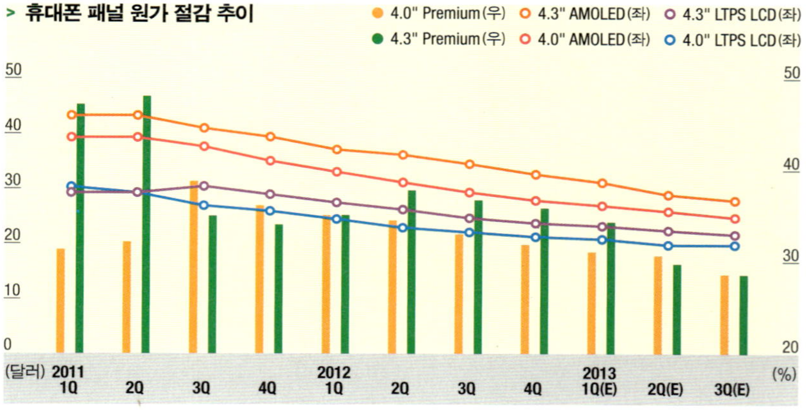

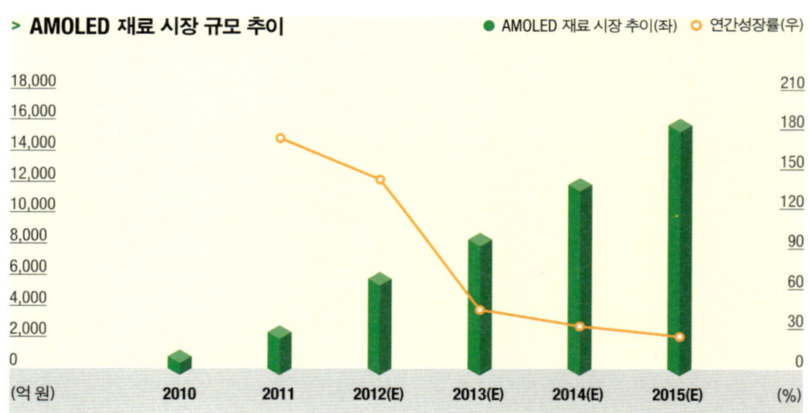

- LCD와의 디스플레이 품질 경쟁이 무의미해진 이상, AMOLED 제조업체는 원가 절감에 집중할 전망 → 동종 업체간 경쟁 가열로 원가 절감이 차별화된 경쟁력으로 부각.
- AMOLED 시장이 성장함에 따라 AMOLED 제조에 들어가는 소재 시장 역시 비례하여 성장하는 것은 당연.
- 특히 2012년부터 AMOLED TV가 생산됨에 따라 지금까지 중소형 패널에 사용되는 재료보다 양적으로 큰 팽창이 예상. LCD와 달리 AMOLED에만 있는 유기재료는 AMOLED 패널의 성능 및 수명을 결정짓는 핵심 재료임.
- AMOLED TV가 향후 LCD TV를 대체하기 위해서는 반드시 가격 경쟁력을 가져야 하는데, AMOLED에 들어가는 재료비는 LCD에 비해서 60~70% 수준으로 라인 설립 후 고정비가 줄어들면 빠르게 가격 경쟁력을 확보할 수 있음.
- AMOLED의 재료비가 LCD보다 저렴한 이유는 LCD 재료비의 23~25%를 차지하는 BLU가 필요 없으며, 상판 유리 및 편광 필름을 LCD보다 줄일 수 있기 때문임.

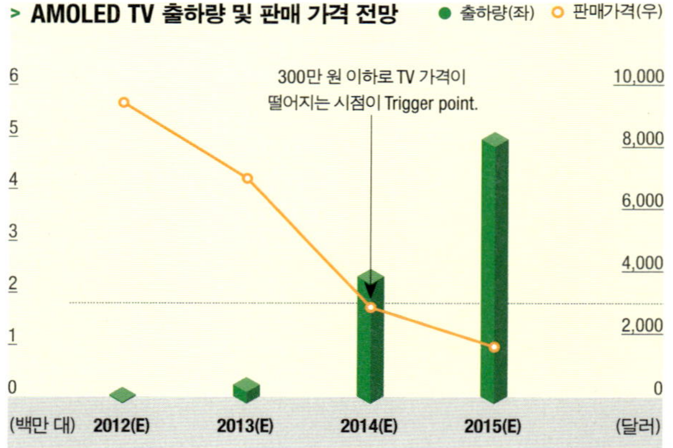

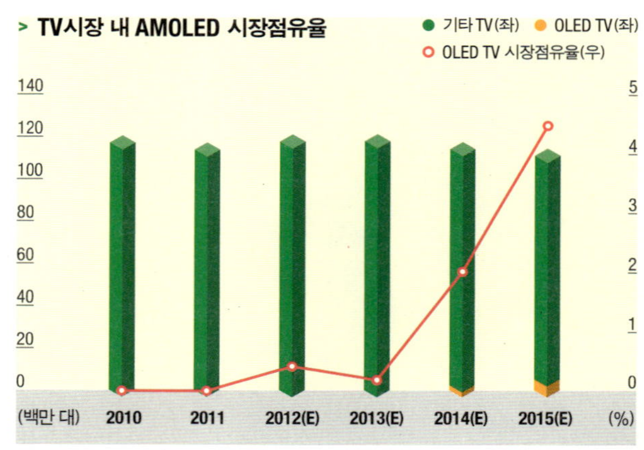

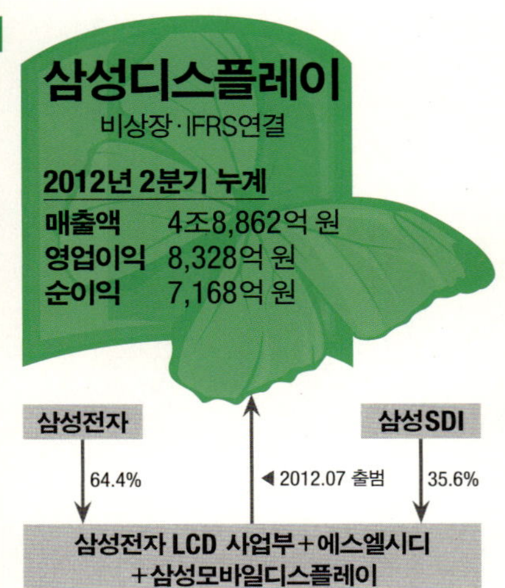

투자 포인트

- 삼성전자와 삼성SDI의 합작회사 삼성모바일디스플레이로 2011년 출범 → 전 세계 모바일 AMOLED 시장점유율 99% 기록.
- 2012년 7월에 삼성전자 LCD사업부와 에스엘시디 및 삼성모바일디스플레이가 합작회사 삼성디스플레이 설립.
- 중소형 OLED 투자는 A3생산라인 이후 A4생산라인 신규 투자를 진행할 예정.
- 스마트기기의 수요 대응과 전략적으로 애플 등 대형 고객의 AMOLED 채택을 유도하기 위해서 추가 생산 설비 확보 필요.
- 업계 최초로 46인치 투명 LCD 패널 양산, 55인치 TV용 AMOLED 개발.
- 2012년 현재 AMOLED 누적 생산 2억 개 돌파.

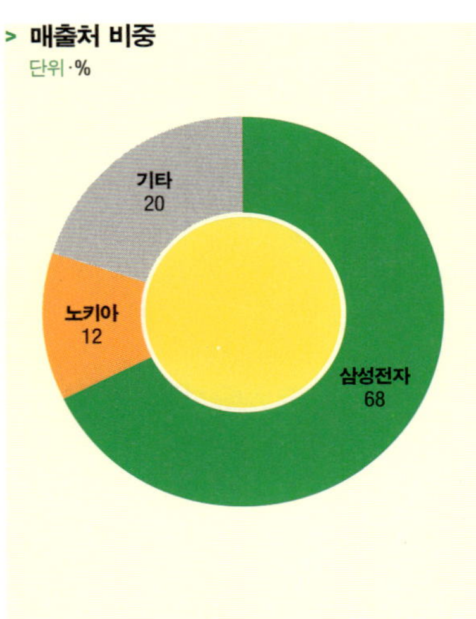

A2라인 진행 현황

Gen	Fab	Time	
5.5G	P1	2010.10	건설 비용 포함
	P2	2011.04	5조 원 가량
	P3	2011.11	투자비 소요
8G	V1Pilot	진행중	

A3라인 진행 전망

Gen	Fab	Time	
5.5G	P1	2012.06E	
	P2	2013.01E	2013년에도
	P3	2013.05E	A3라인 투자로
8G	V2	2013.02H	Capex 증가 추세

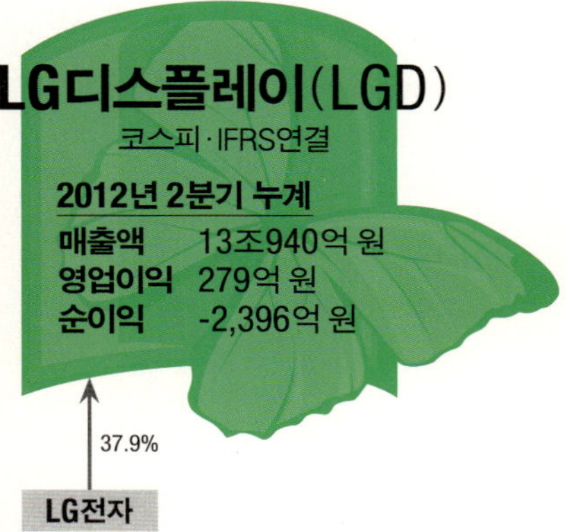

투자 포인트

- LCD는 패널 가격이 하락하고 있어 미래 성장 동력으로 OLED에 투자할 계획 수립 → 기존 라인을 활용한 효율적인 투자 예상.
- 저비용 고효율의 산화물 반도체 및 White OLED 기술로 OLED TV에 집중 → WOLED 방식은 RGB 방식에 비해 공정이 용이해 초기 공정 수율 확보에 유리.
- 애플향 LCD 패널 공급량은 조금씩 하락하는 추세이나 여전히 1위 지위 고수 → 매출 안정화에 기여.

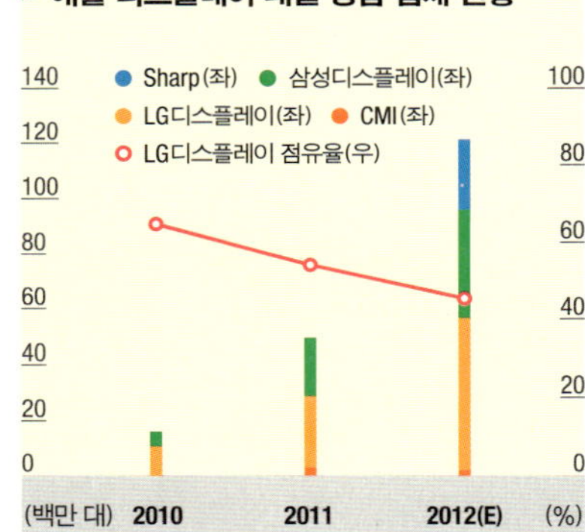

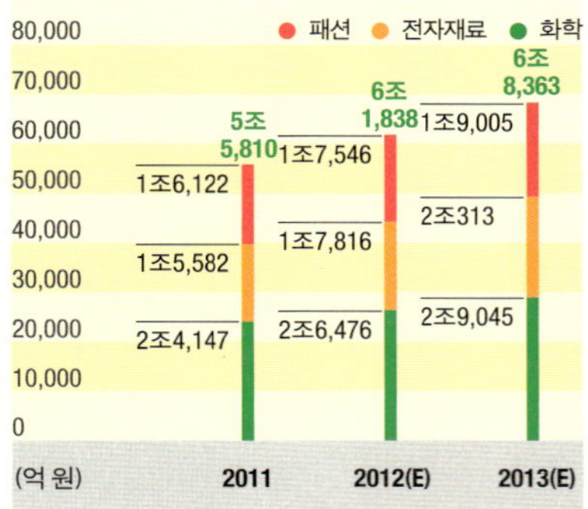

제일모직

코스피·IFRS연결

투자 포인트

- OLED 소재인 HTL, 도너필름과 반도체 공정 재료 개발 중.
- OLED 실적에 따라 주가 민감도 높음.
- OLED 소재 중 ETL이 최근 삼성디스플레이 품질 평가에서 좋은 결과 얻음 → 삼성디스플레이가 LG화학 의존도 줄이고 제일모직 소재 채택 늘릴 전망.
- 삼성그룹의 핵심소재 업체 육성 의지와 맞물려 글로벌 전자재료 업체로 거듭날 것으로 기대.

덕산하이메탈

코스닥·IFRS별도

2012년 2분기 누계

매출액	694억 원
영업이익	198억 원
순이익	202억 원

투자 포인트

- 동사의 주요 사업 부문인 HTL 유기재료는 삼성디스플레이 사용량의 80% 차지 → 삼성디스플레이의 A3, V1 생산라인 가동과 함께 추가적인 HTL 수요가 발생할 전망.
- 스마트기기의 경박단소화 경향 및 수요 증가에 따라 솔더볼 사업도 성장세 지속 전망.
- 특히, 솔더볼 시장은 매년 20% 이상의 팽창을 보이고 있으며 당사는 세계 시장의 18%를 점유하고 있음. 국내 시장은 무려 70~80%를 점유하고 있음.

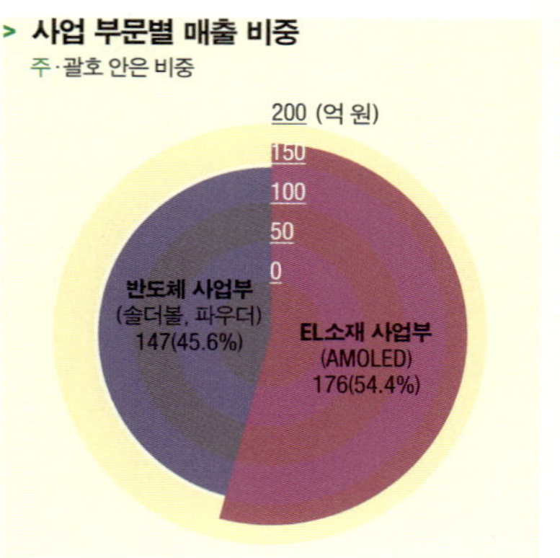

> **사업 부문별 매출 비중**
주·괄호 안은 비중

에스에프에이

코스닥·IFRS별도

2012년 2분기 누계

매출액	2,014억 원
영업이익	179억 원
순이익	290억 원

투자 포인트

- 삼성테크윈에서 분사한 자동화 설비 전문 업체로, 디스플레이기기 제조 장비 사업과 물류 시스템 사업을 주된 사업으로 영위.
- 2010년 OLED 시장에 성공적으로 진입함에 따라 국내 1위 장비 업체로 성장.
- 2011년 OLED 관련 장비 수주액은 4,200억 원. 2012년 OLED 신규 수주액은 5,000억 원 이상 기대됨.
- 8세대 OLED 유기재료 증착 장비도 주목.
- 2013년 연 매출 1조 원 달성 기대.

> **연도별 매출 증가 추이**

AP시스템

코스닥·IFRS별도

2012년 2분기 누계

매출액	1,027억 원
영업이익	95억 원
순이익	86억 원

투자 포인트

- 레이저 기술을 기반으로 한 OLED 전 공정 핵심 장비 업체.
- 국내에서 유일하게 TFT, 증착, 봉지까지 다양한 공정 장비 보유.
- LLO장비는 플렉서블 기판을 레이저로 분리하는 장비로서, 삼성디스플레이의 플렉서블 OLED 양산의 수혜가 기대됨.

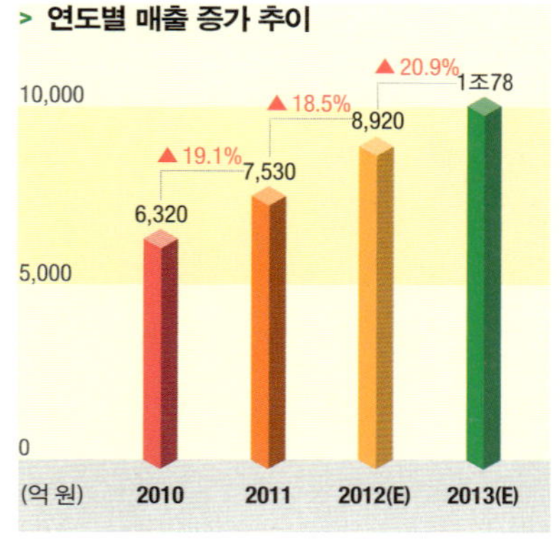

> **AP시스템에서 공급하는 핵심 장비**
단위·%

사업 부문	장비	적용 공정
OLED 장비	ELA	a-Si 결정화 장비
	LITL	레이저 증착 장비
	Encap	유기막 재료 보호 장비
	LLO	플렉서블 기판 탈착 장비
반도체 장비	RTP	급속 열처리 공정 장비
	LTA	레이저 경화 장비
LCD 장비	ODA	액정 적하 후 합착 장비
기타		소모성 재료 및 유지 보수

테라세미콘

코스닥·IFRS별도

2012년 2분기 누계

매출액	555억 원
영업이익	111억 원
순이익	91억 원

투자 포인트

- Batch 타입의 열처리 기술을 바탕으로 반도체, OLED, 태양광 장비를 제조하는 업체.
- 삼성디스플레이 투자 확대에 따라 OLED 관련 매출액이 2011년 945억 원(+633% y-y)으로 급증
- 2012년 플렉서블 OLED와 Oxide TFT 투자 확대에 따라 열처리 장비의 수주 모멘텀이 부각될 전망.
- 플렉서블 OLED는 폴리마이드 경화를 위한 Curing 장비가, Oxide TFT는 IGZO 물질의 안정화를 위한 열처리 장비가 추가적으로 적용됨.

> **사업 부문별 매출 증가 추이**

12 LED

성장과 침제의 갈림길에 직면, 2013년부터 반등 조짐

전 세계가 저(低) 이산화탄소 녹색 기술을 바탕으로 한 녹색 산업을 육성하기 위해 치열한 경쟁을 벌이고 있다. 그 일환으로 LED(Light Emitting Diode) 산업 육성 및 경쟁력 강화에 심혈을 기울이고 있다. LED는 에너지 절감 효과가 뛰어난 친환경 광원으로서, 전기·전자, 조명, 광(光) 응용, 의료, 자동차 등 여러 산업에서 각광을 받는 사업 아이템이다.

LED 산업 성장, '조명'이 이끌 것

LED는 '낮은 전력 소모'와 '긴 수명'이라는 장점을 바탕으로, TV, 냉장고와 같은 가전은 물론 휴대폰 등 IT 제품의 BLU(Back Light Unit)로 사용되고 있다. 현재는 TV에 사용되는 BLU 중심이지만 자동차용 전장 부품과 조명 엔진 분야의 수요가 꾸준히 느는 추세다.

앞으로 LED 산업의 성장은 조명 시장이 견인할 것으로 전망된다. LED 조명은 광 전환 효율이 최고 90% 수준이고, 수명은 최대 10만 시간에 이르는 등 기존 광원을 능가한다. 기존 조명기구보다 가격은 2배 정도 비싸지만, 가격이 빠르게 하락하고 있어 1~3년 후 형광등을 대체할 수 있을 것으로 보인다. LED 조명의 수요는 일반 조명, 자동차 조명, 공공기관 및 주택 조명으로 확대되고 있다.

세계 각국의 LED 조명 활성화 정책도 LED 조명의 확산 시기를 앞당기는 요인이다. 우리 정부는 오는 2015년까지 조명의 30%를 LED로 전환하는 목표를 세웠다. 미국과 일본은 2012년부터 단계적으로 백열등 사용을 금지하고 있고, 중국도 2013년부터 단계적 사용 금지를 시행할 예정이다. 이에 따라 LED 조명 보급률이 2010년 2%에서 2014년 10%에 달할 것이란 게 업계의 관측이다.

특허 경쟁력과 다양한 매출처를 확보한 업체는 어디?

한편, LED 산업은 공급 과잉 국면에 직면해 있다. 2010년 중국 정부가 LED 산업 육성 정책을 펼치면서 LED 칩 업체들은 설비 투자를 공격적으로 늘렸다. 그러나 2011년 유럽발 금융위기로 수요가 둔화되면서 LED 업체들은 혹독한 시련을 겪게 됐다. 이후 업계 구조조정으로 공급 과잉이 둔화되고 있지만, 결국 기술 차별화 및 원가 경쟁력을 보유한 업체들만 치킨게임에서 생존할 수 있을 것으로 전망된다.

LG그룹은 차세대 성장 동력의 하나로 LED 사업을 선정한 가운데, 각 계열사에 분산돼 있던 사업부를 LG이노텍으로 일원화하는 움직임을 보이고 있다. LG이노텍은 LED 칩에서부터 모듈과 패키지에 이르기까지 수직 통합해 역량을 강화해 나가고 있다. 현재 LG이노텍의 전체 매출액 가운데 LED 사업부의 비중은 20%를 조금 밑돌고 있다.

특히 LG이노텍은 친환경 LED 개발 시스템을 도입해 조명 시장 공략에 속도를 내고 있다. 또 글로벌 조명 업체들과의 협력을 통한 해외 시장점유율 확대를 꾀하고 있다. LED 산업 침체 속에서도 2012년 3분기에 LED 조명 부문 매출은 전 분기 대비 약 10% 증가했다.

LED 관련 후방 업체들의 행보에도 함께 관심을 기울일 필요가 있다. 사파이어테크놀로지는 LED 산업의 핵심 소재인 사파이어 잉곳과 웨이퍼 생산 업체로 글로벌 시장점유율 1위를 기록하고 있다. 독자적으로 개발한 VHGF 공법(수직 수평 온도 구배법)을 통해 높은 수율과 뛰어난 원가 경쟁력을 확보해, 시장점유율을 지속적으로 확대해 나가고 있다. 사파이어테크놀로지는 장비를 직접 제작하기 때문에 투자비가 경쟁사 대비 약 50% 수준으로 낮을 뿐만 아니라 시장 수요 여하에 따라 탄력적인 대응이 가능하다.

서울반도체는 LED 칩과 모듈, 패키지 등을 생산하고 있다. 서울반도체의 강점으로는 특허 경쟁력과 다변화된 매출처 확보 등을 꼽을 수 있다. 최근 '아크리치2'와 'nPola' 등 시장 선도적인 제품을 내놓고 마케팅을 전개하고 있다. nPola는 사파이어 기판 대신 GaN(Gallium Nitride, 질화갈륨) 기판을 사용한 제품으로 기존 LED 대비 광 효율이 5배나 높다. 향후 양산화 과정 등을 지켜봐야 하겠지만, 성공한다면 한 단계 도약하는 발판이 될 것으로 예상된다.

금호전기는 TFT-LCD 광원인 CCFL 전문 업체에서 LED 전문 업체로 사업 영역 다각화에 성공했다. 이후 LED 조명 시장에서 독보적인 경쟁력을 확보해 나가고 있다. 최근 해외 업체들로부터 수주 물량이 꾸준히 확대되고 있다. 아울러 금호전기는 루미마이크로 인수를 통해 LED 패키징 사업에서도 꾸준히 성장해 나가고 있다. 뿐만 아니라 손자회사 더리즈를 통해 LED 칩 생산라인까지 확보하면서 일괄 생산 체제를 갖추고 있다.

2013년 반등을 기대한다

최근 1~2년은 LED 업체들에게 있어서 고통스런 한 해였다. 수요에 비해 공급이 지나치게 증가하면서 업계 내부적으로 경쟁이 가열됐기 때문이다. 공급이 크게 증가한 데 비해 원가 비중은 절감되지 않아 관련 업체들의 시름이 끊이질 않았다.

업계에서는 2013년이 되면 수요와 공급이 어느 정도 안정적으로 조절될 것으로 내다보고 있다. 험난한 시절에서 어느 정도 벗어나고 있다는 얘기다. LED라는 물건의 매력도만 놓고 봤을 때 시장에서의 공급량만 적절하게 조절된다면 앞으로 성장 가능성은 꾸준할 것으로 전문가들은 내다보고 있다. LED 역시 여느 스몰캡 업종과 다르지 않게 장기적인 안목을 필요로 하는 테마라는 데는 이견이 없다. 물론, 일희일비하지 않는 인내심과 현명한 판단은 투자자의 몫이다.

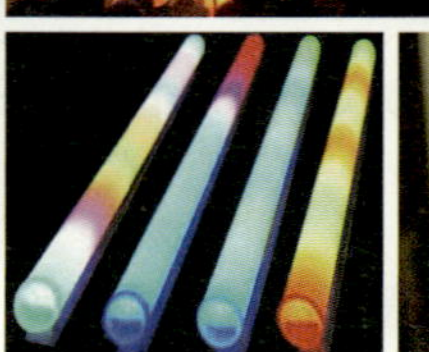

LED는 조명과 TV는 물론, 자동차, 건축, 패션, 엔터테인먼트에 이르기까지 우리 생활 곳곳에 밀접하게 침투해 오고 있다.

잉곳

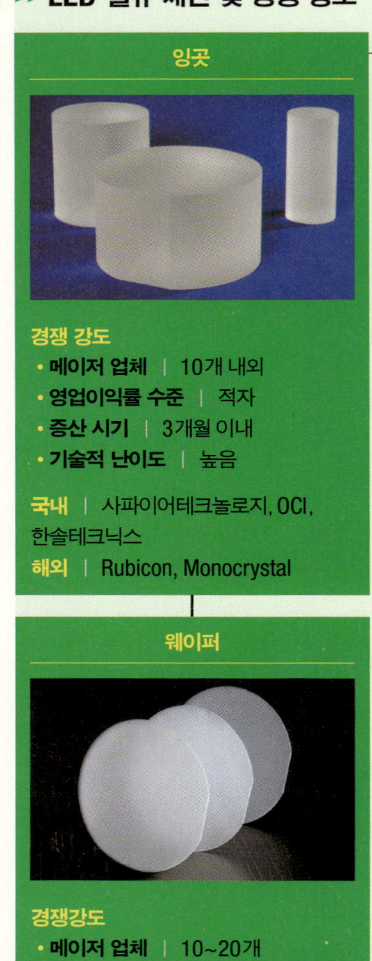

경쟁 강도
- **메이저 업체** | 10개 내외
- **영업이익률 수준** | 적자
- **증산 시기** | 3개월 이내
- **기술적 난이도** | 높음

국내 | 사파이어테크놀로지, OCI, 한솔테크닉스
해외 | Rubicon, Monocrystal

웨이퍼

경쟁강도
- **메이저 업체** | 10~20개
- **영업이익률 수준** | 손익분기점(BEP)
- **증산 시기** | 2개월 내외
- **기술적 난이도** | 낮음

국내 | 일진디스플레이, 한솔테크닉스
해외 | Kyocera, Namiki

에피·칩

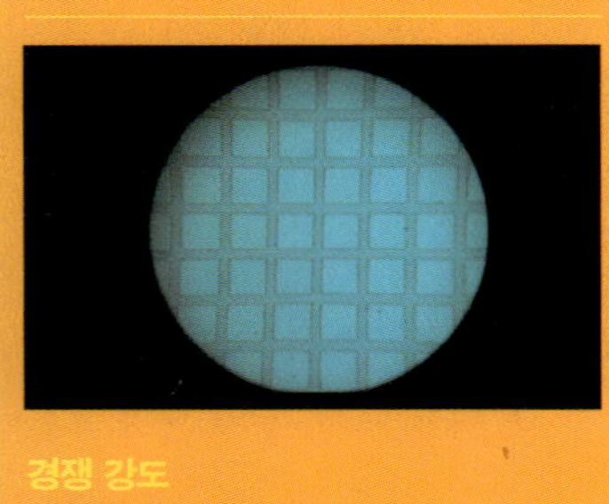

경쟁 강도
- **메이저 업체** | 30개 내외
- **영업이익률 수준** | 적자
- **증산 시기** | 6개월 내외
- **기술적 난이도** | 높음

국내 | LG이노텍, 삼성전기, 에피밸리, 서울반도체
해외 | Nichia, Toyoda Gosei, Cree, Osram, Lumileds, Epistar, Opto Tech, Huga Optotech, Formosa Epitaxy (ForEpi)

형광체

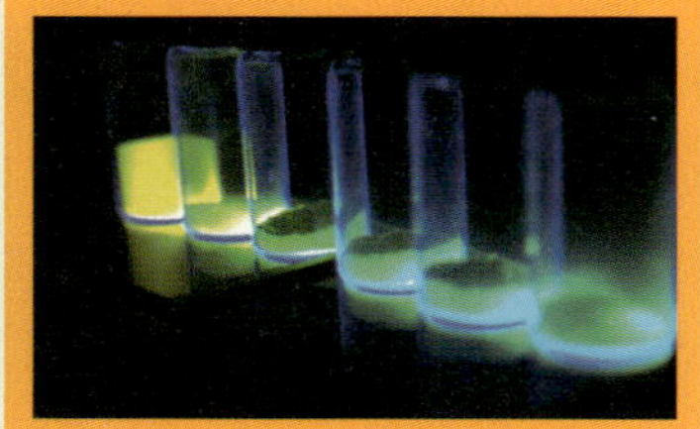

국내 | 대주전자재료, 포스포
해외 | Nichia, Lumileds, Osram, Toyoda Gosei, Intermetics

패키지

경쟁 강도
- **메이저 업체** | 40~50개
- **영업이익률 수준** | 1~3%
- **증산 시기** | 3개월 내외
- **기술적 난이도** | 보통

국내 | LG이노텍, 삼성전기, 루멘스, 서울반도체, 알티전자, 루미마이크로
해외 | Lite-on Technology, Everlight, Unity Opto, Harvatek, Bright LED Electronics

LED 장비

국내 | 주성엔지니어링, 프로텍, LIG에이디피, 원익아이피에스
해외 | Veeco, Axitron

구분		내용
일반 조명	   	MR16조명, 국부조명, 전구 및 탁상 조명, 하이브리드 조명 등.
실외 조명	  	가로등, 경기장 조명, 간판 조명 등.
특수 조명	  	무대 조명, 의료 조명, 농업 조명 등.
수송기기 조명	  	자동차 조명, 항공기 조명, 선박 조명 등.
LED BLU	  	TV, 노트북, 휴대폰, 카메라 조명 등.
디스플레이	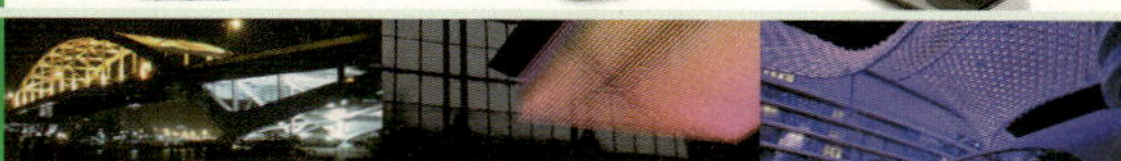	건물 외관, 다리 등.

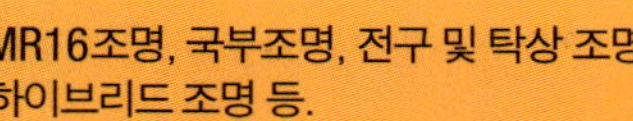

모듈

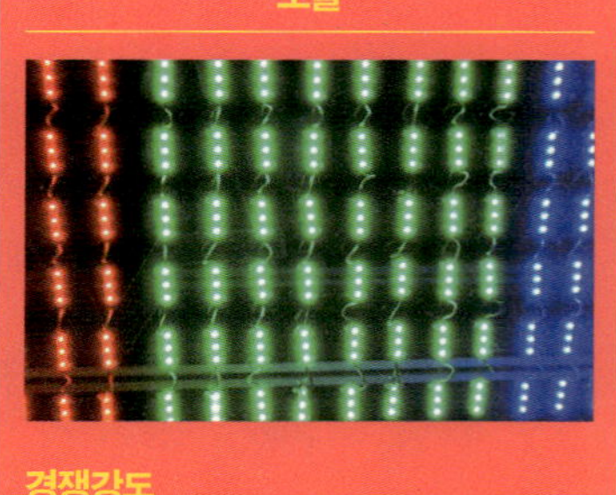

경쟁강도
- **메이저 업체** | 100개 이상
- **영업이익률 수준** | 손익분기점(BEP)
- **증산 시기** | 2개월 내외
- **기술적 난이도** | 낮음

국내 | LG이노텍, 삼성전기, 루민스, 서울반도체

LED BLU

국내 | 한솔테크닉스, 디에스엘시디, 태산엘시디, 뉴옵틱스(우리이티아이 자회사), 희성전자
해외 | Coretronic, Radiant

완성품

경쟁강도
- **메이저 업체** | 500개 이상
- **영업이익률 수준** | 손익분기점(BEP)
- **증산 시기** | 2개월 내외
- **기술적 난이도** | 낮음

조명

국내 | 금호전기, 대진디엠피, 화우테크, 알에프텍, 남영전구

TV·노트북·휴대폰

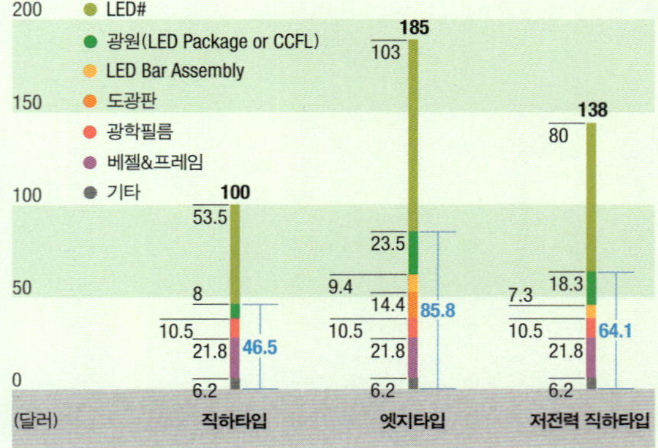

국내 | 삼성전자, LG전자, 팬택

- 잉곳 부문은 칩이나 패키지, 조명기기 부문에 비해 메이저 업체들의 과점화 속도가 더 빠르게 나타날 것으로 전망.
- 그 이유는, 1) 잉곳은 기술적인 진입장벽이 다른 부문에 비해 높은 것으로 판단되고, 2) 숙련된 노하우를 필요로 하는 생산 공정의 특성상, 기술을 확보했더라도 BEP를 달성하기 위한 수준의 수율에 도달하는데 오랜 시간이 걸리기 때문.
- 글로벌 메이저 조명 업체들은 칩에서부터 패키징, 모듈, 조명기기 부문까지 모두 수직 계열화하였으나, 핵심 원재료인 잉곳·웨이퍼 부문은 내재화하지 못하고 있고 향후에도 내재화 가능성은 낮은 것으로 판단.

잉곳·웨이퍼
- 가루 형태의 고순도 산화알루미늄을 섭씨 2,200도에서 녹인 뒤 응고시켜 만든 공업용 사파이어 덩어리로 LED의 기초 소재. 기둥 모양의 공업용 사파이어 덩어리인 잉곳을 얇은 원반 모양으로 가공한 것이 웨이퍼임. 웨이퍼는 과거 2인치에서 현재 6인치가 본격 등장 중임.
- 러시아의 Monocrystal과 미국의 Rubicon이 전체 글로벌 수요의 80%를 생산하는 등 진입장벽 높음.

에피·칩
- 기초 소재인 웨이퍼 위에 MOCVD 장비로 화합물 반도체를 퇴적·부착한 뒤, 이 에피웨이퍼에 전극을 만들어 각각의 칩으로 절단하는 공정.
- 고도의 기술력 요하므로 진입장벽 높음.

패키지
- LED칩을 기판과 연결하여 형광체와 함께 밀봉하는 공정.

모듈
- 패키징을 거친 LED를 해당 용도에 따라 각각의 프레임에 부착하는 공정.

완성품
- LED는 IT기기용의 경우 BLU 업체로 들어간 뒤 IT 제조 업체로 납품되고, 조명용의 경우 조명 제조 업체로 납품.

>> 저전력 직하형 LED BLU 개발 이슈

직하타입 LED BLU

엣지타입 LED BLU

저전력 직하타입 LED BLU

> **직하타입·엣지타입·저전력 직하타입 LED BLU 상대원가 비교**
주·CCFL=직하타입

범례:
- LED#
- 광원(LED Package or CCFL)
- LED Bar Assembly
- 도광판
- 광학필름
- 베젤&프레임
- 기타

(달러)	직하타입	엣지타입	저전력 직하타입
합계	**100**	**185**	**138**
LED#	53.5	103	80
광원(LED Package or CCFL)	8	23.5	18.3
LED Bar Assembly	—	9.4	7.3
도광판	10.5	14.4	10.5
광학필름	21.8	10.5	21.8
베젤&프레임	6.2	21.8	6.2
기타	—	6.2	—
(소계 표시)	46.5	85.8	64.1

- 국내 LED 업체들은 기존의 엣지 타입 LED BLU 대비 LED를 적게 소모하는 저전력 직하 타입 LED BLU를 새로 개발하여 양산 중임.
- 40인치 TV 기준 LED 소모량은 기존의 엣지 타입 LED BLU는 약 120개, 저전력 직하 타입 LED BLU는 60~90개 예상.
- 2012년 연간 기준으로 저전력 직하 방식의 LED BLU 평균 판가는 21달러로 전망 → 이는 엣지형 방식의 28달러보다 26% 낮은 수준이므로, TV세트 업체들이 저전력 직하 방식의 비중을 높여 나갈수록 LED 업체들에게는 부정적일 것으로 생각할 수 있음.
- 그러나 저가형 LED TV가 TV 신규 수요와 CCFL TV에서 LED TV로의 교체 수요를 자극하는 효과가 있으므로 결과적으로는 저가형 LED BLU에 선제적으로 대응할 수 있는 국내 업체들에게 수혜가 있을 것으로 예상.

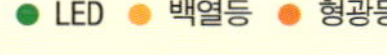

> LED 조명 시장 비중 추이

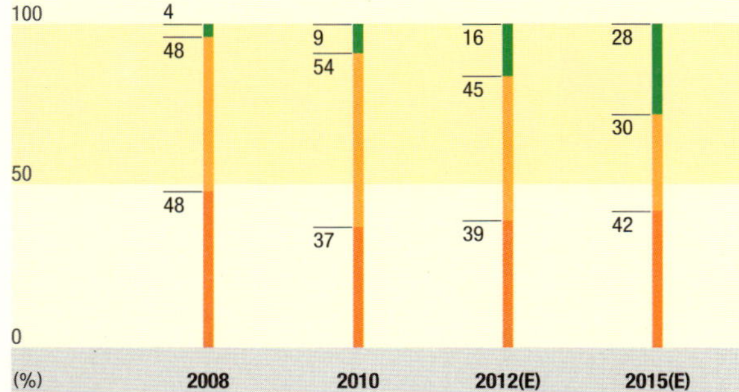

> LED 조명 시장 성장률 전망

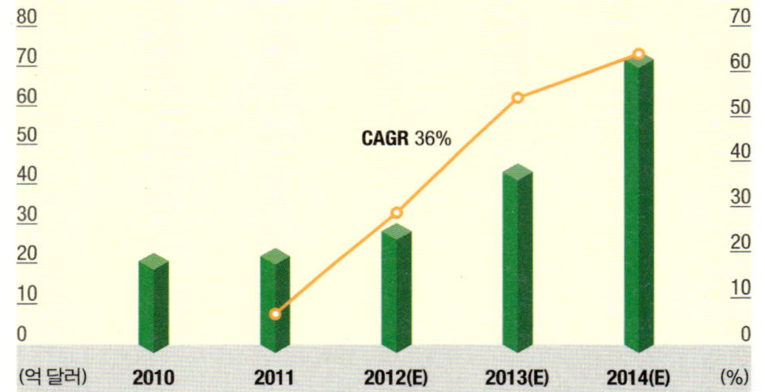

• LED 시장에서 조명용이 궁극적으로 가장 큰 시장을 차지할 전망.
• LED 조명은 긴 수명과 낮은 유지 비용 등의 장점으로 형광등과 백열등을 대체할 것으로 기대.

• 주요 LED 조명 가격이 매년 15% 이상 하락하고 있어 2013년 전후로 조명 보급률이 빠르게 증가할 전망.

> LED 패키지 시장 전망

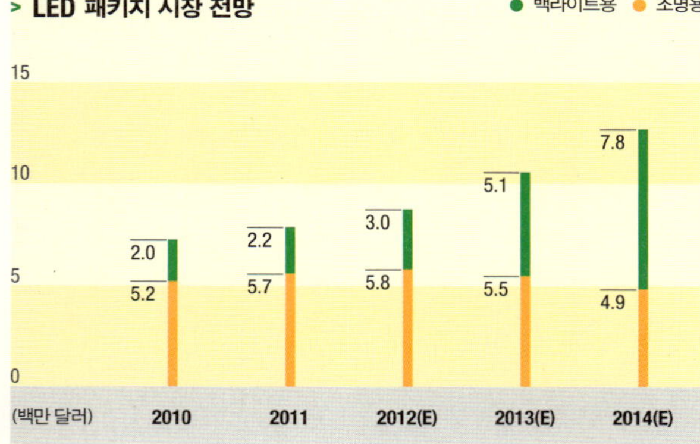
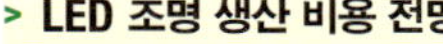

> LED 조명 생산 비용 전망

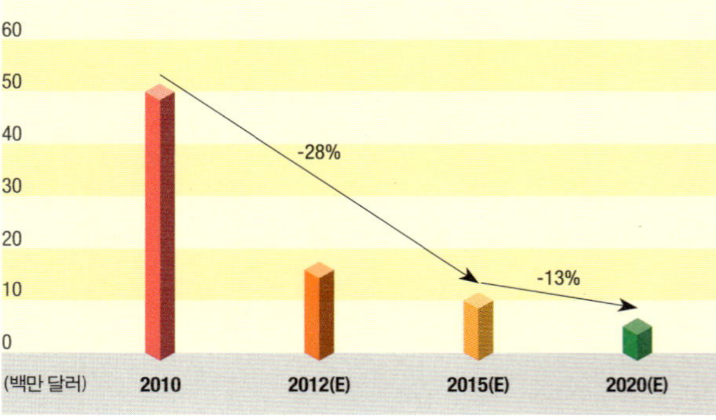

> 글로벌 잉곳 시장 규모 추이 및 전망

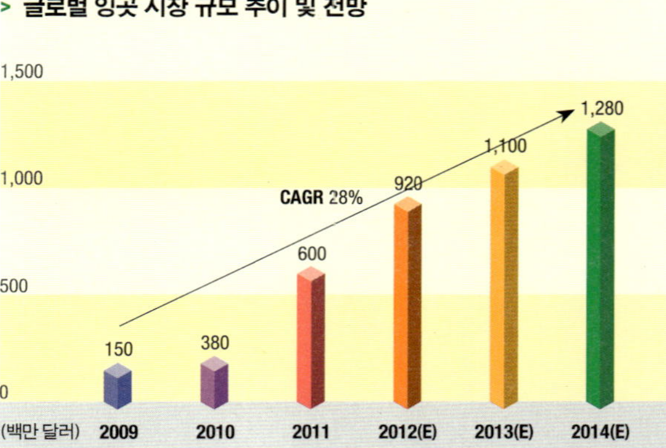

> 인치대별 잉곳 수요 추이 및 전망

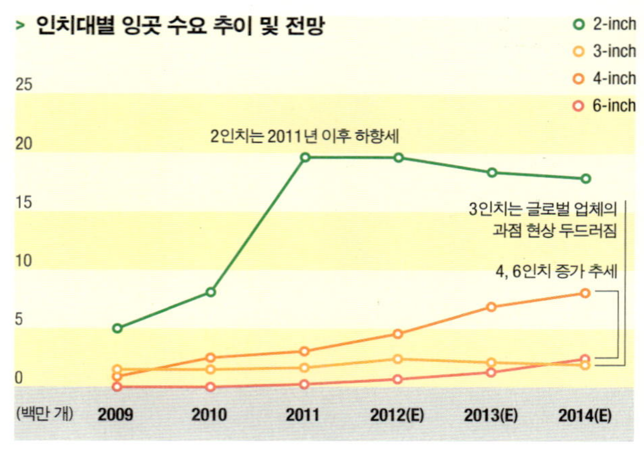

> LED 시장 성장 전망

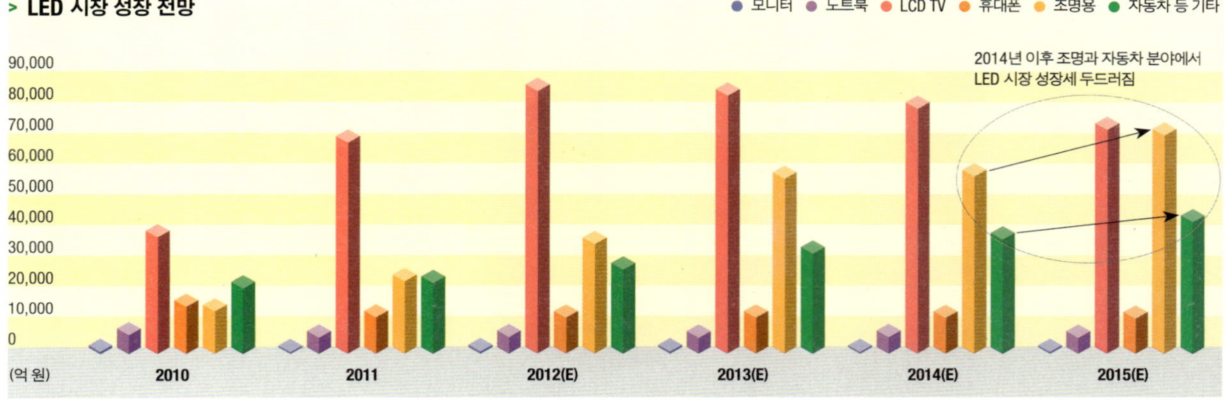

> LED TV 보급률 전망

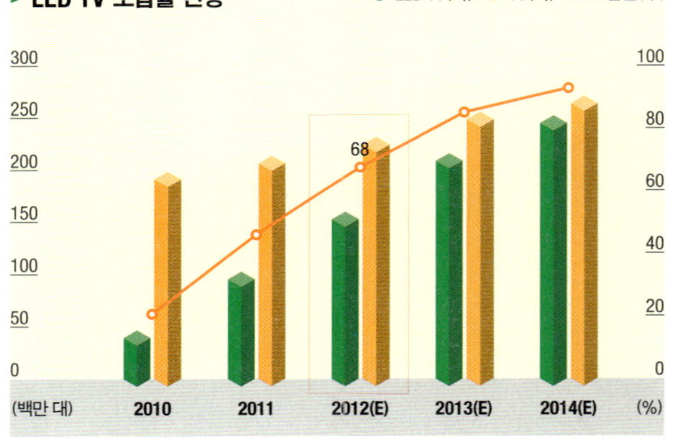

> LED TV 성장률 전망

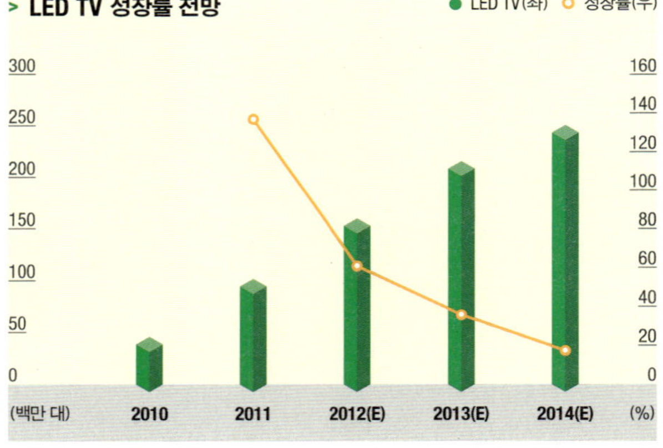

> LED TV 모니터 보급률 전망

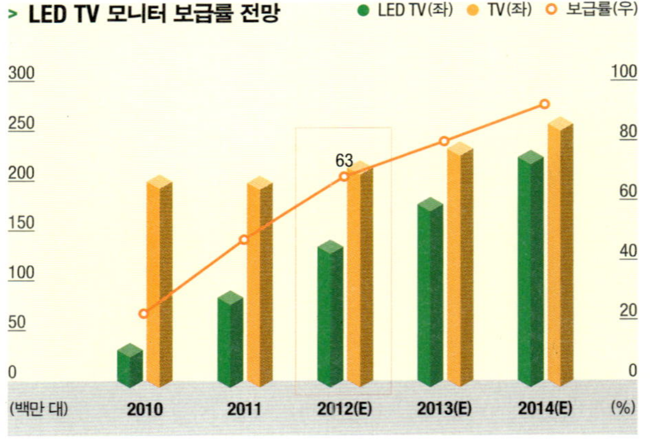

> LED TV 모니터 성장률 전망

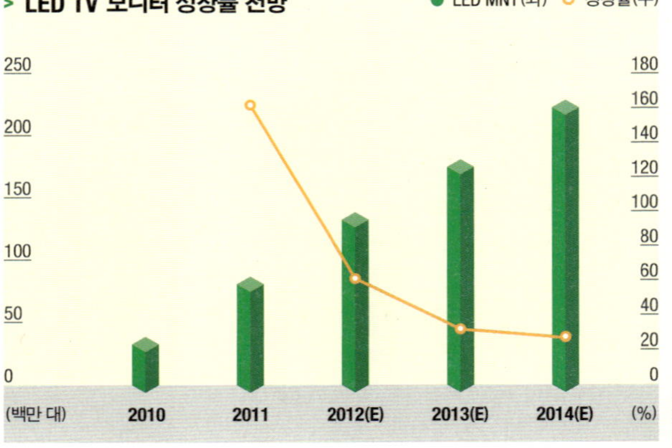

LG이노텍

코스피·IFRS연결

2012년 2분기 누계

매출액	2조4,698억 원
영업이익	335억 원
순이익	20억 원

투자 포인트

- LG그룹 내에서 LED 칩, 패키징, BLU, 조명 생산 담당.
- 저전력 직하 타입 LED 공급이 시작되면서 영업적자 폭 줄어들 전망.

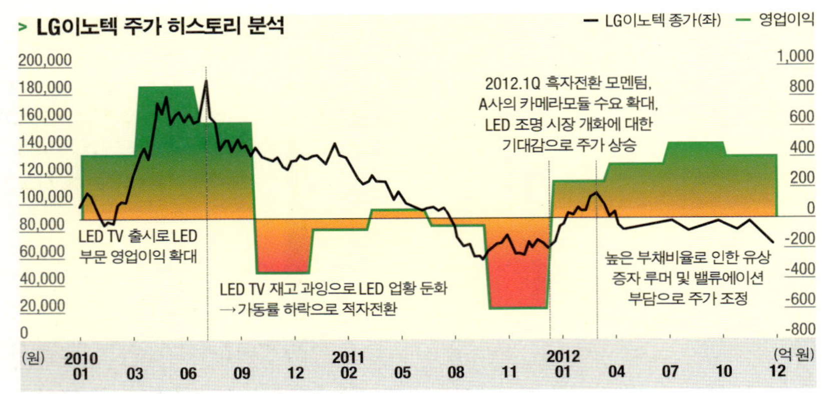

사파이어테크놀로지

코스닥·IFRS연결

2012년 2분기 누계

매출액	94억 원
영업이익	-105억 원
순이익	-83억 원

투자 포인트

- 공업용 사파이어 단결정 및 기판 글로벌 시장점유율 1위 업체.
- 잉곳 수요가 2인치에서 4, 6인치로 대형화되면서 수혜 예상.

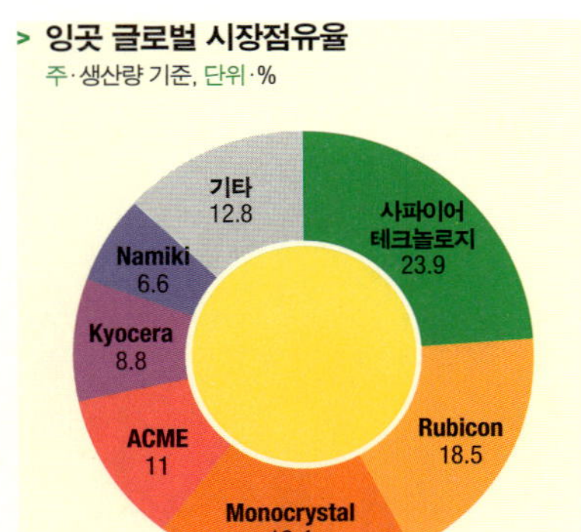

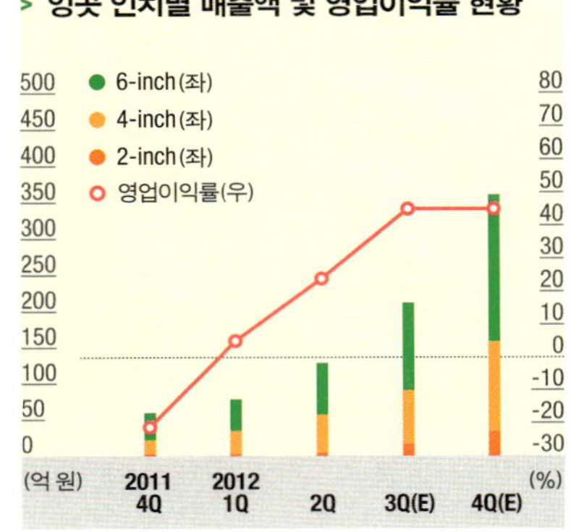

서울반도체

코스닥·IFRS별도

2012년 2분기 누계

매출액	3,858억 원
영업이익	40억 원
순이익	91억 원

투자 포인트

- 저전력 직하 타입의 LED BLU 시장 선점.
- 기존 LED 대비 광효율이 5배 높은 'nPola'라는 신제품 발표.

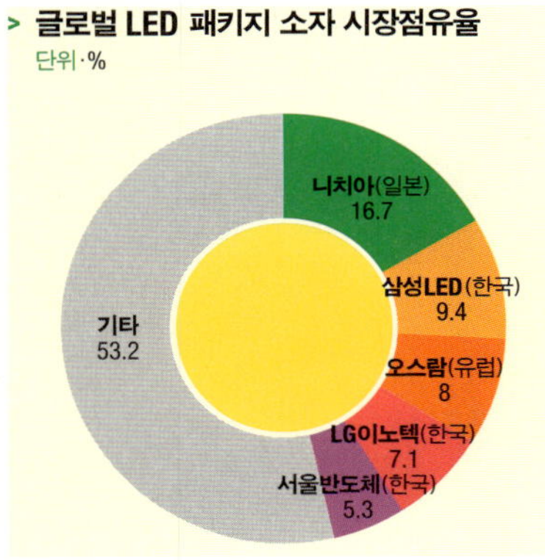

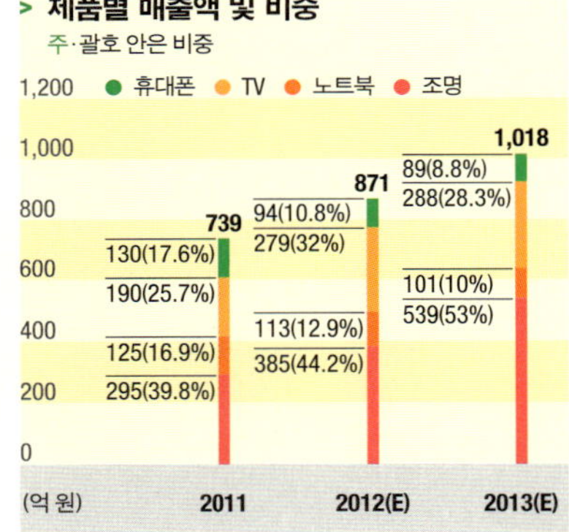

이라이콤

코스닥·IFRS별도

2012년 2분기 누계

매출액	2,064억 원
영업이익	116억 원
순이익	116억 원

투자 포인트

- 중소형 TFT-LCD BLU 제조 업체로, 글로벌 시장점유율 3위(국내 시장점유율 46%).
- 빛을 균일하게 분포하는 도광판 패터닝 기술로 경쟁사 대비 수익성 높음.

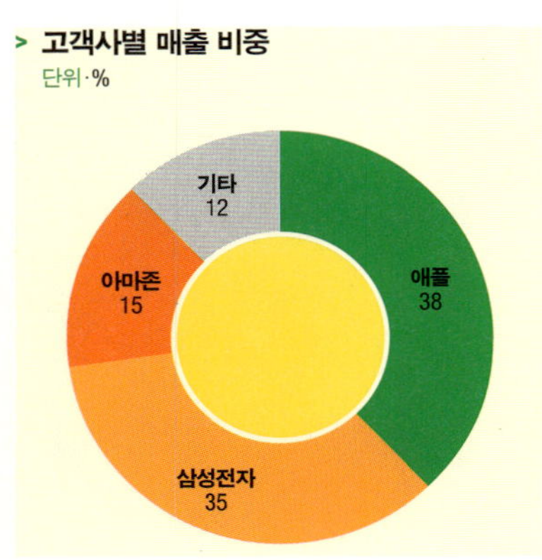

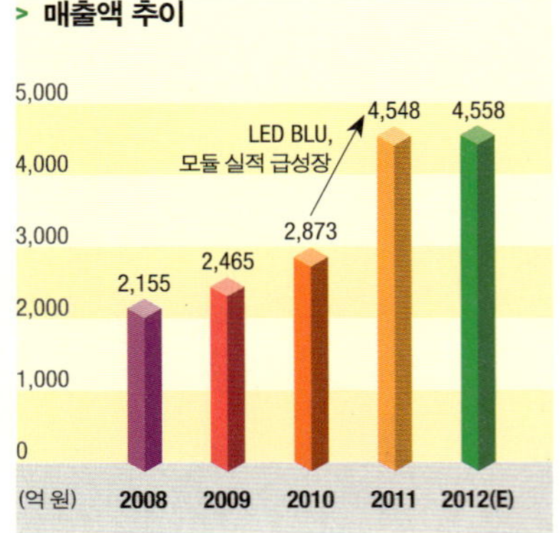

금호전기

코스피 · IFRS별도

2012년 2분기 누계

매출액	1,191억 원
영업이익	30억 원
순이익	12억 원

투자 포인트
- LED 조명 시장에서 독보적인 경쟁력 확보.
- 2009년 '루미마이크로', '더 리즈' 등 자회사 인수로 LED 패키징에서 모듈 생산까지 일괄 생산체제 구축.

> LED 조명 수직계열화 완성
주 · 괄호 안은 지분율

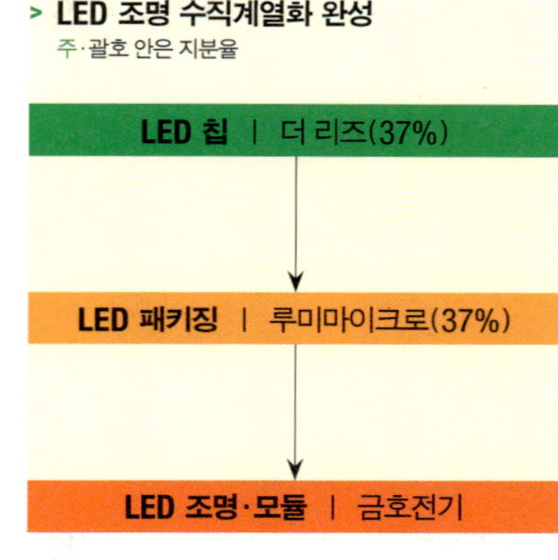

> 매출액 추이 전망

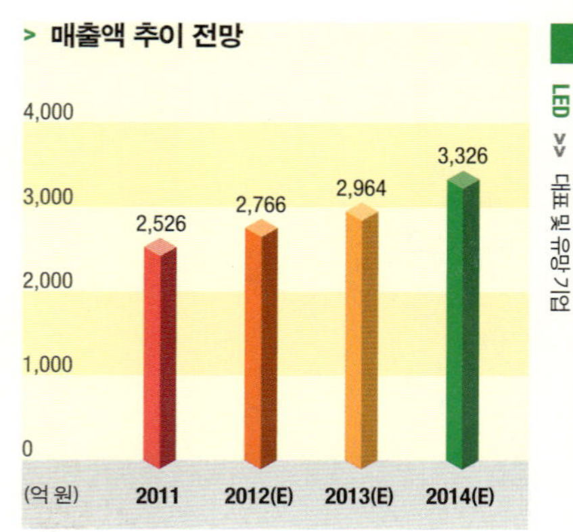

프로텍

코스닥 · IFRS별도

2012년 2분기 누계

매출액	352억 원
영업이익	75억 원
순이익	68억 원

투자 포인트
- LED 디스펜서 장비 부문 국내 시장점유율 80% 기록.
- 영업이익률 20%대 유지하며 높은 수익성 보임.

> 매출 비중
단위 · %

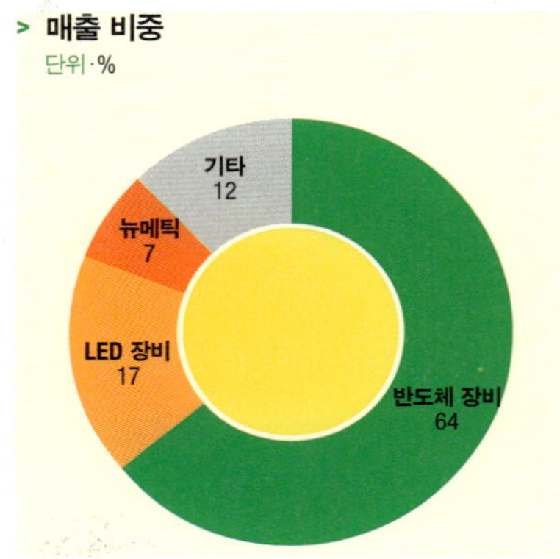

> 매출액 추이 전망

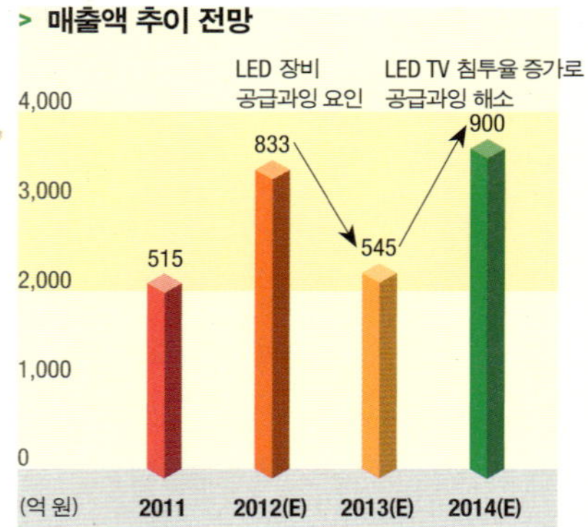

한솔테크닉스

코스피 · IFRS별도

2012년 2분기 누계

매출액	2,879억 원
영업이익	-145억 원
순이익	-169억 원

투자 포인트
- LED BLU 판매 증가와 구조조정 효과에 의한 실적 개선 전망.
- 국내 2위 사파이어 웨어퍼 제조 업체인 '크리스탈온' 인수로 사파이어 잉곳의 나재화.

> 매출 비중
단위 · %

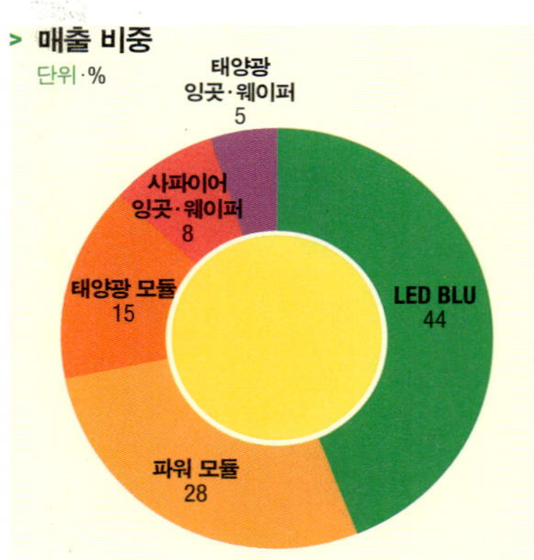

> 경영실적
● 매출액 ● 영업이익 ● 순이익

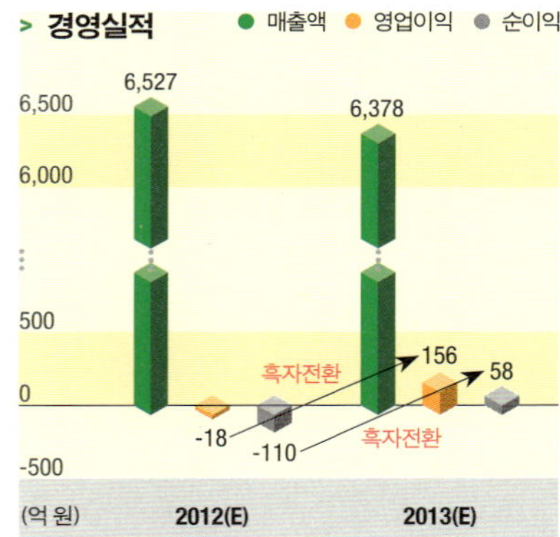

루멘스

코스닥 · IFRS별도

2012년 2분기 누계

매출액	2,063억 원
영업이익	99억 원
순이익	101억 원

투자 포인트
- 수직계열화를 통해 LED 칩 설계, 퍼키징, 응용 제품 생산 능력 확보.
- 고객사의 저전력 직하형 타입 LED TV 확대로 수혜 예상.

> 루멘스 수직계열화 현황
주 · 괄호 안은 루멘스 지분율

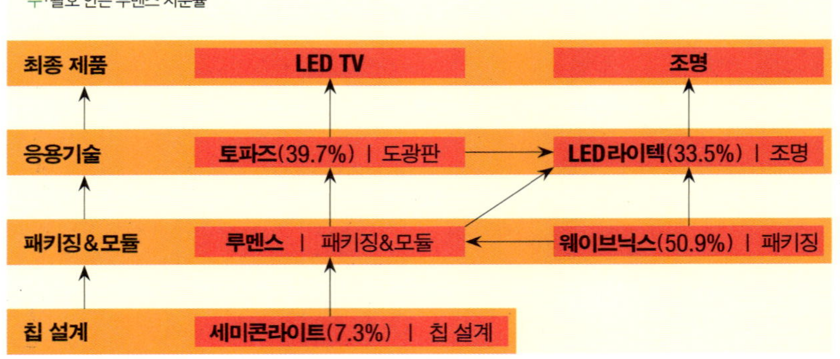

13 시스템 반도체

메모리 반도체 시장을 평정한 삼성전자와 SK하이닉스는 최근 시스템 반도체 분야로 투자를 확대해 나가고 있다. 메모리 반도체보다 규모면에서 4배나 큰 비메모리, 즉 시스템 반도체 시장에서 먹을거리가 더 많음에 의심의 여지가 없기 때문이다.

시스템 반도체는 컴퓨터의 중앙 제어 장치와 휴대폰의 모뎀 칩 등 시스템 제어와 운영을 담당하는 IT 제품의 두뇌 역할을 하는 반도체다. 시스템 반도체는 자동차와 휴대폰 등 첨단 산업의 경쟁력을 높일 수 있는 핵심 부품이기도 하다. 메모리 반도체 시장 성장률보다 시스템 반도체 분야 성장률이 높은 이유가 여기에 있다. 오는 2014년까지 메모리 반도체 시장의 연평균 성장률은 1.3%에 그칠 것으로 예상되지만, 시스템 반도체 시장 성장률은 5.8%에 달할 전망이다.

삼성전자, 2014년 이후 드디어 인텔을 넘어서다

삼성전자는 2012년 8월 빠르게 증가하는 시스템 반도체 수요에 대응하기 위해 약 40억 달러를 투자해, 미국 오스틴 사업장의 메모리 라인을 시스템 반도체 생산라인으로 전환한다고 밝혔다. 오스틴 사업장의 생산능력은 기존 월 4만 개에서 10만 개 이상으로 늘어날 전망이다. 신규 시스템 반도체 생산라인에서는 스마트폰과 태블릿PC 등 고성능 모바일 제품에 탑재되는 칩을 생산할 예정이다.

전문가들은 앞으로 반도체 산업의 투자는 시스템 반도체와 후공정에 집중될 것이라고 전망한다. 모바일 기기의 제품 성능을 결정하는 시스템 반도체 수요가 계속 늘어나고 있기 때문이다. 시스템 반도체 수요는 스마트폰과 태블릿PC 등 모바일 제품의 폭발적인 성장과 함께 꾸준히 증가하고 있다.

모바일 제품 수요 급증은 곧 모바일의 두뇌에 해당하는 애플리케이션 프로세서(Application Processor, 이하 AP) 시장 성장으로 이어지고 있다. AP는 모바일 제품의 동영상과 그래픽, 유저 인터페이스(UI) 등 통신을 제외한 모든 기능을 관할하는 시스템 반도체가 핵심을 이룬다.

업계뿐만 아니라 정부도 시스템 반도체 수출 기업 육성을 목표로 '시스템IC 2015' 사업을 진행하고 있다. 정부의 집중 육성 정책은 향후 관련 산업 발전에 크게 기여할 전망이다.

국내 시스템 반도체 부문 경쟁력이 강화되면 반도체 제조 장비 업체 및 검사 장비 업체도 동반 성장할 가능성이 크다. 즉, 우리나라의 시스템 반도체 산업은 특정 분야에 한정되지 않고 관련 업체가 모두 동반 성장할 것으로 전문가들은 내다보고 있다.

업계 리더인 삼성전자는 시스템 반도체 매출 비중을 점점 확대해 나가고 있다. 삼성전자는 현재 AP 시장의 50% 이상을 장악하고 있는 바, 오는 2014년 이후 삼성전자 반도체 부문의 매출액은 인텔을 넘어설 것이라는 분석이 여기저기서 제기되고 있다.

충분한 자금력으로 공격적인 M&A에 나서는 업체를 주목하라

시스템 반도체 공정 중 하나인 팹리스 부문 글로벌 선두 업체인 Qualcomm과 Broadcom은 자신이 우위를 갖고 있는 핵심 기술을 기반으로 이익을 창출한 뒤, 적극적인 M&A 활동을 통해 제품 영역과 고객군을 확대하며 성장한 공통점을 가지고 있다. 한국 시스템 반도체도 비슷한 과정을 거치면서 성장할 것으로 예상된다. 따라서 해당 분야에서 시장지배력이 높고 안정적인 흑자 기조를 유지하는 업체와 우량 재무 구조를 바탕으로 향후 M&A에 적극적으로 나설 수 있는 충분한 현금을 확보한 업체에 투자자들은 주목할 필요가 있다.

팹리스 업체 가운데 실리콘웍스, 넥스트칩, 아이앤씨, 아나패스 등은 우수한 수익성과 안정적 재무 구조를 갖춘 수혜주로 지목된다. 특히 넥스트칩은 다른 업체들과 달리 차량용 블랙박스, 후방 및 전방 카메라, 사이드 미러용 카메라 등 다양한 분야에 적용되는 차량용 반도체를 개발하고 있다. 아이앤씨와 아나패스 등도 특화된 반도체 설계 기술을 통해 경쟁력을 확보하고 있다.

국제엘렉트릭, 네패스, STS반도체 등도 유망한 업체로 꼽힌다. 국제엘렉트릭은 반도체 공정 중 산화(Diffusion Furnace)와 증착(LP-CVD, ALD) 장비를 개발하고 있다. 주 고객은 삼성전자와 SK하이닉스로, 설비 투자가 증가할수록 매출도 늘어난다. 모바일 단말기 하나에 들어가는 비메모리 반도체 수가 많아지면서 고성능·고집적 패키지 수요도 늘고 있다. 패키징 업체가 주목 받는 이유다.

시스템 반도체 사업 진출 20년 후 본격적인 성장국면에 진입

시스템 반도체 선진국인 미국, 대만은 1970년, 1980년에 각각 시스템 반도체 산업에 진출하여 20년 후부터 이른바 스타기업 탄생과 함께 본격적인 성장국면에 진입했다. 1990년대에 시스템 반도체 산업에 진출한 한국도 20년이 지난 지금, 스타기업 탄생에 주목할 시기가 되었다. 물론 시스템 반도체 설계 기술은 단기간에 따라 잡기가 어렵다. 창의적인 아이디어가 요구되고 세트 업체의 협력도 중요하다. 그러나 삼성전자 등 국내 세트 업체의 경쟁력이 높아졌고 대규모 투자에 나서고 있으며, 앞에서 언급했듯이 정부도 적극적인 육성 정책을 표방하고 있는 점 등을 고려할 때, 이제 한국 시스템 반도체 산업도 성장기에 접어들 것으로 전문가들은 내다보고 있다.

실제로 미국, 대만의 대표 팹리스 업체인 TI와 MediaTek의 시가총액 추이를 살펴보면, 주요 거래 업체인 모토롤라와 중국의 최대 통신 업체 ZTE 시가총액과의 상관계수가 각각 0.74와 0.84로써 매우 높게 나타난다. 이들 업체들은 각국이 시스템 반도체 산업에 진출한 지 20년이 지난 후부터 본격적인 성장국면에 진입했다는 공통점이 있다. 증권가에서 2013년에 유독 시스템 반도체 관련주들을 주의 깊게 관찰하는 이유도 여기에 있다.

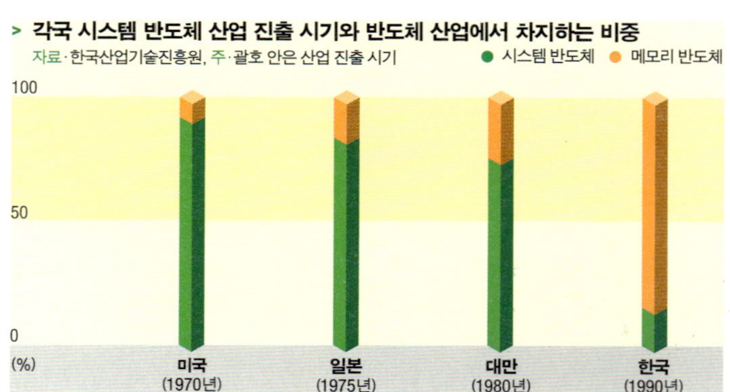

미국, 대만 등 시스템 반도체 선진국들을 보면, 시스템 반도체 산업에 진출한 지 20년이 지난 후부터 본격적인 성장국면에 진입했다는 공통점이 있다. 1990년대에 시장 진입한 한국도 이제 20년이 지나 개화기를 준비하고 있다.

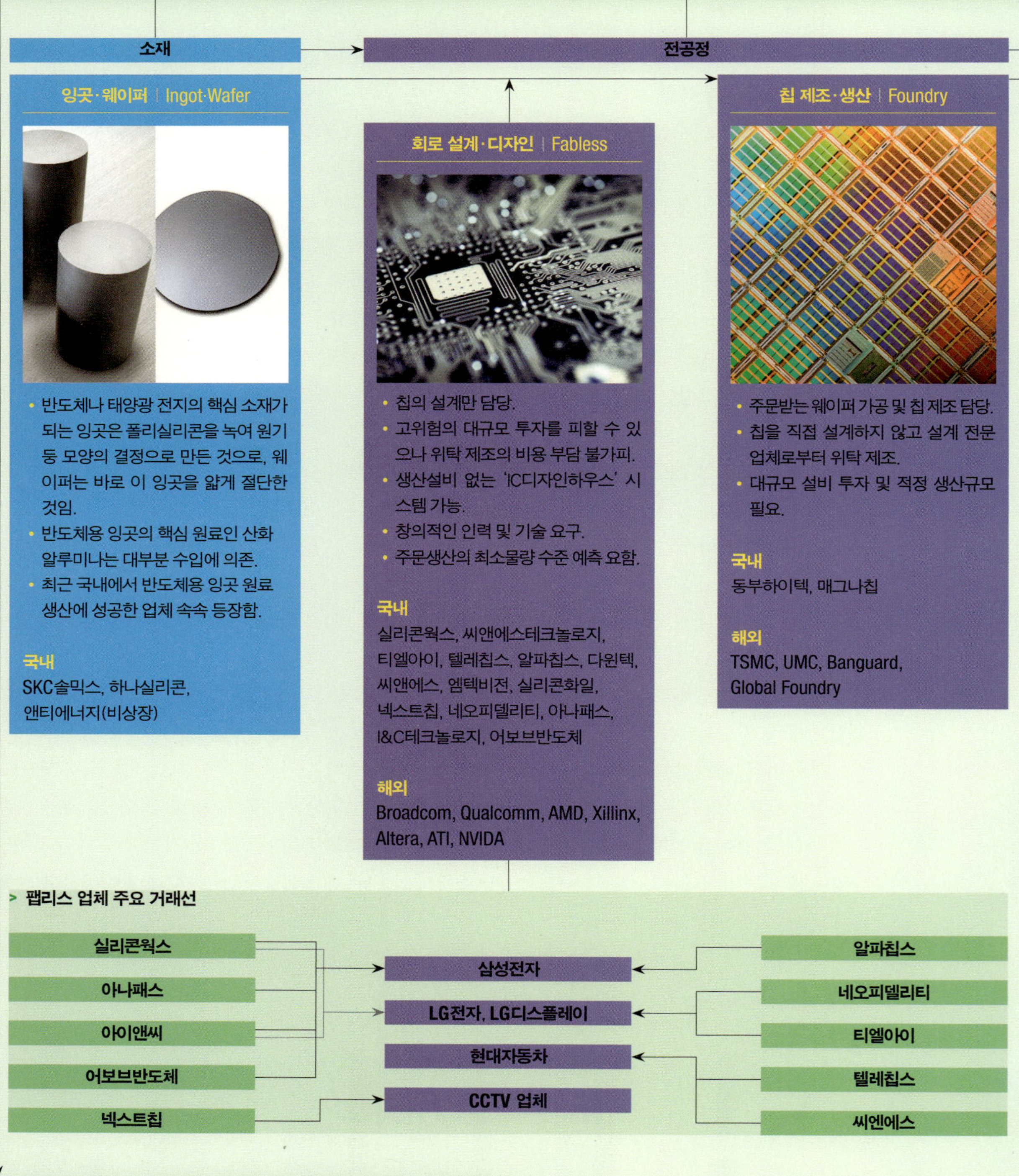

시장	PC 중심	**고객 욕구**	가격 중시
제품 특성	단일 기능(범용성)	**수익 구조**	고위험 고수익
투자 성향	대규모 설비 투자	**경쟁 요소**	자금력 제조 기술
개발 방향	대용량화, 미세화		

S램 0.7%
D램 9.7% | 낸드 4.9% | 기타 3.3%
RAM | ROM

81.4% 18.6% **메모리 반도체**

후공정

포장 | Packaging

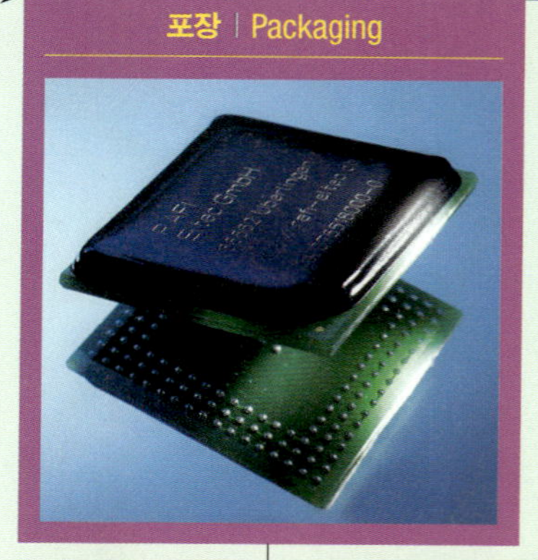

검사 | Test

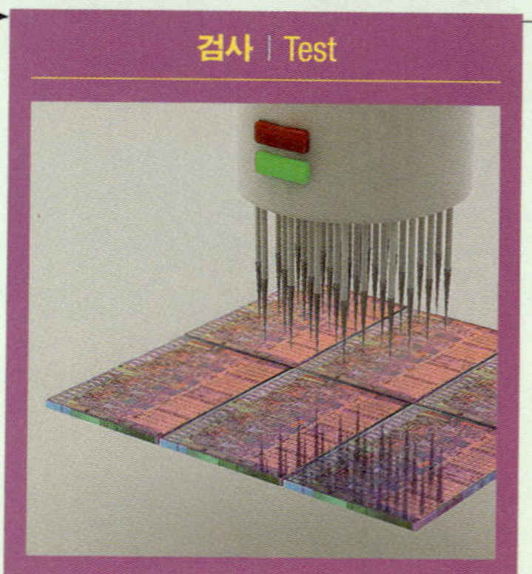

- 가공된 웨이퍼를 조립하고, 테스트를 전문으로 함.
- 메모리 반도체는 자체적으로 조립이 가능하지만, 비메모리 반도체인 시스템 반도체는 다양한 제품을 모두 패키징 할 수 없어 외주 위탁함.
- 반도체 테스트는 전수검사를 해야 하는데, 조립 업체에서 직접 하기도 하지만 검사장비가 고가이므로 테스트 전문 업체에 외주 위탁함.

국내
하나마이크론, STS반도체, 시그네틱스, 고영테크놀러지, 네패스

해외
Amkor, ASE

시스템 반도체

이미지 출처·삼성전자

반도체 전 공정
IDM · Integral Device Manufacture

- 칩 설계에서 제조 및 테스트까지 일괄 공정체계 구축.
- 메모리 반도체 제조의 가장 성숙된 모델.
- 기술력과 규모의 경제를 통한 경쟁 확보.
- 대규모 투자의 고위험 고수익 형태.

국내
삼성전자, SK하이닉스

해외
Intel, Micron, TI, ST-Micro, Elpida, Qimonda, Infineon, Renesas

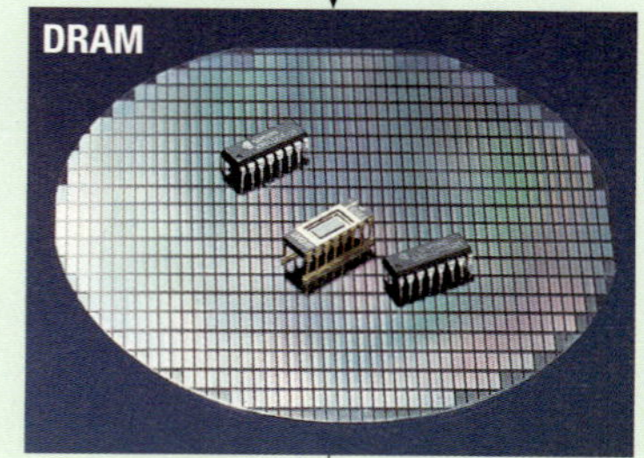

휴대폰
삼성전자, LG전자, 애플, 팬택 계열 등

가전
삼성전자, LG전자, 대우전자 등

자동차
현대·기아차, 현대모비스, 르노삼성, 쌍용, 쉐보레 등

시장	모바일, 가전, 자동차, 통신 부품	**고객 욕구**	성능, 가격, 납기일
제품 특성	복합기능(고객 요구에 따른 다변화)	**수익 구조**	특수 기능에 의한 고수익
투자 성향	R&D 투자, 시장 적기 투자 중요	**경쟁 요소**	설계 능력, IP 확보, 고객 확보
개발 방향	고속화, 저전력화, 대용량화, 특수 기능		

> **반도체 패러다임 시프트**

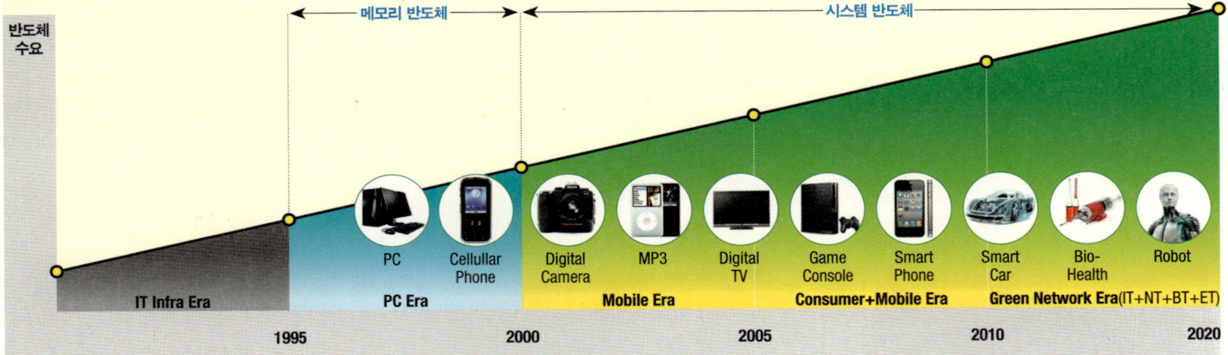

- 과거 PC 기반의 시장에서 모바일 및 스마트 디바이스 기반으로 성장하면서 맞춤형 시스템 반도체 수요 증가.
- IT·BT·NT·ET 등 새로운 시장으로의 재편이 예견됨에 따라 시스템 반도체의 활용도 역시 광범위해질 것으로 전망.

> **글로벌 반도체 시장에서 시스템 반도체의 규모 전망**
주·괄호 안은 연평균성장률, 녹색 글자는 메모리 합계 수치

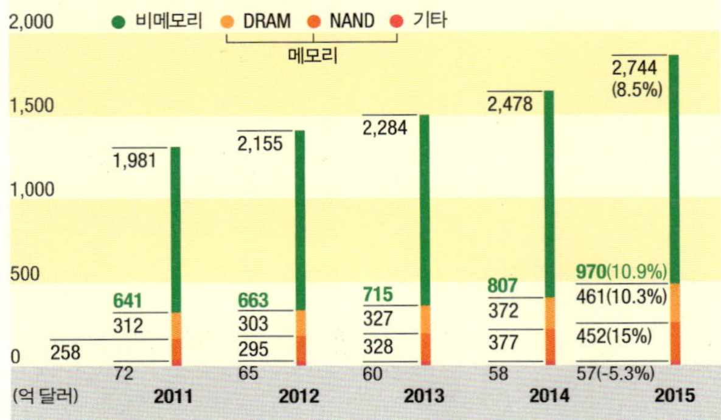

- 글로벌 반도체 시장은 향후 수년간 시스템 반도체가 메모리 반도체를 월등히 압도할 규모로 성장할 것으로 전망.
- 글로벌 반도체 시장 전체를 놓고 보면, 향후 2~3년 동안 8~10%의 고른 성장세 이어갈 것으로 전망.

> **분야별 글로벌 시장 대비 중국 시스템 반도체 시장 규모**

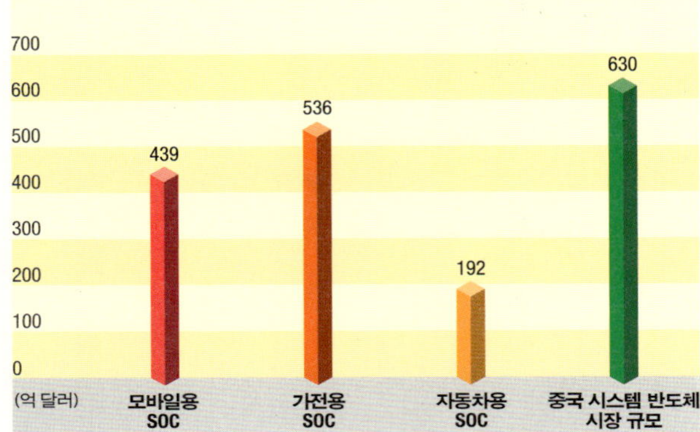

- 중국의 시스템 반도체 시장 규모는 630억 달러로 글로벌 기준 모바일용 및 가전용 시스템 반도체를 각각 능가하는 수준임.
- 중국은 이미 전 세계 IT기기의 65%를 생산하고 아울러 전 세계 반도체 수요의 35%를 차지하는 세계 최대 반도체 시장임.
- 국내에서도 SK차이나와 엠텍비전이 합작해서 SK엠텍이라는 시스템 반도체 업체를 설립해서 중국 시장 공략 진행 중임.

> **시스템 반도체 기술력 국가별 경쟁력 비교**
자료·반도체산업협회, 주·세계 1위국을 100으로 설정했을 때 비교치

- 시스템 반도체의 기술력은 대만과 미국이 1, 2위를 다툼.
- 미국이 설계기술 측면에서, 대만이 생산기술 측면에서 최고의 위치에 섬.
- 한국은 설계기술이 생산기술에 비해 좀 더 나은 형편임 → 최근 삼성전자가 시스템 반도체 시장에서 급부상하면서 글로벌 선두권 국가와의 격차를 좁혀 나가는 중임.

> **시스템 반도체 국가별 시장점유율**
자료·iSupply, 주·괄호 안은 점유율

- 글로벌 시장점유율 측면에서는 미국이 대만을 현격한 차이로 앞섬.
- 글로벌 반도체 시장은 몇몇 선두권 국가가 독과점 지위를 누림 → 미국, EU, 대만, 일본 등이 전체 시장의 95% 점유.
- 삼성전자의 눈부신 활약에도 불구하고 한국은 시장점유율 측면에서 선두권 국가와 현격한 차이를 보임.

> 글로벌 스마트폰·태블릿PC 등 반도체 시장 전망

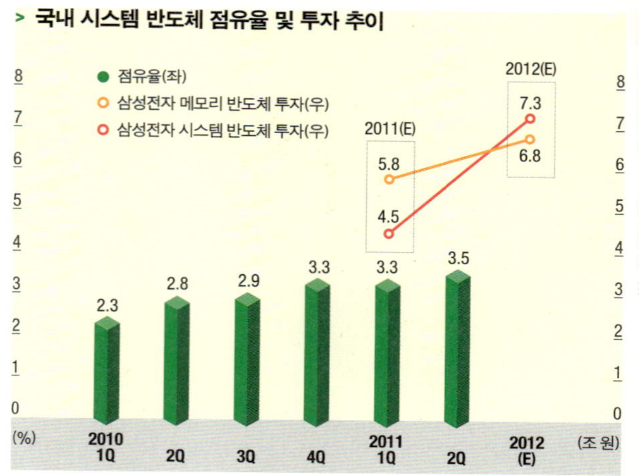

- 정보를 단순히 기억·저장하는 메모리 반도체에 비해 고도의 지능형 기능을 수행하는 시스템 반도체의 특성상 스마트폰과 태블릿PC의 수요에 월등히 반응함.
- 인구 밀도가 높은 중국과 인도 등 개발도상국으로 스마트폰의 글로벌 수요가 확산됨에 따라 시스템 반도체의 규모도 큰 폭으로 증가할 것으로 기대.

> 국내 시스템 반도체 점유율 및 투자 추이

- 국내 시스템 반도체 점유율은 점진적 증가 추세를 보임.
- 삼성전자의 시스템 반도체 투자 규모가 메모리 반도체의 투자 규모를 뛰어 넘을 것으로 예상됨에 따라 국내 시스템 반도체 시장점유율 상승 추세는 향후에도 계속 이어질 전망.

> 자동차용 시스템 반도체 업체별 점유율 | 자료·Strategic Analytics

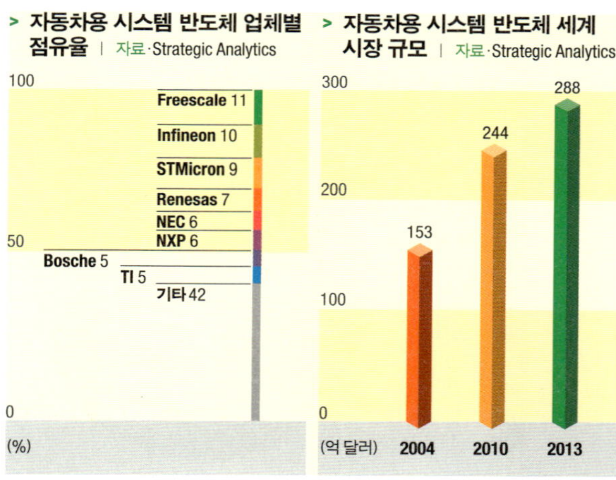

> 자동차용 시스템 반도체 세계 시장 규모 | 자료·Strategic Analytics

> 자동차 1대당 반도체 가격

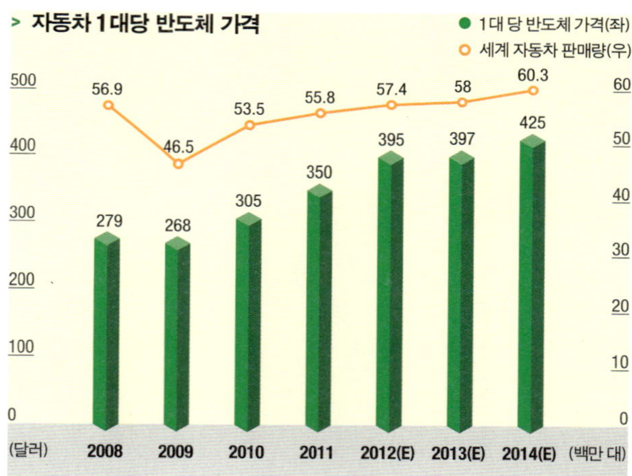

> 자동차용 시스템 반도체가 사용되는 첨단장치 | 사진 자료·Huyndai Sonata 2013, Nissan Smart Key

- 첨단 전자 제어장치가 보편화되면서 자동차가 미래 반도체 시장의 핵으로 부상 → 자동차 1대당 반도체 비용 증가 추세.
- 글로벌 자동차용 반도체 시장은 상위 5개 업체가 40% 넘는 시장점유율로 과점 상태.
- 국내에서는 동부하이텍을 시작으로 현대모비스 등이 뒤늦게 사업에 착수 → 전량 수입에 의존해온 자동차용 반도체를 국산화 할 경우 고부가가치 수익 창출 기대.

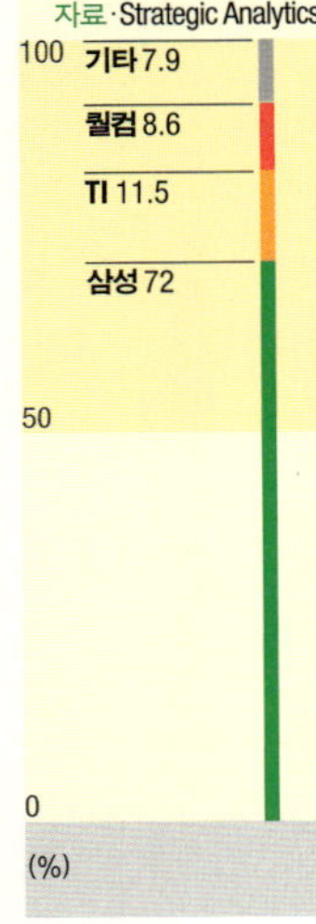

삼성전자

코스피·IFRS연결

2012년 2분기 누계

매출액	92조8,675억 원
영업이익	12조301억 원
순이익	9조9,099억 원

- 삼성전자의 시스템 반도체 매출 비중은 2008년 금융위기 당시에 비해 2012년 20%p(15→35%) 이상 상승함.
- 메모리 반도체의 경우 글로벌 공급 과다로 주춤한 상황이므로 시스템 반도체를 통한 매출 기여 요구되는 상황임.
- 모바일 AP 글로벌 시장에서 독보적 1위 고수 → 모바일 AP(애플리케이션 프로세서)의 경쟁력을 높이기 위해 블루투스, GPS(위성항법장치) 등에서 세계 1, 2위를 다퉈온 영국 반도체 업체 CSR 인수 임박. 지분 투자까지 포함해 총 3억4,400만 달러(약 3,940억 원) 투입.
- 파운드리 부문 글로벌 1위 업체인 대만의 TSMC의 파운드리 물량이 삼성전자에 상당수 이전.

> ### 시스템 반도체 매출 비중 추이

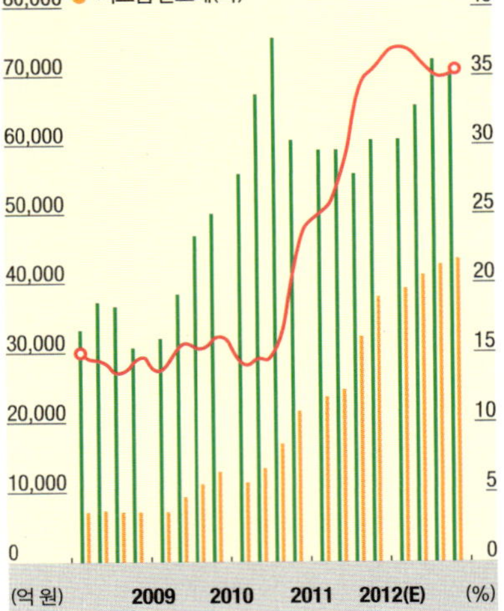

> ### 모바일AP 시장 점유율 | 단일칩 기준
자료·Strategic Analytics

> ### 삼성전자의 주요 M&A 현황
자료·Strategic Analytics

메디슨	2010.12	한국	의료기기
리쿠아비스타	2010.12	네덜란드	디스플레이
그란디스	2011.07	미국	차세대 M램 개발
엠스팟	2012.05	미국	클라우드 컴퓨팅 기반 콘텐츠
나노라디오	2012.06	스웨덴	시스템 반도체 설계
CSR사 모바일 부문	2012.07	영국	시스템 반도체 설계

> ### 삼성전자 현금자산 증가 추이
자료·Strategic Analytics

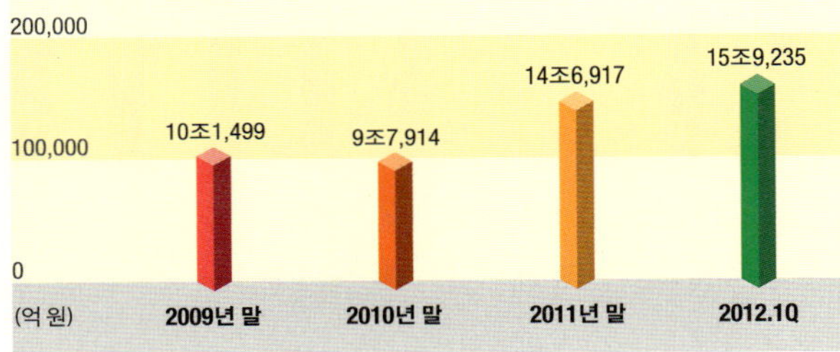

> ### 세계 파운드리 시장점유율
자료·iSupply, 단위·%, 주·2011년 기준, 괄호 안은 매출액(억 달러), 삼성은 애플 물량을 뺀 숫자로 파악됨

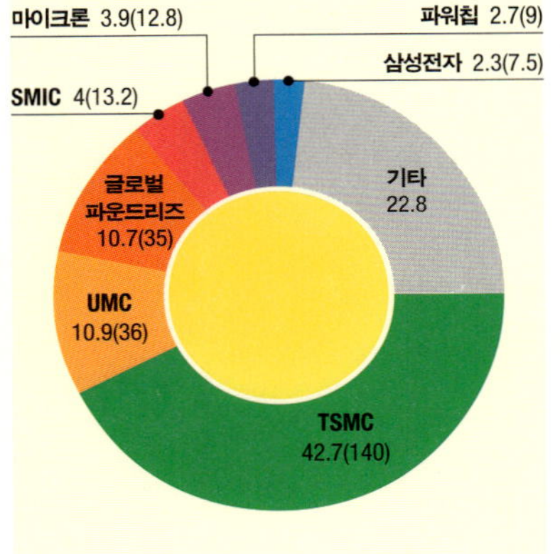

> ### 삼성전자 시스템 반도체 글로벌 랭킹 추이

단위·백만 달러

	2006	2007	2008	2009	2010	2011	2012(E)
01	Intel 28,529	Intel 31,859	Intel 34,216	Intel 32,427	Intel 40,682	Intel 46,374	Intel
02	Texas 11,984	Texas 11,768	Texas 10,593	Texas 9,142	TSMC 14,467	TSMC 17,205	TSMC
03	TSMC 9,652	TSMC 9,547	TSMC 10,211	TSMC 8,655	Texas 12,256	Texas 12,636	Samsung 14,447
04	STM 7,944	STM 8,212	STM 9,900	STM 8,228	STM 9,988	STM 10,321	Texas
05	AMD 7,434	Toshiba 7,930	Toshiba 6,931	Qualcomm 6,409	Qualcomm 6,666	Samsung 10,277	STM
06	RenesasT 6,752	RenesasT 7,338	RenesasT 6,729	Toshiba 5,413	Toshiba 6,660	Qualcomm 8,086	Qualcomm
07	Toshiba 6,424	Infineon 6,179	Qualcomm 6,477	RenesasT 5,405	Samsung 6,657	Toshiba 7,420	Toshiba
08	NXP 5,874	AMD 5,885	Infineon 5,861	AMD 5,157	RenesasT 5,975	RenesasT 6,210	RenesasT
09	Freescale 5,779	NXP 5,769	RenesasE 5,770	RenesasE 4,542	AMD 6,360	AMD 6,604	AMD
10	RenesasE 5,680	Qualcomm 5,619	AMD 5,298	Samsung 4,493	RenesasE 5,410	RenesasE 4,888	RenesasE
11	Infineon 5,051	RenesasE 5,593	Freescale 4,959	Infineon 4,435	Infineon 6,200	Infineon 5,076	Infineon
12	Qualcomm 4,528	Freescale 5,458	Broadcom 4,563	Broadcom 4,317	Broadcom 6,543	Broadcom 7,564	Broadcom
13	Sony 4,434	Sony 5,103	Sony 4,551	Panasonic 4,088	Panasonic 4,825	Panasonic 5,105	Panasonic
14	Panasonic 3,828	Samsung 4,144	NXP 4,274	Sony 3,843	Sony 4,012	Sony 4,212	Sony
15	Broadcom 3,668	Panasonic 4,087	Panasonic 4,058	NXP 3,469	MediaTek 3,865	NXP 3,945	NXP
16	IBM 3,518	Broadcom 3,744	Samsung 3,999	MediaTek 3,462	NXP 3,575	MediaTek 4,134	MediaTek
17	Samsung 3,065	NVIDIA 3,113	Rohm 3,065	Freescale 3,402	Freescale 3,627	Freescale 3,921	Freescale

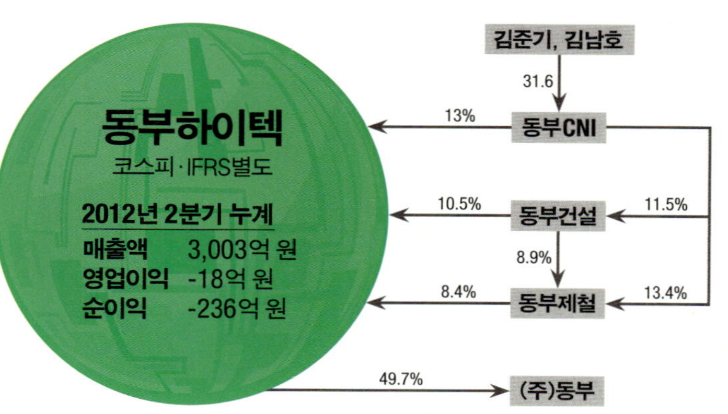

투자 포인트

- 아날로그 반도체 파운드리 무인화 로봇계 선두 업체이자 자동차용 반도체 대표 업체.
- 기존 로직 파운드리 중심에서 부가가치가 높고 시장이 큰 아날로그 파운드리와 믹스트 파운드리로 구분해 집중 육성.
- 반도체 사업 진출 이후 처음으로 영업이익 흑자전환 유력.
- 지난해 아날로그 반도체 비중은 약 12%로 추정되지만 동사 고객의 주문 증가가 예상됨에 따라 2012년 말에는 20% 수준으로 증가 → 2013년에는 30%에 이를 것으로 전망.
- 자동차 반도체 양산 공정이 미국 품질 규격 기준 통과 → 해외 자동차 업체에 자동차용 반도체 납품 가능.

> 동부그룹 신사업 현황

사업 분야	계열사	현황
반도체·전자	동부하이텍, 동부CNI, 동부로봇	IT, NT 사업 수직계열화 추진.
철강·금속	동부제철, 동부머탈, 동부특수강	태국 냉연시장 진출, 메탈실리콘 등.
농업·유통	동부팜한농, 동부팜청과	씨앗에서 식탁까지 수직계열화.
건설·에너지	동부건설, 동부발전당진	당진 화력발전소, 삼척 복합에너지 운영.
금융	동부화재, 동부생명보험	해외시장 공략.
물류·여객	동부익스프레스, 동부택배	태국 등 동남아 시장 진출.

> 자동차용 반도체 유형별 시장점유율

단위·%

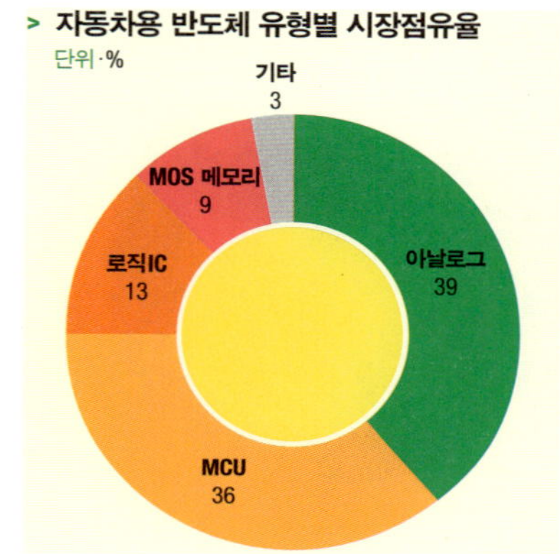

투자 포인트

- 디스플레이 구동칩을 설계하여 공급하는 국내 1위 팹리스 업체.
- 동사의 전방 산업은 LCD 패널로, 한국 및 대만의 주요 업체들에 의해 과점화되어 있음.
- 주요 제품으로는 디스플레이 패널 구동에 필수적인 핵심 부품인 Display Driver IC, Timing Controller 등이 있음. 아울러 AMOLED용 LDI, EPD용 LDI 및 LED D-IC 등을 개발하여 시장에 공급.
- 스마트 TV, 3D TV 등의 보급으로 새로운 매출 증대 기대.
- 2Q12년 아이패드 부품 공급 본격화로 2012년 실적 성장성 유효, 매출처 다변화로 수익성 개선 진행 중.

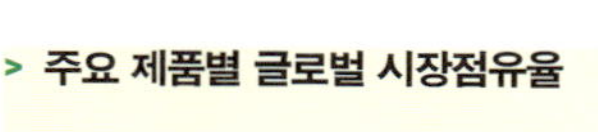

> 주요 제품별 글로벌 시장점유율

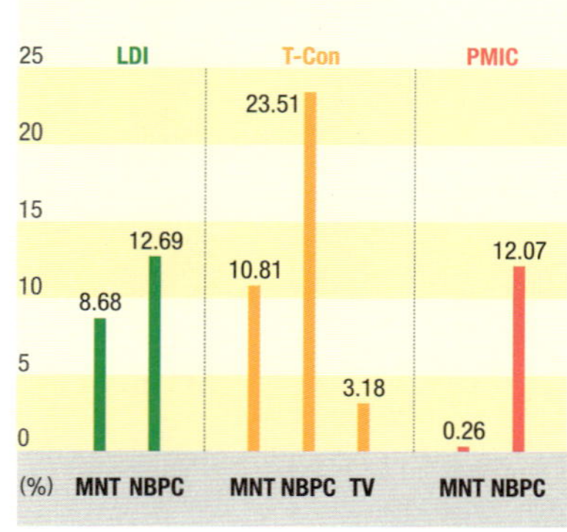

투자 포인트

- 엘피다의 파산 보호 신청 이후 현재의 DRAM 업황은 2009년에 키몬다 파산 이후의 DRAM 업황과 자주 대비됨. 그러나 2009년 대비 수요의 회복 추세는 더딘 흐름을 나타내지만, 공급량의 증가는 더욱 더 제한적인 환경에 처해있는 국면.
- 따라서 DRAM 가격의 상승폭은 2009년 대비 낮을 것으로 예상되지만, DRAM 가격 강세 지속 기간은 더욱 연장될 것으로 판단.
- 이러한 환경에서 업체들의 수익성을 좌우하는 것은 결국 원가 경쟁력이 될 것임. 현재 SK하이닉스와 마이크론, 엘피다와의 공정미세화 격차는 원가경쟁력이 직접적으로 연관될 것으로 판단. 또한 2011년 이후 생산능력 차이가 더욱 벌어지면서, 원가경쟁력의 격차도 더욱 커질 것으로 예상됨.

> DRAM 글로벌 시장점유율

단위·%

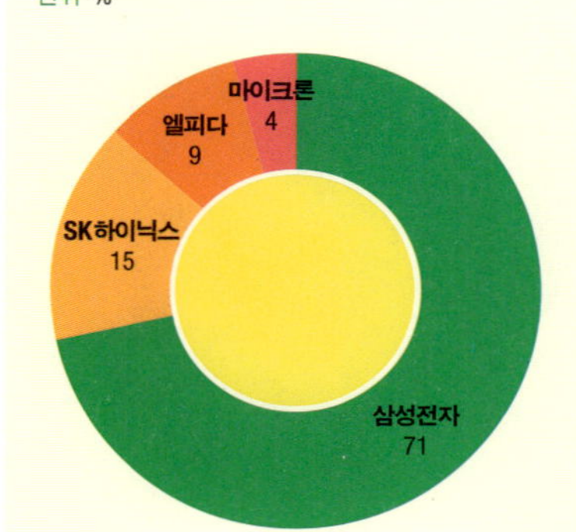

STS반도체

코스닥 · IFRS별도

2012년 2분기 누계

매출액	1,874억 원
영업이익	60억 원
순이익	4억 원

18.6% **BK LCD Co., Limited**

7.74% **한국문화진흥**

- 반도체 조립 및 테스트, 메모리 카드, 기타 디지털 응용 제품을 생산하는 반도체 부품 전문 업체.
- 2012년 완공을 목표로 공사가 진행 중인 천안 본사의 4라인을 통해 물량 증대에 대응하고 제품Mix의 개선을 이룰 수 있을 것으로 기대.
- 4라인 일부는 기존 1라인과 연결되어 라인 확장 및 설비 배치의 효율성 증가를 도모하며, 나머지 공간에는 플립 칩과 테스트 라인 구축 → 천안 본사의 총 생산능력이 약 30% 증가.
- BW 발행에 따른 단기적 악재 있지만, 성장성은 유효.

> **사업 부문별 매출 비중**

단위·%

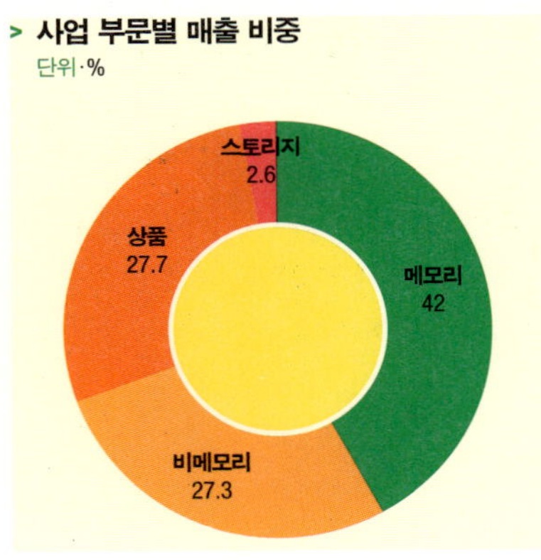

시그네틱스

코스닥 · IFRS별도

2012년 2분기 누계

매출액	1,448억 원
영업이익	86억 원
순이익	69억 원

23.3% **영풍**

11.8% **영풍전자**

18.9% **인터플렉스**

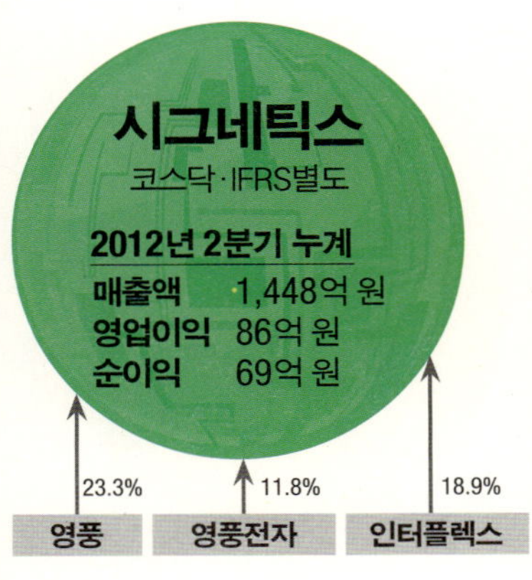

- 테스트를 포함한 반도체 패키징을 주요 사업으로 삼는 업체로, 현재 국내 패키징 사업 부문 3위 영위.
- 주요 거래처로 삼성전자, SK하이닉스 등 우량 업체 확보 → 삼성전자의 잇따른 비메모리 반도체 사업 투자 확대 발표로 장기적 수혜 기대.
- 글로벌 패키지 시장은 2012년 198억 달러에서 2014년 229억 달러까지 성장할 것으로 전망.
- 패키지 공정의 아웃소싱은 2010년 49%에서 2014년에 52%로 소폭 상승 추세를 이어갈 것으로 판단 → 아웃소싱 비율 확대는 시그네틱스와 같은 패키징 전문 업체의 외형 성장에 긍정적으로 작용할 것으로 기대.

> **고객사별 매출 비중**

단위·%

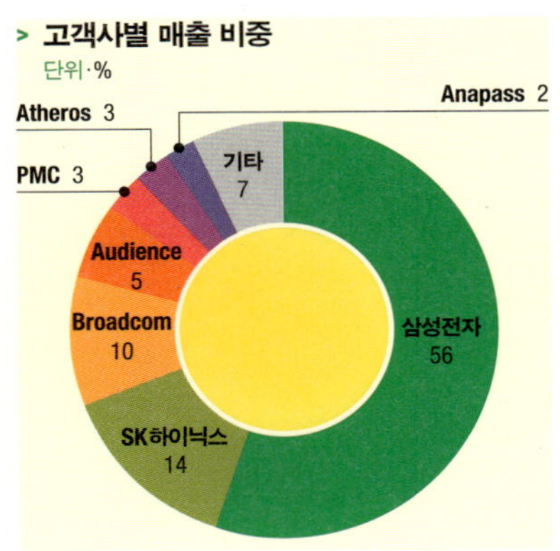

티엘아이

코스닥 · IFRS별도

2012년 2분기 누계

매출액	315억 원
영업이익	31억 원
순이익	7억 원

12.4% **LG디스플레이**

- LCD 패널의 핵심 부품인 timing controller와 Driver IC 설계를 전문으로 하고 있으며, 자체 보유한 아날로그·디지털 설계 기술을 기반으로 높은 품질과 성능은 물론 원가경쟁력까지 갖추고 있음.
- Timing Controller는 수량 기준으로 LG디스플레이의 소요량의 약 30%를 공급하고 있어 안정적인 수요처 확보하고 있음.
- 반도체 패키지 및 테스트를 영위하는 '윈팩'을 종속회사로 두고 있는 바, 윈팩의 주요 매출처(90%)는 SK하이닉스임.

> **주요 제품 매출 현황**

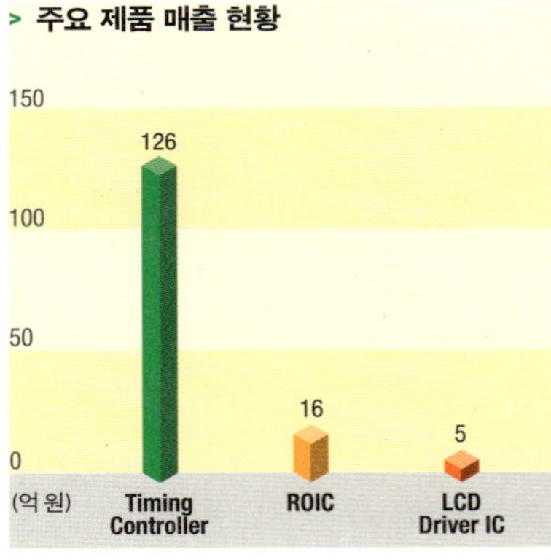

아이앤씨테크놀로지

코스닥 · IFRS별도

2012년 2분기 누계

매출액	118억 원
영업이익	15억 원
순이익	29억 원

- 모바일 TV용 SOC 전문 제조 업체로, 지상파 DMB 시장점유율 80% 이상으로 업계 1위 영위.
- 주요 제품인 모바일 TV IC의 매출이 전체 매출의 97% 가량을 점유하고 있음.
- 지식경제부가 추진하는 국책 과제인 'IT 융·복합 기기를 위한 핵심 시스템 반도체 개발'에 참여 기업으로 선정되어 3년간 연구 개발 진행.
- 디지털 통신 미디어용 핵심 반도체의 세계 최고 설계 기술 확보.
- 지상파 DMB 등 세계 모바일 TV 표준에 적합한 Global multi standard IC 개발에 성공.

> **주요 제품 매출 비중**

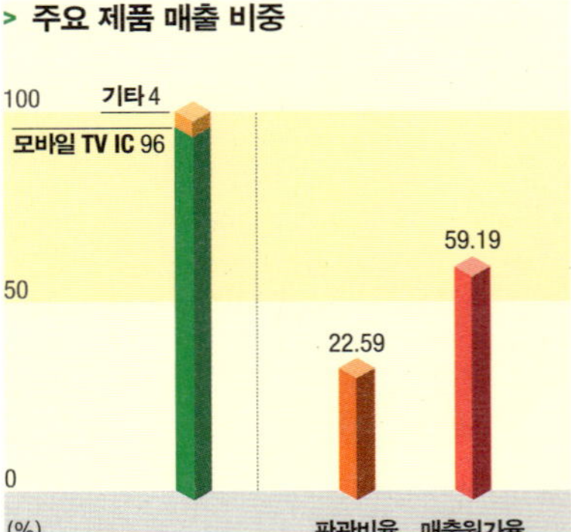

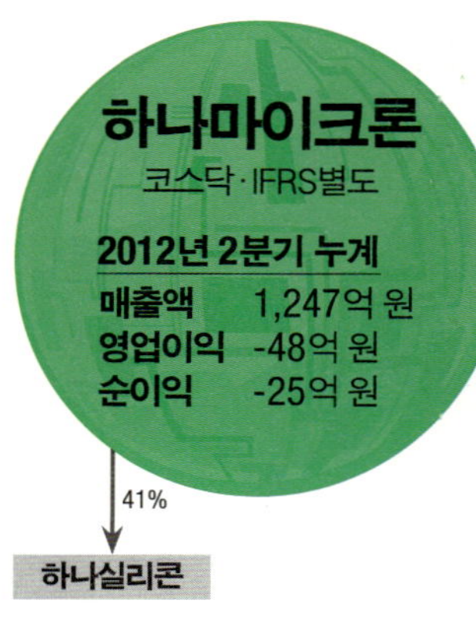

투자 포인트

- 반도체 산업의 BACK-END 분야인 반도체 조립 및 테스트 제품 주력 생산.
- 주 고객사인 삼성전자의 비메모리 반도체 분야의 테스팅 사업에 진출해 2012년 2분기부터 매출이 발생하기 시작함→패키징에 이어 테스팅 분야의 외주 용역이 본격화되는 초기여서 동사의 사업 진출 성공은 청신호로 볼 수 있음.
- 스마트폰 확대에 따른 비메모리 패키징 비중이 점차 확대되는 추세(2010년 20.5%에서 2012년 31% 수준 전망).
- 자회사 하나실리콘(지분 41% 보유)의 실적 호조(2012년 매출액 600억 원, 영업이익 120억 원 전망)는 또 하나의 투자 매력 포인트.

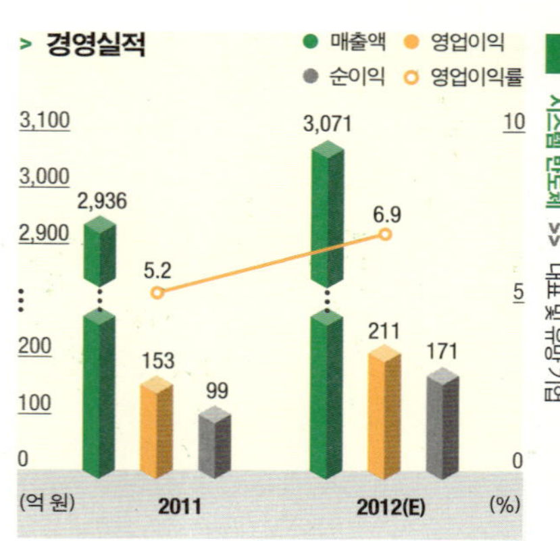

> **경영실적**

투자 포인트

- 정밀 측정 및 검사 장비 SPI(Solder Paste Inspection) 생산 업체로, 전자제품 및 자동차 전장부품 업체, 휴대폰 생산 업체 등을 주 거래처로 둠.
- SPI는 공정 효율 개선 품목으로서 생산성에 큰 영향을 주기 때문에 수요 급증 기대.
- 전체 매출액 중 89.5%가 수출이며, 3차원 SPI 장비 분야 세계 시장점유율 1위의 시장지배력을 바탕으로 경쟁사들과의 격차를 해마다 벌리고 있음.
- 세계 유수의 자동차 전장 업체 등 총 676개에 달하는 다양한 거래처를 바탕으로 50% 이상의 점유율을 확보.

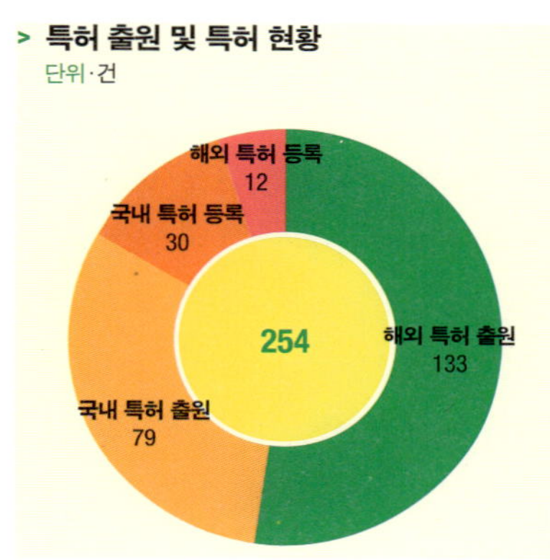

> **특허 출원 및 특허 현황**
단위·건

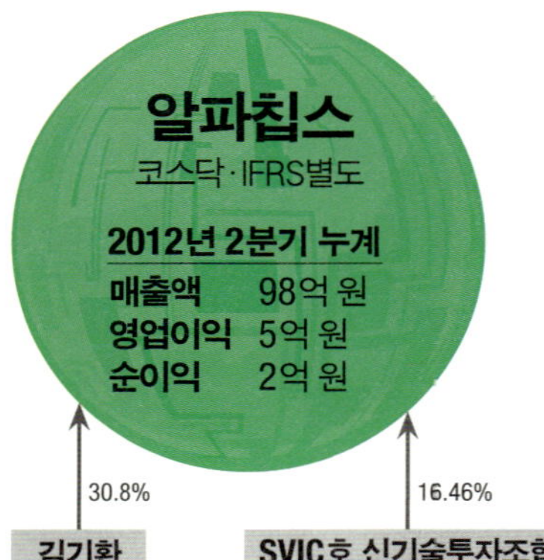

투자 포인트

- 팹리스 업체에 IP 및 개발에 필요한 모든 솔루션 제공.
- 특히 삼성전자와 장기간에 걸쳐 디자인 파트너 계약 체결(2003년부터).
- 0.13um 제품 국내 최초 개발.
- 당사가 추진하고 있는 시스템 반도체 개발 전문 분야는 제품을 설계하는 팹리스 업체와 달리 제품의 성공 여부에 따라 매출이 크게 감소할 수 있는 위험 요인이 거의 없으므로 안정적이고 지속적인 매출 성장 기대.

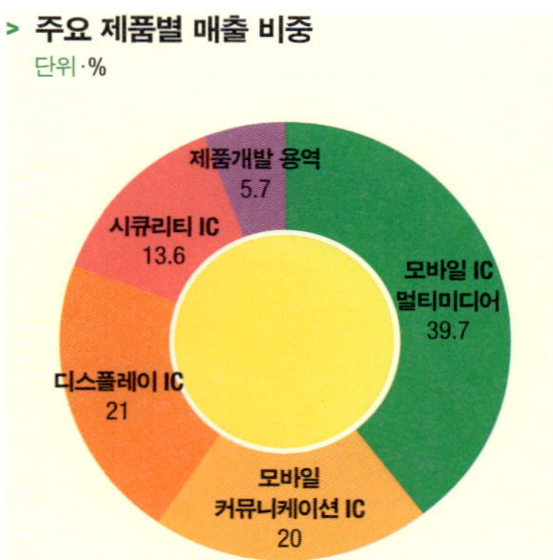

> **주요 제품별 매출 비중**
단위·%

투자 포인트

- 팹리스 공정을 기반으로 한 Wafer Level의 미세 Patterning 및 적층 기술 보유.
- Bumping 및 WLP는 비메모리 반도체 경박단소를 위한 패키징 영역에서의 핵심 기술로, 반도체 산업의 무게 중심이 메모리 반도체에서 비메모리 반도체로 옮겨감에 따라 업계에서 동사의 입지 넓어짐.
- Driver IC 분야는 국내 주요 공급 체인에서 중요한 위치 선점→스마트폰 및 태블릿PC 등의 대형 고해상도 디스플레이 채용으로 지속적인 성장 기대.

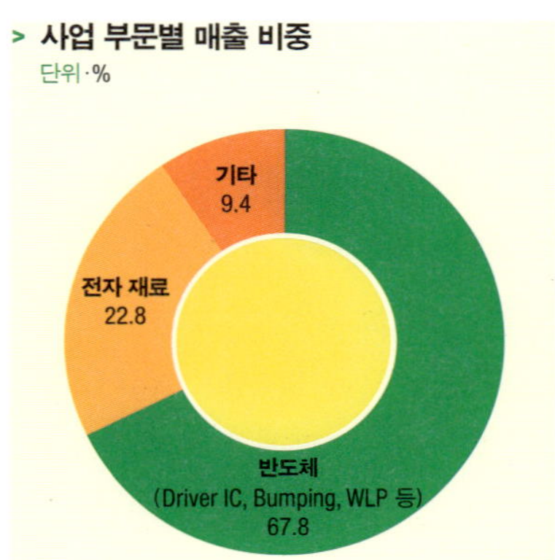

> **사업 부문별 매출 비중**
단위·%

14 반도체 공정

수많은 공정 속에 숨어 있는 히든 챔피언들

손톱보다도 작은 칩으로 전 세계 시장을 제패하다!

국내 반도체 업체들의 얘기다. 삼성전자와 SK하이닉스는 세계 메모리 반도체 시장에서 1위와 2위를 차지하고 있다. 글로벌 반도체 시장을 섭렵하고 있는 두 대기업과 함께 반도체 생산에 필요한 기계를 생산하는 중견 업체들 역시 성장가도를 달리고 있다.

반도체란 말 그대로 '반쯤 되는 도체'를 뜻한다. 즉, 전기 전도도가 도체(전류가 흐르는 물질)와 부도체(전류가 흐르지 않는 물질)의 중간 정도 되는 물질을 말한다. 사람들은 오랫동안 자연에 도체와 부도체만 있는 줄 알았다. 도체와 부도체의 중간에 반도체가 존재한다는 사실을 알게 된 것은 비교적 최근의 일이다. 반도체에는 평상시에 자유전자가 없으나 반도체에 열을 가하거나 특정한 불순물을 넣으면 자유전자가 조금 생겨나 전기가 통하게 된다. 반도체를 이용한 트랜지스터가 발명되기 전까지는 전류의 흐름을 조절하기 위해 진공관을 사용했다.

손톱 모양의 반도체칩에 천문학적인 양의 데이터가 담겨질 만큼 반도체에 관한 기술 개발은 엄청난 진보를 거듭해왔다. 이러한 반도체를 생산하기 위해서는 무수히 많은 공정을 거치게 된다. 모래를 녹여 결정체인 잉곳을 만들고 이를 얇게 절단한 웨이퍼를 노광-식각-애셔(Asher)-증착 등의 과정을 거치게 되면 가공이 완료된 웨이퍼가 된다. 순수한 웨이퍼를 가공된 웨이퍼로 만드는 과정을 '전공정'이라고 부른다. 이후 가공된 웨이퍼를 작은 조각으로 절단하고 본딩-핸들러-레이저마킹-패키징 등의 과정을 거쳐 하나의 반도체가 만들어 지게 된다. 이 공정을 '후공정'이라고 부른다. 수많은 공정 사이에는 각 공정이 제대로 처리됐는지 확인하는 검사 과정도 거친다.

전공정 패키징 업체를 주목하라

이처럼 반도체를 생산하는 수많은 공정과 검사 과정 안에 부품 업체들과 장비 업체들이 포진해 있으며 이들 역시 삼성전자와 SK하이닉스의 위상에 따라 향후 성장성이 기대되고 있다.

반도체 공정 가운데서도 특히 패키징 업체에 대한 관심이 높아지고 있다. 국내 패키징 업체로는 하나마이크론, STS반도체, 시그네틱스, 세미텍 등이 있다.

STS반도체는 반도체 메모리 및 비메모리 패키징 전문 업체로, 반도체 패키징 외에도 메모리카드, SSD(Solid State Drive) 등을 포함한 디지털 응용 제품을 생산한다. 동사는 국내 패키징 업체 중 가장 큰 매출 규모를 기록하고 있다. 1998년 6월 삼성전자 후공정 라인에서 분사해 설립된 업체로 삼성전자와의 우호적 관계를 유지해 오고 있다. 삼성전자향 매출이 50% 이상을 차지하고 있어 실적이 매우 안정돼 있다. 2011년 필리핀 현지 공장을 설립해 9월부터 가동 중이며 삼성전자 물량 확보로 손익분기점에 도달했다. 저가형 메모리 패키징에 특히 주력하고 있다. 아울러 멀티칩 패키지와 낸드 등 고부가가치 메모리 패키징에 서서히 비중을 높여가고 있다. 또 국내에 4라인을 신설 중에 있어 2013년 이후 성장 모멘텀을 강화해 나가는 측면 역시 긍정적으로 분석된다.

우량 종목으로 자리매김하고 있는 검사 장비 업체들

테크윙, 고영테크놀러지 등 검사 장비 업체들에 대한 관심도 뜨겁다. 테크윙은 핸들러를 제조하는 업체다. 핸들러란 테스터기의 검사 결과에 따라 양품과 불량품을 등급별로 자동 분류하는 검사장비다. SK하이닉스, 마이크론, 샌디스크 등 전 세계 40여개 고객사에 납품하고 있다. 2002년 후발 주자로 메모리 핸들러 시장에 진입했음에도 불구하고 빠른 속도로 시장점유율이 증가하고 있어 업계에서 주목 받고 있다. 특히 전문가들은 테크윙의 비메모리 시장 진출에 따른 성장성에 기대하고 있다. 즉, 글로벌 후공정 업체들에게 비메모리 핸들러 장비를 테스트 받고 있어 비메모리 시장 진출이 기대된다. 메모리용 핸들러 시장에서 검증된 기술력과 영업력을 고려할 때 비메모리 시장 진출 가능성은 높다.

티에스이는 반도체 전공정이 완료된 웨이퍼 테스트에 필요한 프로브 카드(Probe Card: 반도체 동작을 검사하기 위해 반도체 칩과 테스트 장비를 연결하는 장치)를 생산하는 업체로, 삼성전자와 SK하이닉스 낸드사업부에 제품을 공급하고 있다. 프로브 카드 외에도 반도체 후공정 최종 검사에서 사용되는 인터페이스 보드와 LED 검사 장비를 제조한다. 티에스이는 이미 국내 프로브 카드 업계의 절대 강자로 자리매김하고 있는 바, 프로브 카드 핵심 부품인 세라믹 기판을 내재화하고 있고, 인쇄회로기판(PCB)과 인터포져를 자회사로부터 공급받고 있어 경쟁 업체 대비 원가 경쟁력이 뛰어나다. 아울러 글로벌 시장에서도 2011년 기준 5위를 기록한 바 있으며, 시스템 반도체 및 D램용 프로브 카드 시장까지 진출할 계획이다. 반도체 업체들의 낸드플래시 투자로 인한 신규 수요 및 미세화 공정으로 인한 교체 수요에 따른 수혜가 꾸준히 예상되는 만큼 티에스이의 앞으로의 행보에 투자자들의 관심도 고조되고 있다.

이밖에도 반도체 전공정 업체인 테스, 애셔(Asher) 장비를 생산하는 피에스케이, 반도체 공정 중 필요한 식각 재료 및 미세 회로 공정용 재료를 생산하는 디엔에프 등도 눈여겨 볼만 하다.

win-win 전략으로 상생의 길을 모색하다

반도체 산업은 IDM(Integral Device Manufacture: 종합 반도체 업체)으로 대표되는 대기업과 각 제조 공정에 필요한 부품과 소재, 장비를 공급하는 중견기업의 유기적인 관계가 특히 강조된다. 이에 따라 삼성전자와 SK하이니스로 대표되는 국내 IDM 업체들은 상생을 위한 프로젝트를 진행하고 있다.

삼성전자는 상대적으로 소외됐던 2, 3차 협력사에게도 자금 및 경쟁력 지원, 거래 문호 확대, 신기술 공모제 등의 프로그램을 추진하고 있다. 아울러 기술력을 갖춘 중소기업이 해당 분야 글로벌 톱5 안에 들 수 있도록 자금, 인력, 제조 기술 등을 종합적으로 지원하는 '글로벌 강소 기업' 제도도 운영 중이다.

SK하이닉스는 반도체 제조 장비 및 재료의 국산화 활동에 힘을 쏟고 있다. 장비 및 재료 국산화가 이뤄지면 협력사는 물론 자사 경쟁력이 배가될 수 있기 때문이다. SK하이닉스는 2007년부터 2011년까지 총 14개 국내 장비 업체들과 주요 공정용 장비 45개 품목을 국산화시키는 성과를 거뒀고, 이들 장비를 자사 생산 시설에 적용하고 있다.

소위 규모가 작은 하청 업체의 희생을 등에 업고 이윤을 추구하겠다는 식의 발상은 반도체 공정 업계에서만큼은 이제 구태에 지나지 않는다. 'win-win'이라는 구호가 절실하다는 것을 대기업들이 먼저 깨닫기 시작한 것이다. 상생을 위한 일련의 프로젝트들이 얼마나 실효성을 거둘지는 좀 더 지켜볼 일이다.

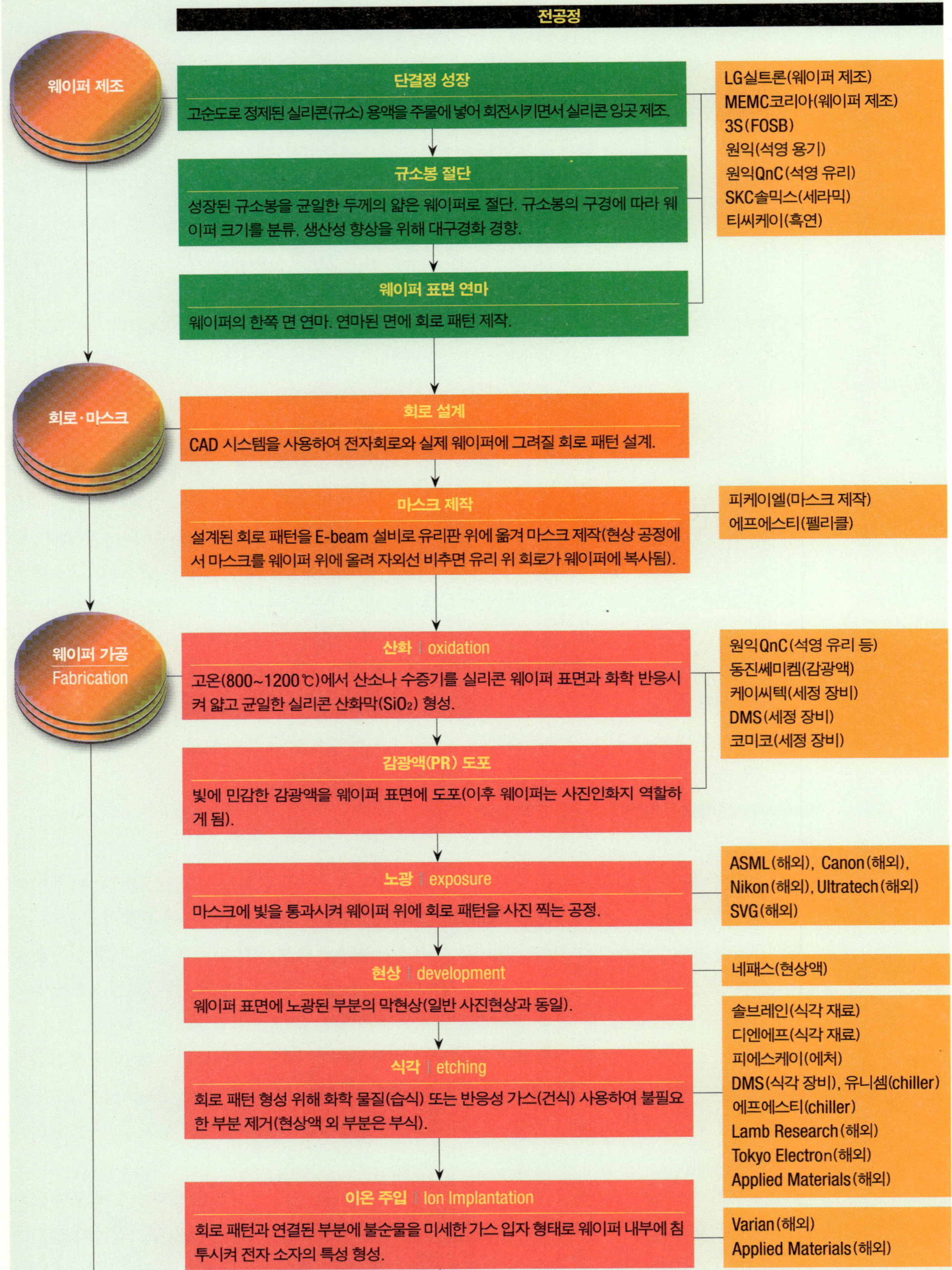

전공정

웨이퍼 제조

단결정 성장
고순도로 정제된 실리콘(규소) 용액을 주물에 넣어 회전시키면서 실리콘 잉곳 제조.

규소봉 절단
성장된 규소봉을 균일한 두께의 얇은 웨이퍼로 절단. 규소봉의 구경에 따라 웨이퍼 크기를 분류. 생산성 향상을 위해 대구경화 경향.

웨이퍼 표면 연마
웨이퍼의 한쪽 면 연마. 연마된 면에 회로 패턴 제작.

LG실트론(웨이퍼 제조)
MEMC코리아(웨이퍼 제조)
3S(FOSB)
원익(석영 용기)
원익QnC(석영 유리)
SKC솔믹스(세라믹)
티씨케이(흑연)

회로·마스크

회로 설계
CAD 시스템을 사용하여 전자회로와 실제 웨이퍼에 그려질 회로 패턴 설계.

마스크 제작
설계된 회로 패턴을 E-beam 설비로 유리판 위에 옮겨 마스크 제작(현상 공정에서 마스크를 웨이퍼 위에 올려 자외선 비추면 유리 위 회로가 웨이퍼에 복사됨).

피케이엘(마스크 제작)
에프에스티(펠리클)

웨이퍼 가공
Fabrication

산화 │ oxidation
고온(800~1200℃)에서 산소나 수증기를 실리콘 웨이퍼 표면과 화학 반응시켜 얇고 균일한 실리콘 산화막(SiO₂) 형성.

감광액(PR) 도포
빛에 민감한 감광액을 웨이퍼 표면에 도포(이후 웨이퍼는 사진인화지 역할하게 됨).

원익QnC(석영 유리 등)
동진쎄미켐(감광액)
케이씨텍(세정 장비)
DMS(세정 장비)
코미코(세정 장비)

노광 │ exposure
마스크에 빛을 통과시켜 웨이퍼 위에 회로 패턴을 사진 찍는 공정.

ASML(해외), Canon(해외),
Nikon(해외), Ultratech(해외)
SVG(해외)

현상 │ development
웨이퍼 표면에 노광된 부분의 막현상(일반 사진현상과 동일).

네패스(현상액)

식각 │ etching
회로 패턴 형성 위해 화학 물질(습식) 또는 반응성 가스(건식) 사용하여 불필요한 부분 제거(현상액 외 부분은 부식).

솔브레인(식각 재료)
디엔에프(식각 재료)
피에스케이(에처)
DMS(식각 장비), 유니셈(chiller)
에프에스티(chiller)
Lamb Research(해외)
Tokyo Electron(해외)
Applied Materials(해외)

이온 주입 │ Ion Implantation
회로 패턴과 연결된 부분에 불순물을 미세한 가스 입자 형태로 웨이퍼 내부에 침투시켜 전자 소자의 특성 형성.

Varian(해외)
Applied Materials(해외)

화학적 기상증착 | CVD
가스의 화학 반응으로 형성된 입자들을 웨이퍼 표면에 수증기 형태로 증착하여 절연막이나 전도성막 형성.

국제엘렉트릭(증착 장비)
유진테크(증착 장비)
원익IPS(증착 장비)
테스(증착 장비)
주성엔지니어링(증착 장비)
솔브레인(CVD 재료)
케이씨텍(가스 캐비닛 등)
유니셈(스크러버 등)

금속배선 | metallization
웨이퍼 표면에 형성된 회로를 금, 은, 알루미늄 선으로 연결시키는 공정.

후공정

자동 선별 | EDS
칩의 불량 여부를 컴퓨터로 검사하여 불량품 선별.

Teradyne(해외)
Advantest(해외)
Agilent(해외)

절단 | sawing
웨이퍼상의 여러 칩 분리, 다이아몬드 톱을 사용하여 웨이퍼 절단.

일진다이아(다이아몬드 블레이드)

칩 접착 | die attachment
분리된 칩 중 정상 제품을 선별하여 리드 프레임 위에 올림.

삼성테크윈(리드프레임)
피에스엠씨(리드프레임)
엠케이전자(와이어 본딩)
동진쎄미켐(EMC)
제일모직(EMC)
STS반도체(패키징)
하나마이크론(패키징)
시그네틱스(패키징)
세미텍(패키징), 네패스(WLP)
심텍(PCB), 대덕전자(PCB)
코리아써키트(PCB)
덕산하이메탈(솔더볼)
휘닉스소재(솔더볼)

금속 연결 | wire bonding
칩 내부의 외부 연결 단자와 리드 프레임을 가는 금선으로 연결.

성형 | molding
- 외형 형성.
- 칩과 연결 금선을 보호하기 위해 화학 수지로 밀봉.
- 플라스틱, 세라믹 등으로 외부를 감쌈.

최종 검사 및 마킹
컴퓨터로 최종 검사.

이오테크닉스(레이저 마킹)
한미반도체(레이저 마킹)
고려반도체(레이저 마킹)
고영(검사 장비)
유니테스트(검사 장비)
인텍플러스(검사 장비)
미래산업(검사 장비)
디아이(검사 장비)
Advantest(해외)
Teradyne(해외)

※ **Etcher**(에처) | 패턴대로 필요한 부분을 선택적으로 식각시키는 설비.
※ **CVD**(화학기상 증착) | 반응기 안에 화학기체를 주입하여 화학반응에 의해 생성된 화합물을 웨이퍼에 증기 착상시키는 과정. 방법에 따라 상압 화학기상증착(APCVD, Atmospheric Pressure CVD), 저압 화학기상증착(LPCVD, Low Pressure CVD), 열화학증착, 플라즈마화학증착(PECVD) 등이 있음.
※ **Lead Frame**(리드프레임) | 지네발처럼 튀어나온 다리 부분. 반도체가 전자제품에 연결되는 소켓의 역할.

> **반도체 공정상의 생산 제품에 따른 분류**

칩 메이커	Logic Chip, DRAM, NAND Flash 등 반도체 칩을 제조하는 업체로, IDM 및 Foundry 등을 포함.
재료 업체	반도체 제조 공정에 투입되는 기초 재료를 생산하는 업체로, 웨이퍼 메이커에서 공정용 Etchant, 특수 가스 등을 생산하는 업체까지 일컬음.
부품 업체	반도체 제조 공정에 투입되는 부품을 생산·납품하는 업체.
장비 업체	반도체 공정용 장비를 생산하는 업체로, 포토리소그래피, 증착, 식각, 세정, 검사 장비 등을 포함.
후공정 패키징 업체	배선 등이 완료된 웨이퍼를 절단한 후 몰딩 과정을 통해 PCB에 얹을 수 있도록 최종 패키징하는 공정을 수행하는 업체.

> 메모리 반도체 시장 규모 추이 및 전망

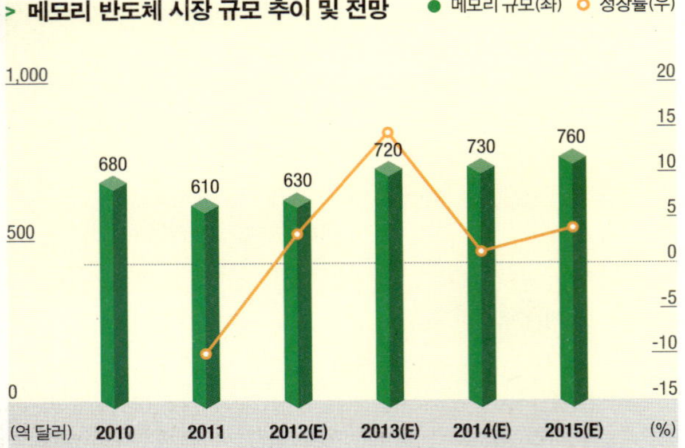

> 비메모리 반도체 시장 규모 추이 및 전망

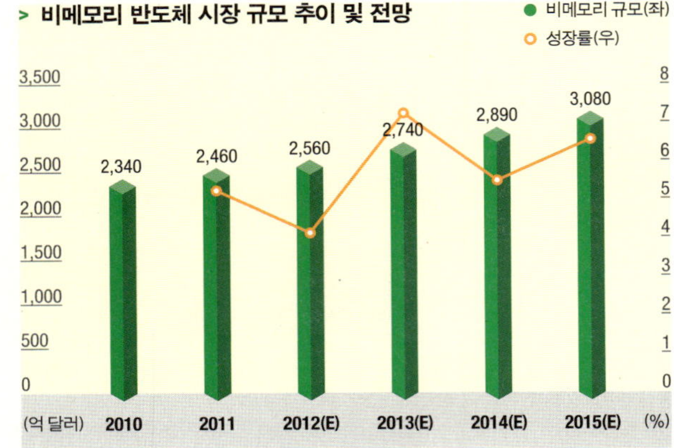

> 반도체 전공정 장비 시장 규모 추이 및 전망

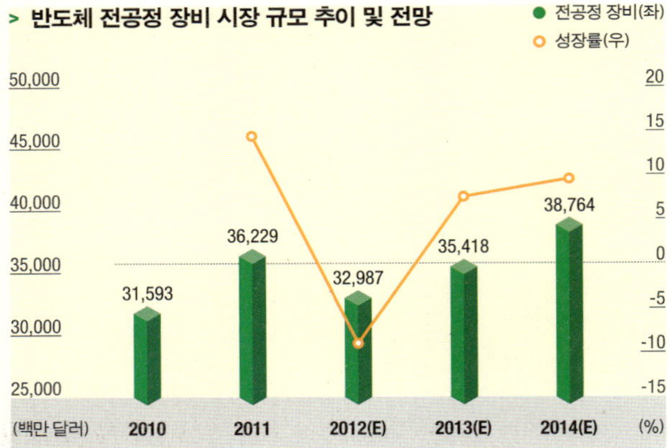

> 반도체 후공정 장비 시장 규모 추이 및 전망

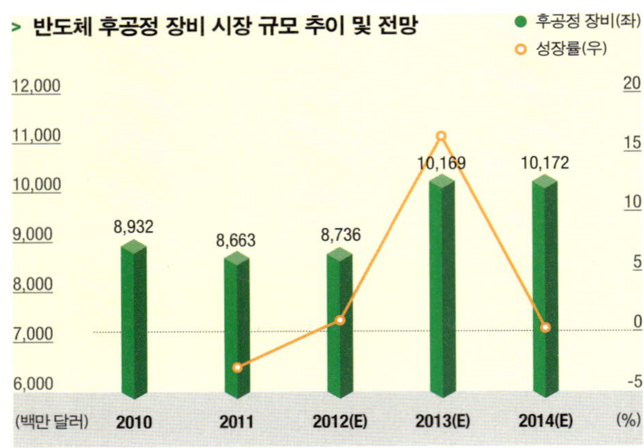

> 반도체 후공정 아웃소싱 비중 추이 및 전망

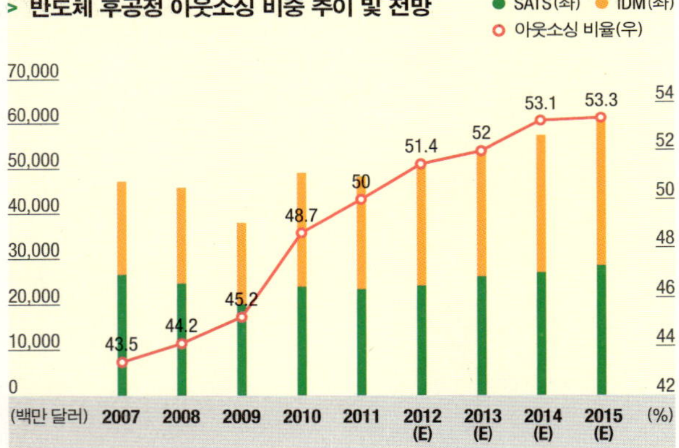

> 반도체 후공정 업체 분기별 성장률 추이

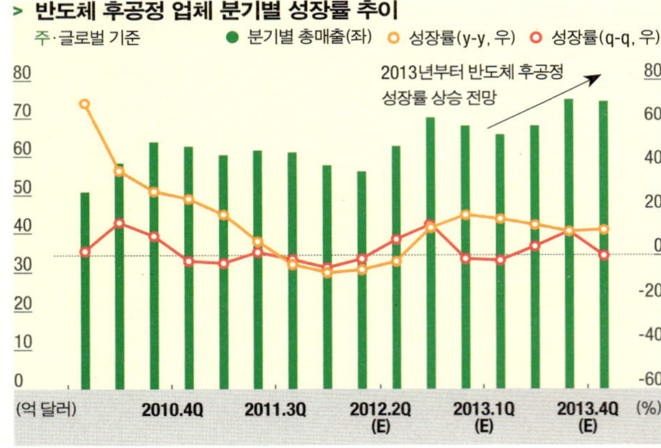

> 반도체 생산라인에 대한 설비 투자 내역

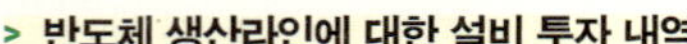

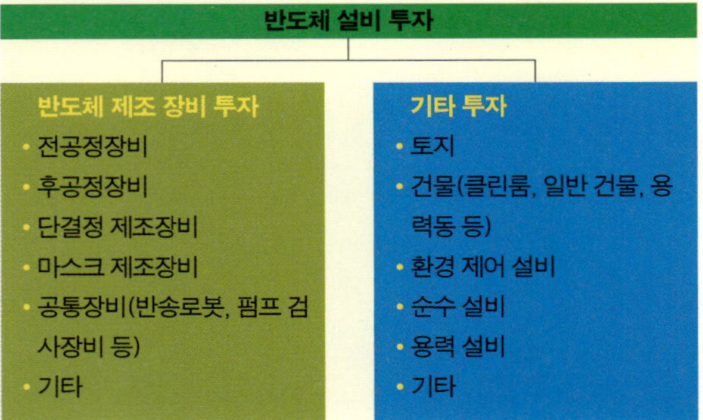

> 반도체 생산라인에 대한 설비 투자 비중

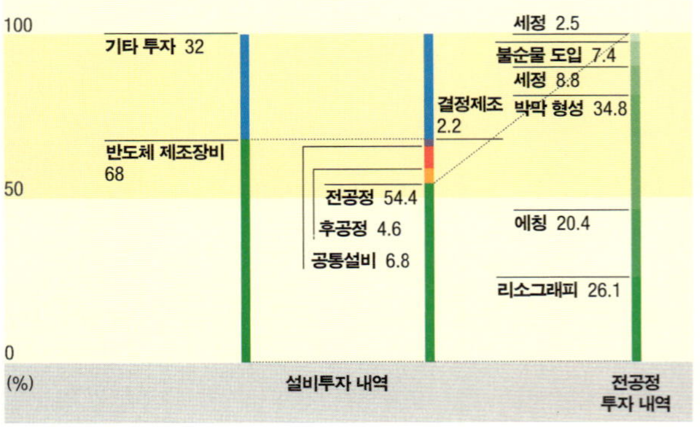

> 글로벌 반도체 시장 공정 미세화 추이 및 전망

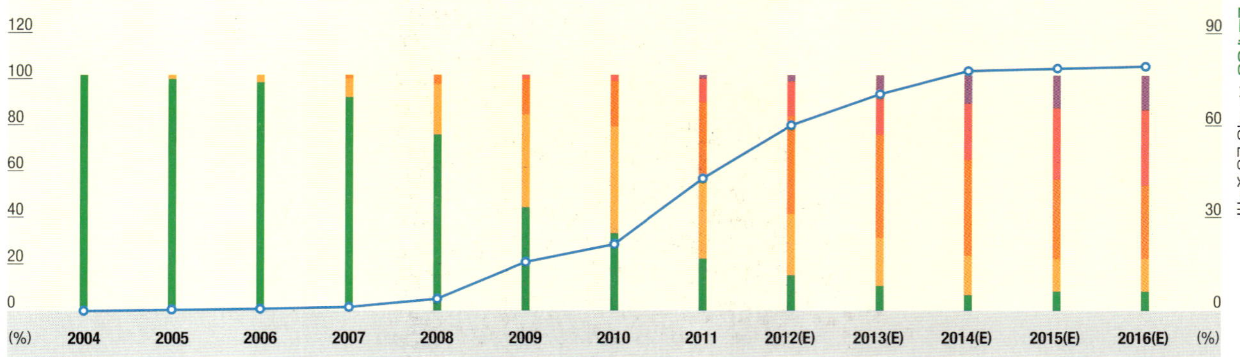

- 제한적 시장 성장 예견되는 가운데 공정 미세화를 위한 교체 투자 가속화 전망.
- 공정 전환(Tech. Migration) 확대에 따른 수혜 업체에 주목.

> M&A가 글로벌 시장 규모에 미치는 영향

주·마이크론의 M&A 시도를 기준으로 살펴봄

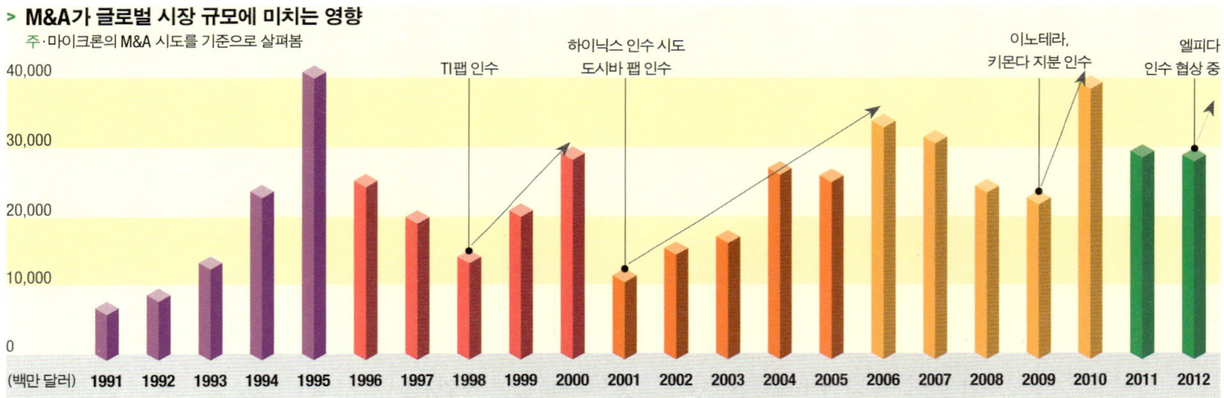

- 역사적으로 살펴보면 M&A 시도 시기가 DRAM 사이클의 바닥이었음 → 2013년 글로벌 시장 회복 가능성 높음.

> STS반도체, 하나마이크론, 시그네틱스 등 대표 반도체 공정 업체들의 삼성전자로의 납품 흐름도

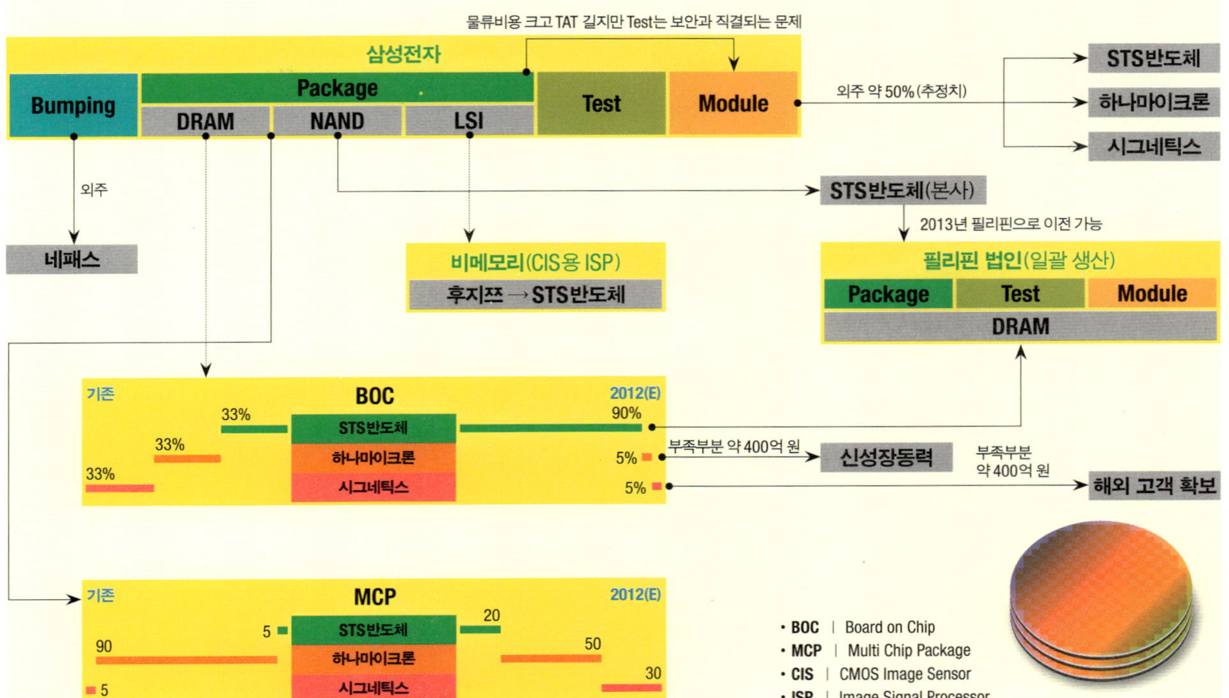

원익IPS

코스닥·IFRS별도

2012년 2분기 누계

매출액	1,587억 원
영업이익	128억 원
순이익	133억 원

- 반도체 PECVD/ALD 장비, 가스 공급 시설 및 LCD Dry Etcher, 태양광 장비 등을 생산하는 종합 장비 업체.
- 전체 매출액의 90%가 삼성전자향 → 삼성전자 반도체용 PE-CVD 장비 수요의 90%, TFT-LCD용 Dry Ether(건식 식각) 장비 수요의 80% 공급.
- 주요 제품은 전체 매출액의 30%를 차지하는 반도체용 증착 장비(PECVD)인 'MAHA SP/MP'로 D램과 낸드(NAND) 대응이 가능.
- 낸드와 D램 미세 공정 전환이 거듭됨에 따라 동사의 반도체 증착 장비 매출이 꾸준히 증가→2012년 1분기 반도체 장비 매출은 590억 원으로 전년 대비 +178.3% 증가해 역대 최고 분기 실적 달성 견인.

> 경영실적

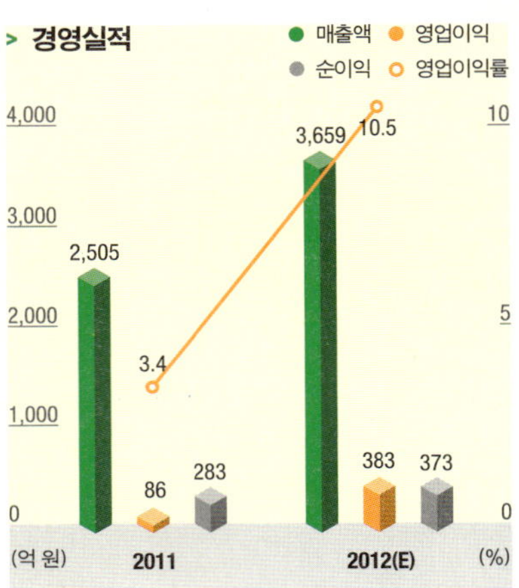

> 사업 부문별 매출 비중

단위·%

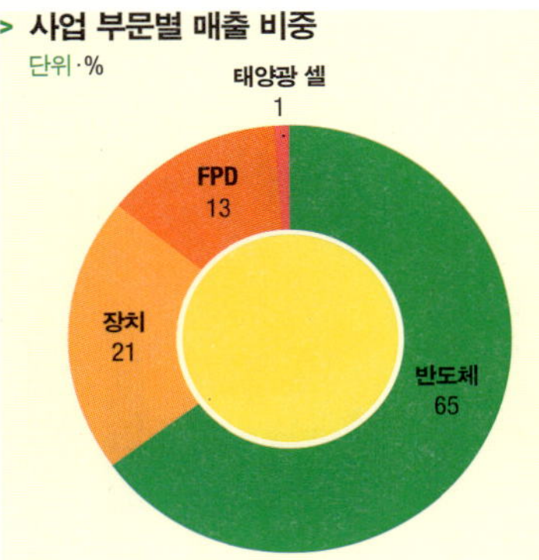

> 사업영역 및 제품군

● 개발 중   ● 개발 완료

	반도체	AMOLED	TFT-LCD	태양광	LED
Cleaning		PT System			
Deposition	ALD	Evaporation		PECVD	GaN MOCAD
	CVD			LPCVD	
	PECVD			Ion Implanter	
Etching		5.5G Dry Etcher	7G Dry Etcher	RIE Etcher	
		8G Dry Etcher	8G Dry Etcher		
Encap		TFE System			
Gas Supply System	Gas Cabinet	Gas Purifier	BSGS		

원익머트리얼즈

코스닥·IFRS별도

2012년 2분기 누계

매출액	504억 원
영업이익	107억 원
순이익	94억 원

49.6%

원익IPS

- 반도체용 특수가스 공급 업체.
- 2010년 충남 연기군에 제조2 공장을 설립함으로써 합성 방식의 특수가스 제품을 생산할 수 있는 능력 확보.
- 주거래선은 삼성전자로 2011년 전체 매출액의 68% 차지 → 삼성디스플레이와 삼성LED 등 계열사를 모두 포함할 경우, 삼성그룹 매출 의존도가 86%에 이름.
- 반도체용 특수가스는 핵심 소재인 반면, 재료비 비중은 10% 안팎으로 실적면에서 안정적 요소 갖춤.
- 중국과의 16라인 메모리 반도체 증설 계획이 가시화 되면서 사업 글로벌화 기대.

> 사업 부문별 매출 비중

단위·%

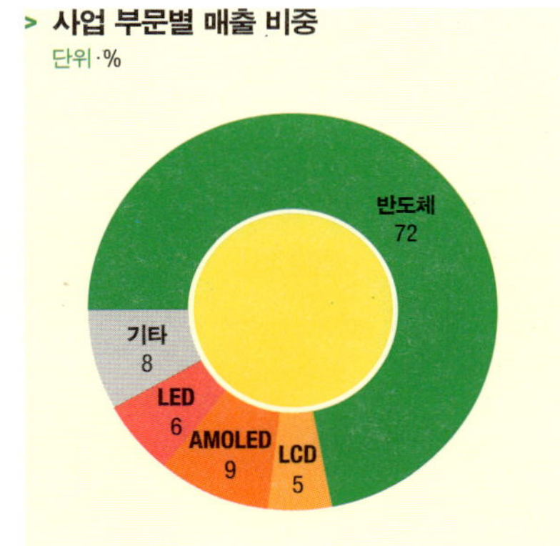

> 주요 제품 및 상품
주·반도체(D) : DRAM, 반도체(F) : Flash Memory, 결정형과 박막형은 태양전지 타입

분류	품목	Application	공정	보조가스	증착결과물	비고
제품	NO(산화질소)	반도체(F)	열처리 공정(Flash Memory 제조공정 중 Annealing 공정)	X	SiON	N-Rich Layer의 증가로 Oxide 막질의 내구성 강화
	NH3(암모니아)	반도체(F), LCD, 결정형, AMOLED, LED	질화막 증착에 사용(LED에서는 GaN 형성)	SiH4, [TMGa]	Si3N4, [GaN]	국내 고순도 NH3 시장 30% 점유
	C3H6(프로필렌)	반도체	반도체용 Etching Hard Mask 증착용 가스			
	PH3		확산 공정 재료			
	N2O	반도체, LCD, AMOLED	산화막 증착 공정에 사용되는 가스	SiH4	SiO2	
상품	GeH4(저메인가스)	반도체, LCD, 박막형	전극 보호막 형성(Capacitor Top Plate 캡핑용)	SiH4	SiGe	
	Si2H6(디실란)	반도체	Diffusion, CVD 공정			• SiH4 대비 반응속도, 증착속도, 접촉면 균일도 등에서 탁월. • 삼성전자 반도체 부문에 독점 공급. • 국내 시장 90% 점유.

STS반도체

코스닥·IFRS별도

2012년 2분기 누계

매출액	1,874억 원
영업이익	60억 원
순이익	4억 원

투자 포인트

- 국내 패키징 전문 업체 중 가장 큰 매출 규모 영위→패키지 이외에 테스트, 메모리 카드, 기타 디지털 응용 제품까지 생산.
- 동사는 1998년 6월 삼성전자 후공정라인에서 분사하여 설립된 업체로 삼성전자와 우호적 관계 유지→2011년 기준 매출의 50% 이상이 삼성전자향.
- 필리핀 생산기지(PSTS) 가동 시작으로 BoC 패키징 안정적인 물량 확보.
- PSPC의 2012년 매출액 및 영업이익은 각각 2,390억 원, 96억 원으로 전망.
- 국내에 4라인을 신설 중에 있어 2013년 이후 성장 모멘텀을 강화해 나가는 측면 역시 긍정적임→4라인은 삼성전자의 16라인 등 추가 증설 물량 및 Fujitsu향 시스템 LSI 패키지에 대응할 계획.

> 국내외 생산라인

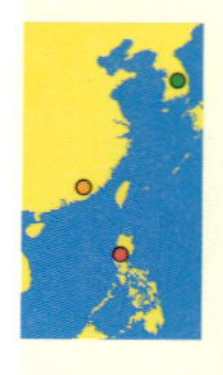

하나마이크론

코스닥·IFRS별도

2012년 2분기 누계

매출액	1,247억 원
영업이익	-48억 원
순이익	-25억 원

투자 포인트

- 반도체 패키징 및 테스팅 전문 업체.
- 전반적인 패키징 물량 감소에도 불구하고 모바일향 메모리인 eMMC(Embedded Multi Media Card), eMCP(Embeded Multi-Chip Package) 등의 비중이 늘어나고 있어 긍정적→기존 BoC 대비 eMMC와 eMCP 가격이 상대적으로 높기 때문.

> 사업 부문별 매출 비중

단위·%

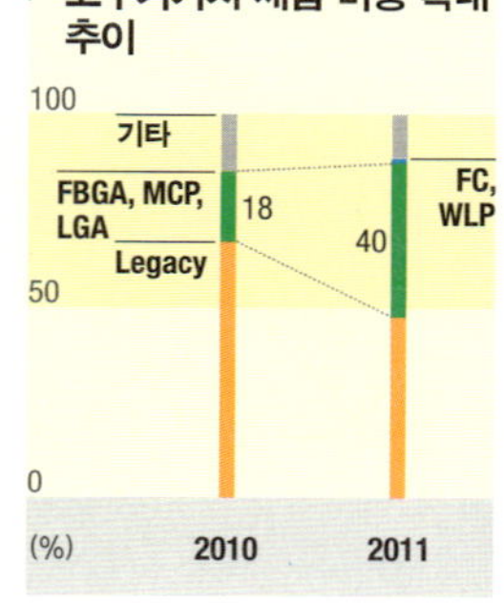

> 고부가가치 제품 비중 확대 추이

시그네틱스

코스닥·IFRS별도

2012년 2분기 누계

매출액	1,448억 원
영업이익	86억 원
순이익	69억 원

영풍(주)	23.3%	18.9%	인터플렉스
영풍전자	11.9%	8.5%	장형진

투자 포인트

- 반도체 패키징 전문 업체로 경쟁 업체인 하나마이크론과 STS반도체 대비 고객 다양화와 높은 비메모리 비중으로 안정된 매출 성장 및 높은 수익성 유지.

> 다양한 전방산업에 대응하고 있어 경쟁사 대비 실적 안정성 높음

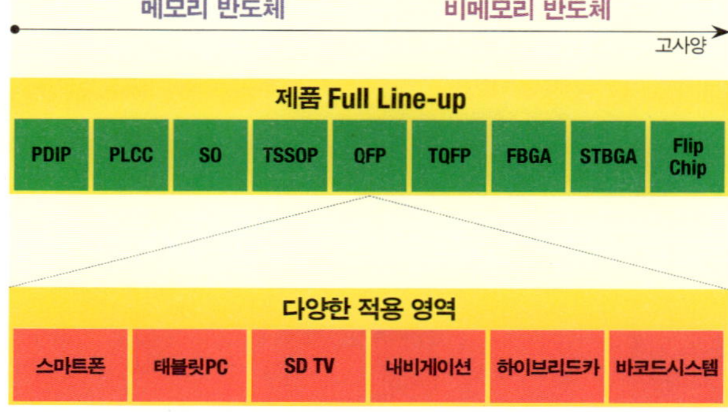

국제엘렉트릭

코스닥·IFRS별도

2012년 3월 결산 법인
(1분기 실적)

매출액	495억 원
영업이익	66억 원
순이익	53억 원

	6.3%	KB자산운용
51.7%		히타치국제전기
6.7%		한국밸류자산운용

투자 포인트

- IDM에 Diffusion Furnace, Batch Type LPCVD, ALD 등 납품.
- 국내 장비 업체 중 삼성전자의 비메모리 라인 14라인에 장비 공급.
- 향후 동사가 생산하고 있는 Diffusion Furnace, LPCVD, ALD의 매출 기반이 더욱 확대될 전망.
- 삼성전자의 NAND Flash Fab(16라인) 증설 지속 및 DRAM Fab 공정 미세화 진행(11, 13라인)에 따른 장비 매출 증가 수혜 기대.
- 삼성전자의 시스템 LSI 투자 확대에 따른 수혜 전망.

> 주요 제품 현황 | 주·괄호 안은 비중

사업 부문	매출 유형	품목	
반도체 장비	제품	Diffusion Furnace	종형확산로
		LP-CVD System	저압화학증착장비
		ALD	원자층증착장비
	부품	Controller 외	장비 유지 보수
	서비스	용역 제공	Set-up 및 A/S 등

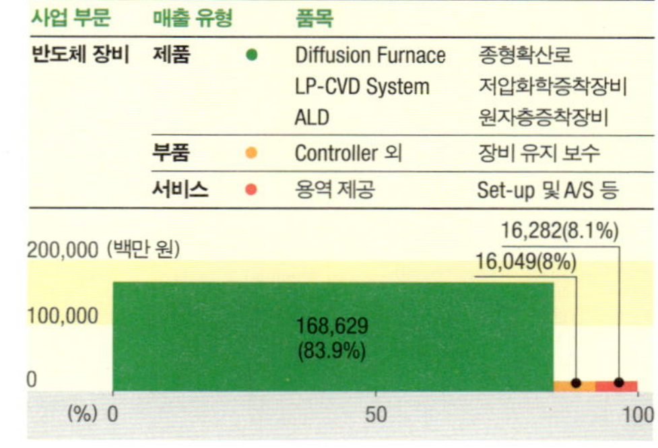

유진테크

코스닥·IFRS별도

2012년 2분기 누계

매출액	1,365억 원
영업이익	447억 원
순이익	335억 원

- 반도체 전공정용 증착 장비 업체.
- 동사의 주력 제품은 LPCVD와 plasma 장비로 DRAM, NAND, 비메모리 등의 반도체 생산 라인과 미세 공정 전환 핵심 장비로 사용됨.
- 2011년 대만의 Macronix와 Windbond에 이어 해외시장에서의 추가적인 신규 거래선 확보 기대.

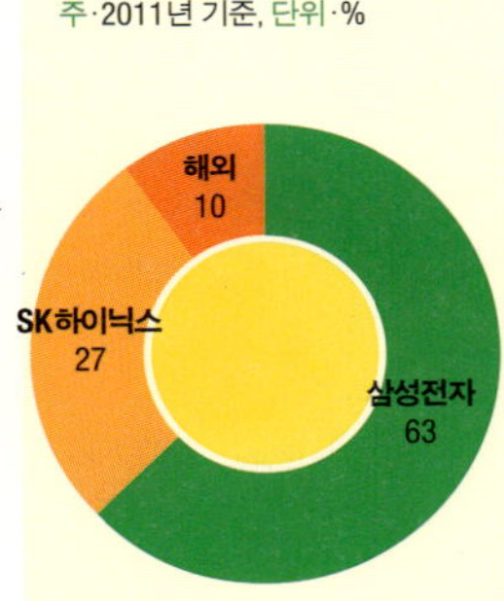

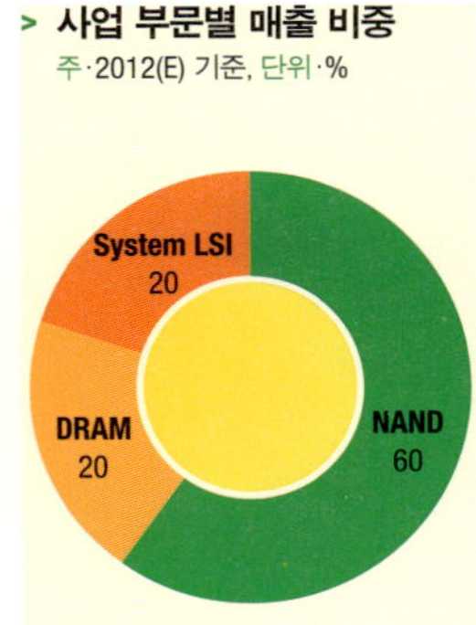

아이테스트

코스닥·IFRS별도

2012년 2분기 누계

매출액	506억 원
영업이익	47억 원
순이익	30억 원

21.6%
프롬써어티

7.2%
노메드테크놀러지

7.2%
아드반테스트코리아

7.2%
알리안츠자산운용

- 국내 반도체 공정 아웃소싱 테스트 시장점유율 1위(매출 기준) 영위.
- 국내 업체 중 유일하게 메모리 및 시스템 테스트 능력 갖춤.
- SK하이닉스 DDR2/DDR3 물량의 약 40%, 삼성전자 AP 물량의 10% 수준 테스트 담당.
- 2010년 하반기부터 Fujitsu로부터 아웃소싱 물량 수주하면서 해외 사업 개시 → 향후 Fujitsu 이외 매출처로 해외 고객 다변화함으로써 성장 기반 마련 기대.
- SK하이닉스와 삼성전자 이외의 매출 비중은 2011년 말 27.3%, 2012년 36.8%까지 확대 예상.

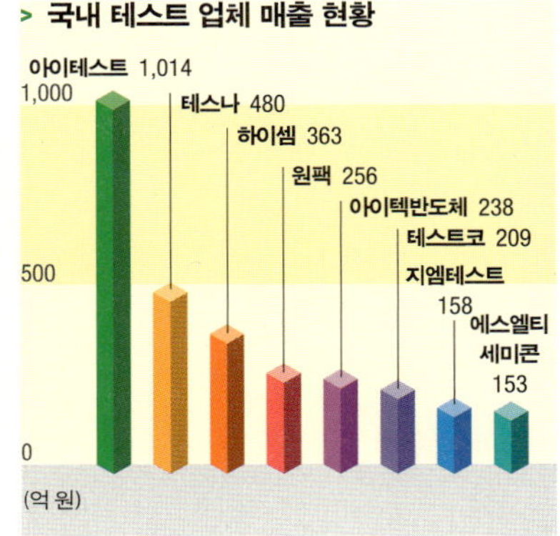

테크윙

코스닥·IFRS별도

2012년 2분기 누계

매출액	409억 원
영업이익	52억 원
순이익	43억 원

- 글로벌 1위 핸들러 제조 전문 업체로, 핸들러란 테스터기의 검사 결과에 따른 양품과 불량품을 등급별로 자동 분류하는 후공정 검사 장비를 말함.
- 2002년 후발주자로 메모리 핸들러 시장에 진입 했음에도 불구하고, 빠른 속도로 시장점유율이 상승(2011년 기준, 글로벌 시장점유율 60%).
- 스마트폰, 태블릿PC 등의 핸드셋 제품들의 성장 속도 증가에 따라 글로벌 메모리 반도체 설비 투자는 2011년에 이어 성장 예상 → 따라서 동사의 주요 매출처(엘피다, 마이크론, 샌디스크 등) 역시 공정 개선, 라인 변경, 신규 투자 등을 확대할 것으로 예상되며, 이에 따라 메모리 반도체 핸들러 수요가 증가할 것으로 판단.
- 아직 거래가 없는 삼성전자와 거래가 트이면 실적 급등.

세미텍

코스닥·IFRS별도

2012년 2분기 누계

매출액	580억 원
영업이익	3억 원
순이익	0억 원

- SK하이닉스향 중심의 반도체 패키징 전문 업체.
- 모바일기기 확산 등에 따른 MCP 매출 급증으로 2010년 52%였던 SK하이닉스 매출 비중이 76%로 크게 증가.
- MCP 생산 능력은 2011년 기준 6,000k/월에서 2012년에는 14,000k/월로 급증.
- SK하이닉스와 공동 개발 중인 8M 이상 카메라에 적용되는 이미지 센서 패키징은 2012년 하반기 샘플 생산에 이어 2013년 상반기 양산 계획으로, 성공적 개발시 연 300억 원(영업이익률 20% 수준) 추가 매출액 가능.
- 2년간 논의되던 EOS재팬과의 음향센서 패키징 공급이 현재 가격 조율 중임 → 빠른 시일 내에 확정 가능성 높음(공급 계약 확정시 연 60억 원 이상 매출 추가).

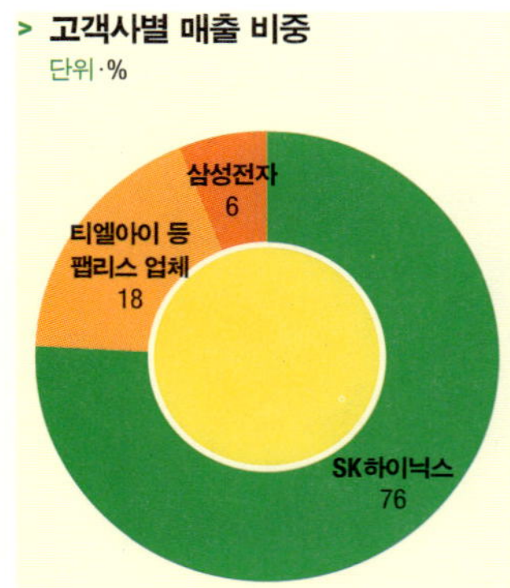

디엔에프
코스닥 · IFRS별도

2012년 2분기 누계

매출액	154억 원
영업이익	8억 원
순이익	3억 원

투자 포인트
- 반도체 화학소재 전문 업체로, 설비 가동을 위한 소모성 원재료가 매출의 대부분을 구성하므로 제조장비에 비해 산업경기 영향을 적게 받는 편.
- 2011년까지 주력 사업은 ACL(식각재료)과 SOD(절연재료)였으나, 2012년 이후 높은 성장이 기대되는 미세회로 공정용 재료(DPT 및 High-k 재료) 매출이 본격적으로 개시, 수익성 향상을 이끌 전망.
- 기존 주력 사업인 SOD와 ACL에서도 견조한 매출 예상 → SOD 공정 재료는 70나노급 이하에서 전력누설을 방지하기 위한 절연물질로, 현재 대만 Nanya와 SK하이닉스에 공급 중.

> **매출 비중 추이 전망**
단위 · %

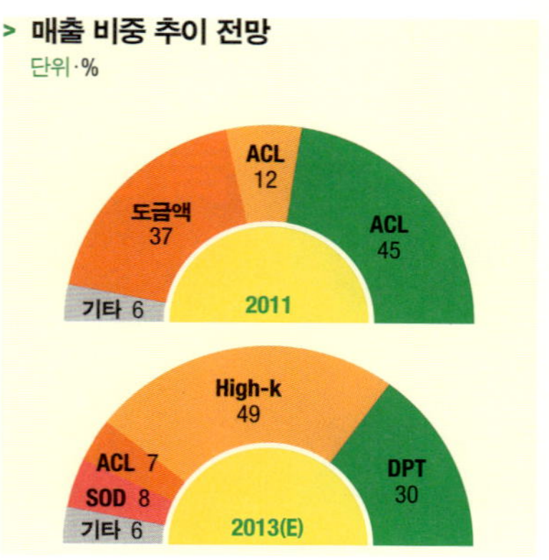

티에스이
코스닥 · IFRS별도

2012년 2분기 누계

매출액	360억 원
영업이익	27억 원
순이익	26억 원

투자 포인트
- 반도체 공정 중 전공정이 완료된 웨이퍼 상태에서의 테스트를 위한 부품인 'Probe Card'를 생산하는 업체.
- Probe Card 외에도 반도체 후공정 최종 검사 단계에서 사용되는 인터페이스보드와 LED 검사 장비 생산.
- 고객사 내에서의 점유 비율은 삼성전자 NAND 사업부 내 약 40~50%, SK하이닉스 NAND 사업부 내 약 10% 수준으로 국내 NAND 부문 Probe Card에서 독보적인 위치 영위.
- Probe Card의 핵심 요소인 세라믹기판, 미세핀, 인터포져, PCB 등을 모두 자체 생산 내지는 자회사가 생산함으로써 경쟁 업체와 차별화되는 원가경쟁력과 수익성 보유.

> **사업 부문별 매출 비중**
단위 · %

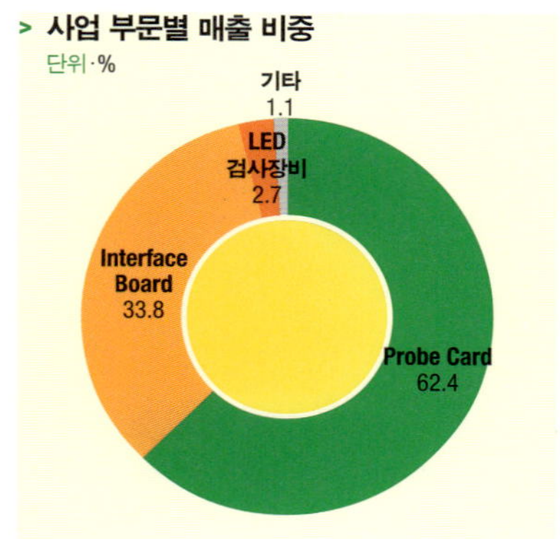

테스
코스닥 · IFRS별도

2012년 2분기 누계

매출액	512억 원
영업이익	72억 원
순이익	74억 원

투자 포인트
- SK하이닉스를 주요 고객사로 둔 반도체 전공정 장비 업체.
- 2011년 삼성전자에 PE-CVD 납품 개시하면서 고객 다변화에 성공.
- SK하이닉스 설비 투자 확대에 따른 최대 수혜주로 꼽힘 → SK하이닉스의 신규 Fab 투자 본격화될 경우 반도체 장비에서 추가적인 매출 확대도 가능.
- 반도체 장비 이외에 태양전지 장비의 대규모 수주에 이어 AMOLED 장비 등 추가 모멘텀 보유.
- 2011년 스페인 이소포톤사에서 450억 원 규모의 태양전지 장비 신규 수주.
- 현재 개발 중인 ALD 방식의 AMOLED 박막 봉지 장비의 납품 가시화 여부도 주목.

> **고객사별 매출 비중**
단위 · %

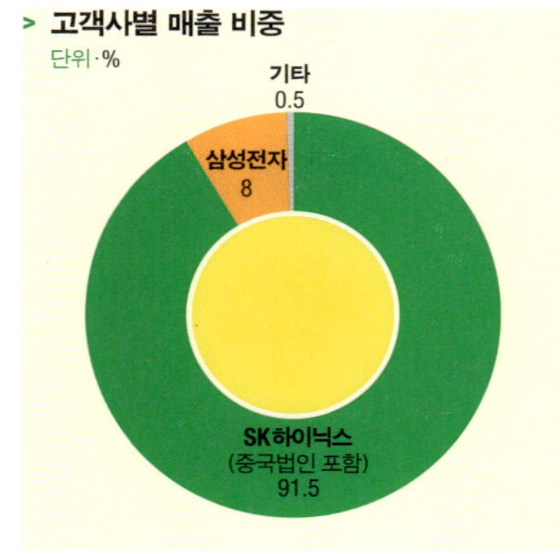

피에스케이
코스닥 · IFRS별도

2012년 2분기 누계

매출액	427억 원
영업이익	58억 원
순이익	71억 원

32.9%	금영
11.2%	신영자산운용

투자 포인트
- 반도체 식각공정 이후 포토레지스트(감광액)를 제거하는 Asher 장비 글로벌 1위 업체(세계 시장점유율 34.1%, 국내 시장점유율도 80%로 독점적 지위 형성).
- 삼성전자와 SK하이닉스의 설비 투자 증가로 인한 Asher 장비 매출 증가 예상.
- 반도체 공정의 미세화로 인해 패턴 형성을 위한 공정의 증가는 Asher 장비 수요로 이어질 수 있으며, 비메모리 분야는 메모리 대비 Asher 장비 수요가 많아 동사에 기회 요인이 될 것으로 판단.
- Asher 장비 매출 이외에도 Power Etch Back System 등 신규 장비 매출 가시화 기대.

> **반도체 Asher 글로벌 시장 규모 추이**

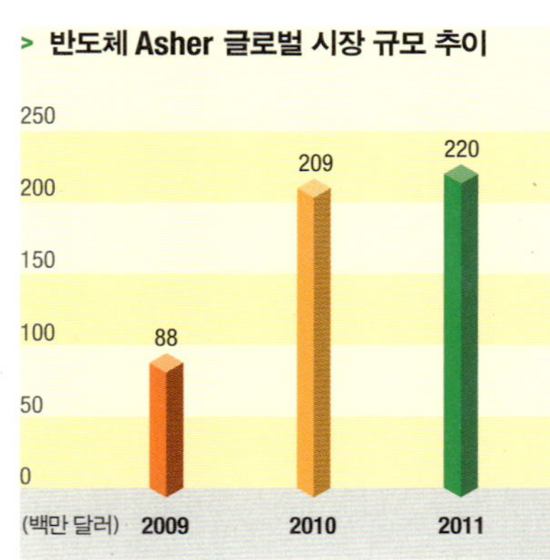

15 음성·동작 인식

말로 하는 검색 방식으로
거대한 시장을 창출하다

애플이 음성 인식 기술을 적용한 'SIRI(시리)'를 선보인 이후 기기(器機)와 인간의 소통 방식에 혁명적인 변화가 나타나고 있다. 시리는 단순히 음성을 글자로 바꿔주는 것을 뛰어넘어 음성 인식과 인공지능이 결합된 이른바 '개인 비서' 역할을 하는 서비스다.

'시리' 등장 이전까지 음성 인식이라고 하면 '본부'를 떠올리는 사람이 많았다. '본부'는 1990년대 삼성전자가 휴대전화 '애니콜'을 알리기 위해 내놓은 여러 편의 광고 가운데 음성 인식을 통한 전화 걸기 시리즈에 나오는 유행어였다.

그 후로 10여 년이 넘는 세월 동안 음성 인식 기술은 휴대전화와 내비게이션 등에 접목됐지만 사용하는 사람은 많지 않았다. 기능도 단순했을 뿐더러 인지도도 낮았다. 하지만 단순한 명령어 인식을 뛰어 넘어 스마트폰과 대화할 수 있는 '시리'가 등장하면서 음성 인식에 대한 편견은 깨졌다. '시리'는 키보드와 마우스, 터치로 이어진 입력 기술 계보를 잇는 새로운 입력 방식으로 자리 잡고 있다.

애플뿐만 아니라 삼성전자도 '갤럭시S3'에 S보이스를 탑재했고, 구글도 최신 안드로이드 운영 체제(OS) '젤리빈'에서 음성 인식 기능을 선보였다.

이처럼 앱스토어를 통해 음성 인식을 활용한 다양한 애플리케이션이 제공되면서 음성 인식 시장에 대한 관심이 날로 커지고 있다.

54억 달러 규모에 매년 20% 넘게 고공 성장하는 매머드 시장

최근에는 스마트폰뿐 아니라 다양한 기기에 음성 인식 기술이 접목되고 있다. 마이크로소프트가 게임기 'X박스'에 음성과 동작을 인식할 수 있는 장치를 출시했고, 구글도 음성 검색 서비스를 시작했다. 미국에서는 의사들이 음성으로 환자의 의료 관련 정보를 입력할 수 있는 음성 인식 전자 의무 기록(EHR) 시스템이 도입됐다. 2015년까지 전 세계 자동차의 47% 이상이 음성 인식 기능을 갖출 것이라는 전망도 나오고 있다.

음성 인식이 생활 전반에 빠르게 침투하고 있는 이유는 사람에게 친숙한 정보 전달 방법이라서 별도의 학습이나 훈련 없이 다양한 조작이 가능하기 때문이다. 게다가 이동 중이거나 작업 중에도 정보를 입력할 수 있고 음성을 통해 신원 파악도 가능하다.

시장조사기관 데이터모니터(Datamonitor)에 따르면, 2005년 약 11억 달러 규모였던 글로벌 음성 인식 시장이 2013년에는 54억 달러 규모에 달할 것으로 추정했다. 연평균 21.9%씩 성장하는 셈이다.

삼성, 애플과 함께 쑥쑥 자라는 음성 인식 기술·부품 주

터치패널 관련 업체의 가파른 성장을 목격한 국내 증권가도 음성 인식 기술을 주목하고 있다. 국내에서 음성 인식 기술을 가장 활발하게 적용하고 있는 업체는 삼성전자다. 갤럭시S3에 음성 인식 솔루션 S보이스를 탑재한 것을 비롯해 스마트TV에도 음성만으로 채널과 볼륨을 조절할 수 있는 기술을 적용했다. 뿐만 아니라 스마트 에어컨은 전원, 운전, 바람세기 등을 음성으로 제어할 수 있는 '스마트톡' 기능을 채택했다.

삼성전자 에어컨에 음성 인식 솔루션을 공급하는 디오텍도 음성 인식 시장의 성장에 따른 수혜 업체 가운데 하나다. 디오텍은 2010년 국내 음성 기술 개발 업체 HCI랩을 인수했다. 또 스위스 취리히에 본사가 있는 음성 인식 검색엔진 개발 업체 SVOX와 협력 관계를 유지하고 있다.

콜센터 사업자 브리지텍은 음성 인식 엔진 개발사인 미국 뉘앙스(Nuance)사와 사업 제휴를 맺었다. 콜센터에 부분적으로 음성 인식을 도입해 이용자 편의를 확대하는 방향으로 추진하고 있다.

음성 인식을 도입하는 스마트폰이 늘어날수록 고감도 마이크를 채택할 가능성이 크기 때문에 마이크 관련 업체의 수혜도 예상된다. 알에프세미는 휴대전화 부품 가운데 음성 신호를 전기 신호로 바꿔주는 마이크로폰용 반도체(ECM)칩 개발 업체다. 카메라 모듈 생산 업체 파트론은 마이크로 전자기계 시스템(MEMS)을 도입한 마이크 제품을 개발해 호평을 얻기도 했다.

한편, 애플이 지문 인식 보안 업체 어센텍(AuthenTec)을 3억5,600만 달러(약 4,000억 원)에 인수하면서 최근 지문 인식 기술을 가지고 있는 업체들도 주목받고 있다. 어센텍은 지문 인식, 홍채 인식 등 스마트 센서를 활용한 솔루션 뿐 아니라 주요 모바일 보안 솔루션을 제공하고 있다. 이미 앱스토어에서 천문학적인 수익을 거둬들이고 있는 애플이 전자결제와 관련된 인증 서비스 시장까지 잠식해 나갈 것으로 업계에서는 관측하고 있다.

이처럼 관련 기술·부품 주들의 운명을 좌지우지 할 만큼 애플의 행보는 전 세계에 걸쳐 막강한 영향력을 미친다. 국내에도 애플향 부품 공급 상장 업체들이 여럿 포진해 있다. 애플의 행보에 전 세계 투자자들의 시선이 고정될 수밖에 없음은 당연한 듯하다.

1. 음성·동작 인식장치인 Kinect. | 2. 기아차에 장착된 UVO 시스템. | 3. 거짓말 탐지기기가 장착된 Sber Bank의 ATM기.
4. 음성명령이 가능한 게임 Skyrim. | 5. Vocollect사의 물류 솔루션 프로그램.

TV 등 가전 산업

- 가전제품의 음성·동작 인식 활용 사례는 On/Off와 같은 단순 명령에서부터, 세부 관리 메뉴까지 음성을 통해 이루어지는 수준까지 도달→가전제품 활용도를 크게 높여주는 요인으로 작용.
- 음성·동작 인식 장치인 'Kinect'와 MS 검색엔진 'Bing'으로 ESPN, 음악, 비디오 등 다양한 웹 콘텐츠 검색 및 TV 채널 선택.

게임 산업

- 게임 분야에 있어서도 게임의 현실감과 몰입감을 높일 수 있도록 키보드, 마우스 등 중간 매체를 음성인식으로 대체하는 추세(예: 전투 시뮬레이션 게임에서 사용하는 명령키가 음성으로 전환).
- Xbox 360의 전쟁 게임 'Mass Effect'에서는 사용자가 음성 명령으로 적을 공격할 수 있어 현실감을 크게 높여 주었음.

모바일 디바이스 산업

- 애플 앱 스토어 및 구글 안드로이드 마켓의 음성인식 애플리케이션의 개수는 무려 2,503개에 달함.
- 최근 운전 중 안전을 위해 음성인식 기술 적극 활용 추세 → 기아차의 UVO시스템은 MS의 음성인식 제어 엔진을 최초로 적용하여 음성으로 미디어 기기 제어.

기업 물류 관리 산업

- 작업 중 음성인식을 사용하면 작업 중단이 최소화되어 생산성 및 효율성 향상에 기여.
- Vocollect사의 음성인식 물류 솔루션 'Talking Ware House'가 대표적임 → 작업자에게 음성으로 작업 내용을 전달하고, 작업자는 현장에서 일어나는 진행 사항을 음성으로 시스템에 입력.

보안 산업

- 개인화된 음성 정보를 활용한 보안 솔루션 등장 → 개인의 음성을 신용거래를 위한 보안 솔루션으로 이용.
- 러시아의 Sber Bank는 신용카드 발급 등 모든 신용거래를 ATM에서 가능하게 하기 위해, ATM 질문에 본인 목소리로 답변해야 거래할 수 있는 시스템 채용.

'음성인식'이란 무엇인가?

마이크를 통해 입력받은 음성을 컴퓨터가 분석하고 특징을 추출해 미리 입력된 단어나 문장에 연결시켜 문자 혹은 명령어로 변환하는 기술.

교육 산업

- 말더듬이 발성 습관 교정, 외국어 억양 및 발음 교정 등 교육 분야에서 음성인식 시스템 도입 확산.
- 특히 15조 원 규모의 국내 영어 사교육 시장에서 활용도 클 것으로 기대.

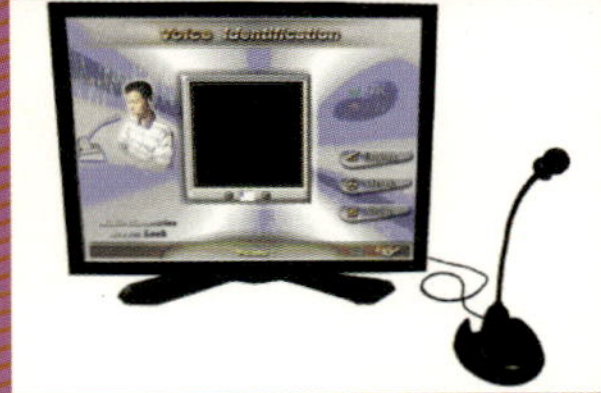

주·대어휘 음성인식 | 수만에서 수십만 개의 인식 어휘를 갖는 음성인식 시스템, 은닉 마코프모델(HMM) | 길이가 일정하지 않은 시계열의 완전·불완전 데이터를 연구하는 통계적 모델링 방법으로 인식분야에서 가장 많이 사용되고 있는 방식.

자료·ETRI 음성처리 연구팀, 우리투자증권 리서치센터

	1세대	2세대	3세대	3.5세대	4세대
시기	1952~1968년	1968~1980년	1980~1990년	1990~2007년	2007년~
특징	초기 개발 단계	DTW 기술 제안·사용	통계적 기반으로 전환	인식 오류 최소화 노력	음성 정보 액세스
기술 기반	• 개별 숫자, 음절, 모음, 음소 인식 시스템 개발 시도. • 스펙트럼 공명은 아날로그 필터 뱅크와 논리회로 사용하여 정보 추출.	• 동적 시간 정합(DTW) 기술이 제안·사용된 시기. • 고립 단어 인식이 가시화.	• 2세대 템플릿 기반의 음성 인식에서 은닉 마코프 같은 통계적 기반 인식으로 전환.	• 배경 잡음, 개별 화자의 음성 특성, 마이크, 전송 채널, 반향 등에도 강인한 음성인식 가능. • 전화망에서의 음성인식 시스템 개발. • Multi-Modal 기술 적용.	• 정보 서비스를 액세스하기 위한 대화시스템과 유비쿼터스 환경에서 음성 정보 전사. • 음성인식 시스템에 지식을 통합하기 위한 작업.
관련 S/W		• IBM Lab | 대어휘 인식 • Bell Lab | 화자 독립 인식 • CMU | 음소 동적 추적 기반 연속 음성인식 개발	• n-gram 기반의 언어 모델 기술 제안 • CMU | SPHINX 시스템 개발 → 대어휘 음성인식		• Apple | Siri

>> 음성인식 체계도

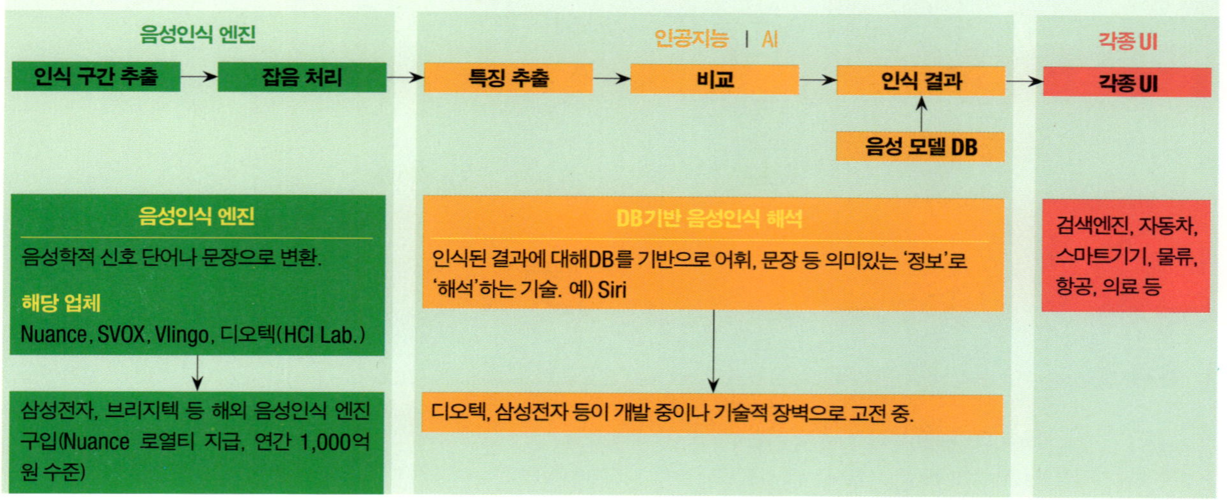

왜 '음성인식'을 주목하는가?
- 음성은 인간에게 친숙한 정보 전달 방법으로 별도의 학습이나 훈련 없이 활용 가능.
- 음성 입력 속도는 타이핑 기준으로 분당 600~800타 수준으로 일반인의 타자 입력 대비 2~3배 빠름.
- 이동 혹은 작업 중에도 정보 입력이 가능하기 때문에, 물류 관리, 내비게이션 조작 등으로 활용도 높음.
- 화자(話者)의 음성을 통해 신원(identity), 심리·건강 상태, 언어능력 등 파악 가능.

>> 일반적 음성인식의 원리

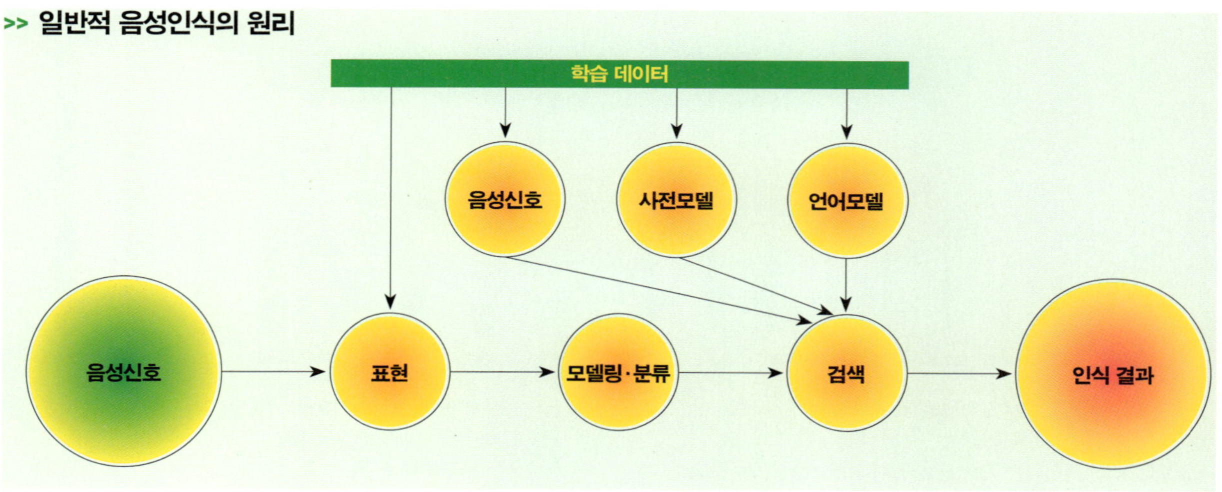

>> Apple 'Siri' 음성인식 원리

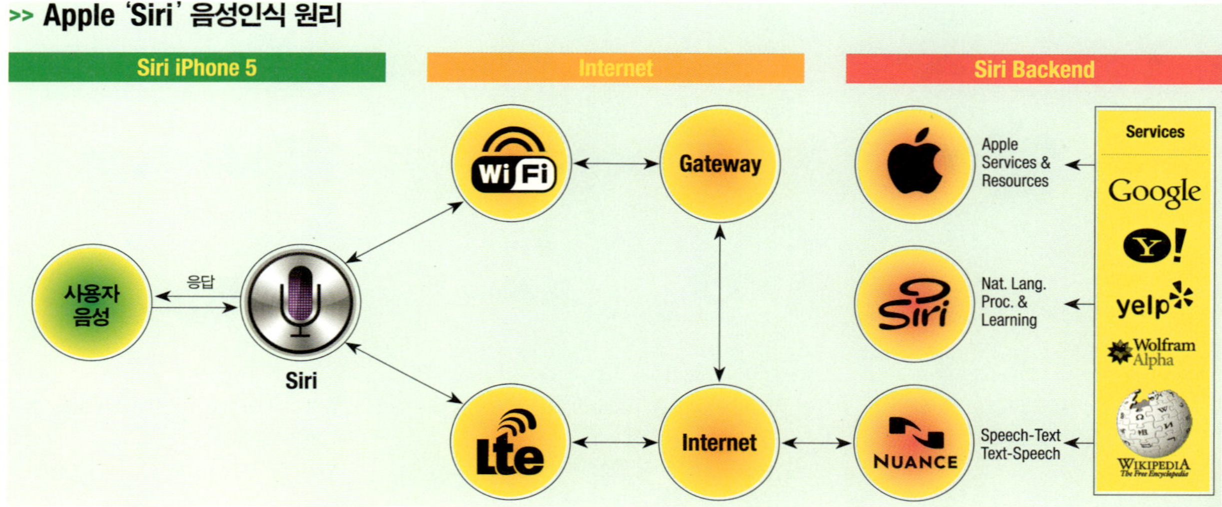

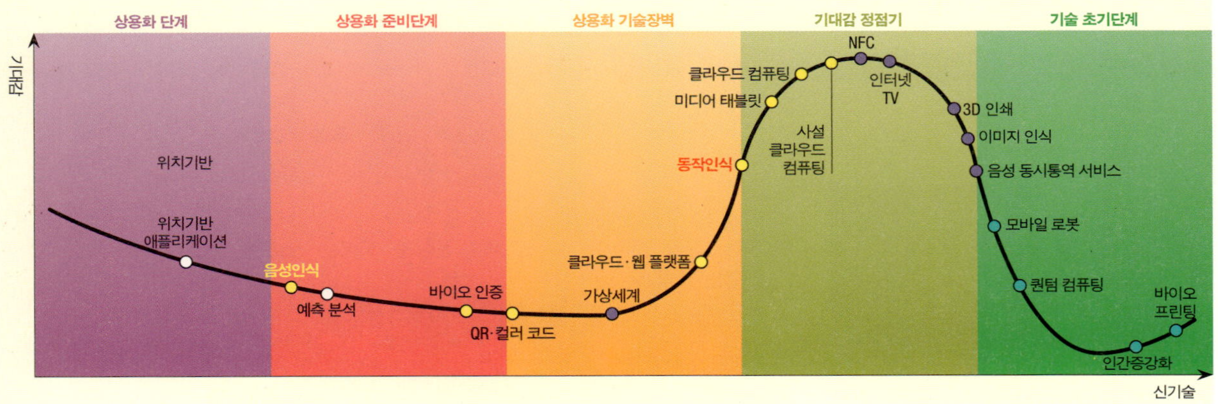

- 음성인식은 이미 전면적 상용화 직전까지 진입, 채용 분야의 급격한 확대 전망.
- 향후 출시 자동차의 40% 이상 음성인식 탑재 전망, 상품분류(물류) 시스템에도 음성인식 도입 기대.
- 동작인식은 스마트기기, 게임기 등에 적용되면서 상용화 가능성 선보임.
- 향후 스마트기기(스마트폰, 태블릿PC, TV 등) 중심으로 침투율 확대 전망.

> 글로벌 음성인식 시장 규모 현황

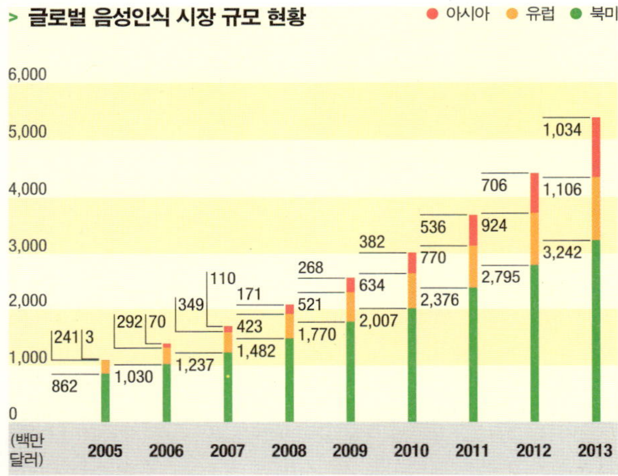

- Apple의 아이폰4S에서 도입한 음성인식 시스템 Siri의 등장은 음성인식 시장 확대의 주요 촉매가 됨.
- 글로벌 음성인식 시장은 연평균 22%의 성장세를 이어갈 것으로 예상되나, Siri의 인지도 강화는 이러한 성장세를 더욱 가파르게 만들 것으로 기대.

> 국내 음성 솔루션 시장 규모 추이

- 국내 음성 솔루션 시장은 2010년 1,800억 원에서 2012년 3,900억 원 규모로 매년 47% 대의 성장률 예상.
- 국내 영어 사교육 시장 주목 → 듣기와 말하기 등 의사소통 중심으로 입시제도 변화 조짐.

> 글로벌 음성인식 업계 M&A 현황

- 아이폰5와 아이패드3에 Siri 탑재.
- 한국어 버전 탑재 출시 계획.

- 모바일 음성 검색(2008년), PC 음성 검색(2011년) 제품 출시.
- 2,300억 개 단어를 음성 데이터로 저장해 음성인식률 95% 확보.

- Windows Mobile7(2010년), Xbox360 Kinect(2010년) 출시.

> **스마트기기별 해당 센서 탑재율 전망**

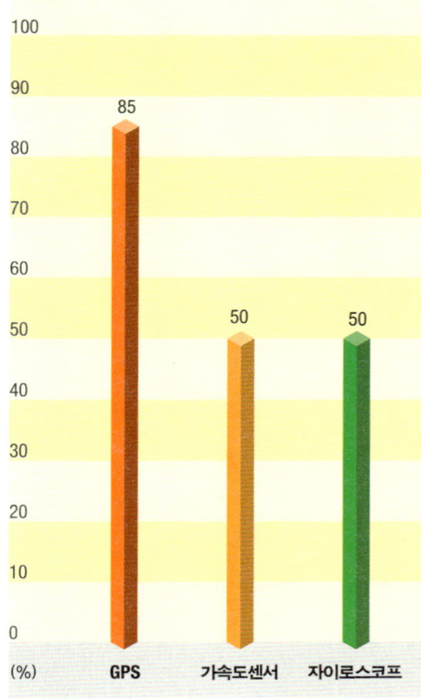

> **스마트기기 인공지능 센서 매트릭스**

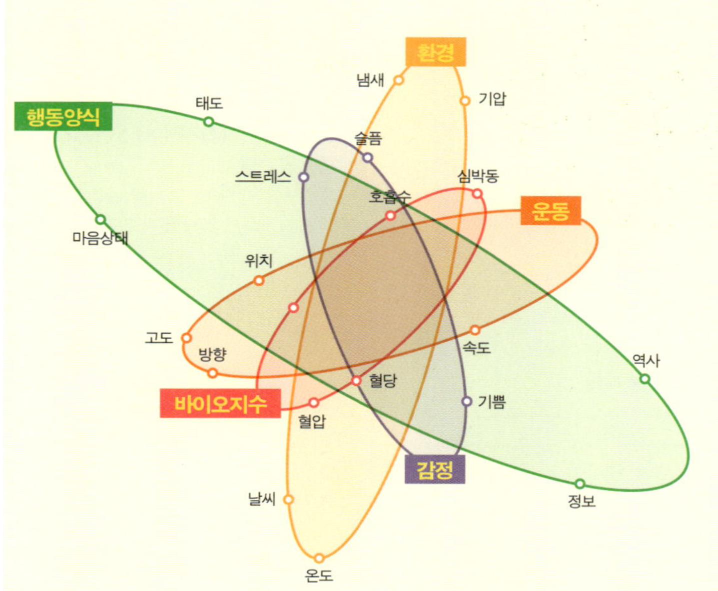

- 2009년 휴대폰용 센서 시장 규모는 약 35.5억 달러, 2015년 79.1억 달러 규모로 연평균 20% 성장 전망.
- 센서들의 초소형화, 저가격화로 스마트폰 탑재 센서 종류도 지속 증가 예상.

- 현재 스마트기기 센서는 위치, 방향 등 주변 상황 감지 및 근접, 고도, 동작 등에 대한 인식을 통해 기능 구현.
- 향후 신체 정보, 헬스케어, 감정 등에 이르기까지 인식하는 센서로의 기능 확대 예상.
- 인터넷과 연결되어 다양한 정보가 연계된 서비스로 발전 전망.

> **스마트기기 탑재 센서 종류**

카메라 (이미지) 센서	• 빛 감지로 세기의 정도를 디지털 영상 데이터로 변환해 주는 센서. • CCD(신호 전하를 결합해 출력 단자 앞에서 일괄 변환)와 CMOS(각 픽셀에서 즉시 전기 신호로 변환) 방식이 있으며, 스마트기기에서는 대부분 CCD 방식 채택(최근 1,000만 화소 제품이 시장에 공급되기 시작).
마이크로폰 (음향) 센서	• 물리적인 소리를 공기 압력의 변화에 의해 전기적인 신호로 변환하는 센서. • 현재 ECM(일렉트릭 콘덴서)이 보편적으로 사용 중이나 최근 개발된 MEMS 마이크로폰은 ECM보다 감도가 뛰어나며 디지털 인터페이스를 갖춰 스마트기기 탑재가 확대되는 추세.
근접 센서	• 기계적인 접촉에 의한 검출 방식이 아니라 검출체가 가까이 근접했을 때 검출 대상 물체의 유무를 판별하는 무접촉 방식의 검출 센서. • 보통 통화를 위해 스마트기기를 얼굴에 가까이 가져가거나 주머니 등에 넣는 경우 화면이 자동으로 꺼지게 하는 기능 등에 활용.
조도 센서	• 주변 밝기에 따라 화면의 디스플레이 조도를 자동으로 조절해 주는 센서. • 모바일 단말기의 전력 소모량을 줄이고 눈의 피로를 덜 수 있도록 밝은 곳에서는 화면 조도를 높이고 어두운 곳에서는 낮춤.
중력 센서 (G센서)	• 중력이 어느 방향으로 작용하는지를 탐지해 물체 움직임을 감지하는 센서. • 스마트기기의 디스플레이 방향(가로, 세로)을 판단해 스크린의 방향을 자동으로 보정해 주는 역할 등에 사용.
가속도 센서	• 단위 시간당 물체 속도의 변화, 충격 등 동적 힘의 변화를 감지하는 센서. • 초기에는 2축 가속도 센서가 주류, 최근에는 MEMS 기술을 적용한 보다 정교해진 3축 가속도 센서가 보편화. • 기울기 변화, 흔들림 등 물체 움직임까지도 감지가 가능해 스마트기기 탑재 증가.
자이로스코프	• 물체의 관성력을 전기 신호로 검출하며, 주로 회전각을 감지하는 센서. • 높이와 회전, 기울기 등을 직접 감지할 수 있어 3축 가속도 센서와 연계할 경우 보다 정교한 모션 센싱이 가능.
GPS 센서	• 위성 위치 확인 시스템을 통해 물체의 시간 및 위치 정보 획득이 가능한 센서. • GPS 수신기의 소형화, 경량화로 스마트기기 탑재 보편화.
지자기 센서	• 지구 자기장의 흐름을 파악해 나침반처럼 방위각을 탐지하는 센서. • 지자기 센서 역시 기존에는 2축 지자기 센서가 주류였으나, 지금은 3축 지자기 센서가 보편화 추세.

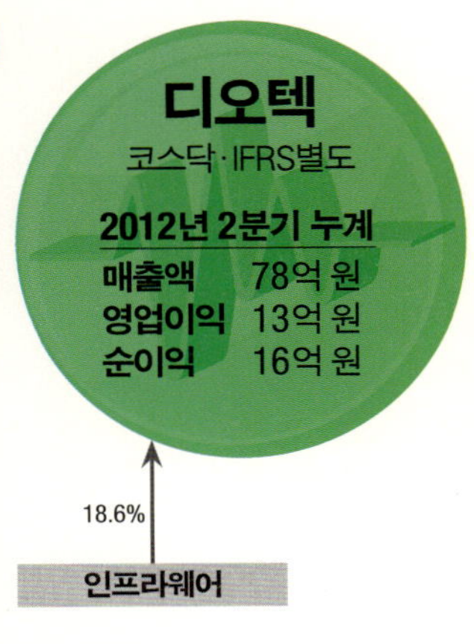

투자 포인트

- 국내 유일의 음성인식 기술 보유.
- 2010년 국내 음성기술 전문 업체(HCI Lab) 인수 및 음성인식 검색엔진 업체(SVOX)와의 국내 독점공급 계약 체결.
- 갤럭시노트에 디오노트 솔루션 탑재 → 향후 태블릿PC에까지 탑재되어 디지털 교과서 등에 활용될 전망.
- 삼성전자, LG전자의 중국향 스마트폰에 중국어 필기인식 솔루션 독점 공급.

> **경영실적**

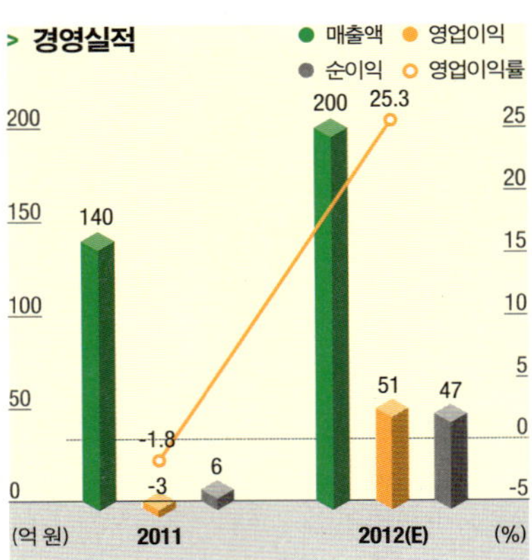

> 주요 사업 부문 및 제품

사업 부문	제품명		기능
필기 인식 솔루션	디오펜		필기 궤적 패턴을 인식하여 다양한 디지털 단말기에 문자를 입력할 수 있는 기능을 제공하는 소프트웨어 솔루션.
전자 사전 솔루션	디오딕		각국의 언어 간 사전, 백과사전 등 다양한 콘텐츠를 당사의 모바일 소프트웨어 기술과 접목시켜 모바일 단말기상에서 이용할 수 있도록 구현한 사전 소프트웨어 솔루션.
음성 인식 및 합성 솔루션			• **음성 인식** – ASR(Automatic Speech Recognition) • **음성 합성** – TTS(Text to Speech) • 기술 라이선스, 음성 소프트웨어 개발 및 서비스
모바일 OCR 솔루션	모비 리더	명함 인식	휴대폰의 고해상도 카메라로 촬영한 명함 이미지를 OCR(Optical Character Recognition) 기술로 분석하여, 명함 상의 이름, 회사명, 전화번호, 이메일, 주소 등을 폰북 프로그램에 자동 입력하는 명함 인식 소프트웨어 솔루션(Business Card Reader).
		사전 OCR	휴대폰의 고해상도 카메라로 촬영한 단어를 OCR(Optical Character Recognition) 기술로 인식한 후 인식된 단어에 대한 사전 검색 결과를 보여주는 소프트웨어 솔루션.

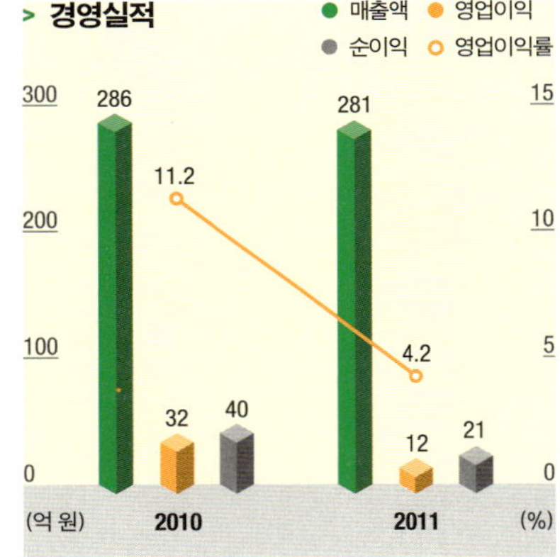

투자 포인트

- 국내 콜센터 시장에 독자적으로 개발한 솔루션 공급.
- 음성/영상 자동응답시스템(IVVR), 녹취시스템, 자동호분배시스템 등 대부분의 솔루션 자체 개발.
- 2011년 3분기 기준, 콜센터 솔루션 매출 비중 50.7%.
- 음식인식 글로벌 1위 업체 Nuance와 사업 제휴로 음성인식 컨택 센터 운영 개시.
- 현재 은행권 콜센터 시장점유율 75% 영위 → 부산은행, SK증권, 삼성카드에 음성인식 컨택 센터 서비스 제공.
- 기대보다 부진한 2011년 실적은 콜센터 사업 계약 연기에 기인 → 계약 현실화 되면 수익성 회복.

> **경영실적**

> 매출 비중

단위 · %

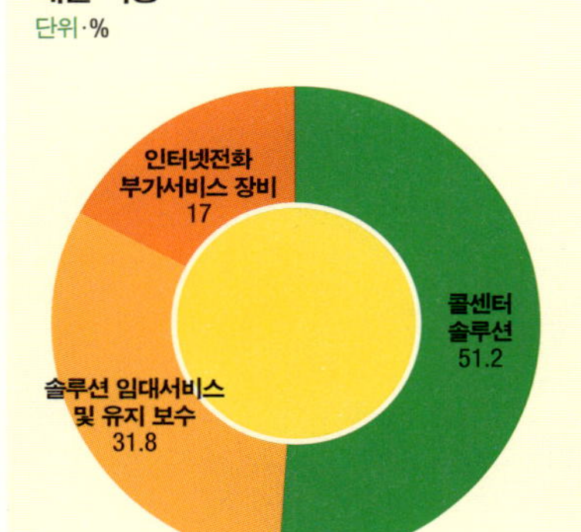

> 3대 사업 부문

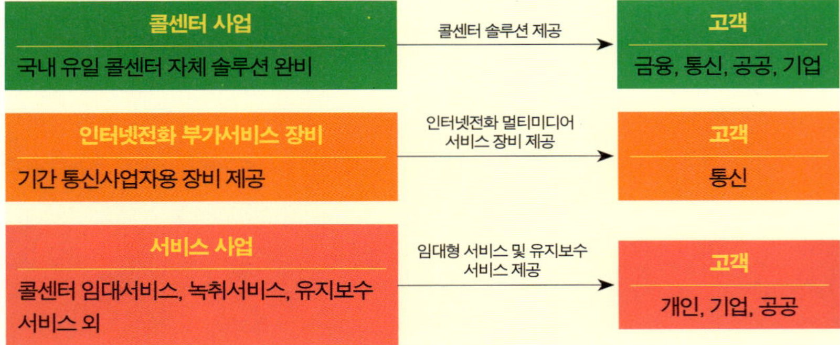

알에프세미

코스닥·IFRS별도

2012년 2분기 누계

매출액	186억 원
영업이익	37억 원
순이익	32억 원

투자 포인트

- 글로벌 1위의 ECM 전문 업체 → 글로벌 시장점유율 65%.
- ECM(Electret Capacitor Mic)칩은 음성신호를 전기신호로 전환하는 소형 반도체 → 글로벌 시장 규모 600억 원의 니치 마켓.
- 주요 매출처는 마이크 모듈 업체 → 고감도 마이크는 음성인 식의 최대 수혜 아이템.
- 향후 스마트폰, 태블릿PC, 자동차, TV 등 음성인식 기술 적용 제품의 다양화로 ECM 수요 확대 전망(현재 연간 수요 33억 개).
- 마이크 칩 이외에도 2011년 삼성전자 TVS Diode(전기 충격 으로부터 전자제품 회로 보호) 1차 벤더 선정 후 매출 본격화.

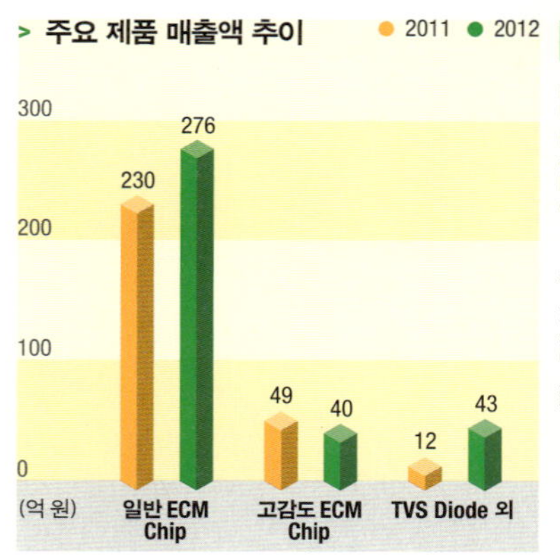

파트론

코스닥·IFRS별도

2012년 2분기 누계

매출액	3,162억 원
영업이익	305억 원
순이익	245억 원

투자 포인트

- RF, 카메라 모듈 등을 생산하는 스마트기기 전문 부품 업체→ 안테나류, 유전체 필터, 아이솔 레이터 등에서 국내 시장점유율 1위(매출 비중 30%) 영위.
- 최대 매출 비중(65%)을 차지하는 카메라 모듈 등은 삼성전자 스마트폰의 인기로 꾸준한 실적 이어갈 전망.
- MEMS마이크, 센서류, 진동 모터 등 음성인식 관련 신제품에 도 큰 기대.
- 높은 원가 불구하고 MEMS/디지털 마이크 채택 증가 전망.
- 가전제품에 센서 탑재 증가 추세(세탁기-수위 센서, 청소기- 가속도 센서 등).
- 리너어형 수평 진동 모터는 삼성전자, 샤프 일부 스마트폰에 탑재.

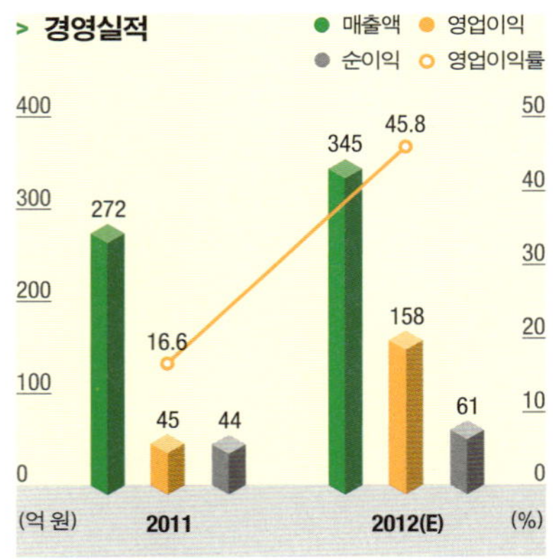

> 주요 제품 매출 비중

구분		주요 제품
초기사업	●	• 안테나 • 유전체 필터 • 아이솔레이터
성장사업	●	• 수정발진기 • 카메라모듈
신규사업	●	• RF모듈 • 광마우스 • 센서류 • 마이크 • 진동모터

큐에스아이

코스닥·IFRS별도

2012년 2분기 누계

매출액	132억 원
영업이익	19억 원
순이익	15억 원

35.2%

삼화양행

투자 포인트

- 국내 유일의 LD 제품 풀 생산라인 구축.
- LD는 기존 가공 공정, 광통신, 프린터 등에 한정되어 사용 → 최근 디스플레이, 동작인식 센서, 의료용 등으로 확대 중.
- 향후 동작인식 솔루션에 LD 사용 기대.
- 삼성전자 강소기업 육성 대상 업체로 선정되어 성장 기대.
- 삼성전자 레이저 프린터에 동사의 LD beam 채택률 90% 기록.
- 클라우드 컴퓨팅 확산으로 대용량 HDD 수요 증가.
- 글로벌 1위 HDD 업체 Western Digital 공급 벤더 선정 예상.
- Virtual keyboard 제조업체인 세루온에 LD 공급.

> 경영실적 ● 매출액 ● 영업이익 ● 순이익 ○ 영업이익률

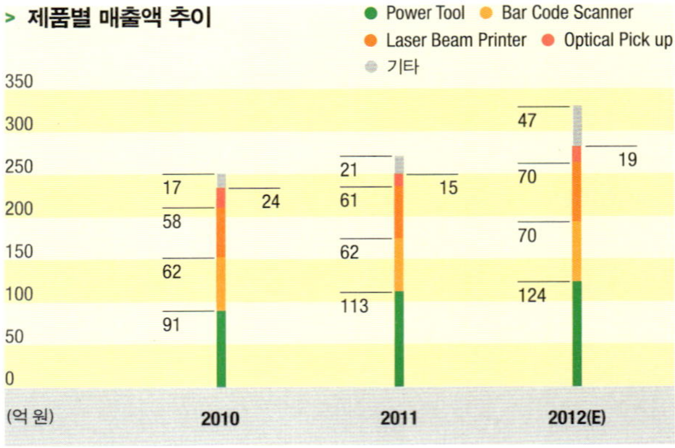

> 제품별 매출액 추이

> 주요 목표 시장 및 고객사

목표 시장	적용 분야 및 주요 고객사
Power Tool	가정용, 건설현장용 레이저 레벨러, 포인팅 거리 측정기 **고객사** · Black&Decker(미국), Leica(스위스), Hilti(리히티슈타인), Stabila(독일), S&S(중국), Huake(중국), Bosch(독일), Chervon(중국), Tajima(일본)
바코드 스캐너	산업용 바코드 스캐너, 자동화 광센서 **고객사** · Motorola(미국), Sick(독일), Honeywell(미국)
레이저 프린터	저속 및 고속의 모노 레이저 프린터, 컬러 레이저 프린터 **고객사** · 삼성전자(한국), Xerox(미국), Fuji Xerox(일본), Kyoceramita(일본), Panasonic(일본), Sharp(일본)
광 Pick-up	CD Player, Virtual Keyboard, Mouse
광 Sensor	**고객사** · Qinya(중국), Fuyi(중국), 셀루온(한국)

SOFT POWER, ENTERTAINMENT

16

스마트그리드

선택 아닌 필수 산업,
누가 먼저
깃발을 꽂을 것인가

17

전자결제

국내는 좁다,
해외 시장으로
성장 바람 이어간다

18

소프트웨어 · 클라우드 컴퓨팅 · 빅데이터

황금알을 낳는
거위의 날갯짓은
계속 된다

19

게임

브레이크 없는
고공 행진을 이어가는
모바일 게임 리더들

20

-

음원 산업

유튜브와 빌보드까지
석권한 K-POP,
증권가를 호령하다

21

-

카지노·여행

경기 불황에도
성장을 멈추지 않는
알토란 시장

22

-

바이오·헬스케어

미래 의료 산업,
유전자 비즈니스에서
해답을 찾다

23

-

지능형 로봇

기술 경쟁력에서
어떻게 승자가 될 것인가

16 스마트그리드

선택 아닌 필수 산업,
누가 먼저 깃발을 꽂을 것인가

스마트그리드(Smart Grid)란 말 그대로 지능형(smart) 전력망(grid)를 뜻한다. 전력망에 정보기술(IT)을 접목시켜 전력 공급자와 소비자 사이에 양방향으로 전력 사용 시스템을 구축하는 것이다. 양방향 데이터 통신을 이용해 전력 사용의 효율을 극대화하는 차세대 에너지 기술이다.

예를 들어 지금까지는 전기를 발전소에서 만들어 소비자에게 일방적으로 공급하는 시스템이었다면, 스마트그리드 시스템은 소비자가 사용하는 가전제품의 전기 요금이 가장 싼 시간대에 자동적으로 작동하는 체계를 갖추도록 하는 것이다. 전기차도 요금이 가장 저렴한 시간대에 알아서 충전된다. 따라서 효율적인 전력 사용이 가능하게 됨에 따라 한 여름 전력 사용량이 급증해 곤란을 초래하는 것을 줄일 수 있게 된다. 국내에서는 아직 활성화 단계까지는 이르지 못하고 있다. 제주도 시범 단지를 중심으로 상용화 가능성을 타진하고 있지만, 스마트 미터기 보급률이 3.6%대에 머물고 있는 실정이다.

ESS, 전기차 인프라 등 스마트그리드 애플리케이션을 주목하라

스마트그리드의 가장 큰 목적은 전기의 수요와 공급의 균형을 조절해 새어나가는 전력을 효율적으로 통제하는 데 있다. 지난 여름 폭염으로 '블랙아웃(대규모 정전)'이 현실화되면서, 스마트그리드에 대한 인식이 크게 고조됐다. 스마트그리드는 주요 선진국들이 기간 사업으로 추진 중이다. 한국은 오는 2030년까지 27조5,000억 원을 투자하는 '스마트그리드 2030' 프로젝트를 진행 중이다. 정부는 로드맵과 기본계획 발표 등 다양한 노력을 기울이고 있으며, 민간 업체들도 컨소시엄을 구성해 기술 개발에 힘쓰고 있다. 업계 전문가들은 향후 스마트그리드 산업에 대해 ▲기본 계획에 입각한 사업의 진행 여부, ▲각 사업 부문별 구체적 투자 계획, ▲한국전력의 움직임, ▲통신 업체와의 협력 등에 대해 주목할 필요가 있다고 강조하고 있다.

우선 지난 2012년 7월 정부가 발표한 기본 계획을 통해 향후 5년간 사업 부문별 구체적인 투자 계획과 정부의 사업 진행에 대한 의지를 엿볼 수 있었다는 점은 고무적이다. 오는 2013년 완료하는 제주 시범 단지에서의 결과물들을 토대로 다양한 비즈니스 모델이 등장할 것으로 보인다. ESS(에너지 저장 시스템), 전기차 인프라 등 각 부문별로 구체적 계획을 수립하고 있어 앞으로 사업 진행 속도는 더욱 빨라질 것으로 전문가들은 내다보고 있다. 아울러 사업을 주도적으로 이끌고 있는 한국전력의 의지가 사업 진행에 중요한 영향을 미치고 있는 바, 향후 한국전력의 행보를 유심히 주시할 필요가 있다.

통신 업체들의 영향력이 커질 수 있다는 점도 주목을 끈다. 안정적인 데이터망과 전력망의 융합, 대량 데이터의 수집, 분석, 관리와 이를 기반으로 생성된 실시간 정보의 재전송 등 통신 업체들의 역할이 매우 크기 때문이다.

기술 경쟁력을 갖춘 강소기업들의 엘도라도

국내에 스마트그리드 관련 업체들은 생각보다 많이 포진해 있다. 스마트그리드가 미래 산업으로 각광받고 있음을 보여주는 단적인 예라 하겠다.

LS산전은 스마트그리드 서비스 제공 사업자 1호로, 전력기기·시스템 분야에서 국내 시장점유율 1위를 영위하고 있다. 발전소 용도의 초고압에서 공장, 가정 등 중저압에 이르기까지 대부분의 전력기기와 시스템을 개발·생산하고 있다. 전력기기 분야에서 수십 년 키워온 기술력을 바탕으로 스마트그리드는 물론, 전기차, RFID 등 다양한 분야로의 신규 사업 진출을 꾀하고 있다. 이미 진출한 대부분의 신규 사업에서 국내 최고의 경쟁력을 확보했다는 게 업계 전문가들의 견해다.

일진전기는 중고압 및 초고압 전선, 변압기, 차단기 등 전력 관련 설비를 생산하는 업체다. 전체 매출 규모 기준으로 전선 분야는 국내 3위, 변압기 분야는 4위다. 지능형 원격 검침 시스템 등 스마트그리드 시장에 본격 뛰어들고 있다.

포스코ICT는 스마트그리드에 관련한 친환경 사업을 중점적으로 추진하고 있다. 최근 스마트그리드(인프라, 솔루션, 운영기술)는 물론, 전기차(충전시스템, 파워트레인) 사업이 가시화 되면서 실적 개선이 예상된다.

이 밖에도 국내 유일의 리튬1차전지 제조업체로, 스마트그리드의 스마트 미터기 전원을 생산하는 비츠로셀 및 양방향 지능형 검침 인프라 솔루션(AMI) 기술 보유로 현재 제주 시범 단지 스마트 플레이스 컨소시엄에 참여 중인 누리텔레콤 등도 높은 성장성이 기대되는 업체로 꼽힌다.

세계는 지금 스마트그리드 열풍

스마트그리드 산업의 시작은 각 가정 단위의 전력 소비량을 실시간으로 체크하여 전력 수요를 측정할 수 있는 스마트 미터기라고 할 수 있다. 이를 통해 소비자들은 전력 사용량과 요금을 그때그때 체크하여 스스로 전력량을 조절해 나갈 수 있게 된다. 가정 단위에서 전력 수요 조절이 가능해질 때 블랙아웃의 위험에서 벗어날 수 있을 뿐 아니라, 적재적소의 산업 현장에서 전력을 활용할 수 있게 된다.

전력 시스템의 선진국으로 불리는 미국에서도 스마트그리드 도입으로 전기 사용이 가장 많은 피크 타임에 20%의 절전 효과를 본 것으로 보고되고 있다. 스마트그리드를 도입할 경우 우리나라도 연간 약 1조8,000억 원의 전기요금 절감 효과를 기대할 수 있을 것으로 분석되고 있다.

세계 각국은 스마트그리드에 경쟁적으로 투자에 나서고 있다. 미국은 2011년 전체 가정의 18%에 해당하는 2,000만 대의 스마트 미터기 보급 및 실시간 요금 체계를 도입했다. 이탈리아는 20억 유로 이상의 비용을 투자하여 전체 가구의 95%에 해당하는 3,300만 대의 스마트 미터기를 설치했다. 최근 스마트 미터기 제조업체를 중심으로 스마트그리드 관련 주들이 강세를 보이는 데는 다 그만한 이유가 있는 것이다.

가구당 한 대씩 설치될 경우, 엄청난 수요를 창출하게 될 스마트 미터기.

> **스마트그리드 플랫폼 구조** | 자료·지식경제부

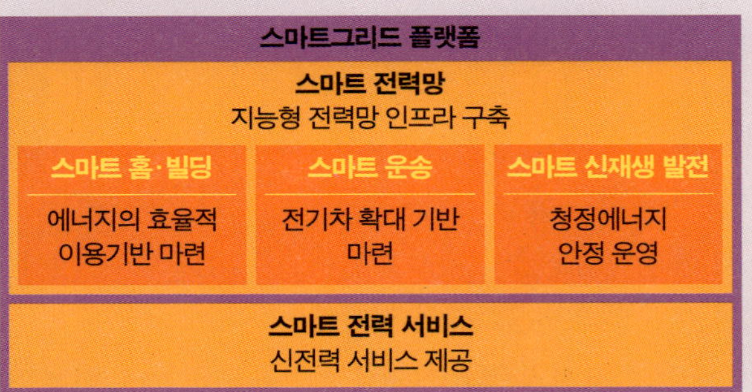

- 2030년 국내 스마트그리드 시장 32조 원 규모로 성장(매년 1.5조 원 성장).
- **스마트그리드 플랫폼** | 스마트 전력망을 기반으로 스마트 홈/빌딩, 수송, 신재생에너지를 연계한 다양한 신전력 서비스 결합.
- 에너지 효율 향상을 넘어 유관 산업간 융합을 통한 신성장동력 창출.
- 2012년 AMI, 스마트 배전 등 핵심 기술 개발, 시범 서비스 진행.
- 2020년 양방향 전력 시장 창출, 개방형 전력 인프라 구축.
- 2030년 세계 최초로 국가 단위 스마트그리드 구축.

> **스마트그리드 개념도 및 분야별 기업**

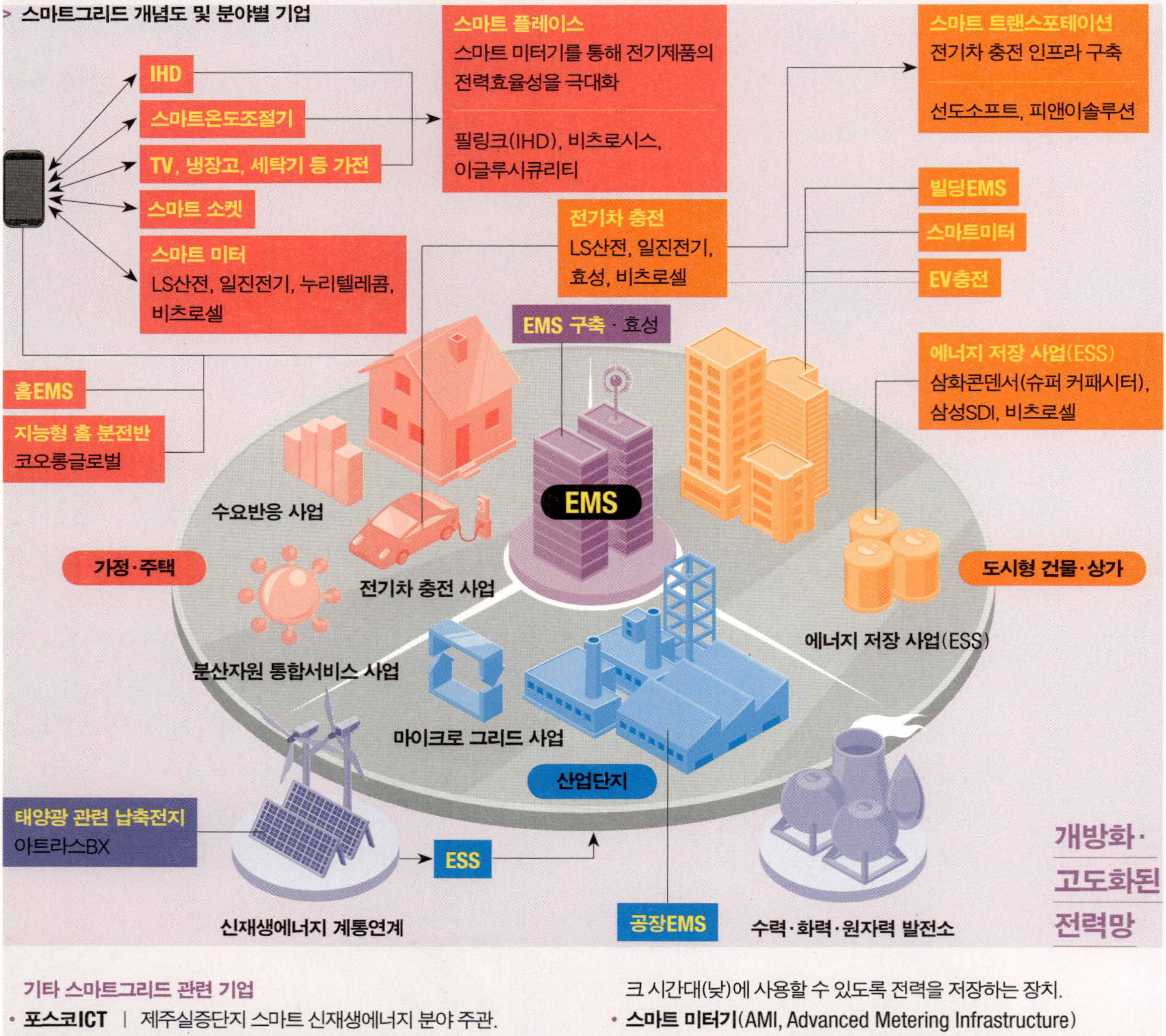

기타 스마트그리드 관련 기업

- **포스코ICT** | 제주실증단지 스마트 신재생에너지 분야 주관.
- **피에스텍** | 전자식 전력량계 및 원격 검침 시스템.
- **SMEC** | 스마트그리드 네트워킹 통신 장비.
- **옴니시스템** | 디지털 전력량계 및 원격 검침 시스템.

용어 설명

- **에너지 저장장치(ESS, Energy Storage System)**
전력 수요가 적은 시간대(밤)에 전력을 저장한 후, 전력 수요가 많은 피크 시간대(낮)에 사용할 수 있도록 전력을 저장하는 장치.
- **스마트 미터기(AMI, Advanced Metering Infrastructure)**
양방향 통신 기반의 디지털 계량기로, 실시간으로 전력 가격 및 사용 정보를 소비자에게 전달하여 수요 반응을 가능케 하고, 공급자에게는 수요 예측 및 부하 관리가 가능하게 하는 장치.
- **에너지 관리 시스템(EMS, Energy Management System)**
최종 소비자에게 고품질의 전력을 안정적으로 공급하기 위해 전력 계통의 운용 상태를 자동으로 감시 분석 및 평가하는 시스템.

>> 스마트그리드 구성도

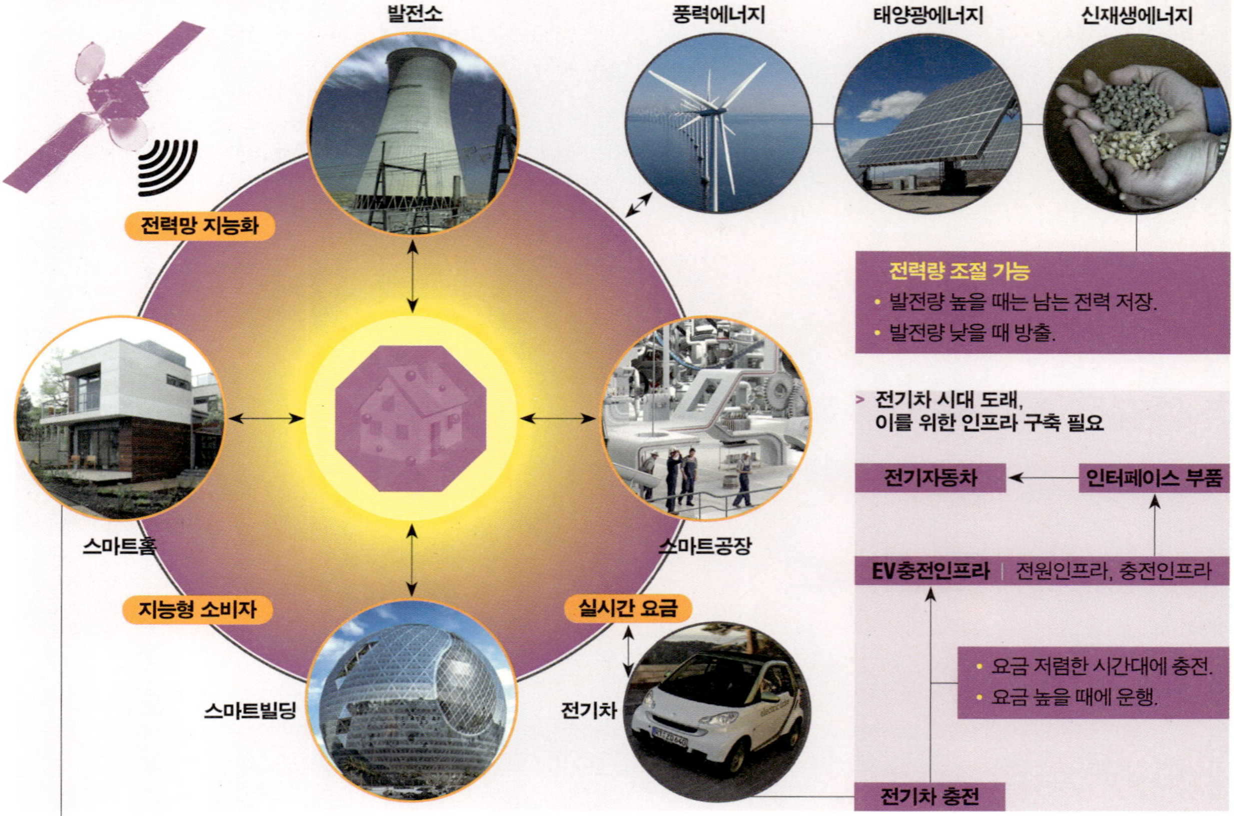

발전소
풍력에너지
태양광에너지
신재생에너지
전력망 지능화
전력량 조절 가능
• 발전량 높을 때는 남는 전력 저장.
• 발전량 낮을 때 방출.
스마트홈
스마트공장
> 전기차 시대 도래,
이를 위한 인프라 구축 필요
전기자동차
인터페이스 부품
EV충전인프라 | 전원인프라, 충전인프라
지능형 소비자
실시간 요금
스마트빌딩
전기차
• 요금 저렴한 시간대에 충전.
• 요금 높을 때에 운행.
전기차 충전

>> 스마트그리드 가정에서의 활용 예 | 주 · 전기요금 단가는 전력 수요·공급에 따라 5~10분마다 변화

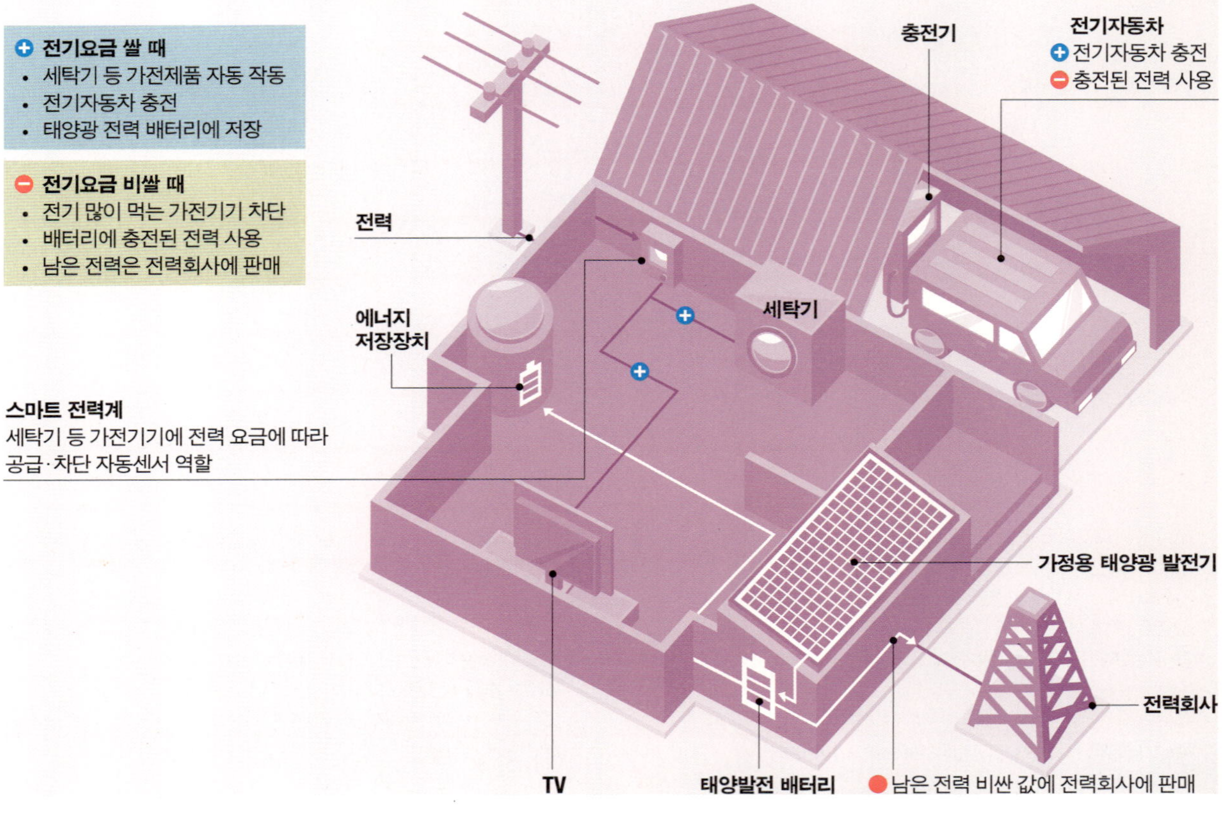

⊕ 전기요금 쌀 때
• 세탁기 등 가전제품 자동 작동
• 전기자동차 충전
• 태양광 전력 배터리에 저장
⊖ 전기요금 비쌀 때
• 전기 많이 먹는 가전기기 차단
• 배터리에 충전된 전력 사용
• 남은 전력은 전력회사에 판매
충전기
전기자동차
⊕ 전기자동차 충전
⊖ 충전된 전력 사용
전력
에너지
저장장치
세탁기
스마트 전력계
세탁기 등 가전기기에 전력 요금에 따라
공급·차단 자동센서 역할
가정용 태양광 발전기
전력회사
TV
태양발전 배터리
남은 전력 비싼 값에 전력회사에 판매

> 지능형 전력망 로드맵

구분	1단계			2단계	3단계
	2010	2011	2012	2013~2020	2021~2030
기술개발	지능형 전력망 아키텍쳐 설계	광역계통 감시시스템		광역계통 감시, 제어시스템	광역계통 자동 보호, 복구시스템
		지능형, 송변전기기, 기술개발·실증		송변전 고장 자동 복구 기술	
		지능형 배전기기, 기술개발·실증		지능형 배전 고도화	통합에너지 스마트그리드 기술
		저압DC 배전기술 개발		고압 DC 배전 기술 개발	
		지능형 전력 통신망 기반 기술		지능형 전력 통신망 기술 고도화	
사업화		전력망 운영시스템 시범사업		차세대 EMS 운영	지능형 전력망 운영시스템
			디지털 변전소		차세대 전력 관리 시스템
				국가간 전력계통 연계	
		DC 홈·빌딩		저압 DC 배전 시스템	고압 DC 배전 시스템
		배전 자동화 시스템		지능형 자동화 시스템	차세대 지능형 배전망
		지능형 전력기기 (초전도, HVDC, FACTS)		지능형 전력 통신망	차세대 지능형 전력통신망
표준 및 보안		지능형 전력망 표준화, 평가기술 확보, 시험·인증 시스템 구축			시스템 평가 및 인증기술 확보
		송·배전망 통신보호 기술 및 이상징후 탐지센서 HW 및 SW 보안성 검증기술			HW 및 SW 보안 인증 제도 운영
		스마트그리드 보안 아키텍쳐 설계		보안 테스트베드 구축 및 운영	
제도	전력망 보안 강화	직류설비 도입에 따른 전기설비 기술기준 개정			

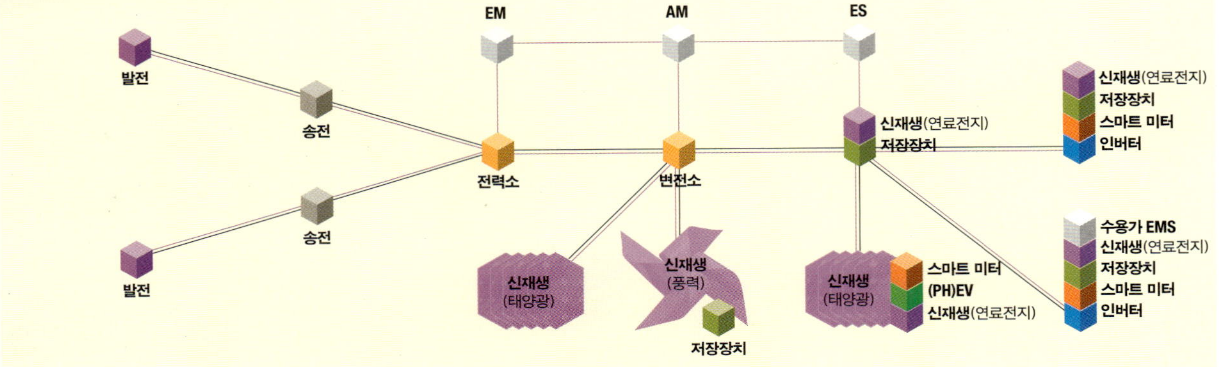

> ### 스마트그리드 제주도 실증단지 사업

- 세계 최대의 스마트그리드 실증단지 조기 구축.
- 스마트그리드 관련 기술에 대한 테스트 과정과 비즈니스 모델의 상용화와 수출 산업화가 가능할 것인가에 대한 실증 테스트.
- 제주 구좌읍 일대 6,000여 세대로 구성.
- 2009년 7월부터 기반 인프라 투자, 민간 분야 171개 기업이 12개 컨소시엄 구성.
- 2010년 12월까지 총 685억 원 투자, 2013년 5월까지 1,710억 원 투자.

> ### 제주도 구좌읍 실증단지 지도

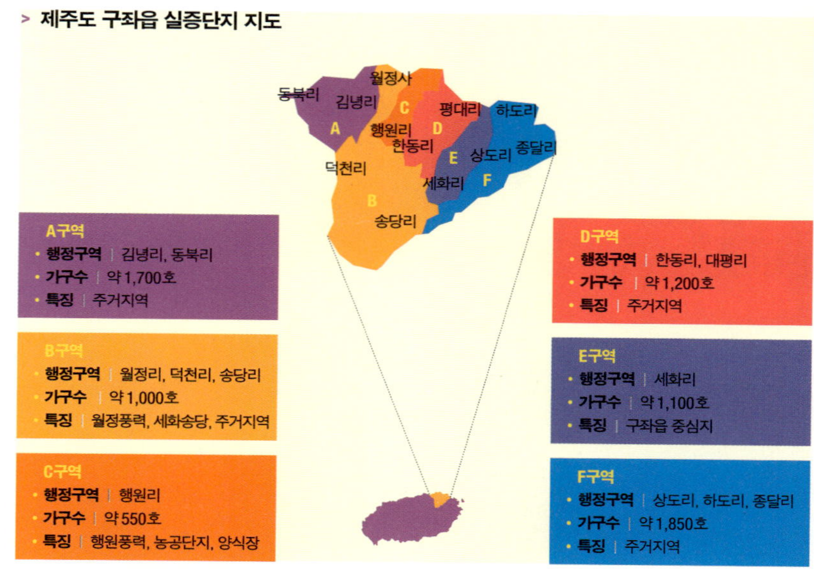

> ### 제주도 스마트그리드 컨소시엄 상장 업체들 ｜ 자료·한국스마트그리드사업단

분야	내용	주도기업	참여 상장기업	예산(억원)
지능형 소비자	스마트 미터 통신망, 에너지관리 시스템	SKT	SK브로드밴드, YTN, SK에너지, 일진전기, 현대중공업, 삼성전기, 필링크, SKC&C, 안랩, 넥스지, 삼성전자	정부:50 민간:250
		KT	삼성전자, 효성, 삼성물산, 미리넷, 삼성SDI, 옴니시스템	정부:47 민간:300
		LG전자	LG파워콤, GS건설	정부:47 민간:175
		한전	피에스텍, LS산전, 대한전선, 코오롱글로벌, 삼성전기, 삼성전자, 선도소프트, SMEC, 누리텔레콤	민간:100
지능형 운송	전기차 충전 인프라, 배터리교환소	한전	LS산전, 삼성SDI, 효성, 태광이엔시, 삼화콘덴서, 선도소프트	정부:45 민간:140
		SK에너지	SK에너지, CT&T, 현대중공업, 일진전기, SK네트웍스, 안랩, SKT, 코디에스	정부:45 민간:130
		GS칼텍스	KT, LG화학	정부:40 민간:80
지능형 신재생에너지	신재생에너지 전력망 연계, 신재생저장장치, 마이크로 그리드 운영기기	한전	LS산전, 효성, LG화학, 삼성SDI, 아틀라스BX, 삼화콘덴서	정부:45 민간:153
		현대중공업	SKT, SK에너지	정부:47 민간:70
		포스코ICT	LG화학	민간:90
지능형 전력 시장	지능형 송전망, 디지털 변전소, 전력 시스템	한전 전력거래소	LG산전	정부:60 민간:120
지능형 전력망	다양한 전력요금, 실시간 요금제, 전력컨설팅	한전	LG산전	정부:195 민간:98

> ### 스마트그리드 글로벌 시장 규모

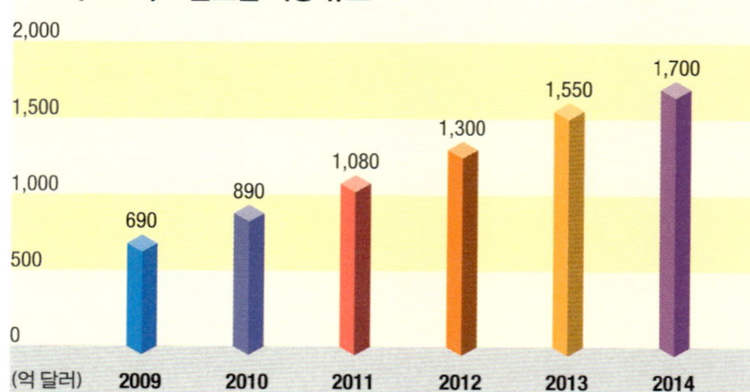

- 2009년 690억 달러에서 2014년 1,700억 달러로 성장.
- 특히 미국 시장은 2009년 213억 달러에서 2014년 427억 달러까지 성장.
- 2030년까지 전력 시장 누적 규모는 13조 달러 육박.
- 발전 시장과 송배전 시장 규모는 각각 5.9조 달러까지 성장.

> ### 스마트그리드 분야별 시장 규모

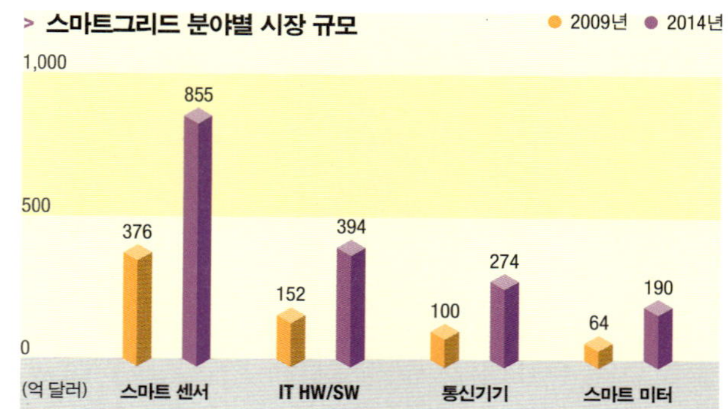

- 스마트 센서 시장이 2014년 855달러로 가장 큰 시장 형성.
- 스마트 센서와 기기, IT 하드웨어와 소프트웨어, 통신 통합 기기가 전체 시장의 89% 차지.

LS산전
코스피 · IFRS연결

2012년 2분기 누계

매출액	1조568억 원
영업이익	862억 원
순이익	537억 원

구자열 및 특수관계인 →(33.4%) (주)LS →(46%)

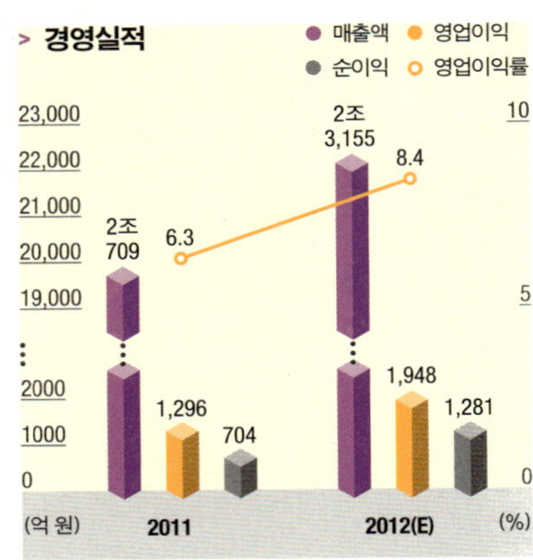

효성
코스피 · IFRS연결

2012년 2분기 누계

매출액	6조2,416억 원
영업이익	1,146억 원
순이익	358억 원

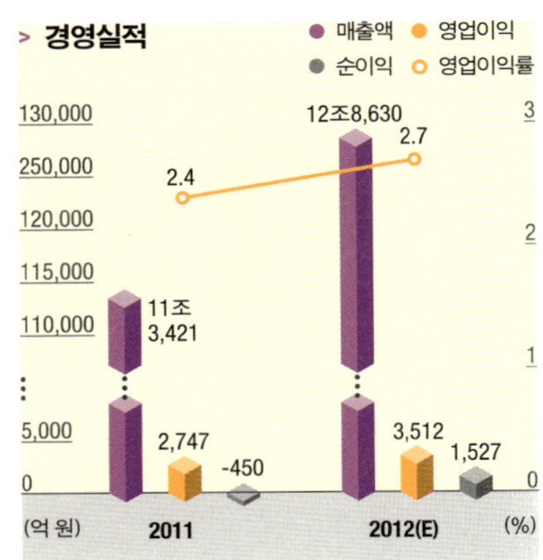

포스코ICT
코스닥 · IFRS별도

2012년 2분기 누계

매출액	3,994억 원
영업이익	57억 원
순이익	78억 원

Nippon Steel →(5%) ←(3.5%) 포스코(주) →(72.54%)

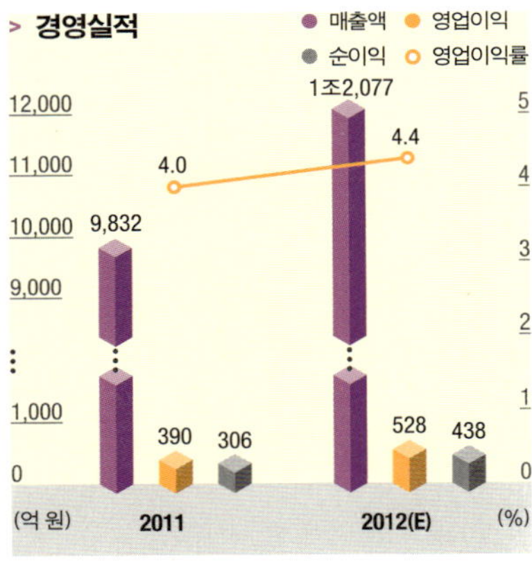

피에스텍
코스닥 · IFRS별도

2012년 2분기 누계

매출액	143억 원
영업이익	8억 원
순이익	17억 원

풍성모터스(주) →(53.62%)

> **피에스텍에서 생산하는 전자식 전력장치**

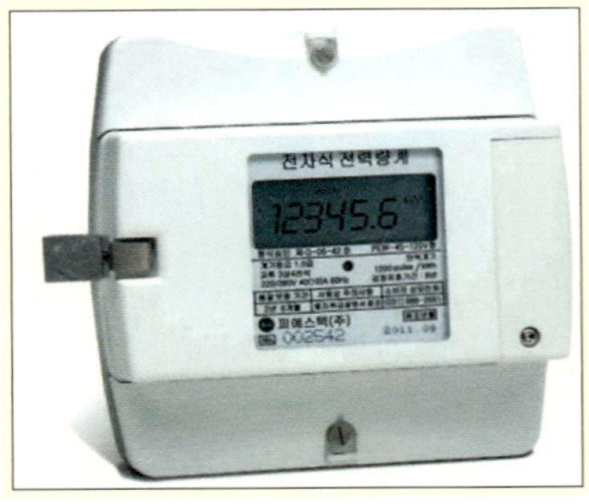

누리텔레콤
코스닥 · IFRS별도

2012년 2분기 누계

매출액	133억 원
영업이익	-18억 원
순이익	-20억 원

투자 포인트
- 원격검침 인프라(AMI) 시스템을 주력 사업으로 함.
- 한전, GE 등과 원격검침 해외사업 협력.

- 스웨덴 프로젝트 수주로 세계 최대의 ZigBee 레퍼런스 확보.
- '스마트 미터링' 전문 분석 기관(버그 인사이트)에 아시아 업체로는 처음으로 AMM 플레이어로 등재.
- 스웨덴, 스페인, 영국, 노르웨이 등 해외에 전기·가스 원격검침 사업 추진.
- 일본법인 설립 후 8년 만에 해외법인 추가 설립(미국법인) → 미국법인을 스마트그리드 사업의 핵심 마케팅 기지로 활용 예정.
- 동사의 스마트그리드 관련 특허는 총 34개로 국내 기업으로는 최다 보유.

일진전기
코스피 · IFRS연결

2012년 2분기 누계

매출액	4,775억 원
영업이익	31억 원
순이익	12억 원

투자 포인트
- 제주도 실증단지 스마트 플레이스 부문 SKT 컨소시엄 참여.
- 스마트 플레이스(place)는 스마트 계량기 사용의 일상화가 목적이며, 동사는 AMI를 개발.
- 2010년 7월 AMI 1차 설치분 100대를 공급하였으며 2011년 3월에는 2차분인 800대 공급.
- 제주도 실증단지 스마트 트랜스포트 부문 SK 에너지 컨소시엄 참여.
- 스마트 트랜스포트(transport)는 전기충전소, 배터리 교환소 및 가정 충전 시스템 구축이 목적이며, 동사는 코디에스와 함께 충전기를 개발.

옴니시스템
코스닥 · IFRS별도

2012년 2분기 누계

매출액	117억 원
영업이익	-9억 원
순이익	10억 원

15.8%

바이오스마트

투자 포인트
- 디지털 전력량계 및 원격검침 시스템 국내1위 업체.

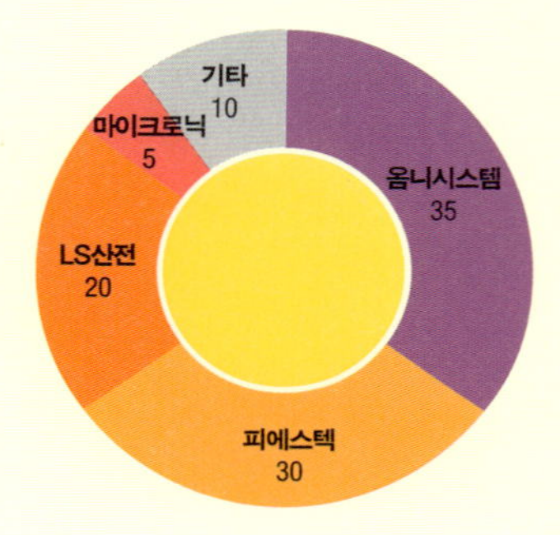

삼화콘덴서
코스피 · IFRS별도

2012년 2분기 누계

매출액	575억 원
영업이익	16억 원
순이익	11억 원

- 스마트그리드용 고출력 슈퍼 캐패시터 개발.
- 국내 납축전지 업체 중 유일하게 스마트그리드 실증단지 참여.
- 스마트그리드 시스템 실증사업에 태양광 관련 납축전지 공급.

코오롱글로벌
코스피 · IFRS별도

2012년 2분기 누계

매출액	1조7,658억 원
영업이익	114억 원
순이익	93억 원

- 지능형 홈 분전반 개발.

넥스지
코스닥 · IFRS별도

2012년 2분기 누계

매출액	78억 원
영업이익	12억 원
순이익	13억 원

- SKT컨소시엄에 네트워크 보안을 위한 가상사설망 제품 공급.
- 제주 실증단지 사업 내의 스마트플레이스 분야에서 SKT컨소시엄에 참여.
- IHD 제품 개발 납품.

아트라스BX
코스닥 · IFRS별도

2012년 2분기 누계

매출액	2,323억 원
영업이익	367억 원
순이익	305억 원

필링크
코스닥 · IFRS별도

2012년 2분기 누계

매출액	106억 원
영업이익	-11억 원
순이익	-10억 원

코디에스
코스닥 · IFRS별도

2012년 2분기 누계

매출액	76억 원
영업이익	-21억 원
순이익	-17억 원

- 제주 실증단지에 전기차 충전소 구축.

비츠로셀
코스닥 · IFRS별도

2012년 2분기 누계

매출액	124억 원
영업이익	18억 원
순이익	17억 원

- 미국 최대 스마트그리드 계량기 업체에 1차 전지 공급.

SMEC
코스닥 · IFRS별도

2012년 2분기 누계

매출액	724억 원
영업이익	37억 원
순이익	18억 원

- KT컨소시엄에 와이브로를 백홀로 활용하는 스마트그리드 네트워킹 통신 장비 공급 예정.

17 전자결제

국내는 좁다,
해외 시장으로 성장 바람 이어간다

증권가에서는 전자결제(PG, Payment Gateway)를 가리켜 성장 잠재력이 가장 큰 산업으로 분류한다. IT 기술이 발전함에 따라 전자결제 시장은 새로운 시스템과 결합하면서 진화와 성장을 거듭하고 있다. 정부 당국도 전자 금융 거래의 활성화 및 금융 소비자의 편리성을 도모하기 위해 규제안을 개정하면서 시장 변화에 발맞추고 있다.

국내 전자상거래 시장은 2000년 이후 IT 네트워크 발달로 온라인 쇼핑몰이 등장하면서 급성장해 왔다. 2001년 3.3조 원 규모였던 온라인 쇼핑몰 시장은 연평균 15%대의 성장을 지속하고 있다.

전자상거래 산업의 성장 잠재력은 여전히 높다. 백화점과 대형 마트 등 오프라인 유통 업체들이 온라인 진출을 더욱 확대하는 추세이고, 국내외 온라인 게임의 성장과 해외 업체와의 제휴 확대, 아울러 스마트폰과 태블릿PC 등 신규 플랫폼에 맞는 다양한 콘텐츠 시장이 쉴 새 없이 창출되고 있기 때문이다.

전자결제의 새로운 트렌드

세계 최대 통신 장비 업체인 에릭슨은 전 세계 스마트폰 가입자가 2011년 7억 명에서 2017년에 31억 명으로 6년 새 4배 이상 늘어날 것으로 예측했다. 스마트폰 가입자의 빠른 증가에 따라 모바일 지급결제 시장의 성장세도 가속도가 붙을 전망이다. 미국 시장조사 업체인 가트너는 글로벌 모바일 결제 시장 규모가 2012년 1,720억 달러에서 2016년에는 6,000억 달러 규모로 성장할 것으로 전망했다.

스마트폰을 통한 인터넷 활용이 가능해지면서 시간과 공간 등의 서비스 제약 요건이 완화돼 언제 어디서든지 원거리 은행 서비스 이용이 가능해졌다. 즉, PC에 국한된 인터넷 서비스가 휴대전화 및 ATM과 연동되면서 자유로운 이동 상태에서 구현할 수 있게 된 것이다. 모바일 인터넷을 통한 금융 거래가 일반적인 금융 채널로 자리 잡게 되면서, 금융기관별로 다양한 형태의 애플리케이션 개발이 경쟁적으로 이루어지고 있다.

10cm 이내의 태그에 포함된 정보를 주고받는 NFC(Near Field Communications, 근거리 무선 통신)는 기존의 RFID(Radio Frequency Identification, 무선 주파수 인식 장치 : 전파를 이용해 정보를 인식하는 방식)를 확장시킨 기술이다. NFC의 기능들은 다양한 전자기기들과 융합하면서 한 차원 높은 편리성을 가져다 줄 것으로 기대된다. 이에 따라 전자 및 통신 관련 사업자들은 NFC 기술이 접목된 다양한 무선 네트워크 서비스를 제공하고, 이를 이용한 부가가치 창출에 전력을 쏟고 있다.

향후 NFC 에코시스템 구축으로 모바일 결제를 비롯해 통신과 다양한 서비스(금융, 대중교통, 광고 등)가 결합되어 선보일 전망이다. 머지않아 NFC가 스마트폰의 대표적인 활용 수단으로 자리잡게 되면 그 파급 효과는 실로 엄청나게 커진다. 국내에서만 2천만 명을 돌파하게 될 스마트폰 이용자들 중 상당수가 NFC 시장에 자연스럽게 스며들 것이기 때문이다. 이에 따라 글로벌 스마트폰 제조사들은 저마다 스마트폰에 NFC 탑재를 서두르고 있다.

한편, 아이폰5에 NFC를 탑재하지 않은 애플이 향후 차세대 아이폰에는 지문인식이 적용된 NFC 기술을 탑재할 가능성이 높다. 애플은 2012년 7월 '오센텍'이라는 지문인식 센서칩 개발 업체를 인수한 데 이어 최근에는 호주 소재 NFC용 지문인식 기술 전문 회사와 기술 협약을 맺었다. 그동안 보안 문제와 수요 부족 등을 이유로 NFC 도입을 꺼려왔던 애플이지만 시장의 흐름은 거스를 수 없는 듯하다.

대기업들도 속속 진입을 서두르는 알토란 시장

온라인 쇼핑과 디지털 콘텐츠 시장의 안정적인 성장이 전망되면서 휴대폰 결제 대행 업체와 NFC 시스템 및 서비스 제공 업체에 많은 관심이 쏠리고 있다. 이 가운데 KG케미칼에 인수되면서 자금력이 확대된 KG이니시스는 PG 업계 1위 자리를 지키며 최대 실적을 이어가고 있다. 전자상거래 및 온라인 쇼핑 거래가 꾸준히 증가하고 있고, NFC 기반의 모바일 결제와 소셜 커머스 간편 결제 등 신성장 동력도 갖춰나가고 있다.

휴대폰 결제 시장에서 선두를 지키고 있는 KG모빌리언스는 안정된 사업 구조가 매력적이다. KG모빌리언스가 이미 안정적인 결제 시스템을 확보했기 때문에 한 번 거래를 시작한 가맹점들은 휴대폰 결제 업체를 잘 바꾸지 않는 속성이 있다.

온라인 신용카드 PG 시장 2위 업체인 한국사이버결제는 온·오프라인 VAN 사업과 ARS 전자결제, 휴대폰 결제 등 결제와 관련된 전 사업 분야에서 서비스를 제공하면서 영역을 넓혀가고 있다. 결제 인프라와 방식을 모두 아우르는 진정한 통합 결제 시스템을 보유하고 있다.

NFC 분야에서는 SK그룹 및 대외 시장의 IT 시스템 구축·유지·보수를 담당하는 SKC&C를 비롯해, 모바일 플랫폼 사업과 스마트 카드 사업을 영위하는 유비벨록스, NFC 유심칩 전문 업체 솔라시아 등이 수혜를 입을 것으로 보고 있다.

KT는 일본 NTT도코모와 한일 간 글로벌 NFC 모바일 결제를 위한 양해각서(MOU)를 체결했다. 모바일 선불카드 '캐시비' 결제 서비스를 일본 고객에게 제공한다는 내용이 주요 골자다. KT와 NTT도코모는 KT 고객에게 제공 중인 이비카드의 '모바일 캐시비'를 2013년 3분기부터 도코모 스마트폰 이용 고객에게도 제공한다. 캐시비는 교통 및 유통 결제, 롯데 멤버스 포인트가 결합된 통합 선불카드로, 전국 대중교통과 편의점 등 5만 2,000여 개 가맹점에서 결제가 가능하다.

한국사이버결제도 비자카드의 자회사이자 글로벌 전자결제 업체인 사이버소스와의 계약을 통해 전략적 파트너십을 체결했다. 미국 샌프란시스코에 본사를 두고 있는 사이버소스는 아시아, 유럽, 중동, 아프리카 및 중남미에 진출해 있으며, 영국, 중국, 싱가포르, 일본 등 37개국에서 전자결제 서비스를 제공하고 있다. 사이버소스는 2010년 비자카드에 약 20억 달러에 인수되며 큰 화제를 모은 바 있다.

이번 계약을 통해 사이버소스의 가맹점인 글로벌 업체들이 한국에 진출시 한국사이버결제가 국내 서비스를 제공하며, 한국사이버결제의 가맹점인 국내 기업이 해외진출 시 사이버소스를 통해 결제 서비스를 제공받게 된다.

이처럼 전자결제 시장이 글로벌화하여 해외 시장으로 뻗어나갈 경우, 그 파급력은 상상을 초월한다는 게 업계 전문가들의 공통된 견해다. 증권가에서 2013년 최고 유망 업종 가운데 하나로 전자결제를 꼽는 이유가 바로 여기에 있다.

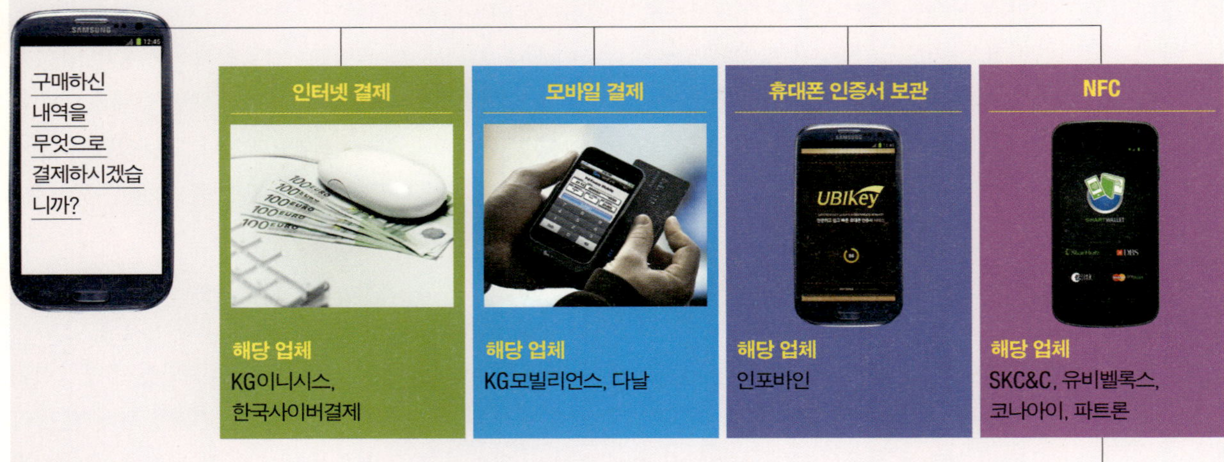

- 애플, 삼성전자, 노키아 등 글로벌 휴대폰 업체들 향후 출시될 대부분 스마트폰에 NFC 칩셋 탑재.
- KT, SK텔레콤, LG유플러스, 구글 등 IT 업체들 NFC시장에 공격적 론칭.

- 방송통신위원회를 중심으로 NFC 생태계 구축.
- 코리아 NFC 표준화 포럼에 KT, SK텔레콤, 삼성전자, LG전자 등 30여 개 업체 참여.

왜 NFC 시장을 주목하는가?

- 국내 단말기 제조업체들, NFC 탑재폰 500만 대 이상 출시.
- 카드사, 결제대행사 등 전국 영업소에 NFC 결제기 대대적 보급.

- NFC 결제 시스템 활용 통한 새로운 비즈니스 기회 창출 가시화.
- 소비자들의 NFC 이용 매력도 급증.

> NFC 시스템 구성도

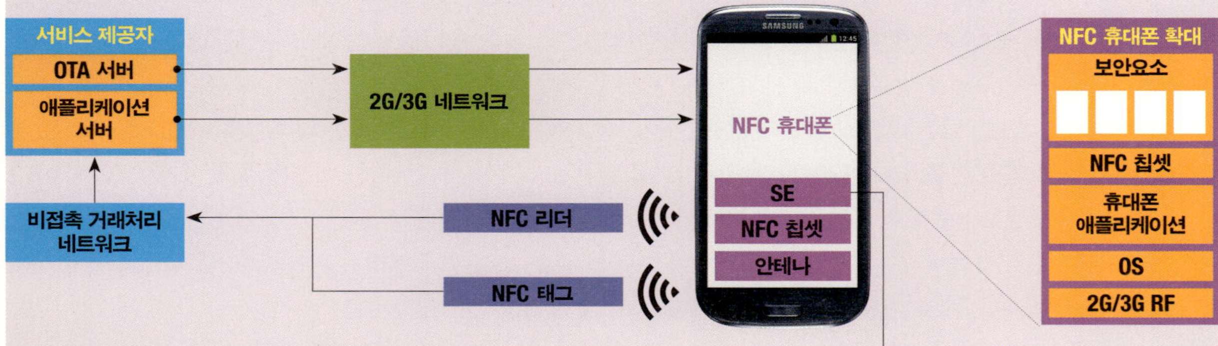

> NFC 보안요소(SE : Secure Element)를 둘러싼 주도권 경쟁도

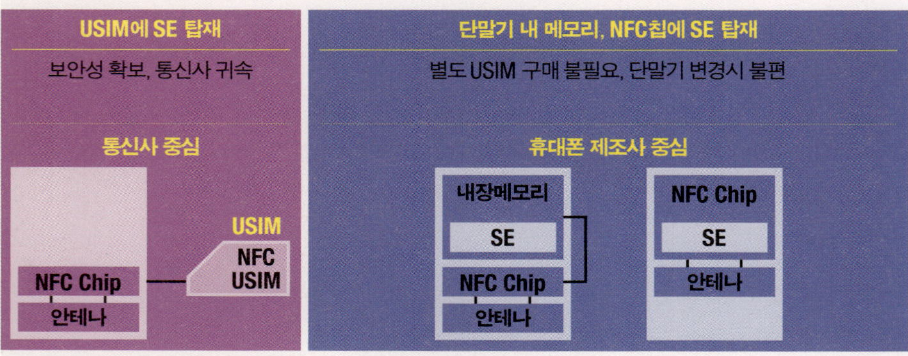

- NFC 업계에서 최대 관심사는 SE에 대한 주도권 확보 경쟁.
- SE 주도권 확보는 고객 정보 관리와도 연계.

> **NFC 결제 과정**

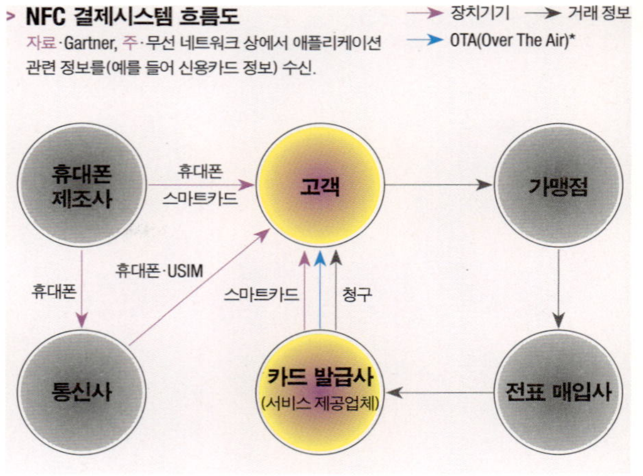

휴대폰을 NFC리더기에 접근시킴.

고객의 금융정보가 리더기에 읽히고 결제와 동시에 전자영수증을 휴대폰으로 전송.

휴대폰과 단말기 접촉거리 10cm

영수증 확인 후 할인쿠폰 및 멤버십 적립 등의 부가서비스 이용.

> **NFC를 통한 비즈니스 모델 창출 스프레드**

> **NFC를 통한 비즈니스 모델 창출 사례** | 모바일 광고

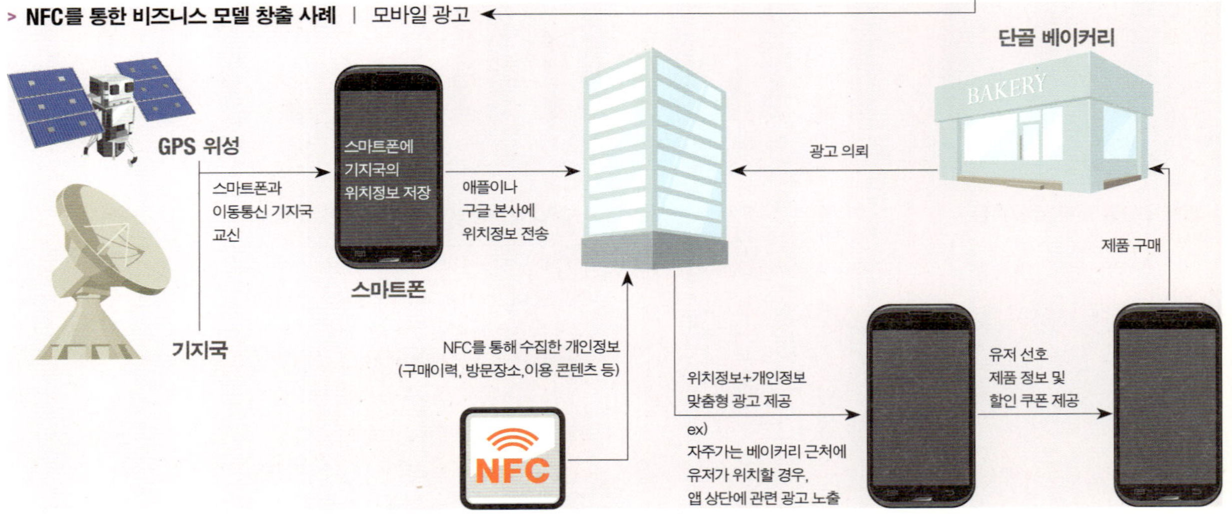

- 광고는 금융 다음으로 NFC 활용이 가장 기대되는 비즈니스 모델.
- 위치 정보와 NFC 통한 개인 정보를 결합하여 맞춤형 광고 제공 가능.
- 구글 등의 글로벌 업체가 NFC 시장에 뛰어든 궁극적 목적은 개인 정보 활용을 통한 광고 수익 확대에 있음.

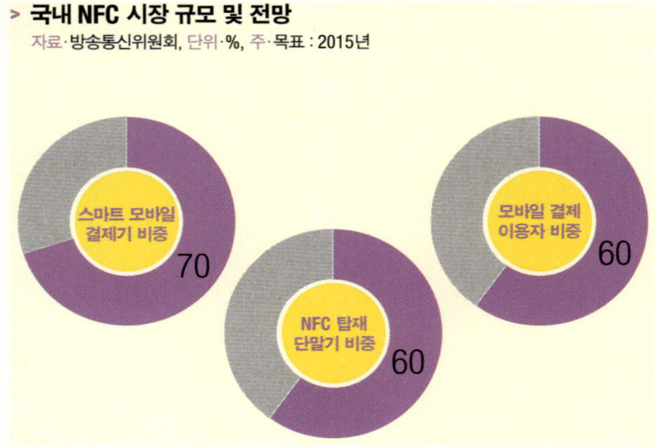

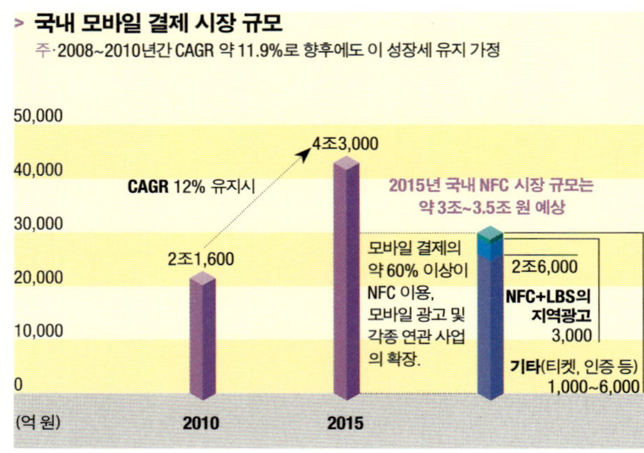

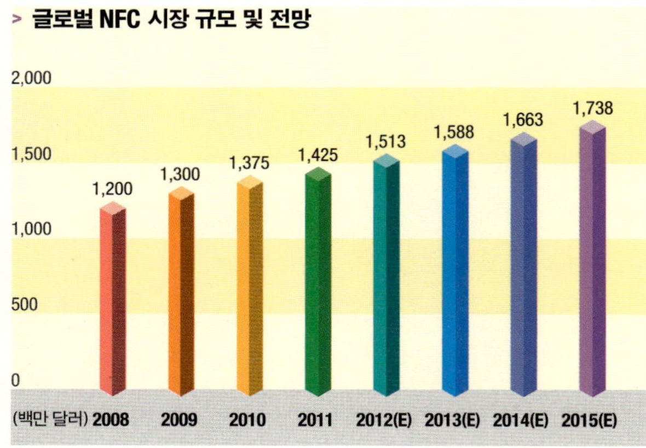

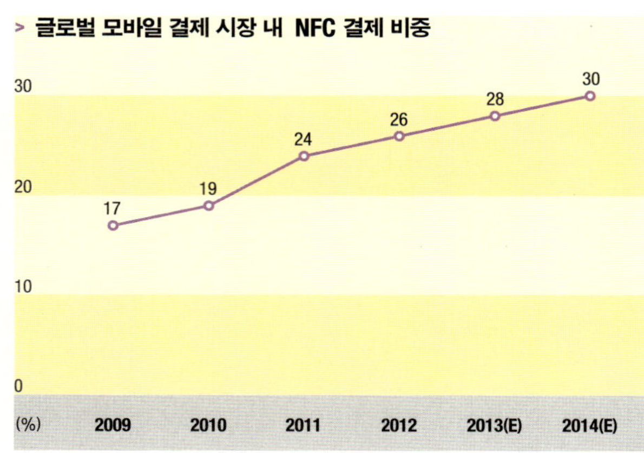

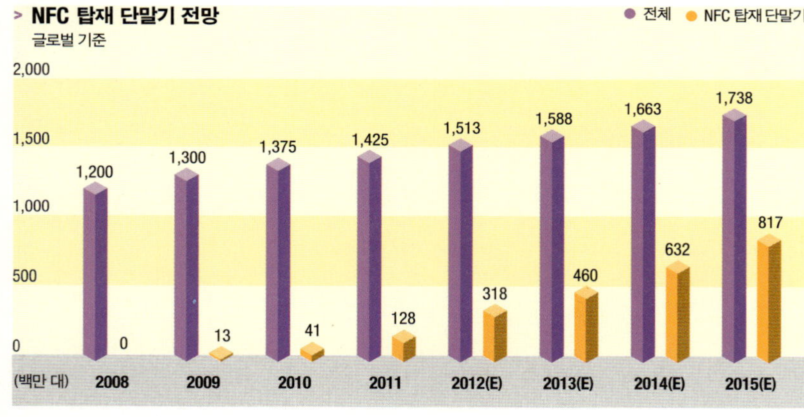

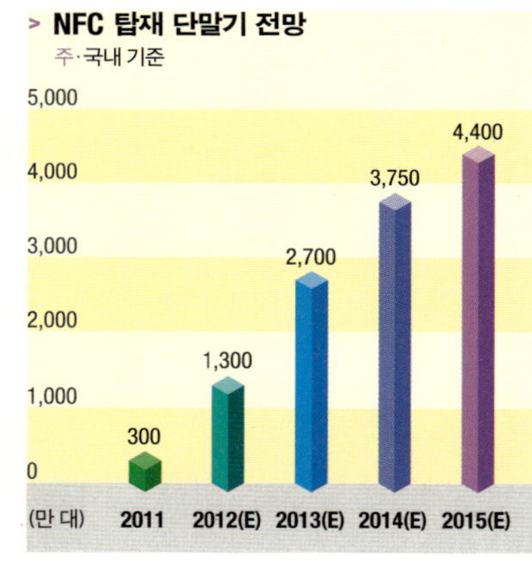

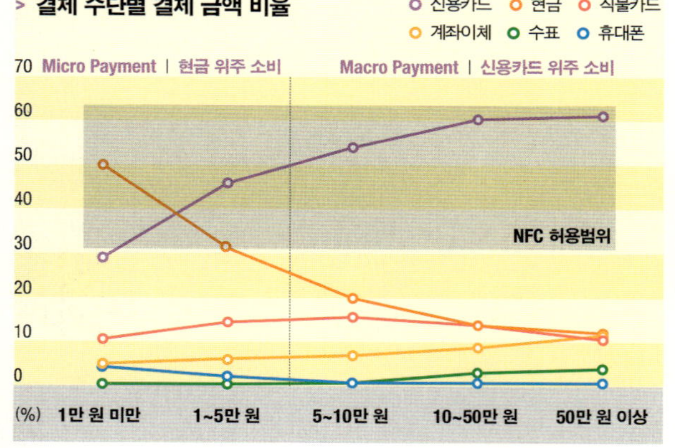

> NFC 이용자 성향 분석을 통한 시장 전망

ARPU 기준	이용자 주요 특성
9만 원 대	• 30~40대 연령층 비중 높음. • 이동성을 중시하는 이용자 많음.
4만 원 대	• 가격에 민감하며 이동성이 높음. • 스마트폰 소지 비율이 높으며 소액결제를 자주 이용하는 층.
6만 원 대	• 높은 스마트폰 보유율. • 소액결제를 자주 사용하는 20~30대 층.
3만 원 대	• 50대 남성 비중 높음.

➤ NFC 도입 시, 가장 이용을 많이 할 타깃.

소비자가 NFC로 결제할 수 있는 심리적 한도.

> ## 무선통신 기술간 용량과 전송 거리 비교
자료 · NFC Forum.com

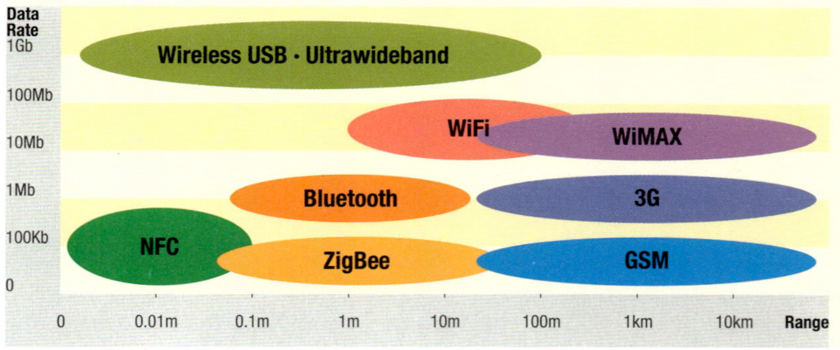

구분	NFC	블루투스	Zigbee	IrDA (적외선)
접속 방식	P2P	P2P	Star, P2P	P2P
칩셋 가격	낮음	보통	낮음	낮음
RFID 호환	가능	불가능	불가능	불가능
최대 도달 범위	20cm (평균 10cm)	약 10m	10~20m	약 10m
전송 속도	106~848kbps	~24Mbps	~250Kbps	~4Mbps
통신 설정 시간	0.1초 미만	~6초	–	~0.5초

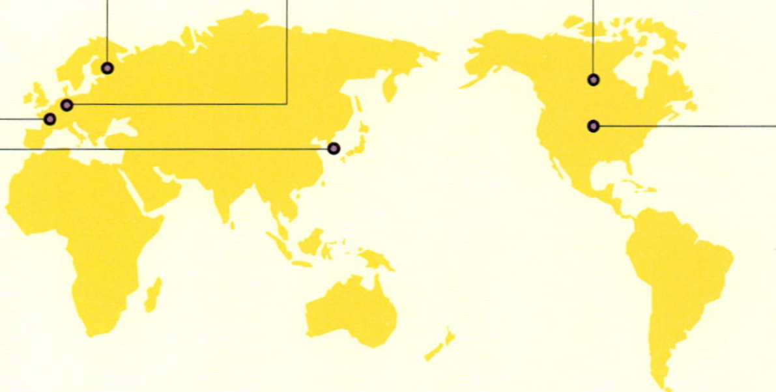

> ## 세계는 지금 스마트 금융 전쟁 중! | 통신·휴대폰 글로벌 업체별 NFC 추진 현황

KG이니시스

코스닥·IFRS별도

2012년 2분기 누계

매출액	1,003억 원
영업이익	81억 원
순이익	127억 원

- 온라인 가맹점과 금융기관을 연결하여 지불결제를 완성시키는 전자결제(PG) 사업 영위.
- 국내 PG산업의 변함없는 1위 업체라는 점은 투자자에게 큰 매력적 요소.
- 2011년 KG케미칼에 인수되면서 대기업 자금력을 바탕으로 영업력 강화→M&A 관련 주가 하락 리스크 제거.
- 핵심 경쟁력은 전자상거래 시장 확대, 다수의 가맹점 보유, 신뢰성 있는 결제시스템 구축→2011년 사상 최대 매출액 달성.
- NFC 기반 모바일 결제, 소셜 커머스 간편 결제, 대리운전 시장 진출.

> **국내 전자결제 시장점유율**
단위·%

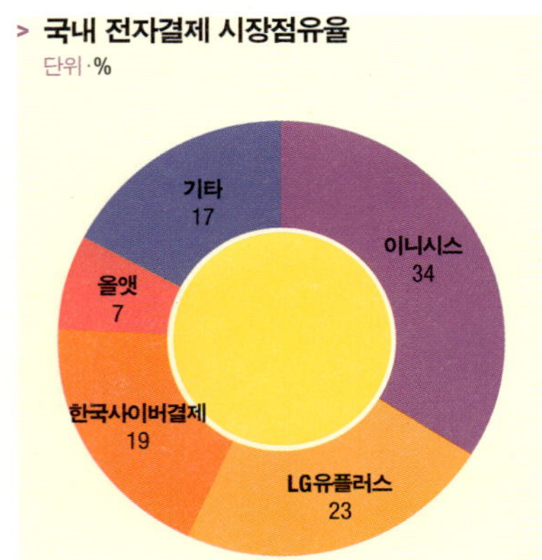

> **국내 전자결제 시장 현황**

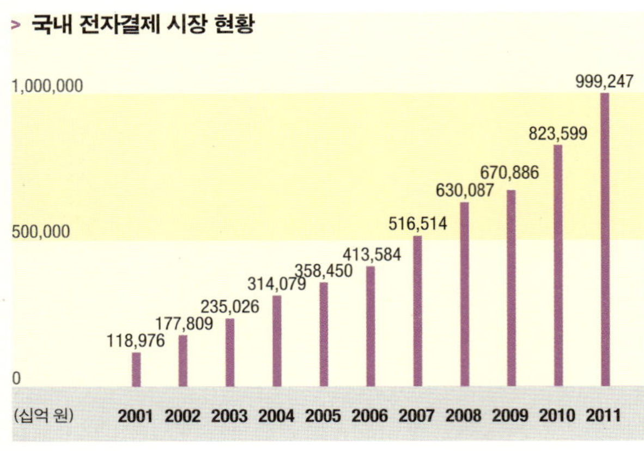

> **경영실적 추이**

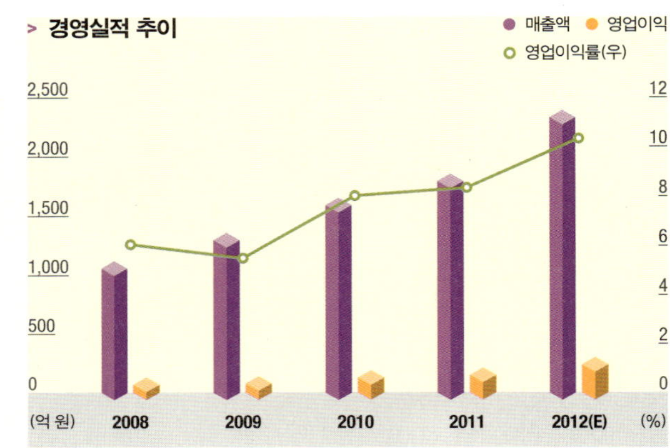

KG모빌리언스

코스닥·IFRS별도

2012년 2분기 누계

매출액	441억 원
영업이익	71억 원
순이익	77억 원

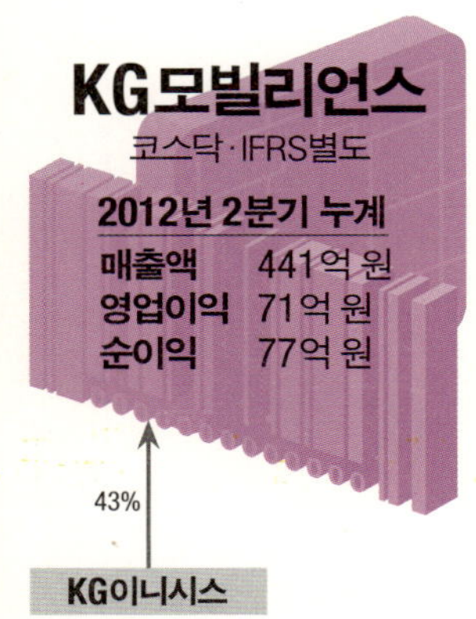

- 국내 휴대폰 결제 시장 부동의 1위 업체→스마트폰 및 태블릿PC 사용자 급증의 직접적인 수혜 예상.
- 이동통신사와의 신뢰를 바탕으로 수수료 협상력을 보유해 원가경쟁력 확보.
- 홈쇼핑, 소셜 커머스 등 실물 고객사 확보를 위한 적극적인 영업으로 2012년 50% 이상의 매출 성장.
- 국내 최초로 오프라인 휴대폰 간편 결제 서비스 '엠틱(M-Tic)' 출시 → 오프라인 매장에서 현금이나 카드 없이 휴대폰만으로 후불 결제가 가능한 전자 지갑에 한 단계 근접한 서비스.
- 엠틱 서비스는 현재 훼미리마트 전국 매장에서 활용 중→커피전문점 등 다양한 오프라인 사용처로 가맹점 확대.

> **매출 비중** | 단위·%

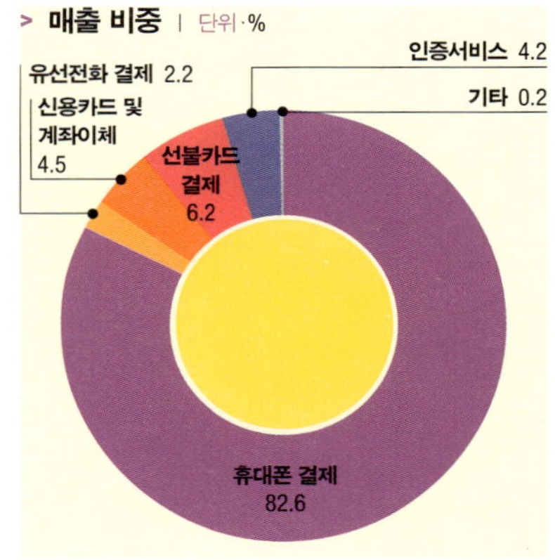

> **휴대폰 결제시장 점유율 추이**

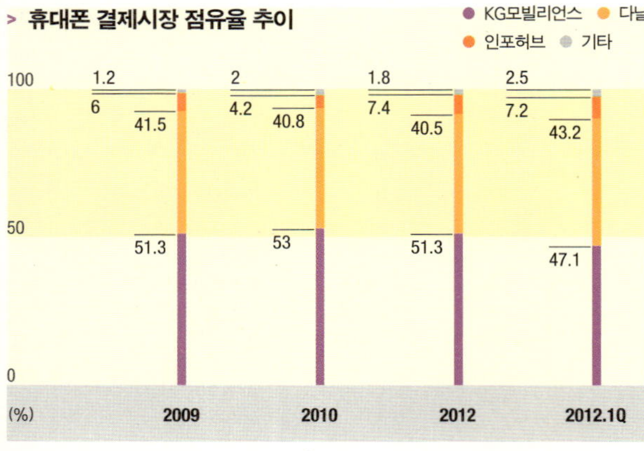

> **KG모빌리언스 휴대폰 결제 거래액 증가 전망**

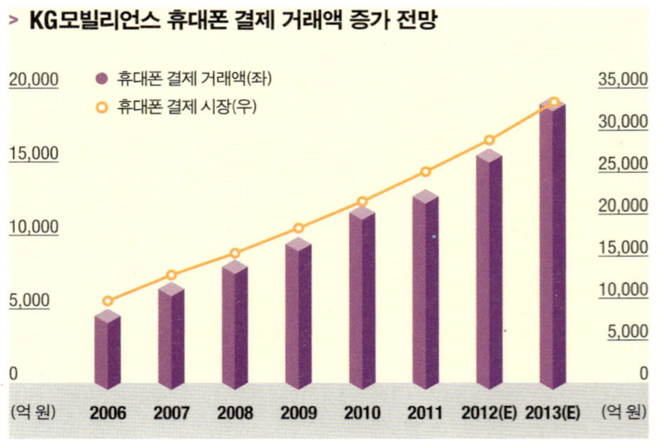

SKC&C
코스피·IFRS연결

2012년 2분기 누계

매출액	1조188억 원
영업이익	808억 원
순이익	1,789억 원

투자 포인트
- 세계 최대 전자결제 업체 FDC와 TSM 사업 및 m-Wallet 사업 추진.
- 자체 개발한 NFC-USIM이 국내 최초로 VISA의 상용 인증을 획득.

NFC 비즈니스 파트너 그룹 출범

NFC의 핵심 기술인 USIM 관련 솔루션과 모바일 지갑, 모바일 지불결제, 태그 기반 솔루션 등 국내 최고 수준의 기술력을 확보하고 있는 업체들로 구성.

파트너 업체

SKC&C, SK플래닛, 유비벨록스, 큐앤솔브, 엠콤, 하렉스인포텍, AT솔루션.

유비벨록스
코스닥·IFRS별도

2012년 2분기 누계

매출액	414억 원
영업이익	55억 원
순이익	43억 원

투자 포인트
- 국내 NFC USIM 1위 업체로 SK텔레콤, LG유플러스에 공급.
- 메가박스, 신세계백화점의 NFC존 구축 관련 매출액 2012년 200억 원 이상 가능 전망.
- 자회사 팅크웨어의 블랙박스, 내비게이션 매출 증가에 따른 지분법 이익 증가 기대.

한국사이버결제
코스닥·IFRS별도

2012년 2분기 누계

매출액	660억 원
영업이익	36억 원
순이익	33억 원

투자 포인트
- 온라인 쇼핑몰의 신용카드 가맹점 역할을 대행하면서 수금, 결제, 대손 등의 관리 서비스를 제공하고 수수료를 받음.
- ETRI와 차세대 전자결제 시스템 개발 중.

> 국내 유일의 종합 결제 시스템 보유 업체

분야	결제 인프라			결제 수단	
	PG	온라인 VAN	오프라인 VAN	신용카드 결제	휴대폰 결제
한국사이버결제	●	●	●	●	●
KG이니시스	●			●	
한국정보			●	●	
나이스정보			●	●	
KG모빌리언스	●				●
다날	●				●

> NFC USIM 부문 매출액 증가 추세

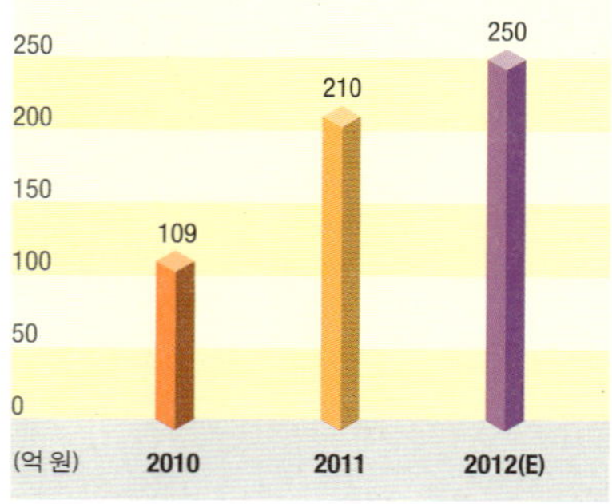

인포바인
코스닥·IFRS별도

2012년 2분기 누계

매출액	84억원
영업이익	55억원
순이익	52억원

투자 포인트
- 휴대폰 인증서 보관서비스(시장점유율 96%), 유선전화 결제 서비스 등 사업 영위.
- 휴대폰 인증서 보관서비스란 은행 공인인증서를 휴대폰에 저장해주는 서비스임.

> 휴대폰 공인인증서 이용자 추이

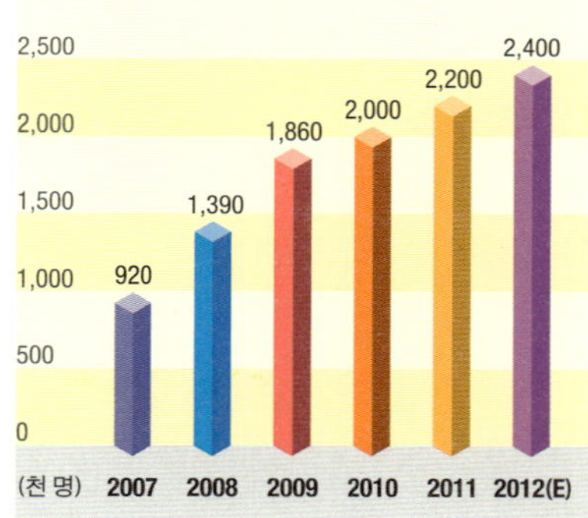

파트론
코스닥·IFRS별도

2012년 2분기 누계

매출액	3,162억 원
영업이익	305억 원
순이익	245억 원

투자 포인트
- 국내에서 유일하게 NFC 안테나를 안정적으로 생산하고 있어 NFC 적용 스마트폰 증가에 따른 수혜 전망.
- 카메라 모듈, 수정발진기, 안테나 제품의 삼성전자 갤럭시S3 채택율이 증가하면서 매출액 및 영업이익률 개선 전망.

코나아이
코스닥·IFRS별도

2012년 2분기 누계

매출액	635억 원
영업이익	114억 원
순이익	89억 원

투자 포인트
- KT에 NFC USIM 독점 공급, LG유플러스 USIM 공급 점유율 50%.
- 자체 스마트 카드 OS인 KONA를 바탕으로 123개의 제품 인증, 60여 개국에 수출.

> 해외 수주 전망

분류	내용	시기	수량(만 장)
공공	태국 전자주민증	2011	5,200
금융	브라질 은행카드	2011	100
금융	나이지리아 금융카드	2011	1,000
금융	중국 은행카드	2011	50
공공	이란 통신카드	2011	250
공공	나이지리아 전자주민증	2016	10,000

> 경영실적

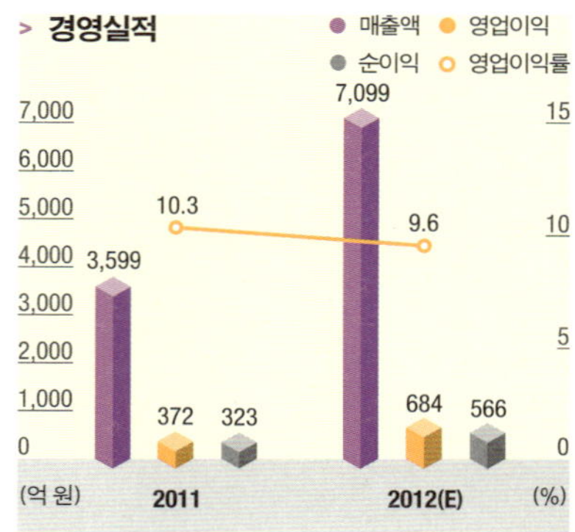

18 소프트웨어·클라우드 컴퓨팅·빅데이터

황금알을 낳는 거위의 날갯짓은 계속 된다

바야흐로 소프트웨어의 시대가 도래 했다. 하드웨어(HW)와 소프트웨어(SW) 간 경계가 소멸되더니 이제는 경쟁의 패러다임이 하드웨어에서 소프트웨어로 이동하고 있다. 나아가 소프트웨어간 기술 융합도 활발하게 진행되고 있다.

소프트웨어 산업은 부문별로 패키지 소프트웨어, 컴퓨터 관련 서비스(IT 서비스), 디지털 콘텐츠 개발 서비스 등으로 분류된다. 패키지 소프트웨어에는 시스템SW, 개발용SW, 응용SW 등이 있고, IT 서비스에는 시스템 통합(SI), 시스템 관리 등이 있다. 한편, 디지털 콘텐츠 개발 서비스는 게임 제작 및 콘텐츠 보호 등과 관련이 있는 사업 분야를 총칭한다.

지식집약적 고부가가치 산업

소프트웨어 산업은 지식집약적인 고부가가치 산업이다. 전문 인력에 의해 좌우되는 개발 프로세스 및 개발자간 정보 교환이 중요하다. 그렇다 보니 전문 인력에 대한 의존도가 매우 높다. 따라서 기계 장치 및 설비보다 고급 연구 개발 인력이 생산의 핵심 요소로 작용한다.

소프트웨어 산업은 IT 산업의 패러다임 변화와 제품의 소비 혁신을 이끈 주역으로 부상하고 있다. 특히 스마트폰, 태블릿PC 확산에 따른 OS 플랫폼 기반의 스마트 생태계 구축과 더불어 클라우드 컴퓨팅, 스마트워크, 모바일 오피스 등의 환경 요인 변화에 따라 소프트웨어의 중요성이 갈수록 커지고 있다.

이에 따라 소프트웨어의 생산 및 수출 규모도 급증하는 추세다. 지식정보화 사회의 핵심 플랫폼이 될 뿐 아니라, IT 기반 융합, 저탄소 녹색 성장 지원 등 다양한 측면에서 중요성이 부각되고 있기 때문이다.

급성장하는 글로벌 소프트웨어 시장

잦은 경제위기에도 불구하고 세계 소프트웨어 시장은 꾸준히 성장하고 있다. 미국, 유럽, 일본 등 선진국 소프트웨어 시장의 위축에도 불구하고, 중국과 인도 등 신흥국의 경제 성장에 따른 소프트웨어 수요 증가가 세계 시장 성장을 견인하고 있는 것이다. 2008년 1조150억 달러 규모였던 세계 소프트웨어 시장은 2015년 1조3,195억 달러에 달할 것으로 추정되고 있다. 이 가운데 세계 패키지 소프트웨어 시장은 2010년부터 연평균 6.4%씩 성장하면서 2015년 4,309억 달러 규모를 형성할 전망이다.

2012년 국내 소프트웨어 시장은 전년 대비 4.2% 성장한 250억 달러를 기록할 전망이다. 글로벌 재정위기로 인한 기업들의 갑작스러운 IT 투자 보수화 경향과 상시적인 비용 절감에 따른 소프트웨어 수요 및 예산 감소로 예년의 가파른 성장세가 다소 꺾이고 있다. 국내 소프트웨어 시장은 전 세계에서 16번째 규모다.

사회적 이슈로 떠오른 소프트웨어 기술

사이버 공격과 해킹 고도화 등으로 어느 때보다 정보 보호에 대한 관심이 증대되고 있다. 잇따른 대형 보안 사고로 막대한 피해가 발생하자, 정부 기관을 비롯해 사회 전반에 걸쳐 정보 보안 의식이 고취되고 있는 것이다. 이러한 정보 보안 의식은 우리나라에 국한하지 않고 전 세계에 걸쳐 폭넓게 퍼지고 있다. 각 국 정부마다 정보 보안 서비스 분야에 투자 예산을 크게 늘리고 있는 것이 이를 방증한다. 정보 보호 강화를 위한 새로운 시스템 구축 수요가 촉발되는 것은 소프트웨어 산업 측면에서는 또 다른 비즈니스 기회가 열리는 것이다.

국내 소프트웨어 기업들은 IT 분야를 중심으로 세계적인 경쟁력을 갖춘 업체가 많다. 국내 1위 백신 소프트웨어 전문 개발 업체인 안랩은 우정사업본부 망분리 사업 선정을 통한 가상화 솔루션 레퍼런스 확보와 생산 시설 전용 보안 솔루션 확대 등을 통해 추가적인 성장 모멘텀을 마련하고 있다.

네트워크 보안 솔루션 선두 업체인 윈스테크넷은 침입 방지 시스템(IPS) 국내 시장점유율 50% 이상을 기록하며, 2012년에 통합 보안(UTM), 보안 관제 서비스 등 신제품을 출시해 주목받고 있다.

이 밖에도 더존비즈온은 대규모 설비 투자를 통해 IDC센터를 구축해, 클라우드 서비스 및 ERP 제품과 시너지 효과를 내고 있다. 이엠넷은 네이버와 다음 등 온라인 매체의 광고 대행 컨설팅 사업을 영위한다. 연간 2억 원 이하의 광고 비용을 지출하는 중소기업을 핵심 고객으로 삼으며 틈새시장을 제대로 공략하고 있다. 해마다 1만3,000여 개의 업체가 이엠넷을 통해서 광고를 집행한다.

소프트웨어 산업의 3대 키워드

모바일, 소셜 네트워크, 애플리케이션!

현재 국내 소프트웨어 산업의 특징을 있는 그대로 표현하는 3대 키워드다. 이 3대 키워드를 포괄하는 업체가 있으니 다름 아닌 '카카오톡'이다. 무료 문자 서비스를 제공하는 카카오톡은 4,400만 명의 가입자를 바탕으로 1일 방문자 2,000만 명, 1일 메시지 수 26억 건을 생성하는 국내 소셜 네트워크의 최대 강자로 불린다.

카카오톡에서 출시한 앨범 애플리케이션 '카카오스토리'는 출시 9일 만에 1,000만 다운로드를 돌파하는 기염을 토했다. 최근 카카오톡은 국내 온라인 게임사 위메이드와 중국 최대 게임 기업인 텐센트로부터 총 920억 원의 투자 유치에 성공했다. 국내 SNS 분야에서의 독보적인 위치를 바탕으로 향후 모바일 게임 등에서의 성장 가치를 인정받은 것으로, 기업 가치가 무려 5,200억 원에 이른다.

하지만 카카오톡의 지금까지 실적은 실망스럽기 그지없다. 2006년 말 설립된 (주)카카오의 실적은 2009년에 이르러서야 매출액 300만 원을 기록했으며, 2011년 말 기준으로도 매출액은 18억 원에 불과하다. 뚜렷한 수익 모델이 없는 상황에서 손실은 눈덩이처럼 커져 당기순손실은 2009년 17억 원에서 2011년에는 153억 원으로 10배가량 급증했다.

그럼에도 불구하고 많은 전문가들은 카카오톡의 기업 가치가 더욱 증가할 것으로 전망하고 있다. 스마트폰과 태블릿PC 등 모바일 스마트 기기의 보급이 날로 확산되면서 카카오톡 가입자 수는 2013년에 8,000만 명을 넘을 것으로 전망하고 있으며, 기업 가치도 1조 원을 육박할 것으로 내다보고 있다. 카카오톡은 왜 소프트웨어 산업이 '황금알을 낳는 '보이지 않는' 거위'인지를 있는 그대로 보여주는 좋은 예라 하겠다.

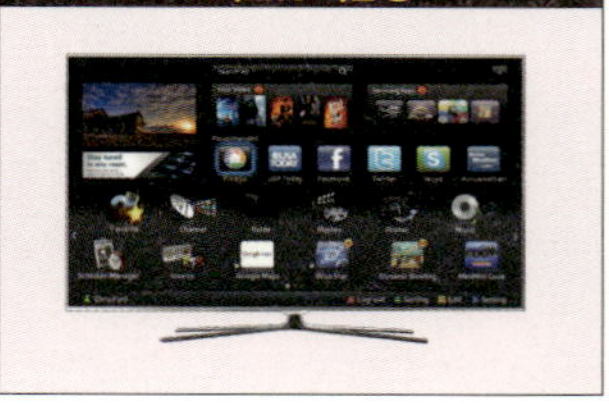

※ **임베디드 소프트웨어** | 셋톱박스, 휴대폰, 디지털TV, 게임기 등 대부분의 디지털 제품에 내장된 고부가가치 소프트웨어. PC처럼 별도의 운영 체제를 가지고 그 위에 소프트웨어를 따로 설치해 사용하는 것이 아니라 제품 자체에 '끼워져 있다(embed)'는 의미.

※ **CDN**(Contents Delivery Network, 콘텐츠 전송 네트워크) | 대용량의 콘텐츠를 빠르고 안정적으로 전달하기 위해 등장한 서비스로, 콘텐츠 전송 속도의 저하를 막고 불안정성 문제를 해결하기 위해 고안된 기술.

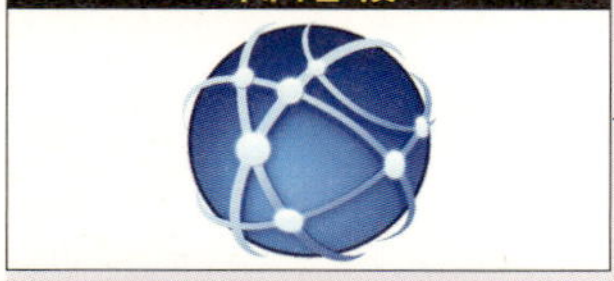

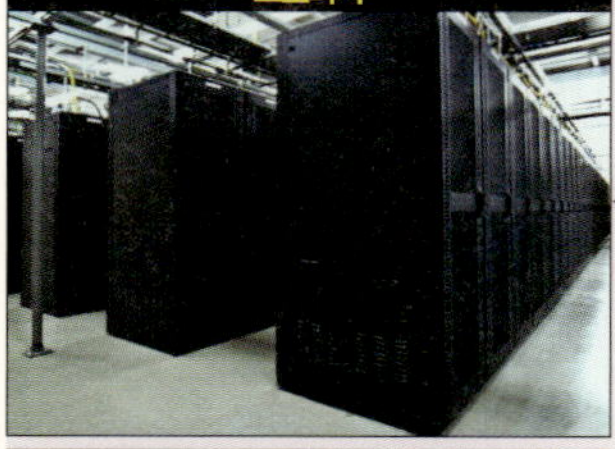

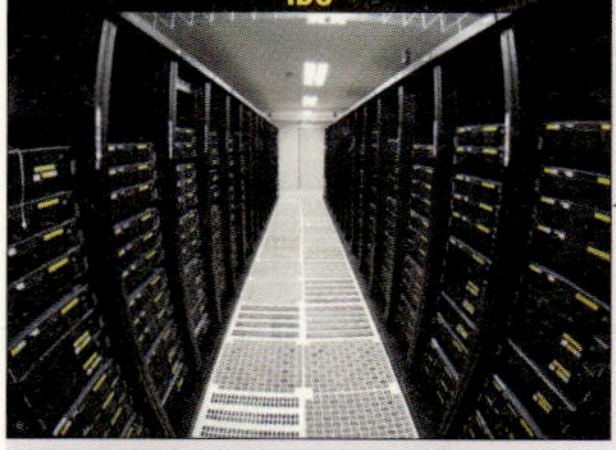

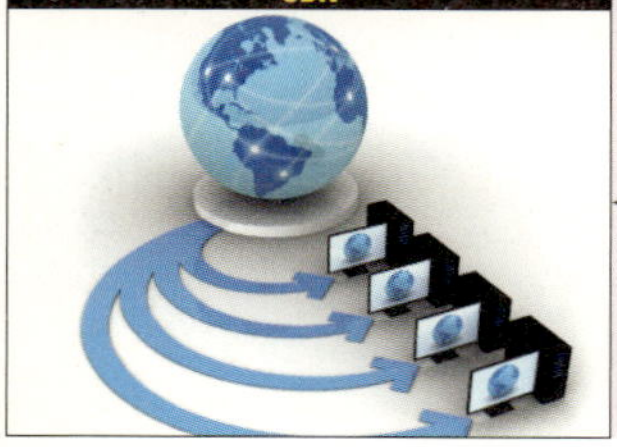

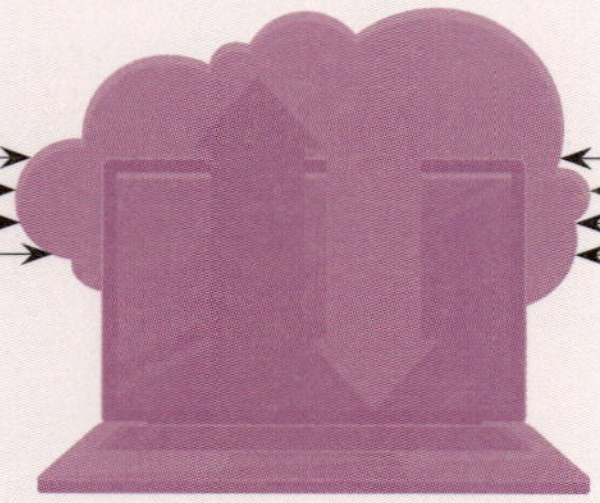

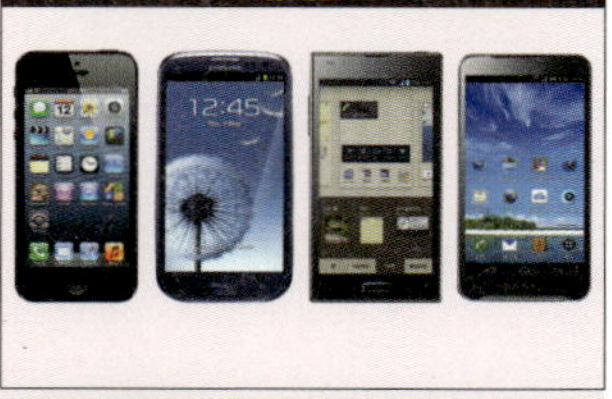

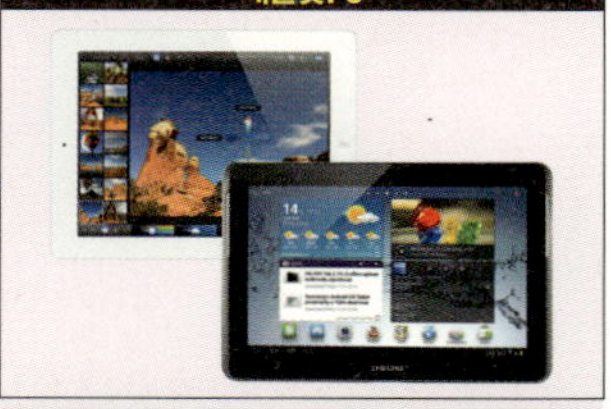

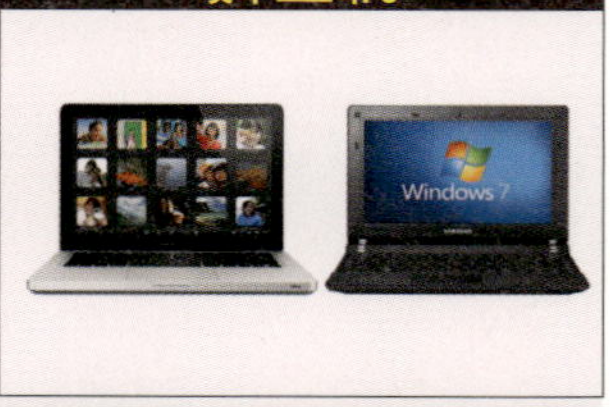

※ **IDC**(Internet Data Center) | 기업 및 개인 고객에게 전산 설비나 네트워크 설비를 임대하거나 고객의 설비를 유치하여 유지·보수 등의 서비스를 제공하는 사업자. 개별 기업이 운영하기에는 부담이 큰 서버 및 통신 장비의 운영과 관리 및 보안 업무를 담당.

>> 왜 빅데이터에 주목하는가?

> IT 히스토리 그래프에 담긴 데이터 양의 변화

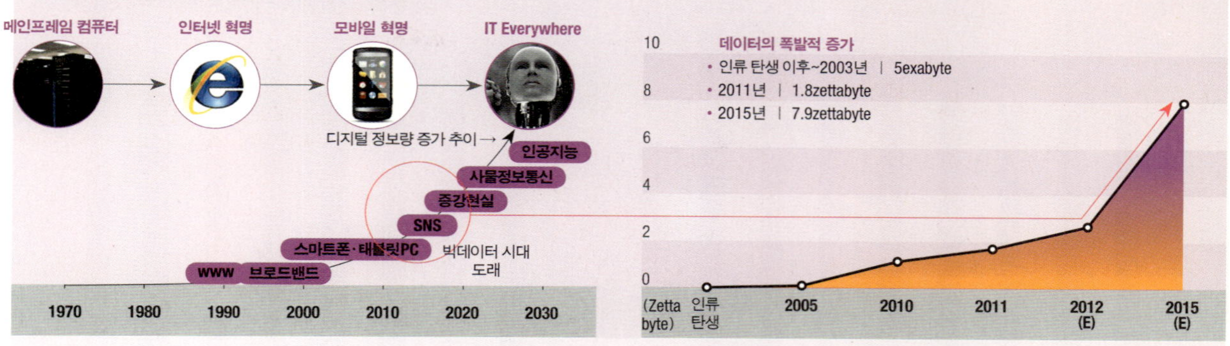

> 빅데이터의 3대 요소 '3V'

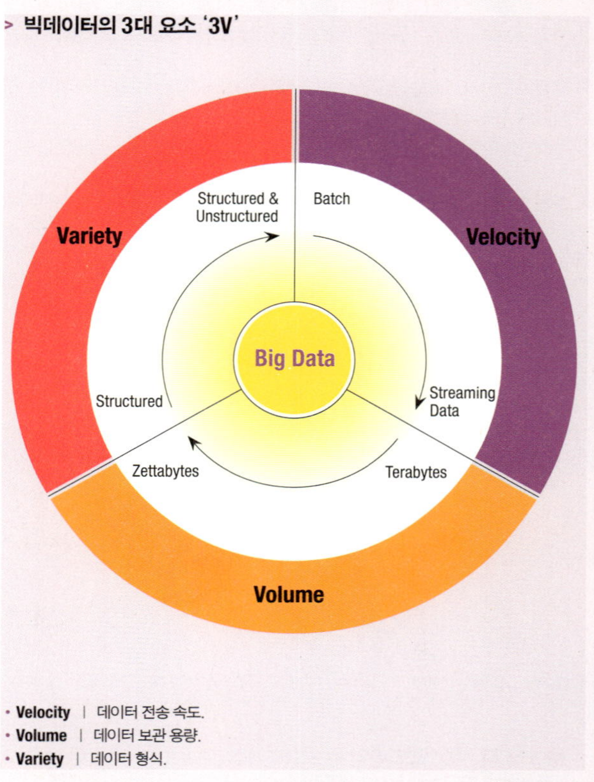

• Velocity | 데이터 전송 속도.
• Volume | 데이터 보관 용량.
• Variety | 데이터 형식.

> 데이터 크기 비교

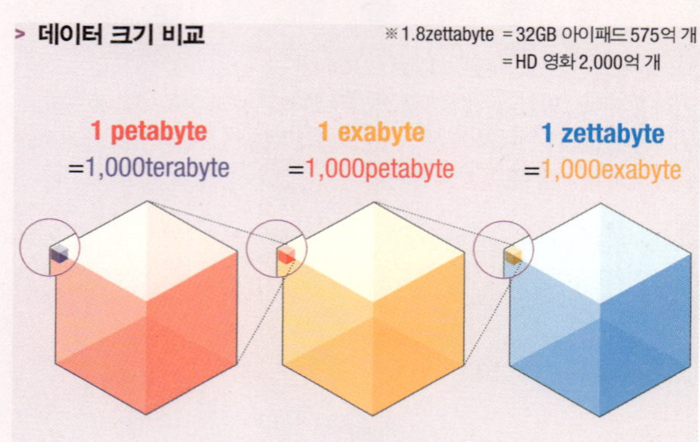

> 데이터 용량 진화도

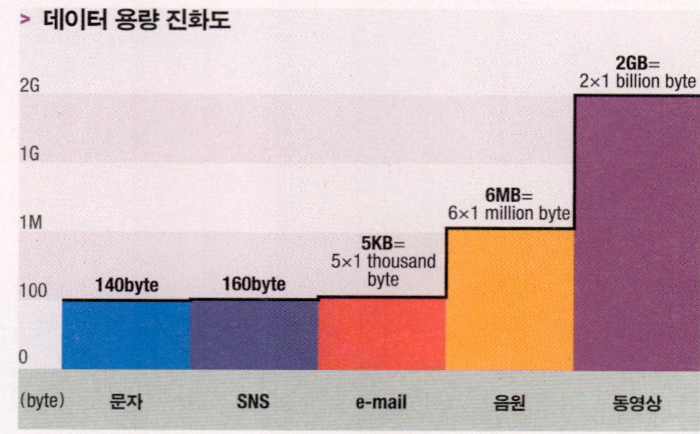

> 에코 시스템 구축 여부에 따른 글로벌 빅데이터 관련 업체들의 주가 추이

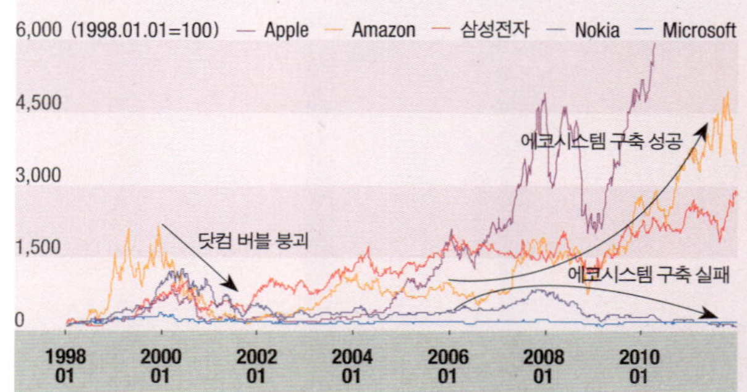

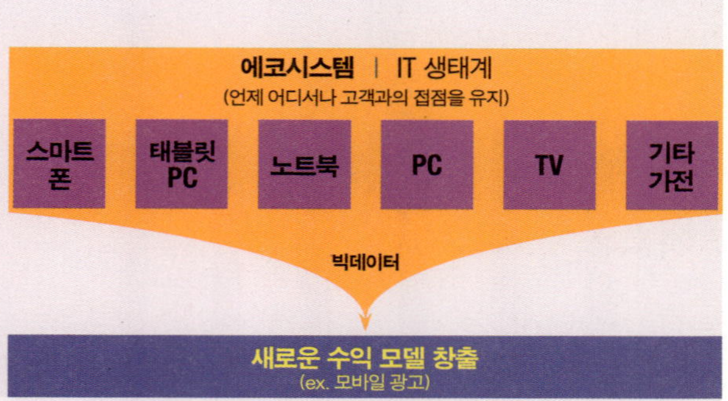

• 에코 시스템의 구축은 고객의 다양한 정보를 수집해 효과적이고 정밀화된 타깃 마케팅을 펼침으로써 궁극적으로 '맞춤형 모바일 광고'라는 새로운 수익 모델로 이어짐.
• 타깃 마케팅의 기반인 고객의 다양한 정보는 바로 빅데이터 수집에서 이루어짐 → 에코 시스템의 구축은 빅데이터 수집을 위한 기본적인 필요 조건임.

> **글로벌 소프트웨어 시장 규모 추이**

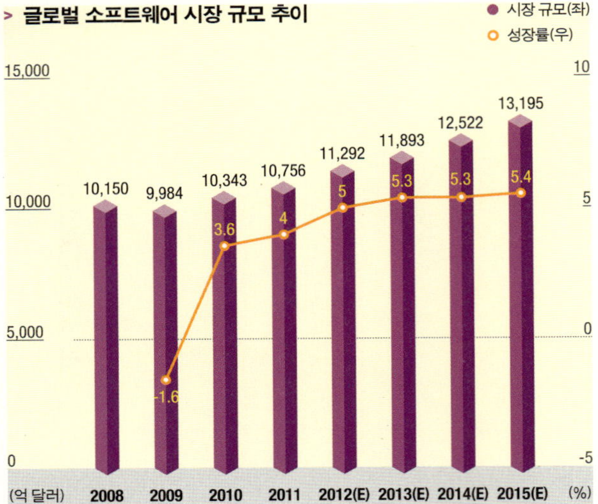

- 미국, 유럽, 일본 등 선진국들의 소프트웨어 시장 위축에도 불구하고, 중국, 인도 등 신흥국에서의 소프트웨어 수요가 폭발적으로 증가하면서 글로벌 시장 규모 성장 견인.

> **국내 소프트웨어 시장 규모 추이**

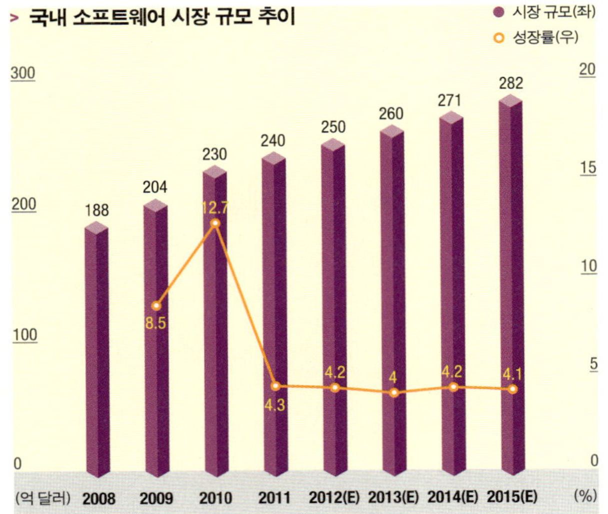

- 2012년 국내 소프트웨어 시장(임베디드 소프트웨어 포함)은 2011년 대비 4.2% 성장한 250억 달러 예상.
- 빅데이터, 모바일, 클라우드 서비스, SNS 관련 수요가 시장 성장 견인.

> **부문별 글로벌 소프트웨어 시장 규모 추이**

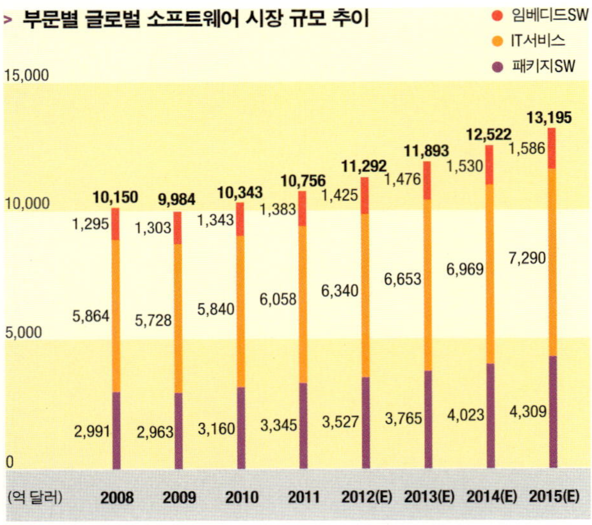

> **부문별 국내 소프트웨어 시장 규모 추이**

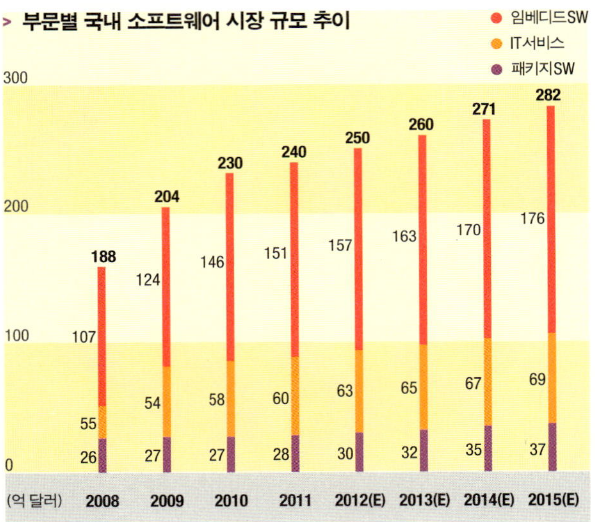

> **국내 DBMS 시장 규모 추이**
>
> 주·DBMS=데이터베이스 관리 시스템

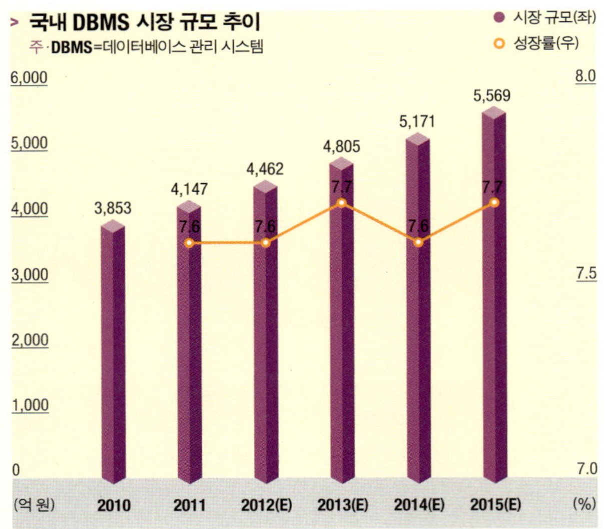

> **국내 SCM 시장 규모 추이** | 주·SCM=공급망 관리, 시장 규모는 전체 솔루션 시장에서 HW 부문을 제외한 패키지SW 및 IT서비스(컨설팅, SI 구축, 유지보수) 시장을 포함.

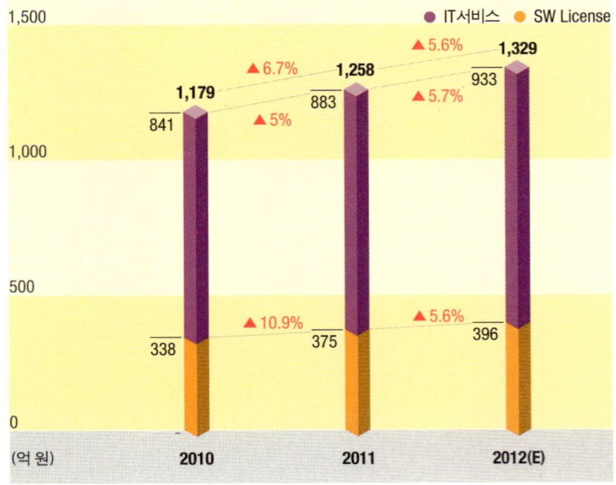

> 글로벌 보안 서비스 투자 예산 추이

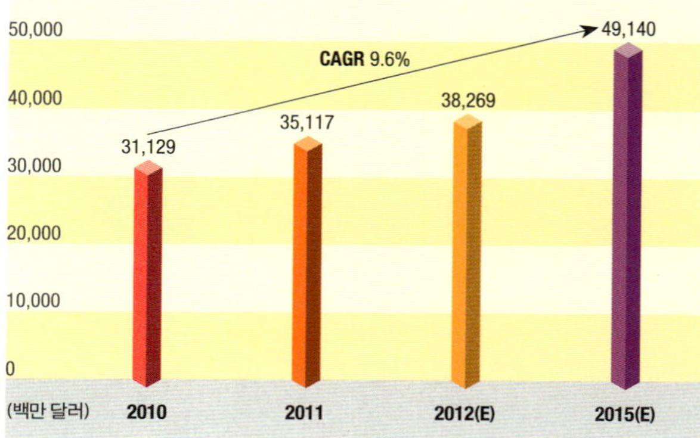

- 2011년 잇따른 대형 보안사고 발생으로 막대한 피해 속출.
- 정보 보호 강화를 위한 새로운 시스템 구축 수요가 촉발될 것으로 예상 → 보안 소프트웨어 시장에 새로운 비즈니스 기회 창출.

> 국내 IT 융합 시장 전망

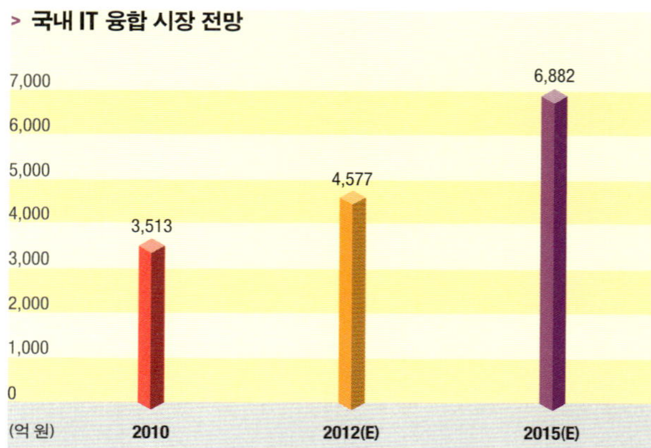

- 산업 간 고유 영역이 허물어지면서 IT 분야에서도 경계를 넘나드는 융합 현상으로 산업 체계와 질서 재편.
- 정부 차원에서도 글로벌 경쟁력 강화를 위해 IT 기반 융합을 지원하기 위한 정책 추진.

> 카카오톡 이용자 수

- 카카오톡은 폭발적인 이용자 수 보유에도 불구하고 2011년 당기 순손실액만 153억 원을 기록하는 등 뚜렷한 수익 모델 창출이라는 과제에 당면함.
- 그러나 향후 스마트 기기의 수요가 더욱 늘어남에 따라 가입자 수에 비례하는 카카오톡의 기업가치도 급등할 것으로 전망.

> 국내 정보 보안 산업 시장 규모 추이

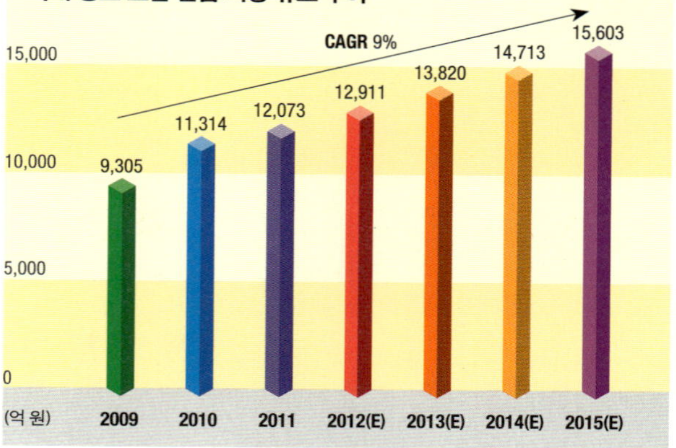

- 과거보다 더욱 강화된 '개인정보보호법'의 발효로 사회 전반적인 정보 보안 의식 고취 분위기 확산.
- 클라우딩 서비스, 모바일, SNS 등 신규 비즈니스 확대로 정보 보안 이슈 재점화 → 보안 소프트웨어 시장 성장 견인.

> 글로벌 주요 IT 기업 M&A 현황

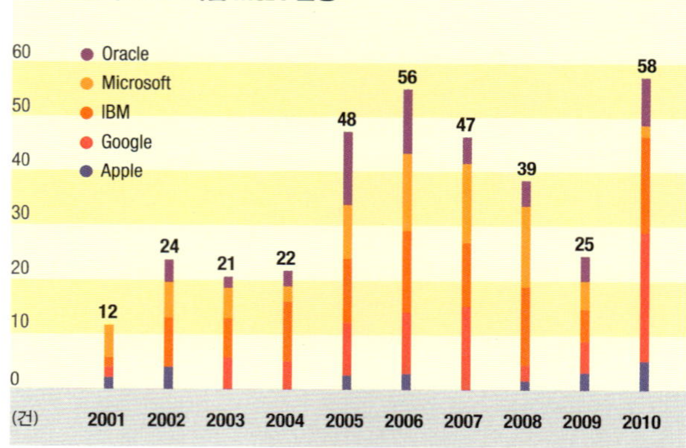

- 플랫폼 기반 사업 확장 및 자사 경쟁력 향상을 위한 M&A 증대.
- 모바일, 클라우딩 서비스 등 스마트 생태계(에코 시스템) 구축 및 신규 제품, 서비스 출시를 위한 M&A 가속화.
- Apple, Google, IBM, MS, Amazon 등 글로벌 IT 기업들이 M&A 주도.

> 카카오톡 가입자 수 비례 기업가치 추이

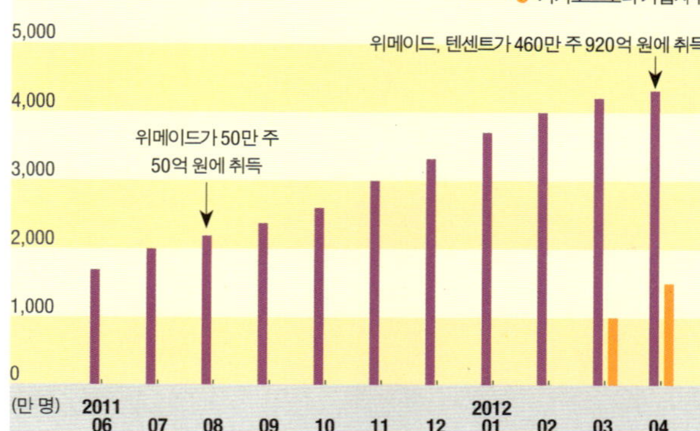

- 국내 온라인 게임 업체 위메이드와 중국 최대 게임 업체 텐센트로부터 총 970억 원 투자 유치 성공.
- 카카오톡 가입자 수가 2013년 8,000만 명 넘을 것으로 전망.
- 아울러 기업가치도 2013년에 1조 원 규모에 이를 것으로 전망.

인프라웨어

코스닥 · IFRS별도

2012년 2분기 누계

매출액	176억 원
영업이익	25억 원
순이익	13억 원

18.6%

디오텍

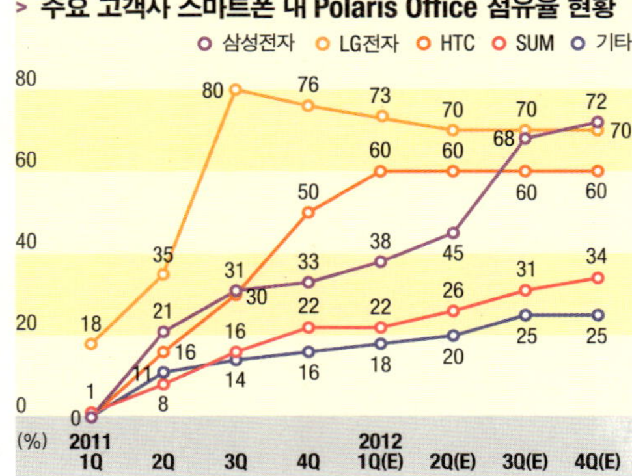

> 주요 고객사 스마트폰 내 Polaris Office 점유율 현황

안랩

코스닥 · IFRS별도

2012년 2분기 누계

매출액	552억 원
영업이익	52억 원
순이익	89억 원

28.6%

안철수

> 사업 부문별 매출 비중

단위 · %

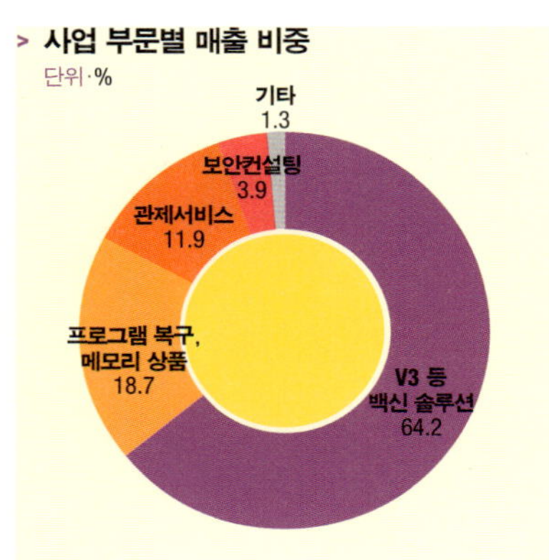

더존비즈온

코스피 · IFRS별도

2012년 2분기 누계

매출액	612억 원
영업이익	123억 원
순이익	93억 원

> 사업 부문별 매출 비중

단위 · %

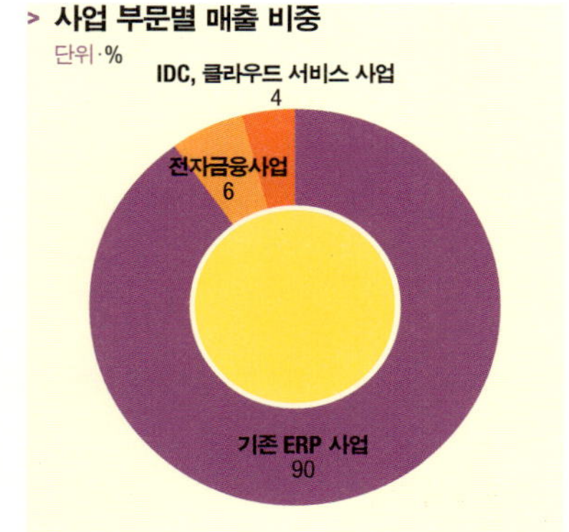

MDS테크

코스닥 · IFRS별도

2012년 2분기 누계

매출액	284억 원
영업이익	40억 원
순이익	48억 원

> 자동차 부문 매출 비중

괄호 안은 비중

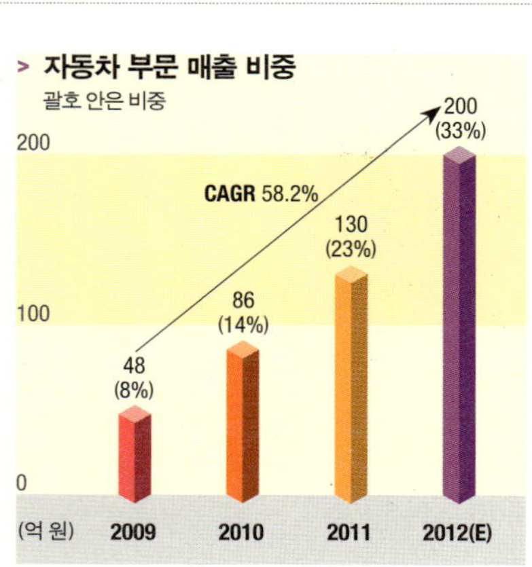

이엠넷

코스닥 · IFRS별도

2012년 2분기 누계

매출액	156억 원
영업이익	32억 원
순이익	24억 원

> 주요 매출처 비중

단위 · %

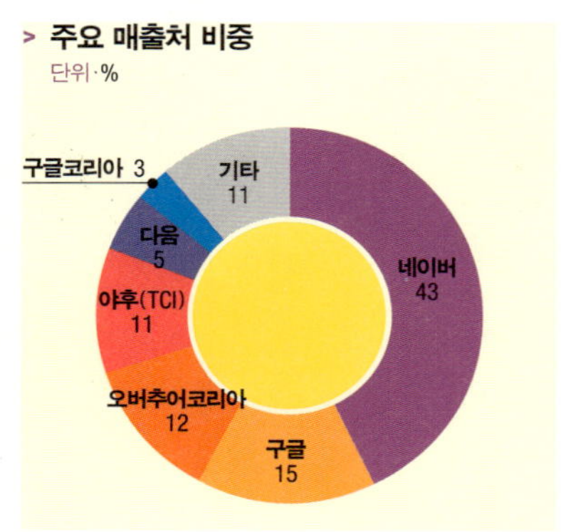

사람인에이치알

코스닥 · IFRS별도

2012년 2분기 누계	
매출액	236억 원
영업이익	31억 원
순이익	26억 원

투자 포인트

- 국내 취업 포털 2위 업체.
- 취업 트렌드가 정규직에서 비정규직으로, 평생직장에서 이직 증가로, 정기 공채에서 수시 채용으로 바뀌면서 취업 건수도 증가할 전망.

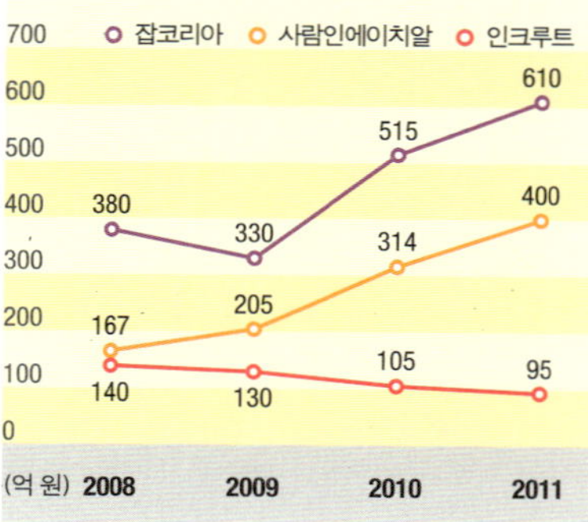

> **취업 포털 경쟁사 매출액 추이**

한글과컴퓨터

코스닥 · IFRS별도

2012년 2분기 누계	
매출액	328억 원
영업이익	135억 원
순이익	107억 원

투자 포인트

- 스마트폰, 태블릿PC용 모바일 오피스 출시로 스마트 기기 판매 증가에 따른 매출 확대 전망.
- 클라우드 서비스 오피스를 지멘스 및 독일 포털 업체와 국내 통신서비스 업체에 공급.

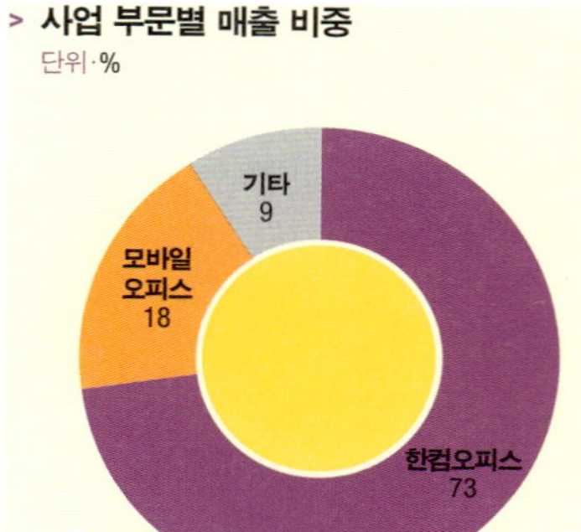

> **사업 부문별 매출 비중**
> 단위 · %

인터파크

코스닥 · IFRS연결

2012년 2분기 누계	
매출액	2,201억 원
영업이익	-1억 원
순이익	52억 원

투자 포인트

- 아이마켓코리아 인수로 4조 원 거래 규모의 초대형 온라인 사업자로 성장.
- 공연 티켓 예매 시장점유율 70%, B2C 온라인 항공권 시장점유율 50% 영위.

> **사업 부문별 매출 비중**
> 단위 · %, 인터파크 INT 기준

처음앤씨

코스닥 · IFRS별도

2012년 2분기 누계	
매출액	236억 원
영업이익	17억 원
순이익	12억 원

투자 포인트

- 대금지급보장형 B2B 거래 시스템(escrow B2B) 업체로, 관련 업종 국내 시장점유율 37%로 1위 영위.
- 신사업으로 B2B 구매 대행 사업을 시작하여 높은 매출 성장률 기록 중.

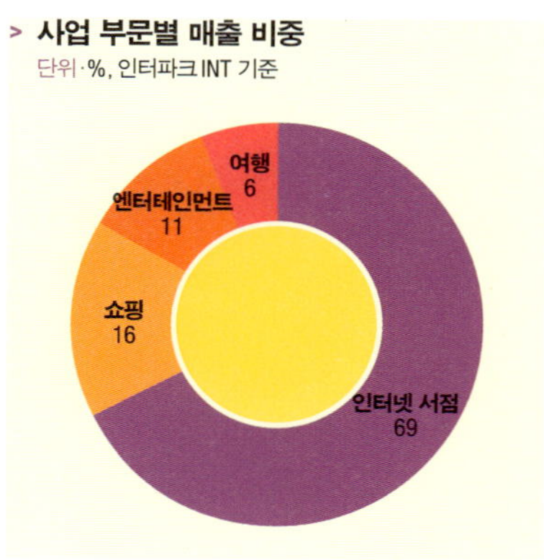

> **경영실적**

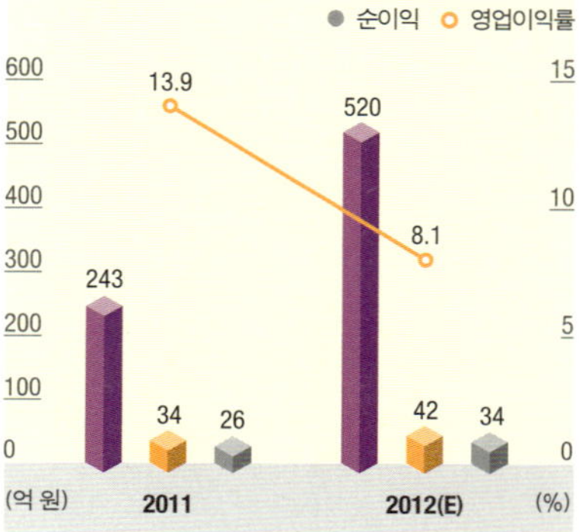

윈스테크넷

코스닥 · IFRS별도

2012년 2분기 누계	
매출액	261억 원
영업이익	58억 원
순이익	42억 원

투자 포인트

- 네트워크 보안 솔루션 국내 1위 업체 → 침입 방지 시스템(IPS) 국내시장 점유율 50% 이상 기록.
- 일본 NTT도코모에 IPS 제품 공급하면서 2012년 관련 매출액 150억 원(+500% y-y) 발생 기대.

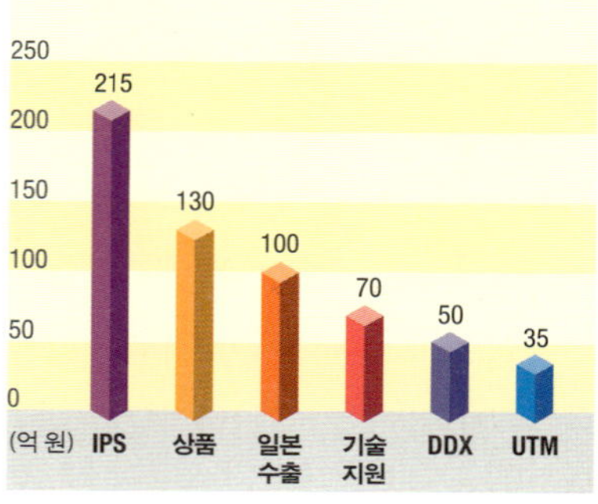

> **사업 부문별 매출액 현황**

예스24

코스닥 · IFRS별도

2012년 2분기 누계	
매출액	1,720억 원
영업이익	43억 원
순이익	33억 원

투자 포인트

- 2011년 거래 매출 4,479억 원, 영업이익 51억 원으로 흑자 전환.
- 회원 780만 명, 도서, 음반, 기프트, eBook, e-러닝, 공연, 영화 등의 상품DB 약 430만 종 보유.

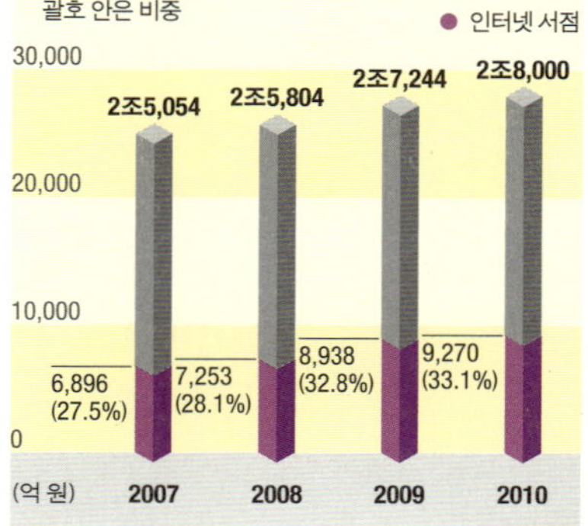

> **전체 도서 시장 대비 인터넷 서점 비중 추이**
> 괄호 안은 비중

브레이크 없는 고공 행진을 이어가는
모바일 게임 리더들

대한민국을 대표하는 소프트웨어 산업이 있다. 바로 게임 산업이다. 세계 소프트웨어 시장에서 한국의 입지가 그다지 크지 않다는 점을 고려하면, 게임 시장에서 우리 기업들의 활약은 눈부시다. 단순히 오락물로만 여겨졌던 게임을 하나의 E-스포츠 산업으로 만들어놓은 곳이 바로 한국이기 때문이다.

　게임 산업은 정보통신 관련 기기의 변화와 흐름을 함께해 왔다. 컴퓨터의 대중적인 보급과 함께 발전해 왔으며, 최근에는 스마트폰, 태블릿PC 등 스마트 기기의 인기로 모바일 게임 시장이 폭발적인 성장세를 이어가고 있다.

　게임의 내용도 단순히 재미만 추구하기보다 게임 이용자의 경험과 환경, 나아가서는 인간관계를 중시하는 방향으로 변화하고 있다. 체감형 게임이나 소셜 네트워크 게임, 유저 크리에이티브 게임 등의 출시가 이를 방증한다.

게임 산업의 해답은 바로 '모바일'!

최근 게임 산업의 키워드는 단연 '모바일'이다. 컴퓨터 못지않은 사양과 휴대성, 통신망의 발달로 스마트폰으로 게임을 즐기는 인구가 점차 늘어나고 있다. 미국 시장조사 업체 스트래티지 애널리틱스(SA)에 따르면, 2012년 2분기 글로벌 스마트폰 출하량은 2011년 같은 기간에 비해 33% 늘어난 1억 4,600만 대를 기록했다. 유럽 재정적자 리스크 등으로 유럽 지역 수요 부진 가능성, 중국의 가전하향 정책 종료에 따른 수요 둔화 우려 등으로 IT 제품 시장이 위축되고 있지만, 스마트폰 시장은 예외적으로 꾸준히 성장세를 이어가고 있다. 덕분에 모바일 게임 업체들도 가파른 성장세를 이어가고 있다. 여기에 신흥 시장인 중남미, 아시아, 중동의 스마트폰 보급률은 아직도 낮기 때문에, 향후 시장 성장성에 있어서도 긍정적인 여지를 두고 있다. 이와 함께 차세대 이동통신인 LTE 서비스가 본격화되고 있다는 점도 기대감을 높이는 요소다.

　증권가에서는 저마다 게임 시장의 높은 성장성을 점치고 있다. 국내뿐 아니라 해외 모바일 게임 시장은 앞으로 몇 년간 20%가 넘는 고성장세를 보일 것이라는 관측이 지배적이다. 앱스토어, 안드로이드 마켓 등과 같은 오픈 마켓을 통해 해외 시장 진출이 용이한 점도 게임 시장의 무한한 성장성을 뒷받침한다.

결국 한 우물만 판 기업이 성공한다

모바일 게임 업체들은 일반적으로 기본 서비스를 무료로 제공하면서 추가 고급 기능에 대해 요금을 받는 '프리미엄' 수익 모델을 채용하고 있다. 이러한 방식으로 국내 게임 산업을 이끄는 대표적인 기업들에는 어떤 곳이 있을까?

국내 모바일 게임 시장은 컴투스와 게임빌이 선점하고 있다. 이 두 업체의 성공은 스마트폰이 활성화되기 이전부터 오로지 모바일 게임 한 우물만 파면서 게임 개발능력을 축적해온 결과다. 2012년 상반기에 컴투스는 '타이니팜' '컴투스 프로야구' 등을 출시해 흥행에 성공했다. 하반기에도 소셜 네트워크 게임(SNG), 스포츠 게임, 역할 수행 게임(RPG) 등 다양한 장르의 모바일 게임에 걸쳐 모두 19종을 출시했다. 컴투스의 강점은 모바일 게임 개발 인력이 300명에 달한다는 점이다. 연간 20개 이상 신규 게임을 개발할 수 있는 역량을 보유하고 있다. 게임 개발능력을 바탕으로 중국과 일본 등 해외 시장으로 진출을 서두르고 있다.

게임빌은 모바일 게임 '프로야구 시리즈' '제노니아 시리즈' '카툰워즈 시리즈' 등 다수의 인기 게임을 보유하고 있다. 특히 프로야구와 카툰워즈 시리즈의 누적 다운로드 건수는 각각 4,000만 건, 3,000만 건을 돌파했다. 게임빌은 빠른 플랫폼 대응력과 마케팅 능력을 바탕으로 퍼블리싱 비중을 늘려나가고 있다. 퍼블리싱 매출이 늘어나면 자체 개발 게임보다 수익성이 줄어들 수 있지만, 리스크를 분산시킬 수 있다는 점에서 긍정적이다.

컴투스와 게임빌에 도전장을 내밀고 모바일 게임 시장에 뛰어든 업체들도 상당 수 있다. 그 가운데 주목을 끄는 업체가 바로 위메이드다. 위메이드는 오랜 기간 준비를 거쳐 기존 모바일 게임 업체와 경쟁할 수 있는 능력을 갖춘 것으로 평가받고 있다. 위메이드는 3년이 넘는 꾸준한 투자로 400명이 넘는 모바일 게임 개발 인력을 확보하고 있다.

해외 시장 진출에 나선 국내 모바일 게임 업체들

2012년 들어 모바일 게임 업체들의 해외 시장 진출에 가시적인 성과가 나타나고 있다. 국내 게임사들이 배급한 모바일 게임들이 미국과 일본 오픈 마켓 순위에서 상위에 오르는 성과를 내고 있는 것이다.

게임빌은 구글 일본 플레이 스토어에 공개한 3D 복싱 게임 '펀치히어로'를 스포츠 장르 순위 1위에 올려놓았다. 이 게임은 개발사 코코소프트와 손잡고 글로벌 시장을 겨냥해 만든 것으로 최근 구글의 태블릿PC '넥서스7' 발표 현장에서도 대표 게임으로 공개됐다.

아울러 게임빌은 미국에서 소셜 낚시 게임으로 자리 매김 한 '피싱마스터'를 구글 플레이 스토어 스포츠 장르 매출 순위 1위에 올려놓았다. 피싱마스터는 홍콩과 싱가포르 등 30여 개 국가의 구글 플레이 스토어 스포츠 장르에서도 상위를 달리고 있다.

성과는 곧바로 주식 시장에서도 나타나고 있다. 대표 게임 종목들이 브레이크 없는 고공행진을 이어가고 있기 때문이다. 이러한 성장세는 특별한 반전이 없는 한 2013년에도 계속될 것으로 전문가들은 예상하고 있다.

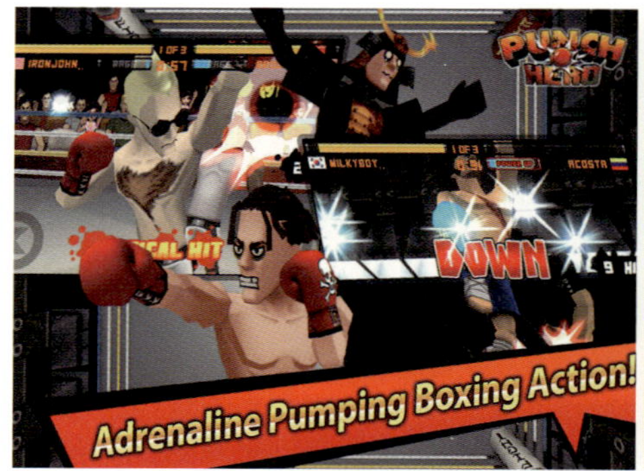

구글 일본 플레이 스토어에서 1위를 차지한 '펀치히어로'와, 구글 미국 플레이 스토어 스포츠 장르에서 매출 순위 1위를 기록한 '피싱마스터.'

아케이드 게임	콘솔(비디오) 게임	온라인 게임	모바일 게임	멀티 플랫폼 게임
		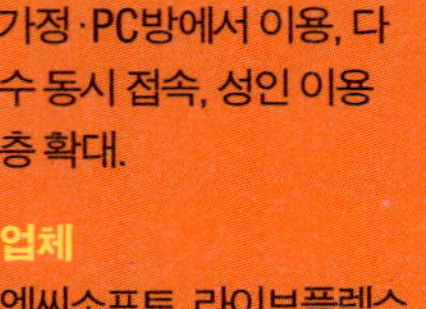	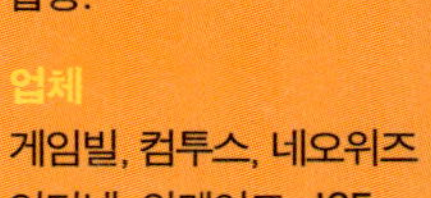	
게임 전용 오락실용, 초·중등생 이용.	전용 컨트롤러용, 가정에서 주로 마니아층 이용.	가정·PC방에서 이용, 다수 동시 접속, 성인 이용층 확대.	이동 중 활용 이점 및 스마트기기 확산으로 이용자층 급증.	시공간 경계 소멸, 1게임 다매체 이용, 새로운 게임 시장 창출.
업체 유니아나, 안다미로, 아이알로봇, 미래씨앤버, 게임토피아, 한국오토엠	**업체** 닌텐도, 소니, 마이크로소프트	**업체** 엔씨소프트, 라이브플렉스, 웹젠, 위메이드, JCE	**업체** 게임빌, 컴투스, 네오위즈 인터넷, 위메이드, JCE	

> 국내 게임 시장 플랫폼별 규모 및 전망

● 아케이드 ● 비디오·콘솔 ● 온라인 ● 모바일
※ **아웃도어** | PC방, 아케이드, 비디오

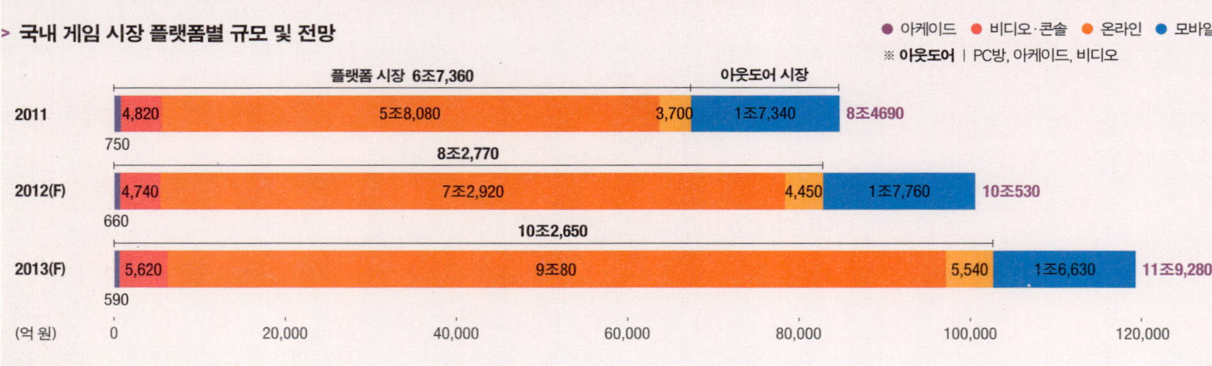

- 온라인 플랫폼이 국내 게임 시장 성장 주도.
- 국내 인터넷 이용 인구 3천7백만 명 중 56%에 해당하는 2천1백만 명이 온라인 게임 이용.
- 아케이드 및 PC방 시장은 감소 추세.

> 게임 장르별 시장점유율 | 단위·%, 주·PC방 내 점유율, 괄호 안은 게임 장르와 개발사

PC방 내 점유율
- 리그오브레전드 (RTS, 라이엇게임즈) 16.59
- 아이온 (RPG, 엔씨소프트) 12.69
- 서든어택 (FPS, 게임하이) 9.06
- 기타 36.38
- 리니지 (RPG, 엔씨소프트) 3.54
- 워크래프트3 (RTS, 블리자드) 4.14
- 피파온라인2 (스포츠, EA·네오위즈게임즈) 4.36

RTS
- 월드 오브 워크래프트 6.5
- 리프트 4.1
- 던전앤파이터 4
- 카오스 온라인 3.2
- 스타크래프트2 2.9
- 기타 0.1
- 워크래프트3 14.7
- 스타크래프트 20.4
- 리그오브레전드 58.8
- 스타크래프트 (RTS, 블리자드) 5.75

RPG
- 기타 25.9
- 아이온 35.3
- 리니지 9.9
- 리니지2 6.9
- 테라 7.4

스포츠 게임
- 프리스타일2 4.7
- 프로야구매니저 3.8
- 기타 8.5
- 마구마구 5.9
- 프리스타일 7.7
- 슬러거 7.8
- 프리스타일 풋볼 11.2
- 피파온라인2 50.4

FPS
- 기타 4.4
- 아바 5
- 카운터스트라이크 온라인 3
- 스페셜포스2 6.6
- 스페셜포스 12.7
- 서든어택 68.4

- **RTS**(Real-Time Strategy, 실시간 전략 게임) | 자원을 채취하고, 그 자원으로 건물을 짓거나 병력을 생산하고, 문명을 발전시키거나 전쟁에서 승리하면 끝나는 전략 게임의 형태. 실시간으로 진행되므로 빠른 손놀림과 판단력 요하며 클릭이나 드래그와 같은 마우스 조작이 많이 사용됨.
- **RPG**(Role Playing Game) | 게임 이용자가 게임에 등장하는 캐릭터 역할을 맡아 직접 수행하는 장르로, 국내 온라인 게임 중 가장 인기 있음.
- **FPS**(First-Person Shooter, 1인칭 슈팅 게임) | 게임 캐릭터의 시점을 통해 이루어지는 대전 게임. 주로 다양한 무기와 제한된 탄약을 가지고 조준·발사 조작을 하는 게임을 일컬음.

>> 플랫폼별 글로벌 게임 시장 규모 및 점유율 현황

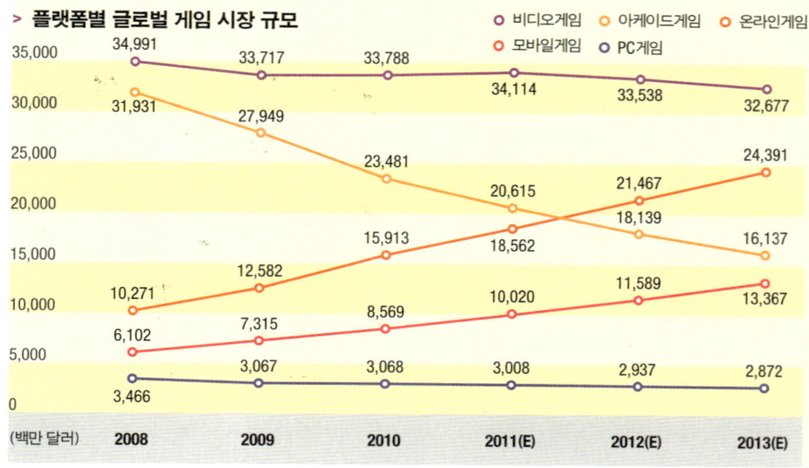

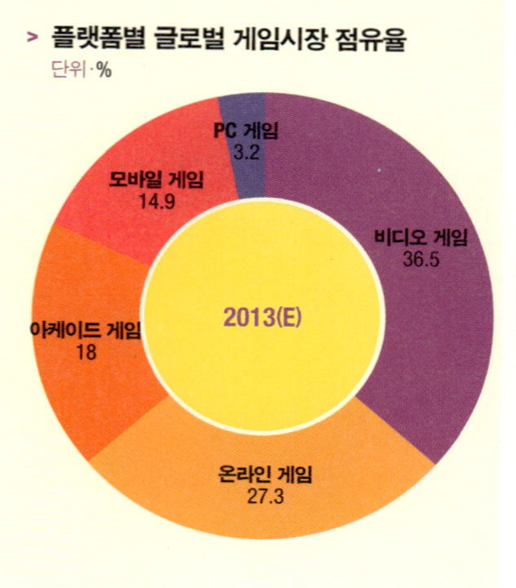

- 비디오 게임과 아케이드 게임 시장 성장 둔화 조짐.
- 비디오 게임 시장 강세 지역인 북미에서의 온라인 게임 확산 및 신흥국의 온라인 인프라 강화로 온라인 게임 시장 급성장.

>> 중국 온라인 게임 시장 전망

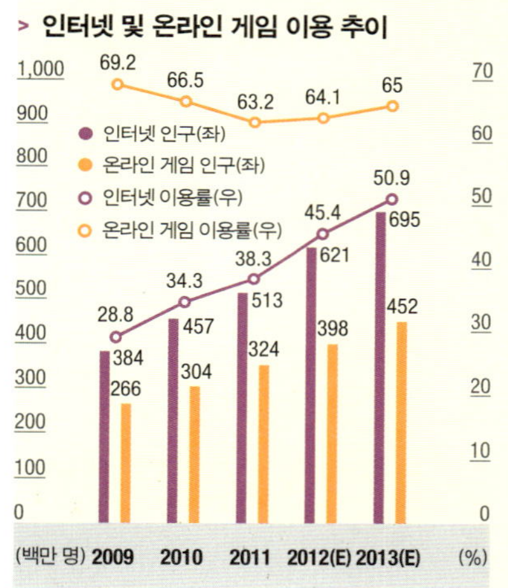

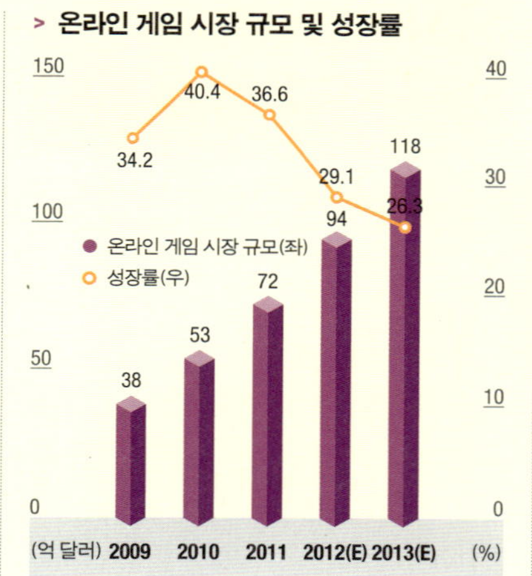

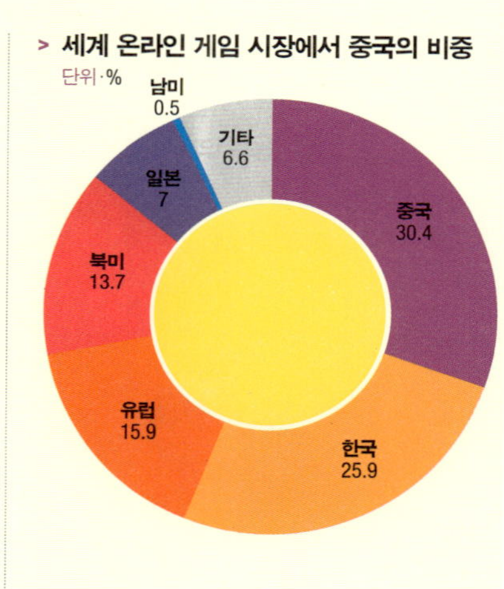

- 세계 1위 인터넷 이용 국가(인터넷 이용률 45.4%, 6.2억 명 이용)인 중국의 온라인 게임 시장 급성장.
- 최근 내수 위축으로 중국 게임 시장 성장률이 둔화하고 있으나, 국내 게임 업체에게는 여전히 가장 큰 시장임.

>> 한국 게임 업계의 신흥개발국 선점 현황

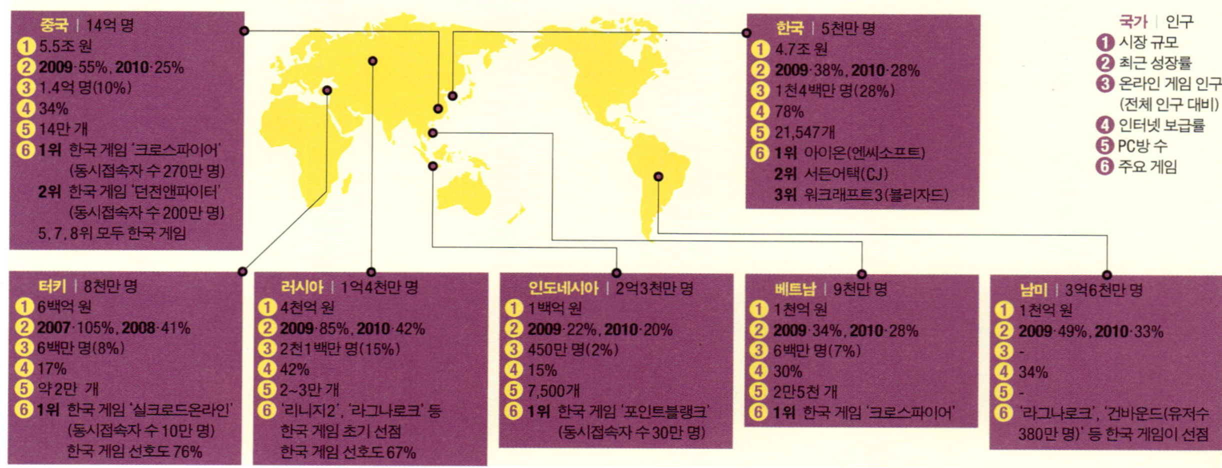

엔씨소프트
코스피·IFRS별도

2012년 2분기 누계

매출액	2,324억 원
영업이익	412억 원
순이익	426억 원

24.7% → 김택진
9.7% → 국민연금관리공단

투자 포인트
- 신작 블레이드앤소울, 길드워2가 국내 뿐 아니라 중국, 북미에서도 흥행 돌풍.
- 블레이드앤소울, 길드워2 콘솔 게임 시장 론칭 → 성공할 경우 멀티 플랫폼 개발사로서의 지위 향상. 이는 곧 실적으로 이어질 전망.
- '프로야구매니저' 게임 출시한 엔트리브소프트 지분 76.35% 인수 → 엔씨소프트 프로야구단과 연계한 마케팅 효과 기대, 케주얼 게임에 취약한 엔씨소프트의 사업 다각화 전략의 일환.
- 2개의 신작 출시에도 불구하고 영업이익률 30%대 진입은 다소 어려울 전망 → 프로야구단 인수 등으로 인한 지출 증가에 따름 → 신작에 의한 해외 로열티 수익이 현실화 되는 2013년 이후 영업이익률 상향 전망.

> 길드워2

> 게임별 매출액 전망

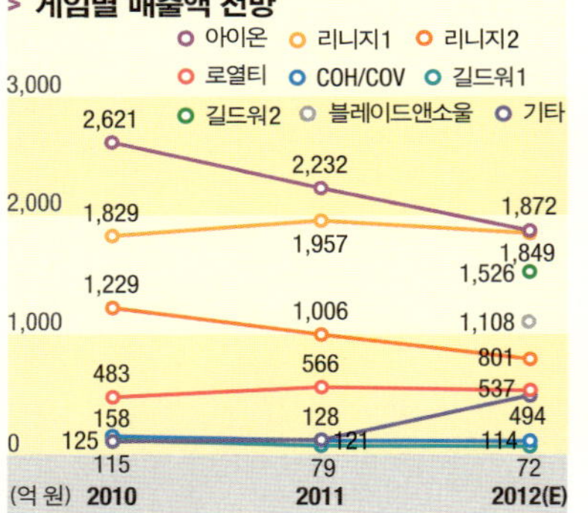

> 신규 게임 출시 라인업 및 예상 일정

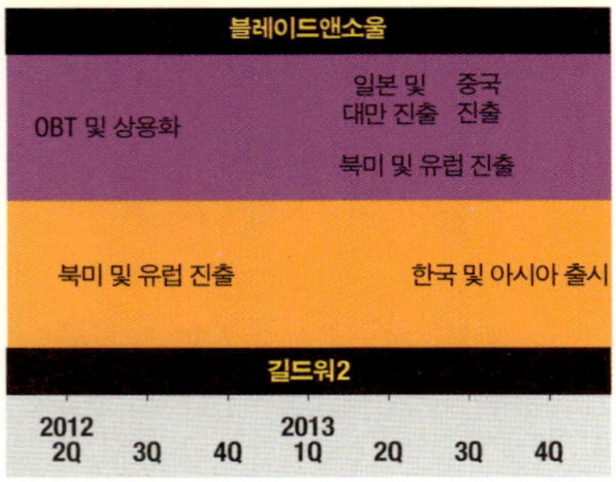

> 북미 MMO 기대작 순위

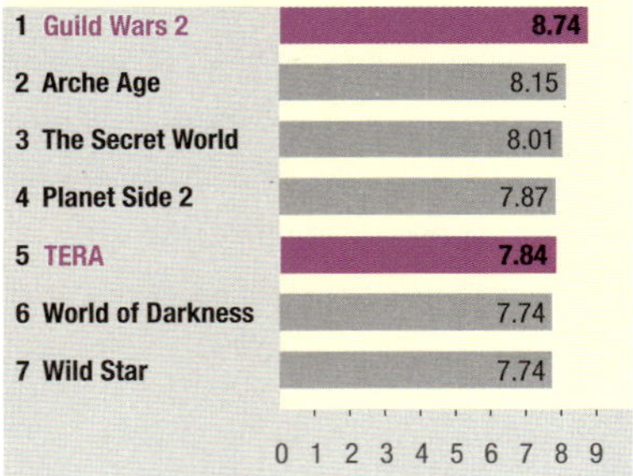

네오위즈게임즈
코스닥·IFRS연결

2012년 2분기 누계

매출액	3,656억 원
영업이익	615억 원
순이익	426억 원

투자 포인트
- 9개 종목의 올림픽 모바일 게임 출시.
- IOC 인증 받은 유일한 게임으로 해외 매출 증가 기대.
- 2011년 성공을 거둔 '탭소닉' 후속 게임 출시 예정으로 기대감 증가.
- FIFA2 성장세 기대 → 월간 순방문자(UV) 110만 명, 동시 접속자(PCU) 12만 명 수준 기록하는 등 트래픽 호조세 지속.
- 중국 온라인 게임 점유율 1위를 기록하고 있는 크로스 파이어를 비롯해 해외 로열티 성장 전망 긍정적.
- 네오위즈인터넷과 합병 예정.

> 크로스 파이어

> 중국 온라인 게임 Top 10 트래픽 점유율
점유율 단위는 %

게임명	점유율	중국퍼블리셔	개발국	원천 퍼블리셔	
크로스 파이어	32.44	Tencent	한국	네오위즈게임즈	●
던전 앤 파이터	23.02	Tencent	한국	넥슨	●
QQ스피드	7.91	Tencent	중국	Tencent	●
영웅연맹	6.52	Tencent	중국	Tencent	●
QQ댄서	6.15	Tencent	중국	Tencent	●
몽삼국	1.98	Soul & Shine	중국	Soul & Shine	●
크로스 파이어 Trial	1.61	Tencent	한국	네오위즈게임즈	●
몽환서유	1.53	Net Ease	중국	Net Ease	●
CS온라인	1.17	Tian City	한국	넥슨	●
오디션	1.16	Nineyou	한국	와이디온라인	●

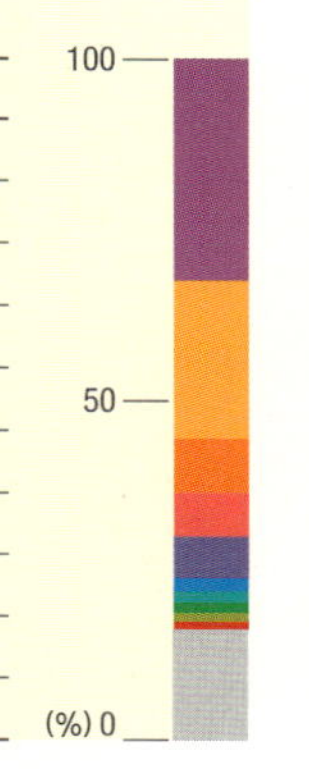

> 경영실적 호조 추이 및 전망

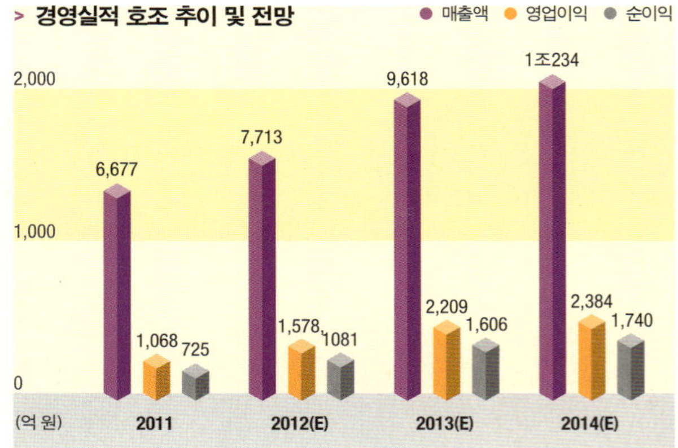

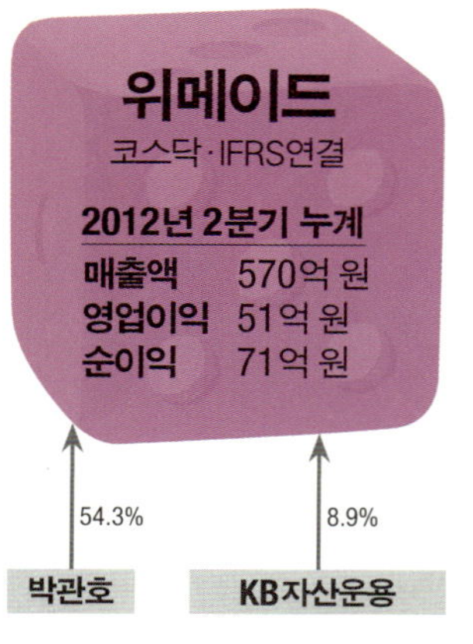

위메이드
코스닥·IFRS연결

2012년 2분기 누계

매출액	570억 원
영업이익	51억 원
순이익	71억 원

54.3% ← 박관호

8.9% ← KB자산운용

투자 포인트
- 카카오톡에 투자(지분 5.8%) 하면서 모바일 게임 사업 본격화 → 카카오톡을 활용해 위메이드 게임 노출 늘릴 전망.
- '바이킹 아일랜드'를 시작으로 다수 스마트폰 게임 출시 예정.
- 2012년 하반기부터 중국에서 '미르의 전설3' 매출 증가 → 높은 레벨 유저 증가 및 아이템 추가로 수익성 향상 기대.
- 해외 시장 진출에 적극적 → 경쟁력 있는 해외 서비스 운영(조이맥스, 위메이드USA, 위메이드온라인(일본))과 개발(위메이드크리에이티브, 엔곤소프트, 피버스튜디어 등)까지 계열사 포트폴리오 갖춤.

> 미르의 전설

> 게임별 매출 비중
단위 · %

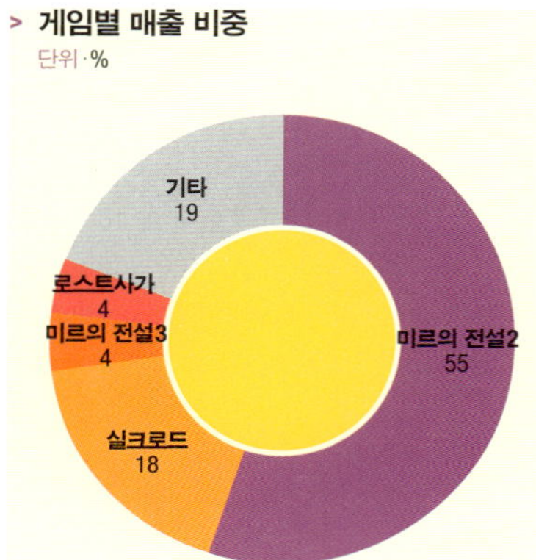

> 위메이드 그룹 | 개발, 운영, 해외 서비스 계열사 포트폴리오

● 모바일 개발사 ● 글로벌 서비스
● PC게임 개발사 ● 게임엔진 개발

위메이드 —100%→ 위메이드크리에이티브 —51%→ 엔곤소프트
위메이드크리에이티브 —50%→ 우파루파
위메이드 —40.3%→ 조이맥스 —60%→ 리디웍스
조이맥스 —60%→ 링크투모로우
조이맥스 —49%→ 위메이드USA
위메이드 —51%→ 위메이드USA —60%→ 피버스튜디오
위메이드 —93.1%→ 위메이드온라인 —100%→ 아이오엔티
위메이드 —97.8%→ 바나나피쉬

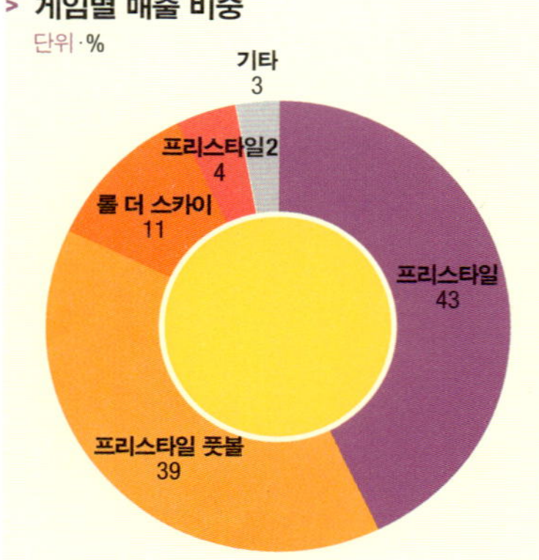

JCE
코스닥·IFRS별도

2012년 2분기 누계

매출액	362억 원
영업이익	92억 원
순이익	83억 원

엔엑스씨 (지주회사)

78.8%

23.3% ← 넥슨코리아 (한국자회사) ← 100% ← 넥슨재팬 (일본본사)

투자 포인트
- 최대 주주가 넥슨코리아로 변경되면서 안정적인 사업 가능해짐.
- SNG '룰 더 스카이'의 트래픽과 매출 상승세가 이어지고 있어, 국내 1위 SNG 지위 유지 전망.
- 2012년 6월에 넥슨 재팬 통해서 일본 시장 진출.
- 중국 텐센트와 프리스타일 풋볼 계약으로 중국 진출 → 중국 내 축구 인기가 높고, 브라질 월드컵을 앞두고 있어 성공 가능성 높음.

> 룰 더 스카이

> 게임별 매출 비중
단위 · %

> 매출 기준 애플리케이션 순위

애플 앱스토어			구글 안드로이드 마켓		
순위	게임	업체	순위	게임	업체
1	룰 더 스카이	JCE	1	룰 더 스카이	JCE
2	타이니팜	컴투스	2	타이니팜	컴투스
3	컴투스 프로야구 2012 플러스	컴투스	3	아이모	컴투스
4	손바닥 삼국지	Beijing ShengYu Times	4	스머프 빌리지	Beeline Interactive
5	몬스터워즈	SK네트웍스 인터넷	5	Defender II	Droidhen
6	멜론	로엔 엔터테인먼트	6	카툰워즈	게임빌
7	컴투스 프로야구 2012	컴투스	7	사무라이 VS 좀비	Glu Mobile
8	Hero of Might and Magic	Xing Cloud	8	팔라독	Faze Cat
9	아쿠아월드	해피 엘리먼츠	9	제노니아 4	게임빌
10	Infinity Blade	Chair Ent.	10	2012 프로야구	게임빌

게임빌

코스닥·IFRS연결

2012년 2분기 누계

매출액	318억 원
영업이익	119억 원
순이익	111억 원

31% 송병준
5.1% 국민연금관리공단

투자 포인트
- DAU(일평균 활동 유저) 50만~60만 기록한 '카툰워즈', '제노니아 시리즈', '프로야구 시리즈' 게임의 성공으로 분기별 양호한 실적 달성.
- 2012년 1분기 신규 게임 6개 출시, 2분기 16개 출시.
- 2012년 국내외 출시 신규 모바일 게임은 전년 대비 2배 증가한 40여 개 예상.
- 자체 개발 게임보다는 퍼블리싱 게임 비중 확대로 게임 성공 가능성 높이는 전략 유지.
- 모바일 게임 시장의 고성장에 따라 후발 업체들의 시장 진입이 무분별하게 이루어지고 있으나, 향후 시장은 동사 등 시장 상위 업체 중심으로 재편될 전망.

> **카툰워즈**

> **경영실적**

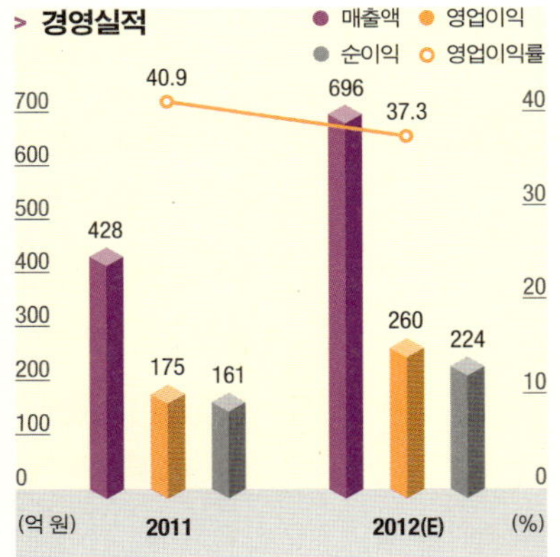

범례: 매출액 / 영업이익 / 순이익 / 영업이익률

(억 원)	2011	2012(E)
매출액	428	696
영업이익	175	260
순이익	161	224
영업이익률 (%)	40.9	37.3

> **플랫폼별 신작 출시 현황**

국내 플랫폼	해외 플랫폼	
	iOS	**Google**
레전드오브마스터3	Free Kick Battle	Immortal Dusk
에픽레이더스	Fighter City	Last War
플랜츠워	Punch Hero	Fishing Superstars
카툰워즈3	Lost Memory 등	Soccer Superstars 2012 등
에르엘워즈3		
판타지워		
킹덤블리츠		
몬스터워로드 등		

컴투스

코스닥·IFRS연결

12.9% 이영일

2012년 2분기 누계

매출액	333억 원
영업이익	68억 원
순이익	99억 원

7.6% 스톰벤처스펀드 등 2개 업체
5.2% 알리안츠글로벌인베스터스

투자 포인트
- 스마트폰 게임 매출 비중이 2012년 1분기 기준 81%까지 상승 → '타이니팜', '더비데이즈', '매직트리' 등 SNG의 성공 지속.
- 게임 플랫폼 컴투스 허브의 회원 수 1,000만 명, MAU 400만 명, 다운로드 게임 건 수 1억 건 돌파한 것으로 업계 관측.
- '타이니팜' 국내 앱스토어 매출 1위 달성 → '프로야구 2012', '아이오' 등 다수 게임이 국내 앱스토어 매출 10위권 내 진입.
- 2012년, 2013년 지속적으로 다수 신규 게임 출시(애플 앱스토어 13개, 구글 플레이스토어 12개, 티스토어 14개 등).

> **타이니팜**

> **모바일 게임 매출 비중**

단위·%

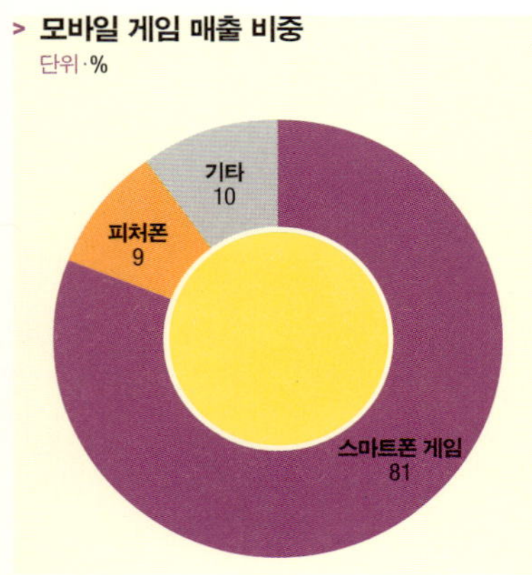

> **경영실적 호조 추이 및 전망**

결산기(12월) 기준

범례: 매출액 / 영업이익 / 순이익 / 영업이익률

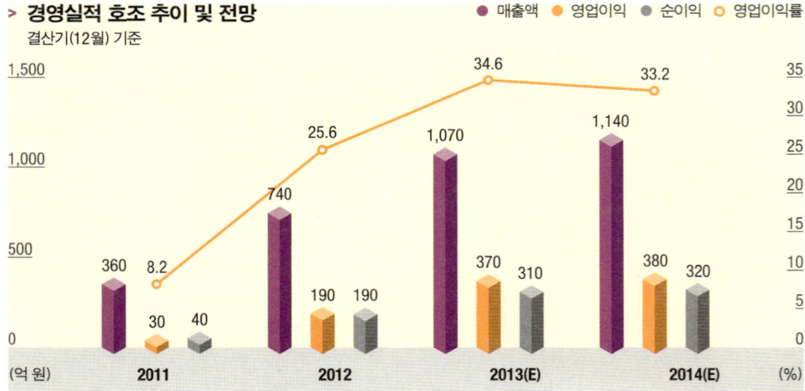

(억 원)	2011	2012	2013(E)	2014(E)
매출액	360	740	1,070	1,140
영업이익	30	190	370	380
순이익	40	190	310	320
영업이익률 (%)	8.2	25.6	34.6	33.2

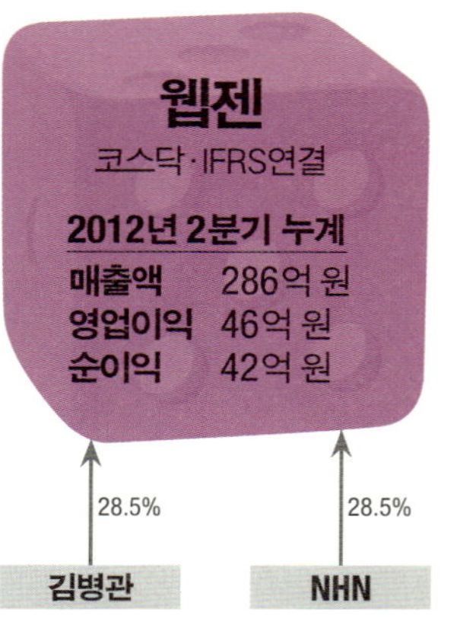

> 투자 포인트

- 온라인 게임 '뮤'로 한국, 중국, 대만에서 급성장.
- 2010년 NHN게임즈와 합병 이후 'R2', '아크로드', '메틴2' 서비스 중.
- 2013년 '뮤', '아크로드' 후속작 서비스 계획으로 해외 매출 증가 기대.
- 중국 텐센트와 'C9', 베터리 퍼블리싱 계약 체결.
- 텐센트는 6억5천 명 이상 유저 확보한 중국 게임 업계 1위 업체(시장점유율 40%).

> 뮤

> 게임별 매출 비중
단위·%

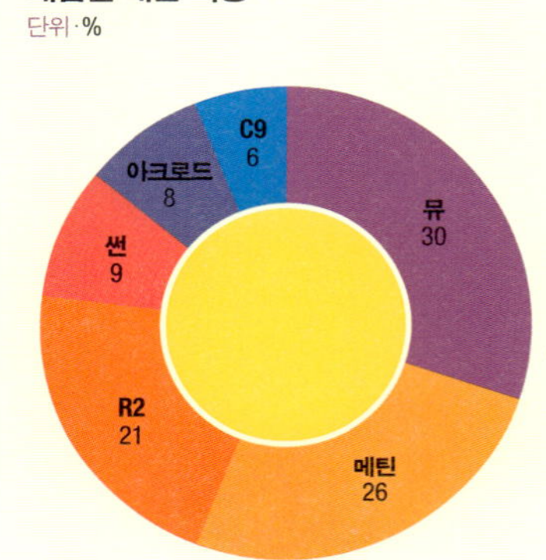

> 경영실적 호조 추이 및 전망

● 매출액　● 영업이익　● 순이익　○ 영업이익률

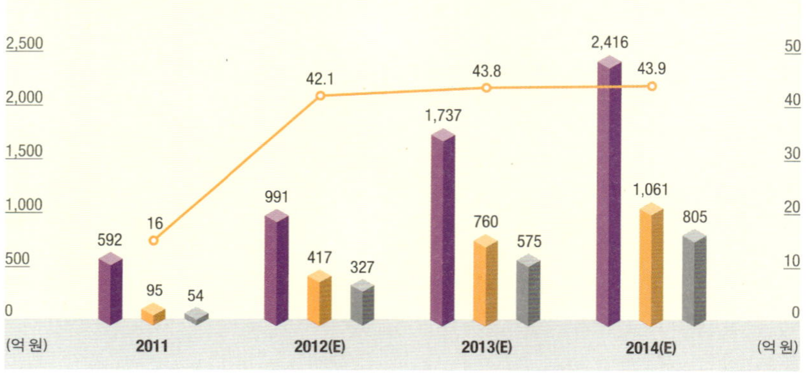

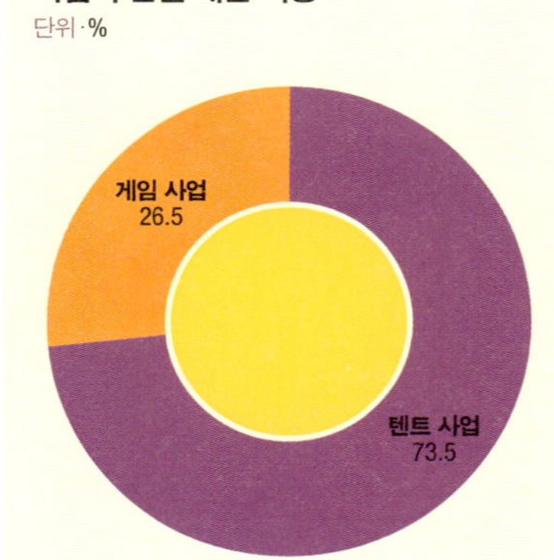

> 투자 포인트

- 성공적인 게임 퍼블리싱 이후 '드라고나', '불패온라인', '퀸즈블레이드' 등 자체 게임 개발.
- 20~40대 남성 유저를 타깃으로 하는 MMORPG 게임으로서 기존 게임 대비 높은 ARPU 기대.
- 2012년 기대작 '퀸즈블레이드' 성인용 온라인 게임으로 섹스 어필의 여성 캐릭터 등장.
- 동사가 개발 및 퍼블리싱 서비스 진행 중인 게임들은 모두 성인을 대상으로 하는 MMORPG로 특화 → 업계 선두 브랜드들과의 차별화 및 경쟁력 확보.
- 아울러 동사는 30년 노하우의 텐트 전문 업체로, 최근 캠핑 문화 확산으로 수혜 급증.

> 퀸즈 블레이드

> 사업 부문별 매출 비중
단위·%

> 게임 사업 매출 증가 현황

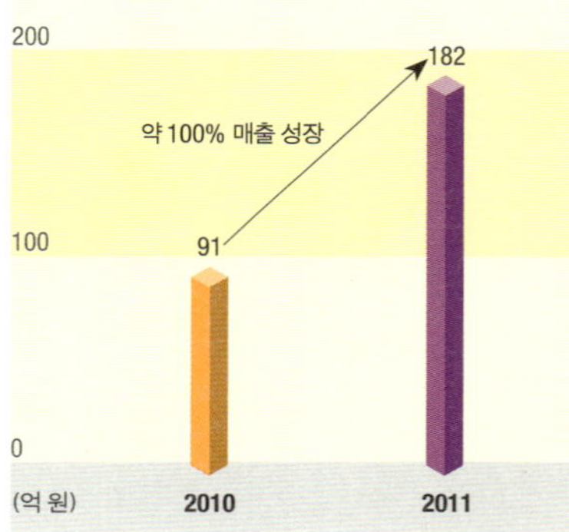

> 영업이익 흑자전환 전망
2012년은 회사 측 전망, K-IFRS 별도 기준

● 매출액　● 영업이익

20 음원 산업

유튜브와 빌보드까지 석권한 K-POP,
증권가를 호령하다

국내 음원 산업은 해외 진출을 계기로 가파르게 성장하고 있다. SM엔터테인먼트와 YG엔터테인먼트 등 대형 연예기획사는 K-POP 열풍을 주도하면서 소속 가수의 해외 진출을 더욱 확대하고 있다. 아시아를 넘어 미국, 유럽, 남미 지역으로 활동 영역을 넓히고 있다.

이로 인해 해외 콘서트 개최 횟수가 늘었고 음반 판매도 꾸준히 증가하고 있다. 유튜브를 통한 노출 빈도가 높아지고 해외 팬 층이 늘어나면서 국내 가수들의 해외 진출이 과거보다 수월하게 진행되고 있다.

2012년 들어 국내 방송사가 진행한 오디션 프로그램에 세계 각국의 젊은이들이 응모하는 모습만 보더라도 K-POP의 인기를 실감할 수 있다. 한글은 모르지만 국내 가수들의 노래를 곧잘 따라하는 참가자도 상당수다. 특히 YG엔터테인먼트 소속 가수 싸이의 〈강남스타일〉이 미국과 유럽 등 세계 각국에서 인기를 끌면서 K-POP에 대한 관심은 더욱 커졌다. 〈강남스타일〉은 이미 유튜브 7억 조회 수를 돌파(2012년 11월 12일 기준)했고, 미국 빌보드 싱글 HOT100 순위에도 2위에 오르는 기염을 토했다. 빌보드 차트 HOT100은 마이클 잭슨과 같은 슈퍼스타만이 이름을 올리는 랭크로 생각해왔던 것이 사실이다. 한국 가수가 그것도 가요로 빌보드 정상권에 올랐다는 것은 한국 가요사에 길이 남을 장면이다.

음원종량제 시행 등 정부 차원의 지원책 시급

스마트 기기의 보급 확대는 엔터테인먼트 산업에서 온라인 음원의 비중을 끌어올리는 촉매제가 됐다. 최근 신한류 열풍과 함께 K-POP의 해외 진출이 활발해지면서 온라인 음악 유통업은 연평균 15% 성장하고 있다.

해외 진출과 함께 음원 종량제 도입도 국내 음원 산업이 성장하는 데 우호적인 환경을 만들어 줄 것으로 기대된다. 정부와 음원 업계는 해외에 비해 낮은 음원 가격을 올리고 현재 유명무실한 종량제를 정상화해야 한다는 공감대를 형성했다. 미국, 영국, 프랑스, 일본 등에서는 아이튠즈를 통해 음원 한 곡을 내려 받을 경우 각각 1,100원, 1,750원, 1,900원, 2,750원을 지불한다. 국내에서 1곡당 600원을 지불하는 것과는 큰 차이가 있다. 2012년 6월 문화체육관광부는 종량제와 정액제를 병행하는 것을 골자로 한 '음원 사용료 징수 개정안'을 발표했다. 정액제에서 종량제로 변하는 과도기를 맞이한 셈이다.

K-POP 열풍을 거품이 아닌 알토란 수익 창출로 끌어내는 대형 기획사들

음원 시장 성장의 최대 수혜자는 음원 제작을 담당하고 있는 대형 기획사가 될 전망이다. 음원 시장 규모가 확대되고 총 매출액에서 제작사의 몫이 커질 것으로 전문가들은 내다보고 있다. 특히 음원 매출액의 이익률이 높기 때문에 시장의 변화에 따른 매출액이 증가하면 영업이익은 더 큰 폭으로 증가할 것이라는 분석이다.

　SM엔터테인먼트와 YG 엔터테인먼트는 음원 매출뿐 아니라 다양한 수익 모델을 만들어 가고 있다. 콘서트를 진행하면서 야광봉, 후드티, 티셔츠, 두건, 가방, 각종 액세서리 등 다양한 상품을 함께 판매한다. 5만 명 이상 모이는 콘서트에서 관련 상품 매출은 콘서트 티켓 판매만큼 중요한 수익원이 되고 있다.

　뿐만 아니라 해외에서 높아진 인지도를 바탕으로 유명 기업과 합작을 통해 사업을 확대하고 있다. 2012년 6월 제일모직은 '영(young) 한류 패션'을 선보이기 위해 YG 엔터테인먼트와 합작 계약을 체결했다. 단순히 YG엔터테인먼트 소속 아이돌 가수가 모델을 하는 차원에서 벗어나, 제일모직의 의상 디자인 과정에 직접 참여하는 방식을 추구하고 있다. 제일모직과 YG 엔터테인먼트는 국내 아이돌 그룹이 해외로 나갈 때 그들이 입는 의상도 함께 수출하겠다는 계획이다.

　SM엔터테인먼트는 소속 가수의 인지도를 바탕으로 영상 콘텐츠 제작 사업과 레스토랑 프랜차이즈 사업도 진행하고 있다. 다양한 부가가치를 창출할 수 있다는 자신감을 엿볼 수 있는 대목이다.

　음원 시장의 성장은 음원 유통 업체에게도 성장 기회를 제공한다. SK그룹 계열사인 로엔엔터테인먼트는 음반의 기획, 제작, 유통을 담당하고 있다. 4년 연속 디지털 음원 유통 시장 내 브랜드 인지도 1위를 영위하고 있다. 2009년부터 음원 유통 사이트 '멜론'을 운영하면서 영업이익률 20% 선을 유지하고 있다. 유통 시장에서 확고한 점유율을 바탕으로 지속적인 성장을 이어갈 것으로 기대된다.

　네오위즈인터넷은 음악 서비스와 소셜 네트워크를 결합한 서비스를 제공하고 있다. 아울러 모바일 게임 시장에도 진출해 다양한 수익 모델을 바탕으로 성장 곡선을 그리고 있다.

　KT계열의 음악 콘텐츠 제작·유통 업체 KT뮤직은 1,500만 명에 달하는 회원을 바탕으로 매출을 올리고 있다. KT뮤직은 개인뿐만 아니라 매장 내 배경음악 서비스에서도 수익 모델을 만들어 내고 있다.

　불과 2~3년 전만 해도 아시아를 넘어 전 세계에 부는 한류 열풍은 주가를 올리기 위한 상장 대형 기획사들이 만들어낸 기획물이라는 얘기가 많았다. 그러나 지금 이 말에 동의하는 이는 거의 없을 것이다. 거품이 아닌 알토란 수익 창출에 들어선 엔터테인먼트 업체들이 이를 방증하고 있기 때문이다.

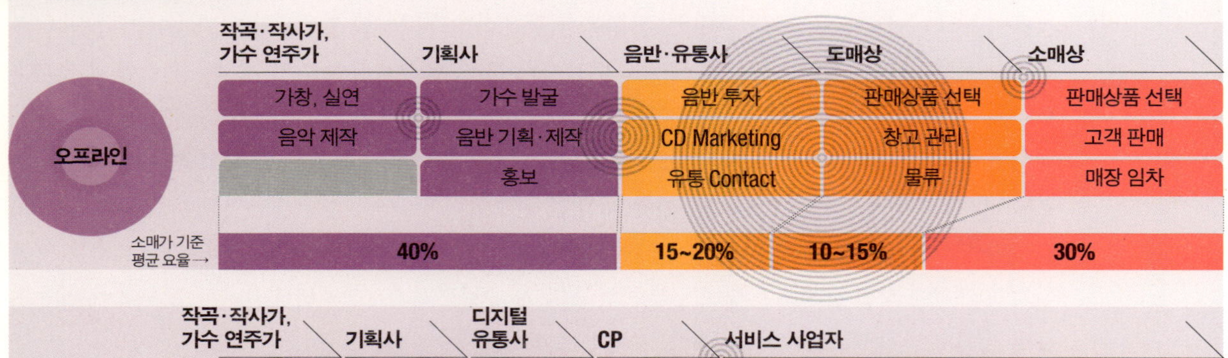

작곡·작사가, 가수 연주가	기획사	디지털 유통사	CP	서비스 사업자			
SM, YG, JYP		로엔, 네오위즈인터넷, KT뮤직, 소리바다					
		CJE&M, IHQ, 예당					
가창, 실연	가수 발굴	디지털 판권 투자	파일 제작	서비스 플랫폼 구축	Codec	W2P 입점, 연동	멀티미디어 플랫폼
음악 제작	음반 기획·제작	디지털 유통	마케팅	플랫폼 유지보수	DRM	브라우저 개발	라이선스 플랫폼
	홍보			관리시스템 운영	VM	VM 개발	D/L Server
				웹사이트 구축	네트워크 구축	Client 개발	지불 시스템
				서비스 기획, 운영	네트워크 유지보수	Codec 개발	스토리지
	음반 투자			DB	네트워크 라이선스	DRM 개발	CMS
	디지털 판권 투자			통합 관리 플랫폼	CP 관리 플랫폼	3G 모듈 개발	마케팅
38%		22%	10%	4%	4%		22%
				ASP	기술사용료	채널사업자	이동통신사

온라인 (모바일 포함)

> 온라인 음원 서비스 산업 세부 구조

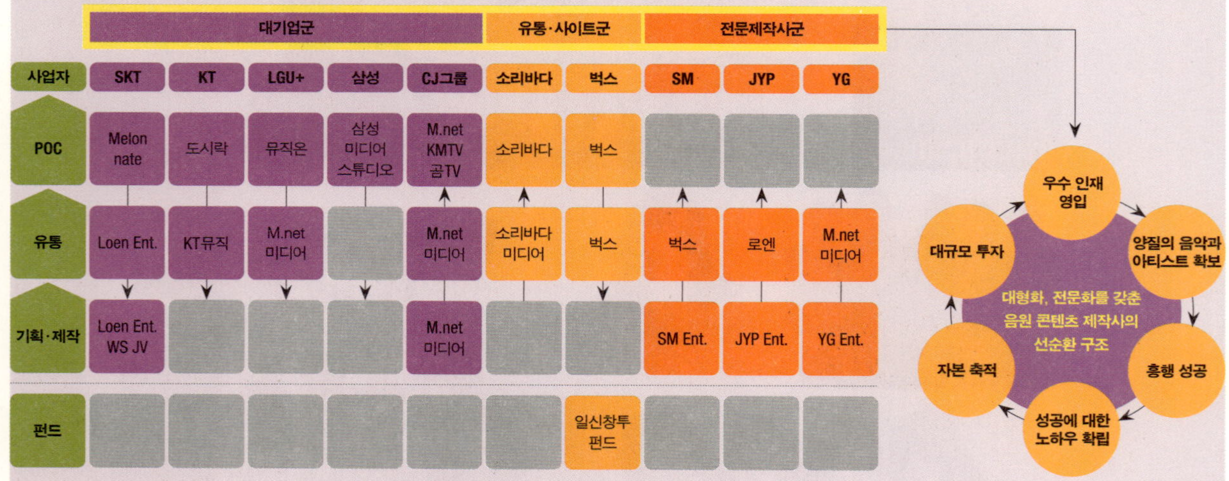

- 실력 있는 국내외 프로듀서를 다수 확보함으로써 음악의 퀄리티와 경쟁력 우위 확보.
- 체계적인 트레이닝을 통한 스타시스템 구축.
- 경영 및 홍보 노하우와 축적된 자본을 바탕으로 시장 내 지배력 강화.
- K-POP과 한류 열풍을 타고 해외 시장 확대.

>> 음원 산업 수익 배분 구조 | 주·괄호 안은 금액, 단위·%

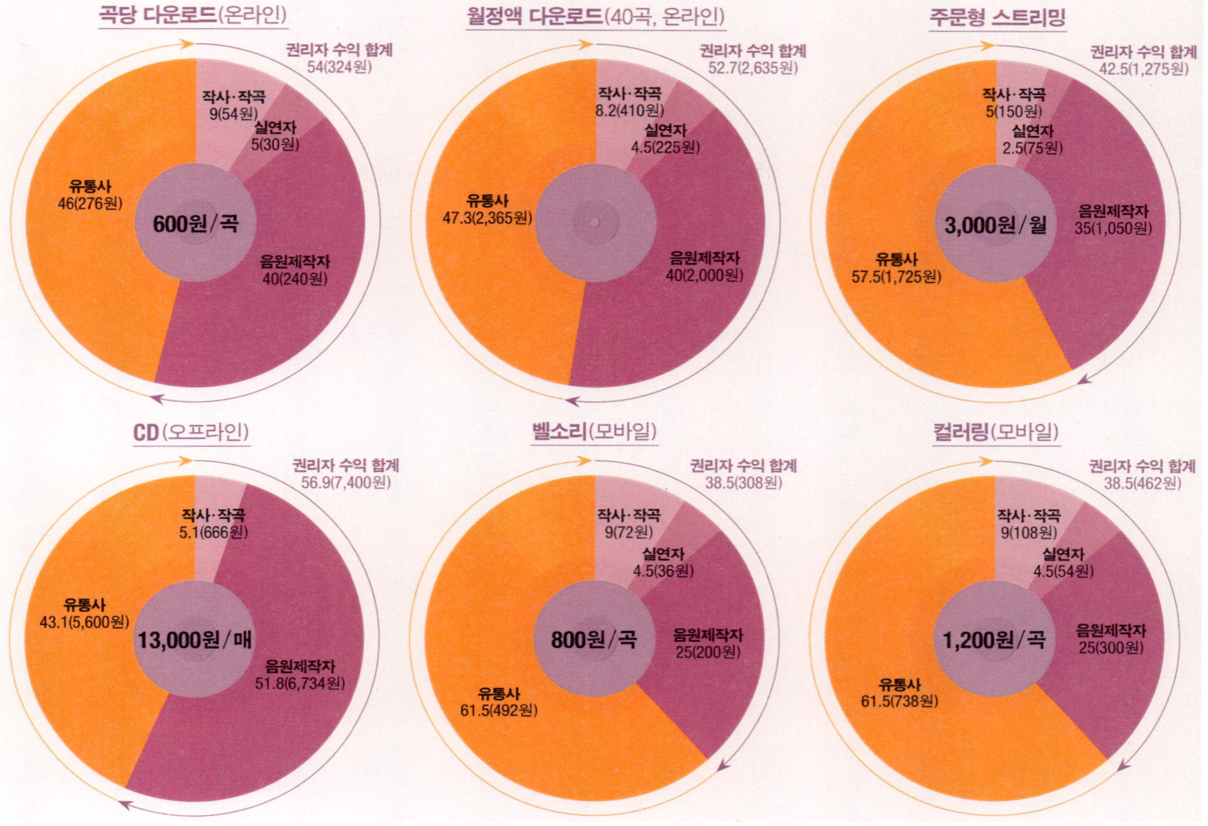

>> 기존 음원 서비스와 KT Genie 비교

	기존 음악 유통 방식	KT Genie
가격 책정	서비스 사업자가 가격 결정	음악 권리자가 가격 결정
수익 배분	권리자가 53.5%	권리자 70%
곡당 가격	신·구곡 동일 가격	다양한 가격
미리듣기	1분	Full Track 3회
콘텐츠 구성	음원 중심	음원, 뮤비, 화보 패키지
상품 구성	월정액 상품 위주	다양한 상품 제공

• 국내 음원 가격은 외국에 비해 대체로 낮은 편임. 아울러 권리자의 수익 배분 비율도 음원 유통사에 비해 낮음 → 해외 애플 아이튠즈의 경우 음원 판매 금액 중 저작권자(작사, 작곡자)와 실연자(연주자와 가수 등), 음반제작자 등 콘텐츠 제공자의 배분 비율이 70% 차지.

• KT는 KT뮤직, KMP홀딩스(SM, YG, JYP, 미디어라인, 스타제국, 유니온캔, 뮤직팩토리 등 7개 주요 음반기획사의 유통을 맡고 있음)와 협력해 스마트기기에서 이용할 수 있는 클라우드형 디지털 음악 서비스인 Genie 선보임.

>> 음원 종량제 관련 법안 개정안

	현행	개정안 (2013. 1. 1~ 시행)
월정액 스트리밍	3,000원	모바일 3,000원, PC겸용 4,000원
주문형 스트리밍	×	12월×이용횟수
곡당 다운로드	600원 • 월 40곡 정액 : 5,000원 • 월 150곡 정액 : 9,000원	600원 유지 (관리자 360원) • 5~29곡 담긴 앨범 ㅣ 50% 할인 • 30곡~ ㅣ 50% 할인 + 한곡 추가시 1% 추가 할인
묶음상품 다운로드	40곡 5,000원 (곡당 125원), 150곡 9,000원 (곡당 60원)	100곡 이상 ㅣ 곡당 90원
음원수익 배분비율	서비스사업자 46%, 저작권협회 9%, 실연자협회 5%, 제작자 40%	서비스사업자 40%, 저작권협회 10%, 실연자협회 6%, 제작자 44%
기타		'홀드백' 도입 ㅣ 음원제작자가 자신의 음원을 일정기간 월정액 묶음상품에 포함하지 않도록 함.

• 2012년 6월 8일 최종 승인된 문광부의 '음원 징수규정 개정안'에 따르면 스트리밍 서비스는 이용횟수에 따라 과금하는 종량제 상품을 가능하게 하고 월정액 상품은 컴퓨터나 스마트폰 등 이용기기에 따라 사용료 차등화.

• 음원 관리자의 배분율 또한 기존 판매액 40%에서 50% 수준으로 상승하여, 음원 제작자들이 음원 판매로 기대할 수 있는 수익 증가 전망.

> 세계 음원 시장 규모 전망

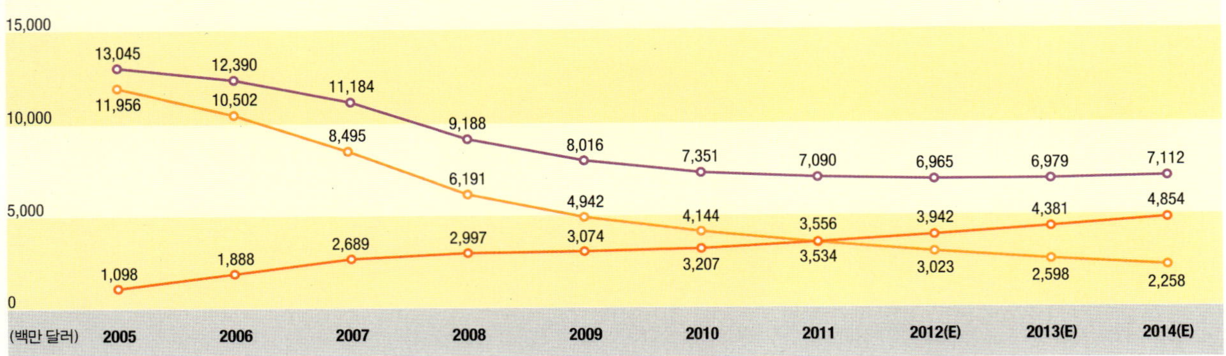

> 국내 음원 시장 규모 전망

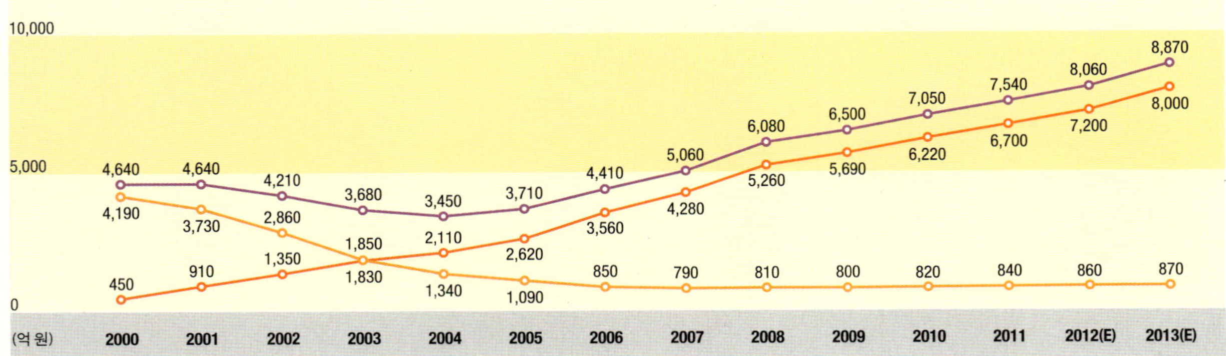

> 국내 오프라인 음반 시장의 과거와 현재

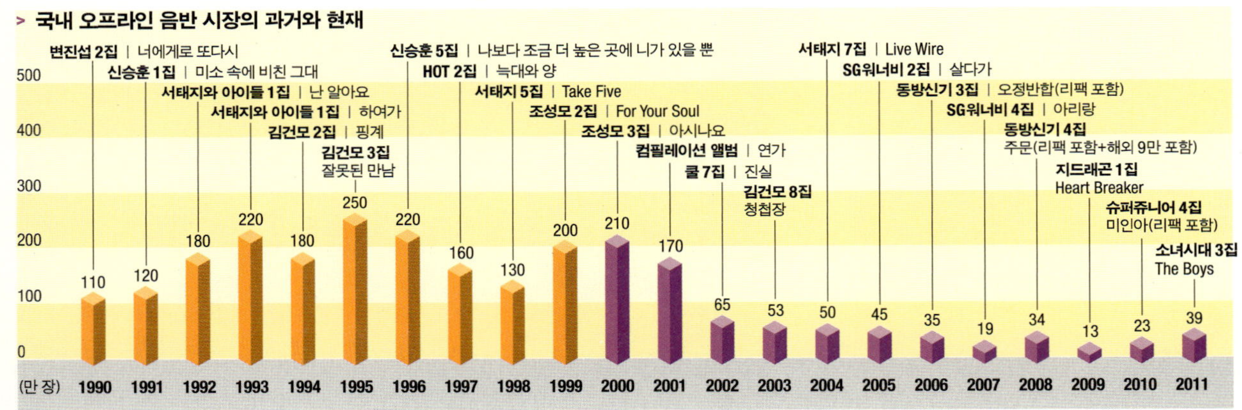

> 스마트폰을 이용한 유료 상품 구매 증가에 따른 추가적인 음원 시장 성장 전망

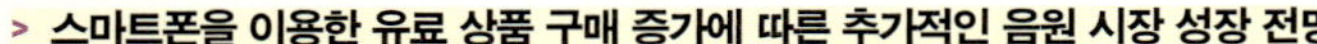
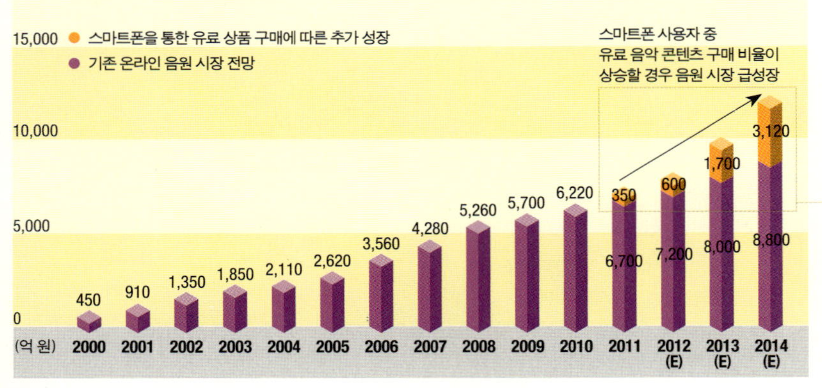

> 스마트폰 사용자 중 유료 음악 콘텐츠 구매 비율 | 단위·%

> K-POP 한류지수 추이

주 · 한류지수는 통계자료와 설문조사를 종합해 한류 콘텐츠(영화, 방송, 음악, 게임 등)를 평가하는 지표, ▼는 주요 K팝 가수 데뷔 년도

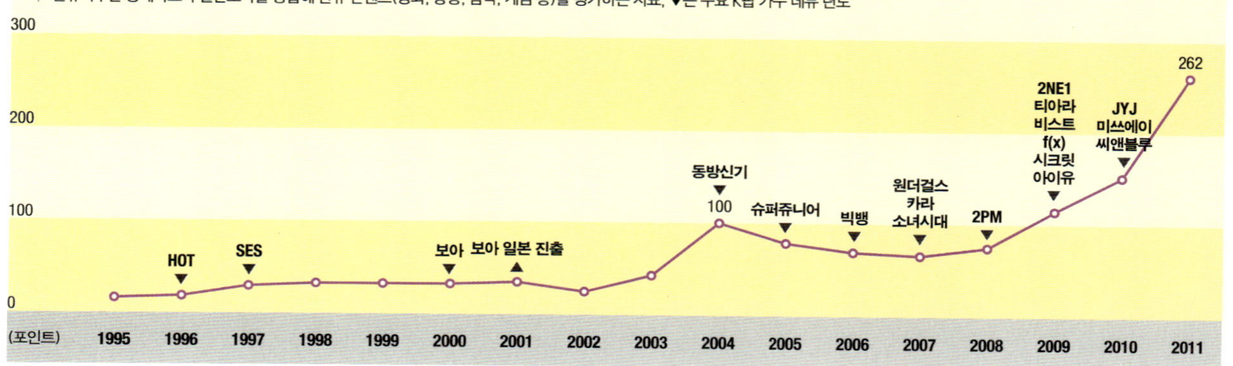

> 2006~2011년 음악 산업 매출액 추이

● 매출액(좌)　○ 성장률(우)

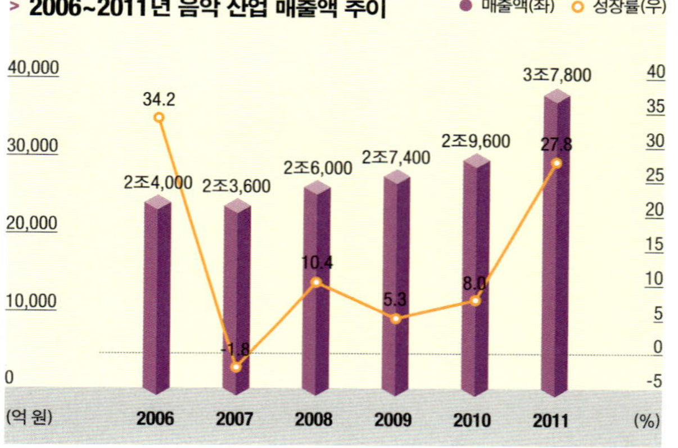

> 2006~2011년 음악 산업 수출액 추이

● 수출액(좌)　○ 성장률(우)

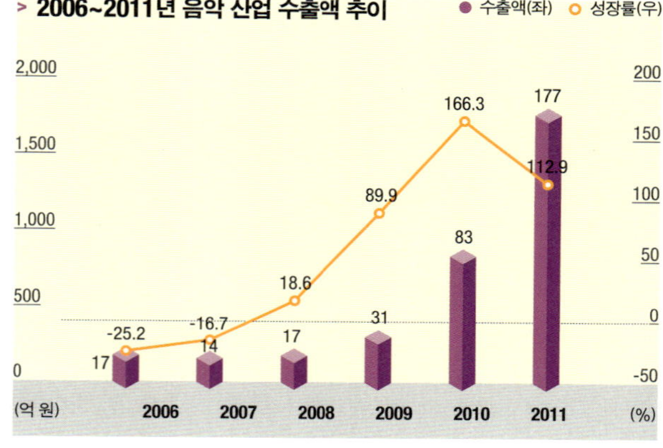

> 유투브 한국가수 동영상 조회수 기록

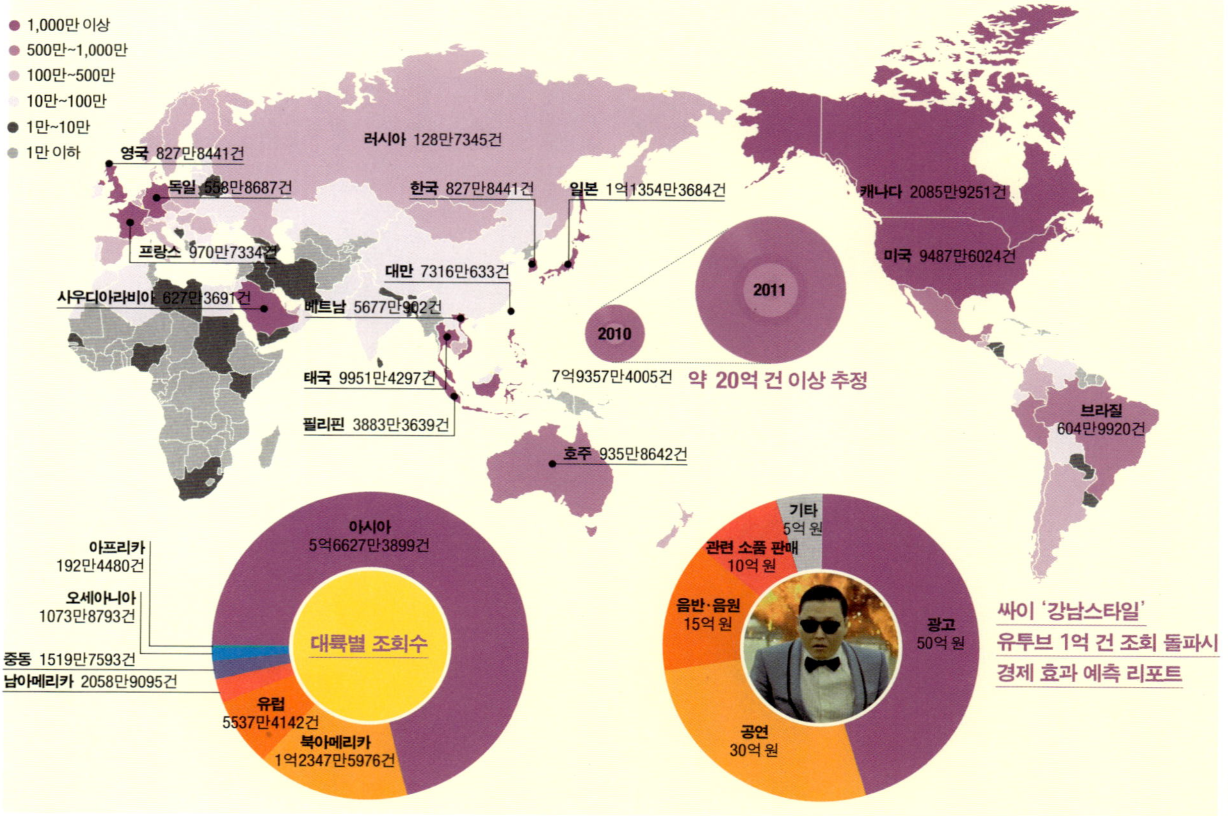

싸이 '강남스타일'
유투브 1억 건 조회 돌파시
경제 효과 예측 리포트

SM엔터테인먼트

코스닥·IFRS별도

2012년 2분기 누계

매출액	709억 원
영업이익	218억 원
순이익	191억 원

22.9%

21.9%

44.9%

이수만

KMP홀딩스

에이엠이엔티

SM컬처앤콘텐츠

흡수 합병
(장동건, 김하늘, 한지민 등 소속사)

투자 포인트
- H.O.T.의 대성공 뒤 S.E.S., 신화, 플라이투더스카이, 보아, 동방신기, 슈퍼주니어, 소녀시대, 샤이니, f(x) 등 한류 스타의 메카로 군림 → 2012년 강호동, 신동엽 등 영입.
- 2012년 BT&I('SM컬처앤콘텐츠'로 사명 변경) 주식 2,492만 주(총 발행 주식의 45.5%)를 249억 원에 인수하여 드라마 및 영상 콘텐츠 사업 확장.
- 실적 개선에 가장 기여도가 높은 부분은 해외 로열티 매출로, 2012년은 전년 대비 약 80% 가량 성장한 824억 원 예상.
- 소속 가수들의 일본 현지 기획사(AVEX, EMI, 유니버설 뮤직 등)와의 재계약 임박. 수익 배분 구조(음반의 경우 매출액의 10~15%, 공연의 경우 이익의 70%) 개선.

> **매출 비중**
단위·%

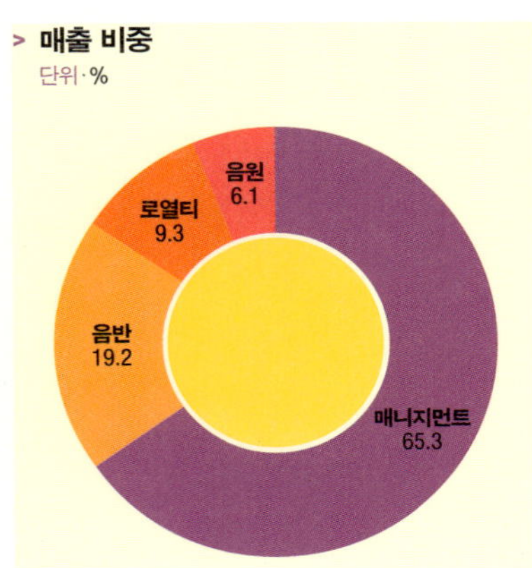

YG엔터테인먼트

코스닥·IFRS연결

2012년 2분기 누계

매출액	407억 원
영업이익	75억 원
순이익	65억 원

투자 포인트
- 2012년 하반기 빅뱅과 2NE1이 동시 출격하면서 어닝 모멘텀 강하게 나타남.
- 전 세계적으로 열풍을 일으키고 있는 싸이의 영향으로 동사의 잠재력은 그 정점을 찍은 상황 → 싸이 '강남스타일'로 인한 2012년 매출 110억 원 내외 증권가 예상.
- 싸이의 미국 시장 진출 성공할 경우, 광고 및 공연 수익 급증 기대.
- 콘서트와 연계된 상품 판매 외에 부가 상품을 판매하기 위해 자체 플랫폼인 'YG eShop' 보유.
- 전통적인 음원 시장의 강자로, 20년 가온차트 디지털 부문 상위 100위 기준 시장점유율 13.2%로 1위 기록 → 음원 시장 성장에 따른 가장 큰 수혜 기대.

> **매출 비중**
단위·%

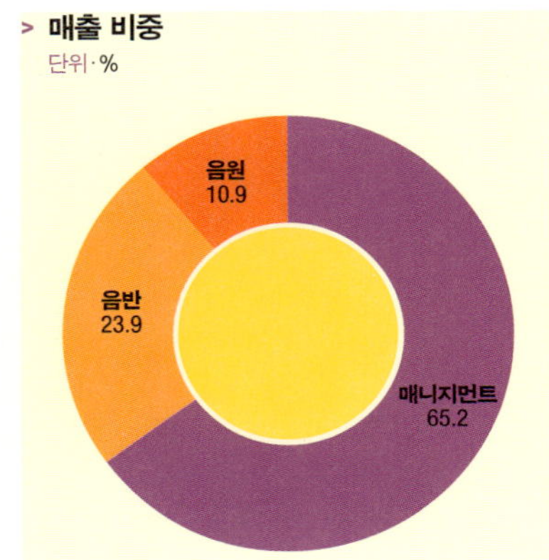

> **SM, YG 3년간 연평균 실적 증가율(2010~2013년)**

● 매출액
● 영업이익
● 순이익

SM: 38.8 / 60.3 / 61.1
YG: 41.5 / 61 / 72.9

(%)

> **SM, YG 스타 라인업**

> **음반(가요) 시장점유율**
주·2011년 상위 100위 기준, 단위·%

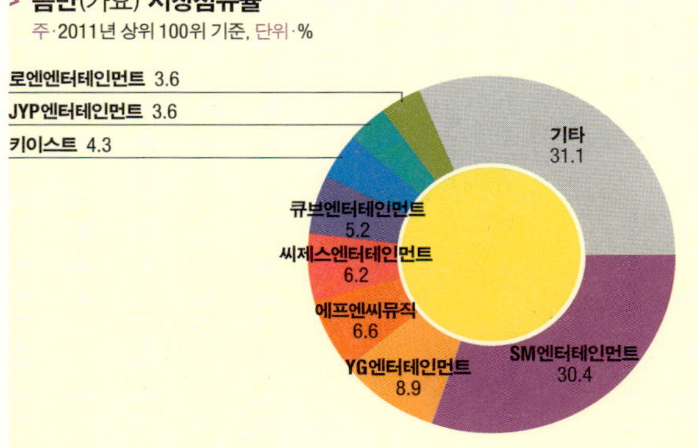

> **디지털 종합 순위**
주·2011년 상위 100위 기준, 단위·%

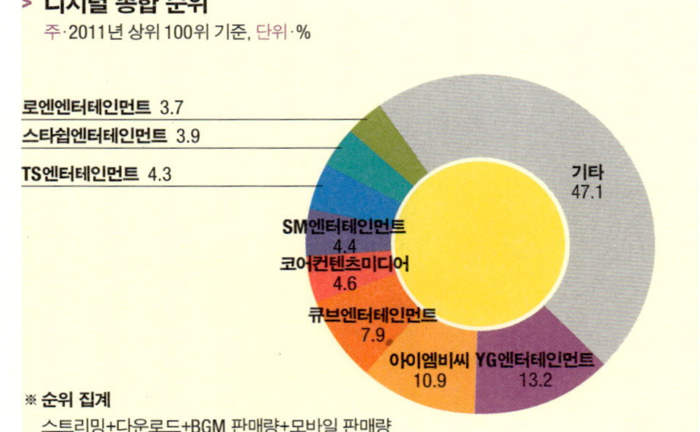

※ 순위 집계
스트리밍+다운로드+BGM 판매량+모바일 판매량

로엔엔터테인먼트

코스닥 · IFRS별도

2012년 2분기 누계

매출액	900억 원
영업이익	165억 원
순이익	132억 원

SK플래닛 — 67.6%

파스넷 — 59.7%

SK커뮤니케이션즈 — 64.6%

SK텔레콤 — 100%

투자 포인트

- SK그룹 계열사로 음반 기획, 제작 및 판매와 온라인 음원 서비스를 주요 사업으로 함 → 아이유 프로모션의 성공을 발판으로 매니지먼트 사업 강화.
- 주력 사업인 멜론 서비스는 지속적 매출 상승을 이어가면서 4년 연속 디지털 음원 유통 시장 내 브랜드 인지도 1위, 시장점유율 1위 기록.
- 스마트폰 및 포터블 기기의 보급화가 빠르게 진행되면서 매출의 60% 수준을 차지하는 음원 유통 사이트 '멜론'의 꾸준한 성장 기대.
- 2009년 멜론 사업 양수 이후 안정적인 영업이익을 창출하면서 2011년부터 20%대 중반의 ROE 시현.

> 온라인 음원 서비스 현황

	UV (명)	PV (천 건)	TTS (천 분)
멜론	4,726,333	41,164,835	2,646,462
엠넷닷컴	1,571,645	24,476,882	557,417
벅스	1,079,157	19,590,577	345,441
올레뮤직	792,316	12,601,127	185,767
소리바다	285,546	8,888,827	41,113

- 2012년 4~6월 Total PC/Mobile (WEB+APP) 이용 기준
- **UV** | Unique Visitor, **PV** | Page View, **TTS** | Total Time Spent
- **TTS** | 해당 웹사이트와 애플리케이션을 이용한 이용자들로부터 발생된 총 체류 시간

KT뮤직

코스닥 · IFRS별도

2012년 2분기 누계

매출액	137억 원
영업이익	-11억 원
순이익	-11억 원

KT(주) — 48.7% → **사이더스FNH** — 72.4%

투자 포인트

- KT 계열사로 음악 콘텐츠 제작, 유통 및 유무선 인터넷 기반 음악 사업 영위.
- KT뮤직의 1,500만 명 회원의 유무선 음악 포털 'olleh뮤직'은 모바일 음악의 중심 언어를 SNS로 보고 국내 최초로 소셜 음악 차트 서비스 개시.
- **B2B 음악 서비스 모델 개발**
  - → 고객이 존재하는 오프라인 영업장 대상으로 합법적인 배경음악 서비스 제공.
  - → 다양한 업종의 종합적 상황을 반영하는 매장 음악 컨설팅 실시.
  - → 프랜차이즈 및 대규모 매장은 1:1 맞춤형 서비스를, 소규모 매장은 자동 BGM 컨설팅 시스템 제공.

> 경영실적

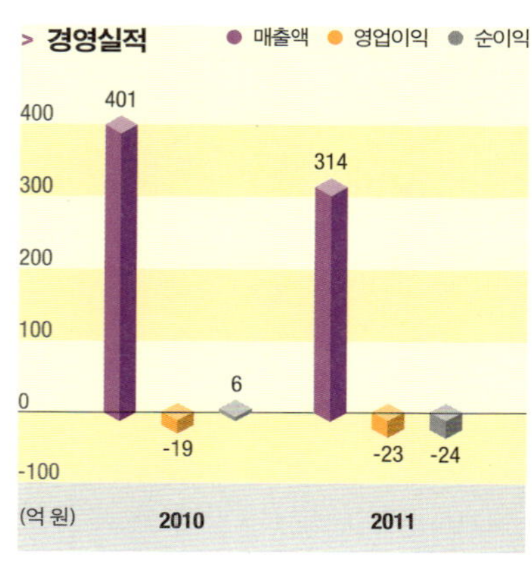

네오위즈인터넷

코스닥 · IFRS연결

2012년 2분기 누계

매출액	252억 원
영업이익	-14억 원
순이익	-8억 원

(주)네오위즈 — 49.6%

투자 포인트

- 온라인 음악 서비스, 디지털 음원 유통 및 세이클럽 사업 영위.
- 네오위즈벅스와 네오위즈인터넷의 합병으로 사명을 네오위즈인터넷으로 변경. 네오위즈게임즈와도 합병 예정.
- 2011년 성공을 거둔 탭소닉의 후속 버전인 탭소닉 스타와 네트워크 상에서 대결을 펼칠 수 있는 탭소닉 배틀 등 2012년 하반기 14개의 모바일 게임 라인업 출시로 모바일 게임 사업 기반 강화.
- 기존 사업에서는 벅스와 세이클럽에서 안정적인 수익을 창출하고, 모바일 게임 출시를 통해 성장을 도모하는 전략 고수.

> 경영실적

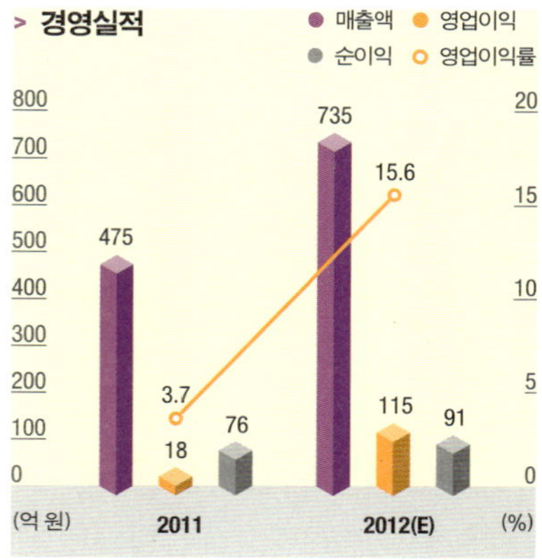

소리바다

코스닥 · IFRS별도

2012년 2분기 누계

매출액	119억 원
영업이익	6억 원
순이익	6억 원

투자 포인트

- 음원 스트리밍과 다운로드 서비스 및 각종 멀티미디어 콘텐츠 제공.
- 스마트폰 국내 출시에 맞춰 2009년 12월 국내 최초로 아이폰에서 스트리밍 서비스 시작. 이어 안드로이드에서도 서비스.
- 소리바다 웹사이트 운영 및 모바일 콘텐츠, 기타 유료 콘텐츠 서비스 등 영위.
- 소리바다 사이트의 회원 수는 실명 인증 기준 1,500만 명 이상임.
- 자회사 '폰도라' 음성 통화 서비스인 'Fondora' 안드로이드용 버전 앱 서비스 개시.
- 초등학생을 위한 음악 교육 사이트 '소리에듀' 오픈.

> 경영실적

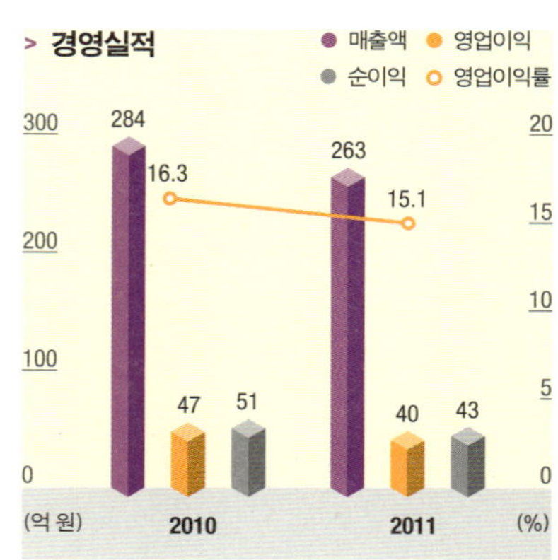

카지노·여행

경기 불황에도 성장을 멈추지 않는 알토란 시장

경기 상황과 무관하게 긴 호황기에 접어든 두 업종이 있다. 바로 카지노와 여행이다. 이 두 업종은 외국인 관광객 증가 등 영업 환경 개선으로 그 어느 때보다 높은 실적 향상이 기대되고 있다. 특히 중국인 관광객의 카지노 출입이 늘어나고 있어 앞으로의 전망을 밝게 한다.

카지노 업계, 중국인 수혜는 계속 된다

아시아 카지노 시장은 동반 성장을 지속하고 있고, 한국은 그 수혜의 중심에 있다. 중국인 소비 계층의 구조적 변화와 관광 인구의 지속적인 유입을 통해 장기 성장성을 확보했기 때문이다. 더욱이 국내 카지노 업체들은 이미 30년 이상의 시장 기반을 갖추고 있다. 웬만한 부침에는 크게 흔들리지 않는다는 얘기다. 아울러 소득 수준이 상대적으로 높은 중국 동북 연안 도시들과의 인접성 등 지리적 이점으로 성장성과 수익성의 동시 확보가 가능하다.

외국인 전용 카지노를 운영하는 파라다이스는 중국인 VIP 수혜를 톡톡히 누리고 있다. 직접적인 마케팅을 통해 중국인 VIP 고객 시장을 선점한 덕분에, 중국인 VIP 고객 1인당 드롭(drop)이 지난 6년간 11.3%의 연평균 성장률을 기록했다. 2012년에도 전년 대비 12.1% 성장할 것으로 분석된다.

파라다이스는 2012년부터 본격적으로 구조 변화에 돌입했다. 2012년 인수하거나 합병한 계열사의 실적이 반영되면서 매출뿐 아니라 수익성까지 개선될 전망이다. 2013~2014년에는 부산 영업장과 제주 두성 영업장 실적도 편입될 것으로 보인다. 부산 영업장은 2011년 기준으로 파라다이스 매출액의 17.9%, 영업이익의 21.1% 규모로 성장에 크게 기여할 전망이다.

파라다이스와 더불어 외국인 카지노 업체인 GKL은 수익성 개선을 위한 노력의 결실이 본격화되고 있다. 2011년부터 시작한 마케팅 제도 재정비의 효과가 2012년부터 드러나고 있기 때문이다. 2012년 9월 신용 공여의 제도 개선을 위한 일시적인 신용 제공 중단으로 일부 VIP 고객의 이탈과 드롭 감소의 여파가 있었지만, 결과적으로 프로세스 투명화에 기여했다는 긍정적인 평가가 지배적이다. 향후에도 에이전트 수수료율 인하와 콤프 제도의 개선을 통해 수익성이 지속적으로 증가할 전망이다. GKL은 2009년(강남점), 2010년(힐튼점), 2011년(부산점)에 걸쳐 노후 시설 교체와 공간 재배치 등 리노베이션 공사를 시행했다. 이와 함께 테이블을 일부 증설해 Capa도 늘려 놓았다.

무엇보다 GKL 주가는 카지노 3사 중 상대적으로 가장 저평가돼 있다. 진행되고 있는 수익성 턴어라운드가 일시적인 것이 아니라 구조적으로 지속 가능한 변화임을 감안하면 더욱 매력적이다. 2014년에 힐튼점과의 계약이 종료하면서 50% 이상 확장 이전할 가능성이 있고, 제주도 진출 건이 완전히 무산된 것이 아닌 만큼 향후 구조적인 변화를 예상해볼 수 있다.

카지노들, 리조트 사업 본격화

내국인 중심의 강원랜드는 실적이 구조적으로 개선되기 쉽지 않은 환경에 처해 있다. 핵심 사업인 카지노 가동률이 한계에 봉착했기 때문이다. 출입 인원에 비해 장소가 협소하고 환경적으로도 열악하기 때문에 신규 고객 증가도 제한적이다. 세금 부담 가중으로 실적 부진도 이어지고 있다. 그러나 영업장 증설이 정부에 의해 승인될 경우 큰 폭의 실적 개선이 가능하다는 견해도 제기되고 있다.

현재 강원랜드의 카지노 이외 사업은 호텔과 콘도, 골프장과 스키장이 있다. 호텔과 콘도, 골프장이 카지노 영업을 뒷받침하기 위한 부대시설의 성격을 띤다면 스키장은 카지노와는 별개로 독립적인 리조트로 운영되고 있다. 그럼에도 불구하고 스키장 방문객 수와 슬롯머신 드롭액 증가율은 정비례 관계를 보인다. 즉, 슬롯머신 등 가벼운 카지노를 즐기려는 리조트 이용객들이 스키 시즌에 늘어난다는 뜻으로 해석된다.

강원랜드는 2012년 2월 워터월드 조성 사업에 1,672억 원을 투자하겠다고 공시했다. 완공 예정은 2015년 5월이고 워터월드 면적은 2만1,654평으로 국내 5대 워터파크 시설에 필적하는 규모다. 연간 매출 200억 원이 창출될 것으로 추정되는데, 이는 현재 강원랜드 연간 매출액의 1.5%에 해당된다. 이에 따라 강원랜드의 카지노 이외 매출이 증가하면서 리조트 이용객이 카지노로 유입되는 효과도 기대할 수 있을 전망이다.

강원랜드 이외에 파라다이스와 GKL 등 외국인 카지노도 리조트 사업 진출을 모색하고 있다. 특히 파라다이스는 영종도 내 도심형 리조트 건설에 따른 인천 영업장 실적 향상을 기대하고 있다.

카지노가 리조트 사업에 진출하는 이유는 명확하다. 인바운드 시장 성장에 편승해서 별 노력 없이 매스 매출을 확대할 수 있는데다 향후 외국 시장에 진출하는 경우를 고려해 봐도 선택권이 넓어지기 때문이다. VIP 고객에게도 컴프를 제공할 수 있는 폭이 확대되므로 확실한 시너지 효과를 창출할 수 있다.

정부 입장에서도 외국인 카지노는 관광 수지 개선과 카지노로부터 걷어 들이는 세수 확대라는 명분과 실리를 모두 충족시키기 때문에 파라다이스나 GKL과 같은 선두 기업들의 리조트 투자를 규제할 이유가 없다. 서울이나 마카오 시장만 보더라도 새로운 기업이 시장에 진입하거나 기존 카지노가 투자를 확대하는 과정에서 전체 시장 규모가 성장했기 때문이다.

관광객 급증으로 여행 업종은 1년 내내 성수기

국내 여행 업계의 양대 산맥인 하나투어와 모두투어는 호텔 공급능력을 확보함에 따라 인바운드 사업의 모객력 확대, 호텔 원가 절감으로 영업수익이 개선 되고 있다. 이에 따라 각 증권사들은 일제히 이들 기업에 대한 목표 주가를 상향 조정하고 나섰다.

특히 업계 1위 하나투어의 경우 2013년 실적 성장에 대한 기대감이 매우 높다. 시장점유율은 사상 최대인 20.1% 수준까지 올라갈 가능성이 높다. 출입국자 증가에 따라 주요 사업인 아웃바운드 사업의 순이익은 향후 3년간 연평균 11.5%의 안정적인 성장이 예상된다. 아울러 그동안 부각되지 못했던 인바운드 사업은 호텔 공급을 확보함에 따라 향후 3년간 모객 인원이 연평균 44% 늘어날 전망이다.

모두투어 역시 아웃바운드와 인바운드 모두 안정적인 성장이 예상된다. 낮아진 유가와 안정적인 환율 등 호의적인 거시 환경 외에도 저가 항공사 노선 확대 등이 수요를 유발하고 있다. 또 동남아와 중국 등 인기 노선 공급량이 증가하면서 패키지 상품 가격이 하락하고 있고, 근거리의 해외여행 상품이 국내 여행과 비교해도 가격 경쟁력에서 밀리지 않기 때문에 잠재 패키지 고객 수요를 부추기고 있다.

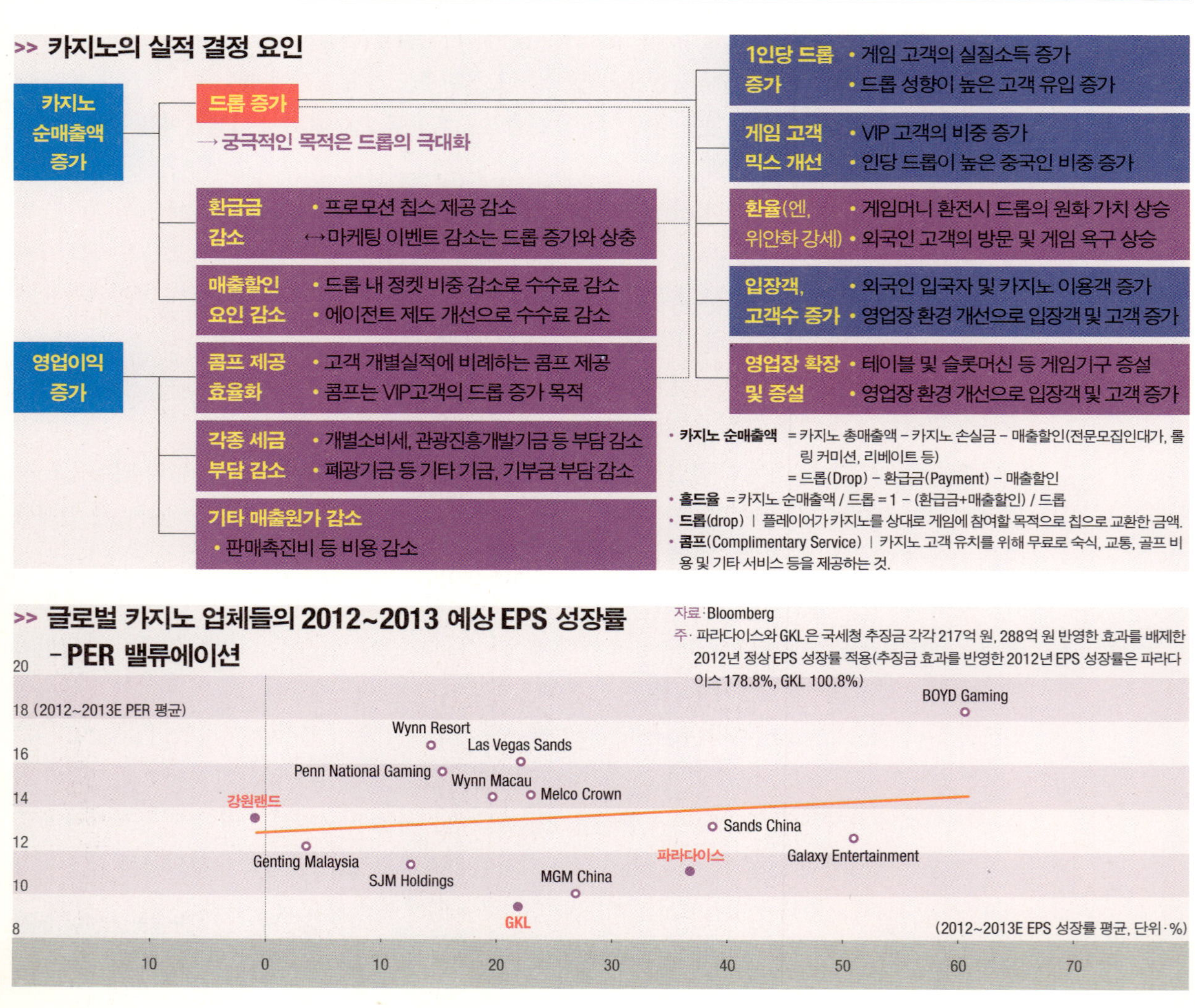

>> 국내 카지노 업체 현황

지역	카지노 업체명	법인명	허가일	종사원 수 (명)	매출액 (백만 원)	입장객 (명)	전용면적 (m²)	테이블게임 (대)	슬롯머신 (대)	비디오게임 (대)
서울	파라다이스워커힐카지노	(주)파라다이스	68.03.05	855	295,881	368,419	3,178.4	90	29	101
	세븐럭카지노 서울강남점	그랜드코리아레저(주)	05.01.28	1,363	250,842	343,537	6,059.9	69	26	95
	세븐럭카지노 힐튼호텔점	그랜드코리아레저(주)	05.01.28	472	166,437	774,734	2,811.9	59	42	89
부산	세븐럭카지노 부산롯데호텔점	그랜드코리아레저(주)	05.01.28	262	56,159	180,020	2,234.3	35	25	55
	파라다이스카지노 부산	(주)파라다이스인천	78.10.29	249	70,452	83,947	2,283.5	35	10	32
인천	골든게이트카지노	(주)파라다이스인천	67.08.10	272	63,838	63,838	1,311.6	33	15	18
강원	에스엠카지노	(주)코자나	80.12.09	30	294	4,334	547.9	17	10	30
대구	호텔인터불고대구 카지노	(주)골든크라운	79.04.11	103	60	569	3,473.4	63	10	40
제주	라마다프라자카지노	(주)에이스통상	75.10.15	149	12,673	19,903	2,359.1	39	13	9
	파라다이스그랜드카지노	(주)파라다이스제주	90.09.01	130	20,972	30,522	2,756.7	28	52	10
	신라호텔카지노	벨루가(주)	91.07.31	109	4,376	13,848	1,953.6	21	-	-
	로얄팔레스카지노	(주)풍화	90.11.06	98	10,620	9,174	1,353.2	18	13	2
	롯데호텔제주카지노	(주)두성	85.04.11	148	20,744	33,322	1,205.4	41	46	2
	엘베가스카지노	티엘시레저(주)	90.09.01	158	13,404	23,091	1,026.6	27	12	4
	하얏트호텔카지노	(주)유니콘	90.09.01	74	5,424	5,640	803.3	19	10	-
	골든비치카지노	(주)골든비치	95.12.28	131	13,558	25,573	823.9	26	24	-
16개 업체(외국인 대상) 외국인 전용 카지노					1,005,734	1,945,819	34,182.6	620	337	487
강원	강원랜드카지노	(주)강원랜드	00.10.12	1,697	1,256,850	3,091,209	7,322.1	132	345	615
17개 업체(내·외국인 대상)					2,262,584	5,037,028	41,504.7	752	682	1,102

>> 카지노의 실적 결정 요인

카지노 순매출액 증가

드롭 증가
→ 궁극적인 목적은 드롭의 극대화

환급금 감소
• 프로모션 칩스 제공 감소
↔ 마케팅 이벤트 감소는 드롭 증가와 상충

매출할인 요인 감소
• 드롭 내 정켓 비중 감소로 수수료 감소
• 에이전트 제도 개선으로 수수료 감소

영업이익 증가

콤프 제공 효율화
• 고객 개별실적에 비례하는 콤프 제공
• 콤프는 VIP고객의 드롭 증가 목적

각종 세금 부담 감소
• 개별소비세, 관광진흥개발기금 등 부담 감소
• 폐광기금 등 기타 기금, 기부금 부담 감소

기타 매출원가 감소
• 판매촉진비 등 비용 감소

1인당 드롭 증가
• 게임 고객의 실질소득 증가
• 드롭 성향이 높은 고객 유입 증가

게임 고객 믹스 개선
• VIP 고객의 비중 증가
• 인당 드롭이 높은 중국인 비중 증가

환율(엔, 위안화 강세)
• 게임머니 환전시 드롭의 원화 가치 상승
• 외국인 고객의 방문 및 게임 욕구 상승

입장객, 고객수 증가
• 외국인 입국자 및 카지노 이용객 증가
• 영업장 환경 개선으로 입장객 및 고객 증가

영업장 확장 및 증설
• 테이블 및 슬롯머신 등 게임기구 증설
• 영업장 환경 개선으로 입장객 및 고객 증가

• 카지노 순매출액 = 카지노 총매출액 − 카지노 손실금 − 매출할인(전문모집인대가, 롤링 커미션, 리베이트 등)
= 드롭(Drop) − 환급금(Payment) − 매출할인
• 홀드율 = 카지노 순매출액 / 드롭 = 1 − (환급금+매출할인) / 드롭
• 드롭(drop) | 플레이어가 카지노를 상대로 게임에 참여할 목적으로 칩으로 교환한 금액.
• 콤프(Complimentary Service) | 카지노 고객 유치를 위해 무료로 숙식, 교통, 골프 비용 및 기타 서비스 등을 제공하는 것.

>> 글로벌 카지노 업체들의 2012~2013 예상 EPS 성장률 – PER 밸류에이션

자료 : Bloomberg
주· 파라다이스와 GKL은 국세청 추징금 각각 217억 원, 288억 원 반영한 효과를 배제한 2012년 정상 EPS 성장률 적용(추징금 효과를 반영한 2012년 EPS 성장률은 파라다이스 178.8%, GKL 100.8%)

20
18 (2012~2013E PER 평균)
16
14
12
10
8

BOYD Gaming
Wynn Resort
Las Vegas Sands
Penn National Gaming
Wynn Macau
Melco Crown
강원랜드
Sands China
Galaxy Entertainment
Genting Malaysia
SJM Holdings
MGM China
파라다이스
GKL

(2012~2013E EPS 성장률 평균, 단위·%)

10   0   10   20   30   40   50   60   70

>> 여행 산업 밸류 체인

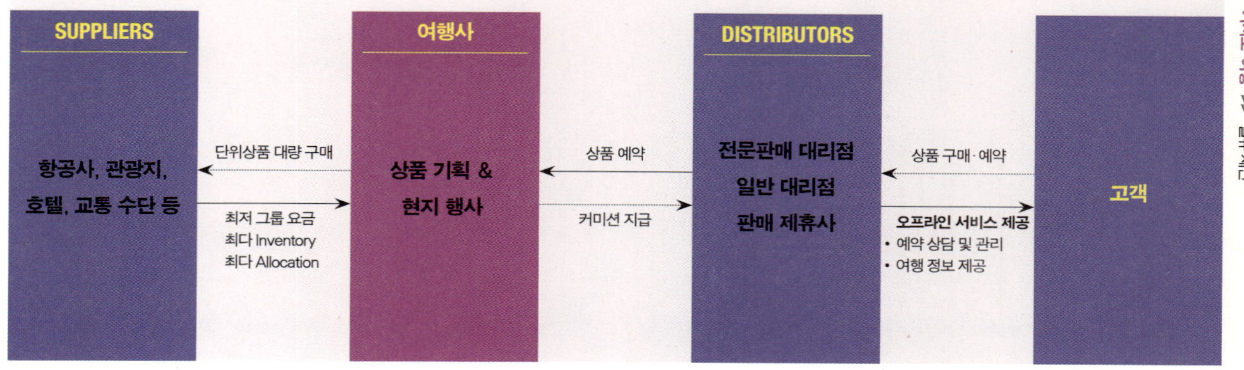

>> 도매(Wholesale) 여행사와 직판(Retail) 여행사의 항공권 대매 관련 수익 인식 구조

- 2010년 1월 대한항공에 이어 2011년 4월 아시아나항공이 잇따라 항공권 대매 수수료 제도를 폐지하면서(제로컴: Zero Commission) 중소형 여행사들의 수익 기반이 크게 흔들림.
- 중소형 여행사들은 영업을 중단하거나 대형 여행사의 판매 채널로 흡수되면서 자연스럽게 도매 여행사인 하나투어와 모두투어의 시장점유율이 상승하게 됨.

>> 대형 여행사의 시장 전략

> FIT(자유여행) & 온라인 전략

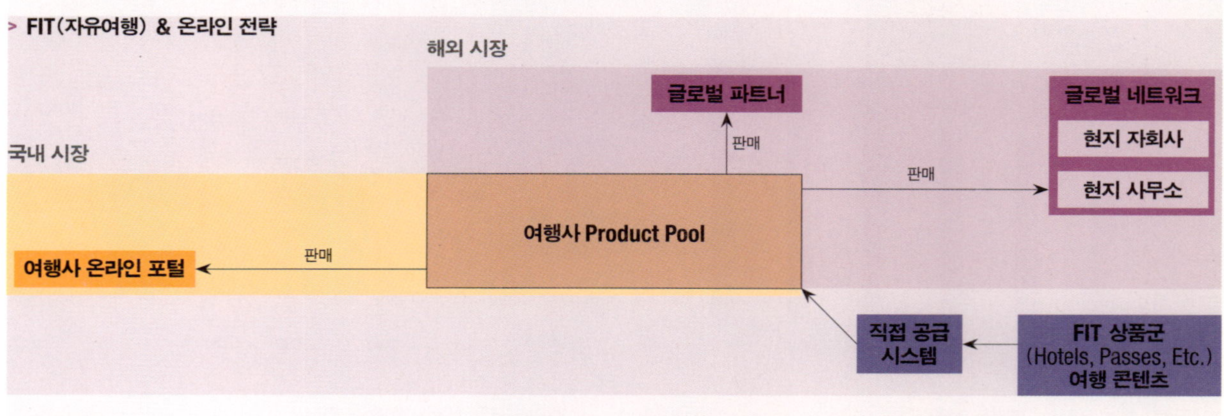

> 인바운드 전략

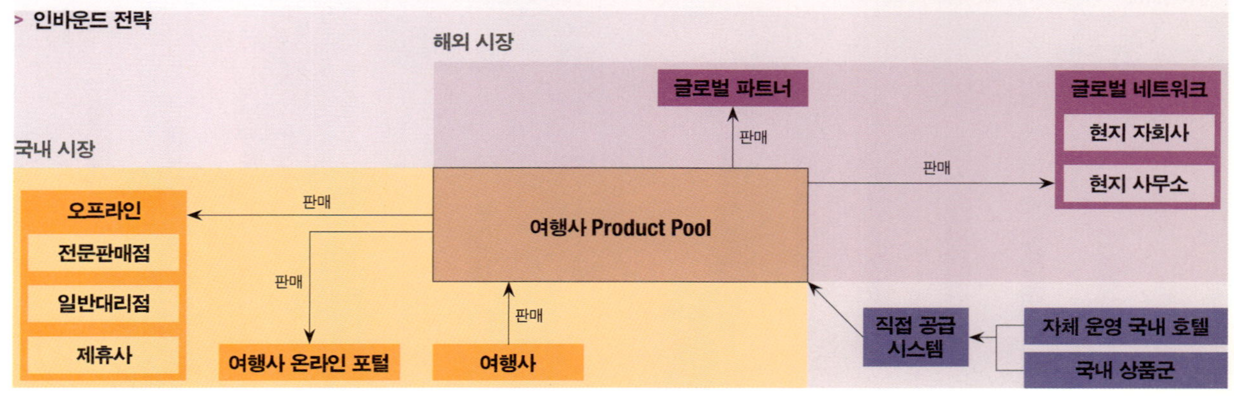

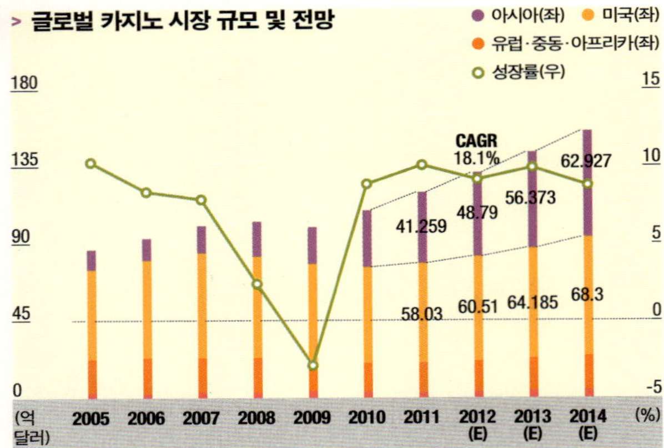

글로벌 카지노 시장 규모 및 전망
아시아(좌)
미국(좌)
유럽·중동·아프리카(좌)
성장률(우)
CAGR 18.1%
62.927
56.373
48.79
41.259
58.03
60.51
64.185
68.3
(억 달러)
2005 2006 2007 2008 2009 2010 2011 2012(E) 2013(E) 2014(E)
(%)

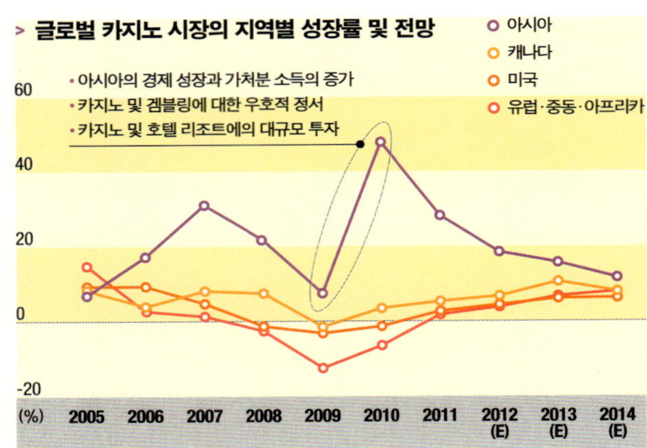

글로벌 카지노 시장의 지역별 성장률 및 전망
아시아
캐나다
미국
유럽·중동·아프리카
· 아시아의 경제 성장과 가처분 소득의 증가
· 카지노 및 겜블링에 대한 우호적 정서
· 카지노 및 호텔 리조트에의 대규모 투자
(%)
2005 2006 2007 2008 2009 2010 2011 2012(E) 2013(E) 2014(E)

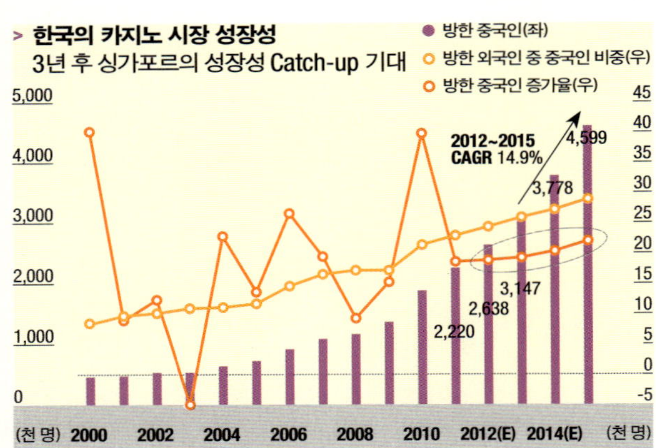

한국의 카지노 시장 성장성
3년 후 싱가포르의 성장성 Catch-up 기대
방한 중국인(좌)
방한 외국인 중 중국인 비중(우)
방한 중국인 증가율(우)
2012~2015 CAGR 14.9%
4,599
3,778
3,147
2,638
2,220
(천 명)
2000 2002 2004 2006 2008 2010 2012(E) 2014(E) (천 명)

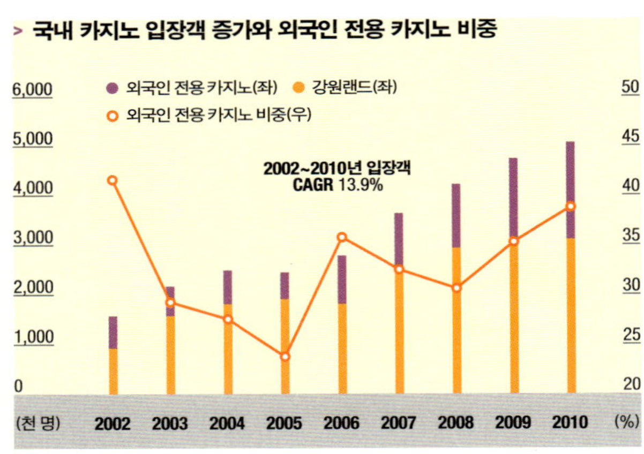

국내 카지노 입장객 증가와 외국인 전용 카지노 비중
외국인 전용 카지노(좌)
강원랜드(좌)
외국인 전용 카지노 비중(우)
2002~2010년 입장객 CAGR 13.9%
(천 명)
2002 2003 2004 2005 2006 2007 2008 2009 2010 (%)

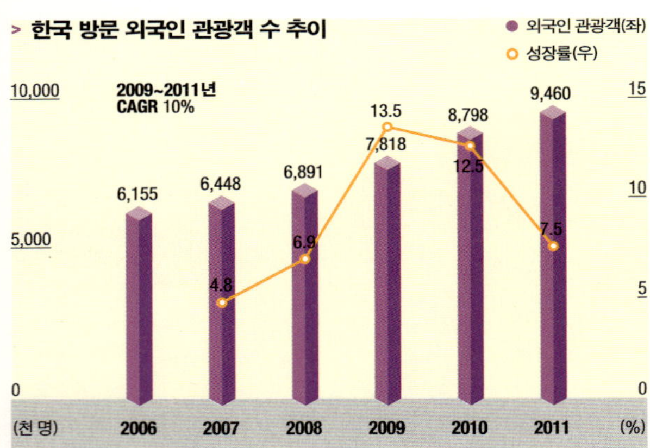

한국 방문 외국인 관광객 수 추이
외국인 관광객(좌)
성장률(우)
2009~2011년 CAGR 10%
6,155
6,448
6,891
7,818
8,798
9,460
4.8
6.9
13.5
12.5
7.5
(천 명)
2006 2007 2008 2009 2010 2011 (%)

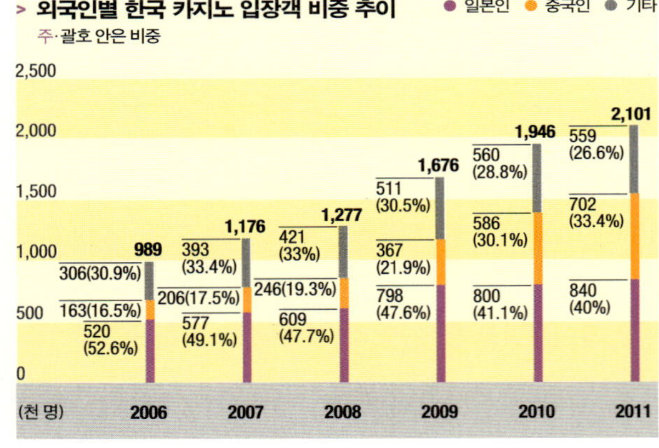

외국인별 한국 카지노 입장객 비중 추이
일본인
중국인
기타
주·괄호 안은 비중
989
1,176
1,277
1,676
1,946
2,101
306(30.9%)
163(16.5%)
520(52.6%)
393(33.4%)
206(17.5%)
577(49.1%)
421(33%)
246(19.3%)
609(47.7%)
511(30.5%)
367(21.9%)
798(47.6%)
560(28.8%)
586(30.1%)
800(41.1%)
559(26.6%)
702(33.4%)
840(40%)
(천 명)
2006 2007 2008 2009 2010 2011

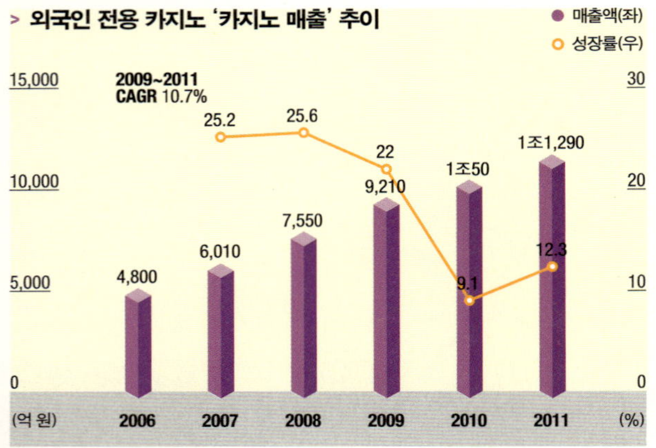

외국인 전용 카지노 '카지노 매출' 추이
매출액(좌)
성장률(우)
2009~2011 CAGR 10.7%
4,800
6,010
7,550
9,210
1조50
1조1,290
25.2
25.6
22
9.1
12.3
(억 원)
2006 2007 2008 2009 2010 2011 (%)

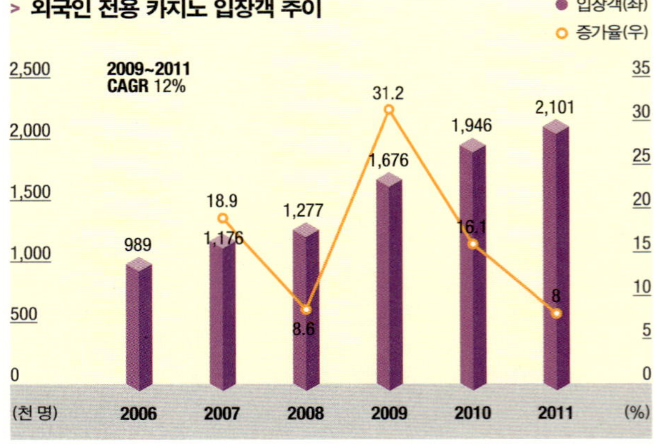

외국인 전용 카지노 입장객 추이
입장객(좌)
증가율(우)
2009~2011 CAGR 12%
989
1,176
1,277
1,676
1,946
2,101
18.9
8.6
31.2
16.1
8
(천 명)
2006 2007 2008 2009 2010 2011 (%)

> 해외 출국자수 추이

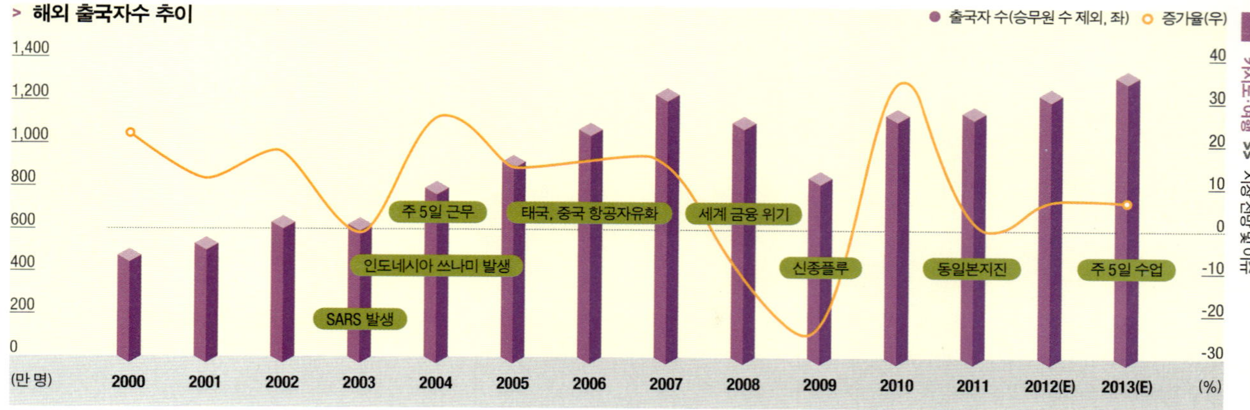

> 여행 상품 온라인 판매 증가 추이

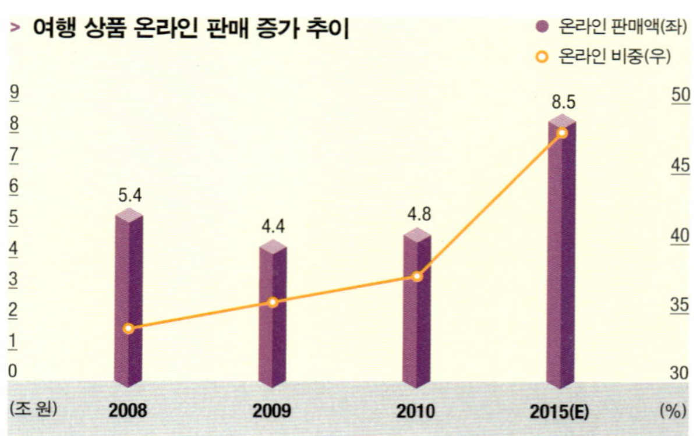

> FIT 시장의 지속적인 성장 추이

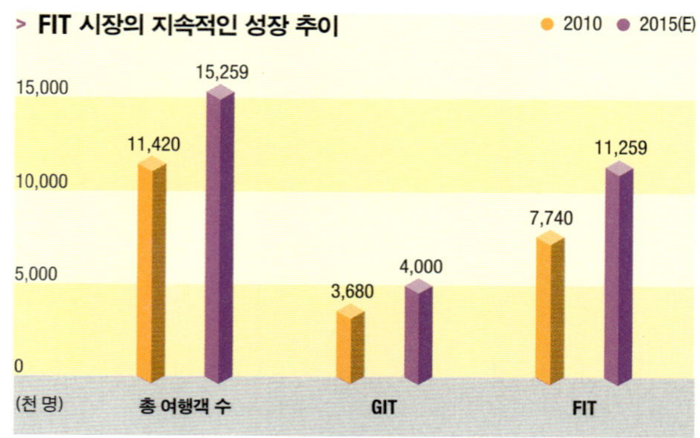

> 메이저 여행사의 호텔 시장 진출 형태

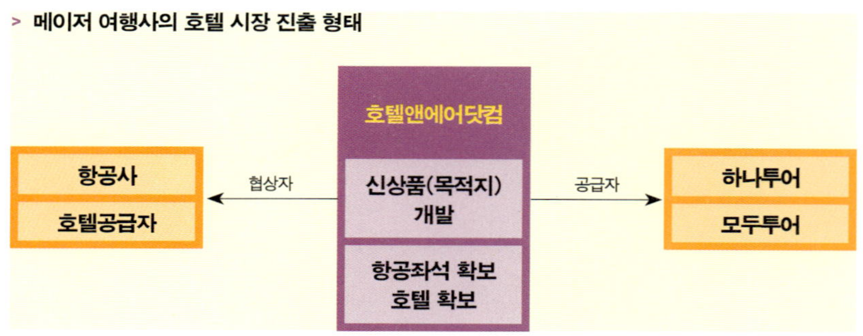

- 하나투어와 모두투어가 합작해 2011년 설립한 호텔앤에어닷컴을 통해 양사의 시장지배력이 강화될 전망.
- 2012년 2월부터 BSP 가입으로 항공권 구매 업무 수행중.
- 기존의 불필요한 하드블록 항공좌석을 줄이고 항공사와의 협상력을 강화시켜 수익성 개선에 크게 기여.
- 현재 항공권 대행을 수행하고 있지만, 향후 호텔 소싱 업무까지 확대할 계획.

> 여행사별 외국인 유치 실적

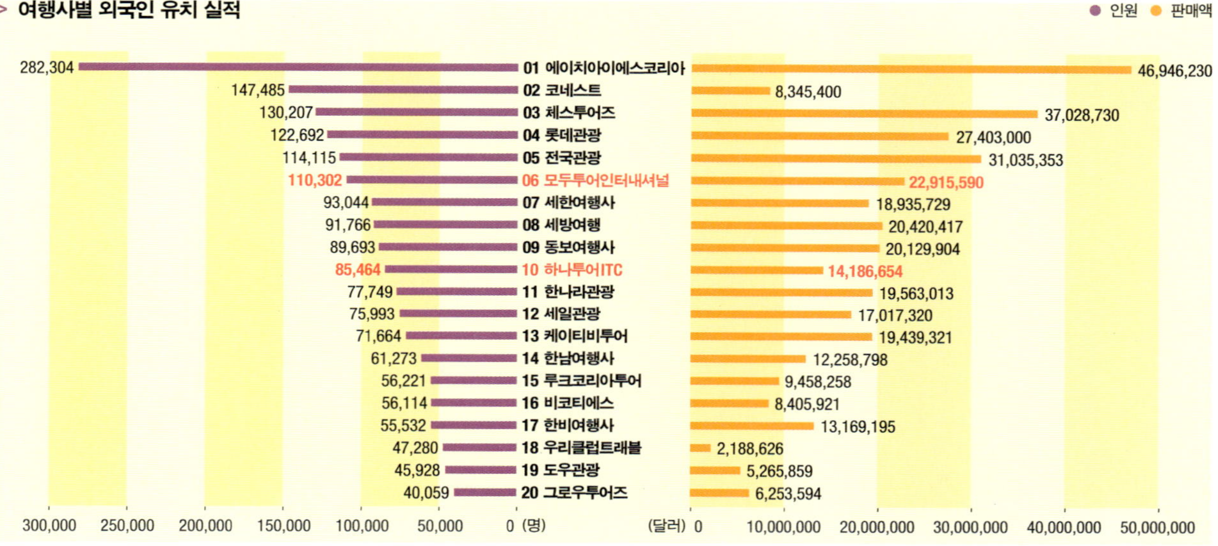

강원랜드

코스피·IFRS연결

2012년 2분기 누계

매출액	6,528억 원
영업이익	2,247억 원
순이익	1,741억 원

투자 포인트

- 국내 유일의 내국인 이용 가능 카지노 업체로 카지노, 스키장, 콘도, 호텔 등 총 6개의 사업 영위 → 지배적 사업 부문은 카지노로 총 매출 대비 91%의 비중 차지.

> **주요 주주 구성**

단위·%

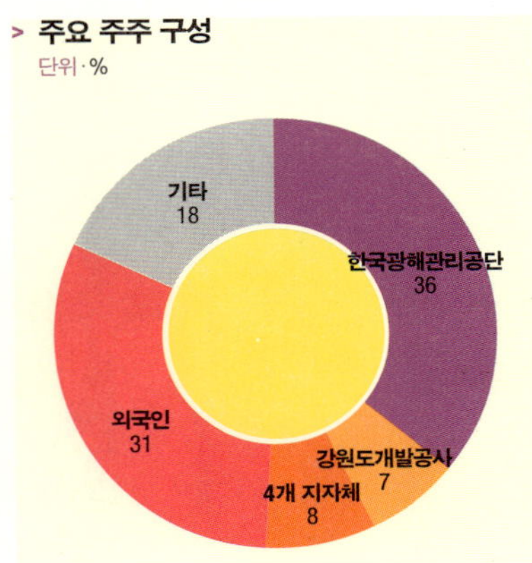

> **연간 방문객 수 추이와 전망**

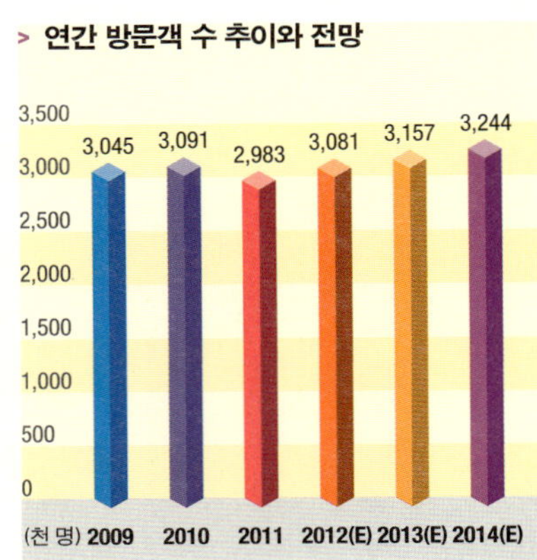

> **매출액과 영업이익률**

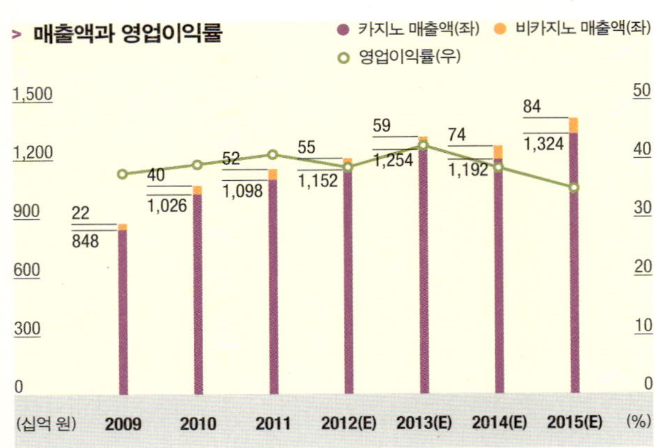

> **주당배당금과 배당성향 추이 및 전망**

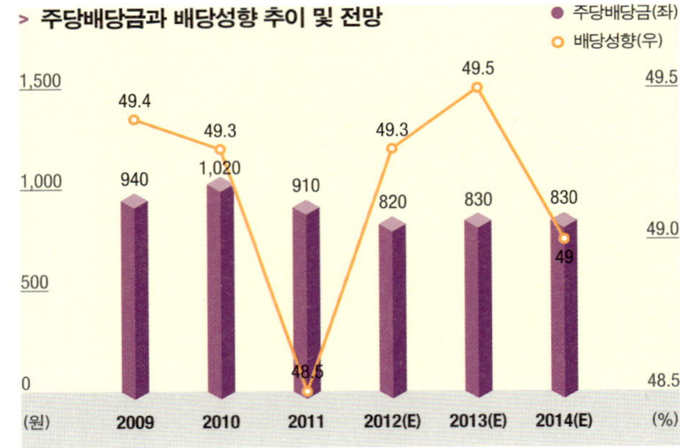

파라다이스

코스닥·IFRS별도

2012년 2분기 누계

매출액	1,990억 원
영업이익	458억 원
순이익	403억 원

투자 포인트

- 국내 외국인 전용 카지노 시장에서 30% 영위.
- 합병과 연결을 통한 성장스토리 확대(부산 파라다이스, 제주 그랜드 카지노 인수 합병, 추가로 부산과 인천 카지노도 인수 예정).

> **파라다이스 지배구조 개편**

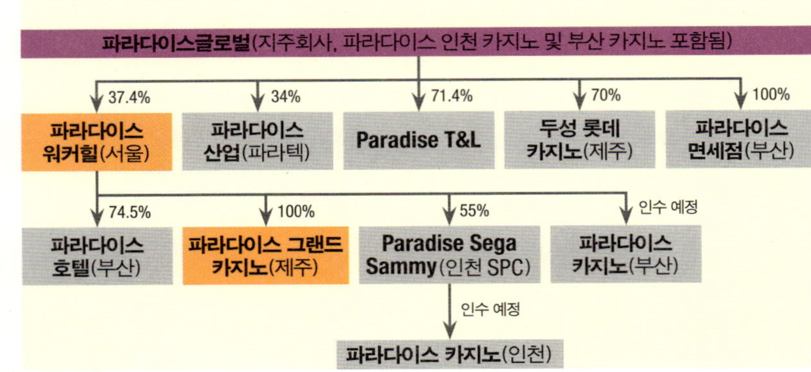

> **게임 고객 수 현황**

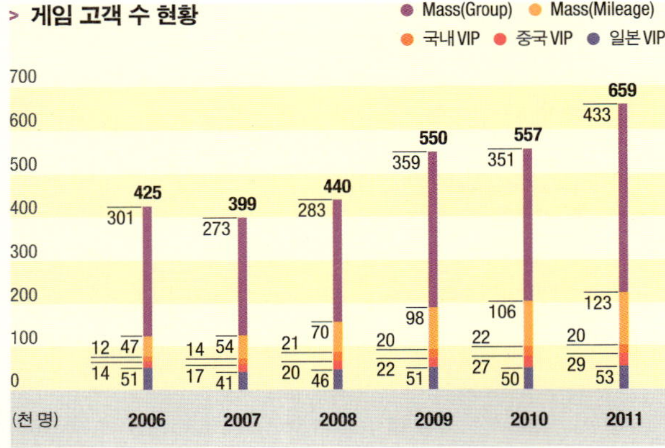

> **게임 고객별 비중 현황**

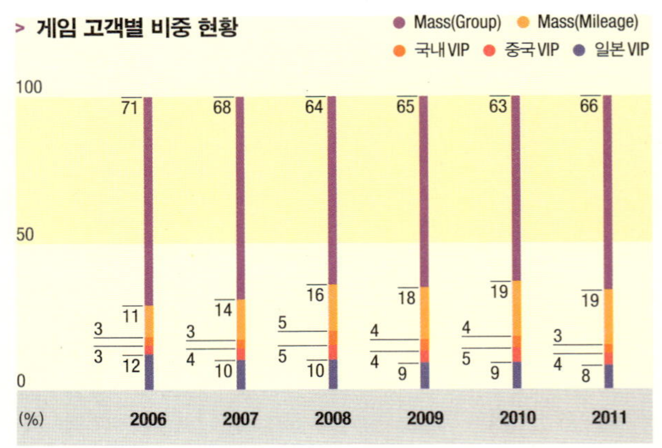

GKL
코스피 · IFRS별도

2012년 2분기 누계
매출액	2,736억 원
영업이익	795억 원
순이익	597억 원

투자 포인트
- 한국관광공사의 자회사로 카지노, 관광숙박업 등 영위.
- 서울 강남, 힐튼, 부산 롯데 카지노를 운영하고 있음.

> ### GKL과 파라다이스의 연도별 확장 이력 및 계획

	GKL	파라다이스
2009	강남점 확장	-
2010	힐튼점 리노베이션	-
2011	부산점 리노베이션	제주 그랜드 인수
2012	-	워커힐점 확장 / 부산호텔 인수, 제주 합병
2013	-	부산점 영업권 취득
2014	용산 국제 업무 단지로 이전	제주 파라다이스 롯데 편입

> ### 매출액과 영업이익률
주 · 2010년부터 IFRS 회계 변경으로 전문 모집인 대가는 매출 원가 → 매출액의 차감 계정

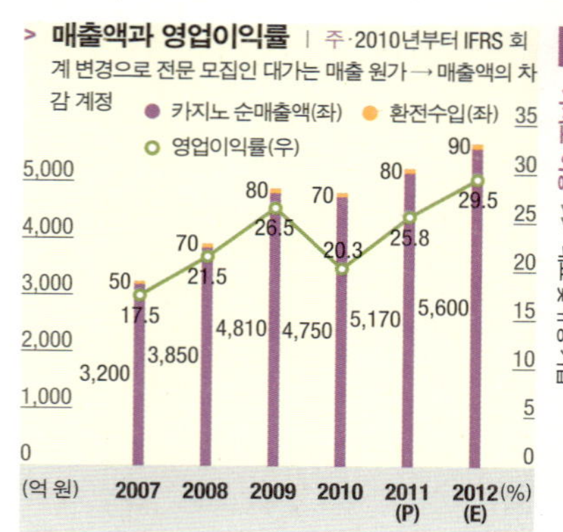

하나투어
코스피 · IFRS별도

2012년 2분기 누계
매출액	1,205억 원
영업이익	141억 원
순이익	131억 원

투자 포인트
- 국내 여행 시장점유율 1위 업체.
- 자회사를 통해 호텔 사업 확대로 사업 모델 다각화하면서 항공권 소싱 능력까지 확대.
- 동남아 중심의 저가 항공사들의 지속적 항공좌석 공급 확대는 출국 수요를 확대시키고 하나투어의 항공권 가격 협상력에 파란불 제공.
- 모두투어와의 합작회사인 호텔앤에어닷컴의 항공 및 호텔 등 공동 소싱으로 양사 간 인기 노선 선점 위한 출혈 경쟁 최소화, 원가 절감.
- 안정적 주주 환원 정책(배당 성향 35% 이상 유지 정책)도 성장 모멘텀에 긍정적.

> ### 아웃바운드 여행객 수 시장점유율
주 · 승무원 제외 송출객 수 기준

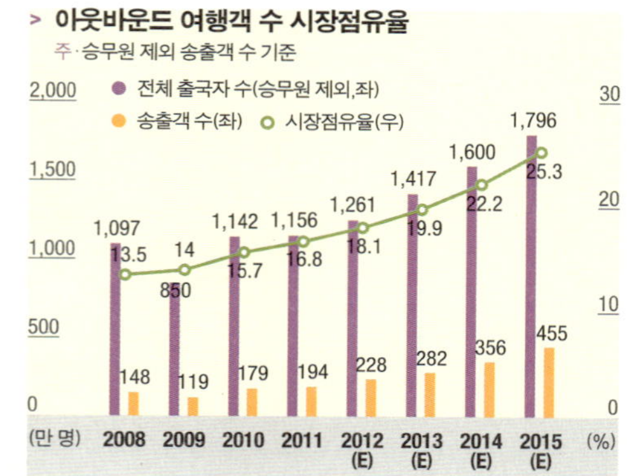

모두투어
코스닥 · IFRS별도

2012년 2분기 누계
매출액	610억 원
영업이익	85억 원
순이익	74억 원

투자 포인트
- 국내 인바운드 부문 시장점유율은 6위이지만, 1~5위까지가 일본인 대상으로 하는 일본 업체이므로 실질적 국내 1위 업체로 평가.
- 무상 증자로 인한 거래량 활성화로 주식 유동성 확대.

> ### 매출 비중
단위 · %

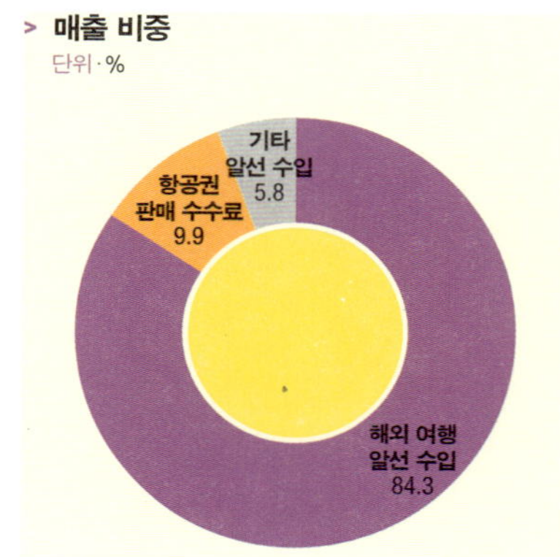

> ### 매출액 추이

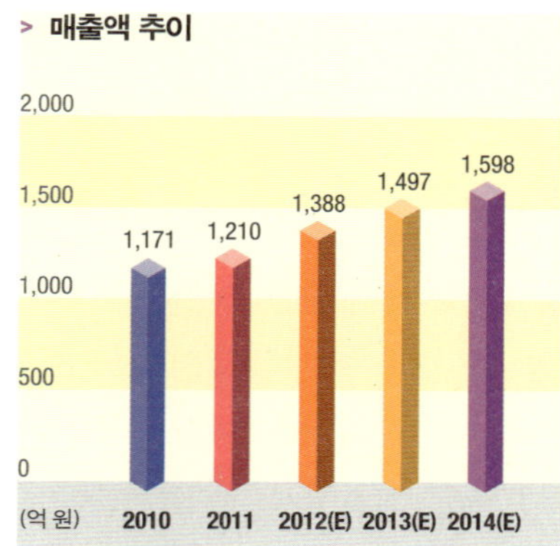

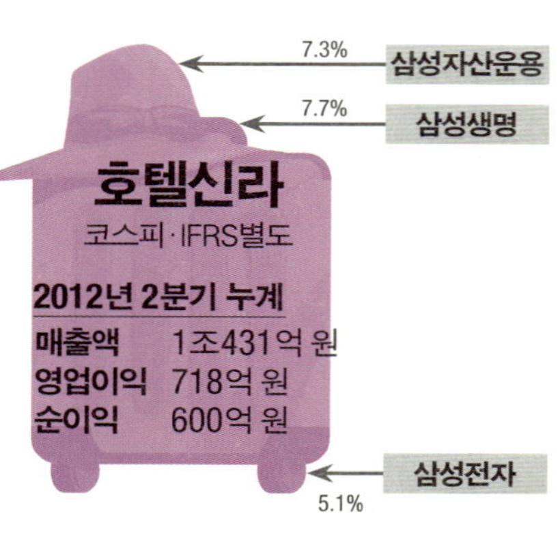

호텔신라
코스피 · IFRS별도

2012년 2분기 누계
매출액	1조431억 원
영업이익	718억 원
순이익	600억 원

투자 포인트
- 면세 유통이 대부분을 차지하는 매출 구성으로 인천공항 등 면세점 확대 수혜 기대.
- 특히 향수와 화장품 부문 매출 성장세가 두드러짐.
- 신라 면세점의 매출 비중에서 중화권(중국+대만+홍콩)이 30% 수준 차지.
- 증대되는 중국 관광객의 소비 금액 감안할 때 실적 증가 예상.
- 비즈니스 호텔 시장으로의 확대 전략도 사업 포트폴리오 다양화 차원에서 긍정적.

> ### 면세점 매출액 · 영업이익 추이 및 전망

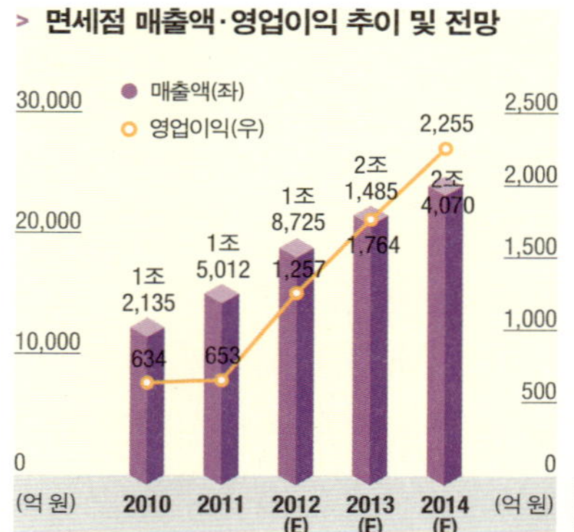

미래 의료 산업,
유전자 비즈니스에서 해답을 찾다

글로벌 시장에서 국내 제약사들의 입지는 좁은 편이다. 2009년 기준으로 화이자, 사노피아벤티스, 노바티스, GSK, 로슈 등 세계 5대 제약사의 평균 매출액은 463억 달러인데 비해, 국내 상위 5개 제약사(동아제약, 녹십자, 유한양행, 대웅제약, 한미약품)의 평균 매출액은 5억8,000만 달러에 불과하다. 연구비에만 어마어마한 비용을 퍼붓는 글로벌 제약사들과 국내 업체들이 경쟁하기란 쉽지가 않다.

실제로 의료기기 및 의약품과 관련해 우리나라의 수입 의존도는 매우 큰 편이다. 이에 따라 관련 무역수지 적자폭도 해마다 커지고 있다. 그렇지만 고령화 시대에 접어들고 있는 지금, 바이오·헬스케어 산업은 포기할 수 없는 시장이라는 데 이론을 제기하는 사람은 없다.

고령화 시대에 바이오·헬스케어 산업은 거스를 수 없는 대세

의료 기술이 발달하면서 질병에 대한 조기 발견이 가능해지고 치료율도 높아지면서 평균 기대 수명이 올라가고 있다. 고령 인구의 비중이 커지면서 건강을 지키기 위한 의약품 소비도 자연스럽게 증가하고 있다. 이와 맞물려 질병을 사전에 발견하기 위한 여러 진단 장비와 의료 서비스 산업도 빠르게 진화하고 있다.

이러한 고령화 현상은 우리나라도 예외가 아니다. 급속한 인구 고령화와 노인 장기 부양 보험제도 및 1955~1963년생인 베이비붐 세대들의 은퇴가 본격화 되고 있다. 특히 베이비붐 세대는 전체 토지의 42%, 도시 지역 건물의 58%, 시가총액 기준 주식 물량의 20% 등 상당한 경제력을 보유하고 있다. 의료 시장의 매우 우수한 고객이 아닐 수 없다.

국내 바이오 업체들은 신약 개발과 함께 의료 서비스에 있어서 틈새시장을 개척하고 있다. 우리나라가 강점을 가진 IT 산업과 결합해 의료 정보 서비스를 상용화시키는 U헬스케어가 대표적인 예이다.

민간 기업 뿐 아니라 정부도 헬스케어 산업 육성에 나서고 있다. 2012년 6월 보건복지부는 혁신형 제약사 43개 업체를 선정했다. 기술 연구에 대한 투자를 통해 경쟁력 있는 의약품을 개발하고, 해외 시장 진출이 가능한 제약사와 바이오 기업에 대해 제도적, 금전적인 지원을 하겠다는 방침이다. 약값 인하나 리베이트 금지와 같은 단기적인 처방에서 벗어나 근본적인 대책을 내놓은 것이다.

IT에 기반을 둔 대기업들의 바이오·헬스케어 행보 예의주시

바이오·헬스케어 분야에서 가장 주목해야 할 회사는 단연 삼성이다. 삼성은 이미 그룹 차원에서 미래 신수종 사업으로 바이오·헬스케어 산업을 선정해 놓고 장기적인 투자 마스터플랜을 세워 놓고 있다. 현재 삼성이 반도체, 휴대폰, 디스플레이, TV 등 생활가전 및 부품에서 성장을 이루고 있다면, 미래에는 녹색, 에너지, 건강 관련 사업에서 고부가가치를 창출한다는 복안이다. 삼성은 다양한 업종을 영위하는 계열사를 통해 바이오·헬스케어 산업에서 자연스럽게 수직계열화를 이뤄 놓고 있다.

그 가운데 가장 눈여겨 볼 곳이 바로 삼성테크윈이다. 삼성테크윈은 삼성그룹 내에서 의료 장비 및 진단 장비 사업을 담당하고 있다. 아울러 전체 바이오·헬스케어 사업을 진두지휘하는 컨트롤 타워 역할까지 수행하고 있다. 경비 업체 에스원은 2010년 자동 심장 제세동기(AED)를 출시하면서 의료기기 사업에 진출했다. 아울러 바이오·헬스케어와는 직접적인 연관은 없지만, 분묘 분양 사업과 연간 6조 원으로 추산되는 장례 서비스 사업 및 실버 관련 사업을 추진하고 있어 귀추가 주목된다.

세계에서 다섯 번째, 국내에서는 최초로 당뇨병 치료 신약(DPP-4 inhibitor)을 개발한 LG생활건강의 행보도 눈길을 끈다. LG생활건강은 LG그룹의 전폭적인 지원 하에 관절염, 항암제 바이오시밀러 연구 및 생산을 본격화 하고 있다. 특히 바이오 관련 매출액 중 45% 이상이 해외 수출에 의한 것이라는 점은 매우 고무적이다. 향후 이머징 마켓을 중심으로 매출 성장세가 지속될 전망이다.

삼성과 LG 등 대기업 외에도 높은 성장세가 점쳐지는 바이오·헬스케어 전문 업체들이 있다. 보톡스의 바이오시밀러를 개발해 '메디톡신'이라는 브랜드로 판매에 나선 메디톡스, 분자진단 DNA 검사에서 독보적인 기술 경쟁력을 갖춘 씨젠, 유전체 분석 솔루션 업체 디엔에이링크, 세계 최초로 레미케이드 바이오시밀러 '램시마'의 식약청 허가를 취득한 한올바이오파마, 채성분분석기 'Inbody'로 관련 사업 글로벌 시장점유율 1위를 기록한 바이오스페이스 등은 증권가에서도 주시하는 바이오 업체들이다.

유전자 시장을 주목하라

바이오 산업 내에서 유전체 분석, 분자진단, 유전자 치료제는 유전자를 매개로 밀접하게 연관되어 있는 비즈니스이다. 유전체 분석을 통해서 도출되는 질병 원인 유전자는 분자진단 및 유전자 치료제의 타깃이 된다. 이처럼 개인 유전체 분석 및 맞춤형 의료 시대가 도래함에 따라 분자진단 및 유전자 치료제 시장이 새롭게 부각되고 있는 것이다.

세계 유전체 분석 시장 규모는 2014년을 기점으로 86억 달러에 이를 것으로 전망된다. 인간 유전체 해독 비용 1,000달러 시대가 오는 2014년이 도래하게 되면 개인 유전체 분석 및 맞춤형 의료 서비스 시대가 함께 열리는 것이다. 개인 유전체 분석 및 맞춤형 의료 서비스는 질병 예측, 질병 예후 및 약물 유전체학 활용을 기반으로 바이오 비즈니스의 패러다임을 바꿀 것으로 전문가들은 관측하고 있다. 다만, 유전체 해독 데이터 저장 및 처리, 유전자 변이 및 질병 상관관계 규명, 의료보험 적용, 유전자 정보 보호, 유전자 특허권은 선결 과제다.

한편, 세계 분자진단 시장 규모는 2016년에 53억 달러에 이를 전망이다. 분자진단은 질병 유전자를 활용하여 기존 체외 진단 대비 정확성, 신속성, 동시 다중 진단, 잠복기 진단 등에서 경쟁력을 갖춘 분야다. 향후 분자 표적 항암제, 바이오시밀러 상용화시 분자진단 시장성이 확대될 것으로 전망된다.

아울러 세계 유전자 치료제 시장 규모는 2015년에 4.8억 달러로 추정된다. 유전자 치료제는 기존 치료법의 보완책으로 머지않아 상용화가 가능할 것으로 판단된다. 유전자 치료제는 다수 유전자 활용 질병 치료, 기존 유전자 재조합 의약품 대비 낮은 생산 원가 경쟁력 등의 장점을 지니고 있다.

이처럼 유전자 비즈니스는 21세기 바이오 산업의 새로운 화두가 될 전망이다. 이미 선진국을 중심으로 활발한 연구가 진행되고 있으며, 이와 발맞춰 비즈니스 모델도 개발되고 있다. 가치주를 추구하는 투자자라면 유전자 비즈니스는 꽤 매력적인 테마가 아닐 수 없을 것이다.

레드 바이오 | 헬스케어

예방

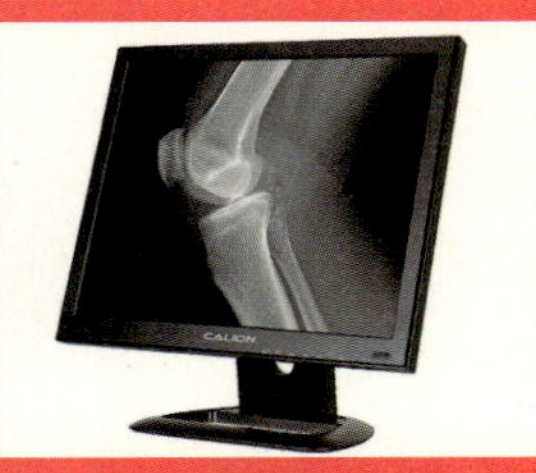

녹십자, LG생명과학, SK케미칼, 마크로젠, 뷰웍스, 삼성메디슨, 기타 의료기기 회사

진단

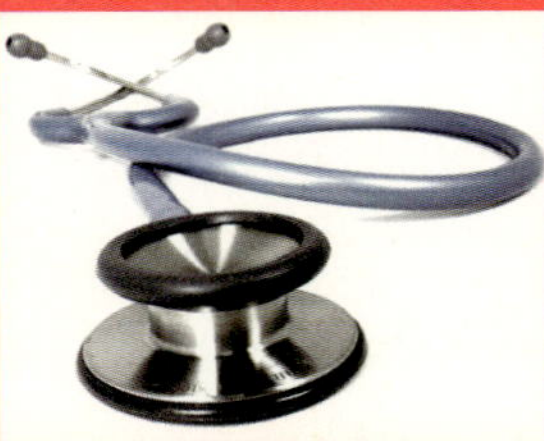

삼성테크윈. 씨젠, 아이센스, 바이오니아, 인포피아, 나노엔텍

치료(합성의약)

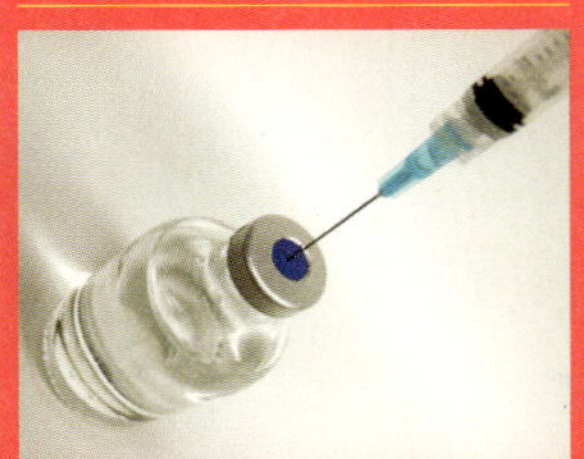

에스텍파마, 종근당바이오, 하이텍팜, 바이오톡스텍, 크리스탈지노믹스 및 한미약품, LG생명과학, 동아제약 등 전통 제약 업체

관리

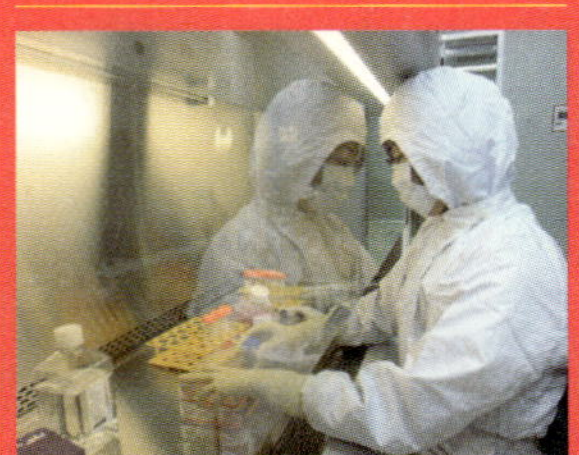

유비케어, 코오롱글로벌, 인성정보, 비트컴퓨터, 메디포스트

바이오시밀러

항체
이수앱지스

유방암
셀트리온

C형간염
한올바이오파마

당뇨병
LG생명과학

관절염
셀트리온, 이수앱지스, 한화케미칼, LG생명과학

아토피
한올바이오파마

세포치료제

뇌경색
파미셀

망막세포상피치료
차바이오앤

심근경색
파미셀

무릎연골
메디포스트

화이트 바이오	대체에너지	그린바이오

바이오 디젤·가스

SK케미칼, 이지바이오

그린푸드

CJ제일제당, KT&G, 대상, 풀무원,
아모레퍼시픽

식량생산성

현대중공업, STX, 이지바이오, 팜스토리,
농우바이오

>> 의료기기 밸류 체인 및 시장 규모 | 주·글로벌 기준, 괄호 안은 비중

정형외과용 의료기기

관절치환술, 뼈수복, 척추 임플란트, 생체적응
재료

국내
솔고바이오메디칼, 코리아본뱅크, 유엔아이

해외
Johnson&Johnson, Zimmer, Depuy, Stryker

치과용 의료기기

치과용 드릴, 주사기, 진료대, 치과 재료 등
치과용 장비

국내
오스템임플란트, 덴티움, 디오, 신흥, 바텍,
희성엥겔하드

해외
Densply, Danaher, Nobel Biocare,
3M Healthcare

영상 진단기기

X-ray, 초음파, CT, MRI, DR, 감마카메라,
골밀도 측정기, 내시경, 적외선 진단기

국내
삼성메디슨, 리스템, 바텍, 뷰웍스

해외
GE, Siemens, Philips, Toshiba, Hitachi,
Olympus

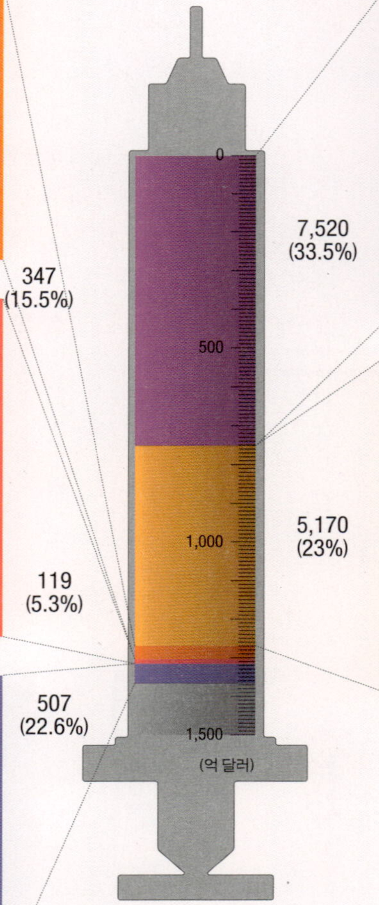

기타

치료·수술 기기, 재활·한방 의료기기,
생체계측신호기기, 의료정보시스템 등

국내
아이티시, 대성공업, 메리디안, 인피니트헬스케어,
비트컴퓨터, LG CNS

해외
Accuray, ConMed, OttoBock, OG Giken, Agfa,
GE Healthcare

의료용 소모품

창상관리, 주사기, 콘돔, 탄력밴드, 콘텍트렌즈,
카테터

국내
유니더스, 한국라텍스, 베스콘, 루시드코리아,
한독옵텍

해외
Johnson&Johnson, Becton Dickinson,
Medtronics, Carolon, Chemilens

글로벌 헬스케어 시장 영역별 규모

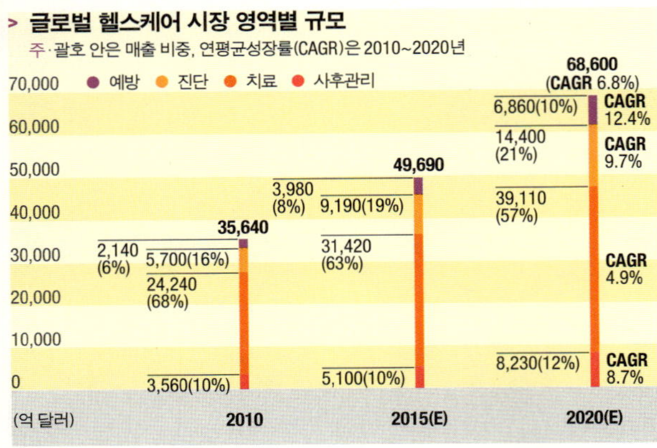

글로벌 의약품 시장 현황 및 전망

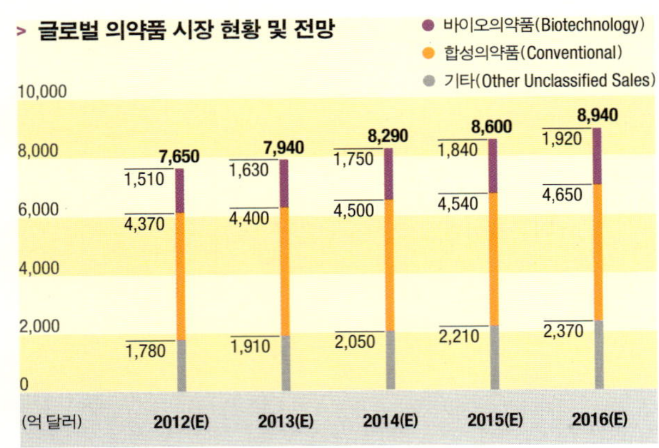

금액 기준, 선진국 대비 국내 제네릭 비중

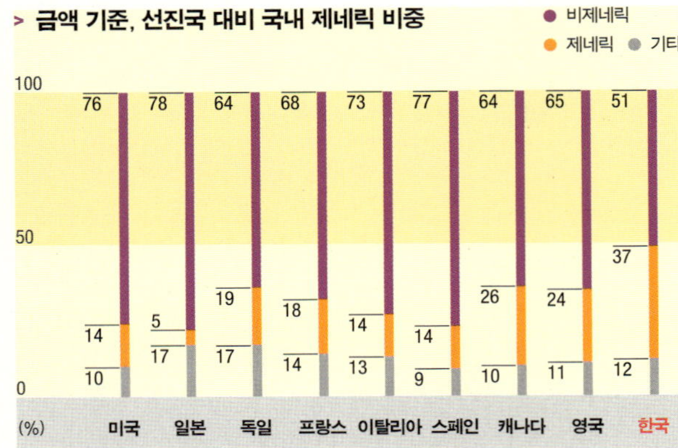

수량 기준, 선진국 대비 국내 제네릭 비중

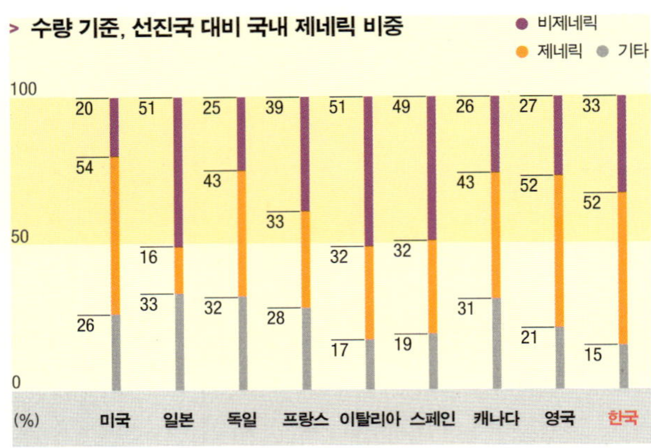

OECD 국가별 1인당 의료비 연평균 증가율

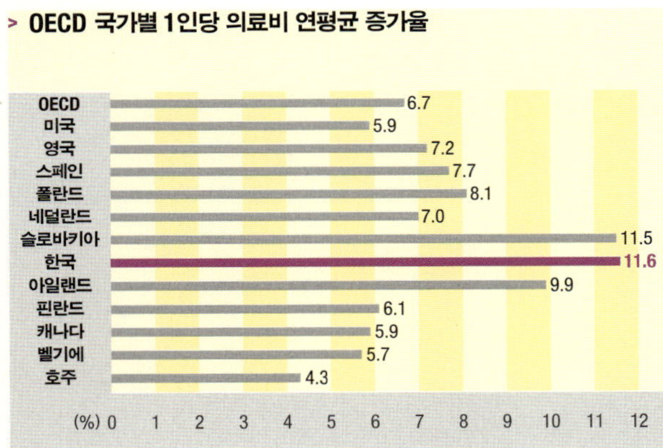

국내 60세 이상 의료비 증가율

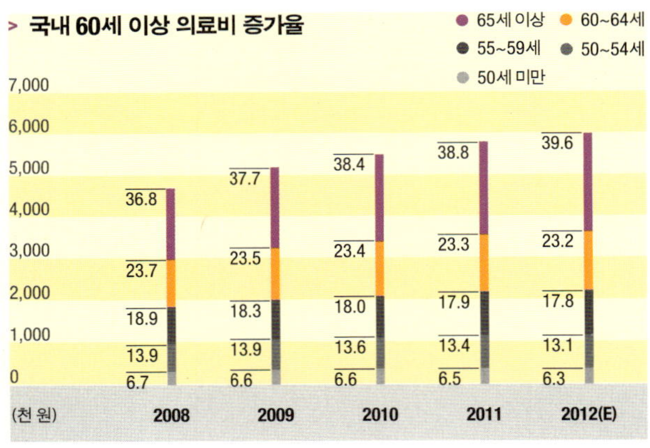

지역별 제약 산업 규모 및 전망

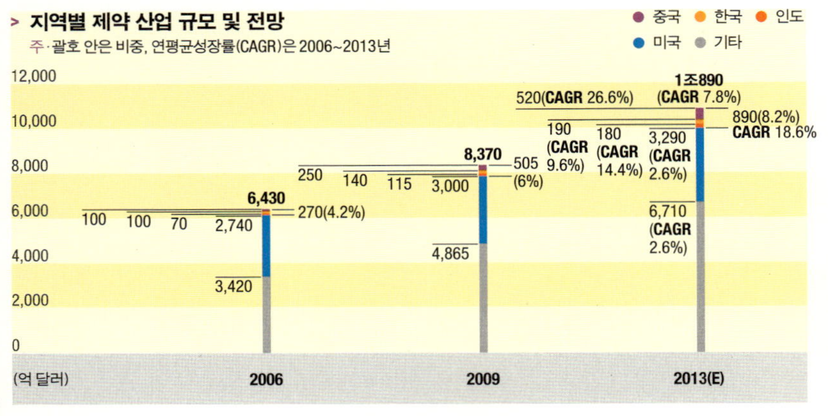

글로벌 의약품 소비 기준 점유율

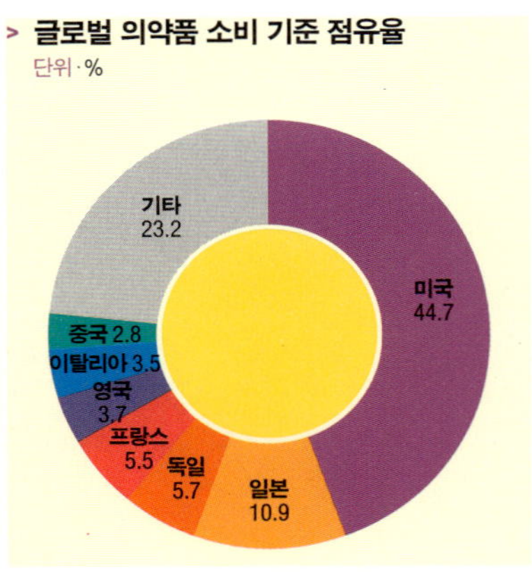

> 진단 산업 진화 과정

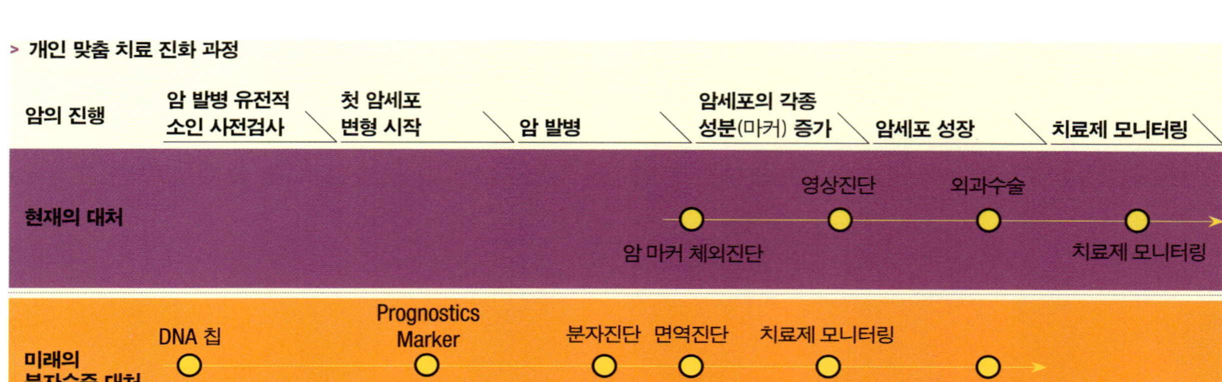

> 개인 맞춤 치료 진화 과정

> 체외 진단 시장 성장 추이

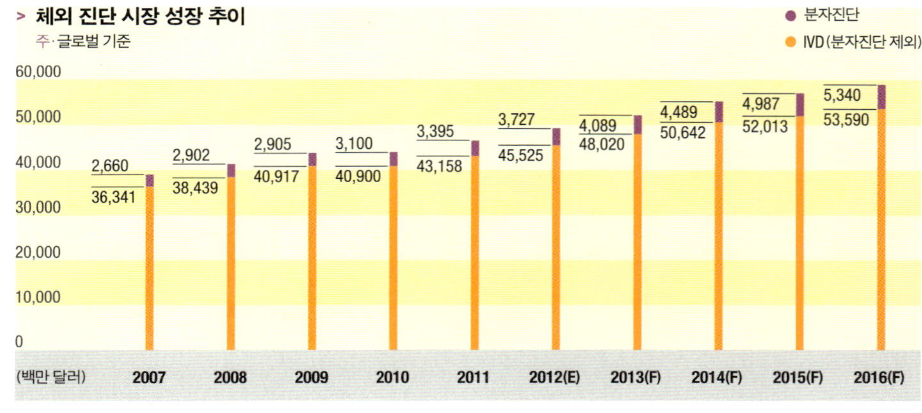

- 분자진단은 질병 유전자를 활용하여 기존 체외진단에 비해 정확성, 신속성, 동시 다중 진단, 잠복기 진단 경쟁력 보유 → 바이오시밀러 사용화시 분자진단 시장 확대 예상.
- 바이오 산업에서 '유전체 분석'(2014년 글로벌 시장 규모 86억 달러)을 통해서 '분자진단' 및 '유전자 치료제'(2015년 글로벌 시장 규모 4.8억 달러)의 타깃이 됨.

> 글로벌 분자진단 시장 지역별 비중

단위·%

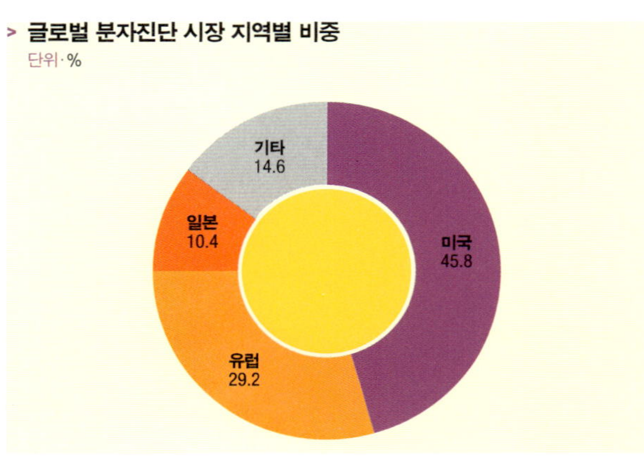

> 글로벌 분자진단 시장 업체별 비중

단위·%

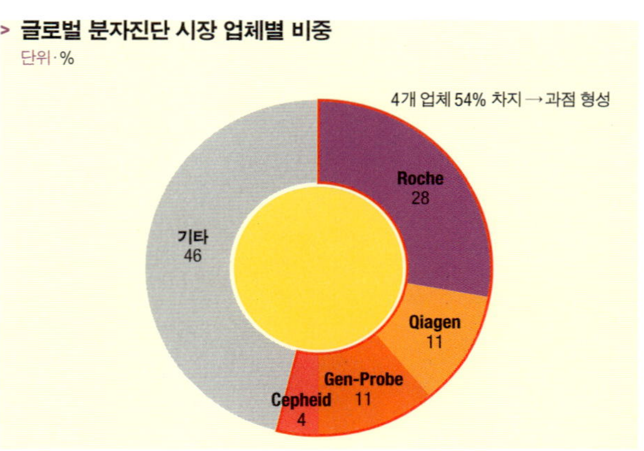

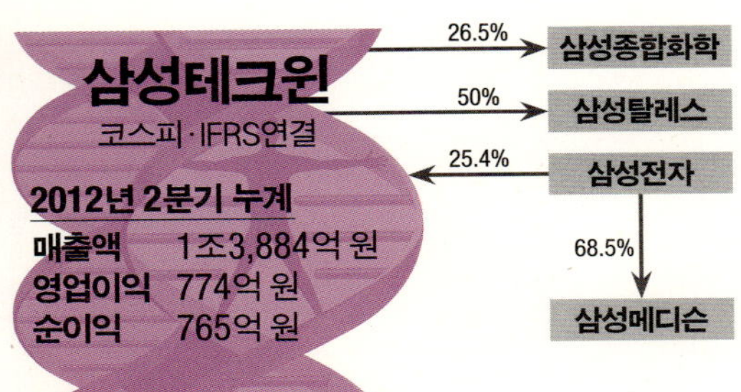

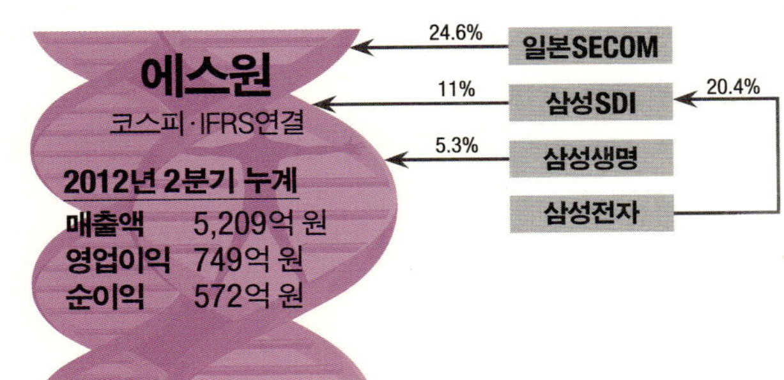

투자 포인트
- 삼성그룹이 추진하고 있는 바이오, 의료기기 사업 다각화의 일환으로 동사가 의료 장비 및 진단 장비 사업 담당.
- 삼성그룹은 의료기기 업체 메디슨 인수에 이어 맙테라(림프종암과 류마티스관절염)의 바이오시밀러 IND(임상 시험 승인 계획서) 신청→이는 삼성그룹이 바이오 사업에 대한 투자의지를 밝힌 이후 처음으로 이루어지는 구체적인 행보임.

투자 포인트
- 2010년 자동 심장 제세동기(AED) 출시하면서 의료기기 사업 진출.
- 삼성전자, 삼성테크윈과 함께 그룹 내 바이오, 의료기기 사업의 3각 편대 이룸.
- 분묘 분양 및 연간 6조 원으로 추산되는 장례서비스업 및 실버 관련 사업 주목.

> **삼성그룹 5대 그룹 신수종 사업에 '바이오·헬스케어' 사업 포함**

사업 분야	주요 사업 주체	2020년까지 투자액	2020년 예상 매출	고용 효과	기타
바이오, 헬스케어	삼성전자, 삼성의료원, 에스원	2조1,000억 원	1조8,000억 원	710명	바이오시밀러 중심, 글로벌 M&A 가능
의료기기	삼성전자, 삼성테크윈, 삼성메디슨, 삼성의료원	1조2,000억 원	10조 원	9,500명	IMF 때 철수했던 사업, 10여 년 만에 재진출
LED	삼성LED	8조6,000억 원	17조8,000억 원	1만7,000명	전체 금액의 37%, LED조명 등 강화
자동차용 전지	삼성SDI	5조4,000억 원	10조2,000억 원	7,600명	삼성SDI 이미 글로벌 경쟁력 확보, 시장주도권 강화
태양전지	삼성전자	6조 원	10조 원	1만 명	상반기 100MW 태양전지 생산라인 구축

- 50조 원의 매출 목표 설정 및 45,000명의 고용 증대 효과 전망.
- 향후 2020년까지 태양전지, 전기자동차용 전지, LED, 바이오·헬스케어, 의료기기를 그룹의 미래 신수종 사업으로 선정.
- 총 투자 금액 23조3000억 원 결정 → 미래 신수종 사업에 대한 의지를 확고히 밝히는 계기.
- 과거 반도체, 휴대폰, 디스플레이, TV 등 생활가전 및 부품에서 성장을 이루었다면 미래에는 녹색, 에너지, 건강 관련 사업에서 고부가가치 창출 목표.

> **삼성그룹 바이오·헬스케어 사업구조도**

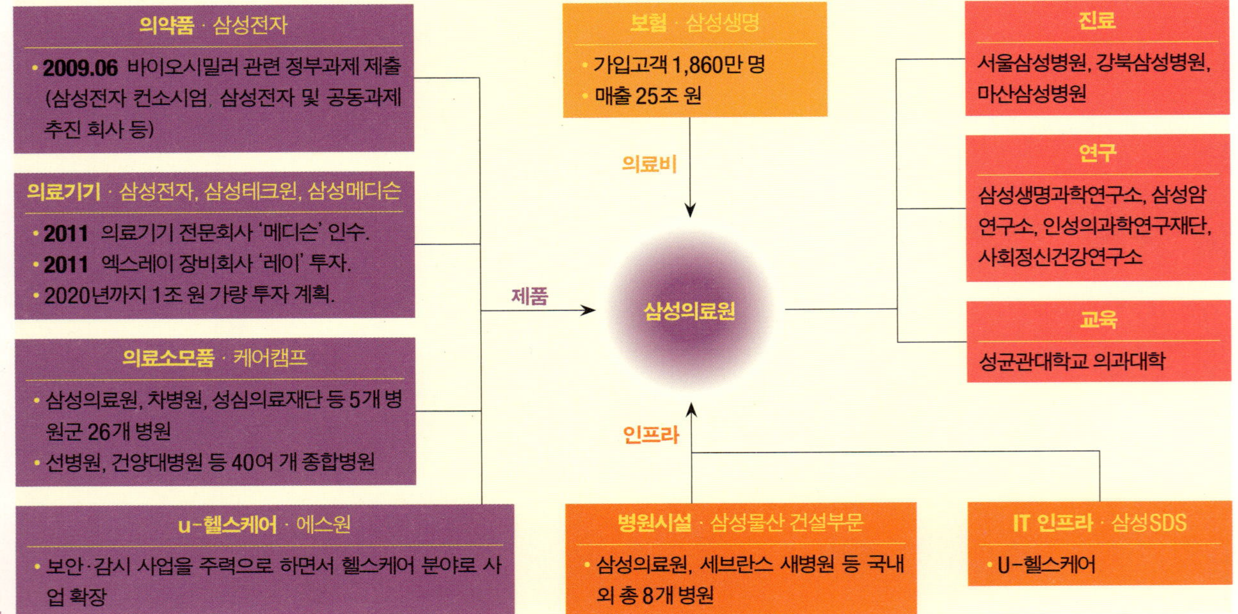

LG생명과학

코스피·IFRS연결

2012년 2분기 누계

매출액	1,810억 원
영업이익	-65억 원
순이익	-50억 원

30.4% ← (주)LG

투자 포인트

- 바이오시밀러 사업에 대한 LG그룹의 승인 하에 엔브렐을 비롯해 관절염, 항암제 바이 오시밀러 연구 및 생산 본격화.
- 세계에서 다섯 번째, 국내에서는 최초로 당 뇨병 치료신약(DPP-4 inhibitor) 개발.
- 당뇨병 치료제 '제미글로'가 국산 19호 신약 으로 품목 허가 받음. 혼합 백신도 WHO PQ (사전 적격 심사) 통과 예상됨.
- DPP-4 inhibitor는 현재 중국, 한국, 인도에 서 임상 3상을 진행 중→2012년 국내에 이 어 2013년 중국 출시 전망.
- 매출액 중 약 45% 이상이 해외 수출. 특히 이 머징 마켓 중심의 매출액 성장률이 매우 높음 →고부가가치 바이오 의약품 수출 증가에 따 른 고정비 감소로 영업이익 개선 전망.

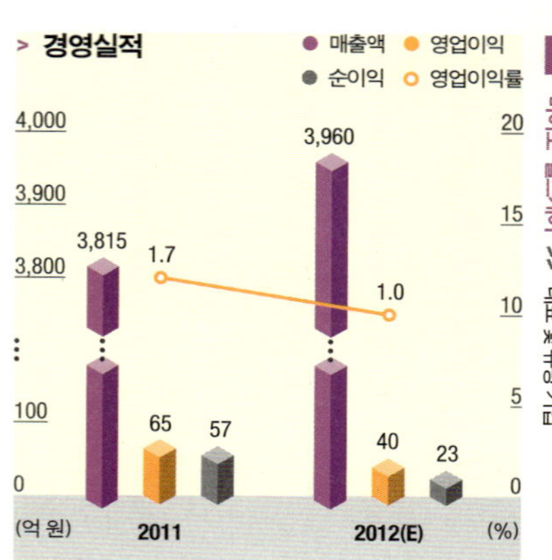

> **'제미글로' 글로벌 시장 진출 일정**

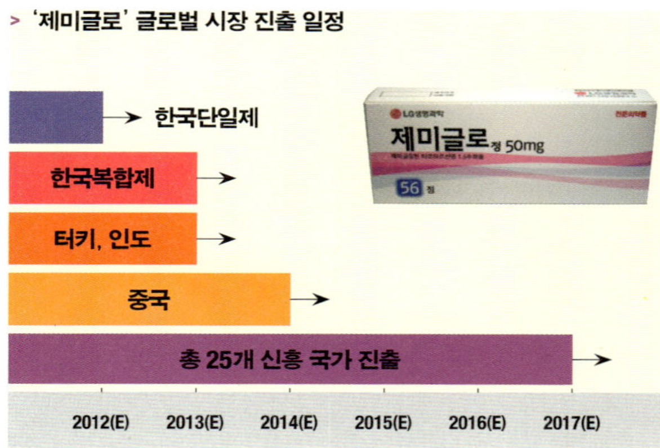

> **당뇨병 치료제 'DPP-4 Inhibitor' 성장 전망**

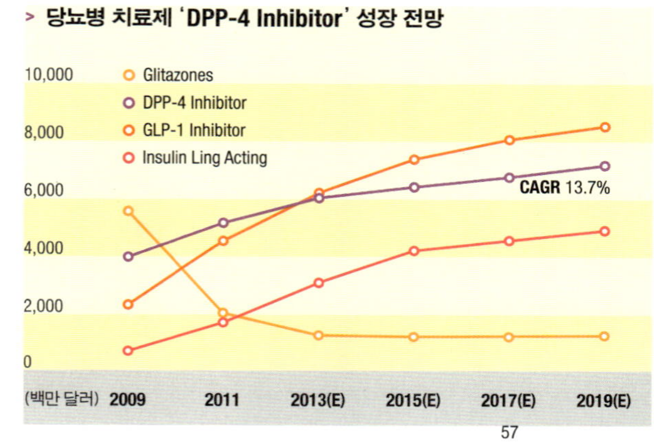

57

메디톡스

코스닥·IFRS별도

2012년 2분기 누계

매출액	164억 원
영업이익	94억 원
순이익	78억 원

정현호 및 특수관계인 21.6%
템플턴자산운용 11%

투자 포인트

- Allergan이 판매 중인 보톡스의 바이오시밀러를 개발해 '메디톡신'이라는 브랜드로 판매.
- '메디톡신'은 미용뿐만 아니라 뇌성마비 등 치료제로도 쓰이며 보톡스와 효능은 동일하나 가격이 20~30% 저 렴해 기존 보톡스 대체 기대.
- 2012년 태평양제약과 공동 판매 계약 체결로 직접 판매 권리 확보하여 외형 성장 및 유통 마진 개선.
- 최근 각광받고 있는 '쁘띠성형'의 대표 제품인 '필러'를 2013년 초에 출시 예정.
- 과거 5년 평균 ROE는 31.8%이며 2011년 영업이익률 은 36.6%로 글로벌 경쟁사 대비 월등히 높은 점 주목.

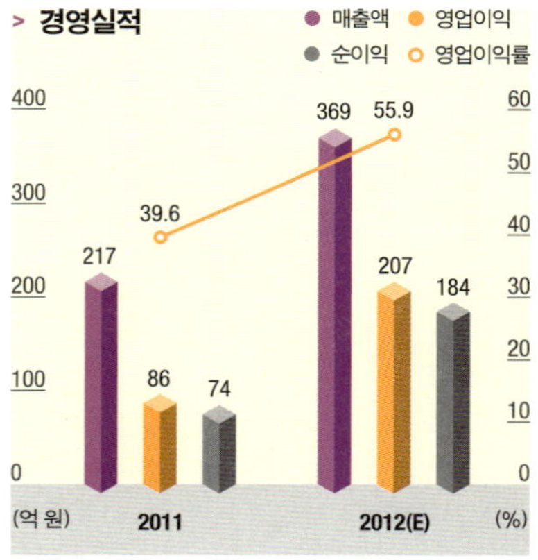

> **미국 Allergan사의 보톡스 매출액**

> **제품 및 적용 분야**

제품적용	분야	단계	출시
메디톡신 200U (치료)	안검 경련, 뇌성마비, 만성 편두통, 전립선비대증, 사시, 근긴장이상	승인	2011년
메디톡신 50U, 100U (피부 미용)	눈가 주름, 사각턱, 종아리 교정, 다한증, 잇몸웃음	승인	2011년
필러 (피부 미용)	콧대, 팔자 주름	국내 임상 중, 유럽 CE 인증	2013년

씨젠

코스닥·IFRS별도

2012년 2분기 누계

매출액	232억 원
영업이익	65억 원
순이익	53억 원

투자 포인트

- 유전자 진단 기술 및 시약 개발 사업 영위. 특히 분자진단 DNA, RNA, 단백질 등의 유전자형 검사, 돌연변이, 바이오 화학적 변화 진단에 있어서 원천 기술 보유.
- 2012년 5월 듀폰 대상 식품안전 검사에서 분자진단 제품 개발 계약 체결.
- 신규 대형 건강검진센터 대상 분자진단 제품 공급 계약 추진 → 대형 B2B 계약 성과는 동사 중장기 성장 동력으로 작용할 전망.
- 2008년 미국의 초대형 검진센터 바이오레퍼런스사(국제 인증 검사 전문 기관)와 성감염증 원인균 검사 제품 공급 계약 체결. 현재 미국 14개 주에서 해외 매출 발생.

> **경영실적**

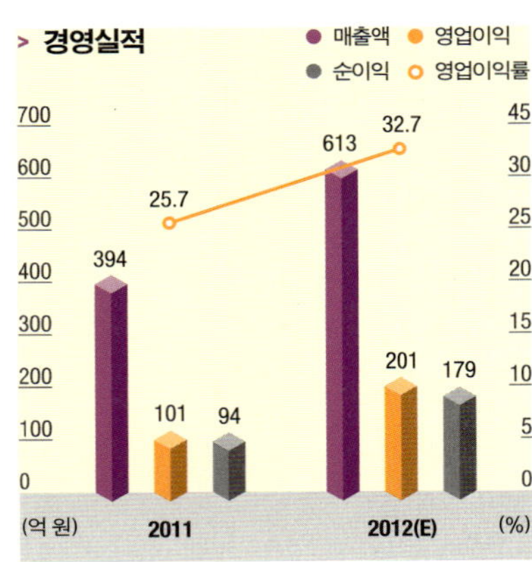

> **내수·수출 매출 비중 전망**

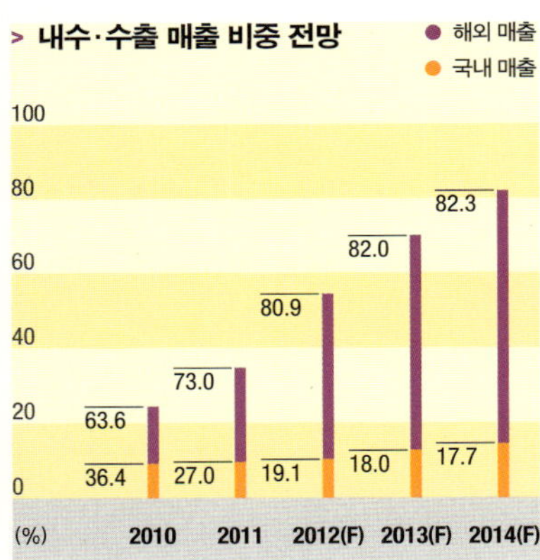

> **제품별 매출 비중**

단위·%

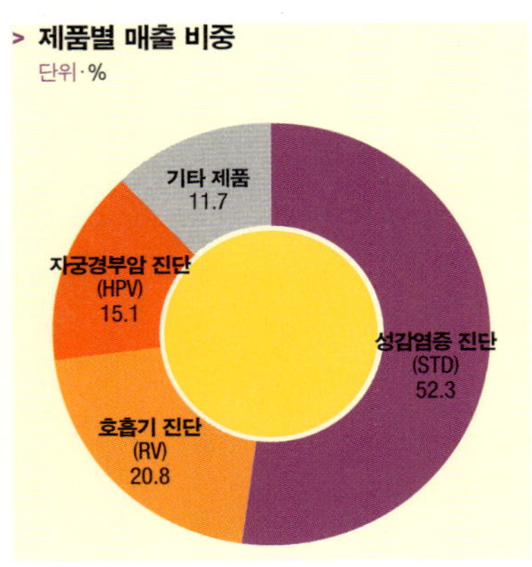

> **바이오레퍼런스향 매출 현황**

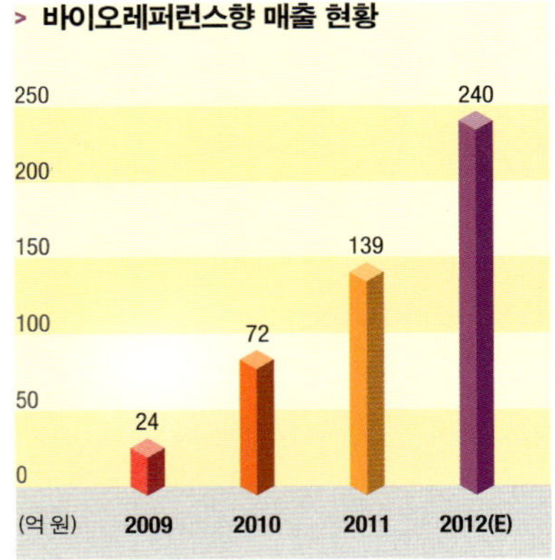

디엔에이링크

코스닥·IFRS별도

2012년 2분기 누계

매출액	43억 원
영업이익	2억 원
순이익	3억 원

투자 포인트

- 유전체 분석 및 연구 관련 토털 솔루션 제공 업체.
- 유전체 분석 사업으로 축적된 기술 활용하여 개인 유전체 분석 서비스 DNAGPS 출시.
- 향후 분자진단 및 개인 식별 유전자 분석 칩 등 맞춤 의학 시장 진출 계획.

> **국내·외 유전체 분석 시장 규모 전망**

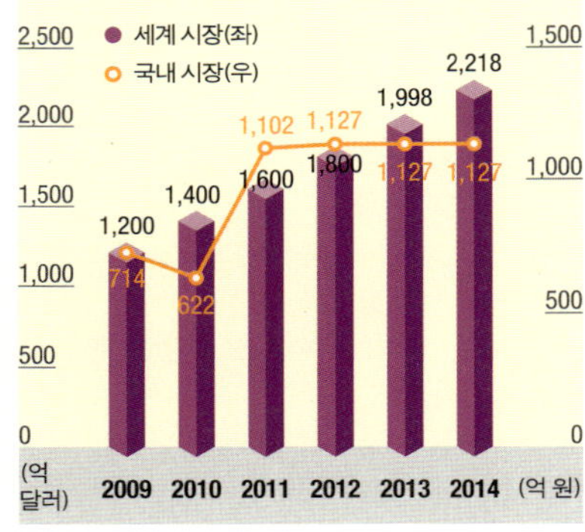

> **경영실적**

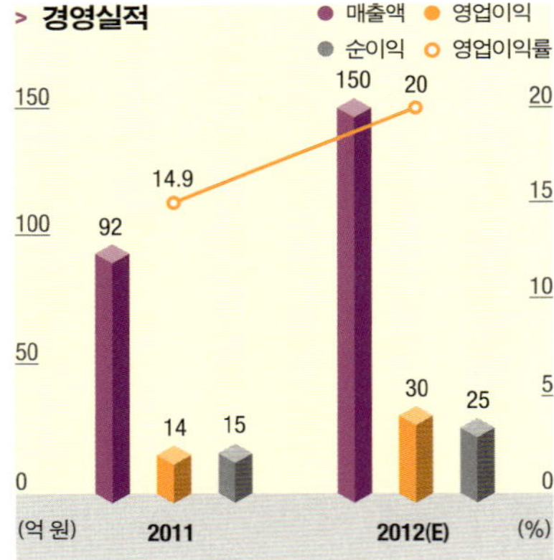

셀트리온

코스닥·IFRS별도

2012년 2분기 누계

매출액	1,600억 원
영업이익	883억 원
순이익	822억 원

투자 포인트

- 2012년 7월 세계 최초로 레미케이드 바이오시밀러 '램시마' 식약청 허가 취득 → 류머티즘 관절염, 강직성 척추염, 궤양성 대장염, 크론병, 건선에 대한 적응증 허가. 허가 이후 국내외 판매 시작 임박.

> **레미케이드 지역별 매출 비중**

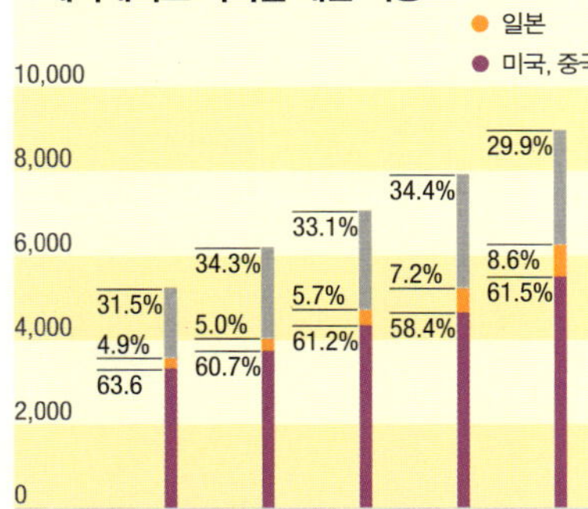

> **경영실적**

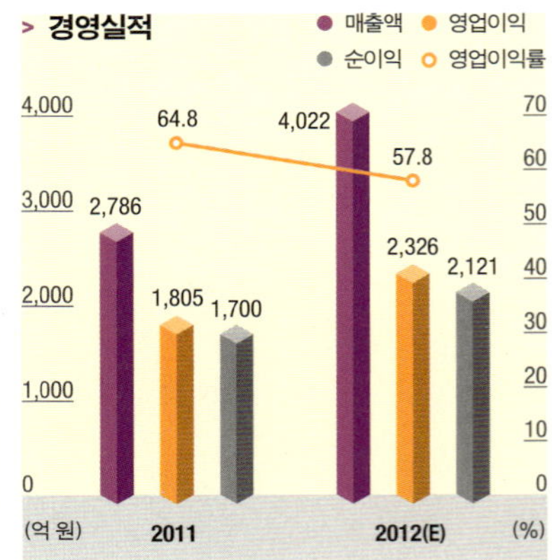

한올바이오파마

코스피·IFRS별도

2012년 2분기 누계

매출액	368억 원
영업이익	-22억 원
순이익	-23억 원

투자 포인트

- 차세대 바이오베터와 기능성 복합 신약 개발 업체.
- 바이오베터(biobetter)란 오리지널 바이오 의약품에 새로운 기술을 적용하여 편의성이나 약효 등을 개량한 것으로 이러한 차별성을 바탕으로 2010년 기준 43억 달러 매출을 올리며 시장 급성장.
- 2세대 블록버스터 바이오의약품들이 2015년을 전후하여 특허권 존속 기간이 만료될 예정이므로, 바이오베터 개발 및 시장 진입은 지금이 최적 기회.
- 바이오베터는 바이오의약품의 성능을 개선한 품목이므로 바이오시밀러와 달리 독자적인 특허가 인정됨.
- 동사는 C형 간염 치료 바이오베터 '한페론 주사제'의 미국 임상 2상 시험 완료함.

> ### 경영실적

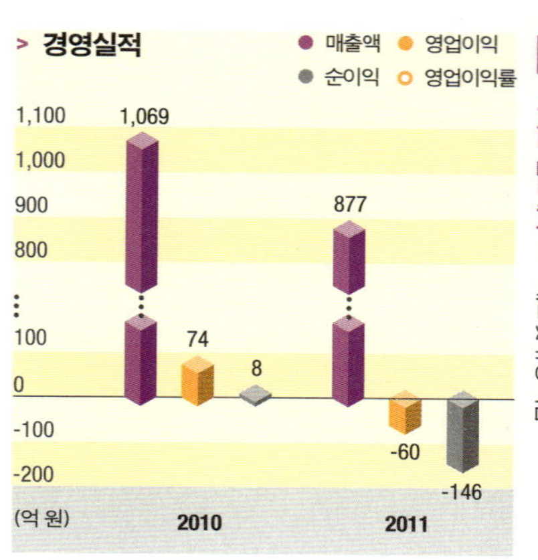

동아팜텍

코스닥·IFRS별도

2012년 2분기 누계

매출액	55억 원
영업이익	25억 원
순이익	26억 원

투자 포인트

- 모회사인 동아제약(동사에 대한 지분 25.2% 보유)이 개발한 발기부전 치료제 자이데나의 미국, 캐나다, 러시아, 멕시코 판권 보유 → 현재는 러시아에서만 자이데나 관련 해외 매출 발생하고 있음.

> ### 발기부전 및 전립선 관련 해외 라이선싱 계약 체결 현황

- **북미** | 2008년 나스닥 상장사인 Warner Chilcott에 발기부전 치료제로 2천4백만 달러 및 2010년 전립선비대증 치료제로 4천5백만 달러를 합해 총 6천9백만 달러 계약금(Upfront)과 마일스톤(Milestone) 그리고 상용화에 따른 러닝 로열티로 매출액의 10%를 지급받는 조건으로 계약 체결.
- **멕시코** | 일본 다케다제약에 인수된 스위스에 본사를 둔 Nycomed사와 2011년 9월 발기부전 및 전립선비대증 치료제로 계약금 4백만 달러 및 상품화에 따른 러닝 로열티로 매출액의 15%를 지급받는 조건으로 계약 체결.
- **러시아** | 현지 2위 제약 업체인 Valenta사와 2007년 발기부전 치료제 독점 수출 공급 계약 체결.

> ### 경영실적

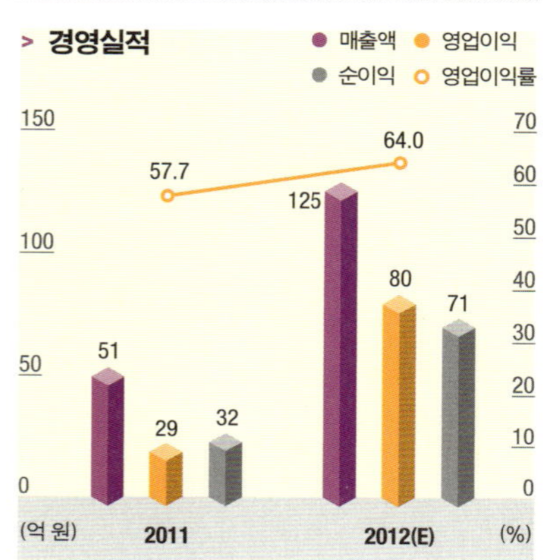

뷰웍스

코스닥·IFRS별도

2012년 2분기 누계

매출액	233억 원
영업이익	62억 원
순이익	53억 원

투자 포인트

- 의료용 영상 솔루션 및 초고해상도 산업용 카메라 전문 의료기기 업체.
- 2011년 FP-DR 개발 완료 → 유럽, 미국 인증 취득 후 2012년 매출 발생하여 향후 성장 견인 예상.

> ### FP-DR이 쓰이는 의료 장비

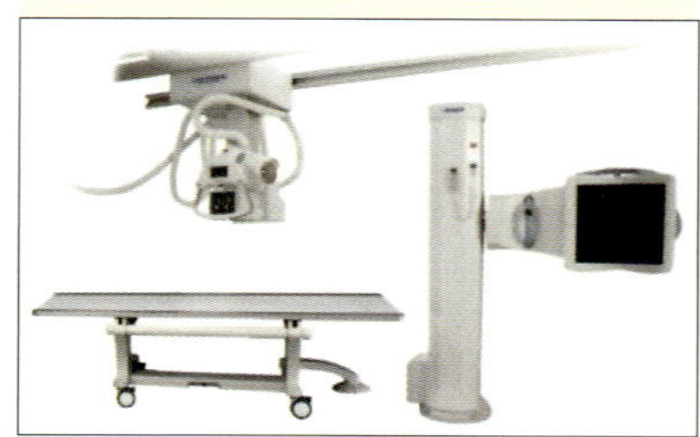

> ### 경영실적

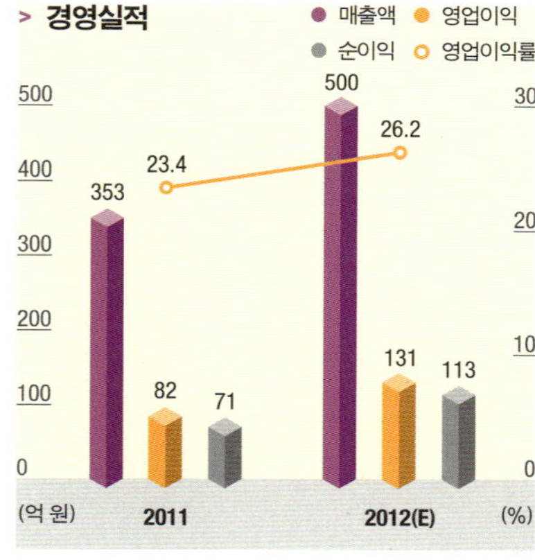

바이오스페이스

코스닥·IFRS별도

2012년 2분기 누계

매출액	126억 원
영업이익	25억 원
순이익	28억 원

투자 포인트

- 체성분분석기 'Inbody'로, 관련 사업 글로벌 시장점유율 1위 영위.
- GE헬스케어 등 세계 50개국 현지 대리점 영업망 확대.
- 세계 최초로 4극 8점 터치식 전극법 개발.

> ### 전문가용 체성분 분석기 시장점유율

단위·%, 주·괄호 안은 매출액, 글로벌 기준

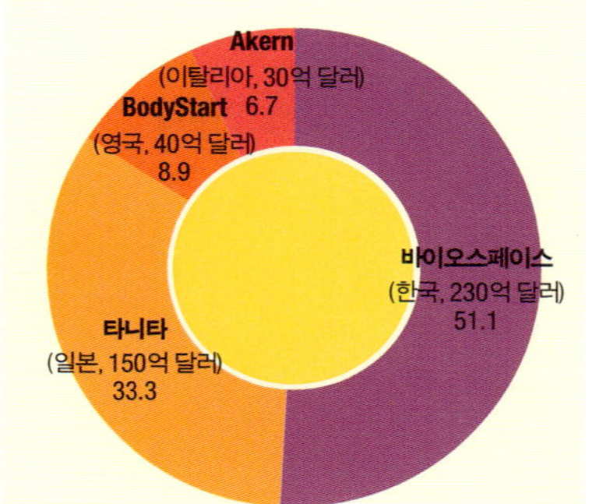

> ### 가정용 체성분 분석기 시장점유율

단위·%, 주·괄호 안은 매출액, 글로벌 기준
바이오스페이스(한국, 5억 달러) 0.1

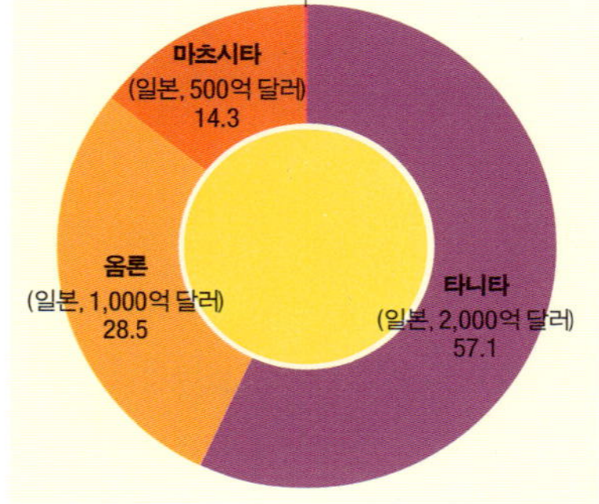

기술 경쟁력에서
어떻게 승자가 될 것인가

국내 로봇 산업이 새롭게 재조명받고 있다. 로봇은 전통적으로 제조업 안에서 공작기계 형태로 발전해 왔지만, 최근 새로운 개념과 기술의 융합을 통해 고부가가치 산업으로 다시 태어나고 있다.

세계 4위권의 국내 로봇 산업

미국과 일본이 주도하는 글로벌 로봇 시장은 하루가 다르게 빠른 속도로 성장해 나가고 있다. 전 세계 시장의 약 60%를 차지하는 제조용 로봇 분야는 LCD와 자동차 등 제조업이 활발한 일본이 강세를 보이고 있다. 서비스용 로봇 분야도 꾸준한 성장세를 보이며 2007년 이후 연평균 18.3%의 높은 성장률을 기록 중이다. 특히 전문서비스 로봇 분야는 세계 최고의 원천 기술을 확보하고 있는 미국 등 선진국을 중심으로 국방과 의료 산업으로 확대되고 있다.

우리나라의 로봇 산업은 제조용 로봇이 주를 이루는 가운데 서비스용 로봇도 점차 부상하고 있다. 우리나라의 제조용 로봇 글로벌 시장점유율은 약 10% 내외로, 일본과 미국, 독일에 이어 세계 4위권 수준이다. 선진국에 비해 아직 규모가 작은 국내 서비스용 로봇 시장은 지난 2010년부터 급성장세를 이어가고 있다. 다만, 국내 로봇 업체들 중 절반 이상이 매출액 10억 원 미만이고, 기업의 규모면에서도 중소기업이 전체의 90% 가까이 된다는 점은 한계로 지목되고 있다.

대기업들의 시장 선점 경쟁 본격화

최근 로봇 산업의 성장성이 부각되면서 국내 대기업들이 속속 시장 진출을 서두르고 있다. 이동형 감시 로봇 시장에 진출한 삼성테크윈은 로봇 사업을 차세대 성장 동력으로 지정했다. 산업 현장에서 무인화와 자동화를 실현할 지능형 로봇 솔루션을 통해 로봇 시장의 선두주자로 등극하는 것을 목표로 삼고 있다. 포스코도 산학 협력을 통해 연구 프로젝트팀을 설립한 후 철강 산업용 로봇 개발에 전력을 쏟고 있다. KT는 유아를 위한 교육용 로봇인 '키봇1'을 출시하는 등 사업 확장에 열을 올리고 있으며, 동부그룹 역시 2010년 다사로봇 인수를 계기로 로봇 사업에 뛰어 들어 투자를 늘려 나가고 있다. 국내 굴지 대기업들의 로봇 시장 선점 경쟁이 드디어 본 궤도에 진입한 것이다.

무인화 로봇계의 작은 거인으로 불리고 있는 퍼스텍은 최근 비행 로봇 개발 국책 사업 주관사로 선정됐다. 퍼스텍은 지상과 유도 무기 분야에서의 축적된 기술을 바탕으로 다목적 소형 로봇 'SCOBOT'을 개발해 출시했다. SCOBOT은 소형 로봇 가운데 가장 우수한 험지주행 성능을 보유하고 있다. 퍼스텍은 기존 로봇 관련 기술과 새로운 시스템의 융합으로 시너지 효과를 내고 있다. 이에 따라 퍼스텍의 향후 행보에 업계 전문가들은 큰 기대감을 갖고 예의주시하고 있다.

이디는 지능형 로봇 플랫폼 개발을 통해 로봇 사업에 진출한 업체다. 교육 장비 및 지능형 로봇, 전자계측기 제조 전문 업체로 지식경제부가 주관하는 산업 융합 원천 기술 개발 사업의 실버 로봇 개발 주관사로 선정되기도 했다. 특히 2012년에는 스마트그리드 실습 장비, 유치원생을 대상으로 한 어학 교육 로봇, 바이오 로봇(진단 검사용) 등에 역량을 집중하고 있다.

제조업 및 서비스용 로봇 생산 업체 동부로봇은 2010년 다사로봇을 인수한 후 본격적으로 연구 개발에 나서고 있다. 동부그룹은 동부하이텍의 시스템 반도체 사업 및 동부CNI의 IT 사업 등 기존 사업과의 시너지 효과를 기대하고 있다. 우선 생산 규모를 확대하기 위해 2011년 3,500평 규모의 천안 공장을 완공한데 이어 조만간 제2 공장을 신축할 예정이다. 또 로봇 산업 중에서도 차세대 사업 분야로 꼽히는 서비스용 로봇에 과감한 투자를 단행하고 있다. 국내 최초로 제작된 지능형 애완 로봇의 상용화 및 각종 시범 사업 참여 등으로 이미 성과가 나타나고 있다는 분석이다.

1999년 삼성테크윈에서 분사한 SMEC는 2020년 매출 5조 원을 목표로 하고 있다. SMEC는 교정 로봇과 화재 진압 로봇, 스쿨존 로봇 등 통신 기술을 접목한 전문 서비스 로봇을 다양하게 선보이고 있다. 기존에 보유하고 있는 통신 기술을 접목시켜 고도의 전문 로봇을 개발해 시장 지위를 선점한다는 계획이다. 향후 국내 로봇 산업의 시장 규모가 2020년 100조 원까지 성장할 것으로 예상되는 가운데, SMEC는 시장 선점을 위해 연구 관련 역량을 집중하고 있다.

정부 차원의 대규모 지원이 시급한 산업

세계 선진국들은 1960년대 초부터 제조용 로봇 개발에 착수해 상당한 기술력을 축적했고, 산업 생태계도 안착된 상태다. 일본 야스카와 독일 쿠카 등 글로벌 기업이 산업용 로봇 시장에서 주도권을 확보한 것도 국가 차원의 지원이 뒷받침됐기 때문이다.

로봇 산업 세계 최강국 미국은 원천 기술을 중심으로 응용 기술 개발에 집중하고 있다. 국방부와 과학재단(NSF) 주도로 국방, 우주 탐사, 스마트카 등 애플리케이션을 확장해 나가고 있다. EU도 회원국 간 협업을 통해 로봇 기술 개발이 한창이다. 복지와 교통 전문 서비스 분야에 투자를 집중하고 있는데, 관련 프로젝트에는 글로벌 기업도 다수 참여하고 있다.

개인용 서비스 로봇 분야에 대규모 투자를 단행하고 있는 일본은 이미 액추에이터, 센서/센싱 등 부품 부문에서 높은 수준의 기술력을 보유하고 있으며, 휴머노이드 보행 기술도 세계 최고 수준이다.

이에 비해 우리나라는 비록 시장은 세계 4위 규모로 커졌지만, 연구와 기술 개발에서는 초보 단계에 머무르고 있다. 기술력이 뒷받침 되지 않을 경우, 시장은 하루아침에 거품으로 전락할 수도 있다. 뒤늦게 정부가 나서 로봇을 미래 선도 산업의 6대 과제 가운데 하나로 지정하는 등 다양한 지원을 펼치고 있지만, 좀처럼 선진국과의 격차를 좁히지 못하고 있다.

상황이 이러하다보니 증권가에서도 지능형 로봇 관련 종목에 대해서 대체로 유보적인 입장이다. 거시적인 전망은 밝지만, 당장 유망 투자처로 지목되기에는 아직 가야할 길이 먼 듯해 보인다.

산업 현장에서 활약 중인 독일 쿠카가 만든 제조용 로봇.

>> 지능형 로봇 산업 체계도

지능형 로봇이란
외부 환경을 **인식**(Perception)하고, 스스로의 상황을 **판단**(Cognition)하여
자율적으로 **동작**(Mobility&Manipulation)하는 기계

제조업용 로봇

- 각 산업 제조 현장의 제품 생산에서 출하까지 공정 내 작업을 수행하기 위해 개발된 로봇.
- 초기 단순 가공·조립 공정을 수행해 오다가 정밀화·지능화 작업으로 확대되는 추세.
- 최근 바이오나 신약 제조 공정에도 활용됨.

전문서비스용 로봇

- 의료용, 재난극복용, 군사용, 건설작업용 등 다양한 전문 분야에서 활용.
- 인간이 직접 수행하기 어려운 극한 환경 및 특수 작업에 투입.
- 고도의 IT 기술과의 융합으로 고부가가치 창출.
- 특히, 의료 분야에서 초소형 마이크로 로봇을 응용한 혈관 치료, 각종 진단기기, 인공관절, 복강경 수술용 등으로 활용.

개인서비스용 로봇

- 인간의 일상생활에 유용한 제반 서비스를 제공하는 인간공생형 로봇.
- 청소 및 경비, 노인·장애인 재활, 취미 등 여가 지원을 위한 엔터테인먼트와 레저용, 외국어 학습을 위한 교육용 및 연구보조용 등 매우 다양.
- 국내에서는 휴머노이드(휴보) 개발로 세계 연구용 휴머노이드 시장 선점.

로봇 전후방 산업

- **로봇 부품 및 부분품 제조** | 제조업용 로봇, 전문서비스용 로봇, 개인서비스용 로봇 등의 생산에 필요한 각종 부품과 부분품 생산.
- **로봇 서비스** | 로봇을 활용하여 상품이나 서비스를 판매(예: 로봇으로 시술하는 병원이나 로봇 시스템을 도입한 전문 경비 업체 등).
- **로봇 임베디드** | 외형적으로는 로봇의 형상이 아니지만 로봇의 기술이 적용되어 있는 제품.

>> 국내 지능형 로봇 개발 현황 및 대표 업체

퍼스텍

개발
다목적 소형 로봇 'SCOBOT' 개발

영위 사업
방위 사업, 시스템 사업

이엠코리아

개발
자동차 부품, 항공기 부품, IT 부품 등의 특수 가공과 조립에 적용. 가공라인 줄이고 인건비 절감

영위 사업
자동차, 항공기 및 중공업 분야

이디

개발
신재생에너지, 바이오 관련 응용교육장비 등 개발

영위 사업
교육 사업, 실버 사업

유진로봇

개발
국내 최초로 유아 교육용 로봇 상용화, 2013년까지 전국 유치원 및 어린이집에 로봇 보급

영위 사업
지능형 서비스 사업, 완구 사업

동부로봇

개발
직각 좌표 로봇, 데스크톱 로봇, 지능형 애완 로봇 등

영위 사업
제조, 서비스용 사업

>> 지능형 로봇의 기술적 밸류 체인

> 연관 기술 모형도

인공지능 기술
- 지식 표현, 추론 엔진, 지식 학습, 환경 인식, context / sementics
- **표준화** | 국내-기획, 국외-개발 검토
- **기술수준** | 국내-설계, 국외-프로토타입

소프트웨어 아키텍처 기술
- 자율 행위 선택 매커니즘, 미들웨어, 임베디드 운영 체제, 로봇 통신망, 웹 기반 로봇 서비스 기술
- **표준화** | 국내-제정, 국외-개발 검토
- **기술수준** | 국내-시제품, 국외-상용화

네트워크 기반 소프트웨어 기술
- 네트워크 인프라, 로봇 서버, 소프트웨어 로봇, 웹 기반 로봇 기술
- **표준화** | 국내외-제정
- **기술수준** | 국내-시제품, 국외-상용화

기구
- 이동 기구, 감속기, 센서, manipulator, 구동기
- **표준화** | 국내외-개발 검토
- **기술수준** | 국내-시제품, 국외-프로토타입

지능형 로봇

로봇 하드웨어 플랫폼	로봇 소프트웨어 플랫폼
로봇 부품 및 장치·센서 기술	로봇 응용 기술
로봇 네트워크 기술	서비스 모델링 기술
영상·음성 인터페이스 기술	사용자 인식 기술
명령·의도 인식 기술	로봇 멀티모달 인터페이스
로봇 감지 및 인식 기술	실내 환경 모델링 기술
서비스 안정성 평가 기술	얼굴 인식 기술
로봇 소프트웨어 성능 시험 평가 기술	로봇 콘텐츠 표현 기술

감지 및 인지 기술
- 시각, 청각, 촉각, 후각, 미각, 공간감각, 감성인식, 복합감각(환경), 생체 인식 기술 등
- **표준화** | 국내외-개발 검토
- **기술수준** | 국내외-설계

인간-기계·컴퓨터 인터페이스 기술
- 사용자 인식, 명령 인식, 의도 인식, 음성 인터페이스 기술
- **표준화** | 국내-기획, 국외-개발 검토
- **기술수준** | 국내-설계, 국외-프로토타입

제어 기술
- 자기위치 추정, 지도 작성, 경로 계획, 보행 제어, manipulator 등
- **표준화** | 국내외-개발 검토
- **기술수준** | 국내-시제품, 국외-프로토타입

> 국내 지능형 로봇 산업 과제

정부
- 2003년 이후 정부에서 대규모 연구 개발 시작.
- 2011년부터 300억 원 규모의 시범사업 시작.
- 원천기술 보다는 실용 위주 기술에 치중(수요자 위주).

기업
- **산업용 로봇은 대기업 중심, 서비스용 로봇은 중소기업 중심으로 양극화.**
- 대기업은 9개, 중소기업은 120여 개 업체 → 중소기업은 자본금 100억 원 미만의 영세 규모.
- 원천기술적 한계 절감 → 장기적 관점의 연구 개발 시급

산업
- **연구 개발 주체와 수요처인 기업들의 상호 보완적 관계 미비.**
- 로봇 관련 센서, 부품 등의 인프라 부족.
- 서비스 프로바이더를 수용할 수 있는 체계 없음.

> 로봇 기술 융합 개념도

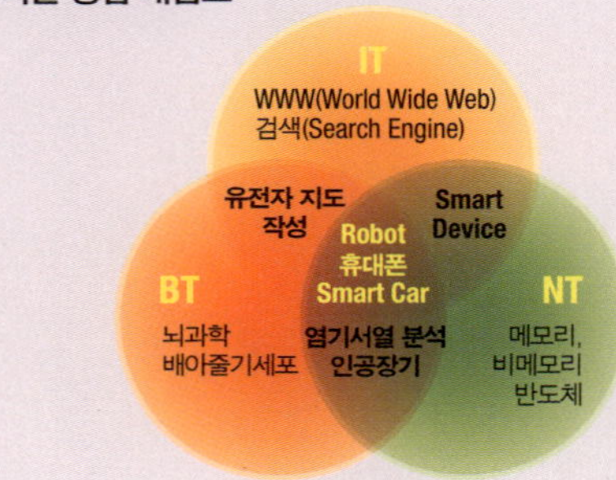

> 국내 지능형 로봇 기술 비전 및 표준화 계획

	1단계 · 2009~2011	2단계 · 2011~2013	3단계 · 2014~2018
비전 및 목표	**상용화 및 기술 사업화 중심** • 지능형 로봇의 품질인증 체계	**기술, 수요 창출, 인프라 연계** • 국제 표준화 활동 강화	**원천기술 확보** • 혁신 제품 및 서비스 보급 확산
기대효과	**경제적 효과** • 글로벌 시장 20% 점유, 총 고용 창출 8만 명 • 수출 70억 달러 달성, 전문기업 500업체 육성	**기술적 효과** • 건설, 의료, 국방 제조업 이외의 다른 산업과 융·복합 • 로봇 컨버전스를 통한 다양한 고부가가치 제품 창출	**사회적 효과** • 지능화, 감성화, 개인화, 모바일화 트렌드 반영한 새로운 서비스 창출 • 최상 로봇 환경 구축으로 robotopia 실현
표준역량 4P 강화	**Product** • 핵심 IPR, 표준 특허 개발 • 시장·기술 동반 성장을 위한 모듈화, 표준화, 플랫폼화	**People** • 핵심 원천 기술 및 연구 역량 확보를 위한 인전 교류 확대 • 로봇 기술 표준 전문 인력 양성	**Partnership** • 한중일 간의 전략적 제휴 • 국제 표준화 기구의 적극적 참여와 유대 강화 **Promotion** • 로봇 시장 형성을 위한 선택과 집중, 맞춤형 사업 지원 • 수요자 중심의 사업과 연계한 표준 마련
R&D 및 표준화	**지능형 로봇 시스템** • 로봇 하드웨어 플랫폼 기술, 로봇 네트워크 기술 • 로봇 소프트웨어 플랫폼 기술 • 부품 및 장치 기술, 센서 및 로봇 응용 기술	**로봇 – 인간 – 환경 상호 작용** • 서비스 모델링, 로봇 감지 및 인지 기술 • 멀티모달 인터페이스 기술 • 사용자 인식 기술, 영상·음성 인터페이스 기술	**서비스 및 활용 기술** • 실내 환경 모델링, 서비스 안정성 평가 기술 • 로봇 위치 인식, 내비게이션 API 기술 • 로봇 소프트웨어 성능, 시험 평가 기술

> 지능형 로봇 글로벌 시장 전망

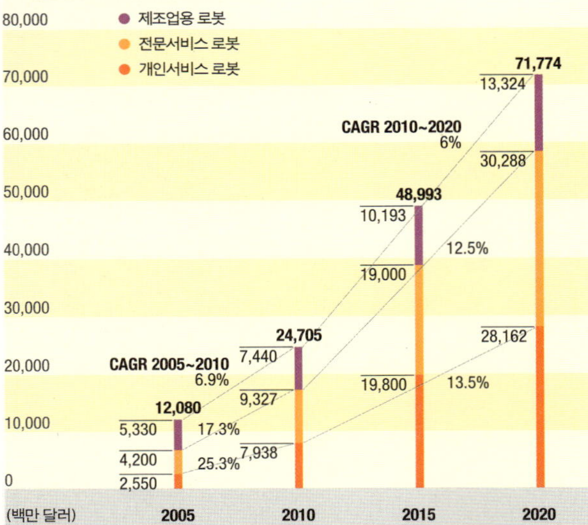

> 지능형 로봇 국내 시장 전망

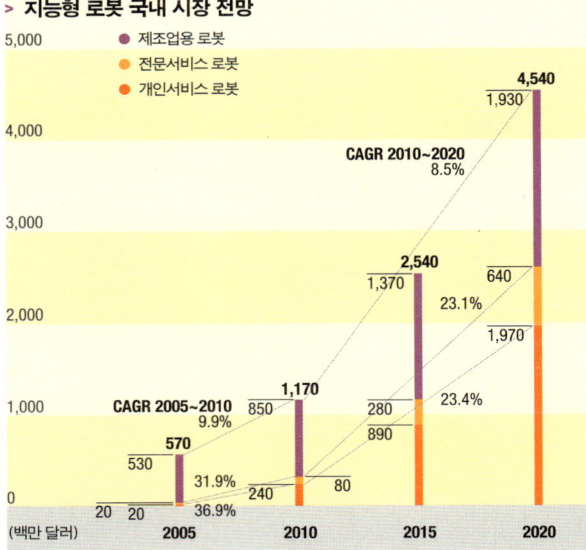

> 국내 지능형 로봇 관련 업체 추이

주·한국로봇산업진흥원에서 조사 요청에 응한 로봇 관련 업체를 기준으로 함, 괄호 안은 비중

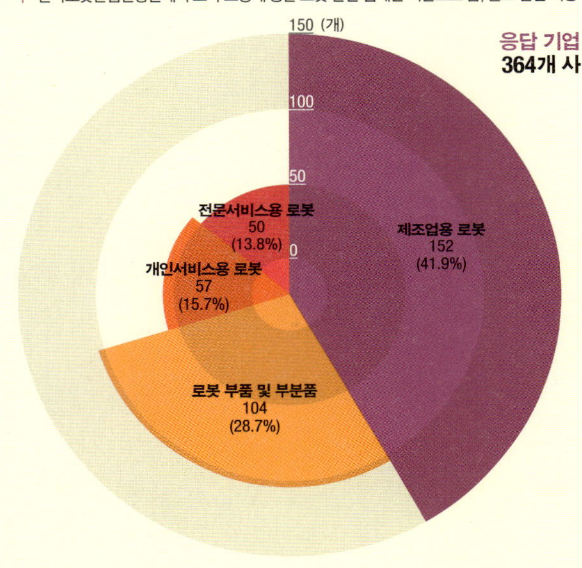

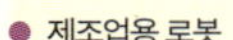

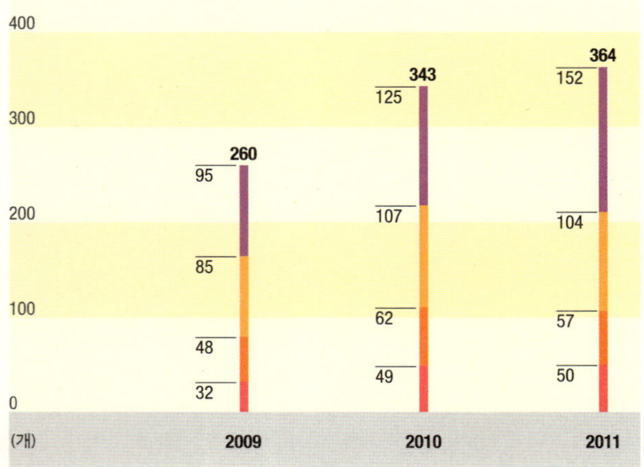

> 한국 로봇 산업 투자목적별 설비 투자 현황

괄호 안은 비중

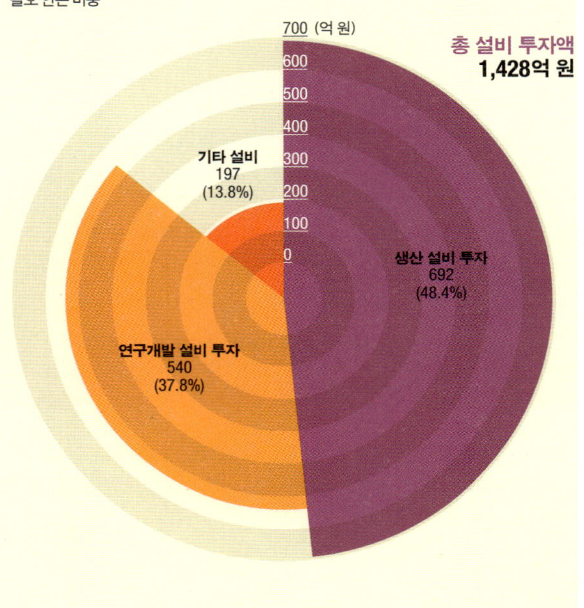

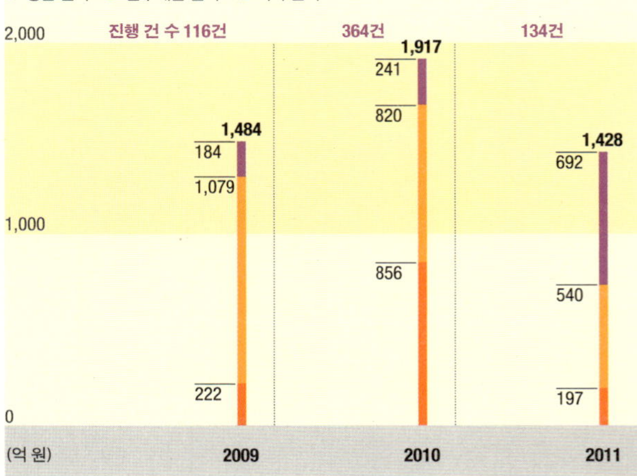

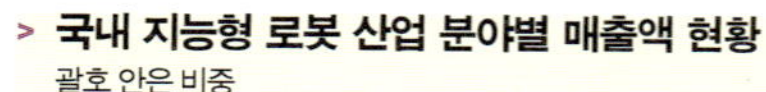

> 국내 지능형 로봇 산업 분야별 매출액 현황
괄호 안은 비중

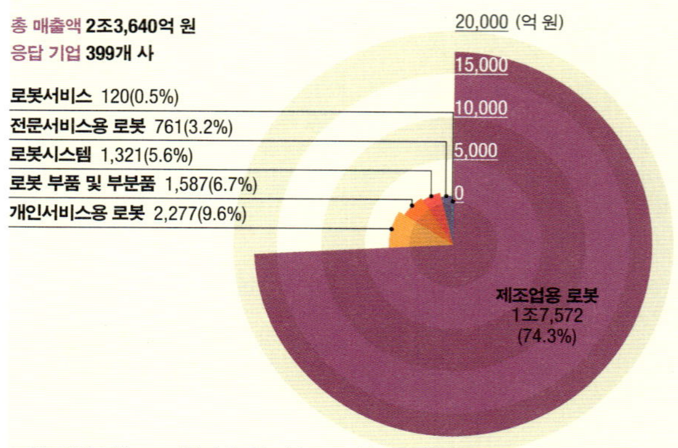

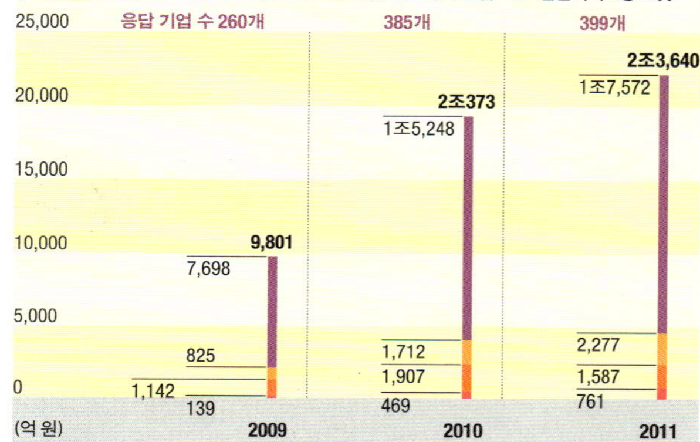

> 국내 지능형 로봇 각 부문별 시장 규모 | 주·생산액 기준, 괄호 안은 비중

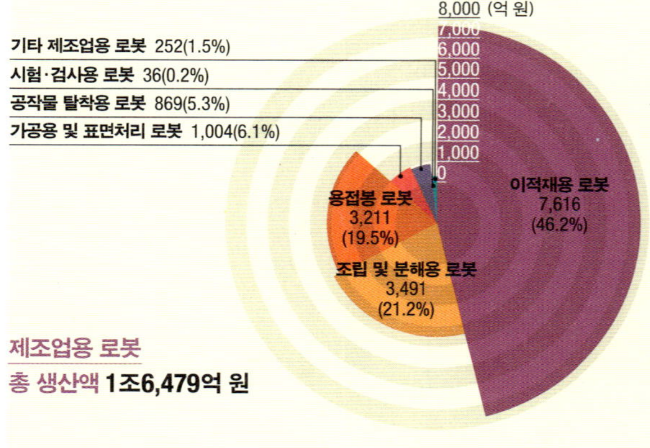

제조업용 로봇
총 생산액 1조6,479억 원

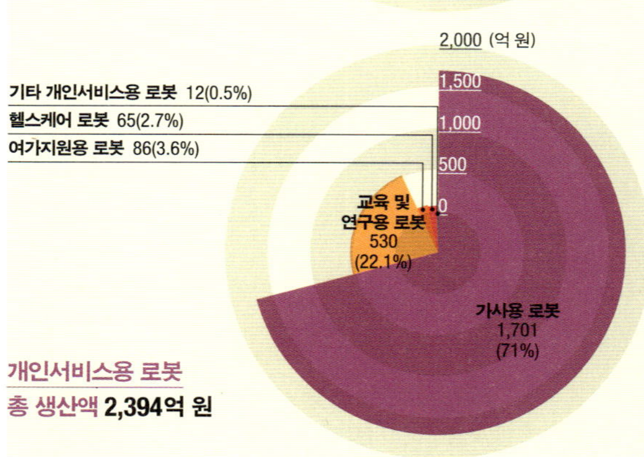

개인서비스용 로봇
총 생산액 2,394억 원

> 국내 지능형 로봇 산업 생산액 기준 시장 규모
괄호 안은 비중

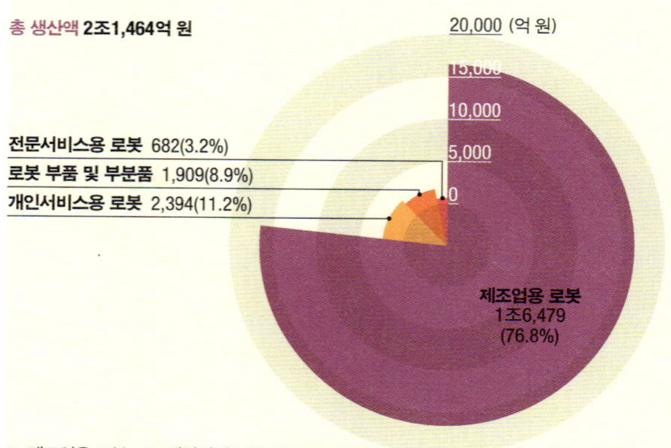

개인서비스용 로봇 2,394(11.2%)

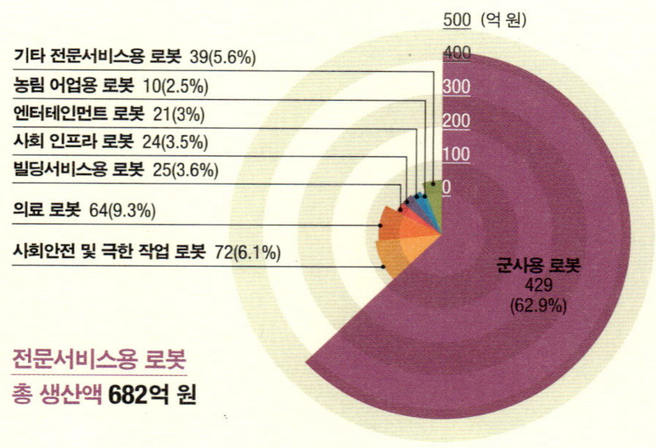

전문서비스용 로봇
총 생산액 682억 원

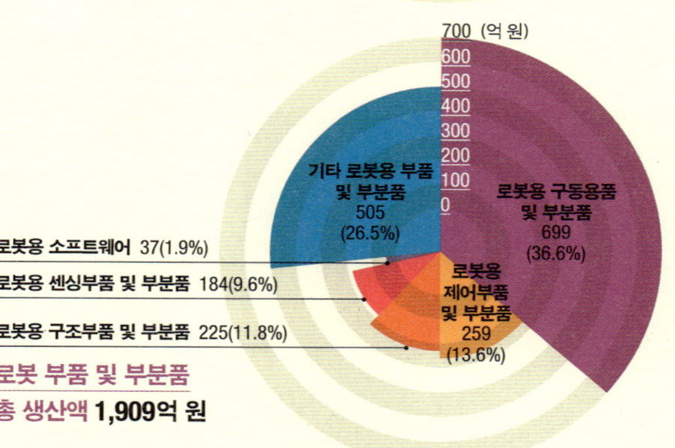

로봇 부품 및 부분품
총 생산액 1,909억 원

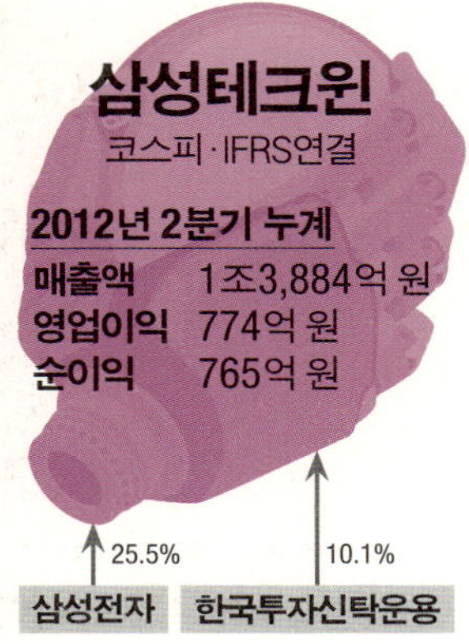

삼성테크윈
코스피·IFRS연결

2012년 2분기 누계

매출액	1조3,884억 원
영업이익	774억 원
순이익	765억 원

25.5% 삼성전자
10.1% 한국투자신탁운용

- 산업 현장의 무인화, 자동화를 실현할 지능형 로봇 솔루션을 통해 지능형 로봇 시장 선두 주자 등극.
- 유전자 및 단백질 분석 관련 핵심 기술에 정밀 제어 기술을 접목한 바이오 메카트로닉스를 통해 바이오 솔루션 기업으로 진화.
- 방산 사업, 산업용 전자 부품 종합 솔루션, 빌딩 자동 제어 및 에너지 관리 솔루션 등 기존 사업의 탄탄한 기반은 신규 성장의 원동력.

> **사업 부문별 매출 비중**

군수 사업	군수 및 민간 항공기 엔진, 군수용 자주포, 탄약 운반차 등
보안 사업	CCTV, 디지털 리코더 솔루션, 각종 보안 경계 시스템
MMS 사업	전자부품 및 반도체 조립용 장비 등

MMS 사업 22.6%

군수 사업 49.1%	보안 사업 28.3%	

삼익THK
코스피·IFRS별도

2012년 2분기 누계

매출액	1,062억 원
영업이익	55억 원
순이익	54억 원

33.3% 일본THK
8.1% 진영환
5.2% 신영자산운용

- 산업 설비 자동화의 LM가이드, 메카트로 시스템 등을 주력으로 생산하는 공작기계 부품 업체.
- LM가이드 부문 국내 시장점유율 60% 이상 영위 → 국내 2,000여개 매출처 보유.
- 동사가 보유하고 있는 엔화 부채가 영업 리스크로 작용할 우려 있음 → 외환 영향으로 영업 외 펀더멘털 저해 고려.
- **LM가이드** | 로봇 자동화 기기의 수평 직선운동을 제어하는 설비로, 로봇 자동화 기기의 필수 장비임.

> **사업 부문별 매출 비중**

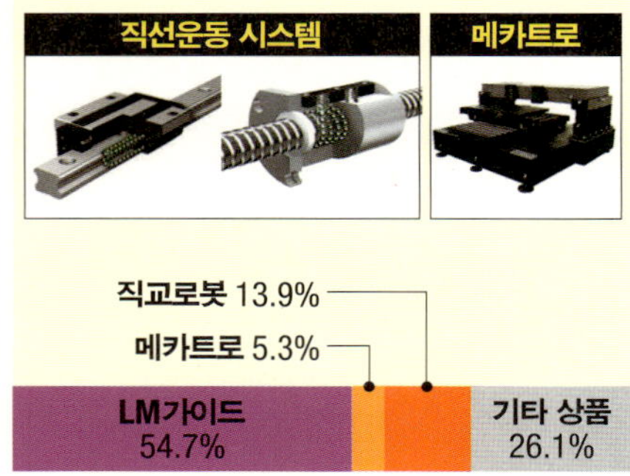

직교로봇 13.9%
메카트로 5.3%

LM가이드 54.7%		기타 상품 26.1%

퍼스텍
코스피·IFRS별도

2012년 2분기 누계

매출액	319억 원
영업이익	6억 원
순이익	10억 원

27.1% 김근수
18.3% 김용민
8.6% 후성에이치티에스

- 지상, 유도 무기 등 분야에서의 축적된 기술을 바탕으로 다목적 소형 로봇 'SCOBOT' 개발.
- SCOBOT은 소형 로봇 중 가장 우수한 험지 주행 성능 보유. 매니퓰레이터, 화생방 탐지기, 열영상 카메라 등의 다양한 응용 장비를 탑재하여 감시 정찰 임무, 폭발물 처리 임무, 화생방 탐지 임무 등 활용.
- 시스템 사업 부문에서는 생체 인식이 생소했던 국내시장에서 2003년 최초로 얼굴인식 사업에 과감히 투자하여 국내 최초로 KISA 얼굴인식 성능 인증 획득.

> **경영실적**

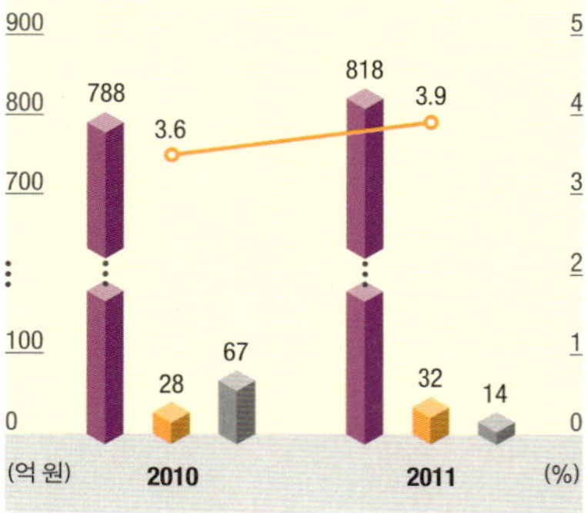

> **다목적 소형 로봇 'SCOBOT'**

> **사업 부문별 매출 비중**

구분	주요 재화 및 용역	주요 고객	사업 내용
방위 사업	유도무기, 지상무기, 항공기 부품	방위사업청, 국방과학연구소, 삼성테크윈 등	• 정밀 기계 생산 및 전자 부품 제조 • 무인 항공기 지상 통제 시스템 등
시스템 사업	출입통제기 시스템, 근태관리기 등	경찰청, SK텔레콤 등	• 얼굴 인식 응용 솔루션

시스템 사업 1.8%

방위 사업 98.2%	

이엠코리아
코스닥 · IFRS별도

2012년 2분기 누계

매출액	414억 원
영업이익	8억 원
순이익	11억 원

투자 포인트
- 공작기계를 주로 생산하는 업체로 자동차, 항공기, 선반, IT부품 및 기계 부품 등의 초정밀 가공을 위한 기계 생산.
- 산업용 로봇 사업에서 '복합 가공조립용 지능형 로봇'과 600kg까지의 중량물을 핸들링 할 수 있는 '초중량물 핸들링 지능형 로봇'의 지식경제부 국책과제 수행 업체로 선정되어 국내 최초로 개발 완료.
- 복합 가공조립용 지능형 로봇은 작업 행동반경이 일반5축 가공기의 한계인 공간에 제한을 받지 않아 큰 사이즈 제품을 가공할 수 있을 뿐만 아니라 원거리의 제품을 자유자재로 가공할 수 있으며, 생산 속도와 내구성도 월등함.

> ## 경영실적

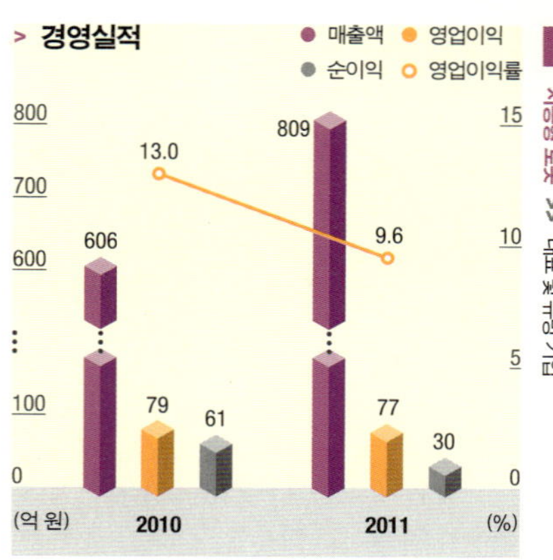

> ## 주력 생산 로봇

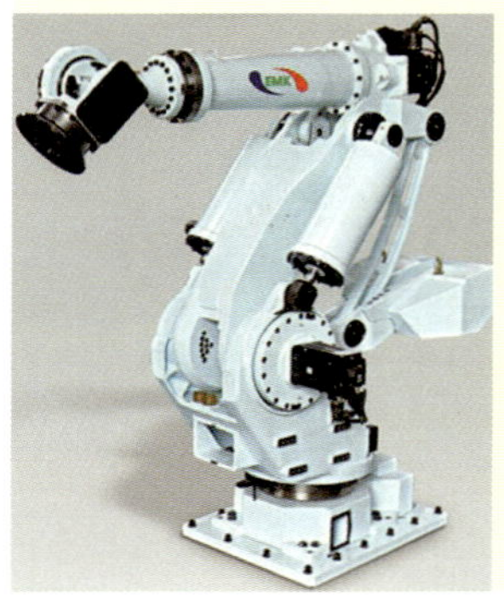

ER-600H
자동차 조립 공정, 항공기 및 조선 등 중공업 분야의 중량물 이송 작업에 주로 적용. 공정상 중량물의 정밀한 위치 이동, 작업 시간 단축에 따른 생산성 향상, 까다로운 소재 운반에 따른 손상 방지에 탁월.

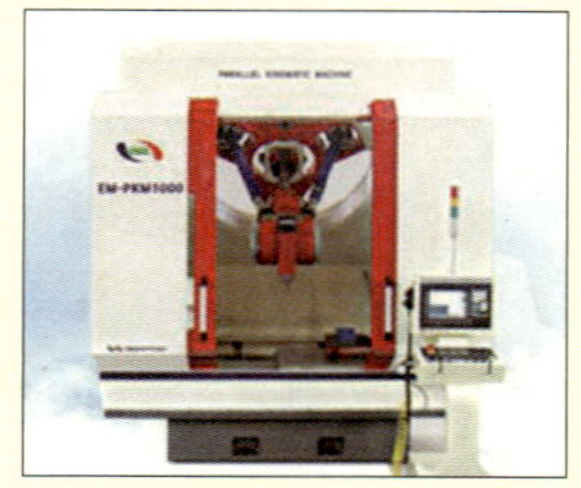

EM-PKM 1000
자동차, 항공기, IT 부품 등 특수가공과 조립 작업에 주로 적용되며, 가공물의 5면을 이동 없이 가공하여 전체적인 가공라인의 길이를 줄임으로써 인건비 절감.

유진로봇
코스닥 · IFRS별도

2012년 2분기 누계

매출액	112억 원
영업이익	-8억 원
순이익	-1억 원

투자 포인트
- 2006년부터 청소 로봇, 지능형 로봇, 유비쿼터스 서비스 로봇의 판매를 시작했고, 군사용 로봇 및 엔터테인먼트 로봇류를 개발해 기존의 완구 및 캐릭터 사업 부문과 더불어 다양한 제품을 제조하여 출시하고 있음.
- 최근 유럽시장 판매를 위해 필립스와 제조자 개발 방식의 로봇 청소기 공급 계약을 체결했고, 이어 구글이 투자한 미국의 로봇 업체 '윌로 개러지'사와 기술 협력 제휴를 맺음.
- 국내 업체 최초로 유아 교육용 로봇 상용화에 성공한 동사의 '아이로비'는 각 시도별 유치원 시범 로봇 보급 사업이 꾸준하게 확대되어 보급률이 지속적으로 상승할 것으로 기대.
- 외국어 교육용 로봇 '로보샘'도 경기도에서 시범 사업을 실시하고 있는 만큼 향후 교육용 로봇 분야에서의 실적 증가 기대.

> ## 매출 비중
단위 · %

> ## 주력 생산 로봇

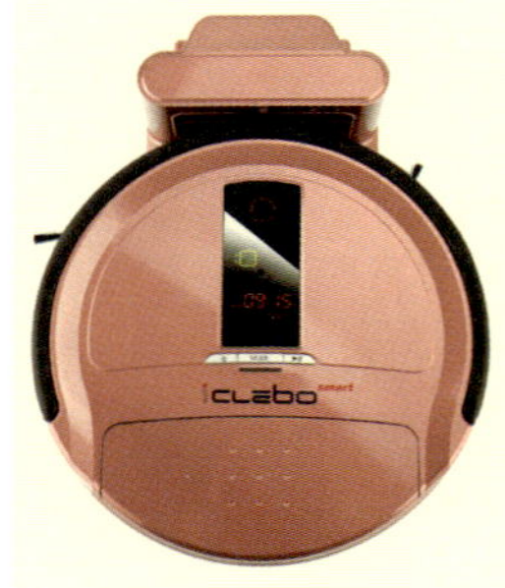

아이클레보
2010년부터 출시된 청소용 로봇으로 내비게이션 카메라가 장착되어 있어 자기 위치를 정확하게 인식해 청소할 경로를 빈틈없이 계산하여 청소한 공간과 청소하지 않은 공간을 구분. 2011년부터 필립스와 ODM 공급 계약을 체결하여 현재 유럽 등에 수출 진행.

아이로비큐
상호작용, 자율주행이 가능한 친구 · 교사 · 비서 네트워크 로봇으로서 오락, 정보, 학습, 통신, 안전 서비스 등 다양한 차별 서비스 제공. 2006년 정보통신부 국민 로봇 사업으로 탄생하여 2011년 KT에 납품한데 이어, 대한민국 U로봇 대상 수상했고, 2012년부터 대량 양산 단계인 상용화에 접어들 예정.

동부로봇
코스닥 · IFRS별도

2012년 2분기 누계

매출액	132억 원
영업이익	-18억 원
순이익	-20억 원

24.3% — 동부씨엔아이
12.1% — 강석희

- 산업용 로봇 및 지능형 로봇을 생산·공급할 목적으로 1999년에 설립됨.
- 생산 규모를 확대하기 위해 2011년 1월 3,500평 규모의 천안공장을 완공한데 이어 조만간 제2공장 신축 예정.
- 제조업용 로봇 사업에서는 직각좌표로봇, 데스크톱 로봇, 수평다관절 로봇 및 수직다관절 로봇 등을 포함하는 로봇 분야와 정밀 리니어 스테이지, 웨이퍼 트랜스퍼 로봇, FPD 핸들링 로봇 등을 포함하는 로봇 시스템 등 주관.
- 국내 최초 지능형 애완 로봇 상용화와 각종 시범 사업 참여.

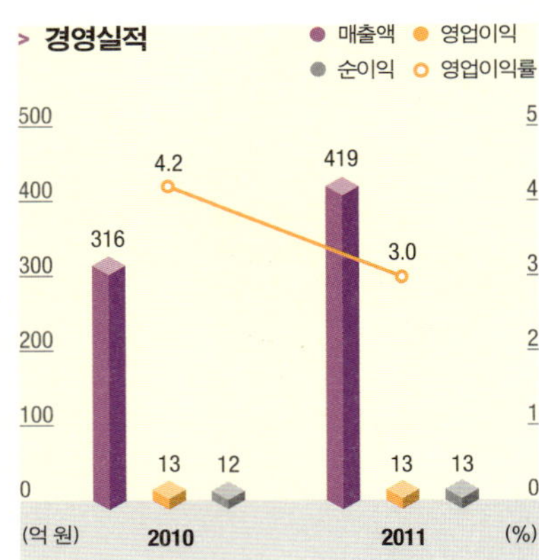

> **경영실적**

> **주력 생산 로봇** · 제조업용 로봇

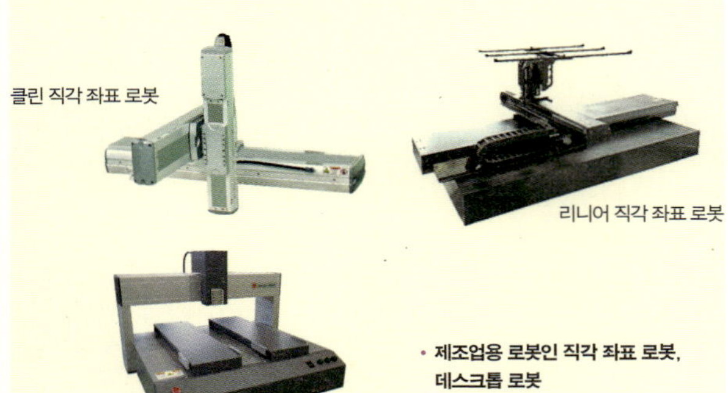

클린 직각 좌표 로봇

리니어 직각 좌표 로봇

데스크톱 로봇

- **제조업용 로봇인 직각 좌표 로봇, 데스크톱 로봇**
  다양한 애플리케이션의 활용이 가능한 고정밀 직교 로봇.

> **주력 생산 로봇** · 서비스용 로봇

- **서비스용 로봇인 호비스(Hovis) 시리즈**
  교육, 육아, 엔터테인먼트, 보안, 방범, 비서 등 다양한 분야에 활용.

옛 뉴그리드
SMEC
코스닥 · IFRS별도

2012년 2분기 누계

매출액	724억 원
영업이익	37억 원
순이익	18억 원

24.9% — 이효제 외 9인
9.9% — (주)디엠씨
8.5% — 삼성테크윈

- 2011년 2월 비상장 공장기계 업체 SMEC과 합병함에 따라 동사의 사업 부문이 통신 사업 부문과 기계 사업 부문으로 나뉨.
- 동사의 기계 사업 부문은 공작기계 제조 및 판매, 산업용 로봇의 제조 및 판매업을 영위하고 있음.
- 동사의 기계 사업은 1988년 삼성중공업 공작기계 사업부로 시작하여 1999년 삼성테크윈으로부터 분사함.
- 뉴그리드의 기존 사업인 통신 사업과 연계하여 제조라인 내 로봇간 통신 시스템을 구축하는 등 시너지 예상됨.

> **매출 비중**

단위 · %

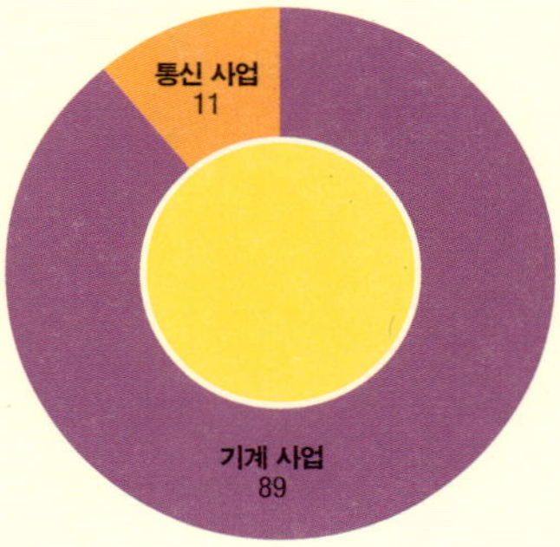

> **SMEC의 통신 기술을 접목한 전문서비스 로봇**

교정 로봇
2013년 최초 매출 발생 가시화

교정 로봇
개발 완료, 상용화 준비

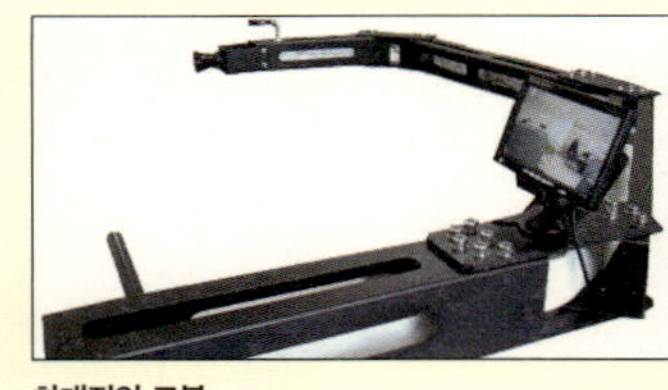

화재진압 로봇
신개념 고층 화재 진압 장치 개발 중

스쿨존 로봇
성폭행 및 아동폭력 범죄 예방

- **주요 전문서비스 로봇의 시장 규모**

소방 감시 로봇

판매대 수	777대
평균 가격	40만 달러
시장 규모	3.1억 달러

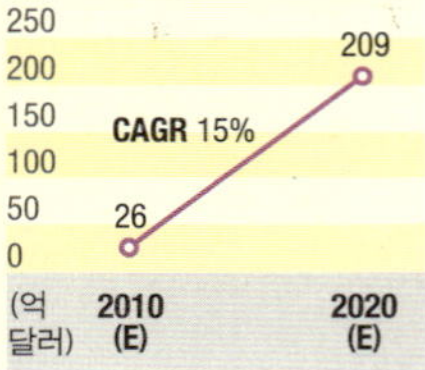

미래컴퍼니
코스닥·IFRS별도

2012년 2분기 누계

매출액	624억 원
영업이익	149억 원
순이익	120억 원

- 디스플레이 및 태양전지 자동화 설비를 생산하는 업체.
- 경기 침체로 인해 LCD 생산 설비 투자가 감소함에 따라 동사의 수요도 감소하는 등 영업환경이 다소 악화되었으나, 최근 경기 회복 가속화 및 이머징 마켓을 중심으로 한 LCD TV의 지속적인 성장으로 수요 회복 추세 보임.
- LG디스플레이와 대규모 LCD 제조 장비 공급 계약을 체결하는 등 수주 증가가 가시화되는 추세임.
- 수술로봇 시장은 1992년 고관절 수술로봇 'ROBODOC'과 1999년 'daVinci' 등이 개발되어 현재 전 세계적으로 2,000여 대 이상이 보급되는 등 매년 50~60%의 급성장세 시현.

> **주력 생산 로봇**

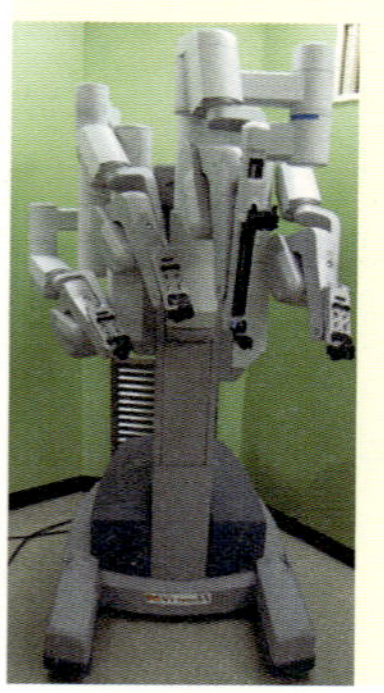

- **복강경 수술 로봇**
  동사가 개발 중인 최소 침습 다완 수술 로봇으로써, 1세대 수술 로봇으로 대표되는 daVinci에 이은 차세대 수술 로봇인 단일 경로 수술 로봇임. 현재 daVinci 판매사인 미국의 Intuitive Surgical사와 Covidien사, 일본의 Olympus사, 캐나다의 Titan Medical사 등에서도 개발 중.

이디
코스닥·IFRS별도

2012년 2분기 누계

매출액	80억 원
영업이익	-7억 원
순이익	3억 원

- 교육 장비와 지능형 로봇 및 전자계측기 제조 전문 업체.
- 지식경제부 주관 산업 융합 원천 기술 개발 사업의 실버 로봇 개발 주관 업체로 선정.
- 사업 분야는 전자 교육 장비, 전자계측기, 전원 공급기 사업 등으로 전체 매출의 57%가 수출을 통해 이루어짐.
- 주력 제품인 전자 교육 장비의 내수 판매가 줄어들면서 2011년 실적은 약세를 시현하였으나, 신규 성장 동력으로 지능형 로봇 분야에서 새로운 기회를 만들어가는 중임.
- 2010년에는 교육 로봇 '주니보'를 선보였으며, 2011년 말 롯데시네마와 발권 로봇 임대 운영 계약 체결.

> **주력 생산 로봇**

안내서비스 로봇 아로(ARO)　　하이브리드 티케팅 로봇

로보스타
코스닥·IFRS별도

2012년 2분기 누계

매출액	391억 원
영업이익	4억 원
순이익	4억 원

- 자동화 작업을 수행하기 위해 활용되는 제조용 로봇과 초정밀 생산 및 검사 등 다양한 공정 장비의 기초 장비인 FPD 장비, 그리고 IT 분야 및 전자 부품 산업 분야의 부품 생산을 위한 시스템 장비 성격인 IT 부품 제조 장비 등을 제조 및 판매.
- 이송 장비 및 정밀 스테이지의 적용 분야는 디스플레이와 반도체 자동화 공정으로, 중국 디스플레이 설비 투자에 따른 수혜 예상 →2012년 중국향 매출 100억 원 예상.
- 해외 대형 업체들과의 신규 거래가 순차적으로 발생할 것으로 기대되며 이에 따른 기업가치 성장 기대.

> **경영실적**

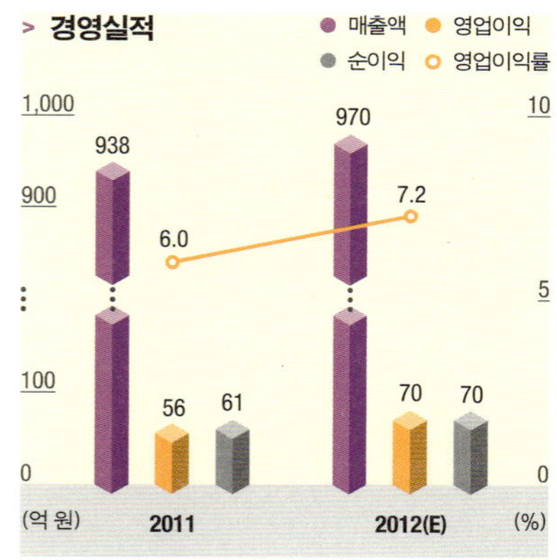

> **매출 비중**
단위·%

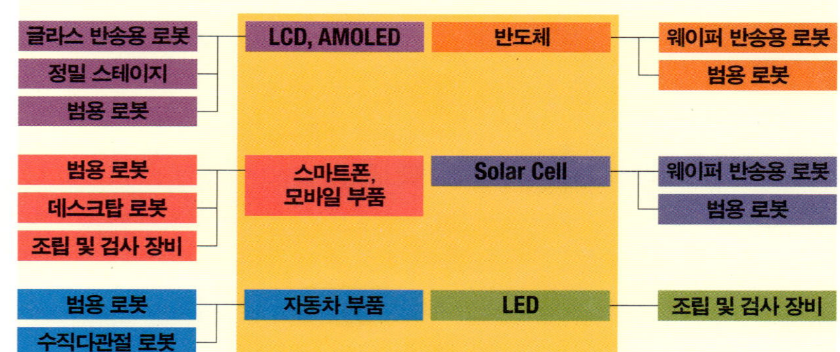

> **연관 전방 사업도**

NEW DEVELOPMENT

29

-

플랜트

전 세계적으로
전력난 심각!
플랜트 산업이
성장할 수밖에 없는
이유

30

-

조선 부품

여전히 어려운
조선 시황,
2013년 기지개 펼까

31

-

식량자원

식량 부족 사태를
호재로 누리는
우량주들

32

-

방위 산업

세계 유일의
분단국가라는
운명을 업고
성장하는 시장

33

-

**국내 상장
중국 기업**

차이나 디스카운트에서
차이나 프리미엄으로

24 항공우주

세계 10번째
스페이스 클럽 국가가 되다

항공우주 산업은 군용기, 민항기, 헬기 등 항공기를 개발·생산하는 항공기 제조 산업과 나로호 등 우주 로켓 및 인공위성 관련 산업으로 구분된다. 항공기 제조 산업은 다시 완제기 산업과 기체 구조, 엔진, 항공 전자 장비, 계통 장비, 소재 등의 부품·소재 산업으로 세분된다. 항공기 산업은 산업의 특성상 정부의 국방 예산과 밀접한 연관이 있으며, 우주 관련 산업 역시 정부의 과학 기술 정책에 직접적인 영향을 받는다.

국내 항공우주 산업의 최대 이슈는 나로호 3차 발사와 한국항공우주(KAI)의 민영화 매각이다. 먼저 3차 발사에 임박한 우리나라 최초의 우주 발사체 나로호(KSLV-1)는 전 세계 항공우주 분야에서도 빼놓을 수 없는 초미의 관심사다. 나로호 3차 발사는 2009년, 2010년 두 차례 실패에 이어 마지막 도전이다.

나로호 발사, 국내 항공우주 산업 상업성 테스트

나로호는 우주로 가는 첫걸음이다. 이를 바탕으로 상업성을 갖춘 세계형(한국형) 발사체 개발도 이어진다. 정부는 나로호 후속으로 2021년까지 국내 기술로 '한국형 발사체(KSLV-2)'를 개발할 계획이다.

나로호 발사가 성공하면 우리나라는 세계에서 10번째로 자력으로 인공위성을 발사한 국가의 반열에 오른다. 미국과 러시아, 프랑스, 영국, 중국 등과 함께 이른바 '스페이스 클럽'에 오르게 되는 것이다. 나로호 성공으로 현재 국방에 포커스가 맞춰져 있는 항공우주 산업도 점차 상업적 가능성이 무궁무진해질 전망이다. 산업연구원 분석에 따르면 나로호 개발로 인한 경제적 효과는 1조7,588억~2조3,445억 원에 달할 것으로 조사됐다. 국가 브랜드 홍보 효과와 이미지 개선에 따른 간접적 수출 증대 효과까지 기대된다.

물론 한국의 항공우주 산업의 갈 길은 멀다. 나로호의 1단 로켓은 러시아에서 가져온 것으로 우리나라는 아직 자체 발사체 기술을 확보하지 못하고 있다. 항공기 개발 이후 해외 수출도 만만치 않다. 그만큼 국내 항공기 산업이 자동차나 조선과 같은 수준으로 간주되는 건 무리가 있다. 세계 항공기 산업은 이미 성숙 단계이지만, 국내 산업은 이제 세계로 진출을 꾀하려는 태동 단계다. 따라서 성장 산업으로 가는 초기 단계로 보는 것이 맞다.

위성의 부가가치는 엄청나다. 통신위성은 단위 무게 당 가치가 승용차의 300배나 된다는 분석이 있다. 세계 우주 시장 규모는 2006년 이후 매년 9%씩 성장해 2011년 1,773억 달러(198조 원)를 기록했다. 국내 위성 시장 규모는 2009년 기준 1조304억 원 정도이지만, 중장기적 성장성은 계속 유지될 것이라는 관측이 지배적이다.

KAI의 매각과 그 이후의 행보에 주시

국내에서 항공기 완제기를 제조하는 업체는 한국항공우주(KAI)뿐이다. 지난 1999년 대우중공업과 삼성항공산업, 현대우주항공이 한데 묶여 설립됐다. 항공우주 산업 분야에서 완제기와 기체 부품, 소모성 물품(MRO) 등을 맡고 있다. 현재 초등훈련기(KT-1), 고등훈련기(T-50), 수리온(KUH) 헬기를 독자 개발하고 있다. KT-1을 인도네시아와 터키에, T-50은 인도네시아에 수출하는 등 후발 주자로서 입지를 넓히고 있다. T-50의 이라크 수주와 KT-1의 페루 수출 및 전술 입문 훈련기인 TA-50의 필리핀 수출도 타진 중이다.

　방위 산업에서 쌓은 기술력으로 민수 부문도 빠르게 성장하고 있다. 2012년 3월에는 에어버스사와 A320 날개 하부 구조물을 2025년까지 독점 공급하는 계약을 체결했다. 총 5,300여 대 분으로, 수주 금액이 1조4,000억 원에 이른다.

　현재 추진 중인 민영화는 머지않아 마무리될 것으로 보인다. 대한항공과 현대중공업의 인수 경쟁이 치열한 상황이다.

기술 경쟁력을 갖춘 항공우주 관련 부품·장비 업체를 찾아라

한편, 국내에서 위성 시스템 개발능력을 갖춘 업체는 쎄트렉아이 뿐이다. 소형 위성 시스템, 중형 및 소형 위성의 탑재체와 부품을 개발·제조하고 있다. 주로 동남아시아와 중동 지역을 1차 목표 시장으로 삼고 수주를 추진하고 있다. 2009년에 발사된 말레이시아 RazakSAT 위성과 UAE DubaiSat-1 위성 수출을 비롯해 국내외 중소형 인공위성 개발을 통해 확보된 기술로 환경 방사선 감시기 사업과 감시 정찰 방위 산업 분야를 중심으로 진출하고 있다.

　이밖에 한양이엔지는 특수 가스 설비 기술력을 기반으로 우주선 발사체 개발 프로젝트에 참여하고 있고, 비츠로테크도 액체 로켓 연소기 개발에 독보적인 기술력을 보유하고 있다. 이수페타시스는 세계 통신장비용 PCB 시장에서 선두 기업의 능력을 바탕으로 항공우주 사업에서도 입지를 넓히고 있고, 보잉사가 2대 주주로 자리 잡고 있는 휴니드도 마이크로웨이브 장치 등 항공우주 산업에 적용 가능한 경쟁력을 갖추고 있다.

　이들 항공우주 관련 종목들에 대한 평가는 전문가들마다 의견이 갈린다. 나로호 발사의 두 번의 실패와 아직 성숙한 기술력을 갖추지 못한 국내 항공 산업에 대한 불확실성이 주된 요인이다. 그러나 앞에서도 언급했듯이 항공우주 산업은 고부가가치 시장을 창출하는 산업임에 틀림없다. 투자자 입장에서는 해당 기업의 연구비 투자 계획은 물론, 정부 정책까지 꼼꼼히 체크하는 자세가 요구된다.

위성의 부가가치는 엄청나다. 통신위성은 단위 무게 당 가치가 승용차의 300배나 된다는 분석이 있다. 이미 세계 우주 시장 규모는 2006년 이후 매년 9%씩 성장해 2011년 1,773억 달러(198조 원)를 기록했다.

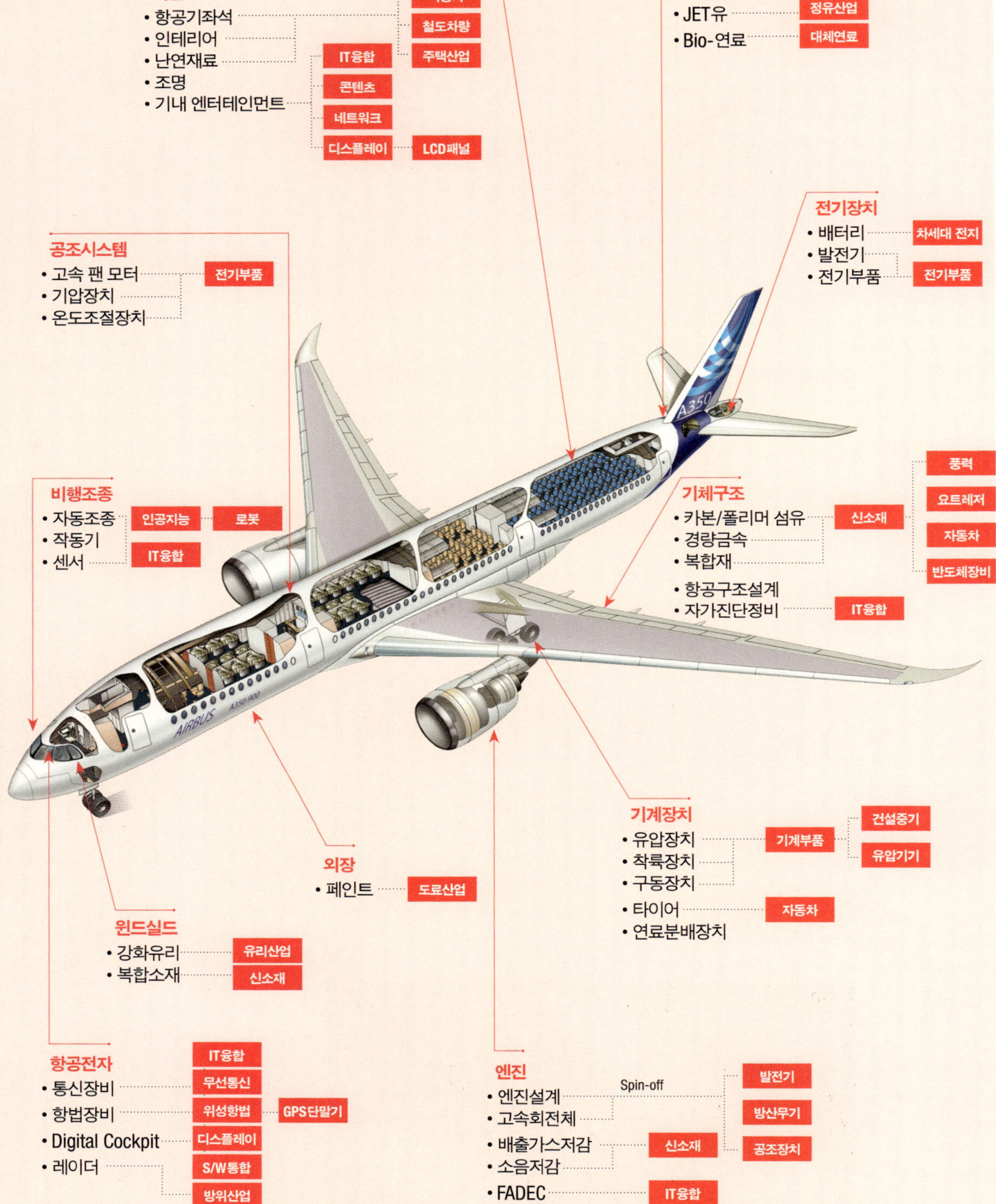
객실
• 항공기좌석
• 인테리어
• 난연재료
• 조명
• 기내 엔터테인먼트
IT융합
콘텐츠
네트워크
디스플레이
자동차
철도차량
주택산업
LCD패널

항공연료
• JET유
• Bio-연료
정유산업
대체연료

전기장치
• 배터리
• 발전기
• 전기부품
차세대 전지
전기부품

공조시스템
• 고속 팬 모터
• 기압장치
• 온도조절장치
전기부품

비행조종
• 자동조종
• 작동기
• 센서
인공지능
로봇
IT융합

기체구조
• 카본/폴리머 섬유
• 경량금속
• 복합재
• 항공구조설계
• 자가진단정비
신소재
IT융합
풍력
요트레저
자동차
반도체장비

외장
• 페인트
도료산업

기계장치
• 유압장치
• 착륙장치
• 구동장치
• 타이어
• 연료분배장치
기계부품
건설중기
유압기기
자동차

윈드실드
• 강화유리
• 복합소재
유리산업
신소재

항공전자
• 통신장비
• 항법장비
• Digital Cockpit
• 레이더
IT융합
무선통신
위성항법
GPS단말기
디스플레이
S/W통합
방위산업

엔진
• 엔진설계
• 고속회전체
• 배출가스저감
• 소음저감
• FADEC
Spin-off
발전기
방산무기
공조장치
신소재
IT융합

A350
AIRBUS   A350-900

>> 항공기 밸류 체인

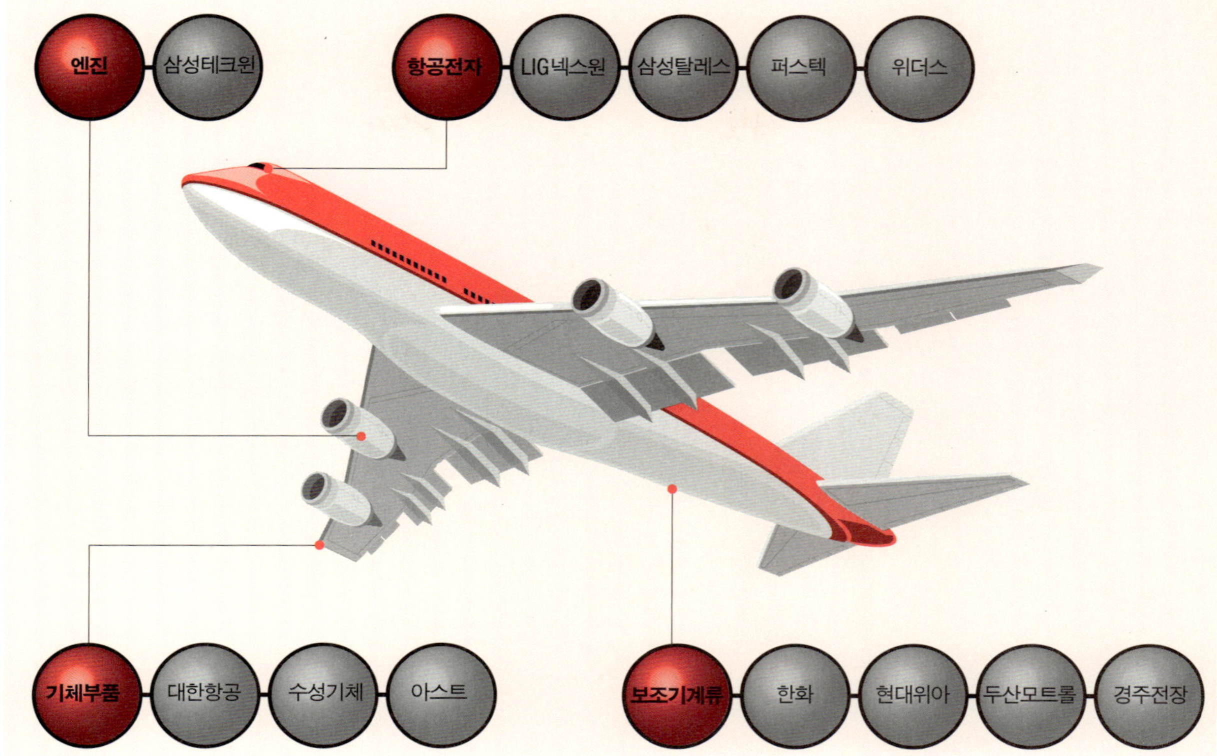

>> 우주발사체 · 인공위성 밸류 체인

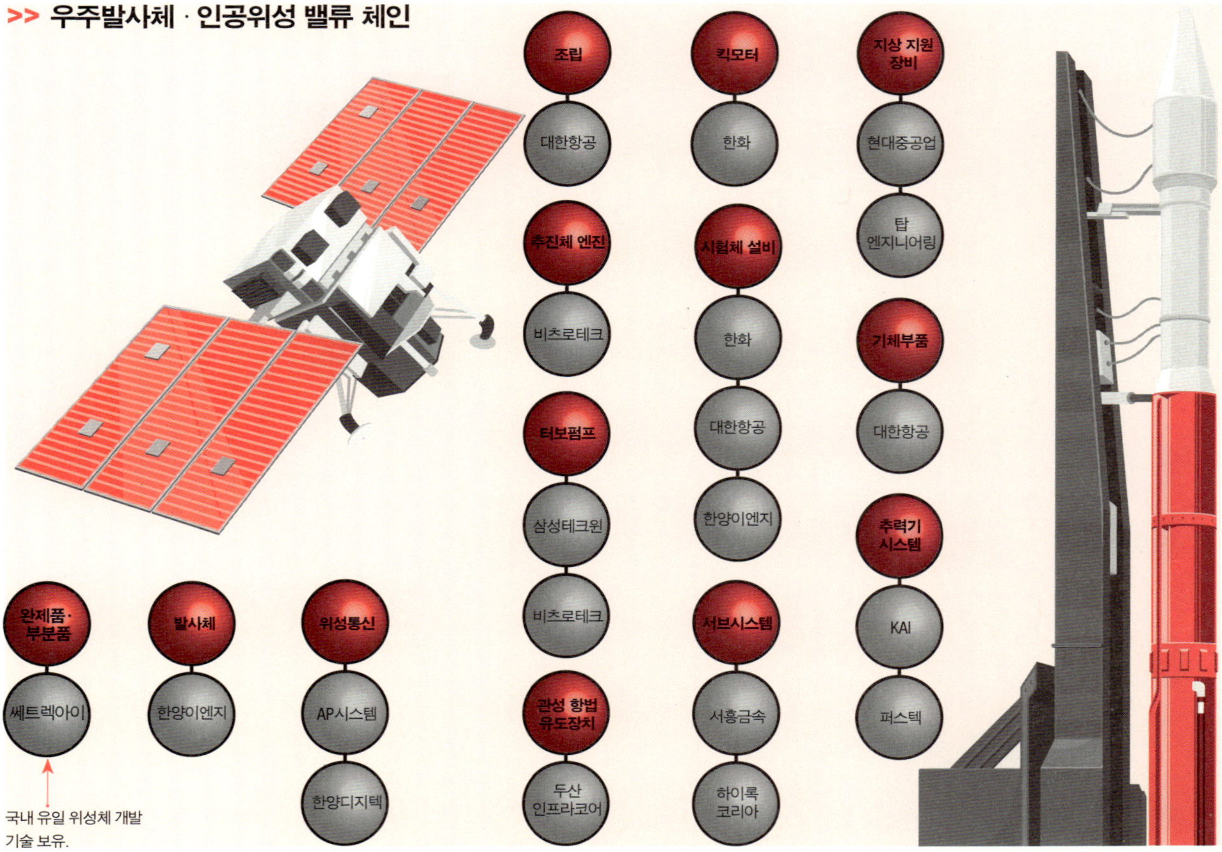

국내 유일 위성체 개발
기술 보유.

> 미래 우주 개발 로드맵

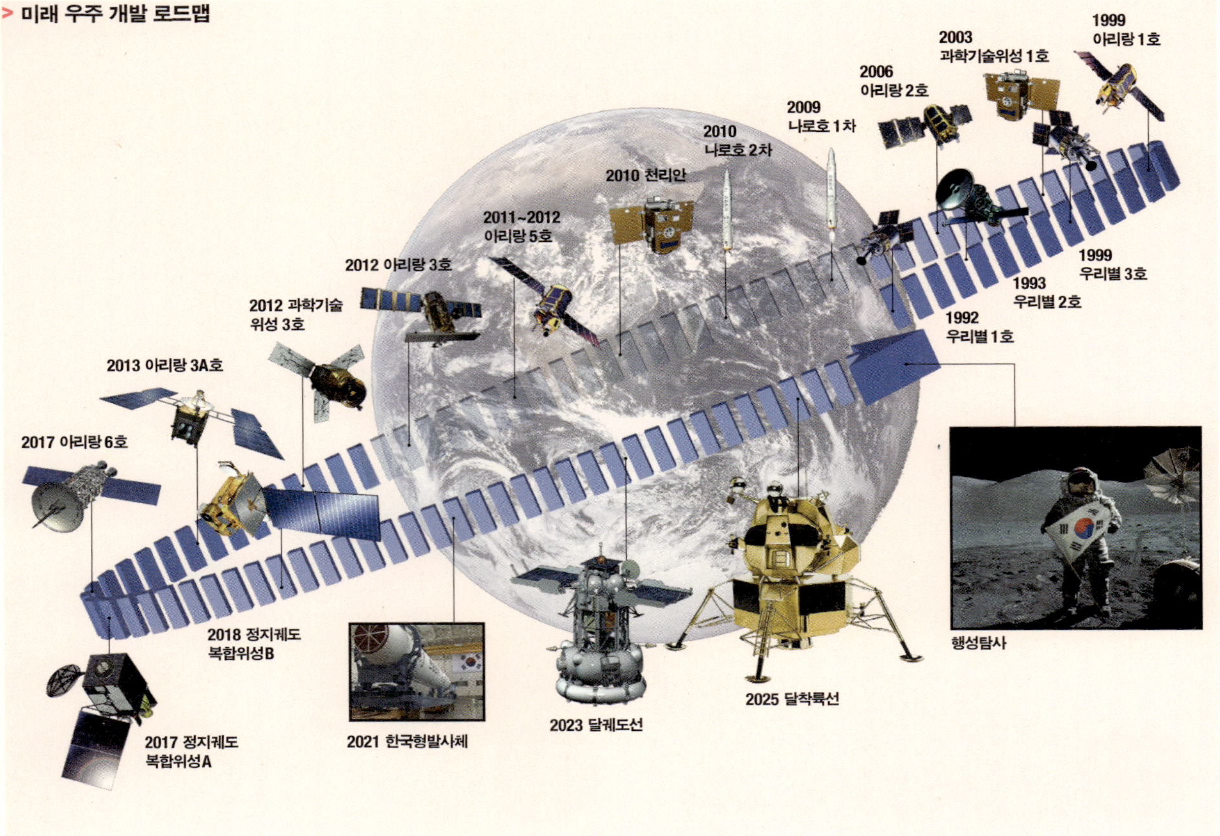

1999 아리랑 1호
2003 과학기술위성 1호
2006 아리랑 2호
2009 나로호 1차
2010 나로호 2차
2010 천리안
2011~2012 아리랑 5호
2012 아리랑 3호
2012 과학기술위성 3호
2013 아리랑 3A호
2017 아리랑 6호
1999 우리별 3호
1993 우리별 2호
1992 우리별 1호
행성탐사
2025 달착륙선
2023 달궤도선
2021 한국형발사체
2018 정지궤도 복합위성B
2017 정지궤도 복합위성A

> 미래 항공기 개발 로드맵

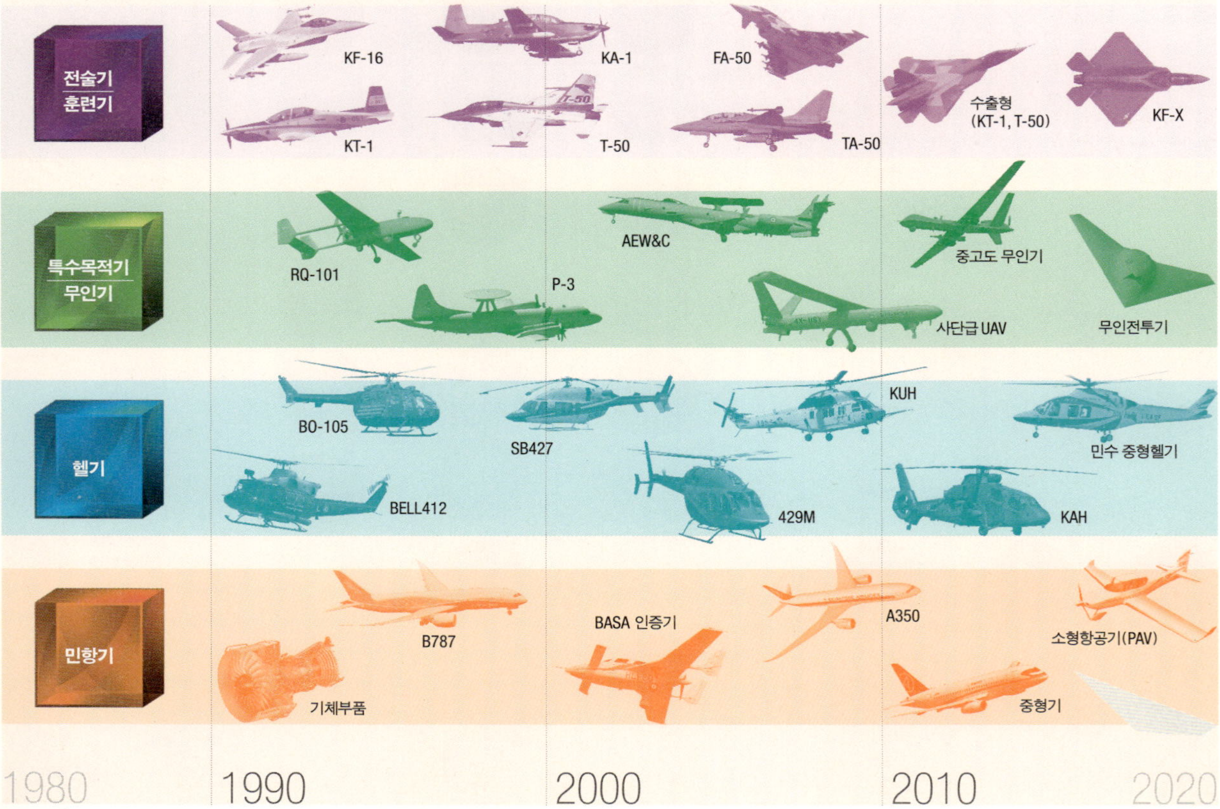

전술기
훈련기
KF-16
KA-1
FA-50
KT-1
T-50
TA-50
수출형 (KT-1, T-50)
KF-X

특수목적기
무인기
RQ-101
AEW&C
P-3
중고도 무인기
사단급 UAV
무인전투기

헬기
BO-105
SB427
KUH
BELL412
429M
KAH
민수 중형헬기

민항기
B787
BASA 인증기
A350
기체부품
중형기
소형항공기(PAV)

1980
1990
2000
2010
2020

> 국내 항공 산업 지역별 수출 및 항공기 인도 현황

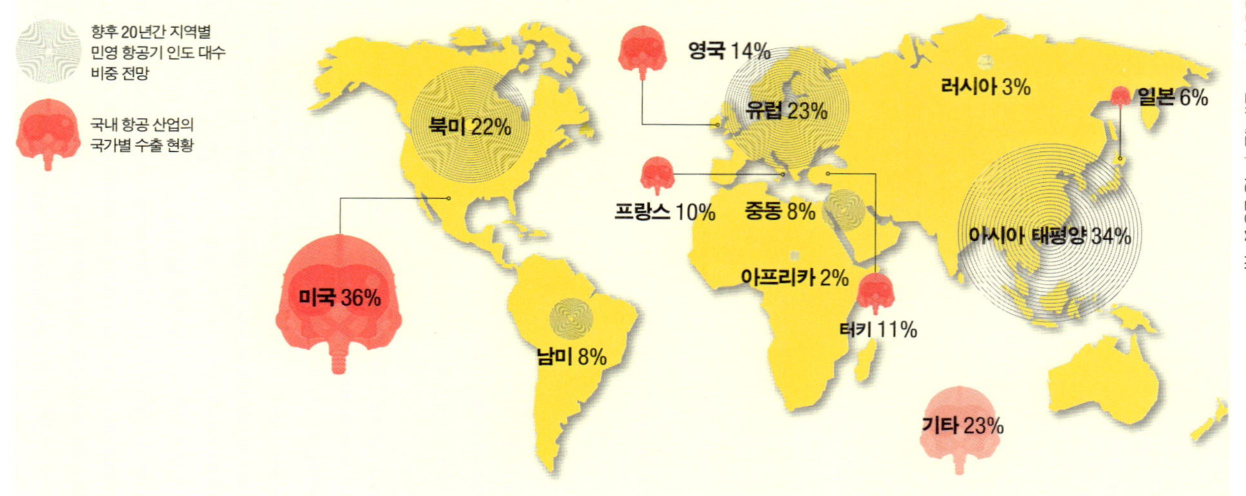

> 세계 항공 산업 시장 규모 전망

> 세계 GDP 대비 항공 산업 성장 관계

주·항공 산업 성장은 세계 GDP 성장과 밀접한 관련이 있음.
자료·TeamSAI, Air Transport Association (ATA), USDA Economic Research Service

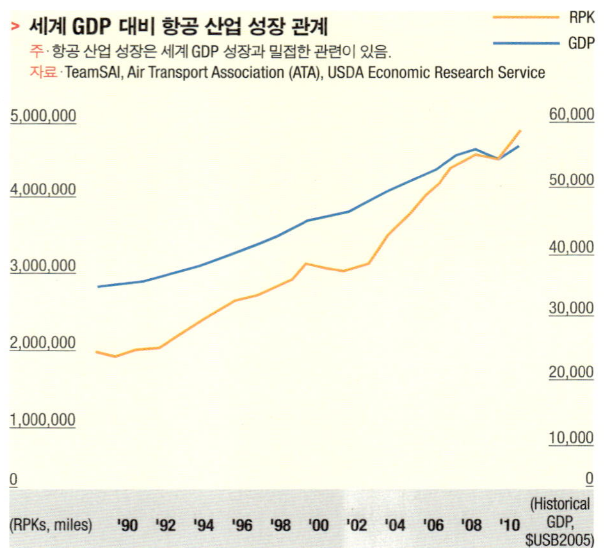

> 비행기 종류별 글로벌 항공 산업 생산 규모 전망

자료·Forecast International 2010, 우리투자증권 리서치센터

			2010		2019F		CAGR	
			생산대수(대)	생산금액(억 달러)	생산대수(대)	생산금액(억 달러)	생산대수(%)	생산금액(%)
군수	고정익	전투기	304	188	407	276	3.3	4.4
		훈련기	217	18	129	19	-5.6	0.6
		수송기	76	60	104	80	3.5	3.2
		특수임무기	54	52	55	71	0.2	3.5
	회전익	중대형	391	77	376	86	-0.4	1.2
		소형	187	19	181	20	-0.4	0.6
	무인기	정찰용	3,214	17	1,233	19	-10.1	1.2
	군수소계		4,443	431	2,485	571	-6.3	3.2
민수	고정익	대형민항기	958	1,010	1,305	1,686	3.5	5.9
		중형기	267	76	497	162	7.1	8.8
		비즈니스제트	701	158	1,537	283	9.1	6.7
		범용항공기	1,609	21	3,455	35	8.9	5.8
	회전익	중대형	75	11	102	15	3.5	3.5
		소형	1,225	40	2,170	59	6.6	4.4
	민수소계		4,835	1,316	9,066	2,240	7.2	6.1
총계			9,278	1,747	11,551	2,811	2.5	5.4

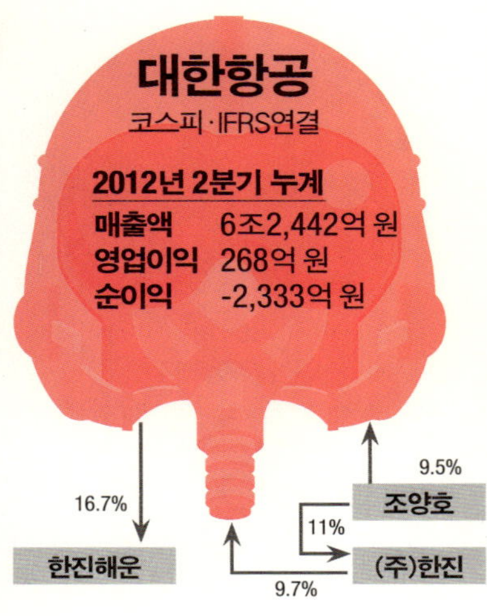

대한항공

코스피·IFRS연결

2012년 2분기 누계

매출액	6조2,442억 원
영업이익	268억 원
순이익	-2,333억 원

- 동사는 주력 사업인 항공 운송 사업과 더불어 항공기 부품 제작, 정비, 위성체 등을 연구·개발하는 항공우주 사업 및 기내식 제조 사업, 기내 면세품 판매 사업 등을 영위함.
- 대한항공 항공우주 사업본부는 대한민국 우주발사체 개발 대표 기업으로서 KSLV-I(나로호) 총 조립과 KSLV-II 액체 로켓 엔진 개발에 참여하고 있으며, 현재 KSLV-I 3차 발사 준비와 KSLV-II 개발을 위한 비연소 시험설비 상세 설계 2단계, 기체 총 조립 및 구조체 개발 선행연구 등을 수행 중.
- 위성 분야에서는 다목적 실용위성 3/5호 구조계 개발 등의 경험을 바탕으로 다목적실용위성 3A호 구조계 및 태양전지판 개발, 위성 경통구조체 개발 및 달 탐사선 구조체 모델 개발 등의 연구 개발 사업을 수행 중.

> ### 대한항공 항공 운송 사업 경쟁사 비교

구분		국제 여객 수송 점유율	국제 화물 수송 점유율
대한항공	2009년	39.90%	36.70%
	2010년	38.50%	36.40%
	2011년	37.00%	34.90%
아시아나	2009년	25.30%	18.80%
	2010년	25.70%	18.30%
	2011년	24.60%	18.50%
외국항공	2009년	34.80%	44.50%
	2010년	35.80%	45.30%
	2011년	38.30%	46.60%

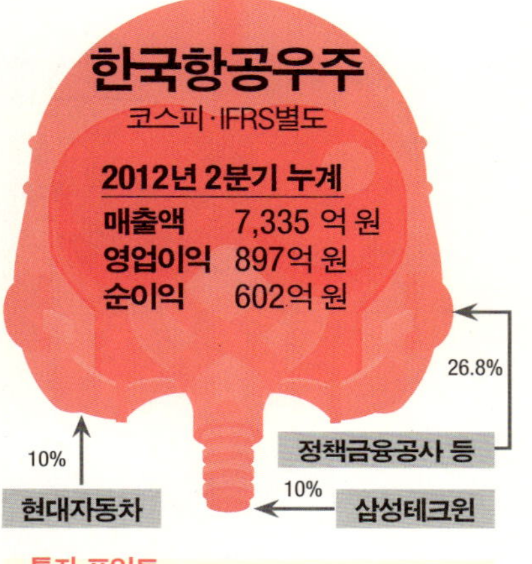

한국항공우주

코스피·IFRS별도

2012년 2분기 누계

매출액	7,335 억 원
영업이익	897억 원
순이익	602억 원

> ### 한국항공우주 사업 포트폴리오

구분			현재 사업	미래 신규 사업
군수	고정익	전투기	FA-50 경공격기(개발/생산/수출)	KF-X 전투기(개발/생산/수출)
		훈련기	KT-1 기본훈련기(개발/생산/수출) T-50 고등훈련기(개발/생산/수출)	–
		무인기	군단 무인기(개발/생산/성능 개량)	차기 군단급 무인기(개발/생산)
	회전익	중대형	KUH 기동헬기(개발/생산/수출)	KUH 파생형(개발/생산/수출) –상륙기동/의무후송 등
		소형	–	LAH 소형무장헬기(개발/생산/성능 개량)
	성능 개량	대형기	P-3 해상초계기 성능 개량 E-737 조기경보통제기 개조	P-3 (1차 도입분) 성능 개량
		전술기	육·해·공군 헬기 FLIR 장착 개조 -HH-47, UH-60, Lynx KA-1 전술통제기 기총장착 개조 A-10 공격기 주익 교체	KF-16 전투기 성능 개량 헬기 성능 개량 등
	MRO	PBL	국산기 PBL : KT-1, 군단 무인기	국산기 PBL : T-50, KUH
		창정비	해외 군용기 창정비(H-53 등)	–
		민간위탁	–	훈련비행단/ 군정비창 민간 위탁
민수	완제기	중형기	–	한국형 중형 항공기(개발/생산/판매)
		범용기	KC-100 소형항공기(개발)	KC-100 소형항공기(생산/판매)
	기체 구조물	국제 공동개발	국제공동개발사업(개발/생산) -Airbus A350, Boeing 787	국제공동개발사업(개발/생산) -Airbus A320, Boeing 787 파생형
		구조물 제작	민항기/군용기 기체구조물(생산) -Airbus/Boeing 등 기체구조물 -F-15 주익/동체, AH-64 동체 등	민항기/군용기 기체구조물(생산) -Airbus/Boeing 기체구조물 신규 –군용기 기체구조물 신규
	우주	위성개발	다목적실용위성 3호, 5호(개발) 다목적실용위성 3A호(개발)	다목적실용위성 6,7,8,9호~(개발)

- 군수 및 민수 시장을 대상으로 다양한 종류의 항공기를 개발·제작해 판매하는 사업 영위.
- 5조9,000억 원에 이르는 풍부한 수주 잔고로 안정적 성장 기반 확보.
- 특히 국내 유일의 종합 항공체계 제조 업체로서 정부와의 지속적인 거래를 통해 독점적 시장 지위 누림.

비츠로테크

코스닥·IFRS별도

2012년 3월 결산 법인

(1분기 실적)

매출액	186억 원
영업이익	2억 원
순이익	3억 원

- 전력의 생산·공급에 필요한 차단기 및 개폐기, 수배전반 등 전기 제어 장치를 개발, 제조 및 판매하는 전력 기기 사업과 플라즈마응용, 진공상태 초정밀접합, 특수공정 설계 등을 이용하여 각종 프로젝트 납품을 하는 특수 사업 영위.
- 매출의 50%이상을 차지하는 전력 사업의 경우 진공 인터럽터를 독자 개발하여 중소기업으로서는 유일하게 현대중공업과 LS산전에 납품.
- 우주항공 분야에서 국내 최초로 액체로켓 연소기 개발과 제작에 성공 → 액체 로켓 개발과 제작 분야에서 독보적인 기술력 보유.
- 2002년 국내 최초로 액체 로켓인 KSR-III의 엔진 조립체를 제작하였으며, 현재는 순수 국내 기술로 2022년 발사 예정인 KSLV-II에 적용 예정인 75톤급 연소기, 터보 펌프, 가스발생기, 극저온배관 제작 중.

> ### 우주 로켓 사업 관련 주력 생산 부품

재생 냉각 액체 로켓 연소기

KSR-III연소기   30톤급 연소기   75톤급 연소기

쎄트렉아이
코스닥·IFRS별도

2012년 2분기 누계

매출액	196억 원
영업이익	25억 원
순이익	30억 원

투자 포인트
- 국내에서 유일하게 위성 시스템을 개발하여 수출.
- 위성체 분야에서 소형 위성 시스템, 중형 및 소형 위성의 탑재체와 부품 개발·제조.
- 지상체 분야에서 소형·중형·대형 위성의 관제 또는 위성으로부터 취득된 정보를 수신·처리하기 위한 지상국 장비와 소프트웨어 제조를 핵심 사업으로 영위.
- 주요 수주처는 한국항공우주연구원, 한국전자통신연구원, 국방과학연구소, 삼성탈레스 등임.
- 해외 계약고가 전체 계약고의 65.45% 차지 (내수는 34.55% 수준).

> **쎄트렉아이 개발 주도 위성**

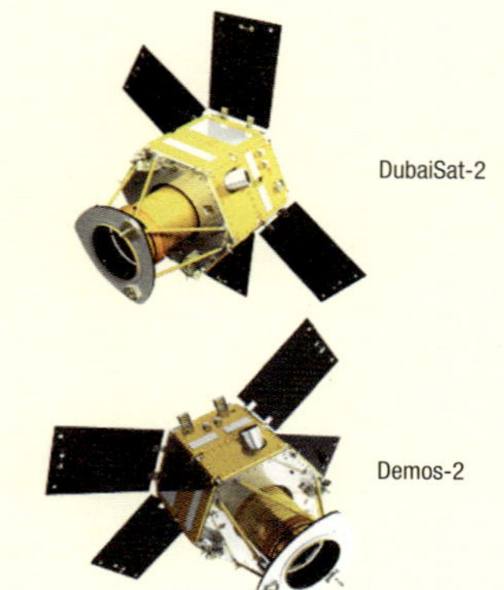

> **궤도별 위성 수 및 위성 시장 규모 추이**

기간 · 2010~2019

구분	발사 예정 위성 수		위성 시장 규모	
	수량(기)	비중(%)	금액(억 달러)	비중(%)
GEO(정지궤도)	333	27	533	37
MEO(중궤도)	184	15	155	11
LEO(저궤도)	654	53	618	42
Deep Space	58	5	139	10
합계	1,229	100	1,445	100

> **글로벌 위성 제작 수요 추이**

구분	2000-2009	2010-2019	증가율
발사된 또는 발사될 위성 수	772기	1,229기	+59%
발사된 또는 발사될 위성 무게	1,580톤	2,297톤	+45%
위성 제작 시장	910억 달러	1,445억 달러	+59%

이수페타시스
코스피·IFRS별도

2012년 2분기 누계

매출액	1,560억 원
영업이익	134억 원
순이익	83억 원

(주)이수 → 22.5%
국민연금 → 9.1%
김선정 → 6.5%

투자 포인트
- 고다층 PCB 분야에서 최고 수준의 기술력으로 세계 통신장비용 PCB 시장에서 선두 기업으로 능력을 인정받고 있으며, 현재는 고다층 제품 매출 호조와 휴대폰 시장의 성장에 힘입어 질적 성장을 이루고 있음.
- 최근 LTE 관련 통신장비 시장 확대와 글로벌 거래선인 시스코로부터 통신장비용 PCB 주문이 증가하고 있음.
- 고부가가치 분야 사업 진출이자 신성장동력의 일환으로 시작한 우주항공 사업에서의 입지를 공고히 하기 위해 AS9100 및 NADCAP 인증을 획득.

한양이엔지
코스닥·IFRS별도

2012년 2분기 누계

매출액	1,541억 원
영업이익	91억 원
순이익	55억 원

투자 포인트
- 반도체와 디스플레이 설비 분야를 주력 사업으로 영위.
- 신사업으로 우주 로켓과 위성의 발사체 부문 진입.
- 국내 매출 비중이 높고 주요 거래처가 지급 능력이 양호한 대기업군으로 구성.
- IT 부문 설비는 장치 산업 특성상 진입장벽이 높아 동사를 포함한 4개 업체가 초고순도 특수 설비 시장에 참여하고 있음.
- 화학약품 중앙공급장치(C.C.S.S)는 경쟁사인 에스티아이와 시장 양분.
- 반도체/디스플레이 FAB 초고순도 특수 가스 설비 경험을 바탕으로 가스/석유화학 설비, 태양광 폴리실리콘 생산 설비 , 바이오 제약 설비 분야 등으로 활발하게 진출.

휴니드
코스피·IFRS별도

2012년 2분기 누계

매출액	141억 원
영업이익	-21억 원
순이익	-28억 원

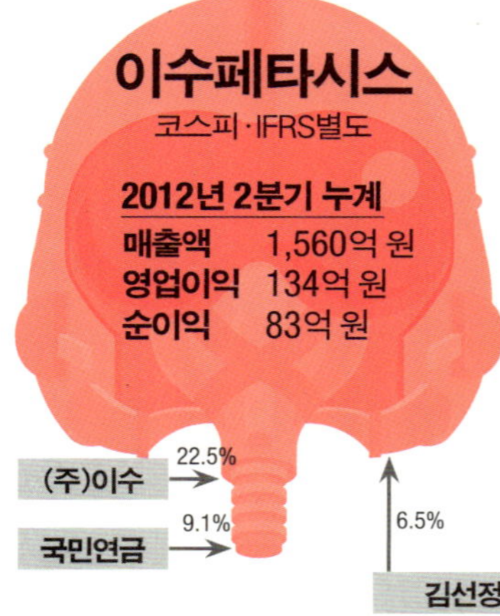

김유진 → 17.9%
BOEING → 16.2%

투자 포인트
- 전술 통신 사업 및 전술 시스템 사업으로 구성된 방산 사업 영위.
- 아울러 방범·경계 시스템 등 공공 안전 분야의 SI 사업 등으로 구성된 민수 사업도 함께 영위.
- Boeing사가 지분 16.2% 보유(2대 주주), 향후 기술 제휴를 통한 항공우주 관련 사업 진출 가능성에 기대감 충만.
- 방범 시스템 등 항공우주 산업에 적용 가능한 사업 경쟁력은 향후 동사의 신성장동력으로 자리 잡을 것으로 예상.
- 민수 통신 사업에서 기존에 공급하고 있던 동기식 마이크로 웨이브 장치 외에 소형 디지털 마이크로 웨이브 장치 및 열차의 안전운행 확보를 위한 각종 솔루션, U-방범 구축 사업 등 새로운 사업 기회 모색.

25 철도

철도 산업이 '저탄소 녹색 성장 시대'를 여는 견인차로 떠오르고 있다. 철도의 에너지 소비량은 승용차의 1/8, 화물차의 1/14에 불과한 데다 이산화탄소 배출량도 적다.

1992년 3월 브라질 리우데자네이루에서 기후변화협약(UNFCCC)이 채택된 이후 이산화탄소를 비롯한 온실가스 배출량은 국가의 정책을 결정하는 중요한 잣대 가운데 하나로 자리 잡았다. 덕분에 도로, 항공, 해운 등 다른 운송 수단의 급속한 발전에 밀려났던 철도 산업이 화려하게 부활하고 있다.

중동과 신흥국에 부는 철도 개발 붐

업계 전문가들은 현재 250조 원 규모의 글로벌 철도 시장이 오는 2016년에는 1,000조 원 시장으로 성장할 것이라고 전망한다. 이러한 철도 산업 성장의 중심에는 고속철도가 있다. 프랑스는 기존 철도 개량과 함께 2020년까지 고속철도를 추가로 2,000km 건설해, 철도 화물 수송 분담률을 25%까지 끌어올린다는 계획을 세워놓고 있다. '자동차의 나라' 미국도 경기 부양과 온실가스 감축을 위해 플로리다·캘리포니아 등 13개 노선 1만3,760km에 고속철도를 건설할 예정이다.

사회간접자본 확충이 필요한 신흥국 시장에서도 고속철도 건설을 적극적으로 추진하고 있다. 브라질은 리우데자네이루와 상파울루를 잇는 511km 구간에 고속철도를 건설할 계획이며, 베트남도 호치민과 하노이를 잇는 1,630km 고속철도 건설 계획을 세워놓고 있다.

전 세계에서 가장 빠른 인구 증가율을 기록하고 있는 중동 지역 국가들도 철도 인프라 구축에 강한 의지를 보이고 있다. 고유가에 따른 중동 지역의 경제 성장, 도시 집중화 현상 등으로 철도의 필요성이 커졌기 때문이다. 사우디아라비아, 쿠웨이트, 아랍에미리트, 카타르, 오만, 바레인 등 걸프협력회의(GCC) 6개국 간 물류 이동이 증가하면서 국가 간 연결 철도 건설도 늘어나는 추세다. 현재 GCC에서 추진하고 있는 6개국 연결 철도 프로젝트는 총 2,177km에 달한다. 2013년까지 계획된 프로젝트 전체 규모만 약 1,007억 달러다.

최근까지 중동 철도 사업은 주로 유럽과 미국 업체들이 선점해왔다. 그러나 우리나라의 철도 기술 경쟁력은 세계 최고 수준이다. 특히 국내 고속철도 사업과 산지 지형의 토목 경험을 통한 건설 경쟁력은 해외 어느 기업과 겨뤄도 뒤지지 않는다. 이러한 경쟁력을 기반으로 중동 지역 철도 사업 진출에 적극 나선다면 충분히 수주가 가능할 것으로 예상된다. 특히 국내 건설 발주 감소에 따라 토목 관련 유휴 인력 및 설비가 충분한 상황이다.

투자자들은 왜 철도 시장을 주목하는가?

세계 전역에서 철도 건설이 한창인 가운데 국내 철도 관련 업체들은 시장 규모가 작은 내수 시장에서 벗어나 해외 진출을 모색하고 있다. 국내 철도 관련 업체들은 토목·건설 분야에서 대만 고속철도 건설 등 해외 공사 경험을 보유하고 있으며, 철도 차량도 90% 이상 국산화에 성공했다.

철도시스템, 제어, 신호 엔지니어링 분야는 이미 세계적인 수준으로 평가되고 있다. 시속 300km로 달리는 KTX의 고장 정보를 실시간으로 KTX 운행정보시스템(KTX-Operation Information System)에 전달함으로써 문제가 생겼을 때 원격 제어로 대처할 수 있다. 이처럼 철도 시장의 성장에 따라 차량, 토목·건축, 시스템 엔지니어링, 신호·통신 등 4개 부문의 산업이 수혜를 볼 것으로 전망된다.

우선 철도 차량 제작은 국내 업체 가운데 현대로템이 가장 앞서 있다. 하이록코리아와 동양강철, 대호에이엘, 대원강업 등은 철도 차량 부품을 제작·공급하는 업체로 주목을 끌고 있다.

토목·건축 분야는 현대건설과 삼성물산, GS건설 등이 높은 점유율로 시장을 장악하고 있다. 아울러 터널 굴착(쉴드)과 지반 개량(DCM) 전문 업체인 동아지질도 수혜 업체로 꼽힌다. 40년이 넘는 시공 경험을 토대로 지반조사-시험-계측-설계-시공을 동시에 제공하는 몇 안 되는 업체 가운데 하나다.

철도 전력·제어·통신 분야에서 국내 최고 수준의 기술력을 보유하고 있는 포스코ICT도 철도 산업 성장 수혜주 가운데 하나다. 지하철 9호선 1단계 사업에서 역무 자동화와 통신 설비를 담당했으며 도시철도 7호선, 광주 지하철, 브라질 상파울루 지하철 사업에도 참여했다.

이밖에도 국내 1위 철도 신호 제어 시스템 업체 대아티아이도 빼놓을 수 없다. 한국의 해외 고속철도 수주 참여시 반드시 동반하는 업체다.

전 세계 철도 업계는 지금이야말로 100년 만에 찾아온 철도 시장의 르네상스라며 들떠 있다. 국내에서도 수도권 GTX 사업 및 2018년 평창 동계 올림픽을 대비해 계획 중인 인천공항-서울-평창을 잇는 고속철도 건설 사업이 추진 중에 있다. 굵직굵직한 이들 사업이 가시화 될 경우, 철도 관련 업체들의 실적은 더욱 고공행진을 이어갈 것으로 예상된다.

> **워런 버핏이 인수한 상위 5대 기업**

순위	기업	투자 금액	시기	업종
1	BNSF	440억 달러	2009.11	철도
2	General Re	162억 달러	1998.06	보험
3	Pacifi Corp.	94억 달러	2005.05	발전
4	MidA. Energy	84억 달러	1999.10	발전, 가스
5	Marmon	45억 달러	2007.12	산업기기

철도 르네상스 시대가 열리고 있다. 미국, 중국, 브라질을 비롯해 중동, 아프리카 등 세계 각지에서 앞 다퉈 철도 프로젝트를 발표하고 있다. 그에 따라 수많은 투자가들도 새로운 철도 산업의 부각에 관심을 집중하고 있다. 가치 투자의 귀재로 알려진 워런 버핏은 2009년 11월 미국 2위 철도 업체인 버링턴 노던 산타페(BNSF)를 440억 달러에 인수하며 버크셔 해서웨이 역사상 가장 큰 규모의 M&A를 단행했다.

철도 프로젝트 발주

차량 제조 업체 | 예산 25%

차량 및 각종 부품 제조 및 개조
하이록코리아(전동차용 브레이크시스템 모듈), **동양강철**(고속철도 차량 및 경량 알루미늄 차체 개발 및 가공), **대호에이엘**(철도 차량 임가공), **대원강업**(차량용 스프링 시트 제조), **현대로템** (차량 설계, 제작), **한국화이바**(철도 내외장재, 경량 전철, 한국형 틸팅 열차 제작)

토목 전문 업체 | 예산 50%

노반공사, 역사건축, 터널 건설 등
현대건설(토목), **삼성물산**(토목), **GS건설**(토목), **동아지질**(대면적 기계식 터널 굴착 전문 업체), **혜인**(휠로더, 덤프트럭, 굴삭기 등 토목건설장비 업체)

시스템 엔지니어링 업체 | 예산 15%

기본 계획, 디자인, 엔지니어링 등 총괄

신호·통신 업체 | 예산 10%

열차 운행 안정성 및 효율 관련 제품 및 서비스

현대중공업(전기·전자 제품, 시스템 토털 솔루션), **포스코ICT**(전기, 전력, 통신, 역무 자동차), **LS산전**(철도 시스템 에너지어링), **일진전기**(송·변전 시스템, 다회로 차단기 등 전력기자재), **대아티아이**(철도 신호제어 시스템), **리노스**(차세대 철도 통신 TRS), **삼성SDS**(전기·전자, 운영시스템), **LGCNS**(전기·전자, 운영시스템)

철도 프로젝트 수주 참여

>> 왜 철도 산업에 주목하는가?

> 교통 수단별 효율성 비교

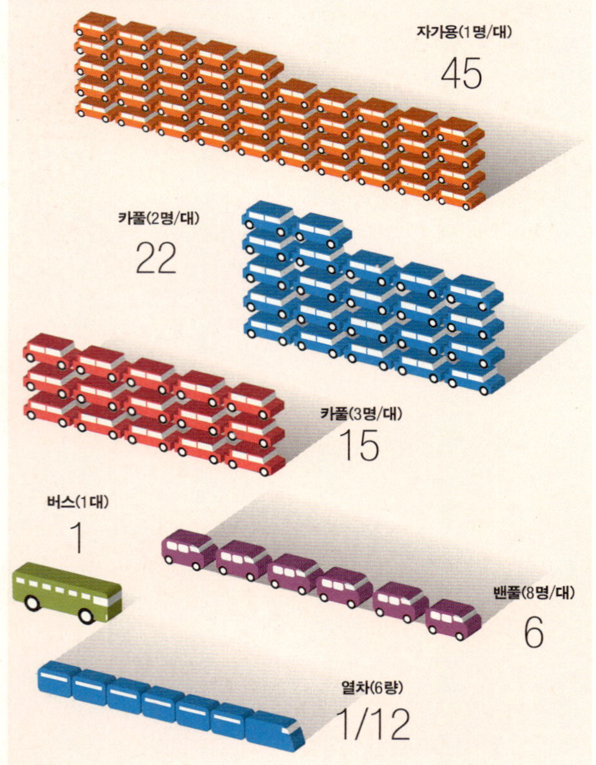

> 주요 교통 수단의 에너지 효율성 비교

교통 수단	1인당 용지 면적 (m²)	단위 자원 소모 (Kcal/사람·km)	1인당 CO_2 배출량 (g/사람·Km)	운송량 (사람/시간)	운송 범위
고속철도	0~0.5	70~100	0	1만~3만	장거리
버스	1~2	180~213	19.4	6천~9천	중거리
소형차	10~20	721~813	44.6	3천	비교적 넓음
자전거	6~10	0	0	2천	근거리

> 운송 분담률 변화 추이

단위 · %

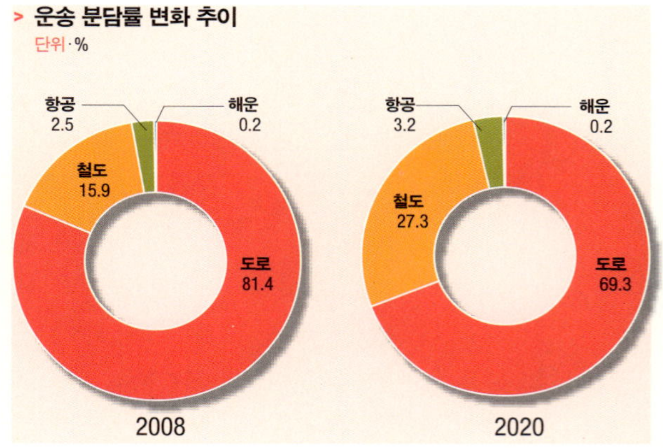

> 국내 철도 사업 부문별 투자 규모 추이

단위·억 원

재원 구분		총 사업비	10년까지	11~20	11~15	16~20	21년 이후
고속철도	국고	114,028	29,826	84,202	70,579	13,623	-
	지방비	-	-	-	-	-	-
	민자유치	-	-	-	-	-	-
	기타	123,673	43,370	80,303	80,303	-	-
	소계	237,701	73,196	164,505	150,882	13,623	-
일반철도	국고	709,386	105,592	411,340	134,733	276,607	192,454
	지방비	-	-	-	-	-	-
	민자유치	83,286	37,163	46,123	41,585	4,538	-
	기타	-	-	-	-	-	-
	소계	792,672	142,755	457,463	176,318	281,145	192,454
광역철도	국고	142,026	35,871	98,725	39,383	59,342	7,430
	지방비	48,481	14,818	33,663	16,511	17,152	-
	민자유치	99,590	6,408	93,182	35,899	57,283	-
	기타	38,362	4,671	33,691	10,980	22,711	-
	소계	328,459	61,768	259,261	102,773	156,488	7,430

> 전국 철도 선로의 영업거리 추이

단위·Km

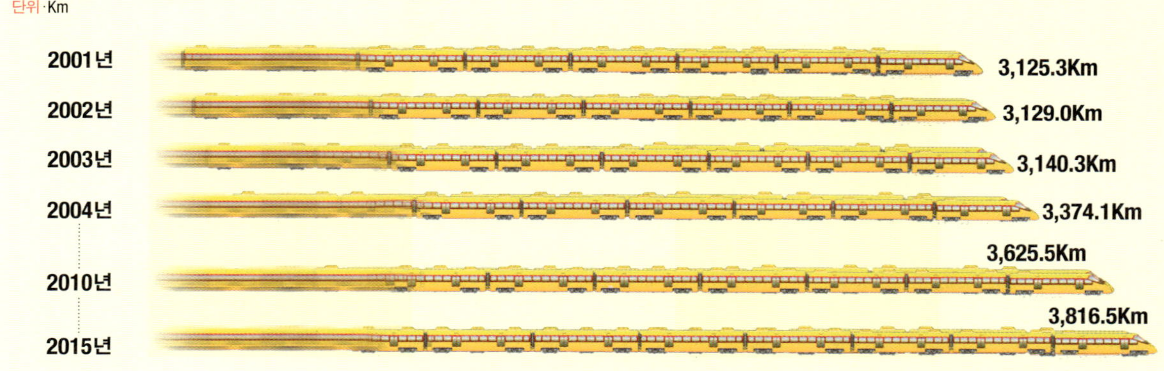

- 한국의 철도는 1899년 9월 경인선 개통을 시작으로 2010년 경부고속철도의 개통에 따라 총 연장 3,625km(지하철 제외)에 이르게 됨.
- 철도의 영업거리 연장은 수년간 정체를 보였으나 최근 남북 철도 연결, 지자체가 운영 중인 지하철 증설, 경전철 및 광역철도 프로젝트로 인해 꾸준히 늘어날 것으로 전망.
- 현재 한국의 철도 선로의 영업거리는 주요 선진국의 10~20% 수준(국토 면적 대비)이므로 지속적인 성장 가능.

> 전국 철도 통행 시간 분포도 추이

주·열차 내 시간 기준

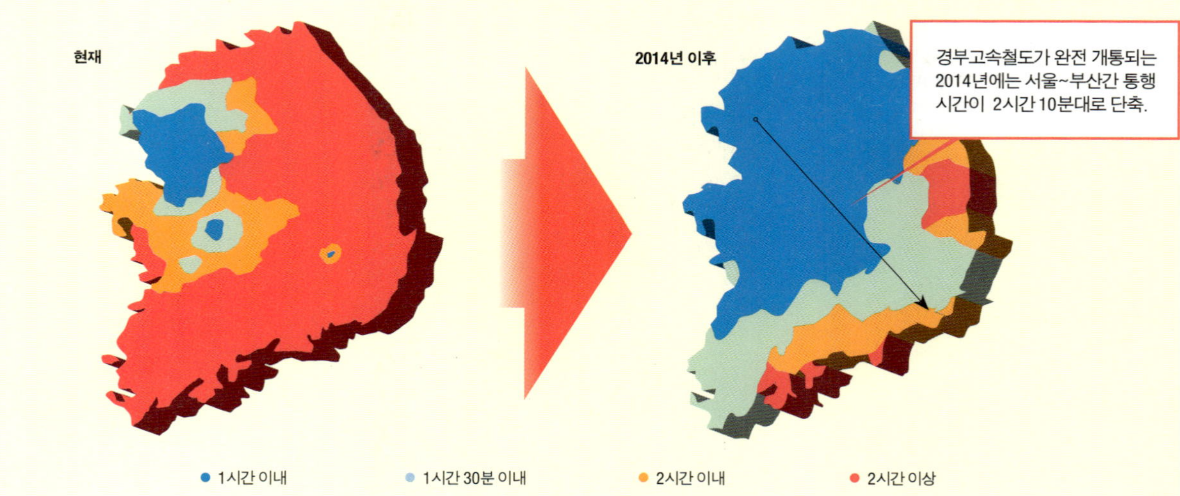

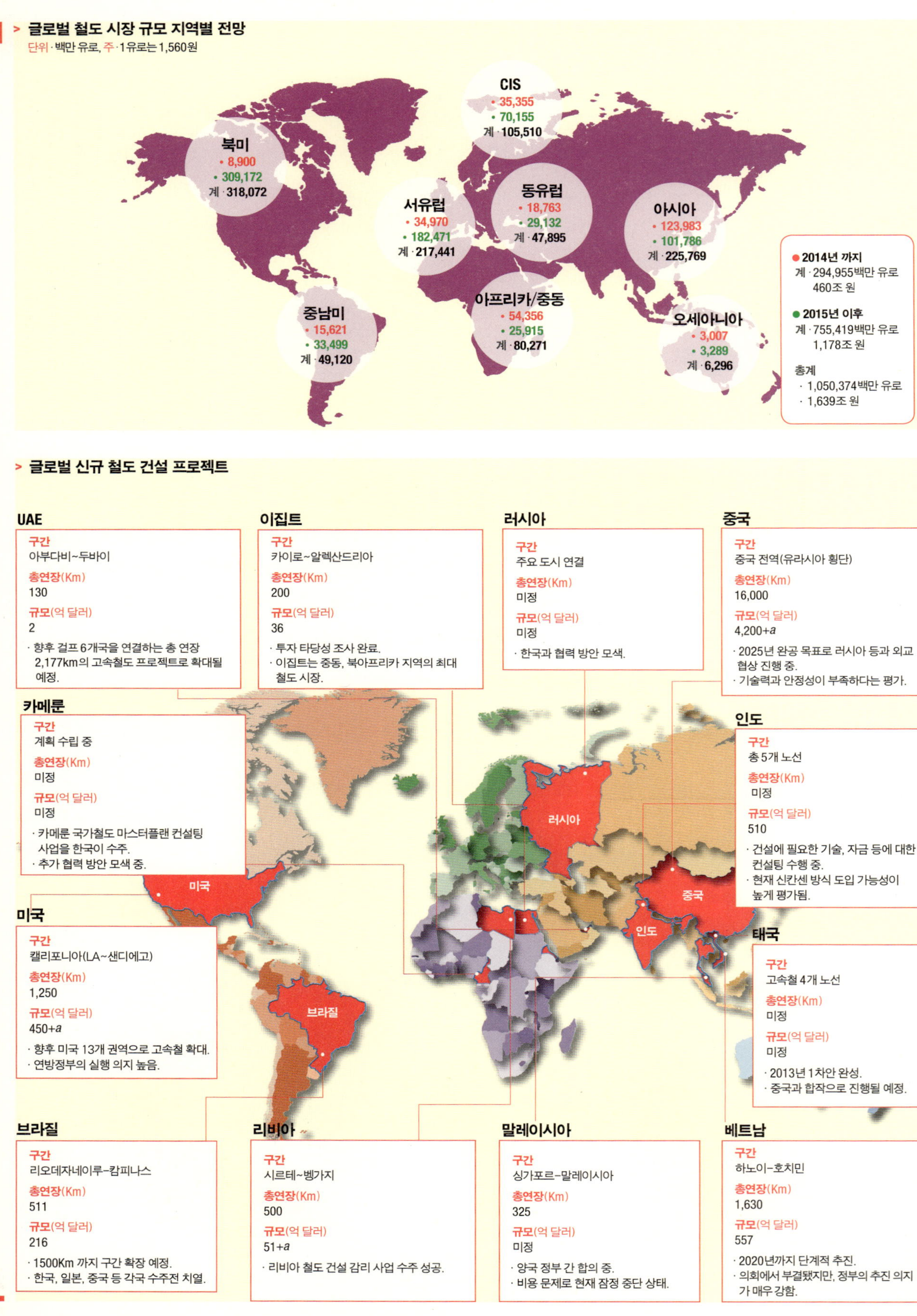

글로벌 철도 시장 규모 지역별 전망
단위·백만 유로, 주·1유로는 1,560원

CIS
· 35,355
· 70,155
계· 105,510

북미
· 8,900
· 309,172
계· 318,072

서유럽
· 34,970
· 182,471
계· 217,441

동유럽
· 18,763
· 29,132
계· 47,895

아시아
· 123,983
· 101,786
계· 225,769

중남미
· 15,621
· 33,499
계· 49,120

아프리카/중동
· 54,356
· 25,915
계· 80,271

오세아니아
· 3,007
· 3,289
계· 6,296

● 2014년 까지
계· 294,955백만 유로
460조 원

● 2015년 이후
계· 755,419백만 유로
1,178조 원

총계
· 1,050,374백만 유로
· 1,639조 원

글로벌 신규 철도 건설 프로젝트

UAE
구간
아부다비~두바이
총연장(Km)
130
규모(억 달러)
2
· 향후 걸프 6개국을 연결하는 총 연장
2,177km의 고속철도 프로젝트로 확대될
예정.

이집트
구간
카이로~알렉산드리아
총연장(Km)
200
규모(억 달러)
36
· 투자 타당성 조사 완료.
· 이집트는 중동, 북아프리카 지역의 최대
철도 시장.

러시아
구간
주요 도시 연결
총연장(Km)
미정
규모(억 달러)
미정
· 한국과 협력 방안 모색.

중국
구간
중국 전역(유라시아 횡단)
총연장(Km)
16,000
규모(억 달러)
4,200+a
· 2025년 완공 목표로 러시아 등과 외교
협상 진행 중.
· 기술력과 안정성이 부족하다는 평가.

카메룬
구간
계획 수립 중
총연장(Km)
미정
규모(억 달러)
미정
· 카메룬 국가철도 마스터플랜 컨설팅
사업을 한국이 수주.
· 추가 협력 방안 모색 중.

인도
구간
총 5개 노선
총연장(Km)
미정
규모(억 달러)
510
· 건설에 필요한 기술, 자금 등에 대한
컨설팅 수행 중.
· 현재 신칸센 방식 도입 가능성이
높게 평가됨.

미국
구간
캘리포니아(LA~샌디에고)
총연장(Km)
1,250
규모(억 달러)
450+a
· 향후 미국 13개 권역으로 고속철 확대.
· 연방정부의 실행 의지 높음.

태국
구간
고속철 4개 노선
총연장(Km)
미정
규모(억 달러)
미정
· 2013년 1차안 완성.
· 중국과 합작으로 진행될 예정.

브라질
구간
리오데자네이루-캄피나스
총연장(Km)
511
규모(억 달러)
216
· 1500Km 까지 구간 확장 예정.
· 한국, 일본, 중국 등 각국 수주전 치열.

리비아
구간
시르테~벵가지
총연장(Km)
500
규모(억 달러)
51+a
· 리비아 철도 건설 감리 사업 수주 성공.

말레이시아
구간
싱가포르~말레이시아
총연장(Km)
325
규모(억 달러)
미정
· 양국 정부 간 합의 중.
· 비용 문제로 현재 잠정 중단 상태.

베트남
구간
하노이-호치민
총연장(Km)
1,630
규모(억 달러)
557
· 2020년까지 단계적 추진.
· 의회에서 부결됐지만, 정부의 추진 의지
가 매우 강함.

러시아
미국
브라질
중국
인도

> **MENA**지역 철도 투자 계획 및 실크로드 철도 예상 노선

단위·백만 달러

- MENA(Middle East of North Africa) 지역 국가들, 본격적으로 철도 인프라 구축 → 2013년 계획된 프로젝트 규모만 1007억 달러임.
- 특히 카타르는 2022년 월드컵 개최 준비로 가장 규모가 큰 철도 건설 국가임.
- 유라시아를 잇는 대륙 횡단 철도 건설인 실크로드 프로젝트가 현실화 되면 엄청난 경제적 효과 가져올 것임.

> 세계 고속철 연장 전망

자료·UIC(Union International des Chemins de far), 단위·Km

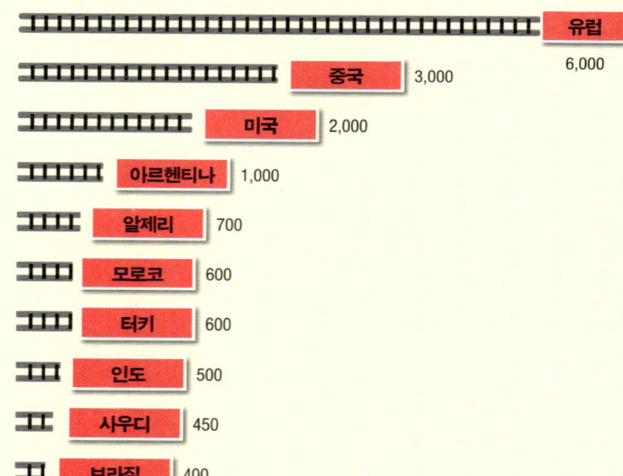

> 글로벌 철도 산업 구성비

단위·%

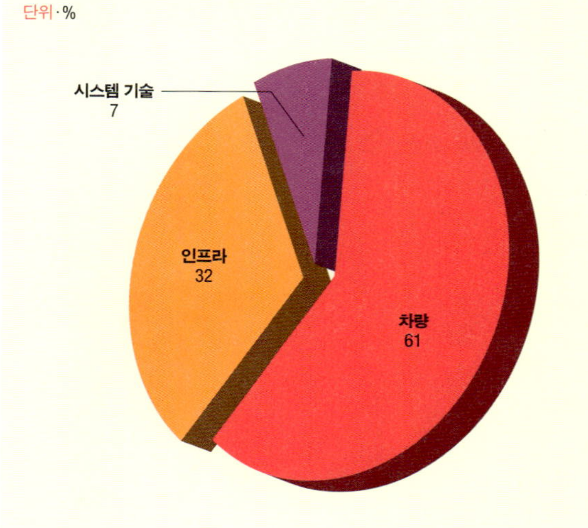

> 글로벌 철도 지역별 시장점유율

단위·%

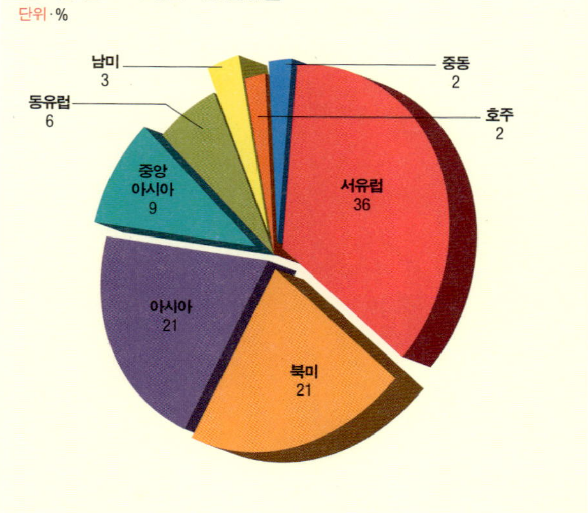

> ## GTX란?

- 경기도에서 2017년 완공 목표로 추진하는 광역 급행 철도(Great Train eXpress)를 뜻하며, 표정속도 시속 100km, 최대속도 시속 200km로 지하 40~50m 공간을 활용하여 3개 노선 총 연장 145km를 연결.

> ## GTX 프로젝트 추진 일정

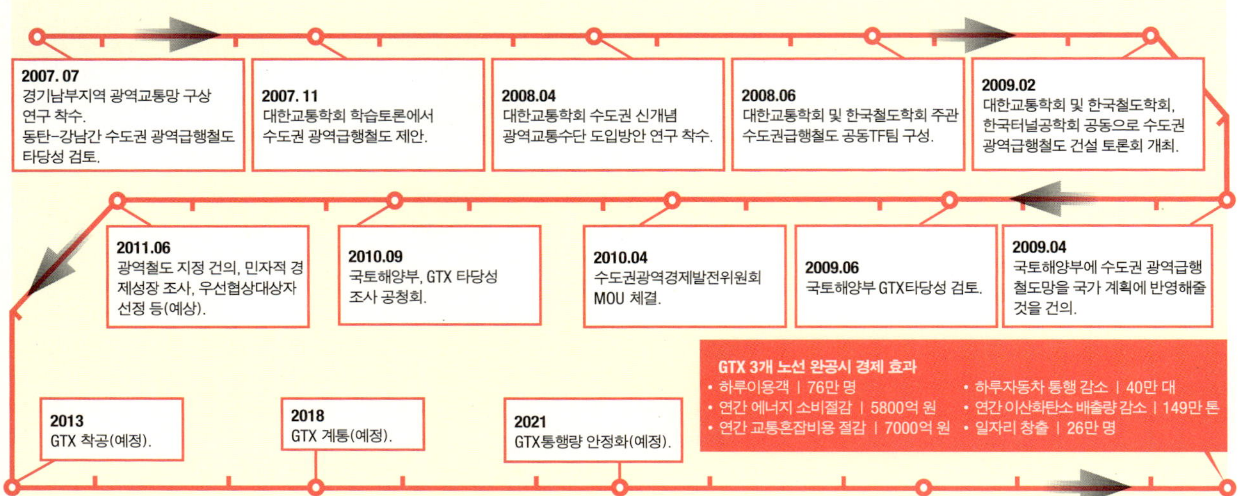

> ## GTX 노선 예상도
주 · 경기도가 국토해양부에 제안한 노선.

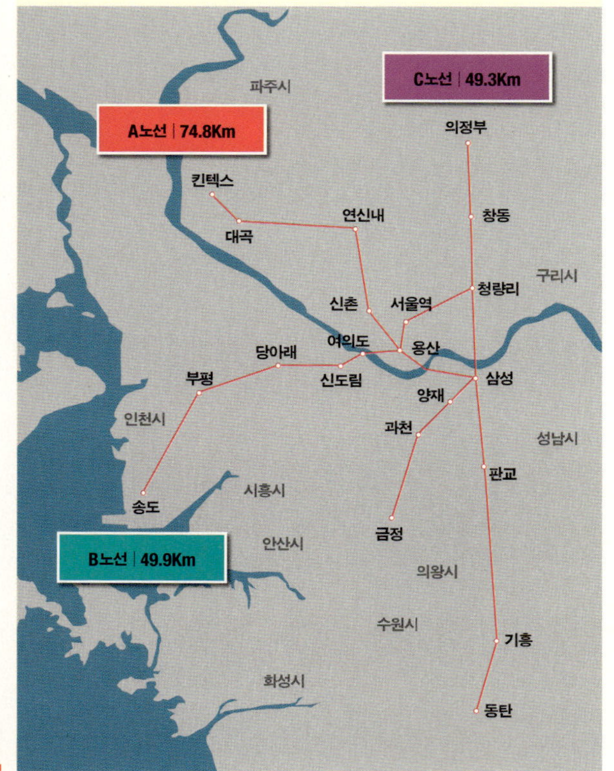

> ## GTX 도입 후 철도통행시간 변화(광역권)

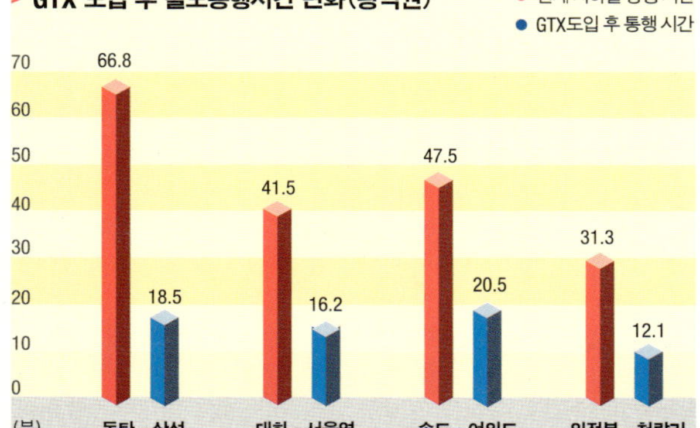

> ## GTX 도입 후 철도 통행 시간 변화(서울권)

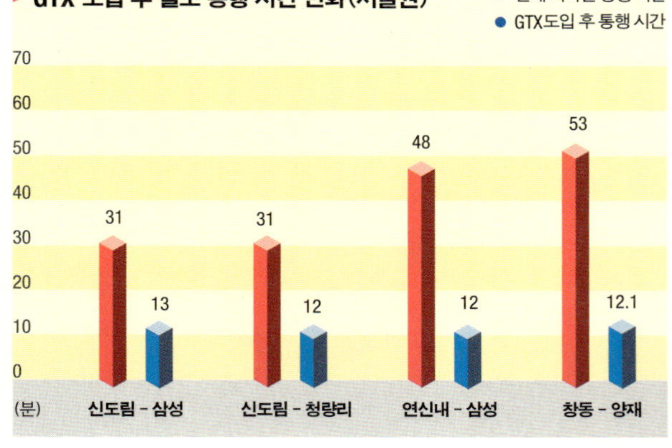

투자 포인트

- 철도 사업 내 전력·제어·통신 관련 국내 최고 수준 기술력 보유 → 향후 GTX 사업 추진 및 해외 고속철도 사업 수주 시 철도 관련 매출 성장 예상.
- 철도 E&M(Electric & Mechanical : 전기·기계 등 설비) 분야 역량을 강화하여 턴키베이스로 대형 사업 수주 확대를 추진.
- 일본 히타치와 컨소시엄을 구성하여 베트남 호치민 도시철도 사업에 참여.
- 순천만 PRT 사업 성공적으로 수행.
- ※ PRT(Personal Rapid Transit) | 다수의 소형 무인 운전차량이 전용궤도 위를 네트워크 제어 시스템에 의해 승객이 지정한 목적지까지 논스톱으로 운행.

> **철도 사업 구조 및 영역**

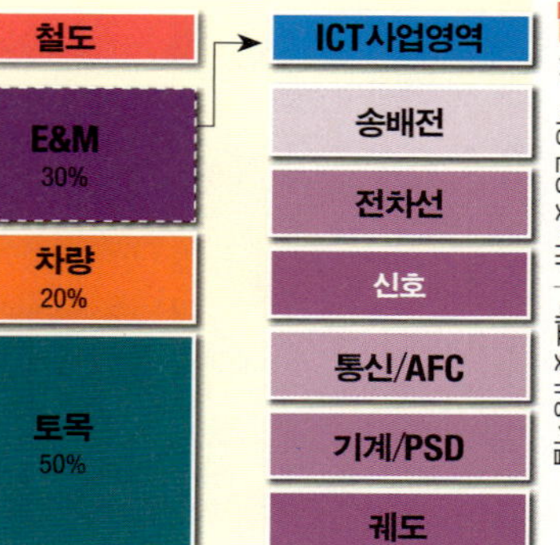

> **포스코ICT의 3대 사업 분야와 구체적인 사업 영역**

3대 사업 분야

- 철강 인프라 사업
  · 철강EIC, 자동화
  · 철강IT
  · 클라우드컴퓨팅
- 그린 인프라 사업
  · 환경/에너지
    (신재생, 자원화, 원전)
  · 사회기반
    (철도, 교통, 건설, NW)
- 성장 사업
  · LED조명
  · 스마트그리드
  · 컨설팅, BPO
  · 미래 산업
    (로봇, 해양Biz)

철강/제조
- 제조, 자동화
  · 전기, 계장, 전산
  · MES
  · ERP
- 물류 자동화
  · 야드 자동화
  · 크레인 자동화
  · 항만 이동기기 자동화
  · 창고 자동화

철도/교통
- 철도
  · 시스템ENG
  · 전기, 신호, 통신
  · PSD 설비
  · 역무 자동화
- 교통
  · ETCS, TCS
  · 버스 정보 안내 시스템
  · 교통 관리 시스템
  · DSRC 교통 정보 시스템

환경/에너지
- 환경
  · 전기집진기
  · 탈황탈질설비
  · 폐기물 자원화
- 에너지
  · 태양광 발전 시스템
  · 풍력 발전 시스템
  · 매립가스 발전 시스템
  · 원전 안전 등급 제어기

공공
- u-Government
- u-Welfare
- 해외 정보화
- 수하물 종합 관리 시스템
- 컨테이너 자동 검색 시스템

건설
- 스마트 그린 시티
- 스마트 그린 빌딩
- 스마트 그린 홈
- 복합 개발 사업

신성장 사업
- 스마트 워크
- 스마트그리드
- LED 조명

투자 포인트

- 대심도 터널 굴착에 독보적인 기술력 보유한 국내 1위 업체.
- 지하 및 해저 공간 개발, 지반 개량을 주력 사업으로 하며 기계식 지하터널 굴착 시장점유율 80% 영위.
- GTX 사업 시행 시 직접적인 수혜 업체 → 지하 50m 대심도에 건설되기 때문에 높은 기술력이 필수.
- 동아지질이 GTX 총 연장의 10%(14km)를 쉴드 공법으로 시공 시, 5년 간 총 8,400억 원 매출 및 영업이익 758억 원 증가 전망.
- 2018년 평창 동계 올림픽 계기로 강원도 일대에 신설될 교통 인프라 구축에 대한 수혜 전망.

동아지질이 국내 유일하게 보유한 대면적(8m) 쉴드 공법은 대단면 지하 공간 공사를 위한 최적 공법임.
사진은 인천공항철도 공사에 활용된 쉴드 공법.

> **동아지질 수주 현황** | 단위·억 원

발주처	공사명	완공 예정일	기본 도급액	완성 공사액	계약 잔액
대우건설	소사~원시 복선전철 4공구 4-3구간 터널공사	2016.4.21	295	-	295
Land Transport Authority	싱가포르 C915공구	2015.7.30	616	115	501
이레일	소사원시 복선전철 3공구	2016.4.21	405	4	401
서울시 도시기반시설본부	서울지하철 9호선 3단계 921공구	2015.12.31	360	22	339
Abu Dhabi Deep Tunnel Sewer Contract	Abudhabi Sewerage Service Company	2013.9.20	365	47	318
서울시 도시기반시설본부	서울지하철 9호선 3단계 920공구	2015.12.29	310	59	250
Land Transport Authority	싱가포르 C913공구	2013.1.15	431	201	230
울산포항복선철8공구노반시설공사	한국철도시설공단	2014.4.18	194	0	194
한국도로공사	동홍천~양양간 터널공사	2016.4.27	320	164	156
서울시도시기반시설본부	서울지하철 915공구	2014.2.1	249	203	46
싱가포르 C-923 지하연속벽공사 외		-	6,688	4,981	1,706

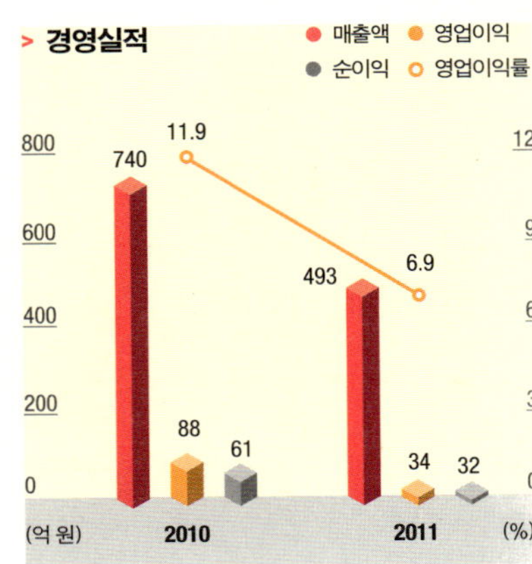

대아티이이
코스닥 · IFRS별도

2012년 2분기 누계

매출액	196억 원
영업이익	17억 원
순이익	18억 원

- 철도 신호 제어시스템을 개발하고 공급하는 업체로 고속철도 신호 설비(CTC)를 100% 국산화하는데 성공(국내 시장점유율 1위).
- 매출액의 70%를 차지하는 CTC 사업은 2010년까지 연평균 44.1%의 성장률 기록.
- 안전하고 신속한 열차의 통제를 위해서 철도 신호 제어 시스템의 중요성 부각.
- 주력 사업인 신호 제어 분야는 대기업들이 진출하지 못한 블루오션.
- GTX 추진 사업에서도 철도 신호 제어 시스템이 필수 분야라는 점에서 수혜 예상.

> 사업 부문별 매출 비중
단위 · %

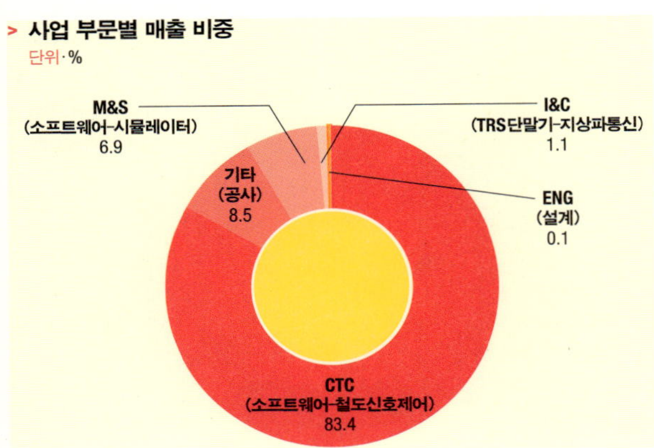

> 수주 현황
주 · 2012년 반기 기준

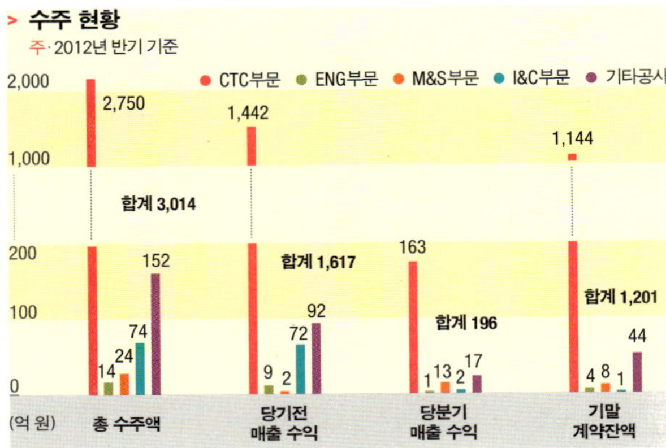

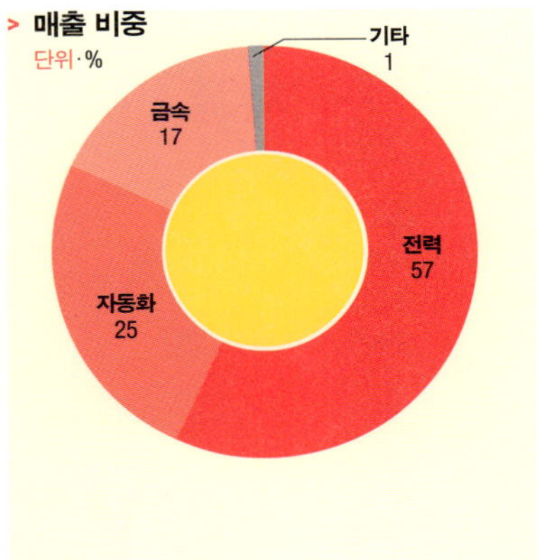

LS산전
코스피 · IFRS연결

2012년 2분기 누계

매출액	1조568억 원
영업이익	862억 원
순이익	537억 원

- 자동화(PLC, INVERTER, 자동화 시스템, 철도 시스템, 교통 시스템, 전력IT, RFID) 등을 신성장동력으로 육성 중.
- 각각의 설계, 제작, 설치, 시험에서부터 시운전 및 개통에 이르기까지 시스템의 전체 수명주기를 고려한 통합 E&M 시스템 관점에서 체계적인 조정, 제어 및 관리 서비스 구축.
- 외부 조직과의 인터페이스 및 다양한 분야의 참여가 수반되는 대규모 복합 시스템으로 체계적 엔지니어링 기법이 요구됨.

> 매출 비중
단위 · %

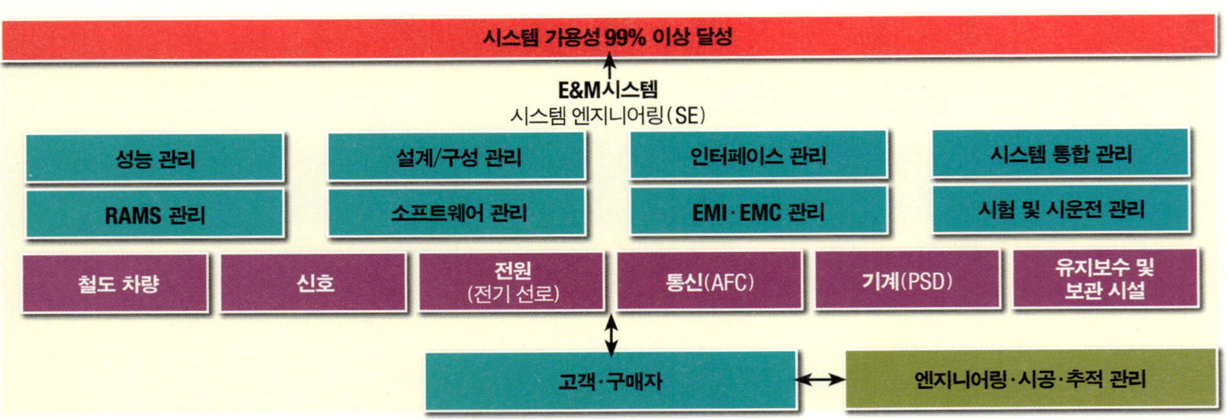

일진전기

코스피·IFRS연결

2012년 2분기 누계

매출액	4,775억 원
영업이익	31억 원
순이익	12억 원

투자 포인트

- 한국철도공사와 15억 원 규모의 '지능형 원격 검침 시스템' 구축 계약 체결.

> **매출액 비중**
단위·%

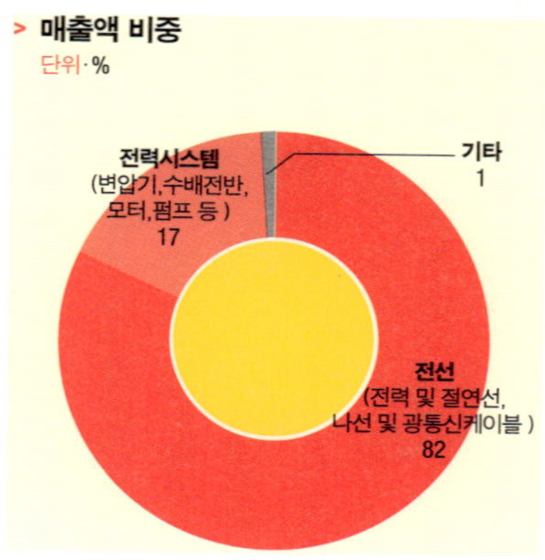

> **전선 업계 리딩 업체 시장점유율**
단위·%

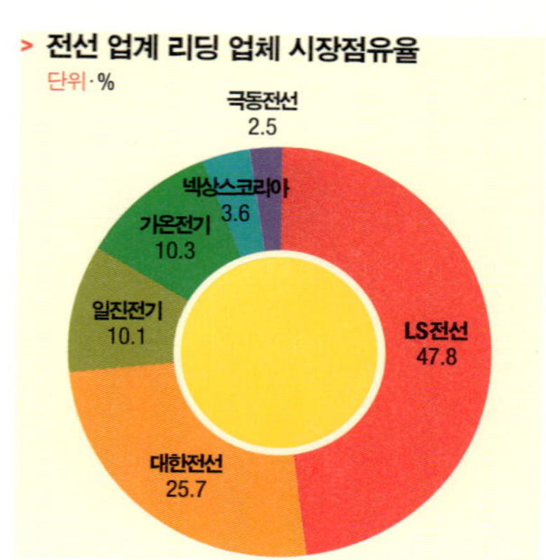

동양강철

코스피·IFRS별도

2012년 2분기 누계

매출액	1,096억 원
영업이익	27억 원
순이익	8억 원

케이티피유	—23.4%→	←21.3%—	알루텍

투자 포인트

- 알루미늄 압출 제품 등의 제조, 판매를 주요 사업으로 영위.
- 주요 제품으로는 알루미늄 샤시, 거푸집, 철도차량 내·외장재, LCD-Frame, 커튼월, 자동차 부품 소재 등이 있음 → 특히 철도 차량 경량화에 따른 수혜 기대.
- 1996년 한국형 고속철(KTX-II)의 표준 사양으로 채택된 이래 2006년 6월부터 알루미늄 외장재 독점 공급.

> **경영실적** ● 매출액 ● 영업이익 ● 순이익 ○ 영업이익률

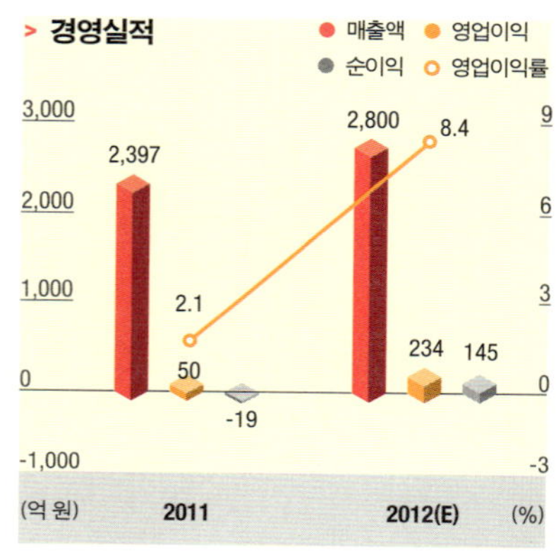

하이록코리아

코스닥·IFRS별도

2012년 2분기 누계

매출액	964억 원
영업이익	209억 원
순이익	157억 원

투자 포인트

- 동재, 강재, 스텐재 등을 주재료로 하여 기계 설비의 이음쇠, 후렌지 밸브, 유니온, 닛불 등의 제조 및 판매.
- 현대로템에 제동 장치를 독점 공급.

> **경영실적** ● 매출액 ● 영업이익 ● 순이익 ○ 영업이익률

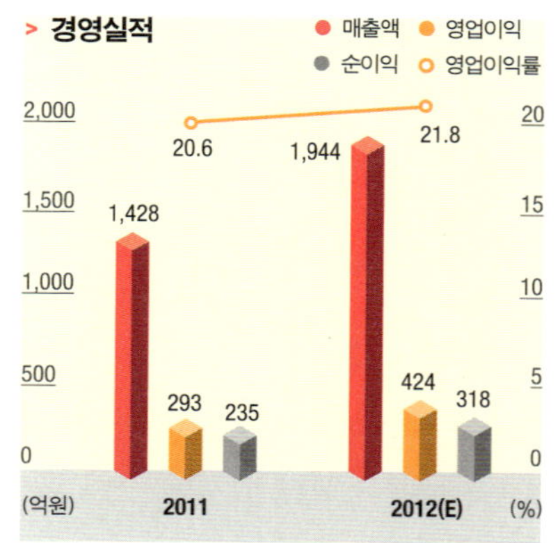

세명전기

코스닥·IFRS별도

2012년 2분기 누계

매출액	96억 원
영업이익	22억 원
순이익	32억 원

투자 포인트

- 송전, 배전, 변전선로용 금구류를 제조하여 한국전력공사 등에 납품.
- 전철용 금구류를 제조하여 한국철도공사 및 지하철공사에 납품.

대호에이엘

코스피·IFRS별도

2012년 2분기 누계

매출액	727억 원
영업이익	25억 원
순이익	7억 원

투자 포인트

- 2011년 8월 TSC 및 철도 차량 등 사업 부문을 분할하여 100% 자회사 대호하이텍 신설.
- 알루미늄은 경중량 자재로 항공기, 자동차, 선박, 철도에 활용 가치 높음.

> **매출 비중**
단위·%

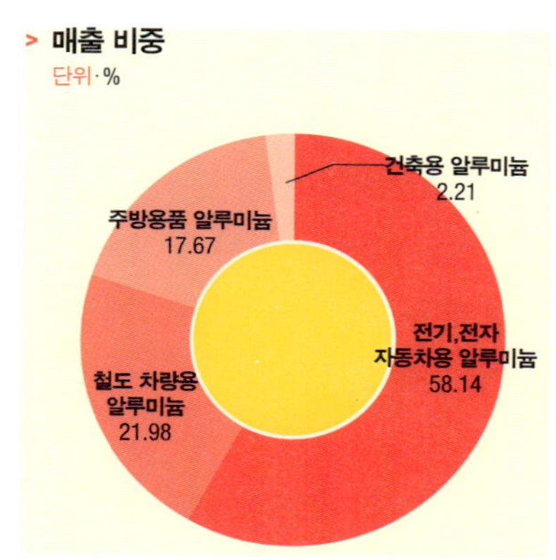

> **경영실적** ● 매출액 ● 영업이익 ● 순이익 ○ 영업이익률

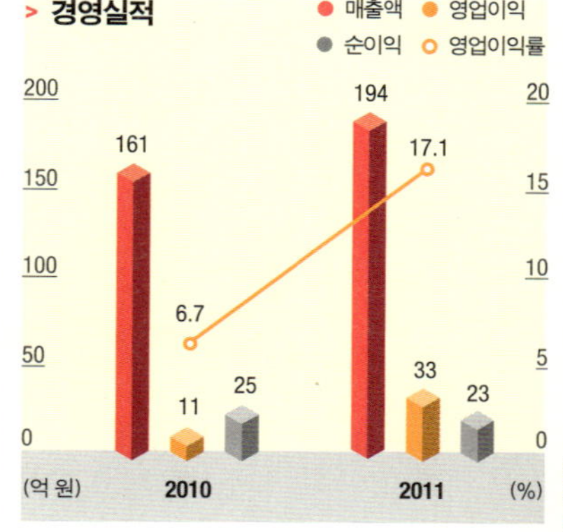

완성차 업체의 파업으로 한 동안 부진,
정상궤도에 돌입하는 2013년 실적 회복 기대

자동차 부품주는 변방이었다. 언제나 화려한 완성차주에 가려 빛을 보지 못했다. 자동차가 총 2만여 개의 부품으로 만들어지는 종합 기계 장치임에도 불구하고, 자동차 부품주에 대한 투자자들의 관심은 늘 완성차보다 후순위 였다.

자동차 부품의 품질이 담보되지 않으면 자동차의 품질도 보장할 수 없는 것은 당연한 이치다. 최근 현대차와 기아차가 글로벌 금융위기에도 불구하고 해외 시장에서 선전하는 것은 국내 자동차 부품 업체들의 피나는 노력이 있었기에 가능한 일이다.

그래서일까. 최근 들어 증시에서도 자동차 부품주에 대한 관심이 커지고 있다. 특히 일본 대지진 이후 해외 유명 자동차 업체들이 한국 부품 업체들을 찾을 만큼 품질은 이미 세계적이다. 다만, 여전히 현대차와 기아차에 대한 의존도가 높은 점은 단점으로 꼽힌다. 물론 과거에 비해 많이 개선되고 있지만, 아직까지 국내 자동차 부품 업체들과 현대·기아차를 분리해서 생각할 수는 없다. 현대·기아차의 파업으로 국내 자동차 부품 업체들의 3분기 실적이 좋지 않을 것이라는 지적이 나오는 것도 같은 맥락이다.

하지만 2012년 4분기와 2013년 1분기에 걸쳐 계절적인 성수기에 힘입어 판매가 증가할 것으로 예상된다. 또 실적 저해 요인이었던 현대·기아차의 파업 물량이 향후 보전될 것으로 보인다. 현대·기아차의 해외 시장 선전 지속도 자동차 부품 업체들에게는 긍정적인 요인이다.

완성차 업계의 변화에 따라 부침이 심한 부품 업체들

대표적인 부품 업체로는 우선 현대모비스를 들 수 있다. 현대차그룹 계열로 탄탄한 매출처를 가지고 있다는 점이 큰 장점이다. 현대·기아차의 글로벌 운행대수 증가에 따른 AS 부문 성장성과 자동차 전장화 및 차량 고급화에 따른 핵심 부품 장착률 상승을 통한 양적·질적 성장이 기대된다.

만도는 탄탄한 기술력을 바탕으로 한 대표적인 자동차 부품 업체다. 최근 현대·기아차의 파업에 따른 3분기 실적 우려가 있지만, 4분기부터는 본격적으로 성장할 것으로 전망된다. 특히 해외 자동차 메이커들로의 매출처 다변화가 돋보인다. 다만, 국민연금과 MOU 체결을 계기로 한라공조 인수에 나선 것은 주가에 부정적일 수 있다.

현대위아 역시 현대모비스와 마찬가지로 현대차그룹 계열사다. 자동차 부품은 물론, 방위 산업 관련 제품과 공작기계 등을 주로 생산한다. 자동차 부품 사업부의 믹스 개선과 기계 사업부의 선별 수주에 따른 수익성 개선이 아직 진행 중이고 생산능력 증설이 실적에 반영되고 있다. 다만, 공작기계 부문은 업황이 좋지 않아 좀 더 주시해야 할 것으로 보인다.

평화정공은 현대차그룹 매출 비중이 85%에 달하는 도어잠금 시스템 전문 업체다. 2012년과 2013

년에 높은 매출액 증가율과 7%에 달하는 영업이익률, 신제품 매출 가세, 절대적인 경쟁우위 확보 등은 다른 중소 부품 업체에 비해 차별화되는 강점으로 꼽힌다.

성우하이텍의 경우에는 현대차그룹의 해외 진출과 궤를 같이한다. 따라서 2012년에는 현대차그룹의 해외 시장 선방의 수혜를 입었다. 현재는 매출처 다변화를 위해 노력 중이다. 최근 독일의 WMU사를 인수했는데, 해외 부품 업체의 M&A를 통한 다변화를 시도하는 것이어서 긍정적으로 평가받고 있다. WMU사는 폭스바겐, 다임러, 존슨 컨트롤스 등을 주요 거래처로 두고 있다.

에스엘은 2012년 2분기에 이어 3분기에도 실적 부진을 면치 못했다. 2분기와 3분기에 현대차그룹의 유럽향 i30, 씨드(cee'd) 등이 현대모비스로 이전됐고, 에스엘의 램프가 탑재된 기아의 K3는 출시가 늦어지는 등 신차 출시 부재의 영향이 있을 것으로 보인다. 다만, 4분기부터는 신차 효과와 더불어 현대차 중국 3공장 효과, GM의 GSV 출시 등으로 회복세에 접어들 것으로 예상된다.

현대·기아차와의 공존과 상생 과제

2012년 10월 현대·기아차는 자동차 부품 업체들과의 상생을 위한 프로그램으로 매우 뜻 있는 이벤트를 마련했다. '동반성장포털(http://winwin.hyundai.com)'이라는 홈페이지를 오픈한 것이다. 동반성장포털은 현대·기아차의 주요 동반 성장 프로그램을 비롯해 협력사 채용 정보, 공지 사항, 동반 성장 추진 성과를 소개하는 등 현대·기아차와 협력사간 원활한 소통 채널로 활용될 예정이다.

이곳에는 현대·기아차 협력사의 지난 10년(2001~2011년)간 외형 성장 현황을 매출액, 자산, 수출액, 시가총액 등 다양한 지표를 통해 소개하고 있다. 협력사라 함은 대부분 부품 업체들을 일컫는다. 특히 협력사들의 평균 매출액은 지난 10년 동안 733억 원에서 2,113억 원으로 2.9배 성장해 같은 기간 2배가량 성장한 국내 GDP 증가율을 앞섰다. 또한 62개 상장 협력사의 시가총액은 15조6,000억 원(2011년 말)으로, 거래소 11위에 해당되는 규모다. 이외에도 평균 거래 기간 26년, 대기업으로 성장한 협력사 수 2.9배 증가, 총자산 3.2배 증가, 총 수출액 7.2배 증가 등 국가 경제 성장 규모를 상회하는 실적을 보여 왔다.

이처럼 국내 자동차 부품 업계에서 현대·기아차가 차지하는 비중은 그야말로 절대적이다. 자동차 부품 업체들로서는 해외 시장 개척을 통해 매출 다변화를 꾀하는 데 힘을 쏟아야 하겠지만, 현대·기아차와의 관계 개선이야말로 시장에서 생존하기 위한 필수 요소임에 틀림없다. 현대·기아차 입장에서는 원가 절감 차원에서 중국의 부품 업체들을 무시할 수 없는 실정이다. 어쨌거나 주도권은 현대·기아차가 쥐고 있음을 부인할 수 없다. 계속되는 힘든 싸움에서 어떤 부품 업체들이 살아남을지 귀추가 주목된다.

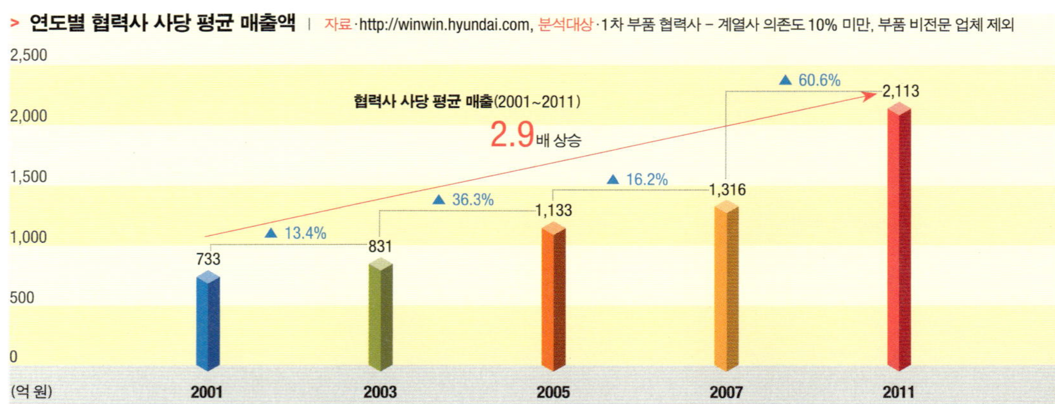

> **연도별 협력사 사당 평균 매출액** | 자료·http://winwin.hyundai.com, 분석대상·1차 부품 협력사 – 계열사 의존도 10% 미만, 부품 비전문 업체 제외

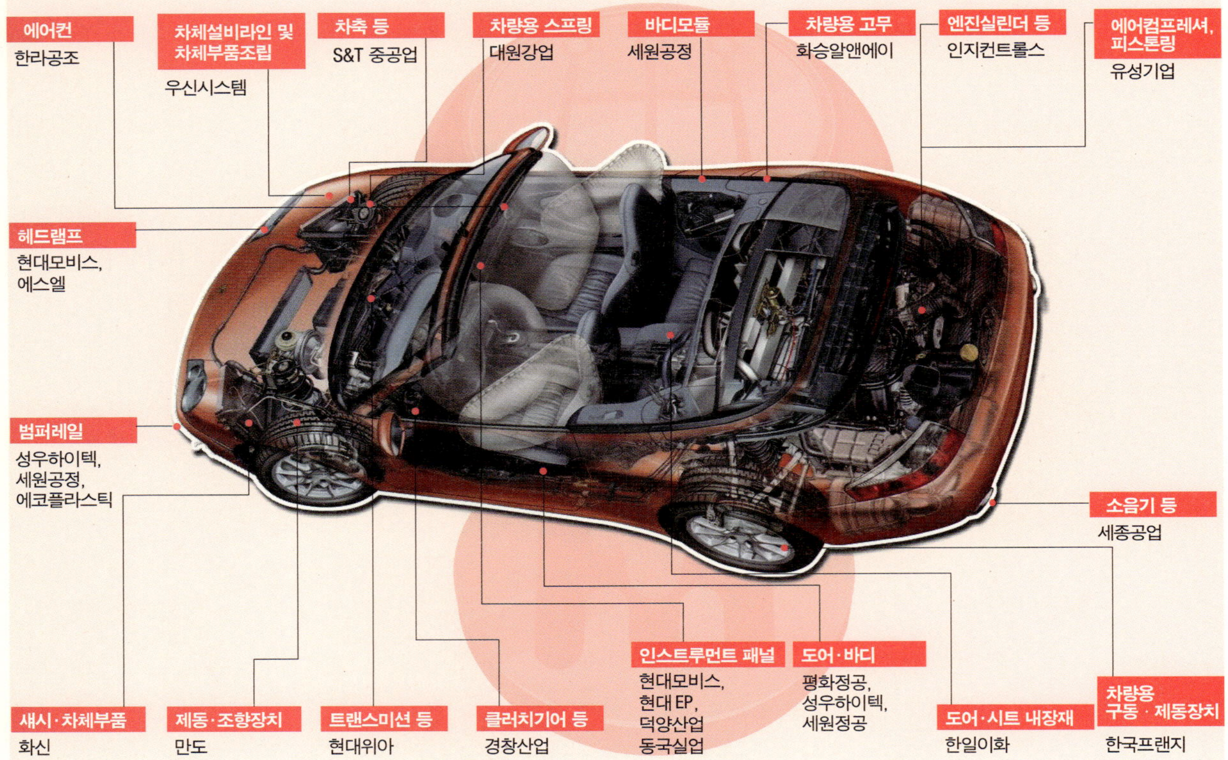

>> 주요 부품별 · 납품 업체별 생산 업체 현황

부품	현대차	기아차	한국GM	시장점유율 상위 업체
에어컨 및 필터	한라공조, 덴소풍성, 모딘코리아	한라공조, 덴소풍성, 두원공조	한국델파이, 두원공조	한라공조
인터쿨러	모딘코리아	카스코	삼성공조	삼성공조
라디에이터	한라공조, 삼성공조, 모딘코리아	한라공조, 삼성공조, 모딘코리아	한국델파이, 삼성공조	한라공조
벨로우즈	SJM	SJM	SJM	SJM
볼트 및 너트	태양금속	태양금속	태양금속	태양금속
액슬	다이모스, 현대위아	다이모스, 현대위아	S&T중공업	다이모스
브레이크	만도, 상신브레이크, 현대모비스	현대모비스, 카스코	만도, 한국델파이	만도
범퍼	에코플라스틱, 현대모비스	프라코	대우라이프, S&T모티브	에코플라스틱
케이블	인팩, 대동시스템	인팩, 대동시스템	인팩, 대동시스템	삼영케블
센서	케피코, 인지컨트롤스	인지컨트롤스, 덴소풍성	인지컨트롤스	인지컨트롤스
밸브	유성기업, 대원강업	유성기업, 대원강업	유성기업	대원강업
몰딩	세동, 동원금속, 코레스	화승알앤에이, 삼신화학	세동, 동원금속, 화승알앤에이	세동
고무	평화산업, 화승알앤에이, 동일고무벨트	평화산업, 화승알앤에이, 동일고무벨트	평화산업, 화승알앤에이, 동일고무벨트	평화산업

>> 자동차 구성별 밸류 체인

주·모듈은 완성차 업체의 '모듈화' 조립과정에서 탄생한 개별 부품의 '조립된' 형태를 말함. 여러 부품들을 먼저 조립해 그 통합된 단위를 차체에 조립함.

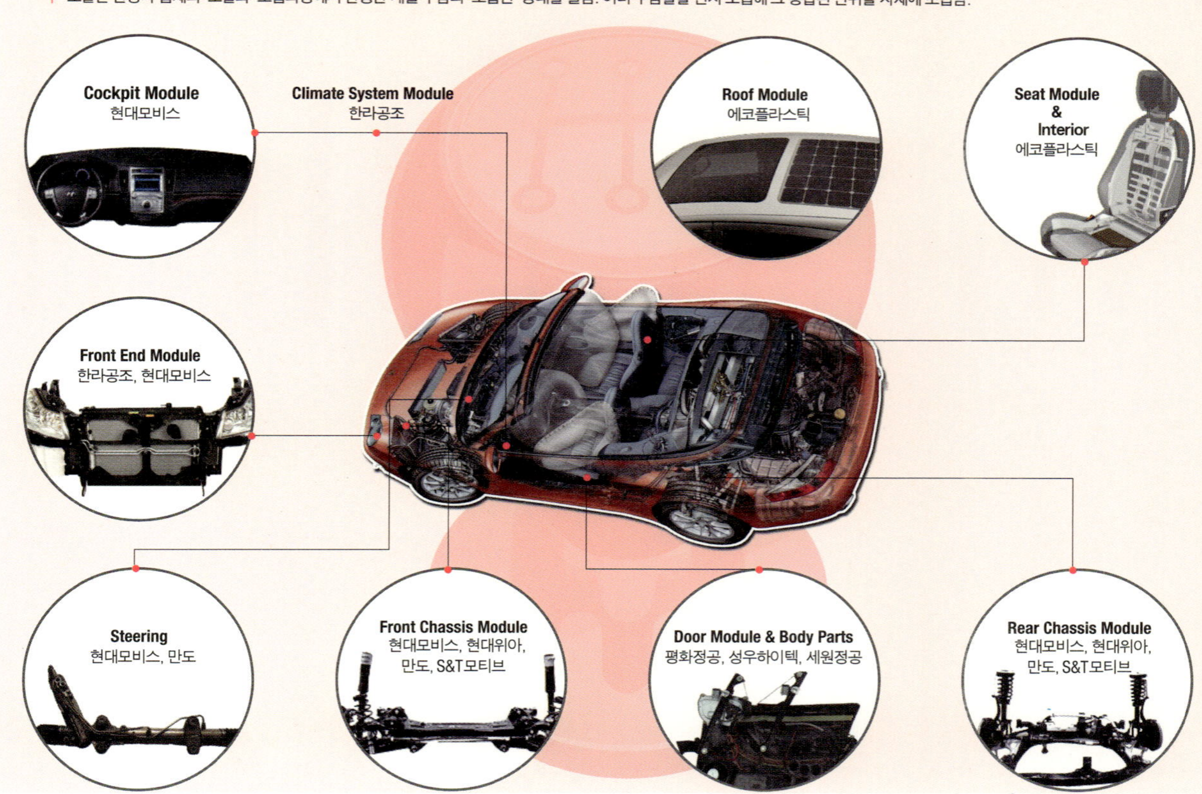

>> 주요 부품 업체 납품처 및 해외 진출 현황

업체명	주요 생산제품	완성차 업체별 납품 현황					해외법인			
		현대	기아	한국GM	르노삼성	쌍용	인도	중국	미국	유럽
경창산업	변속기부품, 케이블, 리저브탱크	●	●					●		
대원강업	스프링, 시트, 정밀스프링	●	●	●		●	●	●	●	●
동양기전	자동 창문모터	●		●	●		●	●	●	
상신브레이크	브레이크라이닝, 슈어셀블리, 패드	●	●					●		
성우하이텍	범퍼, 차체 내판	●	●	●			●	●		●
세종공업	머플러, 컨버터, 차체 프레스	●	●				●	●	●	●
에스엘	헤드 램프	●	●	●			●	●	●	●
평화정공	도어래치, 도어모듈, 도어힌지	●	●	●		●	●	●		●
한국단자	CONNECTOR	●	●	●	●			●	●	
한국프랜지	등속연결장치	●						●	●	
한라공조	에어컨, 히터, 라디에이터	●	●				●	●	●	●
한일이화	시드, 도어트림, 헤드 라이닝	●					●	●	●	●
현대모비스	A/S부품, 모듈 및 부품	●	●				●	●	●	●
화승알앤에이	고무제품	●					●	●	●	
화신	암, 프레임, 리어액슬 하우징	●	●				●	●	●	
S&T대우	현가장치, 조향장치, 저장부품, 엔진장치 외 부품	●		●			●	●	●	●

> 글로벌 자동차 산업 성장 전망

자료·IHS

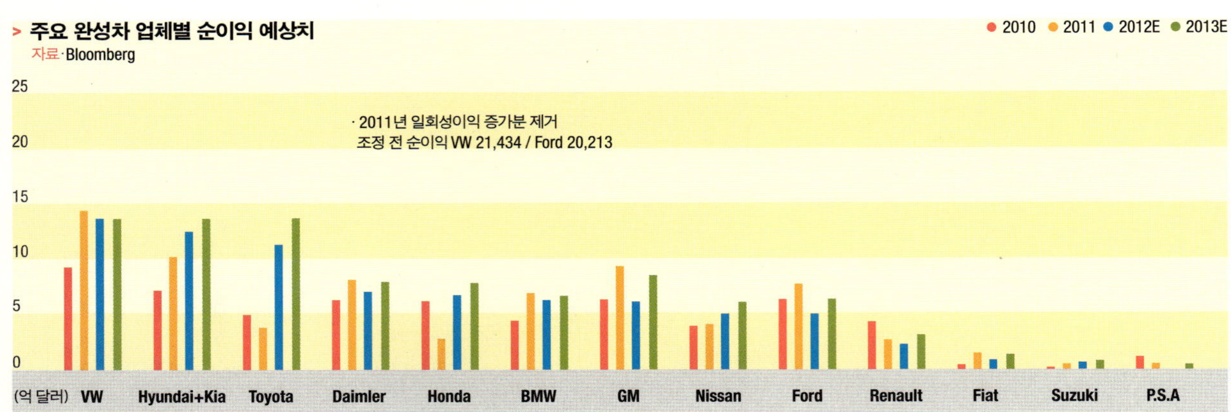

> 주요 완성차 업체별 순이익 예상치

자료·Bloomberg

> 글로벌 자동차 부품 업체 순위

단위·백만 달러, 주·2011년 글로벌 100대 부품기업(OEM판매기준), 자료·Automotive News, 2012.6.11

순위	업체명	국적	매출액	주요 부품
1	로버트 보쉬	독일	39,753	엔진시스템, 샤시, 전장부품
2	덴소	일본	34,153	파워트레인 제어 시스템, 공조
3	콘티넨탈	독일	30,521	타이어, 샤시, 전장, 시트 부품
4	마그나 인터내셔널	캐나다	28,300	파워트레인, 내외장, 차체
5	아이신 세이키	일본	27,196	변속기, 엔진부품, 차체
6	포레시아	프랑스	22,500	시트, 칵핏모듈, 도어판넬
7	존슨 콘트롤	미국	21,280	시트, 내장
8	**현대모비스**	**한국**	**18,864**	**샤시, 칵핏모듈, 브레이크, 조향**
9	ZF 프리드리히사펜	독일	17,860	변속기, 조향장치, 서스펜션
10	델파이	한국	16,041	파워트레인, 전장
40	**현대위아**	**한국**	**5,255**	**엔진, 수동변속기, 샤시모듈**
50	**만도**	**한국**	**4,115**	**브레이크, 조향, 서스펜션 부품**

> 자동차 부품 산업 생산지수 및 증감률

자료·통계청

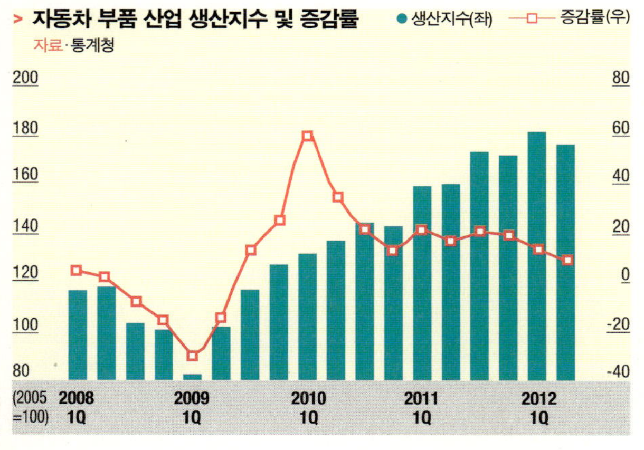

> 완성차 생산 실적과 부문별 부품 매출 상대강도 변화 | 자료·KAMA

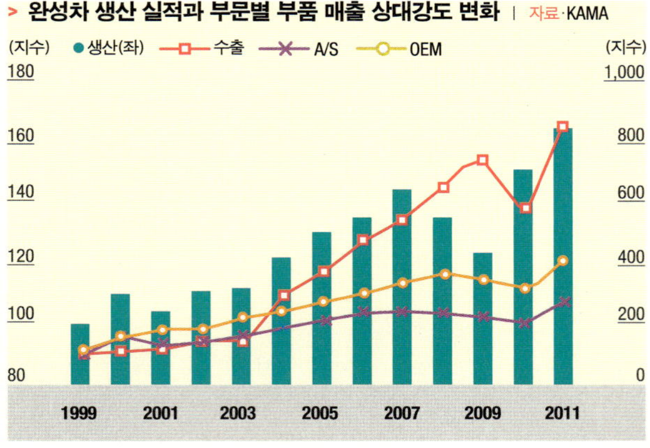

> **자동차 부품 산업 성장 추이 및 제2 투자 집중에 따른 주가의 트레이딩 국면 진입**

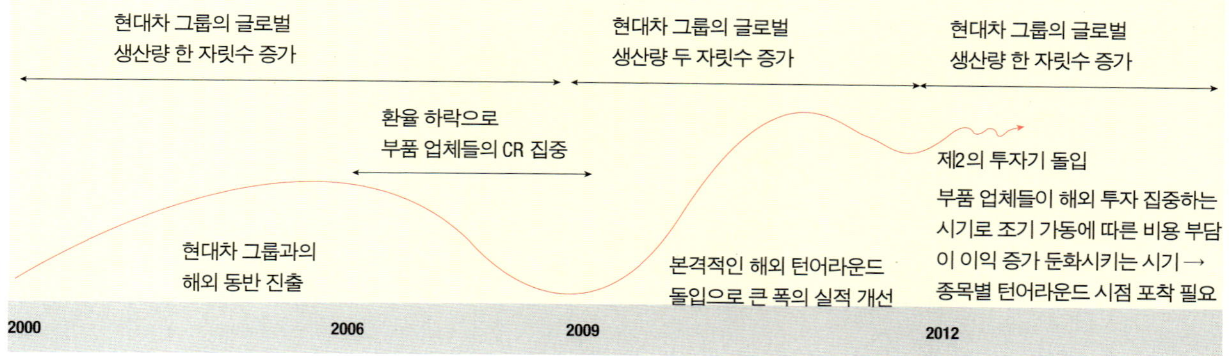

> **국내 자동차 부품 재고 순환도**

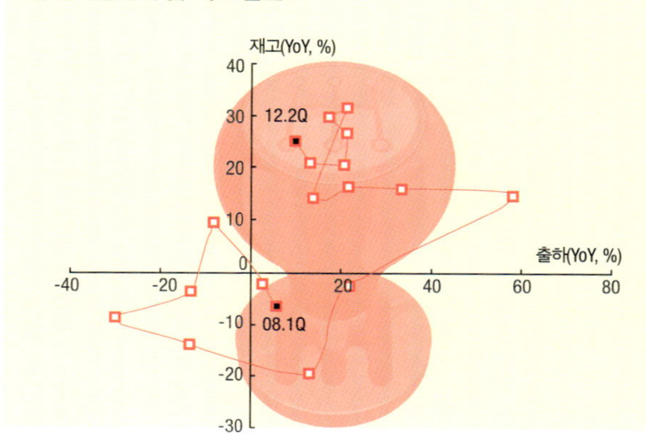

> **자동차 부품 업체 그룹별 리스크 요인 분석**

업체명	리스크 평가				
	◀	부정적	향후	긍정적	▶
	1	2	3	4	5
현대차그룹 협력사				●	
르노삼성 협력사		●			
한국GM 협력사				●	
쌍용차 협력사		●			

> **국가별 자동차 수요 성장률 및 지역별 자동차 판매 증감률**
자료 · Automotive News Data Center, ACEA, JAMA, KAMA, Bloomberg, WardsAuto

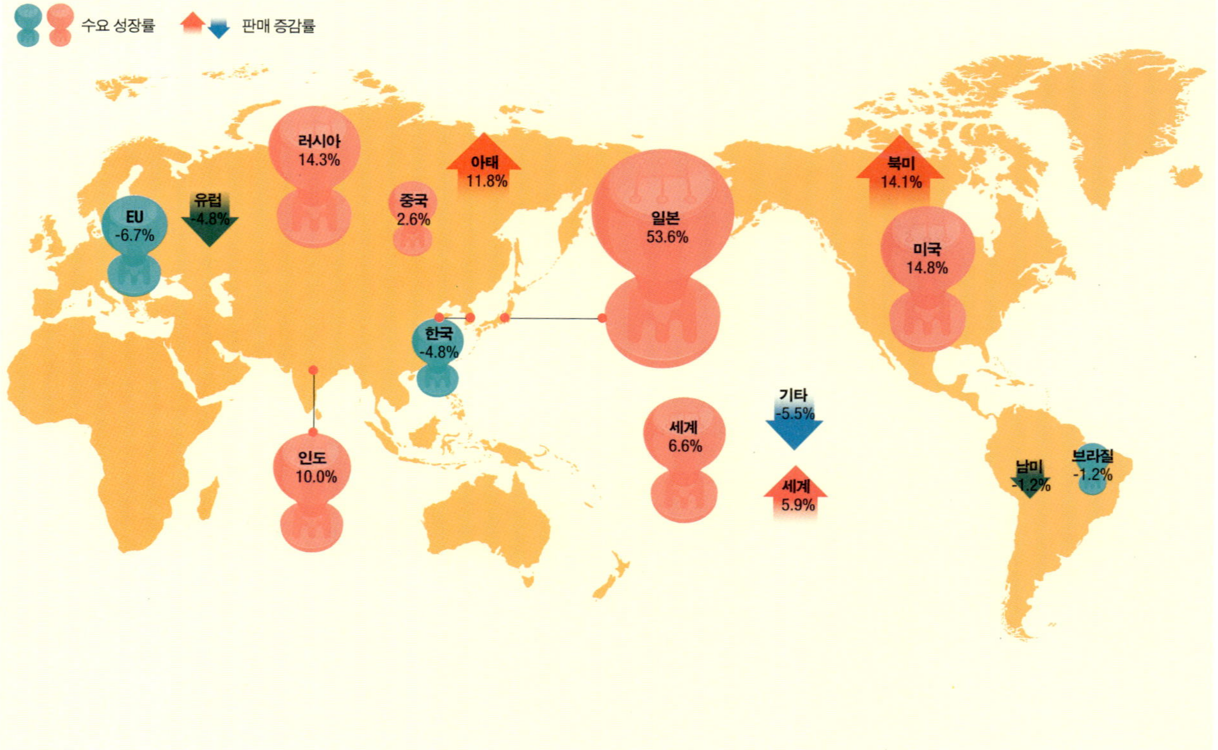

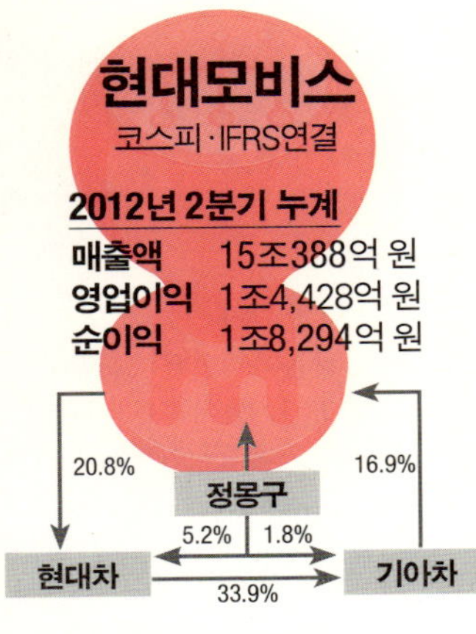

투자 포인트

- 자동차 3대 핵심 모듈인 섀시, 칵핏, 프론트엔드 등을 생산하여 현대·기아차에 공급.
- 현대·기아차에 소요되는 모든 보수용 부품 공급.
- 국내 자동차 부품 업체 중 최대 규모의 R&D 투자를 기반으로 전장 부품 기술 개발을 주도하고 있으나, 기술력은 시장에서 매우 저평가되어 있음.
- 기아차 K9이 출시됨에 따라 동사의 전장 부품 기술력 가치 인정 → K9은 BMW, 벤츠 등 최고급 수입차들의 경쟁 모델로서, 동사가 개발한 다양한 최첨단 전장 부품(AFLS, LED 램프, LDWS, TPMS, EPB, IBS, AVM, PAS 등)들이 대거 적용됨.

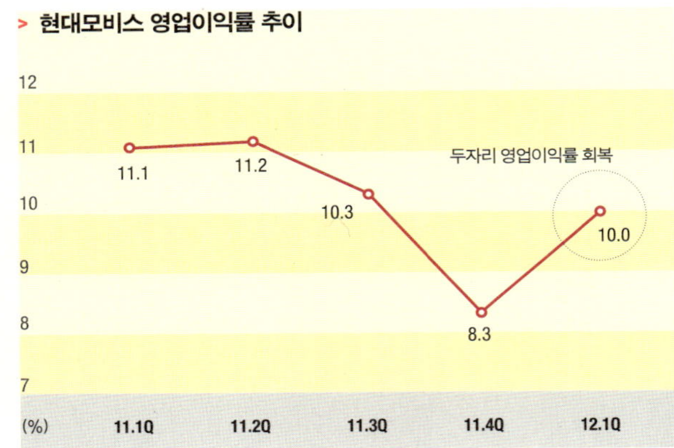

> **해외 OE 수주 현황**

단위·백만 달러

연도	업체	부품	금액
2009년	다임러	오디오, IBS	130
	VW	조명	20
	크라이슬러	샤시모듈	2,000
	BMW	리어램프	80
	GM	주차브레이크	20
2010년	GM	ICS(중앙 통합 스위치)	260
2011년	미쓰비시	헤드 램프	200
	스바루	리어 램프	33
2012년	GM	ICS(중앙 통합 스위치)	1,070
	크라이슬러	LED 리어램프	1,070

> **현대모비스 원가율 추이**

> **현대모비스 영업이익률 추이**

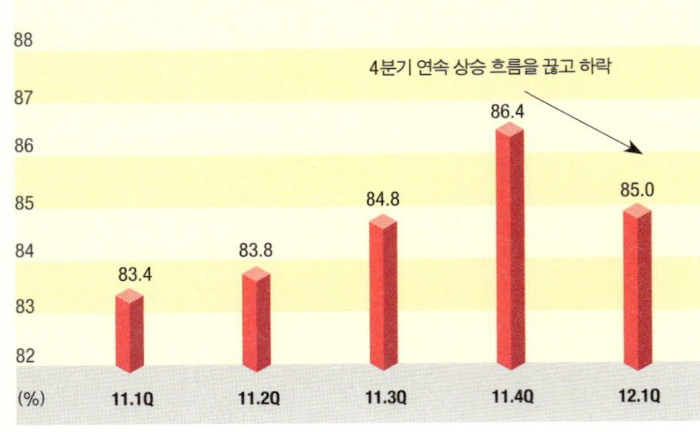

투자 포인트

- 자동차 모듈 부품은 대부분 현대·기아차의 섀시 모듈과 타이어 모듈에 공급.
- 2006년 4월부터 광주공장에서 UN(뉴카렌스) 플랫폼 모듈 양산을 필두로 AM(쏘울) 및 SL(스포티지R)의 연속적인 수주와 모듈 전 공장의 혼류 생산을 통한 유연 생산 시스템 구축.
- 2009년 5월부터 대형 SUV인 XM(쏘렌토R) 차축(프런트액슬, 리어액슬) 양산·공급.
- 2010년 1월부터 소형 승용차량인 UB(프라이드 후속)의 섀시 모듈 사업과 대형 승용 차량인 KH(오피러스 후속)의 섀시 모듈 사업에 신규 참여.

> **제품 경쟁구도**

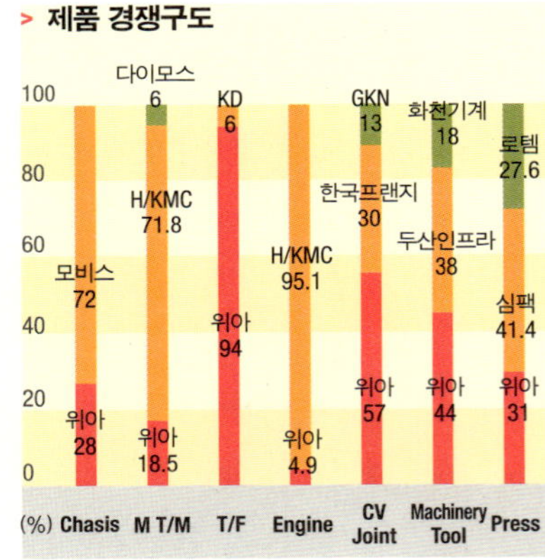

> **현대 VS 토요타 자동차 부품, 기계설비 계열도**

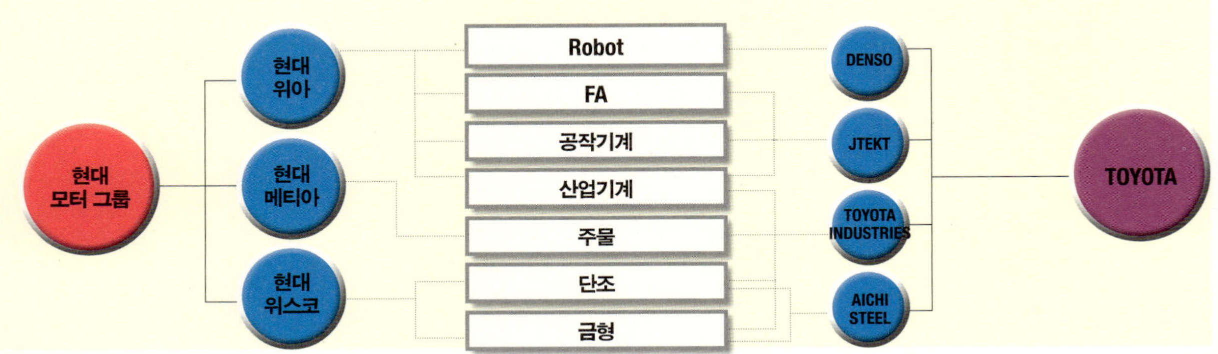

한라공조
코스피·IFRS연결

2012년 2분기 누계
매출액	1조8,184억 원
영업이익	1,476억 원
순이익	1,132억 원

↑ 69.9%

VIHC.LLC
(미국계 비상장 글로벌 자동차 부품 업체)

투자 포인트
- 자동차용 에어컨 시스템과 프런트 엔드 모듈 (FEM), 압축기, 열교환기 등 생산.
- 대전, 평택, 울산 등에 공장을 두고 있고, 중국, 북미, 유럽 등에 총 13개 해외 법인을 둔 글로벌 공조 업체로, 공조 부문 국내 시장점유율 1위 영위.
- 모회사인 비스티온은 2010년 OEM 매출액 기준 글로벌 주요 자동차 부품 업체 현황에서 22위를 차지하고 있음.
- 동사는 원재료 가격(알루미늄)의 변동성에도 불구하고 지난 10여 년간 평균 9% 이상의 안정적인 영업이익률 유지.

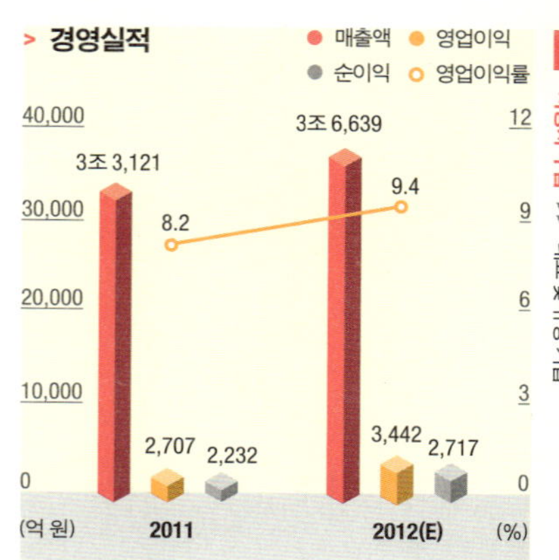

> 글로벌 지역별 매출 실적

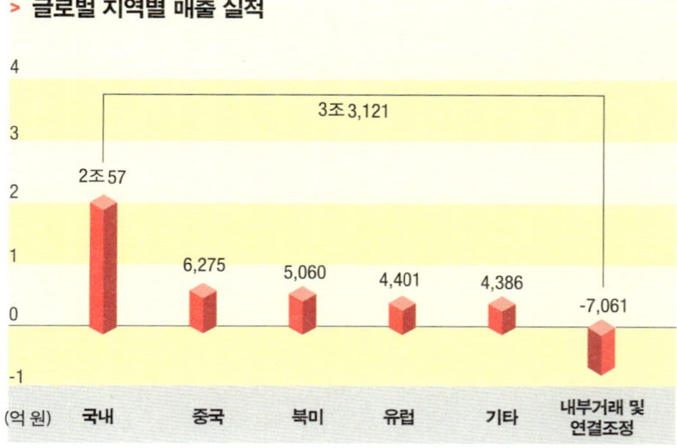

> 공조 부문 글로벌 시장점유율

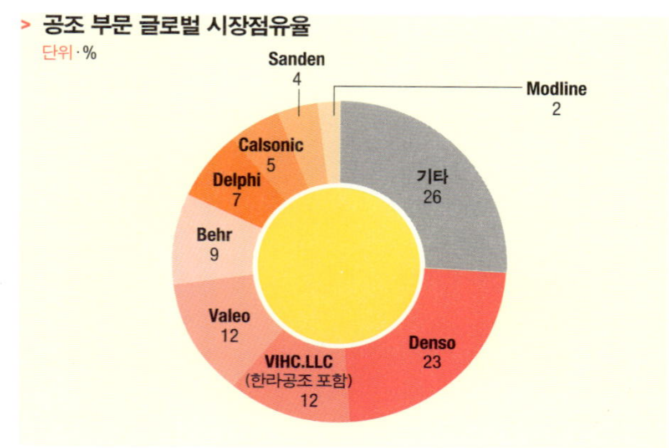

만도
코스피·IFRS연결

2012년 2분기 누계
매출액	2조5,271억 원
영업이익	1,532억 원
순이익	1,088억 원

정몽원 7.5% ↑ ↑ 20% 한라건설
24.1%

투자 포인트
- 제동, 조향, 현가 장치 및 기타 자동차 부품의 설계, 조립, 제조, 공급 및 자동차 부품의 마케팅, 판매업을 영위하는 지배회사임.
- 연결 대상 종속회사로 자동차 부품 및 용품을 판매하는 마이스터, 우리엔지니어링, 플라스틱 소재의 제조 및 판매 사업을 영위하는 '만도신소재' 등 24개 계열사 보유.
- 동사의 매출 증가율은 현대·기아차(현대차 11.6%, 기아차 12.4%) 자동차 판매 증가율의 2배에 가까운 수준으로, 이는 현대·기아차에 대한 동사의 매출 의존도가 점점 낮아지고 있음을 의미함.

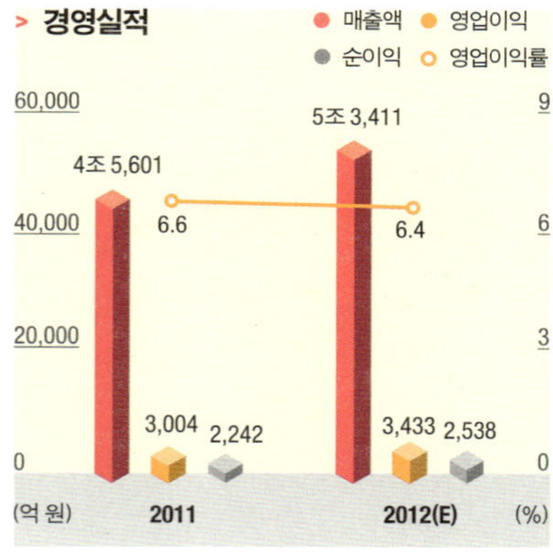

성우하이텍
코스닥·IFRS별도

2012년 2분기 누계
매출액	5,350억 원
영업이익	198억 원
순이익	191억 원

투자 포인트
- 범퍼 레일, 사이드 멤버 등 차체 바디 부품을 전문적으로 생산하는 업체로, 범퍼 레일의 경우 현대차에 독점 납품하고 있으며, 그 외 주력 제품인 대시 로(Dash Law)와 사이드 멤버를 포함한 매출은 자동차 차체 부품 시장에서 20% 이상의 점유율 영위.
- 차량 경량화를 위해 알루미늄 후드, 범퍼 등을 고급차 위주로 납품.
- 동사는 유럽과 중국 비중이 특히 높은데 유럽은 재정위기에도 현대·기아차가 선전을 이어가고 있어 실적 개선에 긍정적임.

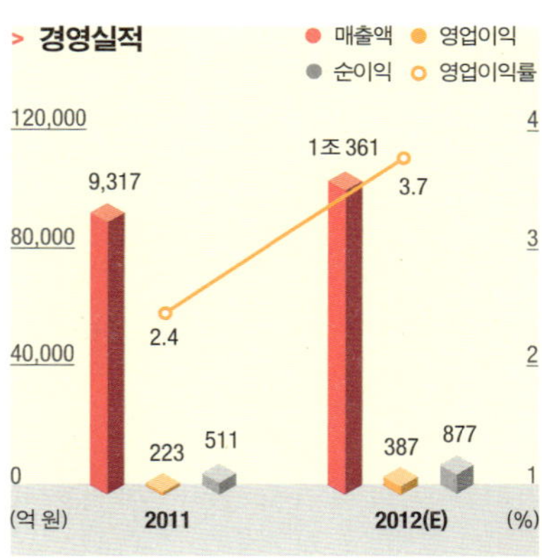

S&T중공업

코스피·IFRS연결

2012년 2분기 누계

매출액	3,843억 원
영업이익	265억 원
순이익	252억 원

35.2%

S&T홀딩스

- 차량용 파워트레인, 방산 제품, 공작기계, 주물소재 전문 생산 업체로서, 차량용 파워트레인은 상용차 및 건설, 중장비 쪽으로 특성화되어 있고, 방산 제품은 자동 변속기와 화력 장비 등을 독점 공급하고 있어 비교적 매출 변동이 적고 안정적인 경영실적 유지.
- 신성장동력으로 풍력발전용 기어박스, 피치감속기, 요감속기 등도 자체 설계·제작 중임.
- 2007년 세계 상용차 1위 업체인 다임러트럭(독일)과의 공급 계약 체결, 2010년 브라질로 해외 시장 공급선 확대.

> ## 차량 부품 내수·수출 매출 현황

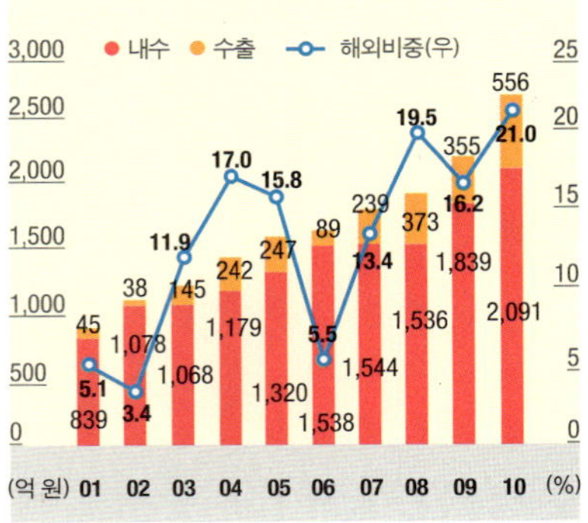

에스엘

코스피·IFRS별도

2012년 2분기 누계

매출액	2,879억 원
영업이익	88억 원
순이익	210억 원

- 중국, 북미, 인도 등 총 15개 계열사로부터 차량용 램프, 조향장치 부품, 프론트 엔드 모듈샤시 등을 전문적으로 생산.
- 국내 최초로 LED 헤드램프를 장착하는 등 기술력이 뛰어나며, 최근에는 BSD(사각지대 경고 시스템), LDWS(차선 이탈 경고 시스템)의 개발을 통해 사업 영역을 확대해 나가고 있음.
- 2011년 글로벌 기준 非현대차그룹향 매출이 30%(GM향 22%)로 국내 중소형 부품사 중 가장 높은 수준의 고객 다변화 달성.

> ## 글로벌 법인별 매출액 비중

단위·%

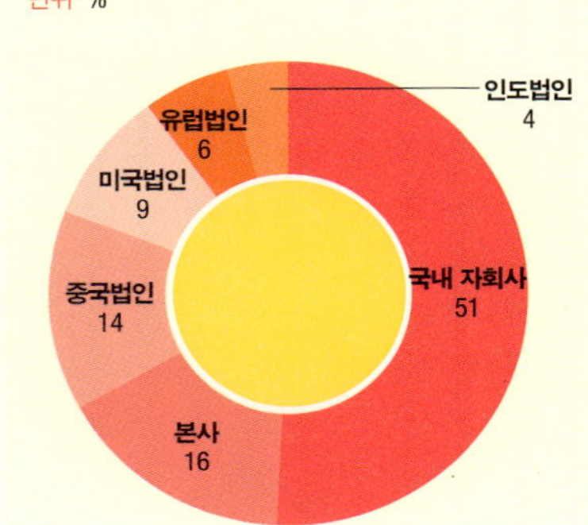

> ## 에이엘 헤드램프 제품

HID 헤드램프

에쿠스용 LED 헤드램프

한일이화

코스피·IFRS별도

2012년 2분기 누계

매출액	3,948억 원
영업이익	71억 원
순이익	135억 원

- 승용차 내장 제품 및 상용차 시트(도어 내측의 도어 트림, 소형 상용차 시트) 전문 생산(국내 시장점유율 40% 육박).
- 생산 부품의 대부분을 현대·기아차에 공급 → 현대·기아차는 협력사들의 품질 경영 및 성과를 심사해 등급을 부여하는 '품질5 스타' 제도를 운영하고 있는 바, 동사는 2009년부터 최고 등급인 '그랜드 품질 5 스타' 수여. 2009년에 신설된 최고 등급인 '그랜드 품질5 스타' 등급을 받은 업체는 지금까지 평가 대상 331곳 중 세종공업과 성우하이텍, 희성촉매 등 3곳에 불과.

> ## 글로벌 법인별 매출액 비중

단위·%

> ## 한일이화 도어 트림과 시트 제품

화신
코스피·IFRS별도

2012년 2분기 누계

매출액	3,060억 원
영업이익	195억 원
순이익	33억 원

- 현대·기아차의 자동차 관련 계열사를 주요 고객으로 자동차용 섀시와 바디에 필요한 주요 부품을 모듈품 또는 개별품 형태로 생산·납품.
- 특히 조향장치의 주요 구성품인 멤버, 콘트롤 Arm, CTBA 및 기타 링크류와 프레스 성형 제품 생산.
- 동사 이익 창출의 핵심이 되는 해외 법인들의 실적 개선 호조세 지속.
- 미국법인의 경우 BEP 돌파 이후 이익 회수 본격화.
- 인도법인의 경우 2012년 하반기부터 현지 통화의 우호적 환경이 예상되고 있어 이익 기여도 높아질 전망.

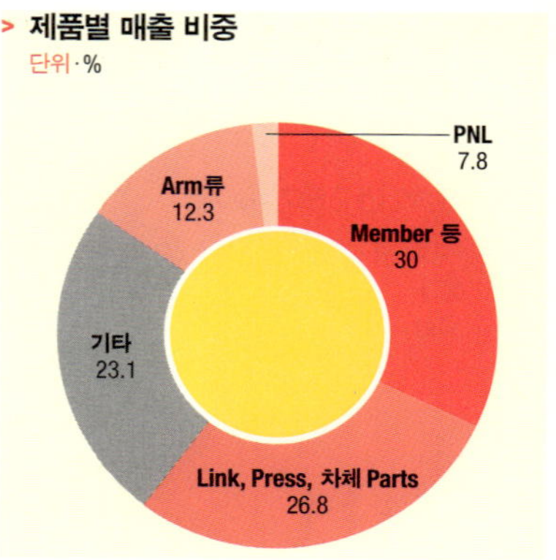

> **제품별 매출 비중**
단위·%

세종공업
코스피·IFRS별도

2012년 2분기 누계

매출액	2,292억 원
영업이익	54억 원
순이익	117억 원

- 자동차의 환경 유해 배기가스를 정화시켜주는 배기가스 정화기(C/Converter)와 소음 진동을 줄여주는 자동차용 소음기(Muffler)를 생산하는 배기계 부품 업체.
- 현대·기아차에 전량 납품하고 있으며, 국내 시장 점유율은 45%를 영위함.
- 주요 원재료인 철강 및 컨버터 촉매류를 현대차그룹으로부터 사급받아 생산하고 있어 원재료 가격 변동에 따른 부담이 적은 것이 특징.
- 현대·기아차 중국 생산능력이 향후 70% 정도 확대 되고, 한-중 FTA 협상 개시, 중국 보조금 정책 시행 등으로 수혜 기대.

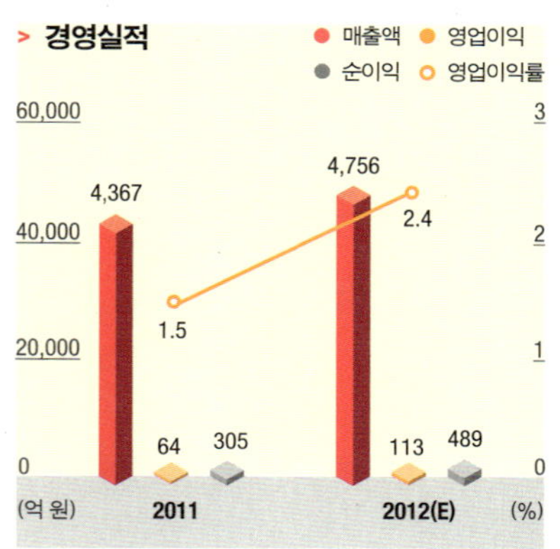

> **경영실적**

우신시스템
코스피·IFRS별도

2012년 2분기 누계

매출액	481억 원
영업이익	20억 원
순이익	16억 원

- 자동차 차체 자동 용접 라인 설비에 대한 제조 및 판매를 주요 사업으로 영위하는 자동차 차체 설비 토털 엔지니어 업체임.
- 사업 부문은 차체 자동 용접 라인을 제조하는 차체 설비 부문과 자동차 도어 가공 등의 차체 부품 부문, PB파이프 제조 등 배관 자재 부문으로 구분되며, 차체 설비 부문이 전체 매출의 80% 이상을 차지함.
- 차체 설비 부문은 전체 매출의 약 65% 이상이 수출로 이루어지며, 현재 전 세계 약 40여 자동차 메이커에 납품하고 있음.

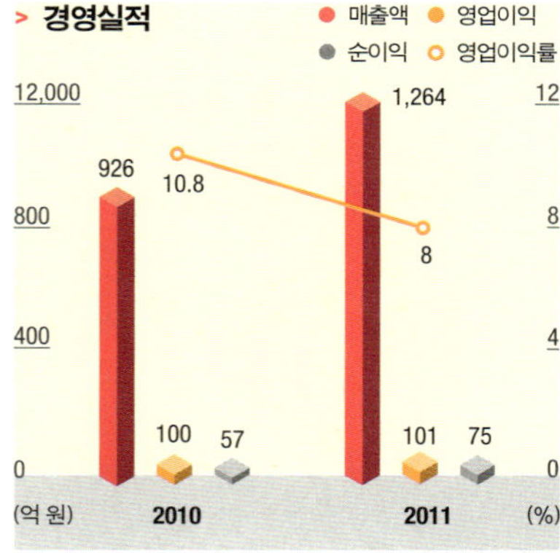

> **경영실적**

경창산업
코스닥·IFRS별도

2012년 2분기 누계

매출액	1,864억 원
영업이익	23억 원
순이익	11억 원

- 오토 트랜스밋션, 케이블, 페달, 오토 레버, 리저브 탱크 등 자동차 부품을 제조하여 완성차 및 시판 업체에 판매.
- 주요 품목인 컨트롤 케이블은 (주)인팩과 함께 현대차에 승용차, 중소형 버스, 3톤 이하 트럭 소요 물량의 50%를 납품.
- 리저브 탱크는 소요 물량의 100%를 현대차, 현대모비스, 쌍용차, 대우차 등 전 차종에 납품.
- 1998년부터 양산에 들어간 신세대 오토 T/M 부품은 현대·기아차 및 현대파워텍에 납품.

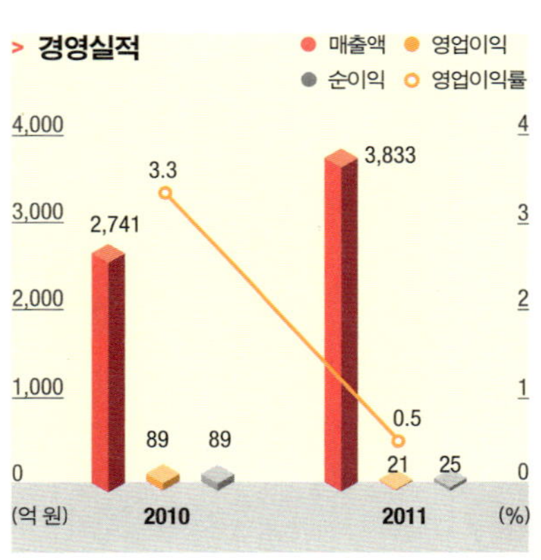

> **경영실적**

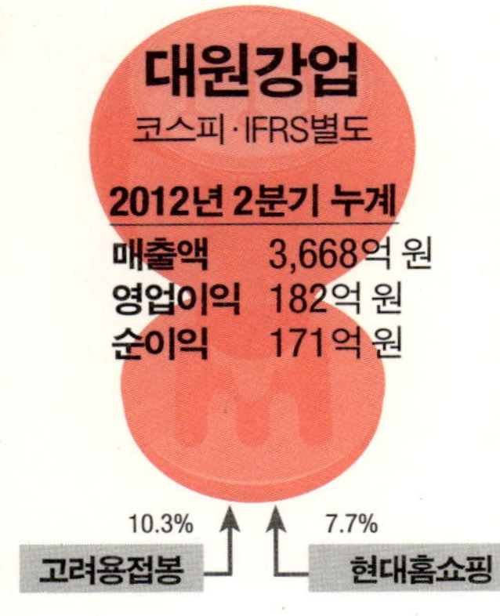

투자 포인트

- 차량용 스프링 및 시트를 주력 제품으로 생산 → 스프링 78%, 시트 18%, 기타 4%의 매출 비중 영위.
- 차량용 스프링 시장점유율 80%의 국내 1위 업체임.
- 국내 유일의 종합 스프링 메이커로 스프링 일괄 생산 체제를 갖추고 있어 원가경쟁력에서도 경쟁사에 절대적인 우위를 지님.
- 소재는 자회사 삼원강재에서 공급받고 있음.
- 주력 제품인 현가스프링은 주행 중 노면에서 전달되는 충격이나 진동을 최소화하고 기관의 떨림 등을 흡수하여 승차감을 좋게 하고, 차량 선회시 균형을 유지해주는 역할을 하는 차량의 핵심 부품임.

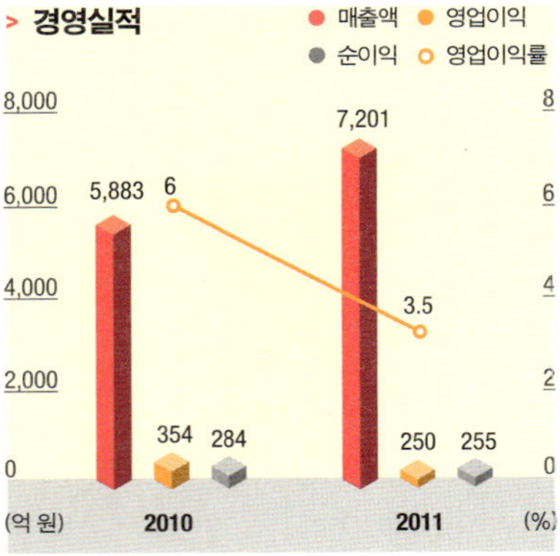

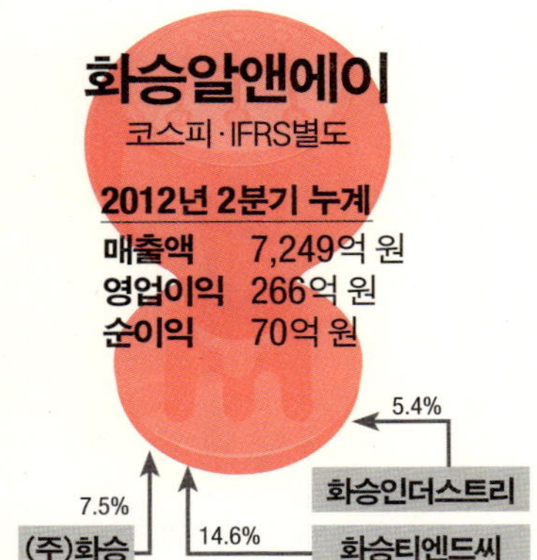

투자 포인트

- 자동차용 고무 제품을 생산·판매하는 자동차 부품 부문과 소재 부문, 산업용 고무 부문 등 사업 영위 → 매출 비중은 각각 68.1%, 19.2%, 12.7%로 자동차 부품 사업 부문이 가장 큼.
- 연결 대상 종속회사로 화승공조, 화승소재 등 9개사 보유.
- 소재 사업 부문은 CMB 업계 최고의 설비 수준과 다양한 배합기술력(Compounding)을 바탕으로 선도 기업의 지위 유지 → 다양한 배합 기술은 후발 업체에 진입장벽이 되면서 신규 사업군 진출의 기반이 됨.

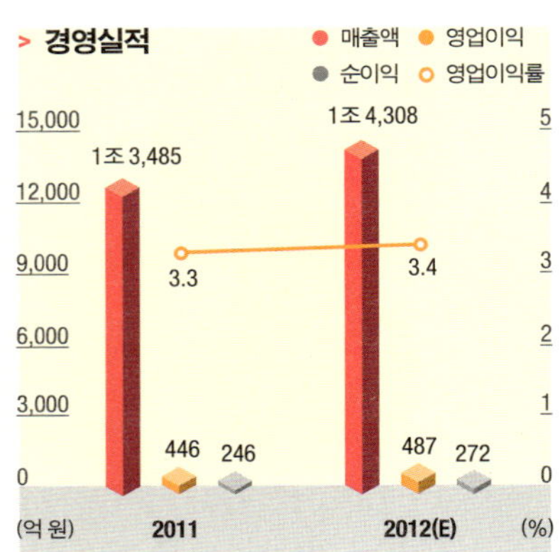

투자 포인트

- 자동차 부품 전문 업체로 TMS(Thermal Management System), EMS(Engine Management System), EP(Engineering Plastic) 등의 제품류 생산.
- TMS는 자동차 엔진 및 배터리의 온도 제어 시스템으로, 동사는 써모스탯(Thermostat) 등의 부품류와 모듈 생산.
- EMS는 엔진의 최적 상태를 유지하기 위한 센서 및 컨트롤 역할을 하며, 압력 제어 밸브, 엑츄이에터 등이 있음.
- EP는 차량 경량화 관련 제품으로 실린더 헤드 커버 등을 포함함.

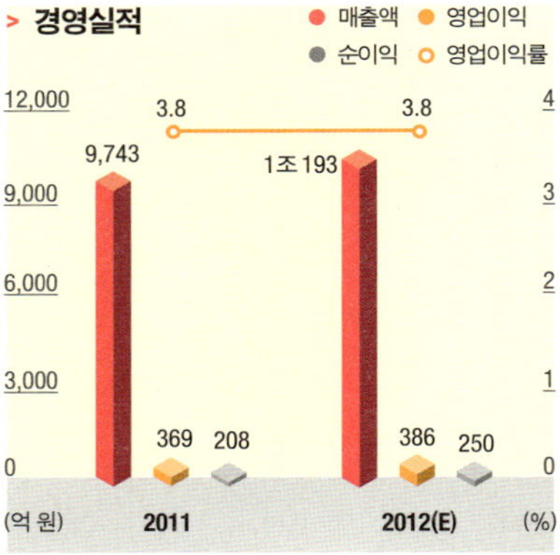

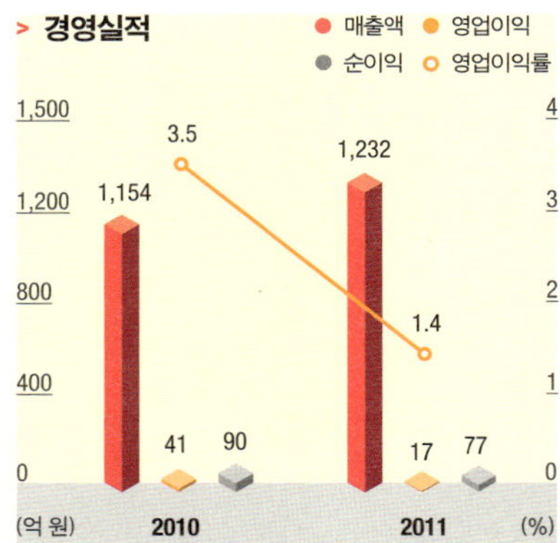

투자 포인트

- 자동차 케이블, 밸브 및 스위치 등을 주력 생산.
- 주요 매출 품목은 컨트롤 케이블, 이그니션 케이블 및 밸브, 스위치 등이며, 다양한 거래처에 안정적으로 제품을 공급.
- 동사의 자동차 부품(케이블, 밸브, 스위치 등)의 국내 시장은 완성차 업체의 부품 공용화 및 모듈화(시스템 발주) 확대 등 OEM의 영향에 의해 시장 확대에 한계가 있음 → 해외 시장 공략 추진.
- 전자제어식 현가장치(ECS)와 전자식 파킹브레이크 케이블(EPB)의 양산을 앞두고 있으며, 이를 위해 충주 첨단 지방 산업 단지에 신규 사업장 준공.

평화정공

코스피 · IFRS별도

2012년 2분기 누계

매출액	2,317억 원
영업이익	60억 원
순이익	124억 원

26.1% ← 평화크랏치공업 | 12.5% ← 한국파워트레인

- 도어 래치, 힌지, 스트라이커, 모듈 등의 도어 시스템 부품 업체로, 동종 업계 국내 최고의 경쟁력 및 시장점유율 영위.
- 현대차 주력 모델의 도어 모듈을 독점 공급하고 있으며, 최근 해외 시장에서의 매출처 다변화 확산 → 인도법인에서 포드 및 닛산으로의 매출이 늘어나고 있는 점은 고객 다변화 측면에서 긍정적.

> 경영실적

(2011: 매출액 4,176 / 영업이익률 4 / 영업이익 166 / 순이익 301 · 2012(E): 매출액 4,668 / 영업이익률 3.8 / 영업이익 179 / 순이익 373) (억 원 / %)

오스템

코스닥 · IFRS연결

2012년 2분기 누계

매출액	1,208억 원
영업이익	70억 원
순이익	55억 원

- 섀시 모듈, 시트 매커니즘 등을 주력 생산하는 한국GM의 협력 업체.
- 계열사로 자동차 부품 제조 업체인 (주)씨텍, (주)에이씨엠 및 세라믹 필터 제조사인 (주)칸세라 등 보유.
- 2011년 출시된 한국GM 5종의 신차들의 판매 호조세가 이어지면서 동사의 실적 모멘텀에도 긍정적 영향.
- 중국과 우즈베키스탄에 해외 생산 법인을 두는 등 GM과의 글로벌 성장을 공유할 것으로 기대 → 동사는 주력 생산 제품의 특성상 대규모 투자가 집중되고, 감가상각 부담 해소와 함께 높은 이익을 회수하는 경영 구조이므로, 증설이 진행 중인 해외법인의 이익 기여가 향후 성장의 핵심 요소로 작용.

> 경영실적

(2010: 매출액 1,835 / 영업이익률 9.1 / 영업이익 148 / 순이익 115 · 2011: 매출액 2,100 / 영업이익률 7.9 / 영업이익 166 / 순이익 119) (억 원 / %)

동성하이켐

코스닥 · IFRS별도

2012년 2분기 누계

매출액	1,109억 원
영업이익	77억 원
순이익	64억 원

36.7% ← (주)동성홀딩스 | 9.4% ← 신영증권

- 석유화학, 유기과산화물 제품 제조 · 판매.
- 고기능성 용제, 저취용제의 국내 독점적 판매권 확보.
- 국내 최초로 생산한 유기과산화물은 각종 수지의 중합 촉매제, 개시제로 공급.
- 현대모비스와 자동차 내장재용 TPU (Thermoplastic Polyurethane Elastomer) 소재 개발.
- TPU는 기존 PVC에 비해 질감이 고급스럽고, 냄새, 촉감, 내구성이 우수함.
- 현대 · 기아차는 TPU 소재의 인스투르먼트 패널, 콘솔, 도어 트림 제품을 2006년부터 채택, 현재 2,000CC 이상 차량에 적용 중.

> 경영실적

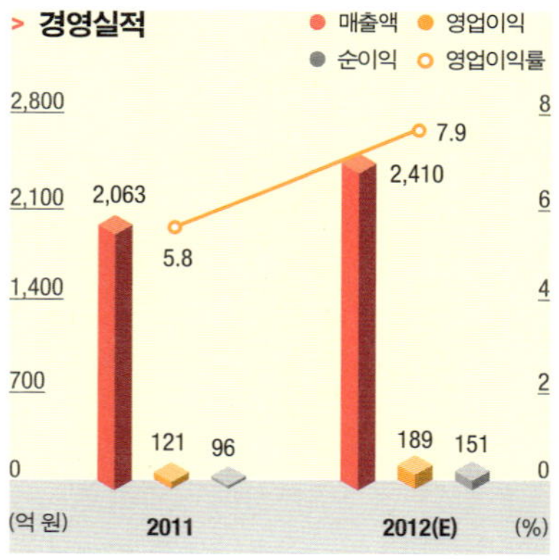

(2011: 매출액 2,063 / 영업이익률 5.8 / 영업이익 121 / 순이익 96 · 2012(E): 매출액 2,410 / 영업이익률 7.9 / 영업이익 189 / 순이익 151) (억 원 / %)

대동

옛 신창전기

코스닥 · IFRS별도

2012년 2분기 누계

매출액	2,212억 원
영업이익	-79억 원
순이익	-58억 원

19.7% ← 동해이화전기제작소

- 자동차용 키세트, 콤비네이션 스위치, 전자UNIT 등을 비롯해 자동차용 마그네슘 D/C용 부품을 생산 · 공급.
- 스위치류 제품이 전체 매출의 45%, 키세트 비중이 전체 매출의 약 40%를 차지함.
- 국내 시장점유율은 스위치와 키세트 각각 5~10위권임.
- OEM 매출이 대부분이며 현대차 37.2%, 기아차 29.2%, 한국GM 4.1%로 제품이 납품되고 있음.

> 경영실적

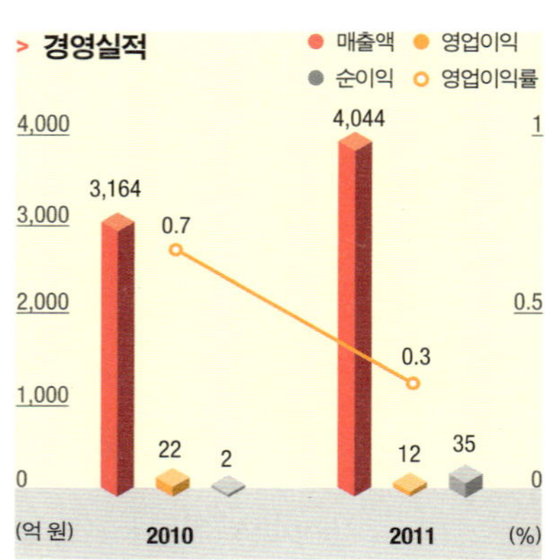

(2010: 매출액 3,164 / 영업이익률 0.7 / 영업이익 22 / 순이익 2 · 2011: 매출액 4,044 / 영업이익률 0.3 / 영업이익 12 / 순이익 35) (억 원 / %)

27

공작기계

공작기계에 부는 '스마트' 바람으로 불황을 타개하다

공작기계는 국가 산업의 근간이다. 한마디로 '기계를 만드는 기계'를 제작하는 산업이기 때문이다. 그런 의미에서 공작기계를 '마더 머신(Mother Machine)'이라 부르기도 한다. 우리가 일상에서 매일 접하는 대부분의 공산품은 공작기계를 거쳐 생산된다. 즉, 자동차와 TV는 물론 스마트폰 등의 IT 제품에 이르기까지 공작기계로 금형을 만든 후 개별 디자인을 통해 상품화되는 것이다.

공작기계는 특히 정밀도가 중요하다. 국내 공작기계 산업의 기술력은 이미 세계적으로 정평이 나 있다. 즉, 한국인 특유의 꼼꼼함과 손재주가 제대로 발현된 산업이다. 따라서 미국과 중국 등에 많은 물량이 수출된다. 숨어있는 효자 산업인 셈이다.

침체의 끝이 보인다!

최근 들어 국내 공작기계 산업은 불황의 터널을 지나고 있다. 주요 수출처인 미국과 중국 경제가 침체기에 빠지면서 자연스럽게 영향을 받는 형국이다. 실제로 한국공작기계산업협회에 따르면, 2012년 8월 기준 수출액은 전년 동기 대비 9.35% 감소한 1억8,579만 달러를 기록했다. 생산은 2,872억 원으로 전년 동기 대비 16.04% 줄어들었다. 수주도 2,373억 원을 기록해, 전년 동기 대비 12.3% 감소했다.

2011년 국내 공작기계 산업은 생산 6조7,000억 원, 수출 23억 달러(약 2조5,900억 원), 수입 18억 달러(약 2조270억 원)로 무역 흑자 5억 달러(약 5,630억 원)를 달성하며 사상 최대 실적을 기록하기도 했다. 이처럼 불과 1년 전까지만 해도 높은 성장세를 이어가던 시장이 언제 그랬냐는 듯 불황의 늪에 빠져든 것이다.

그러나 아직 낙담하기는 이르다. 전문가들은 미국의 움직임에 주목하고 있다. 최근 미국에서는 중국, 동남아, 중남미 등 신흥 시장으로 이전했던(Offshoring) 생산 시설을 다시 미국으로 옮겨오는, 이른바 리쇼어링(Reshoring) 현상이 나타나기 시작했다. 제조업체들의 자국 회귀가 나타나게 된 가장 큰 이유는 저비용 생산기지로서 신흥시장의 매력이 점차 떨어지고 있기 때문이다. 미국 제조업의 부활은 글로벌 경제 및 산업 구조에 적지 않은 영향을 미친다. 특히 중국 경제에 대한 의존도가 높았던 국내 기업의 수출 밸런스가 맞춰지면서 한국의 대미 수출에도 긍정적인 영향을 미칠 것으로 보인다.

이에 따라 가장 큰 수혜주는 기계 업종이 될 것으로 전문가들은 내다보고 있다. 향후 미국으로의 리쇼어링이 본격화된다면 제조업 생산 시설과 신규 설비에 대한 투자가 필연적으로 높아질 수밖에 없다. 공작기계 및 금속가공품 등 관련 제품의 수요도 크게 늘어날 것이기 때문이다.

불황에도 성장을 이어나가는 기업들

국내 대표적인 공작기계 업체로는 현대위아와 두산인프라코어, 화천기공 등을 꼽을 수 있다. 현대위아는 현대차그룹이라는 확실한 매출처 확보로 경쟁사 대비 안정적인 수주 실적 유지가 가능하다. 또 공작기계 평균 판매 단가 개선, 공장자동화 사업 비중 확대(로봇 사업과의 연계) 등으로 수익성 개선이 지속될 전망이다. 업계에서는 오는 2015년 두 자릿수의 영업이익률 달성이 가능할 것으로 내다보고 있다.

두산인프라코어는 국내 최대 규모의 종합 기계 업체다. 국내 공작기계 시장점유율 2위를 영위하고 있다. 회사 전체 매출의 17%를 공작기계가 차지한다. 비록 최근 수주 잔고가 단기 감소했지만 미국의 QE3(3차 양적완화)와 리쇼어링의 영향으로 2013년까지 안정적인 성장이 예상된다.

화천기공은 CNC 선반 및 머시닝 센터 등 금속 공작기계 전문 제작 업체다. 국내 공작기계 시장점유율 3위를 영위하고 있다. SIMPAC은 프레스 전문 업체로 주문 방식에 의한 다품종 소량 생산 형태를 취하고 있다. 자동차, 전자 등 제조업 설비 투자의 영향을 많이 받는다. 와이지-원은 절삭 공구 제조업체로 최근 글로벌 경기 둔화에 따른 실적 악화로 어려움을 겪고 있다. 하지만 견실한 투자 지속으로 2012년 4분기부터는 다시 한 번 도약할 것으로 기대를 모은다. 한국정밀기계는 대형 공작기계 전문 업체로, 주문형 생산 방식인 대형 공작기계 시장에서 독보적인 위치를 차지하고 있다.

이밖에도 일진다이아몬드, SMEC, 이엠코리아, 넥스턴 등도 주목할 만한 공작기계 업체로 꼽힌다.

새로운 돌파구

최근 국내 공작기계 업계는 IT 기술과의 융합을 통한 구조 개선에 나서고 있다. 바야흐로 공작기계 업계에도 '스마트' 바람이 불고 있는 것이다. 공작기계 제품 동향을 살펴보면, 각 제품들이 가공 환경에 맞는 효율적인 생산에 중점을 두면서 IT 기술을 토대로 소프트웨어(SW)와 데이터베이스(DB)를 융합해 보다 스마트한 머시닝 프로세서로 진화하는 모습을 보이고 있다.

이제 IT 융합을 통한 공작기계의 진화는 하나의 트렌드로 자리 잡고 있다. 기존의 재래식 제조 방식에서 탈피해, 인공지능(AI)과 로봇 등 다양한 IT 기술을 접목해 고성능화와 무인자동화로 진화하고 있는 것이다.

공작기계에서 IT 융합 기술을 단적으로 보여주는 것은 CNC콘트롤러다. 공작기계의 두뇌라고 할 수 있는 CNC콘트롤러는 전체 공작기계 부품 가격의 30%를 차지할 정도로 비중이 높다.

국내 공작기계 업체들은 CNC콘트롤러를 해외 기술에 의존하고 있는 현실을 타개하기 위해 노력하고 있다. 즉, 컨트롤러에 탑재되는 다양한 소프트웨어를 직접 개발해 공작기계의 작동 상태를 제어할 수 있도록 하고 있으며, PC나 모바일 기기를 활용해 이를 모니터링 할 수 있는 기술력을 확보해 나가고 있다.

이제 공작기계 업계는 스스로 생존할 수 있는 길을 IT와의 융합에서 찾고 있다. 기술 경쟁력에서 좀 더 특화된 모습으로 진화해 나간다면 경기 침체의 부침에도 흔들리지 않는 자생력을 갖추게 됨을 업계 스스로 정확하게 인지하고 있는 것이다.

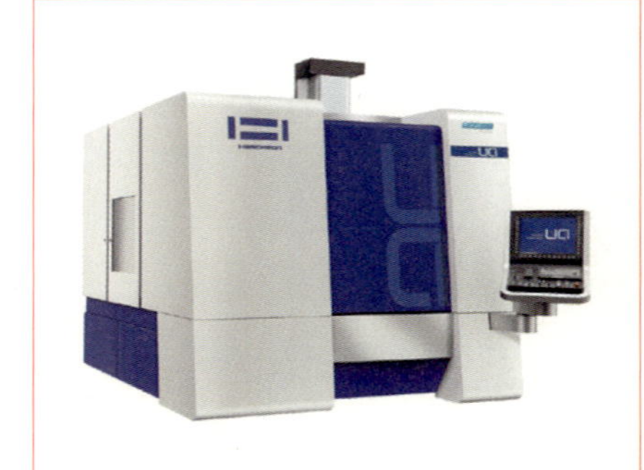

화천기공이 공작기계 기술과 IT을 융합해 제작한 '스마트Ua'. 스마트Ua는 금형 등 제품 생산 전 과정을 원스톱으로 처리하는 시스템이다. 즉, 모델링 → 컴퓨터 도안 작업(CAM) → 공구·공작물 세팅 → 가공에 이르는 복잡한 공정을 단순화, 자동화해 4번의 버튼 터치로 끝낼 수 있게 제작됐다.

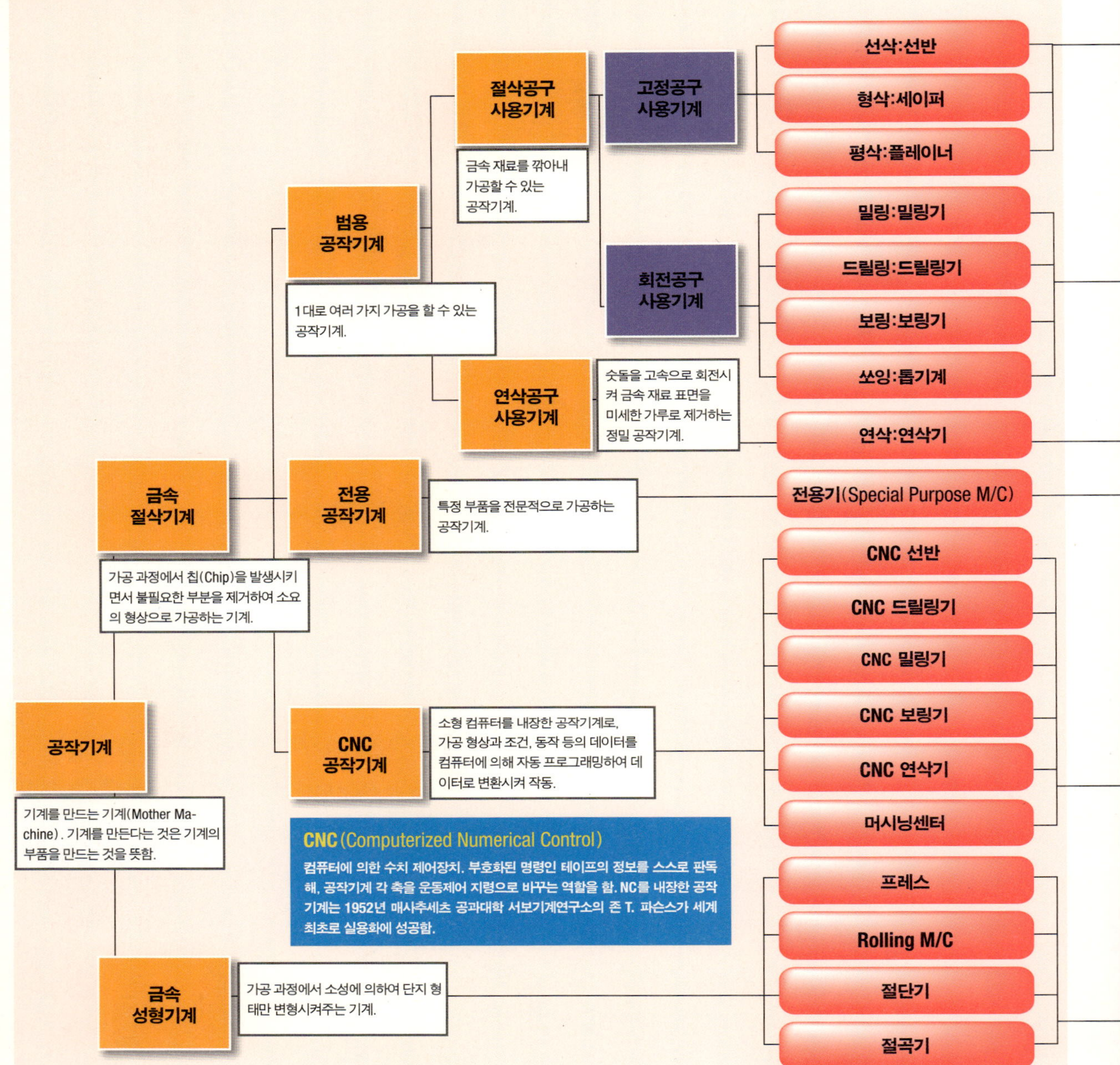

절삭가공기	두산인프라코어, 현대위아, 화천기공, 이엠코리아, 넥스턴, SMEC 한국정밀기계	
사출기	우진세렉스	
프레스기	SIMPAC	
자동화기기	에스에프에이	
자동화기기 부품	리니어모션 이송장치(LMS)	삼익THK
	공압기기	TPC
엔드밀, 드릴, 탭	와이지-원	
공업용 다이아몬드	일진다이아몬드	

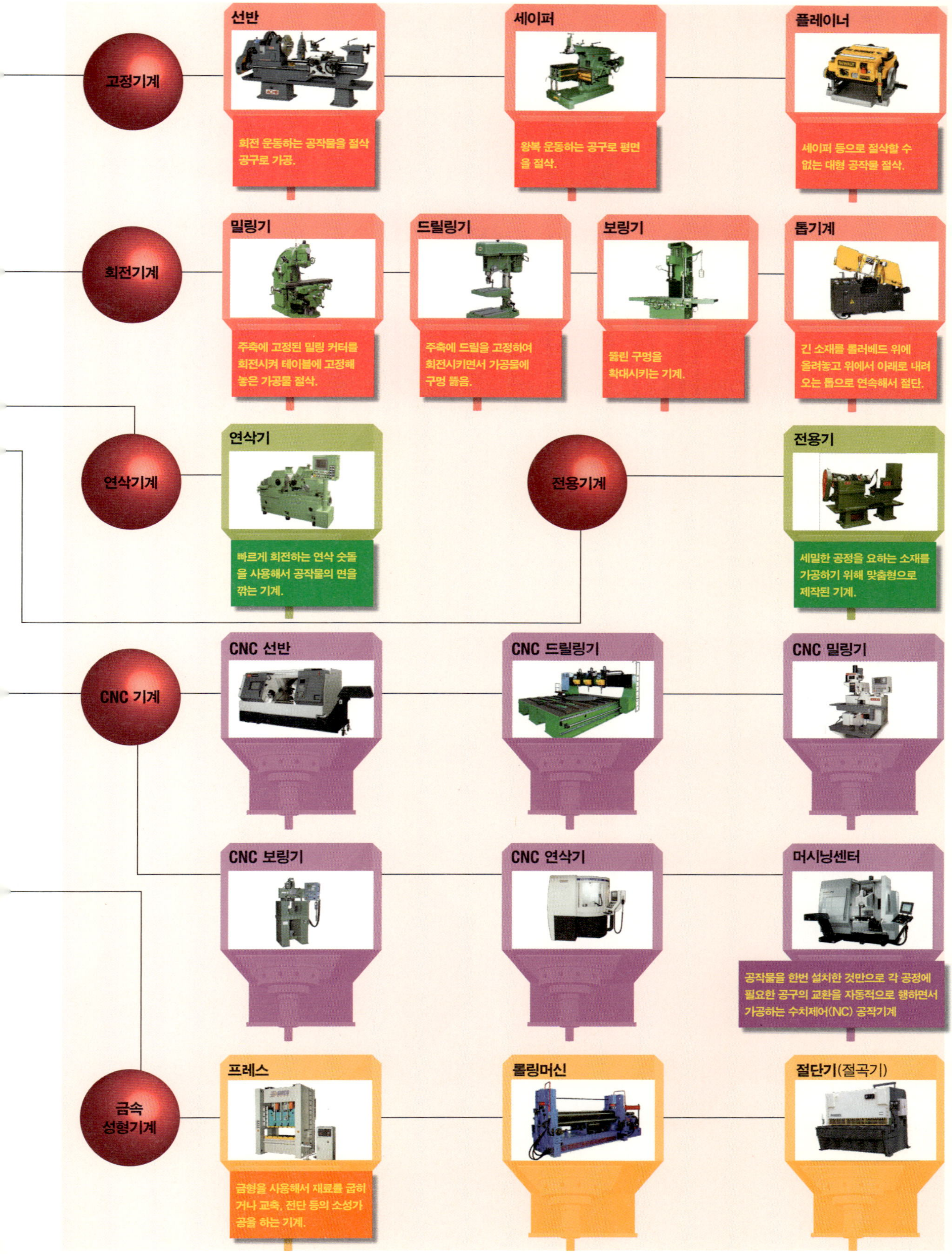

고정기계

선반

회전 운동하는 공작물을 절삭 공구로 가공.

세이퍼

왕복 운동하는 공구로 평면을 절삭.

플레이너

세이퍼 등으로 절삭할 수 없는 대형 공작물 절삭.

회전기계

밀링기

주축에 고정된 밀링 커터를 회전시켜 테이블에 고정해 놓은 가공물 절삭.

드릴링기

주축에 드릴을 고정하여 회전시키면서 가공물에 구멍 뚫음.

보링기

뚫린 구멍을 확대시키는 기계.

톱기계

긴 소재를 롤러베드 위에 올려놓고 위에서 아래로 내려오는 톱으로 연속해서 절단.

연삭기계

연삭기

빠르게 회전하는 연삭 숫돌을 사용해서 공작물의 면을 깎는 기계.

전용기계

전용기

세밀한 공정을 요하는 소재를 가공하기 위해 맞춤형으로 제작된 기계.

CNC 기계

CNC 선반

CNC 드릴링기

CNC 밀링기

CNC 보링기

CNC 연삭기

머시닝센터

공작물을 한번 설치한 것만으로 각 공정에 필요한 공구의 교환을 자동적으로 행하면서 가공하는 수치제어(NC) 공작기계

금속 성형기계

프레스

금형을 사용해서 재료를 굽히거나 교축, 전단 등의 소성가공을 하는 기계.

롤링머신

절단기(절곡기)

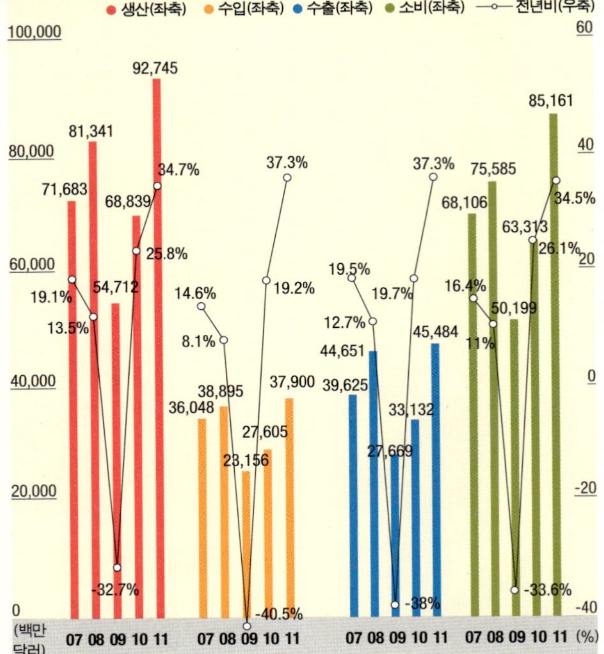

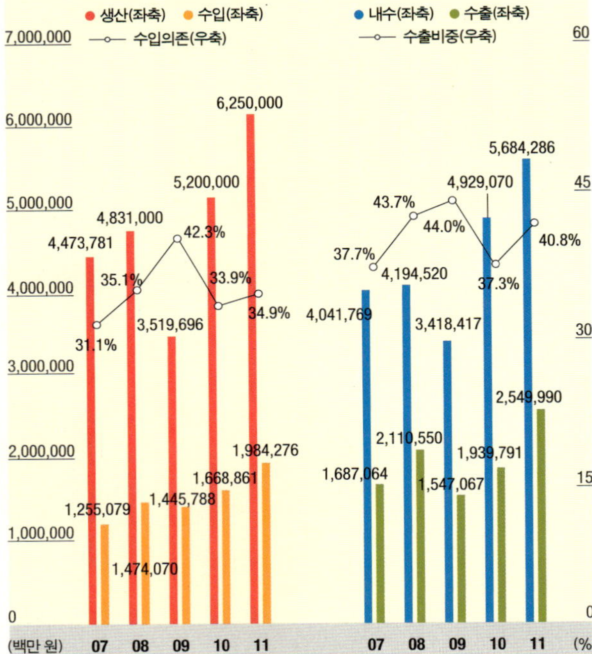

- 공작기계는 2008년 글로벌 금융위기 여파로 한때 시장 규모가 크게 위축되기도 했으나, 이후 중국과 인도 등 신흥국들의 설비 투자 확대와 유럽, 북미를 중심으로 한 수요 회복으로 매년 30% 이상의 성장을 이어가고 있음.

- 국내 공작기계 시장은 수출보다는 내수 비중이 여전히 높지만, 해외 시장 개척을 통해 수출 규모도 함께 성장해 가고 있는 추세임.
- 2008년 글로벌 금융위기 여파로 공작기계 수출이 다소 침체기를 겪기도 했으나 2010년 이후 다시 성장세를 이어가고 있음.

> 국내 공작기계 시장, 업종별 내수 수요 현황
단위 · 백만 달러

> 공작기계 국가별 수출 현황
단위 · 백만 달러

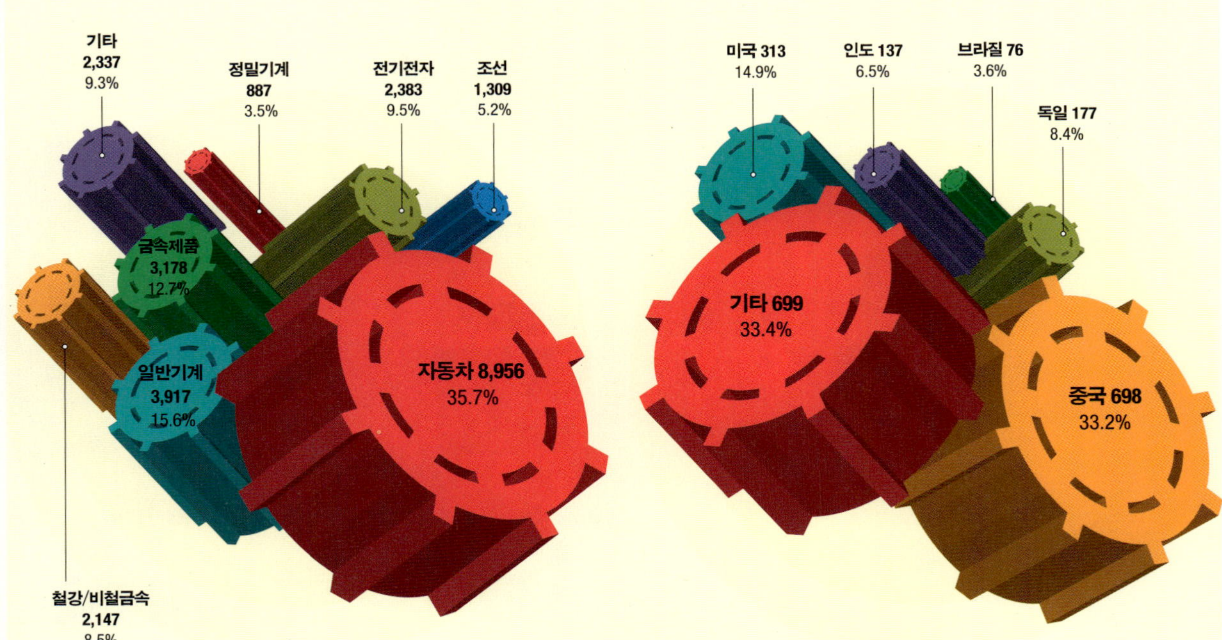

총 수출액 2,100백만 달러

> 글로벌 공작기계 수출입국 순위

단위·백만 달러

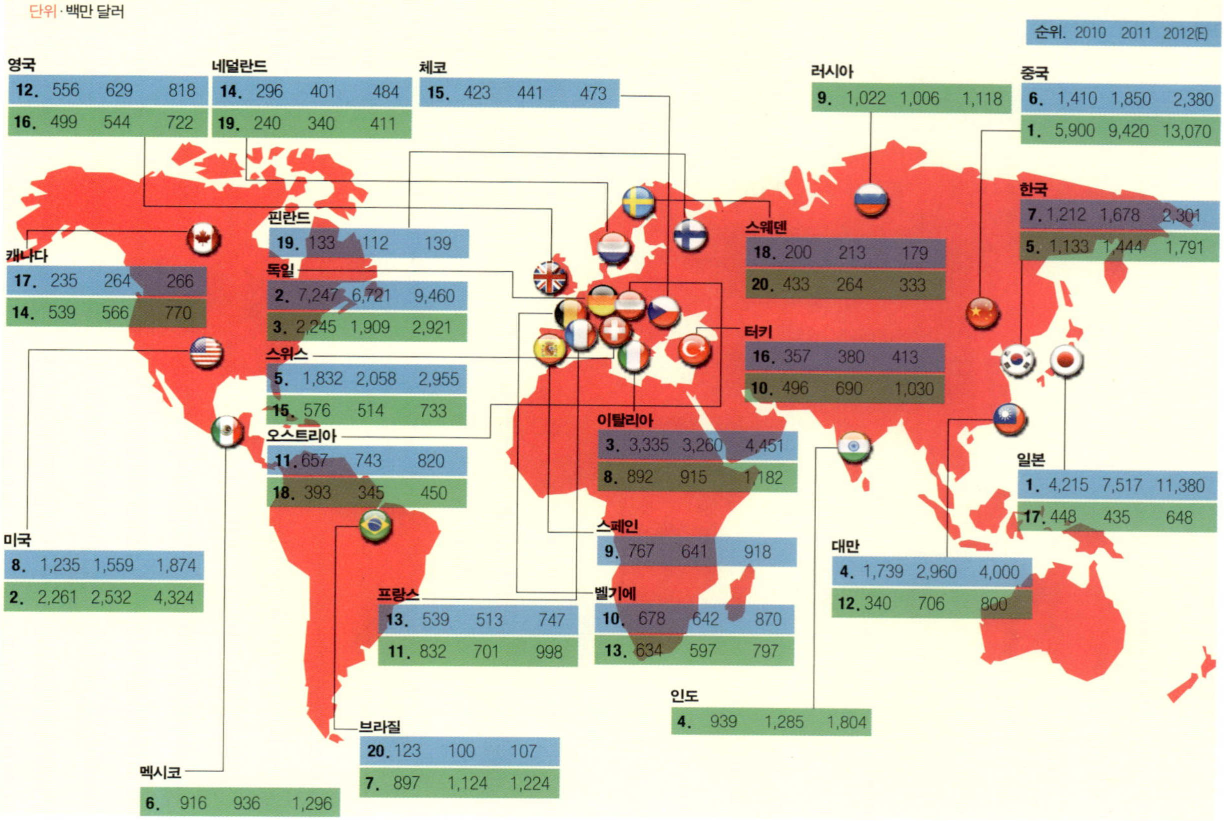

● 수출 부문 순위 및 액수　● 수입 부문 순위 및 액수

순위. 2010 2011 2012(E)

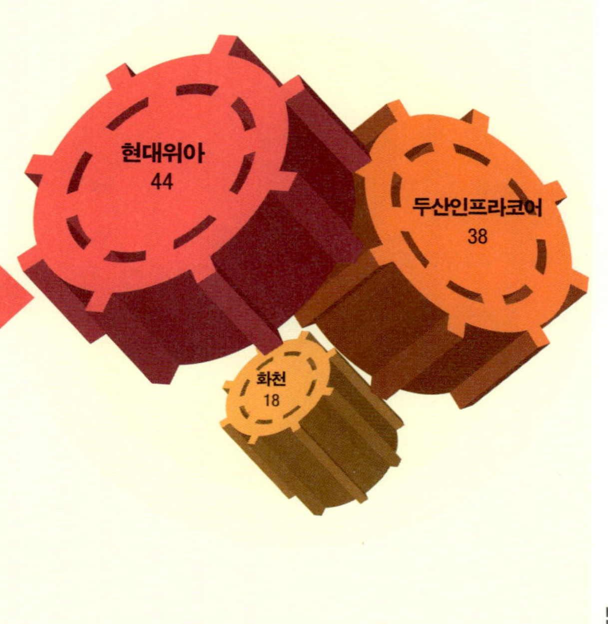

국가	부문	순위	2010	2011	2012(E)
영국	수출	12	556	629	818
영국	수입	16	499	544	722
네덜란드	수출	14	296	401	484
네덜란드	수입	19	240	340	411
체코	수출	15	423	441	473
러시아	수입	9	1,022	1,006	1,118
중국	수출	6	1,410	1,850	2,380
중국	수입	1	5,900	9,420	13,070
핀란드	수출	19	133	112	139
독일	수출	2	7,247	6,721	9,460
독일	수입	3	2,245	1,909	2,921
한국	수출	7	1,212	1,678	2,301
한국	수입	5	1,133	1,444	1,791
캐나다	수출	17	235	264	266
캐나다	수입	14	539	566	770
스위스	수출	5	1,832	2,058	2,955
스위스	수입	15	576	514	733
스웨덴	수출	18	200	213	179
스웨덴	수입	20	433	264	333
오스트리아	수출	11	657	743	820
오스트리아	수입	18	393	345	450
터키	수출	16	357	380	413
터키	수입	10	496	690	1,030
미국	수출	8	1,235	1,559	1,874
미국	수입	2	2,261	2,532	4,324
이탈리아	수출	3	3,335	3,260	4,451
이탈리아	수입	8	892	915	1,182
일본	수출	1	4,215	7,517	11,380
일본	수입	17	448	435	648
스페인	수출	9	767	641	918
대만	수출	4	1,739	2,960	4,000
대만	수입	12	340	706	800
프랑스	수출	13	539	513	747
프랑스	수입	11	832	701	998
벨기에	수출	10	678	642	870
벨기에	수입	13	634	597	797
인도	수입	4	939	1,285	1,804
브라질	수출	20	123	100	107
브라질	수입	7	897	1,124	1,224
멕시코	수입	6	916	936	1,296

> 글로벌 공작기계 업체 순위

단위·백만 달러

순위	업체	국가	공작기계 실적
1	Shenyang Group	중국	2,782.7
2	Yamazaki Mazak	일본	2,525.0
3	Trumpf	독일	2,392.1
4	DMTG	중국	2,380.6
5	Amada	일본	2,335.6
6	Komatsu	일본	2,261.9
7	Gildemeister	독일	2,213.1
8	Mori Seiki	일본	1,968.5
9	Jtekt	일본	1,903.7
10	Okuma	일본	1,785.2
11	Hyundai WIA	한국	1,438.4
12	Makino	일본	1,402.8
13	Schuler	독일	1,351.5
14	MAG	미국&독일	1,259.0
15	GF AgieCharmilles	스위스	905.3
16	Grob	독일	896.0
17	Doosan Infracore	한국	763.0
18	Index	독일	675.8
19	Heller	독일	660.0
20	Körber Schleifring	독일	654.4

> 국내 공작기계 '빅3' 시장점유율

단위·%

투자 포인트

- 동사의 기계 수주의 호조세가 지속되는 것은 동사의 제품이 품질 대비 가격 경쟁력에서 우수하기 때문임 → 최근 글로벌 자동차 및 IT 산업에서 경쟁이 더욱 치열해지면서, 원가 절감이 가장 큰 화두로 떠오르고 있기 때문에, 동사의 품질 대비 높은 가격 경쟁력은 수주에 있어 매우 강력한 무기가 될 수밖에 없음.
- 글로벌 공작기계에서 국내 업체로는 유일하게 글로벌 톱10 가까이 진입 → 2018년까지 톱 5를 목표로 함.

> **연간 매출액 추이 및 전망**

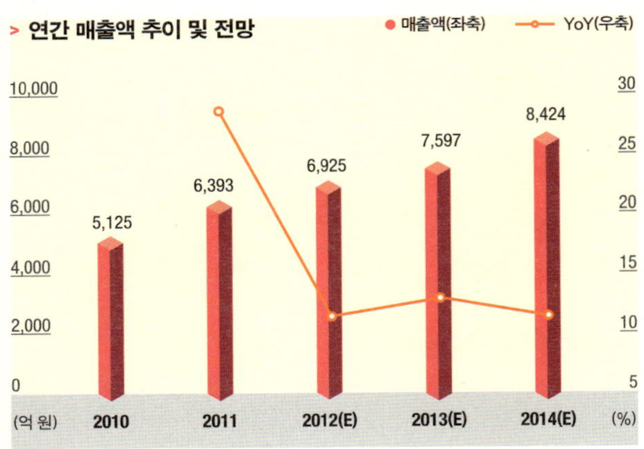

> **연간 영업이익 추이 및 전망**

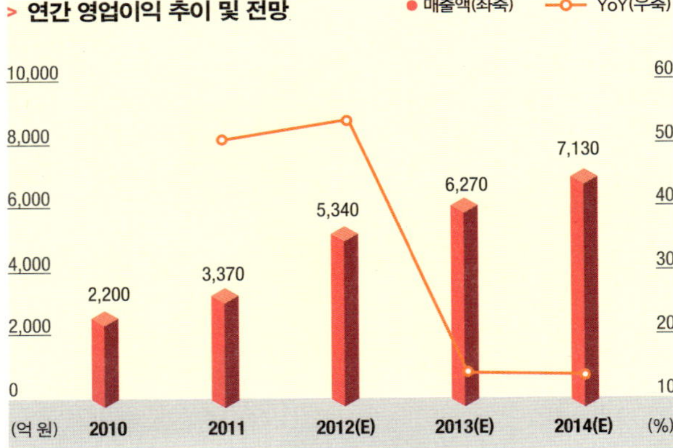

> **연간 영업이익률 추이 및 전망**

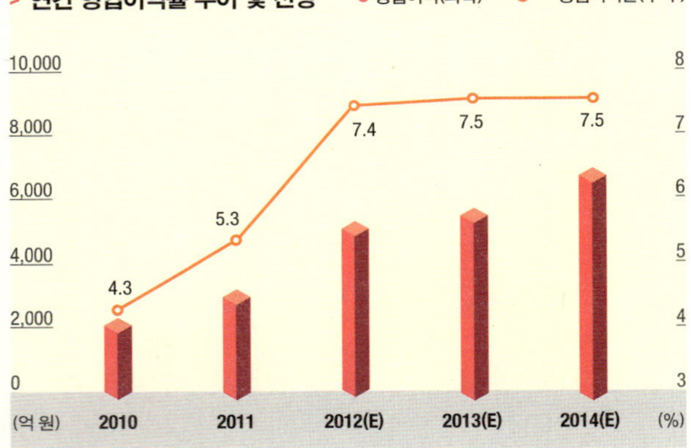

> **연간 순이익 추이 및 전망**

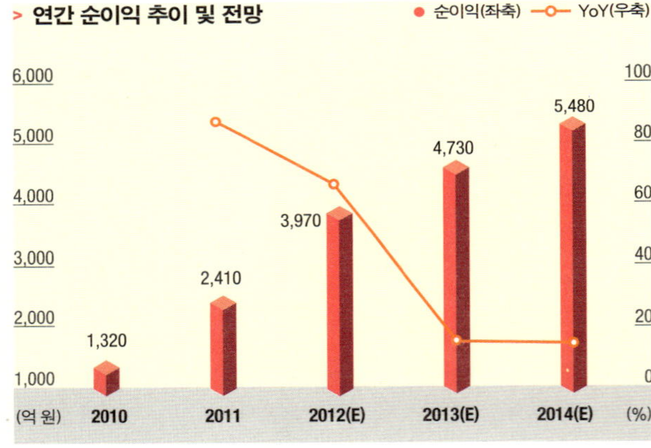

> **자동차 사업 부문 연간 실적 추이 및 전망**

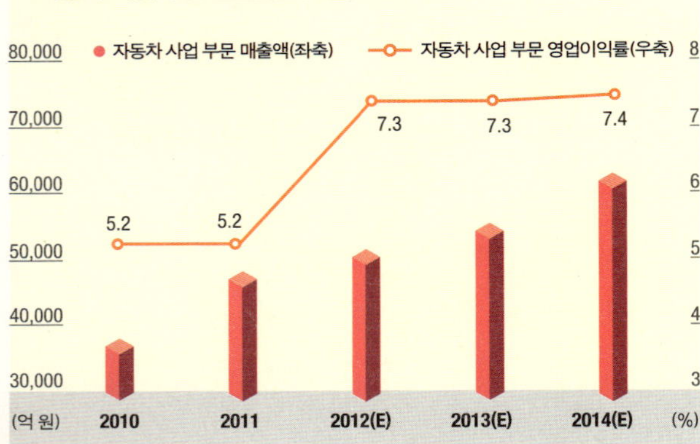

> **기계 사업 부문 연간 실적 추이 및 전망**

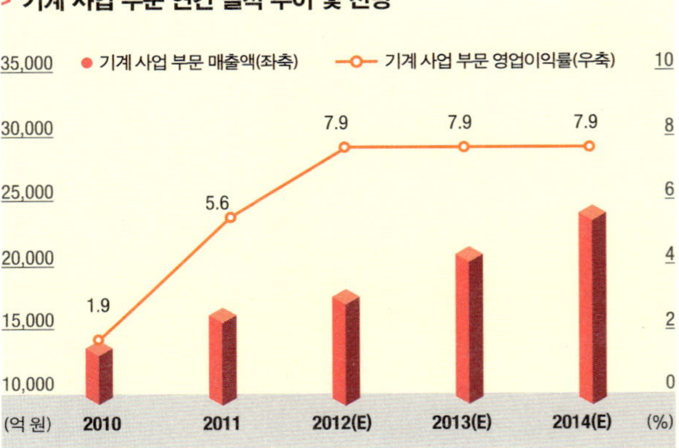

투자 포인트

- CNC선반과 머시닝센터 주력 생산 및 공작기계용 핵심 부품 등에 사용되는 주물을 생산하는 소재 사업 영위.
- 해외 수출을 위한 판로 확보 꾸준히 진행 → 미국, 싱가포르, 독일, 일본 등 선진 공작기계 수요국과 신흥국(아시아, 남미) 등에 제품을 공급할 수 있는 유통망 확보.
- 폭발적인 외형 성장뿐만 아니라 머시닝센터 등의 고부가가치 제품 비중 증가와 볼륨 확대에 따른 고정비 부담 감소로 수익성이 더욱 빠르게 향상.

> 매출 비중

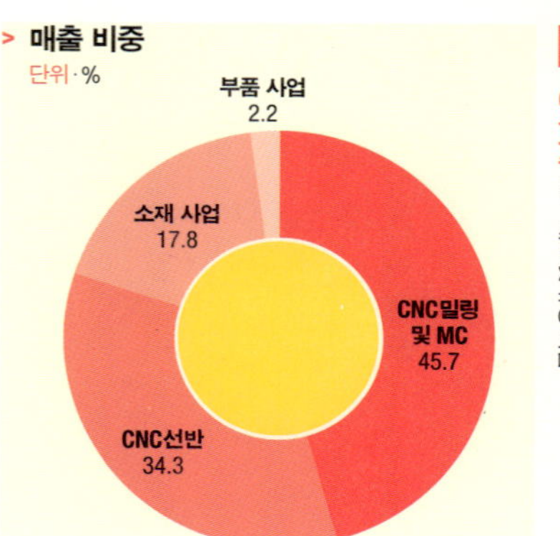

> 경영실적 추이

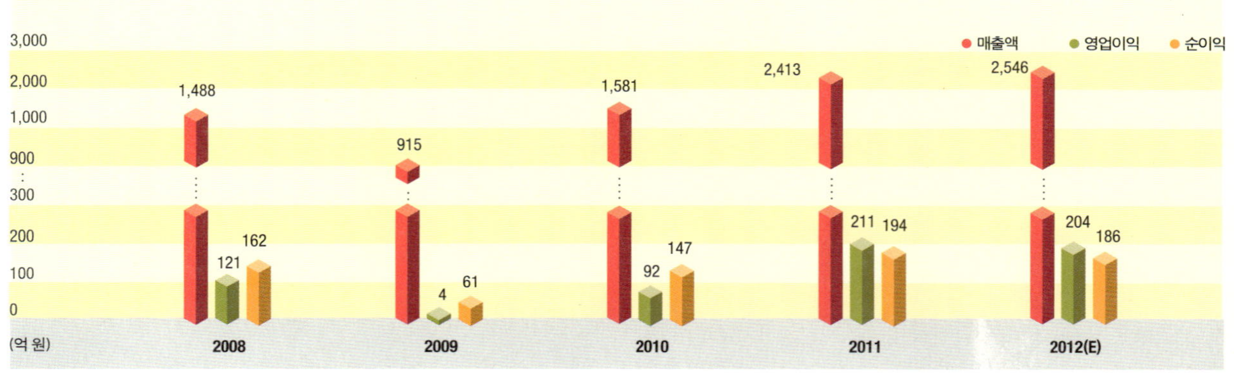

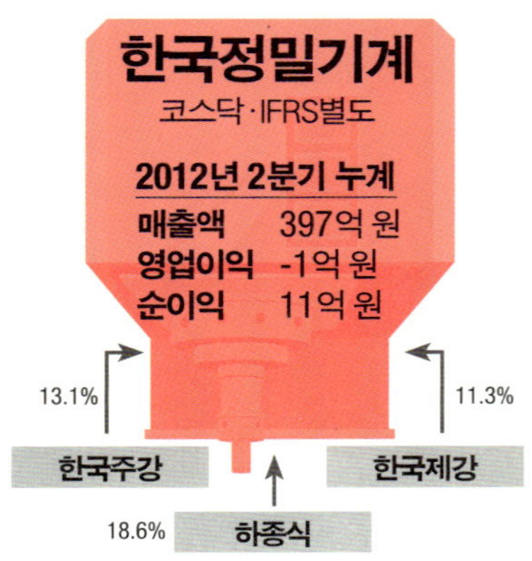

투자 포인트

- 더블 칼럼 머시닝 센터, CNC 수평보링기, CNC 플로어 타입 수평보링기, CNC 양두보링기, CNC 수직선반, CNC 수평선반, 전용기, 대형선박 엔진 부품 가공기, 고속 가공기 등 6개 라인업, 30여 종류의 다양한 공작기계 제품군 구축.
- 중소형 공작기계를 주로 생산하는 국내 다른 공작기계 업체와 달리 동사의 주력 제품은 조선, 발전, 건설, 플랜트 산업을 전방 산업으로 하는 대형 공작기계임 → 기계, 조선, 자동차 등 산업 전반에 걸친 투자 규모 확대가 발생하고 있어 2013년 이후 높은 성장이 기대됨.

> 매출액 추이

> 조선에 사용되는 전용기 및 플로어 비중

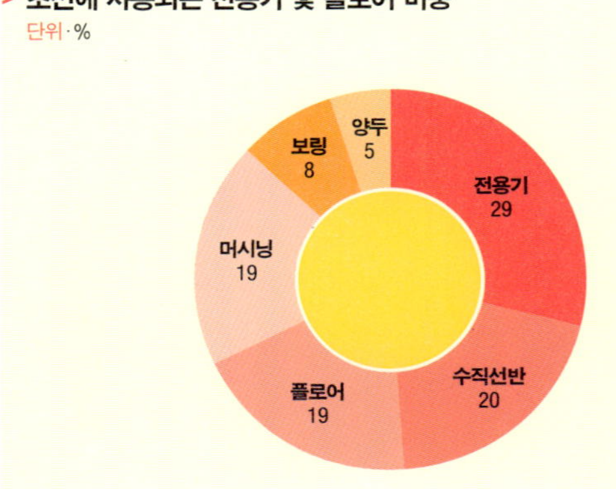

> 건설기계에 사용되는 양두 및 보링기 비중

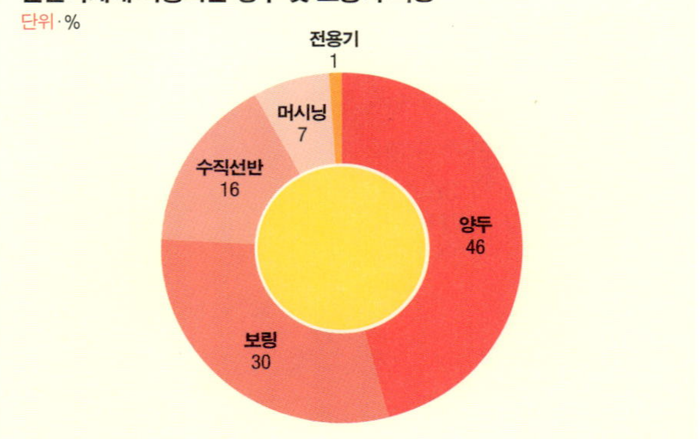

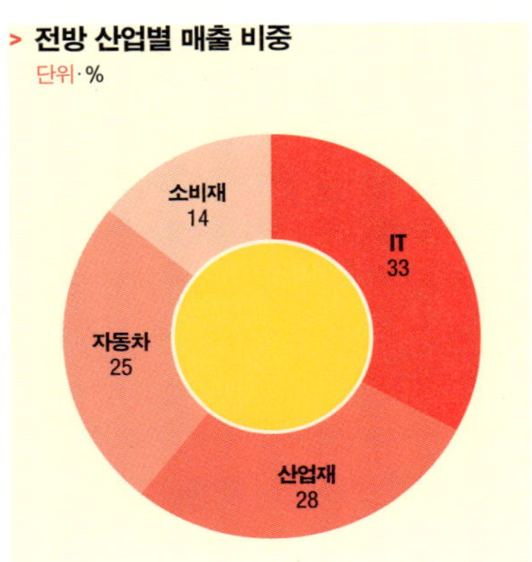

옛 우진세렉스

우진플라임
코스피 · IFRS연결

2012년 2분기 누계
매출액	738억 원
영업이익	56억 원
순이익	44억 원

> **전방 산업별 매출 비중**

투자 포인트
- LS엠트론과 함께 플라스틱 사출기 시장을 실질적으로 과점하고 있으며 하이브리드 분야에서 높은 경쟁력 확보.
- 사출기 업계 3위였던 선우중공업의 생산 중단에 따라 2010년에는 시장점유율이 40%까지 상승.
- 국내 IT 제품 및 자동차 판매 호조로 설비 투자 증가세가 이어지고 있어 향후 시장 환경은 계속 개선될 전망.
- 특히 삼성전자와 LG전자가 금형 센터를 설립하는 등 제품 디자인에 대한 투자를 확대하고 있는 바, 금형 변형이 곧 사출기 교체라는 관점에서 중장기적으로 긍정적 요소로 작용.

> **경영실적 추이**

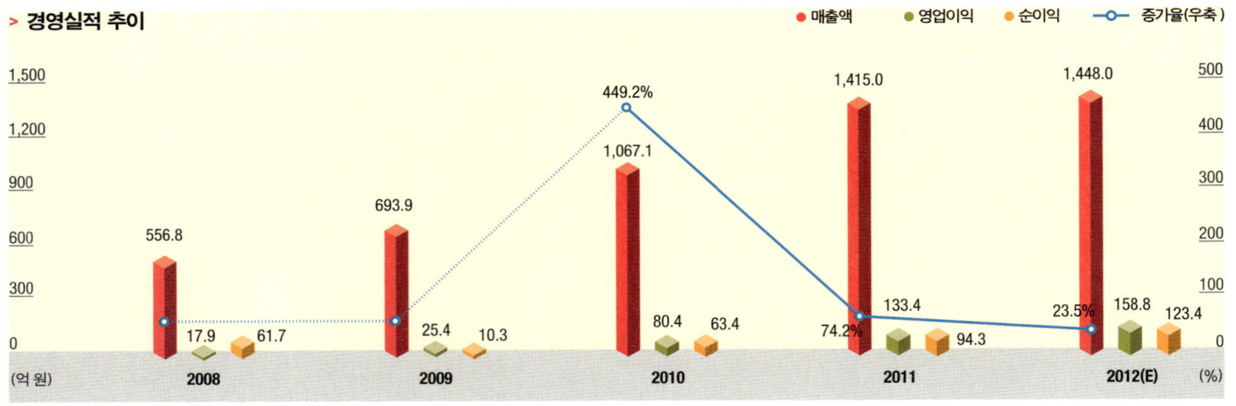

SIMPAC
코스피 · IFRS별도

2012년 2분기 누계
매출액	1,106억 원
영업이익	145억 원
순이익	149억 원

투자 포인트
- 국내 프레스 시장점유율 1위 영위.
- 국내 완성차 업체들의 생산량 확대와 자동차 부품 업체 고객 다변화 등에 따른 수혜 기대.

> **자동차 매출 비중 추이**

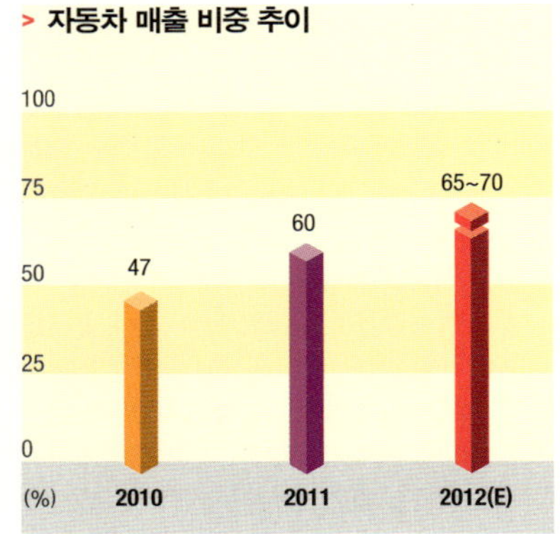

> **매출액 추이**

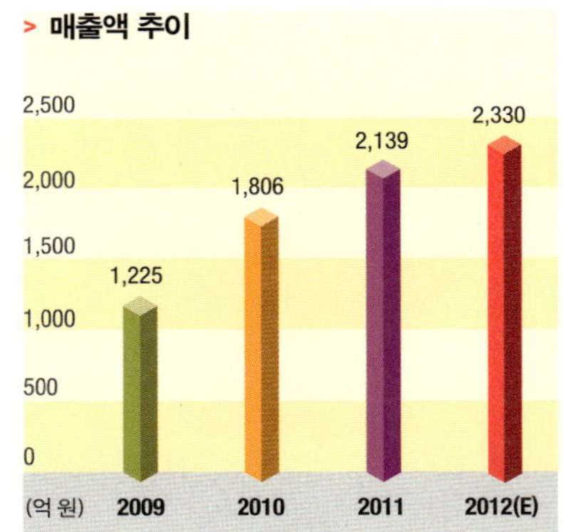

와이지-원
코스피 · IFRS별도

2012년 2분기 누계
매출액	1,360억 원
영업이익	171억 원
순이익	137억 원

투자 포인트
- 동사의 주력 제품인 절삭 공구는 소모성 부품이므로 제조업 가동률 상승으로 교체 주기가 빨라져서 제품에 대한 수요가 크게 증가할 수 있는 바, 이는 곧 동사에 긍정적 요인으로 작용.
- 중국은 자동차와 IT 산업 등이 급성장하면서 산업화에 따른 공작기계 수요와 소비가 동반 증가하고 있는 바, 동사는 중국에 총 2개의 공장을 보유하고 있으며 제2공장 증설로 중국의 전방 산업에 대한 적극적 투자의 영향을 입을 것으로 예상.
- 중국 생산법인을 포함해 해외 생산법인 9개와 판매법인 7개를 보유하고 있음.

> **제품별 매출 비중**

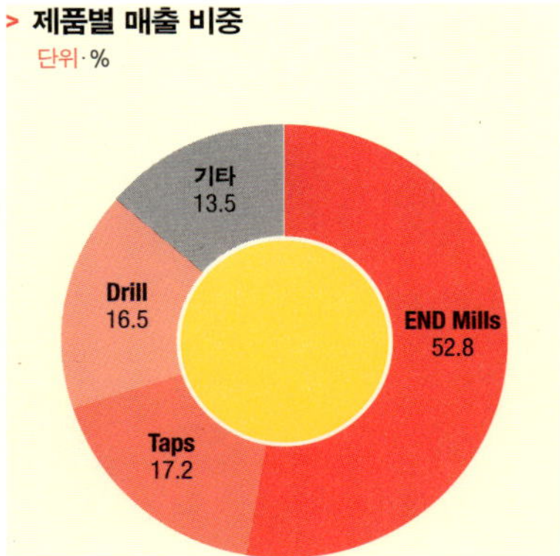

일진다이아몬드

코스피·IFRS별도

2012년 2분기 누계

매출액	481억 원
영업이익	62억 원
순이익	43억 원

2.8% → 일진머티리얼즈
61.8% → (주)일진홀딩스

투자 포인트
- 공업용 다이아몬드 합성부터 공작기계류에 들어가는 정밀 소재, 초경합금, LED 및 태양광 잉곳 절삭용 다이아몬드 와이어까지 제조.
- 정밀 연마 등 고부가가치 제품군 글로벌 매출 3위 업체.
- 동사가 진입해 있는 글로벌 시장은 드비어스(De Beers)의 계열사인 'E6', 제너럴 일렉트릭의 계열사인 'DI'(Diamond Innovation) 및 동사의 시장점유율이 90%를 차지.
- 기술 장벽 및 고객사들의 보수적인 성향 등이 맞물려 다른 기업의 추가적 시장 진입이 어려워 안정적임.

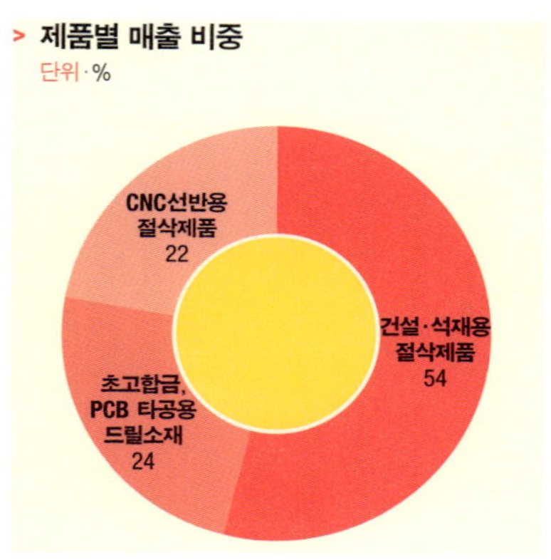

> **제품별 매출 비중**
단위 · %

SMEC

옛 뉴그리드

코스닥·IFRS별도

2012년 2분기 누계

매출액	724억 원
영업이익	37억 원
순이익	18억 원

24.9% → 이효재 및 특수관계인
9.9% → (주)디엠씨
8.5% → 삼성테크윈

투자 포인트
- 1999년 삼성테크윈의 공작기계 사업부가 분사한 회사로, 2011년 뉴그리드와 합병하면서 코스닥에 우회 상장.
- 공작기계 부문에서는 보링, 밀링, 드릴링 등을 하나로 한 복합 공작기계인 머시닝센터와, 원형 절삭 가공을 주로 하는 CNC 선반, 그리고 LCD용 반송 로봇 및 레이저 장비 등을 생산.
- 2009년에 김해 주촌 사업단지에 입주 계약을 체결하고 현재 공장 건설 중 → 주촌 공장은 기존 공장의 2배 정도의 규모로, 연 매출 3천억 원이 가능한 생산능력 보유.

> **경영실적**

이엠코리아

코스닥·IFRS별도

2012년 2분기 누계

매출액	414억 원
영업이익	8억 원
순이익	11억 원

투자 포인트
- 2005년 CNC 선반 구성품 전문 생산 업체인 동우정밀 인수.
- 자동차, 조선, 풍력, 일반기계 등의 가공 분야에 적용되는 CNC 공작기계 완제품 35개 기종을 현대위아에 OEM/ODM 방식으로 생산·판매.
- 국내 선반 제작 업계의 최고 수준인 연간 2,400여 대 이상의 생산능력 보유.
- 매출액의 약30~35% 정도를 세계 약30여 개국에 대한 수출로 충당.

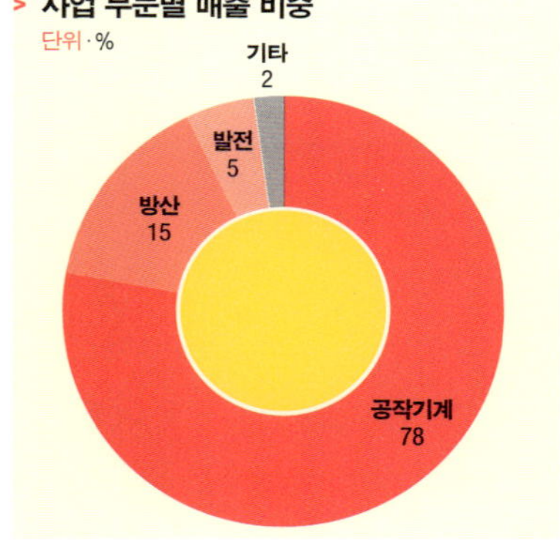

> **사업 부문별 매출 비중**
단위 · %

넥스턴

코스닥·IFRS별도

2012년 2분기 누계

매출액	121억 원
영업이익	20억 원
순이익	16억 원

투자 포인트
- 주축이동형 CNC 자동 선반 생산 업체(국내 시장 점유율 30%).
- CNC 자동 선반은 자동차, 통신 장비, 의료부품, 전자가전 등 경기 활성화에 힘입어 꾸준히 수요가 증가 → 특히 기술 인력 수급, 원가 절감 등을 고려하여 무인자동화를 선호하고 있으며 당사 장비에 자동 소재 공급 장치를 부착하여 24시간 연속 무인 자동화 가공이 가능.
- 국내 경쟁사로는 한화테크엠, 해외 경쟁사로는 Citizen, Star, Tsugami 등 일본 업체들이 주를 이룸.

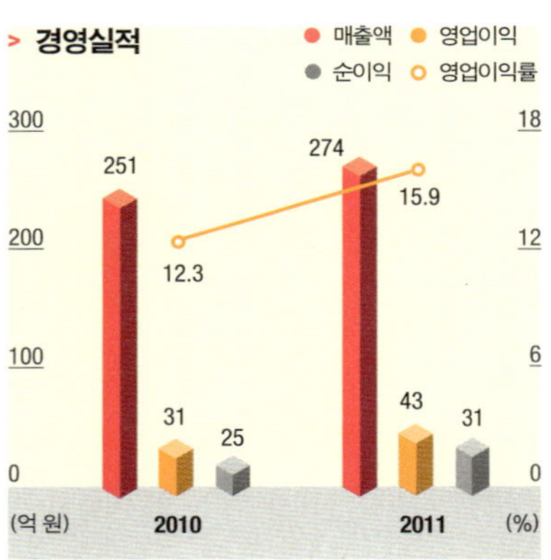

> **경영실적**

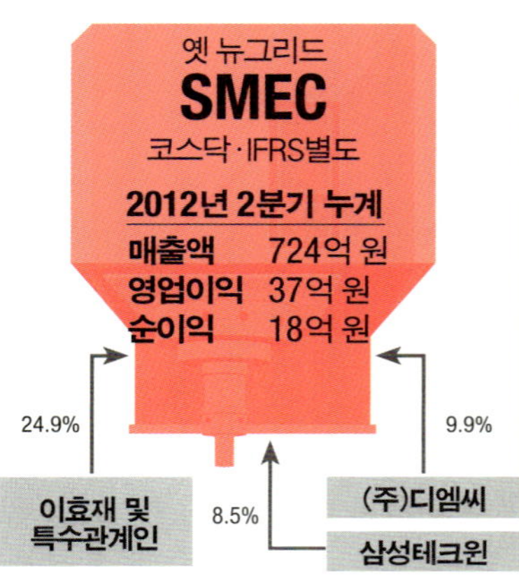

28

건설기계

중국과 미국을 중심으로
건설 경기 회복세가 감지되다

굴삭기, 불도저, 크레인 등 중장비로 대표되는 건설기계 산업은 경기에 매우 민감한 산업이다. 경기가 둔화되면 투자를 줄일 수밖에 없기 때문이다. 지난 2008년 기준 국내 건설기계 산업 생산은 69억 7,900만 달러로 향후 2020년까지 18.8%의 고성장을 보일 것으로 전망된 바 있다. 하지만 미국발 금융 위기로부터 시작된 세계 경기 침체로 건설기계 시장은 직격탄을 맞았다. 특히 국내 건설기계 업체들은 중국 매출 비중이 높다는 점에서 중국 수요 감소의 영향을 많이 받았다.

최근 중국을 제외한 북미, 신흥국 시장에서의 판매가 살아나면서 2011년부터 업황이 개선되고 있다. 특히 미국 시장의 재부상은 가장 의미 있는 변화로 꼽힌다. 미국은 정부의 경기 부양 정책에 힘입어 굴삭기 판매가 빠른 증가세를 보이고 있다. 2012년 이후 주택 경기의 회복이 가시화되면서 수요 증대가 예상되고 있다. 중국 경기도 2012년 하반기를 기점으로 점차 회복될 것이라는 전망이다.

링크와 롤러 등 굴삭기 핵심 부품 업체를 잡아라

건설기계 업계는 크게 건설기계 부품을 생산하는 부품사들과 이들로부터 부품을 공급받아 완성품을 만드는 세트 업체로 구성된다. 대표적인 세트 업체는 두산인프라코어 등을 들 수 있고, 부품 업체로는 진성티이씨, 대창단조, 동양기전 등이 있다.

최근에는 세트 업체보다 부품 업체들에 대한 관심이 필요하다는 의견이 제기되고 있다. 업황 턴어라운드와 함께 부품 교체 주기가 도래하면서 부품주 수혜가 예상되기 때문이다. 한국건설기계산업협회에 따르면 실제로 2011년부터 건설기계 부품 수요가 늘어나 2012년 전년 대비 11.5% 증가한 3조1,950억 원을 기록할 것이라고 예상하고 있다. 지금이야말로 부품 업체들에 대한 관심이 필요한 시점이다.

대창단조는 지난 1955년 설립된 이후 꾸준히 건설기계 부품 사업에 몰두하고 있는 말 그대로 '한우물만 파온' 기업이다. 주요 생산 부품은 굴삭기, 불도저용 중장비 하부 주행체인 링크 및 롤러 등이다. 주요 매출처는 현대중공업 및 볼보그룹코리아, 두산인프라코어 등이다. 볼보에서는 주로 유럽 지역에, 현대중공업은 중국 지역에 굴삭기를 수출하는 등 내수 대비 수출 비중이 증가하고 있는 상황이다. 수출 비중은 62% 정도다.

특히 대창단조는 중국을 중심으로 한 건설기계 업황 부진에도 불구하고 안정적인 실적을 기록하고 있어 경기 회복 조짐이 보이는 앞으로가 더 기대되는 기업으로 꼽힌다. 2012년 1분기에는 분기 사상 최대 실적을 기록하기도 했다. 중국 시장이 얼어붙었지만 다른 시장으로의 매출이 증가하면서 중국 시장 감소분을 상쇄했고, 원재료 가격이 하락하면서 수익성이 늘었다.

전문가들은 업황 부진에도 개선된 실적을 달성한 만큼 앞으로의 실적도 기대하고 있다. 특히 예상 실적 기준 PER이 3.7배로 밸류에이션 측면에서 절대 저평가 영역에 있다는 점도 주목할 필요가 있다. 지금은 거래처 다변화, 제품 다각화 등으로 자체 성장이 가능한 구간은 아니다. 그러나 인도, 러시아, 브라질 등 신흥국의 굴삭기 수요 증가로 장기적인 성장성을 확보한 것으로 업계에서는 관측하고 있다.

세계 1위 중장비 업체 '캐터필러'의 부품 공급 파트너가 된 국내 업체는?

진성티이씨는 건설 중장비의 하부 주행체 중 아이들러와 스포캣을 포함한 롤러를 주력으로 생산하는 업체다. 롤러는 자동차 타이어처럼 주기적으로 교체해야 한다는 특징을 가지고 있다. 사용 정도에 따라 6개월~2년이 교체주기다. 따라서 AS시장 수요가 지속적으로 뒤따른다.

더불어 두산인프라코어, 캐터필러, 히타치 등 세계 유수의 굴삭기 업체와 파트너십을 유지하고 있다는 점에서 전문가들은 진성티이씨의 성장성에 주목하고 있다. 특히 세계 최대 건설 중장비 업체인 캐터필러와의 관계가 눈에 띈다. 진성티이씨는 2010년부터 캐터필러와 장기 공급 계약을 체결했고, 2012년에는 3억 달러 규모의 미국 텍사스 신규 공장 부품에 대한 독점 계약을 체결했다. 그 동안 자회사만을 통해서 부품을 공급 받았던 캐터필러가 이번 계약을 시작으로 글로벌 아웃소싱을 본격화 할 것으로 업계는 내다보고 있다. 이럴 경우, 진성티이씨는 세계 1위 건설 중장비 업체의 부품 아웃소싱 증가, 대형 사이즈 수요 확대에 따른 수익성 개선, 안정적인 수요처 확보에 따른 향후 성장 동력 확보가 예상된다.

유압실린더 교체시기 도래 수혜주

동양기전은 주로 기계 및 자동차 부품을 생산하는 업체다. 사업부별 매출 비중은 유압기 50%, 자동차 부품 40%다. 전방 산업이 건설기계 산업인 유압기 사업부는 동양기전의 주력사업부이기도 하다. 굴삭기용 유압실린더 시장점유율 30%를 차지하고 있는 1위 업체로, Sany, Yuchai 등 11개 중국 로컬 업체에 유입실린더를 공급하고 있다.

동양기전은 유압실린더 교체 주기 도래에 따른 수요 증가와 신규 공장으로 인한 성장성이 기대된다. 즉, 유압실린더의 교체 주기 고려 시 2012년 도래하는 A/S 시장은 전년보다 최대 9만 대 이상 증가할 것으로 전망된다. 실제로 2012년 1분기부터 유압실린더 중국 수출이 개선되고 있다.

공장 증설에 따른 성장성도 기대된다. 매출액 3,000억 원 규모의 생산능력을 확보하게 되는 아산공장이 2014년 완공되는 데, 이는 단기적으로는 수익성 둔화 요인이 되겠지만 수주 증가세가 나타나고 있다는 점에서 오히려 중장기 성장성을 확보했다고 볼 수 있다.

이밖에 건설기계 산업 최대 호황기였던 2008년에 맞먹는 실적을 2012년 1분기에 발표한 에버다임 역시 전문가들로부터 긍정적인 평가를 받고 있다. 에버다임은 굴삭기 부품인 어태치먼트와 락드릴, 콘트리트 펌프카 등을 생산하고 있다. 콘트리트 펌프카와 어태치먼트는 수익성이 높은 부품으로 꼽힌다. 2012년은 신규 사업인 발전기와 락툴 사업의 매출 가시화와 건설기계 시장 회복에 따른 매출 증가로 사상 최대 실적을 기록했던 2008년 매출을 넘어설 것으로 전망된다.

국내 부동산 시장과 건설 경기는 여전히 침체를 벗어나지 못하고 있지만, 건설기계 업계는 해외 시장 진출을 통해서 위기를 극복하고 있다. 눈치 빠른 투자자들은 이미 건설기계 부품주를 중심으로 관심의 폭을 넓혀가고 있다.

>> 건설기계 종류 및 등록 현황 | 주·「건설기계관리법」근거, 단위·대

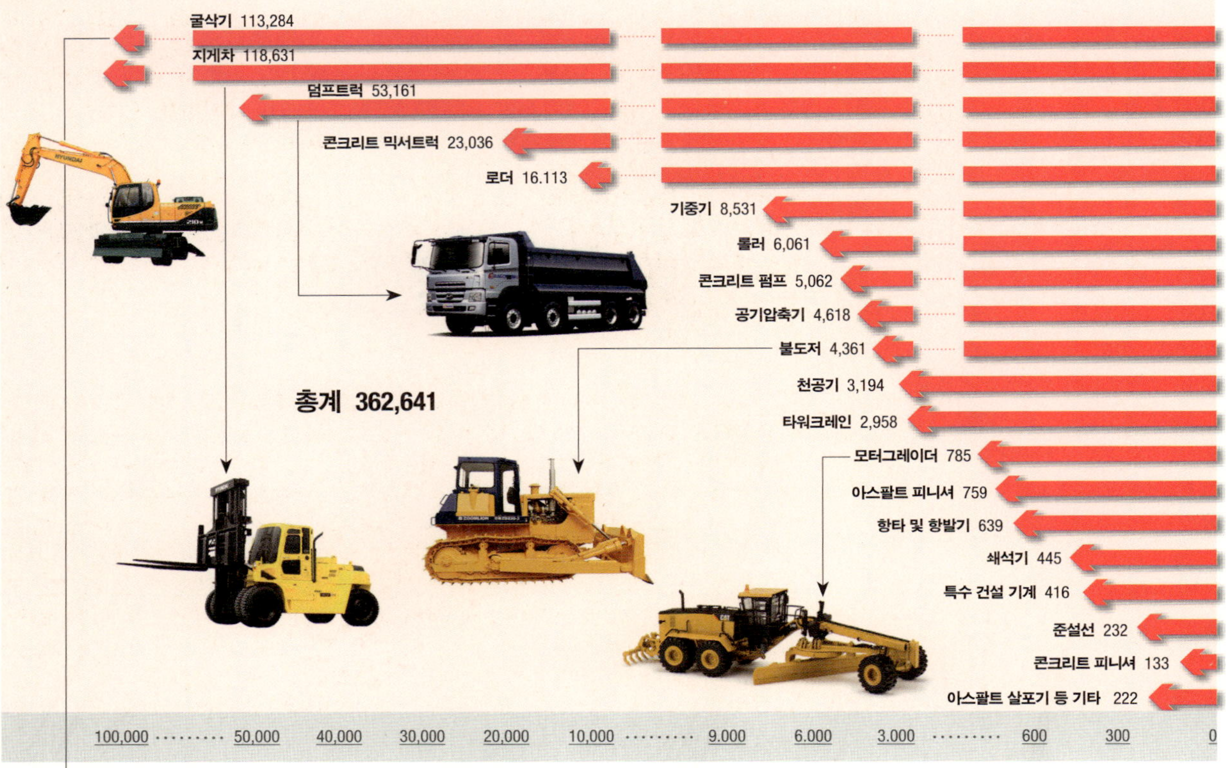

굴삭기 113,284
지게차 118,631
덤프트럭 53,161
콘크리트 믹서트럭 23,036
로더 16.113
기중기 8,531
롤러 6,061
콘크리트 펌프 5,062
공기압축기 4,618
불도저 4,361
천공기 3,194
타워크레인 2,958
모터그레이더 785
아스팔트 피니셔 759
항타 및 항발기 639
쇄석기 445
특수 건설 기계 416
준설선 232
콘크리트 피니셔 133
아스팔트 살포기 등 기타 222

총계 362,641

100,000 ········ 50,000 · 40,000 · 30,000 · 20,000 · 10,000 ······· 9.000 · 6.000 · 3.000 ········ 600 · 300 · 0

>> 굴삭기 주요 부품 업체 밸류 체인

출처 · www.jcbdirt.com

★ 기술력   ★ 수익성
★★★★★ 매우 우수
★★★★ 우수
★★★ 평균
★★ 저조
★ 매우 저조

베어링 ★★★★ ★★★
동일금속, 대창단조

트랙체인 ★★★★ ★★★
대창단조

트렌스미션 ★★★ ★★
디아이씨

엔진 ★★★★ ★★★★★
두산인프라코어

아이들러 ★★★★ ★★★
동일금속, 흥국, 진성티이씨

완성품 및 세트업체
두산인프라코어, 현대
중공업

실린더 ★★★★ ★★★
동양기전

브레이커 ★★★ ★★★★
수산중공업

어태치먼트 ★★★ ★★★
수산중공업, 에버다임

스프라켓 ★★★★ ★★★★
진성티이씨, 동일금속

롤러 ★★★★ ★★★★★
흥국, 진성티이씨, 대창단조

> 국내 부품 업체들의 주요 납품처인 글로벌 건설기계 업체 시장점유율(중국 업체 제외)

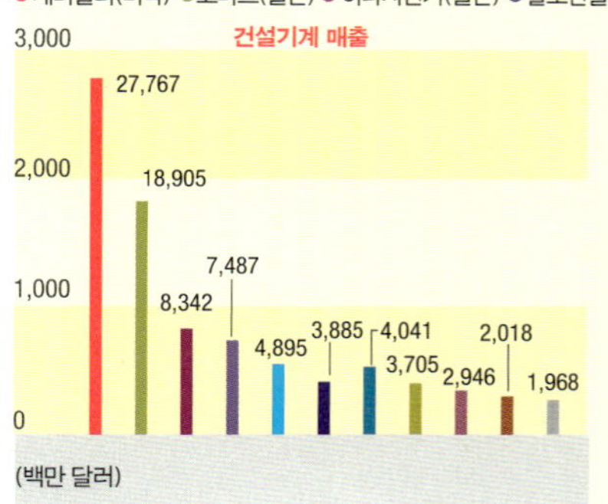

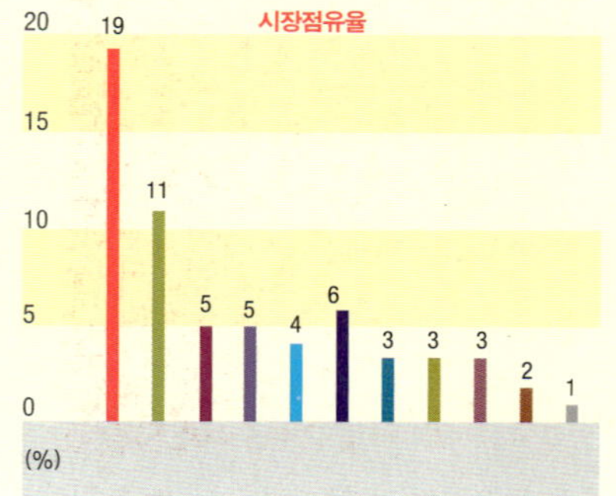

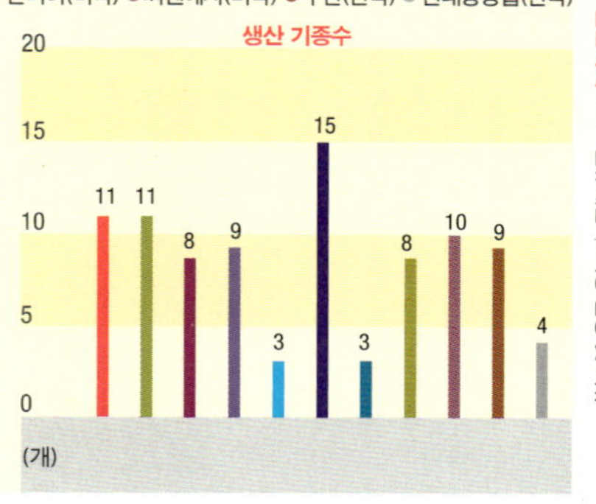

> 중국 굴삭기 시장 글로벌 업체별 시장점유율 추이

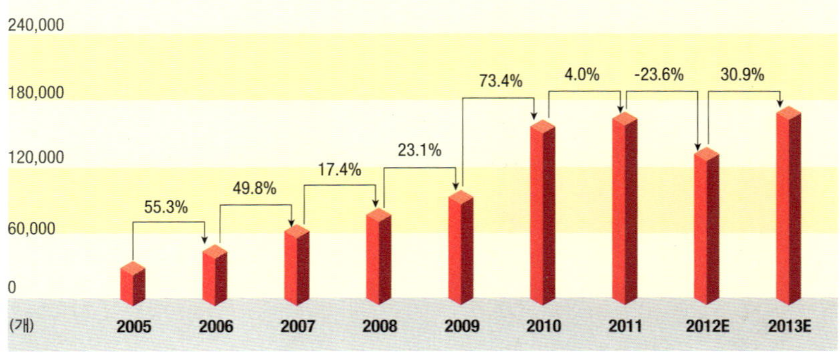

> 굴삭기 글로벌 시장점유율
단위 · %

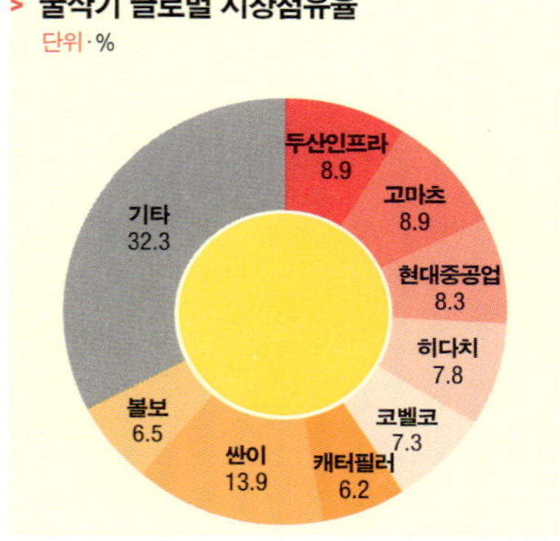

> 중국 굴삭기 연간 판매대수 추이 및 전망

> 중국 중대형 굴삭기 사용 현황
단위 · %

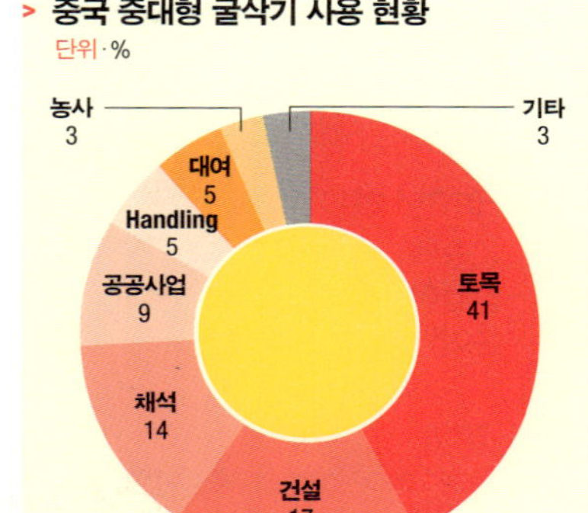

> 글로벌 건설기계 시장 규모 전망
자료 · Yengst

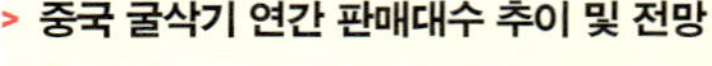

> 북미 지역 건설기계 성장률 추이

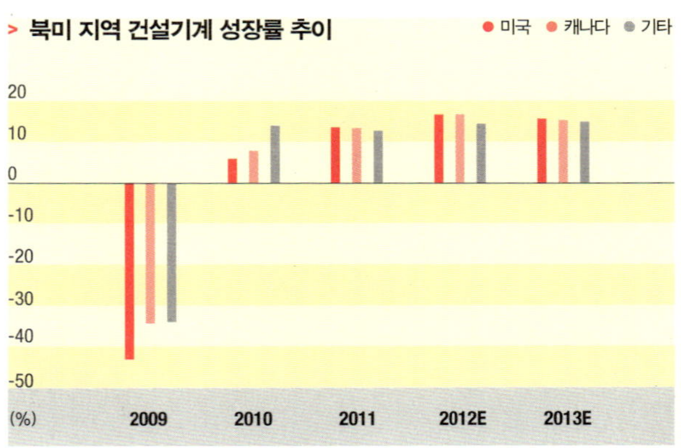

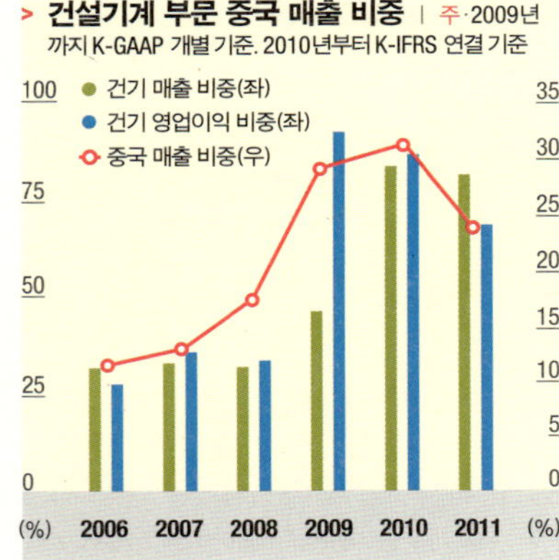

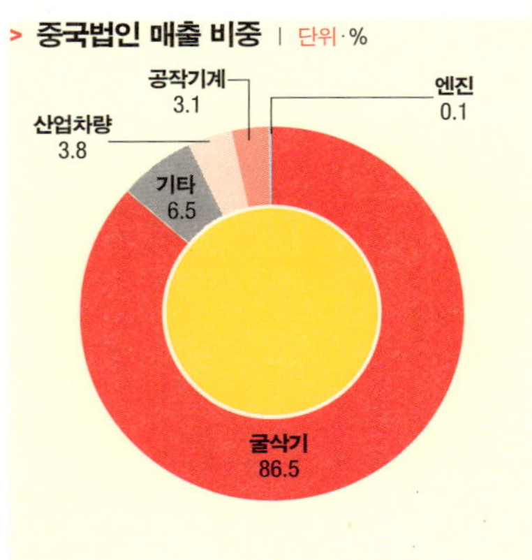

두산인프라코어

코스피·IFRS연결

2012년 2분기 누계

매출액	4조5,230억 원
영업이익	3,503억 원
순이익	2,504억 원

투자 포인트

- 중국 로컬 업체들의 공격적인 시장 진입으로 굴삭기 사업에서 다소 고전.
- 신규 투자(18,000대 → 31,000대 생산 능력 확대)를 통한 판매 확대 추진.

중국법인 실적 전망

주·2011년부터 중국법인은 연결재무제표로 인식, 단위·십억 원

	2008	2009	2010	2011	2012(E)	2013(E)
Sales	1,325.6	1,798.7	2,667.3	1,929.5	2,025.9	2,188.0
(% y-y)	48.2	35.7	48.3	-27.7	5.0	8.0
OP	84.8	122.3	234.7	138.9	164.1	183.8
OPM(%)	6.4	6.8	7.0	7.2	8.1	8.4
NP	86.2	110.4	172.0	129.3	149.9	168.5
NPM(%)	6.5	6.1	6.4	6.7	7.4	7.7
중국법인 지분법이익	34.9	80.9	129.7	-	-	-

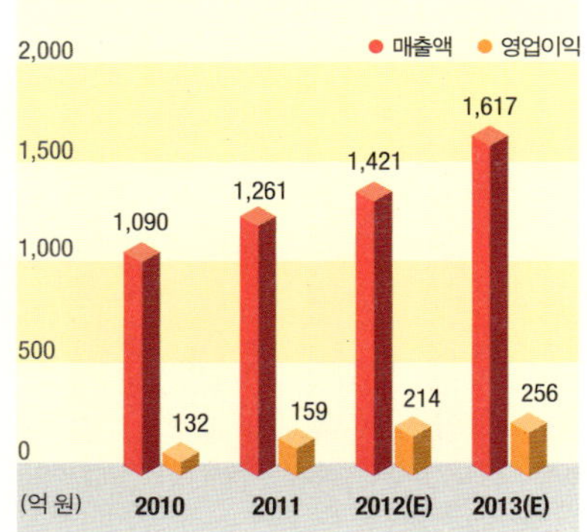

수산중공업

코스피·IFRS별도

2012년 2분기 누계

매출액	672억 원
영업이익	88억 원
순이익	64억 원

투자 포인트

- 유압 브레이커와 트럭 크레인 전문 업체 → 신규 유압 브레이커 공장 증축 통해 공정상 병목 현상 해소, 20% 효율 개선.

유압브레이커 업계 순위

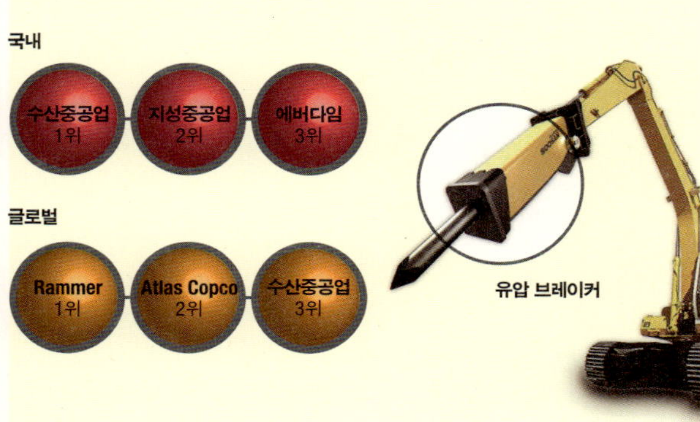

유압 브레이커 평균 판매 단가 추이

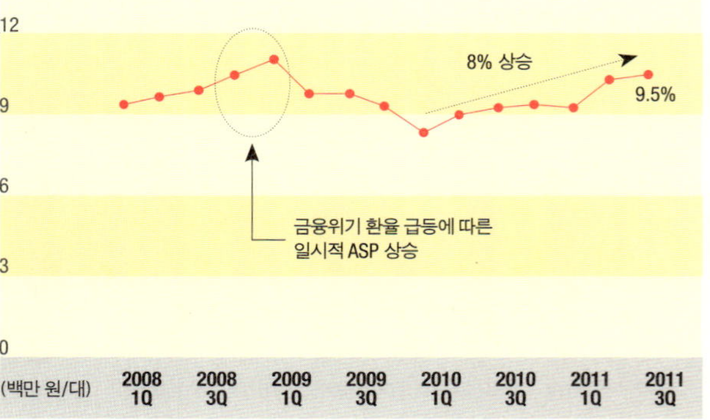

에버다임

코스닥 · IFRS별도

2012년 2분기 누계

매출액	1,261억 원
영업이익	111억 원
순이익	99억 원

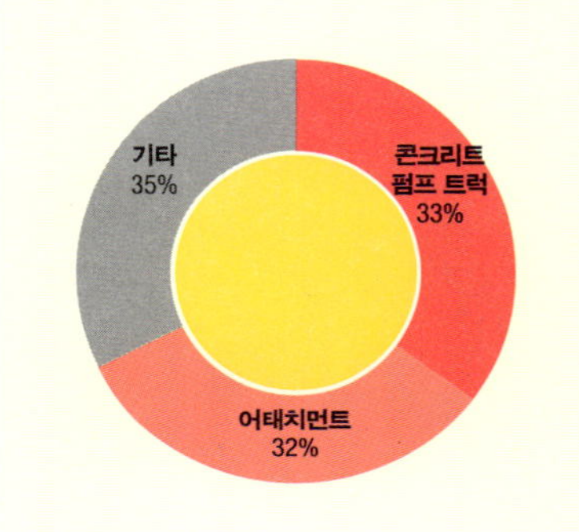

투자 포인트

- 콘크리트 펌프 트럭, 어태치먼트, 타워크레인, 소방차 등 생산 업체.
- 러시아, CIS, 중남미, 중동 등 신흥국의 건설기계 시장 회복에 따른 수혜 기대.

> ## 글로벌 시장 매출 비중
단위 · %

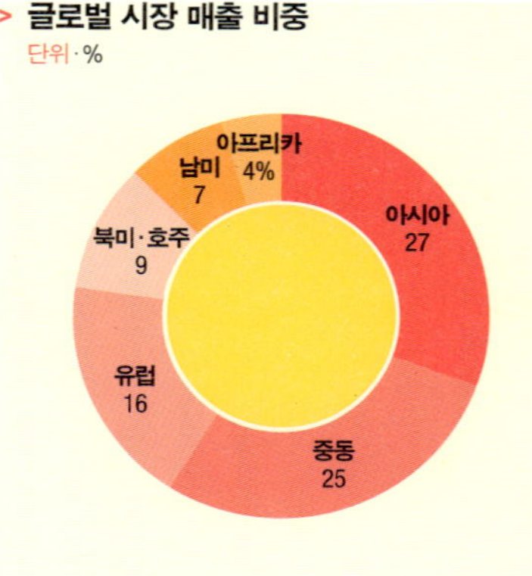

> ## 매출액 추이

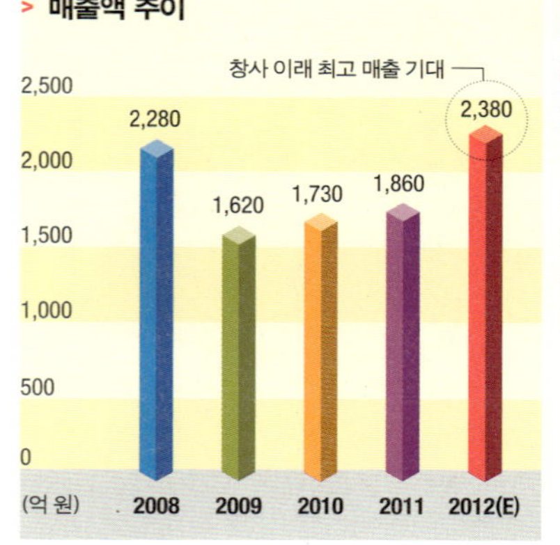

> ## 어태치먼트, 콘크리트 펌프 트럭 매출 비중

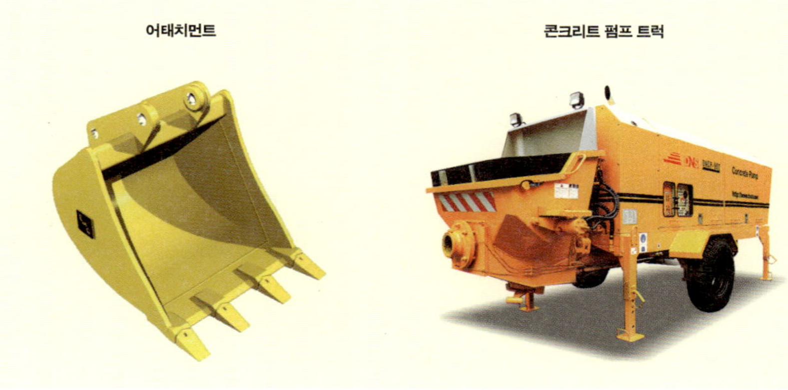

동양기전

코스피 · IFRS별도

2012년 2분기 누계

매출액	3,405억 원
영업이익	270억 원
순이익	266억 원

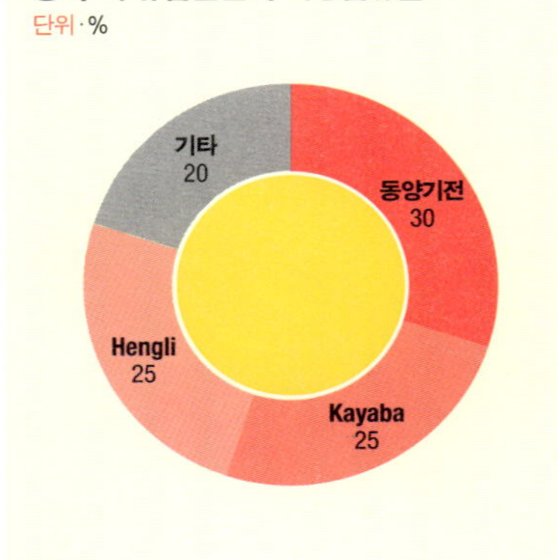

투자 포인트

- 1978년에 설립된 기계 및 자동차 부품 전문 업체로, 굴삭기용 유압실린더 주력 생산.
- 굴삭기용 유압실린더 중국 내 시장점유율 1위(30%) 영위.

> ## 매출액 추이
주 · 연결 기준

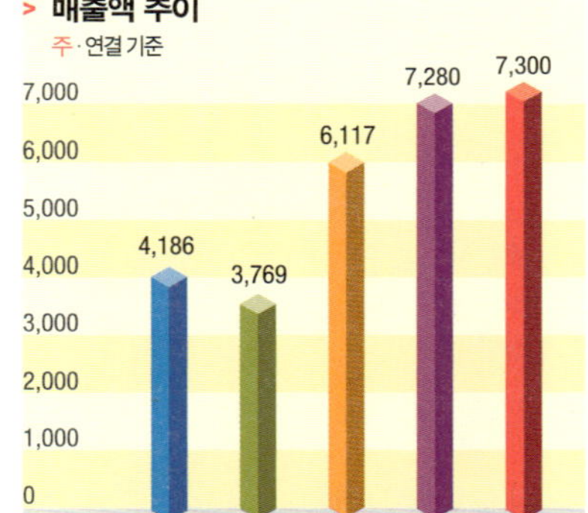

> ## 사업 부문별 매출 비중
단위 · %

> ## 중국 내 유압실린더 시장점유율
단위 · %

> ## 유압기기 사업부 고객사별 매출 비중
단위 · %

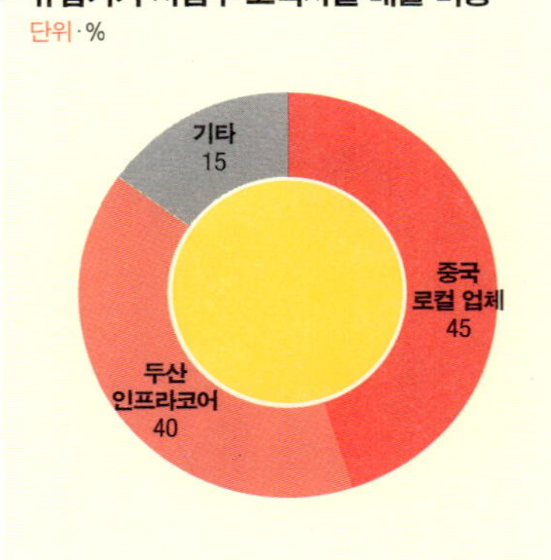

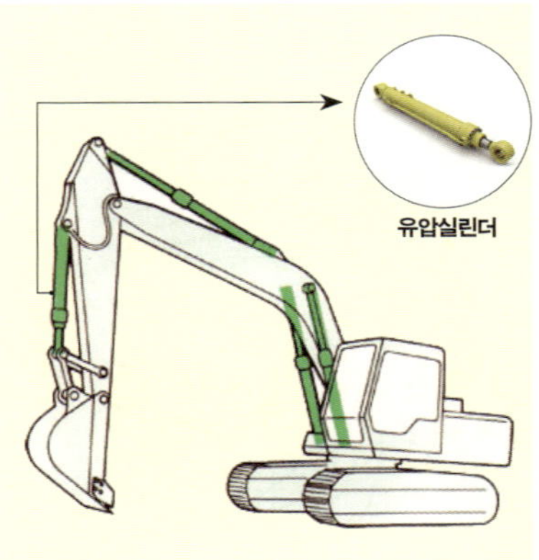

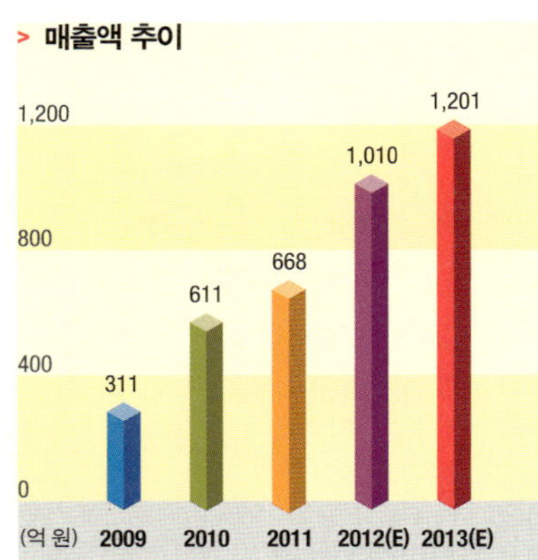

흥국

코스닥 · IFRS별도

2012년 2분기 누계

매출액	431억 원
영업이익	24억 원
순이익	18억 원

투자 포인트

- 동사의 주 고객은 현대중공업과 볼보이며 두산인프라코어향 매출은 거의 없음.
- John Deere향 부품(트랙롤러와 아이들러)의 매출이 본격적으로 발생하고 있어서 실적 호전 추세 지속 기대.
- 중국에 흥국과기유한공사(지분율 100%)라는 굴삭기용 롤러 제조 업체 운영(전년 대비 30% 성장).
- 흥국의 중국 공장 성장의 주 요인은, (1) 핵심 부품인 플로팅 씰 사업부 자체 보유, (2) 이에 따른 높은 품질경쟁력으로 중국 로컬 업체 및 해외 신규 거래선 확대.

> 매출액 추이

> 매출 비중

단위 · %

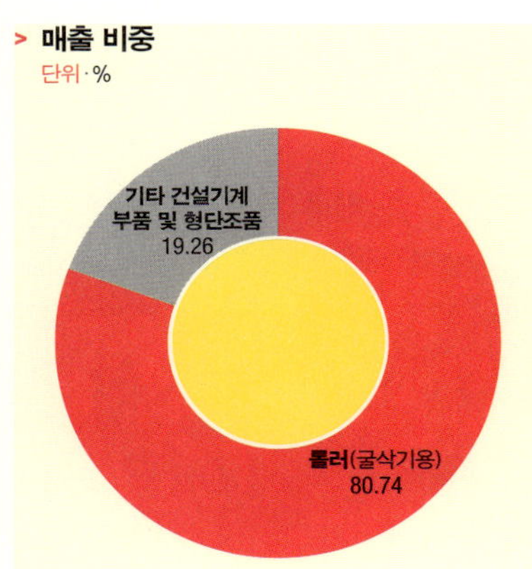

> 굴삭기용 롤러

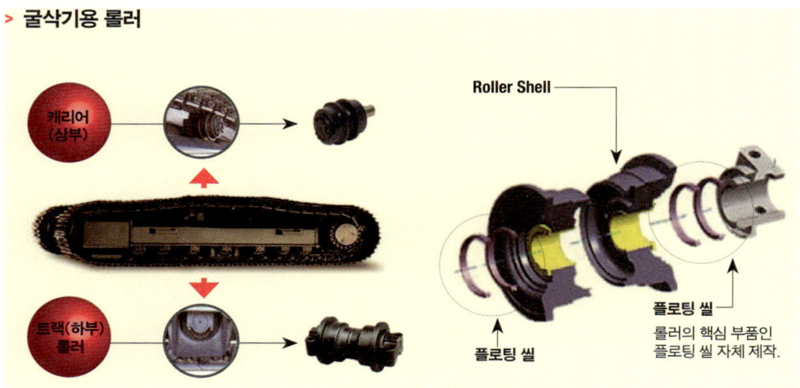

대창단조

코스피 · IFRS별도

2012년 2분기 누계

매출액	1,692억 원
영업이익	218억 원
순이익	170억 원

투자 포인트

- 중장비 하부주행체의 무한궤도 부분인 링크, 롤러, 슈 등 가공 조립 납품.
- 굴삭기의 트랙 슈의 경우 1~2년에 한 번씩 교체가 필요한 만큼 수요 지속.

> 고객사별 매출 비중

단위 · %

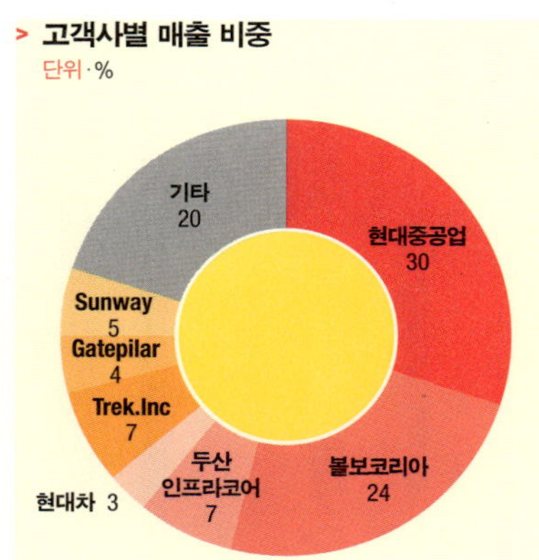

> 매출액 추이

> 제품별 매출 비중

단위 · %

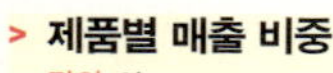
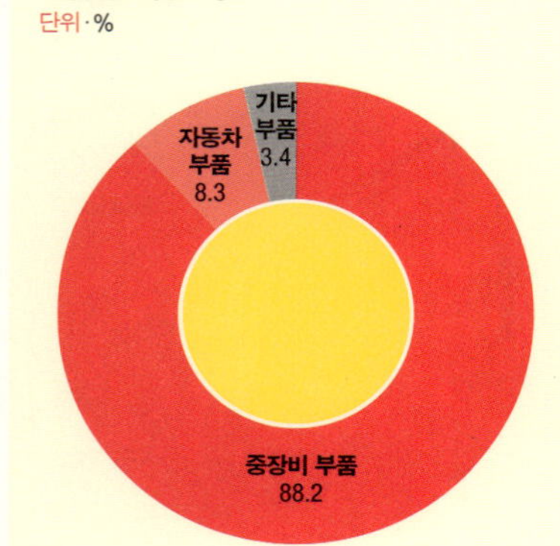

> 주력 생산품인 '트랙 슈'

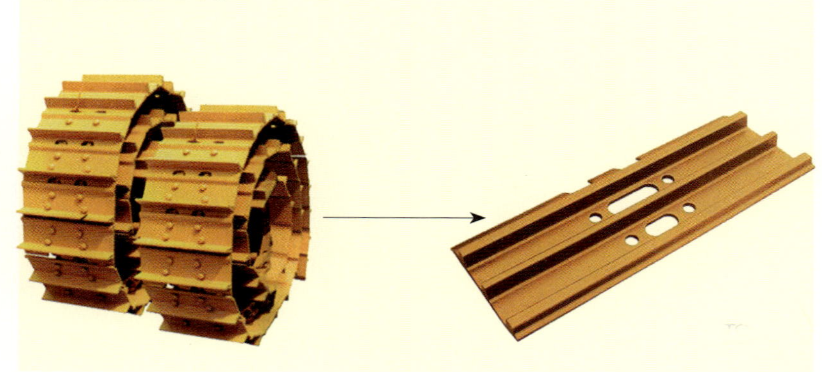

동일금속

코스닥 · IFRS별도

2012년 2분기 누계

매출액	576억 원
영업이익	109억 원
순이익	86억 원

투자 포인트

- 크롤러크레인 주조품 부문 독점적 지위 확보.
- 크롤러크레인의 핵심 부품인 아이들러, 어셈블리 롤러, 슈 등의 경우 중국을 제외한 글로벌 시장점유율 56% 영위.

> **크롤러 크레인 글로벌 업체에 아이들러 등 핵심 부품 공급 현황**

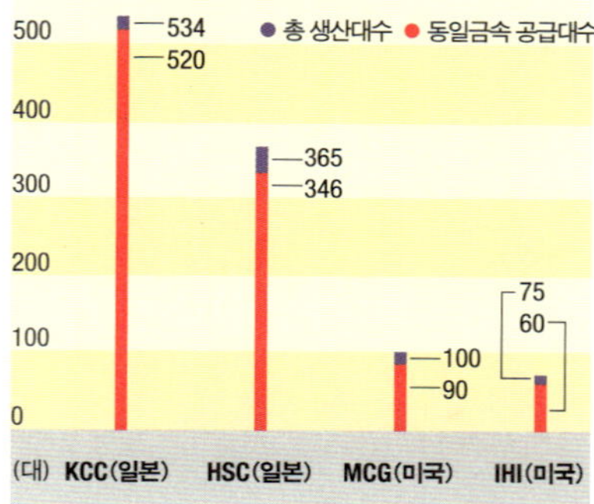

진성티이씨

코스닥 · IFRS별도

2012년 2분기 누계

매출액	970억 원
영업이익	90억 원
순이익	74억 원

투자 포인트

- 건설 중장비 하부주행체 부품 생산 업체.
- 세계 최대 건설 중장비 업체인 캐터필러와 독점 계약(롤러, 아이들러) 체결 → 2013년부터 2017년까지 3.4억 달러 규모.

> **건설 중장비 하부주행체 세부도**

우림기계

코스닥 · IFRS별도

2012년 2분기 누계

매출액	298억 원
영업이익	32억 원
순이익	33억 원

투자 포인트

- 굴삭기용 감속기 주력 생산 업체.
- 두산인프라코어와 합병한 두산모트롤의 생산량 급증하면서 두산모트롤의 감속기 부문 핵심 납품 업체인 동사의 실적에도 파란불.

> **고객사별 매출 비중**
단위 · %

> **산업용 감속기 신규 수주 추이**
자료 · 가이던스

디아이씨

코스피 · IFRS별도

2012년 2분기 누계

매출액	1,700억 원
영업이익	98억 원
순이익	50억 원

투자 포인트

- 자동차와 중장비의 동력 전달장치 핵심 부품인 기어와 샤프트 전문 생산 업체.
- 기술력이 요구되는 장치 산업이므로 진입장벽이 높음.
- 현대차그룹, GM, 두산인프라코어, 현대중공업, 클라크 등을 주요 고객사로 두고 있으며, 최근 중국시장 확대에 대비하여 중국 자동차 및 중장비 업체로 납품처 다변화 모색.
- 중국공장이 2012년 6월부터 정상 가동되면서 자동차 및 중장비 부문의 매출 전년 대비 20% 이상 증가 기대.

> **경영실적**

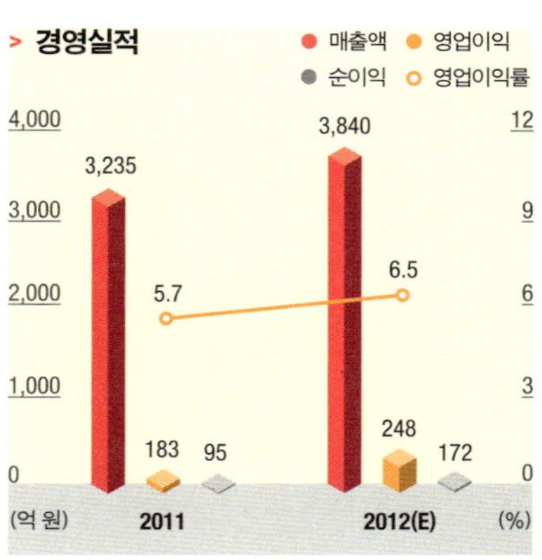

29

플랜트

전 세계적으로 전력난 심각!
플랜트 산업이 성장할 수밖에 없는 이유

플랜트는 쉽게 말해 '공장'이다. 발전, 담수, 정유 등 산업 기반 시설과 산업기계, 공장기계 등의 생산 시설을 아우른다. 플랜트 산업은 설계(engineering), 구매(procure), 건설(construction) 등 3단계로 이루어진다. 발주자로부터 수주를 받아 설계하고, 필요한 자재를 구해와 시공하는 일괄제공(Turn-key) 방식이 일반적으로 행해진다.

국내에서 플랜트 산업이 주목받기 시작한 것은 2007년부터다. 중동의 발전 시설 확대와 함께 유럽 등에서 해양 플랜트 발주가 크게 증가하면서부터다. 플랜트 자체를 수주할 수 있는 곳은 두산중공업, 현대중공업, 대우조선해양, 삼성중공업 등이다.

급증하는 중동 지역 발전 플랜트 발주의 수혜자는?

해외 플랜트 수주는 유가 및 원자재 가격이 상승하면서 꾸준히 늘고 있다. 특히 글로벌 전력의 수요 증가로 전력난이 심화됨에 따라 플랜트 산업의 중요성은 점점 더 커지고 있다. 국제에너지기구(IEA)에 따르면, 2009년 전 세계 인구의 21%가 전력 공급을 받지 못하는 상태라고 한다. 향후 글로벌 에너지 수요는 2009년부터 2035년까지 중국과 인도를 비롯한 비경제협력개발기구(OECD) 국가를 중심으로 40% 가량 증가할 것으로 전망되고 있다.

특히 중동 지역의 발전 플랜트 발주는 급증할 전망이다. 중동·북아프리카(MENA) 지역의 발전 시장은 2000년부터 2008년까지 높은 성장을 지속해왔고, 2012년 수주 역시 사상 최고치를 경신할 것으로 예상된다.

신규 발전소 투자 비용은 2011년부터 2035년까지 9조8,000억 달러에 달하며, 이 가운데 비OECD 국가가 56%를 차지할 것으로 예측된다. 특히 해외 플랜트 수주는 점차 대형화 및 고부가가치화 되고 있다. 2007년 2억9,000만 달러였던 플랜트 건설 건당 수주 금액은 2010년에 5억4,000만 달러를 기록했다. 이는 다시 플랜트 기자재 업체의 수혜로 이어질 전망이다.

2013년 플랜트 기자재 업체들을 주목하라

플랜트의 총 수주액에서 기자재가 차지하는 비중은 60% 수준으로 가장 높다. 플랜트 기자재 시장은 앞으로 2015년까지 연평균 7% 성장해 6,405억 달러에 이를 전망이다. 국내 플랜트 기자재 업체의 기술력은 세계적인 수준이다. 석탄 발전 보일러, 복합 화력 폐열회수장치(HRSG), 원자력 발전 원자로, 증기 발생기 등 전문적인 기술력을 확보하고 있어 글로벌 발전 업체들로부터 꾸준히 발주를 받고 있다.

성진지오텍은 초대형 플랜트 설비 전문 업체로, 포스코 그룹의 핵심 기자재 파트너로 부상할 전망이다. 포스코가 지분을 40% 이상 갖고 있기 때문이다. 따라서 포스코 패밀리 간 시너지 극대화로 안정적인 매출처 확보가 가능하다. 현재 석유화학 플랜트 부문에 집중된 사업 비중이 신재생에너지 관련 사업으로 확대될 전망이다.

비에이치아이도 든든한 고객사인 포스코 및 포스트휠러(Foster Wheeler)와의 기술 제휴를 바탕으로 HRSG와 PC보일러 시장에서 지속적인 성장을 이어가고 있다. 또 국내 유일의 산업용 가열로 업체인 제이엔케이히터 및 공랭식 열교환기 부문에서 독보적인 위치를 차지하고 있는 S&TC 등도 기자재 업체로서 성장이 기대된다.

피팅은 플랜트에서 비중이 75% 내외로 가장 높게 차지하는 분야다. 플랜트 시장 확대에 따라 해당 업체들의 지속적인 성장이 이어질 전망이다. 태광은 석유화학, 정유, 가스, 담수 등 다양한 제품의 배합으로 아시아 및 미주 지역으로 수출 비중을 확대하고 있다. 성광벤드도 대형화 및 고부가가치 제품 확대를 통해 수익성 개선을 꾀하고 있다. 석유화학 비중은 점차 낮아지고, 발전 및 담수와 해양 플랜트 매출 비중이 점차 높아지고 있기 때문이다.

국내 중소형 피팅 및 밸브 시장의 40%를 점유하고 있는 하이록코리아도 생산능력 확대 및 원가 절감으로 고수익성이 지속될 전망이다. 이밖에도 디케이락, 비엠티, 엔에스브이 등의 피팅 업체들이 높은 경쟁력을 보이고 있어 성장이 기대된다.

심해저 해양 플랜트가 새롭게 뜬다

플랜트 산업 중에서도 해양 플랜트에 대한 투자를 눈여겨 볼 필요가 있다. 정부 차원에서도 2030년까지 5,000억 달러 규모로 성장할 해양 플랜트 시장을 잡기 위해 전방위 지원에 나서고 있다. 정부는 해양 플랜트 수주액을 2011년 257억 달러에서 2020년 800억 달러 이상으로 늘리는 방안을 세워두고 있다. 해양 플랜트는 석유와 가스 등 해양 자원의 발굴·시추·생산에 필요한 장비를 건조·설치·공급하는 산업을 총칭한다.

향후 10여 년을 목표로 새롭게 진입하려는 시장은 해양 플랜트 중에서도 심해저(subsea) 시장이다. 심해저 해양 플랜트는 수심 3,000m 정도의 깊은 바다에서 유전이나 가스전을 채굴하는 설비를 일컫는다. 에너지 분야 시장조사기관인 더글러스 웨스트우드에 따르면 전 세계 심해저 시스템 시장 규모는 심해와 극지 개발 증가에 따라 2011년 155억 달러에서 2015년 330억 달러로 연평균 16.4%까지 고성장할 것으로 내다봤다. 글로벌 심해저 해양 플랜트 시장은 이탈리아 사이펨이나 미국 FMC 테크놀로지 등 일부 기업이 과점을 형성하고 있어 국내 업체들로서는 기술 확보가 관건이다. 이에 따라 정부는 핵심 기자재 위주로 100대 전략 품목을 선정하고 기자재 납품에 요구되는 수행 실적 확보를 위해 한국석유공사와 한국가스공사 등이 발주하는 플랜트에 기술 개발 기자재를 적용하기로 했다.

해양 플랜트는 삼성중공업, 현대중공업, 대우조선해양 등 대형 조선사들이 중심 역할을 하고 있다. 이들의 거대한 설비 규모가 정부의 막강한 지원책과 결합할 때 증권가에도 커다란 파급 효과가 있을 것으로 전문가들은 진단하고 있다.

수심 3,000m의 깊은 바다에서 유전이나 가스전을 채굴하는 설비를 일컫는 심해저 해양 플랜트의 가상 구조도.

>> 플랜트 산업 밸류 체인

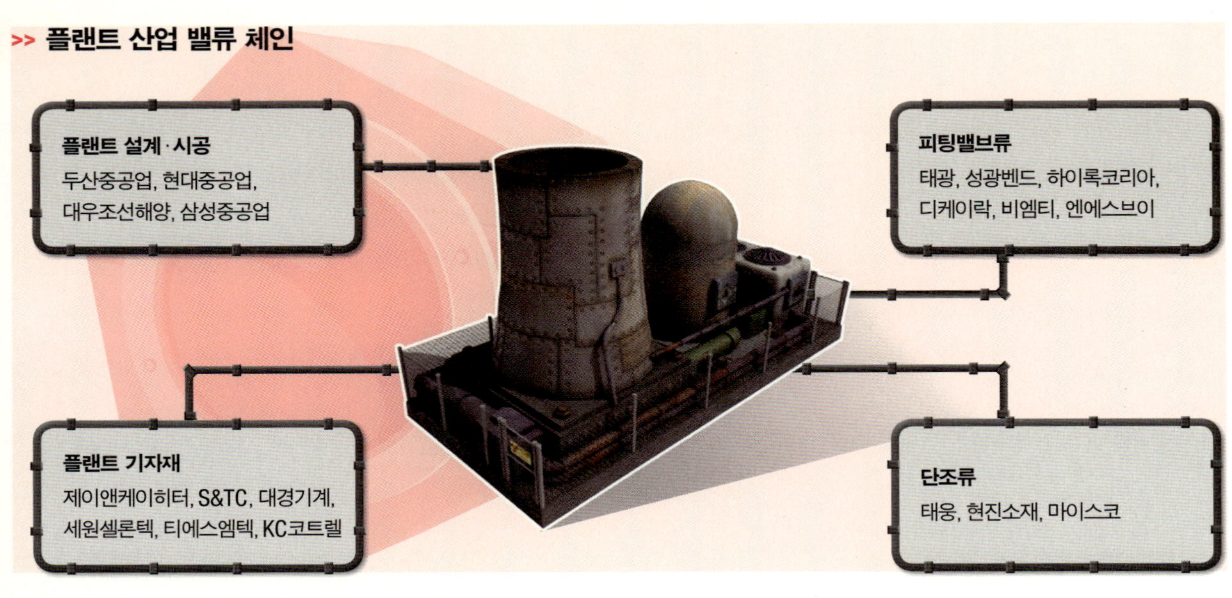

>> 플랜트 기자재 주요 품목별 밸류 체인

주·swagerok.com, 그림은 복합 화력 발전소 단면도

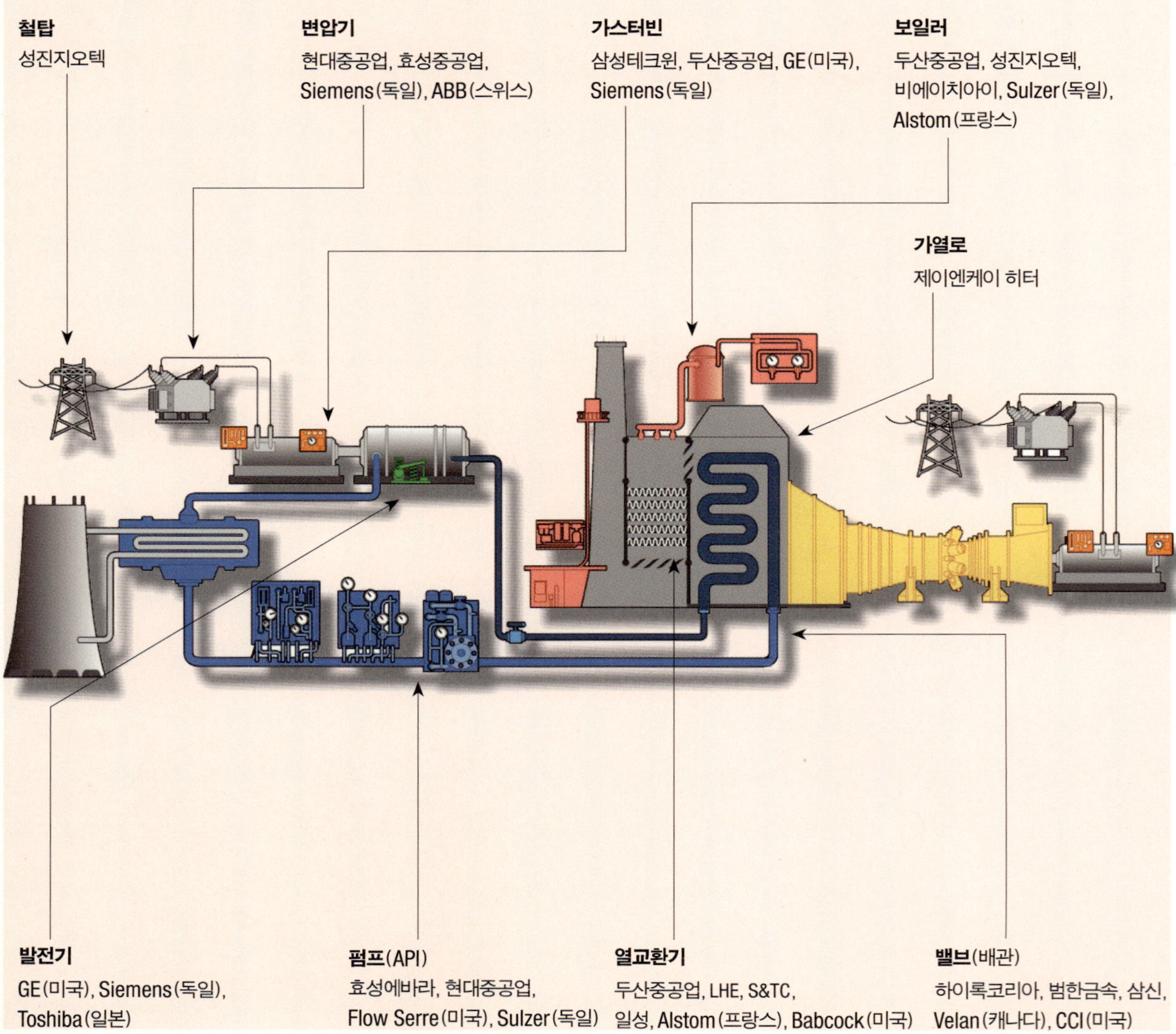

> 열효율이 높은 복합 화력 발전(CCCP)의 원리

주·en.wikipedia.org

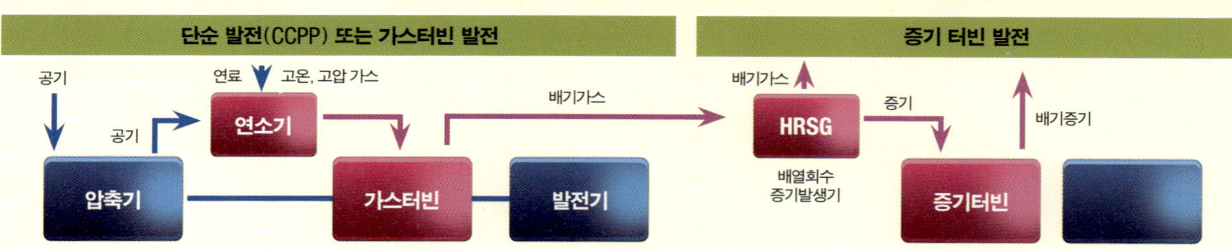

- 복합 화력 발전은 천연가스를 1차 가스터빈으로 발전하고, 2차 증기터빈으로 발전하여 기존 화력보다 열효율이 10% 이상 높음.
- 복합 화력 발전은 효율이 높아 화력 및 열병합 발전에서 널리 사용되는데, 최근 원전사고 및 전력난 심화로 인해 복합 화력에 대한 수요가 급증하는 추세임.
- **CCCP** | Conmbined Cycle Power Plant.

> 복합 화력 발전 원가 비중

단위·%

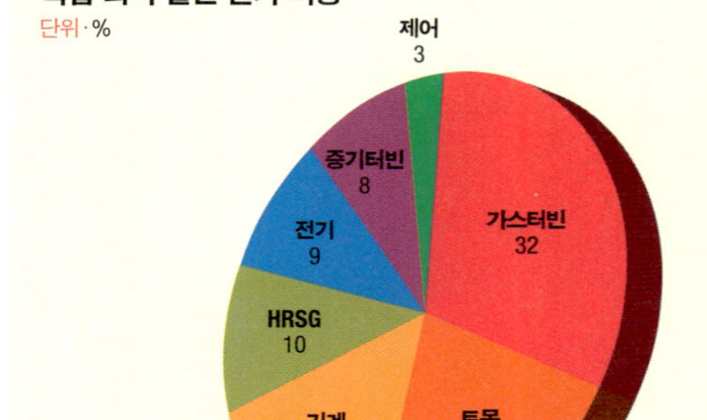

- 복합 화력 발전은 가스터빈 32%, HRSG(배열 회수 보일러) 10%, 증기 터빈 8% 등 핵심 기자재가 50%를 차지.
- 두산중공업은 2009년 21기를 공급하면서 HRSG 부문 세계 1위 영위. 아울러 가스터빈, 증기터빈 등을 제작할 수 있는 유일한 기술 보유.

> 복합 화력 발전 글로벌 시장 전망

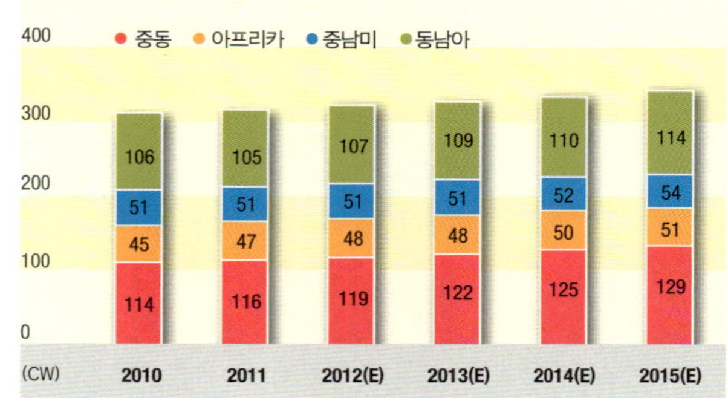

- 복합 화력 발전은 전 세계에 걸쳐 점진적으로 성장 추세.
- 특히 중동과 동남아 등 한국 플랜트 업체들이 많이 포진해 있는 지역에서 성장세 두드러짐.

> 플랜트 수주액 비중

단위·%

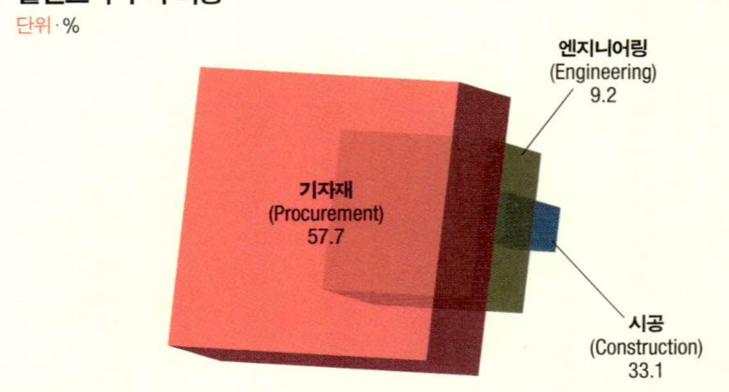

- 플랜트 기자재 시장은 향후 2015년까지 연평균 7% 성장한 6,405억 달러에 이를 전망.
- 플랜트 총 수주액에서 기자재의 비중이 가장 높음.
- 2009년 58%에서 2015년 63%까지 확대될 전망.
- 향후에는 천연가스 수요 증가, 가스 액화 기술 발전, FPSO 등 해양 플랜트 시장 급성장 등이 예상되는 바, 한국 플랜트 업계의 수주 경쟁력은 기자재 업체의 손에 달려있음.

> 플랜트별 수주액 비중

> 발전 부문 글로벌 전력 수요 전망

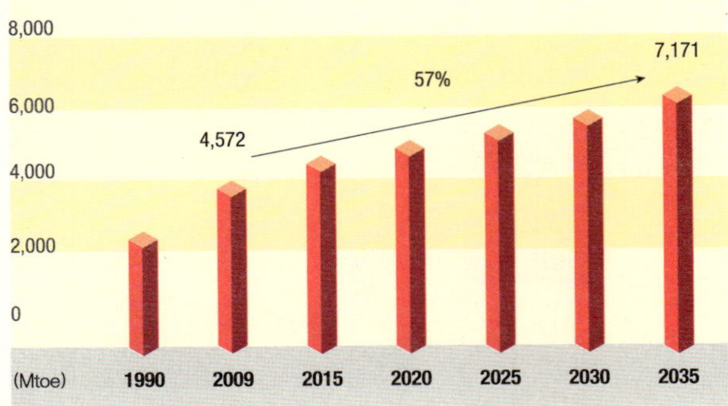

- 전력난 심화가 전력 수요 증가로 이어짐.
- 향후 글로벌 에너지 수요는 2009년부터 2035년까지 중국, 인도를 비롯한 非OECD 국가를 중심으로 40% 가량 증가할 전망.
- 특히 발전 부문 관련 에너지 수요는 4,572Mtoe에서 7,171Mtoe로 57%이상 가장 높은 성장 전망.

> 글로벌 전력 생산 전망

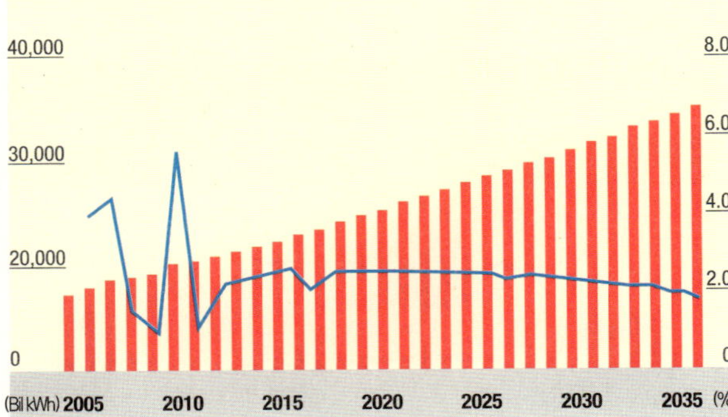

- IEA에 따르면, 2009년 기준 전 세계 인구의 21%가 전력 공급을 받지 못하는 상태임.
- 향후 非OECD 국가를 중심으로 전력 공급률 급상승.
- 非OECD 국가는 2008년 기준 전 세계 전력 공급의 47% 사용, 2035년에는 60% 수준까지 확대 전망.

> 원료별 자원 수요 전망
주·글로벌 기준

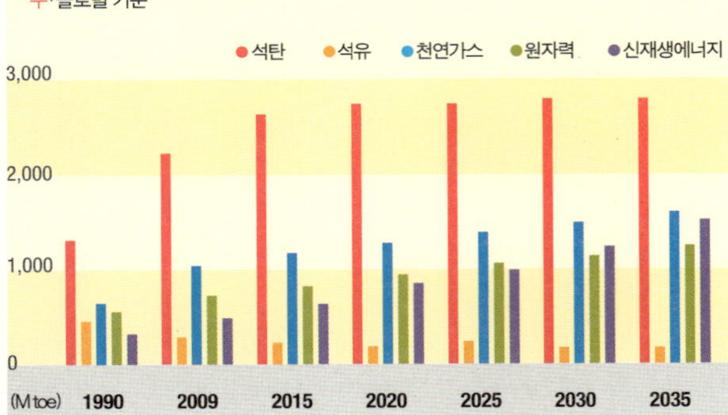

- 원료별 자원 수요는 석탄 비중이 향후에도 가장 높고, 천연가스, 원자력, 신재생에너지에 대한 수요도 점차 증가 전망.
- 특히 천연가스 수요는 석유와 석탄 등의 수요의 증가율은 합친 것만큼 증가할 전망 →'천연가스, 셰일가스 업계' 참조.

> 지역별 신규 발전소 투자 규모
주·2011년~2035년 기간

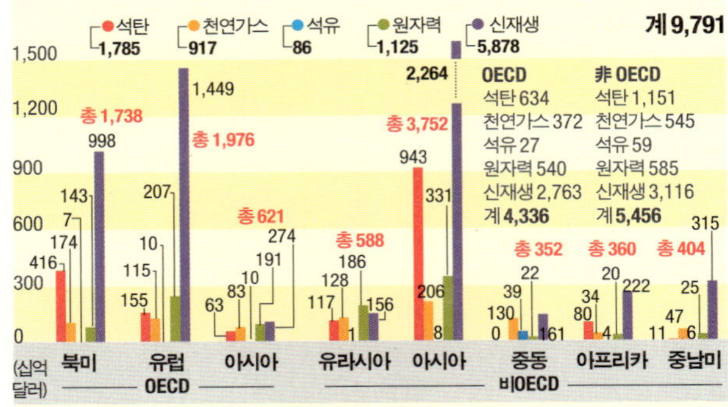

- 신규 발전소 투자 비용은 2011년부터 2035년까지 9.8조 달러에 달할 전망.
- 특히 非OECD 국가가 전체 규모의 56%로 주도적 역할.
- 석탄 1.8조 달러, 원자력 1.1조 달러, 신재생에너지 5.9조 달러 등으로 중·장기적으로 신재생에너지에 대한 수요 커질 전망.

> 플랜트 공사비 비중
주·전체 기준, 단위·%

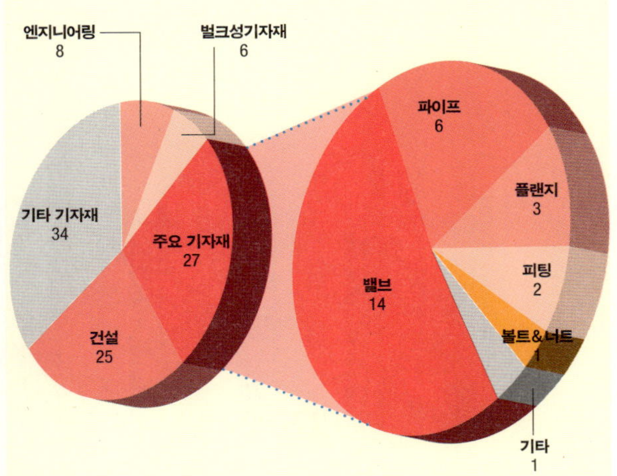

> 원자력 발전소 공사비 비중
단위·%

> ### 지역별 전력 생산량 증가율 현황

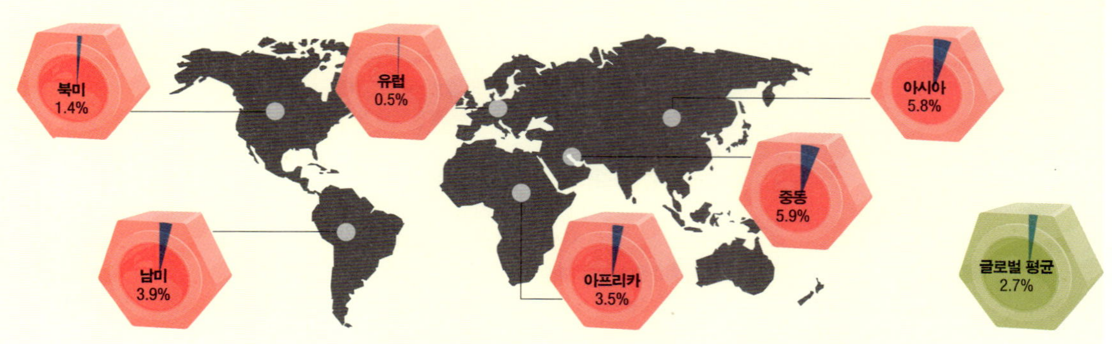

- 남미, 중동, 아시아, 아프리카 등 저개발 국가들이 분포해 있는 지역을 중심으로 전력 생산량 비중 높음.
- 플랜트 개발 프로젝트가 저개발 국가 및 신흥국이 포진해 있는 지역을 중심으로 활발히 추진될 것으로 전망됨에 따라 중동과 중국 등지에서 플랜트 사업을 주도해 나가고 있는 한국의 플랜트 업계에는 호재가 아닐 수 없음.

> ### 중동 지역 발전 플랜트 발주 규모 추이

- MENA 지역의 발전 시장은 2000년부터 2008년까지 높은 성장 지속함.
- 2009년 글로벌 경기 위축 영향으로 주춤했으나, 2011년 '아랍의 봄' 이후 2012년 수주세는 사상 최고치를 경신할 전망.
- 중동은 과거 정부 주도의 발주에서 IWPP로 확대되는 중. 따라서 운영비 절감, 발전/담수 최적화 기술 확보, 빠른 납기 충족 등이 가장 중요한 발주 포인트로 작용하는 바, 이는 곧 한국의 플랜트 업체들이 지닌 강점임.
- **IWPP** | Independent Water and Power Plant, 민자 담수 및 발전.

> ### MENA 주요국 발전 플랜트 발주 현황
단위·백만 달러

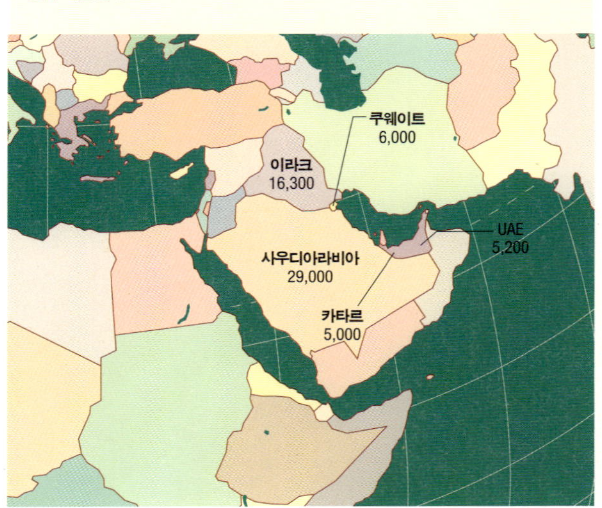

> ### 해외 플랜트 수주 규모 추이

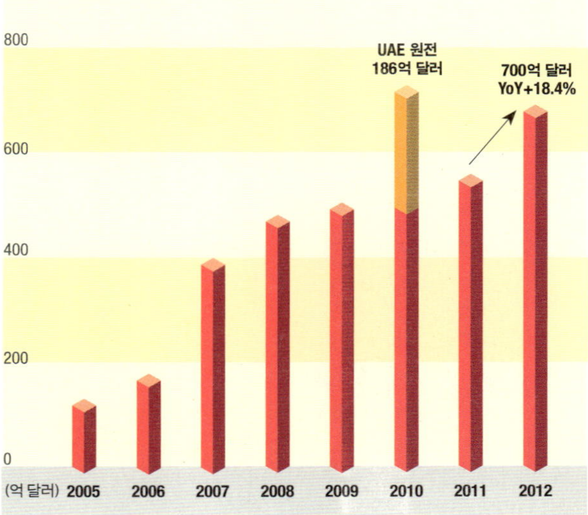

두산중공업

코스피 · IFRS연결

2012년 2분기 누계

매출액	4조5,285억 원
영업이익	3,132억 원
순이익	2,129억 원

- 석탄, 원전 등 발전 부문의 신규 수주 급증세.
- 향후 고가 위주의 선별 수주로 수익성 한층 개선.
- 2009년 터빈 부문 원천기술을 보유한 체코의 Skoda Power를 인수하여, 보일러-터빈-발전기로 이어지 는 발전소의 3대 핵심 원천기술 모두 보유하게 됨.
- 2010년 3조9천억 원 규모의 사우디 Rabigh 프로젝트, 1조2천억 원 규모의 인도 Raipur 화력 발전 프로젝트, 신규 시장인 이집트에서 4천억 원 규모의 Ain Sokhna 보일러 공급·설치 프로젝트 수주.
- 미국 Duke IGC 프로젝트에서 GE로부터 HRSG 수주.

> **신규 수주 규모 추이**

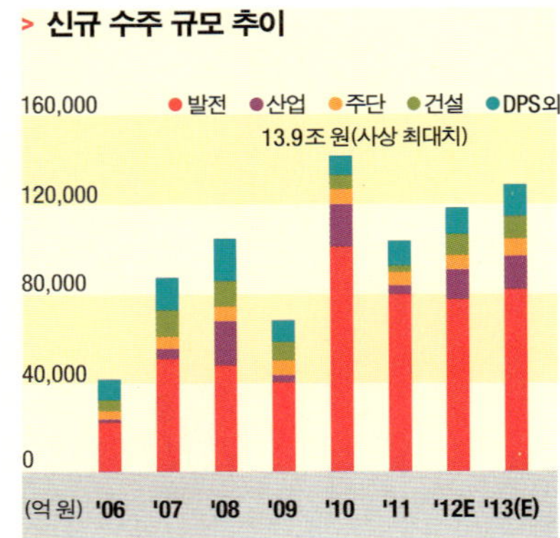

태광

코스닥 · IFRS별도

2012년 2분기 누계

매출액	1,615억 원
영업이익	237억 원
순이익	184억 원

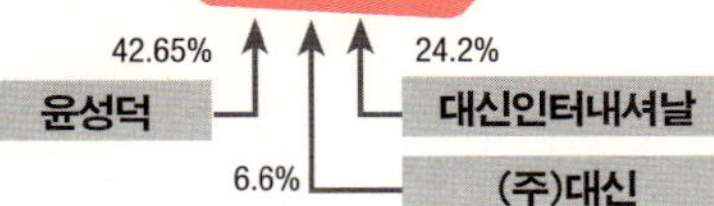

- 각종 배관자재, 관이음쇠류 등 피팅과 벤딩 전문 업체.
- 해외 건설 신규 수주 급증은 피팅 업체 수혜로 이어질 전망.
- 프로젝트 건당 피팅 업체가 차지하는 비중은 2% 내외이지만, 국내시장에서 독과점적인 시장지배력을 감안할 경우 가장 큰 수혜가 예상됨.
- 피팅 업체는 플랜트 비중이 75% 내외로 가장 높게 차지하고 있어 지속적인 수주로 이어질 것으로 판단.

> **수주 산업별 매출 비중**
단위 · %

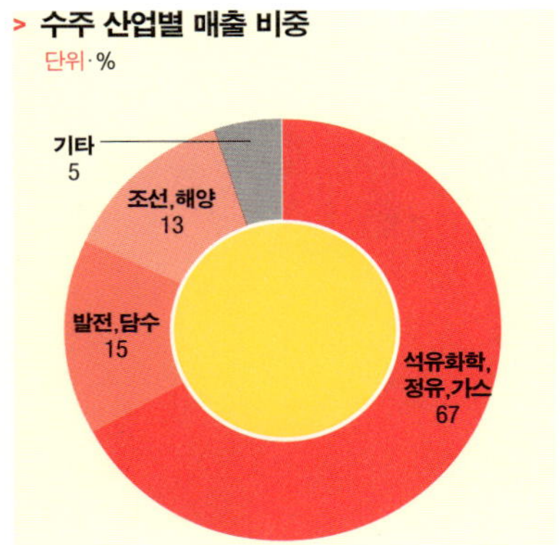

성광벤드

코스닥 · IFRS별도

2012년 2분기 누계

매출액	1,594억 원
영업이익	315억 원
순이익	236억 원

투자 포인트

- 수주 산업별 매출 비중이 석유화학은 점차 낮아지고, 발전 및 담수, 해양 플랜트 등의 대형화 및 고부가가치 제품 판매 확대 전망.

> **국내 피팅 시장점유율**
단위 · %

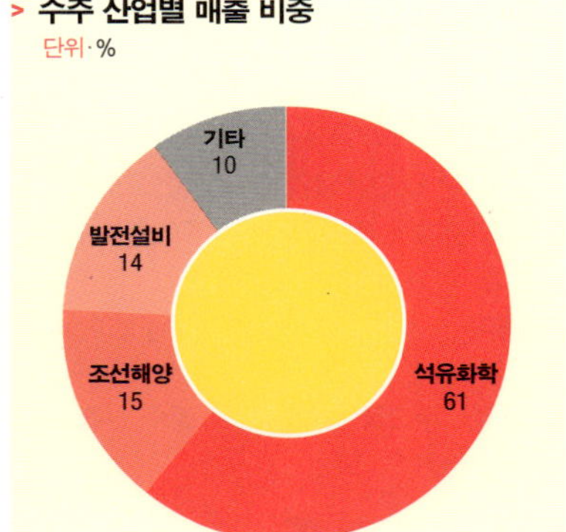

> **수주 산업별 매출 비중**
단위 · %

하이록코리아

코스닥 · IFRS별도

2012년 2분기 누계

매출액	964억 원
영업이익	209억 원
순이익	157억 원

투자 포인트

- 국내 중소형 피팅 및 밸브 시장의 40% 점유.
- 2009년 말부터 석유화학 산업의 EPC 건설사 수주와 2010년부터 시작된 국내 조선 3사의 LNG선 수주 및 해양 플랜트 수주로 실적 안정화.

> **수주 산업별 매출 비중**
단위 · %

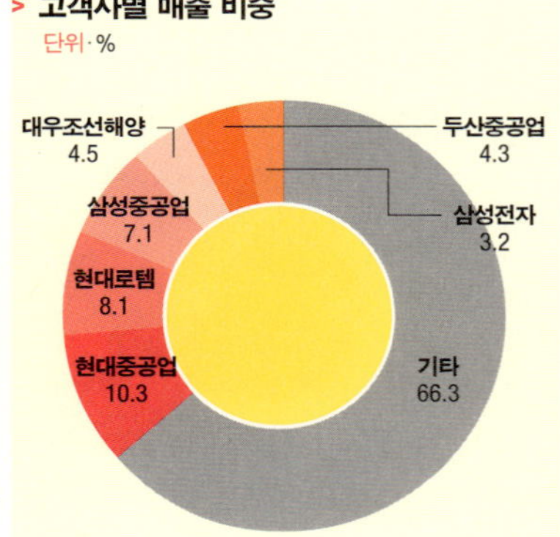

> **고객사별 매출 비중**
단위 · %

디케이락

코스닥·IFRS별도

2012년 2분기 누계

매출액	229억 원
영업이익	58억 원
순이익	42억 원

투자 포인트

- 계장용 피팅 및 밸브 업체로, 조선, 해양 플랜트, 원자력, 화력, 수력 발전 설비, CNG 및 수소용 자동차, 해외 정유 시설의 대형 플랜트 등에서 고가 장비의 핵심 부품 공급.

> **국내외 수주산업별 매출 비중**
단위·%

국내		해외	
조선/엔진/해양	48.26	플랜트/정유/화학	53.06
반도체	14.3	CNG	19.07
발전	6.39	분석기기	14.44
플랜트/정유/화학	4.3	조선/엔진/해양	4.18
기타	26.75	기타	9.25

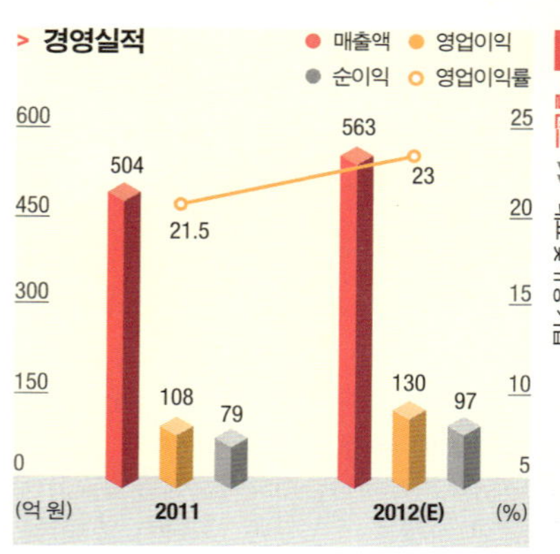

비엠티

코스닥·IFRS별도

2012년 2분기 누계

매출액	235억 원
영업이익	30억 원
순이익	21억 원

투자 포인트

- 산업용 정밀 피팅과 밸브 생산 업체로, 중동을 비롯한 해외 EPC 수주 활발.

> **제품별 매출 비중**
단위·%

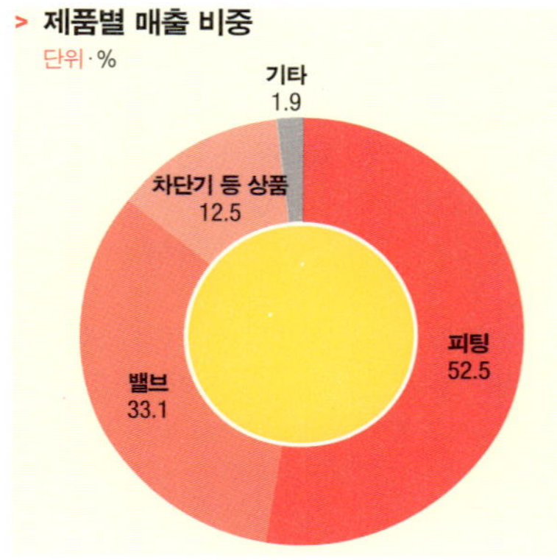

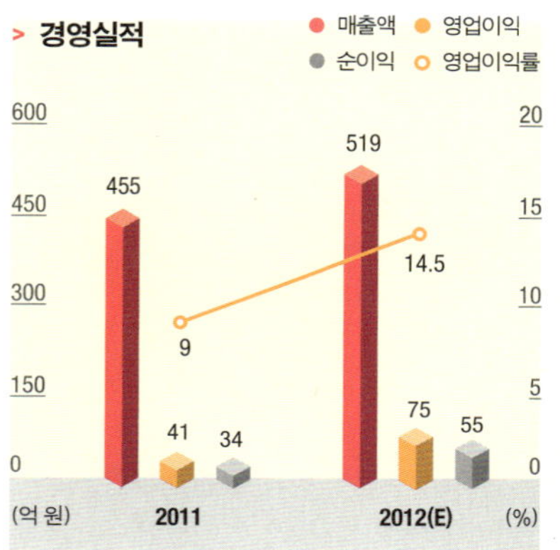

엔에스브이

코스닥·IFRS별도

2012년 2분기 누계

매출액	234억 원
영업이익	14억 원
순이익	-1억 원

투자 포인트

- 다양한 산업 설비에 사용되는 산업용 특수 밸브 생산 업체.
- 경쟁사인 주요 밸브 업체들의 생산능력 부족에 따른 물량 소화 곤란으로 동사 수주 증가.

> **제품별 매출 비중**
단위·%

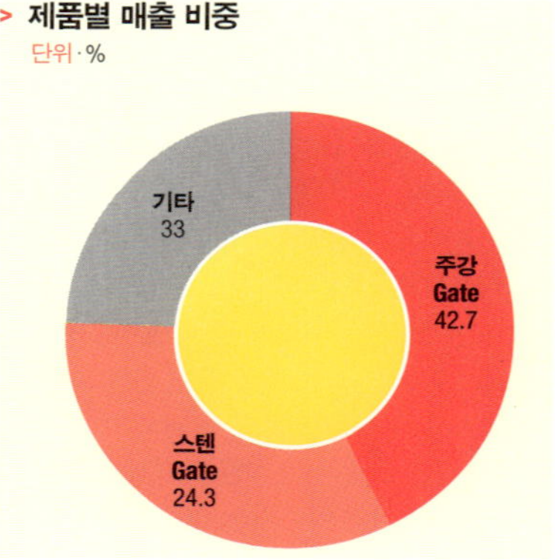

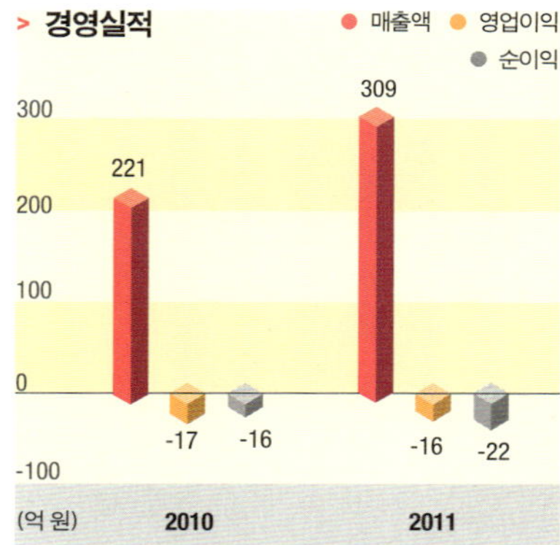

성진지오텍

코스피·IFRS별도

2012년 2분기 누계

매출액	3,755억 원
영업이익	88억 원
순이익	-27억 원

투자 포인트

- 초대형 플랜트 설비 전문 업체.
- 2010년 5월 포스코가 동사의 지분 40.4% (BW 보통주 전환에 따른 현재 지분율 35%) 인수.

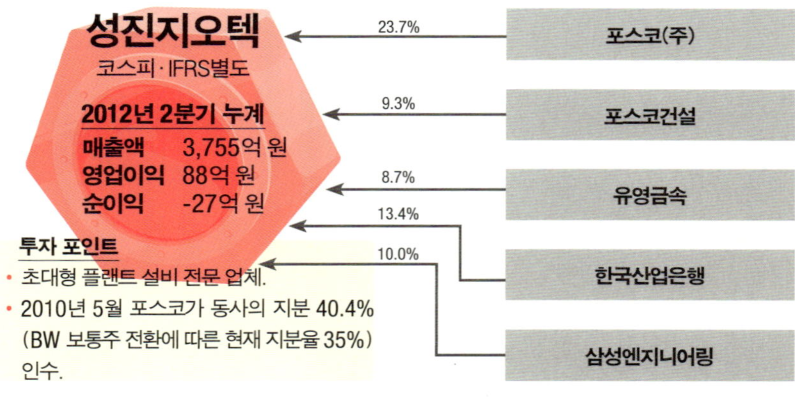

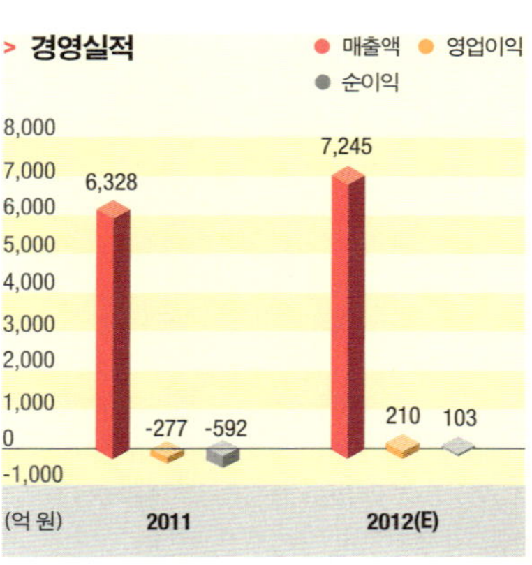

비에이치아이

코스닥·IFRS별도

2012년 2분기 누계

매출액	2,036억 원
영업이익	150억 원
순이익	113억 원

투자 포인트

- 발전 및 제철용 플랜트 설비 업체로 포스코를 고객사로 둠.
- Foster Wheeler사와의 기술 제휴로 HRSG 시장에서 급성장 → 신규 수주 1조 원 달성 가시화.

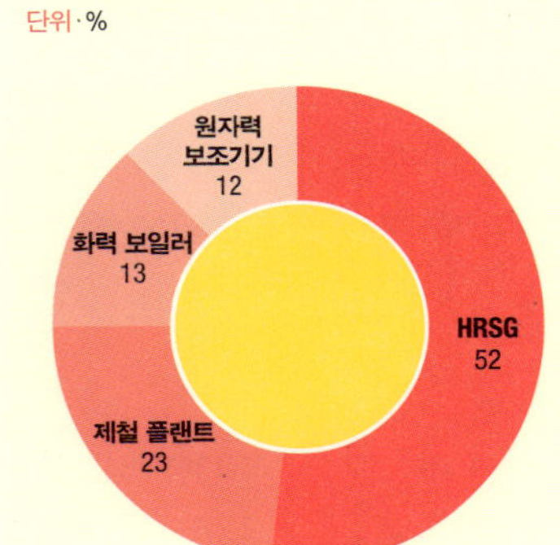

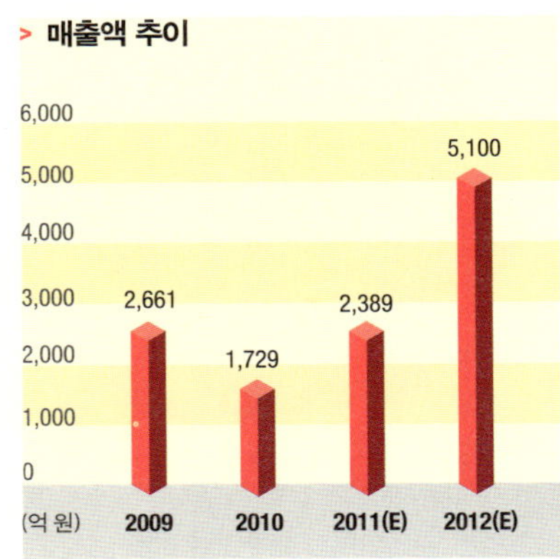

제이엔케이히터

코스닥·IFRS별도

2012년 2분기 누계

매출액	556억 원
영업이익	48억 원
순이익	55억 원

12.5%
현대커머셜

투자 포인트

- 국내 유일의 산업용 가열로 업체로 2011년 약 1,700억 원 수주.
- 2011년 수주 물량 중 800억 원에서 1,000억 원을 2012년 인식 가능.
- 신규 사업으로 ACC(Air Cooled Condenser) 사업 추진.
- ACC는 발전 플랜트에서 바닷물, 강물을 이용하여 발전용 증기를 응축하는 전통적인 방식과 다르게, 대기 중 공기로 열교환기를 냉각시켜 증기를 응축수로 전환시키는 발전용 냉각설비 → 향후 ACC 시장 확대 기대.

S&TC

코스피·IFRS별도

2012년 2분기 누계

매출액	1,209억 원
영업이익	67억 원
순이익	47억 원

43.3%
S&TC중공업

투자 포인트

- 공랭식 열교환기, 배열회수보일러, 복수기 및 원자력 발전 BOP, 탈질설비 전문 업체.
- 국내 중공랭식 열교환기 부문에서 독보적인 지위 차지.
- 가스전 개발 및 LNG 설비 증설과 중동, 남미 등 석유화학 플랜트 증설로 공랭식 열교환기 수요는 2015년까지 지속적으로 증가할 것으로 전망되어 이에 따른 수주 증가 예상.
- 제5차 전력 수급 기본 계획에 따라 국내 원자력 발전소 및 대형 석탄 화력 발전 건설이 예상됨에 따라 복수기 등 BOP와 탈질 설비 수주 전망 밝음.

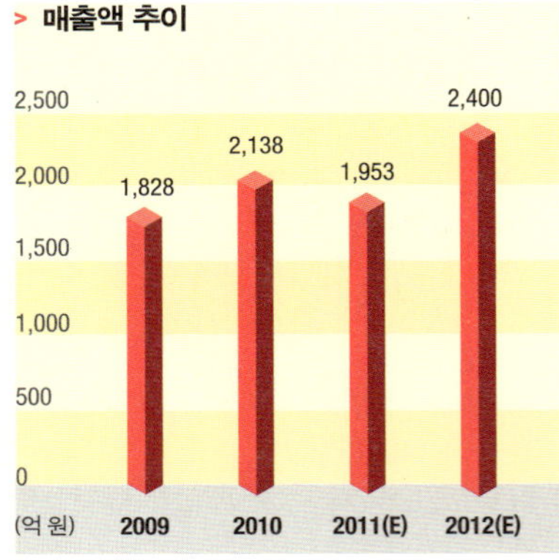

티에스엠텍

코스닥·IFRS별도

2012년 2분기 누계

매출액	1,682억 원
영업이익	84억 원
순이익	28억 원

투자 포인트

- 티타늄 전문 플랜트 기자재 혹은 원전 BOP 업체로 많이 알려져 있지만, PTA 설비 수혜주라는 점은 별로 알려져 있지 않음.
- 2011년 1,000억 원 수주 예상.

> **PTA 국가별 증설 계획** | 주·PTA·테레프탈산, 단위·천 톤

	2010	2011	2012	2013	2014	2015
중국	1,430	3,940	7,200	4,000	2,400	4,500
인도	150			1,200	1,200	560
인도네시아		45	480			
네덜란드					250	
폴란드		600				
포르투갈		750				
사우디아라비아				200		800
대만		300	50		1,500	
터키			20			
영국	525					
미국	-180	150				

일진에너지

코스닥·IFRS별도

2012년 2분기 누계

매출액	681억 원
영업이익	32억 원
순이익	23억 원

투자 포인트
- 화공 플랜트 및 신재생에너지(원자력, 태양광) 설비와 발전소 경상정비 영위.
- 2011년 1만 평 규모의 5공장 설비 투자를 통해 소형에서 중소형 화공기기로 생산 범위 확대.

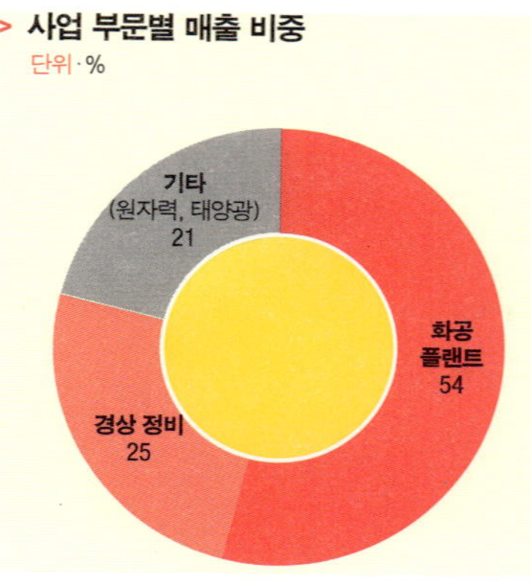

> **사업 부문별 매출 비중**

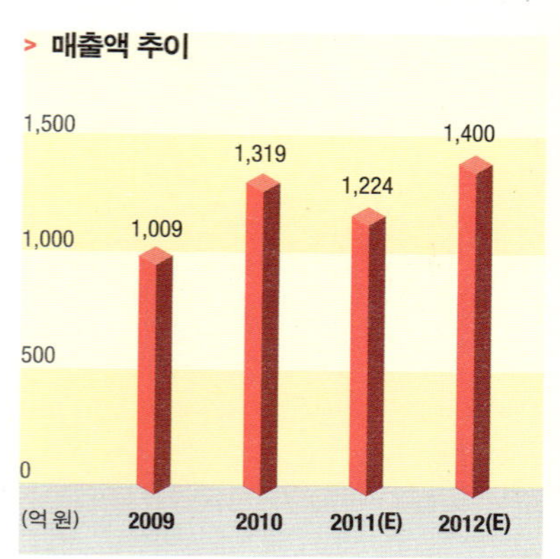

> **매출액 추이**

태웅

코스닥·IFRS별도

2012년 2분기 누계

매출액	2,506억 원
영업이익	78억 원
순이익	60억 원

투자 포인트
- 자유단조 시장에서 생산량 기준으로 세계 1위 업체로 1.5만 톤 단조프레스를 비롯하여 최대 규모의 장비를 보유.
- 포스코특수강을 비롯한 철강 업체들의 사업 확장으로 경쟁이 심화되었지만 다품종 소량 생산의 산업 특성상 오랜 업력과 외형, 안정적 재무 구조에 따른 동사의 강점을 바탕으로 장기적 관점에서 경쟁 우위가 지속될 것으로 전망.
- 풍력 단조링는 풍력 타워 1기당 평균 8개가 사용되며 업그레이드 기술인 프로파일 링단조는 기존 일반 링단조 기술에 비해 20%의 원가 절감이 가능해 연간 100억 원의 원가 감소가 예상됨.

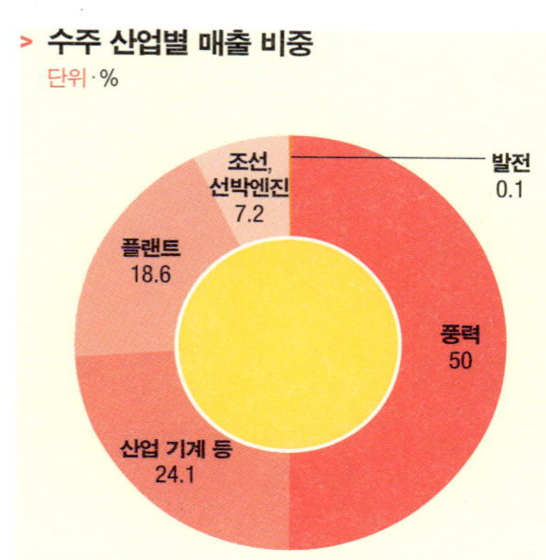

> **수주 산업별 매출 비중**

현진소재

코스닥·IFRS별도

2012년 2분기 누계

매출액	2,075억 원
영업이익	38억 원
순이익	15억 원

투자 포인트
- 크랭크샤프트, 풍력 발전용 메인샤프트, 일반 선박 엔진 부품 등을 주력으로 생산하는 단조 전문 업체.

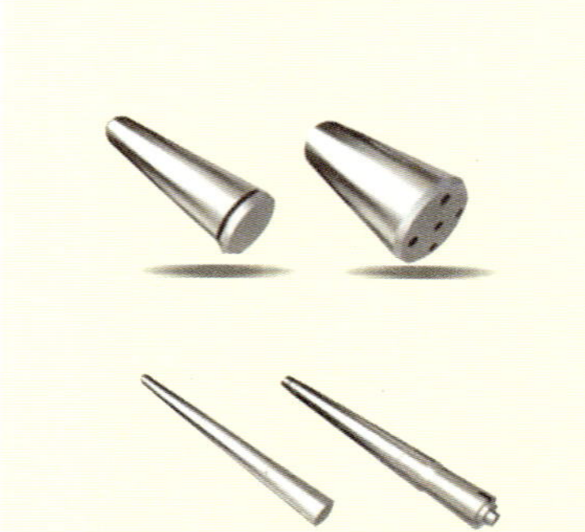

> **현진소재의 산업 기계용 샤프트**

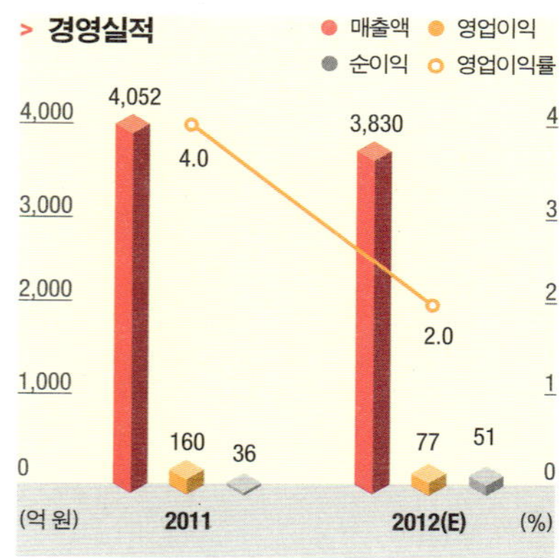

> **경영실적**

마이스코

코스닥·IFRS별도

2012년 2분기 누계

매출액	631억 원
영업이익	-48억 원
순이익	-93억 원

투자 포인트
- 자유단조 전문 업체로, 2011년 2월 신공장 이전 완료 → 약 3만여 평 규모로 8,000톤, 5,000톤 프레스 보유(연간 생산능력 25만 톤).

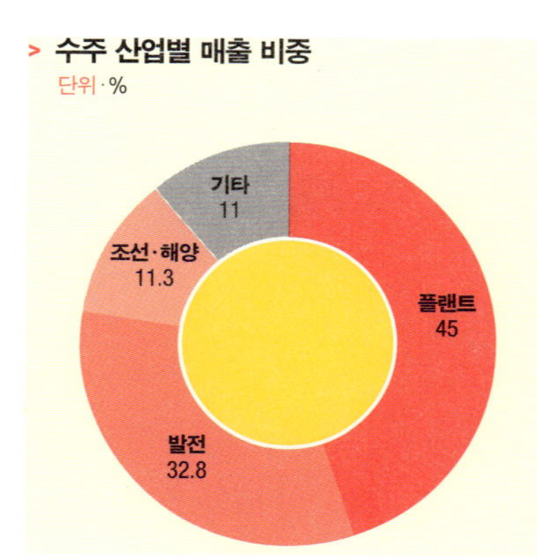

> **수주 산업별 매출 비중**

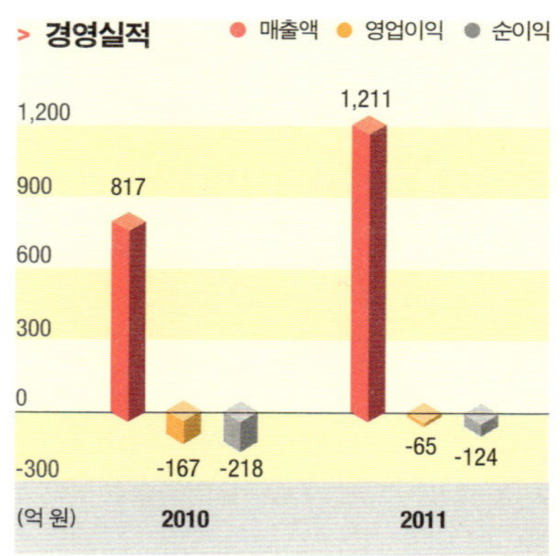

> **경영실적**

30 조선 부품

여전히 어려운 조선 시황,
2013년 기지개 펼까

조선 업종은 대표적인 경기 민감 업종이다. 경기가 좋을 때에는 걷잡을 수 없을 정도로 활황이지만 반대의 경우에는 어떤 산업보다도 심한 몸살을 앓는다. 지난 2008년 리먼 사태 이전까지만 해도 국내 조선 업체들의 성과는 세계가 놀랄 만큼 뛰어났다. 과거 세계 조선 업계를 호령하던 일본을 제치고 세계 10대 조선소 내에 국내 조선 업체가 5개나 포진할 정도로 활황을 누렸다.

하지만 리먼 사태 이후 극심한 경기 침체로 국내 조선 업계는 큰 시련을 겪었다. 그리고 그 여파는 최근까지 지속되고 있다. 저가로 치고 올라오는 중국 업체들에 밀리고 선박 금융의 중심인 유로 존이 재정위기에 봉착하면서 국내 조선 업계는 돌파구를 찾지 못한 채 표류하기 시작했다.

해양 플랜트에서 침체의 숨통을 트다

상황이 이렇다보니, 국내 대형 조선 업체들에게 납품하고 있던 조선 부품 업체들도 함께 힘겨운 시간을 보내고 있다. 다행히 2011년 일본 대지진 사태 이후 해양 플랜트 분야에 대한 관심이 높아지면서 국내 조선 업체들의 숨통도 조금씩 트이고 있지만, 과거의 영광을 찾기에는 아직 역부족이다.

그럼에도 불구하고 국내 조선 '빅3'(현대중공업, 삼성중공업, 대우조선해양)를 중심으로 다시 재기의 움직임을 보이고 있는 점은 반가운 일이 아닐 수 없다. 실제로 2011년부터 해양 플랜트 시장이 본격적으로 성장 국면에 돌입하면서 글로벌 시장에서 국내 빅3의 독주체제가 다시 자리잡고 있는 상황이다. 빅3의 선전에 힘입어 국내 조선 부품 업체들도 반등 기회를 엿보고 있다. 물론, 해양 플랜트의 경우 부품 국산화가 더딘 상황이고 선종에 따라 수혜를 입는 기자재 업체가 나뉘지만, 요즘 같은 불황에 그나마 숨을 쉴 수 있다는 것은 매우 고무적인 일이다.

국내 조선사들을 세계 톱 클래스로 만든 부품 업체들

LNGC의 주요 기자재와 단열박스 등을 제조하는 한국카본과 화인텍, 피팅을 담당하는 성광벤드와 태광, 선박용 조명 업체인 대양전기공업 등은 대표적인 조선 부품 업체로, 조선 시황과 밀접한 관련을 맺고 있다. 또 해양 플랜트 모듈 제작 업체인 성진지오텍과 삼강엠앤티 등은 향후 해양 플랜트 수주 증가에 따른 수혜 업체로 꼽힌다.

한국카본은 LNG 보냉재를 제작하는 업체로, 현대중공업과 삼성중공업이 수주한 LNG 운반선에 보냉재를 납품하고 있으며 향후 LNG-FPSO에도 납품이 예상된다. 화인텍은 세계 유일의 초저온 보냉재 일괄 생산 및 시공 시스템을 보유한 업체다. 국내 LNG선 보냉재 시장을 한국카본과 함께 양분하고 있다.

성광벤드의 경우, 국내 피팅 1위 업체로 국내 조선 빅3의 해양 플랜트 수주 증가에 따른 수혜를 입을 것으로 예상된다. FPSO의 경우 선가의 2%가 피팅이 차지할 정도로 비중이 높은데, 이미 해외 오일 메이저들로부터 품질을 인정받은 상황이어서 해양 플랜트용 피팅이 새로운 성장 동력이 될 전망이다. 성광벤드와 용접용 피팅 분야에서 시장을 양분하고 있는 태광도 마찬가지다.

포스코의 패밀리인 성진지오텍은 삼성엔지니어링이 투자자로 참여한 회사이기도 하다. 따라서 주주사들과의 시너지가 예상된다. 삼강엠앤티는 후육강관 사업을 시작으로 선박용 블록을 제작하는 동시에 해양 플랜트 모듈 사업까지 진출해 지속적인 성장 동력을 확보한 상태다.

대양정밀공업은 국내 유일의 해양 플랜트 조명 업체다. 현재 국내 조선 빅3 해양 플랜트 전제품에 납품하고 있지는 않지만, 국가 정책적으로 해양 플랜트 국산화율을 높이려고 하는 점을 감안하면 향후 높은 성장세를 이룰 것으로 전망된다.

두산엔진의 경우 선박용 메인 엔진 제작 업체로, 현재 불황 극복을 위한 대응책으로 디젤 엔진 사업을 추진하고 있다. 조만간 수주 소식이 전해질 것으로 업계는 예상하고 있다.

해외에서 들려오는 호재들

해외에서 몇 가지 반가운 소식들이 국내 조선 부품 업체들에게 전해오고 있다. 우선 2012년 9월에 나온 미국의 3차 양적완화 조치를 들 수 있다. 양적완화란 시장에 돈을 더 풀겠다는 의미로 주식 시장에는 큰 호재가 아닐 수 없다. 국내 증시도 즉각 반영했다. 벤 버냉키 연방준비제도이사회(FRB) 의장이 양적완화를 발표한 날, 미국 증시는 치솟았고 코스피도 5개월 만에 2,000선을 탈환했다. 중요한 것은 지난 1차와 2차 양적완화 당시 수혜를 본 업종에 조선과 자동차, 기계가 항상 포함돼 있었다는 점이다. 1차 양적완화가 시행된 1개월 뒤 조선주는 34%, 자동차 부품주는 20%, 기계주는 17% 올랐다. 2차 양적완화가 시행된 이후에도 각각 21~22%씩 오르는 등 강한 상승세를 나타냈다.

이어 최근 일본 조선 업계가 글로벌 1위 탈환을 위해 재점화 했다는 점도 국내 조선 부품 업체들에게는 호재가 아닐 수 없다. 일본 조선 업계는 선박용 엔진 부품 및 강판 등 주요 부품에 대한 해외 조달을 통해 가격 경쟁력을 확보하려고 절치부심하고 있다. 일본 조선 부품은 중국에 비해 제조 비용이 20% 이상 높은 데다 최근 엔화 강세 때문에 현재의 원가 구조로는 빼앗긴 시장을 되찾기 힘들다. 2011년 일본의 선박용 엔진 부품 수입액은 7억1,691만 달러였다. 이 중 중국산이 19.1%로 가장 많았고 다음으로 한국산이 17.8%를 차지했다. 특히 한국산 부품 수입액은 2011년 1억2,780만 달러로 전년보다 21.5% 증가했다.

종합해 보건대, 2013년은 조선 부품 업체들이 실적 개선을 이루는 해가 될 전망이다. 증권가에서도 조선 부품 종목의 반등 시점을 체크하고 나섰다. 바야흐로 투자의 시기가 도래하고 있는 것이다.

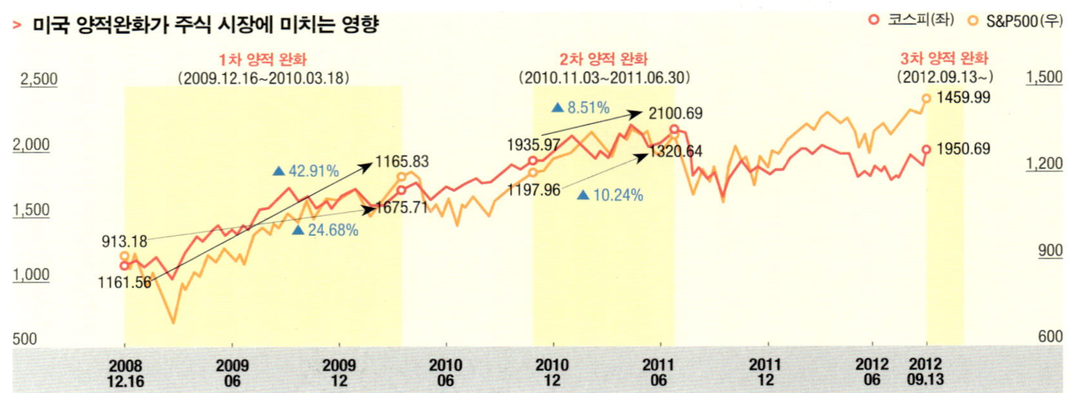

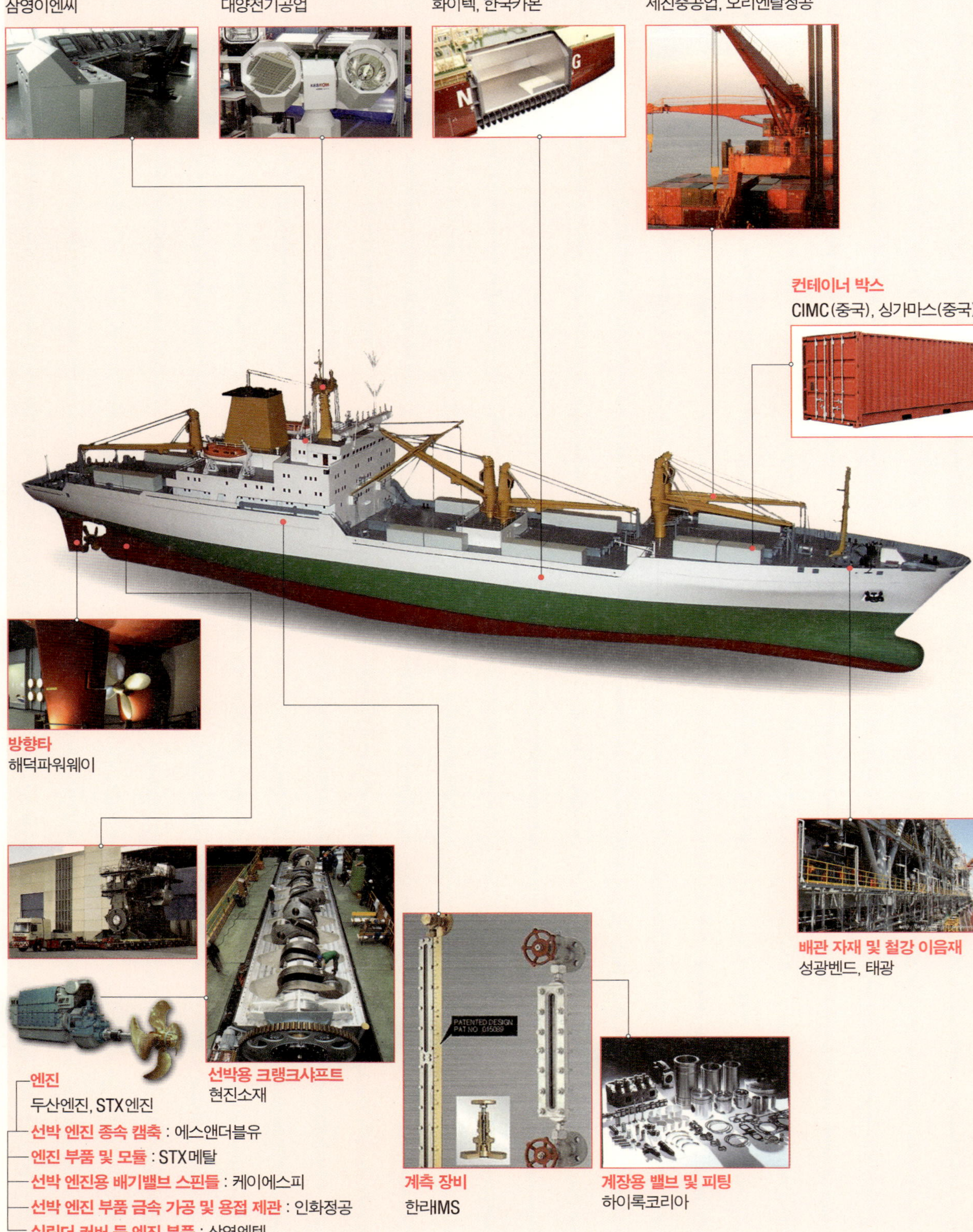

해양 전자 통신 장비
삼영이엔씨

선박용 조명등
대양전기공업

LNG선 보냉재
화이텍, 한국카본

크레인
세진중공업, 오리엔탈정공

컨테이너 박스
CIMC(중국), 싱가마스(중국)

N
G

방향타
해덕파워웨이

배관 자재 및 철강 이음재
성광벤드, 태광

엔진
두산엔진, STX엔진
선박 엔진 종속 캠축 : 에스앤더블유
엔진 부품 및 모듈 : STX메탈
선박 엔진용 배기밸브 스핀들 : 케이에스피
선박 엔진 부품 금속 가공 및 용접 제관 : 인화정공
실린더 커버 등 엔진 부품 : 삼영엠텍

선박용 크랭크샤프트
현진소재

계측 장비
한래HMS

계장용 밸브 및 피팅
하이록코리아

PATENTED DESIGN
PAT NO. 015089

> 선박의 건조 과정

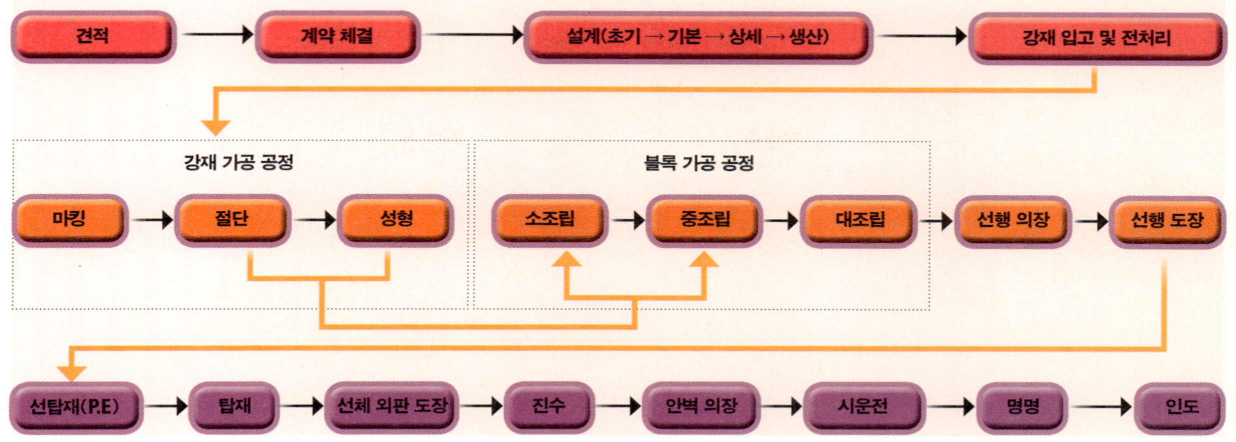

> 선박의 종류

상선의 사용 목적에 의한 분류

구분	주요 선종	정의 및 운반 물품
건화물선	산적 화물선(Bulk Carrier)	곡물, 석탄, 광석물 등과 같이 별도 포장하지 않고 분립 상태로 적화 수송하는 선박.
	일반 화물선(General Cargo Carrier)	포장된 Cargo를 Cargo Hold 내에 서로 움직이지 않도록 적재.
	Full Container Ship	6800TEU, 5500TEU, 4900TEU, 3000TEU : 의류, 완구류, 가전 등 완제품류 적재.
	자동차 전용 운반선(Pure Car Carrier)	자동차만 운송하는 선박.
	다목적 운반선(Multi Purpose Cargo Carrier)	General Cargo, Bulk, Container
	냉동 화물 운반선(Reefer)	냉장 및 냉동 화물 운송.
탱커	원유 운반선(Crude Oil Carrier)	원유 운송.
	정유 운반선(Product Carrier)	휘발유, 경유, 중유 등 운송.
	화학제품 운반선(Chemical Tanker)	황, 나프타 등 운송.
	가스 운반선(Gas Carrier)	액화석유가스(LPG) 및 액화천연가스(LNG) 등 운송.
겸용선	Combiner Carrier	Ore/Bulk/Oil, Ore/Oil, Oil/Bulk, Oil/Coal 등 운송.

- 상선은 여객 또는 화물을 운반하여 운임 수입을 얻는 것을 목적으로 하는 선박으로, 이를 다시 화물선과 여객선으로 구분.
- 화물선은 화물의 운송을 목적으로 하는 선박으로 거주 설비를 간소화하고 하역 설비에 중점을 두어 일시에 대량 화물을 운반하도록 설계.
- 여객선은 12명 이상의 여객을 수송하는 선박으로서 여객만을 수송하는 객선, 여객과 화물의 수송을 함께하는 화객선 등으로 구분.

상선의 크기에 의한 분류

선종	선형	DWT	전장(m)	선폭(m)	최대흘수(m)	기준항로
벌크 화물선	Handysize	2만~4만5천	-	-	-	-
	Panamax	6만~8만	289.56 CNTR. 259.08 바지 274.32 기타	30.480 바지 32.309 기타	12.039	파나마운하
	Capesize	10만~17만	-	-	18.1	리차드베이
	Great Lake	.	222.5	23.16	7.925	5대호
탱커	Aframax	8만~12만	-	-	-	-
	Suezmax	13만~18만	-	43.9	수심 : 20m	수에즈운하
	VLCC	20만~30만	-	-	-	-
	ULCC	30만 이상	-	-	-	.

- 선주사에서 선박을 발주할 때는 그 선박이 어떠한 화물을 운송할 것인가에 따라 그에 맞는 크기의 선박을 발주.
- **Panamax**(Panama Canal Maximum의 약자) ㅣ 파나마 운항을 통과할 수 있는 최대 선형.
- **Great Lake** ㅣ 5대호를 운항할 수 있는 최대 선형.
- **Aframax**(Average Freight Rate Assessment) ㅣ 운임과 선가 등을 고려했을 때, 최대 이윤을 창출하는 가장 이상적인 사이즈.
- **ULCC**(Ultra Large Oil Carrier) ㅣ 30만DWT급 이상 극초대형 원유 운반선.
- **VLCC**(Very Large Crude Oil Carrier) ㅣ 초대형 원유 운반선.
- **TEU**(Twenty-foot Equivalent Unit) ㅣ 20피트 컨테이너 1개 단위를 국제적으로 표기한 용어. 예를 들어, 1000TEU라고 하면 20피트 컨테이너 1천 개를 적재하는 전용선을 뜻함.
- **DWT**(Dead Weight Ton) ㅣ 화물선의 중량 톤 수 단위.

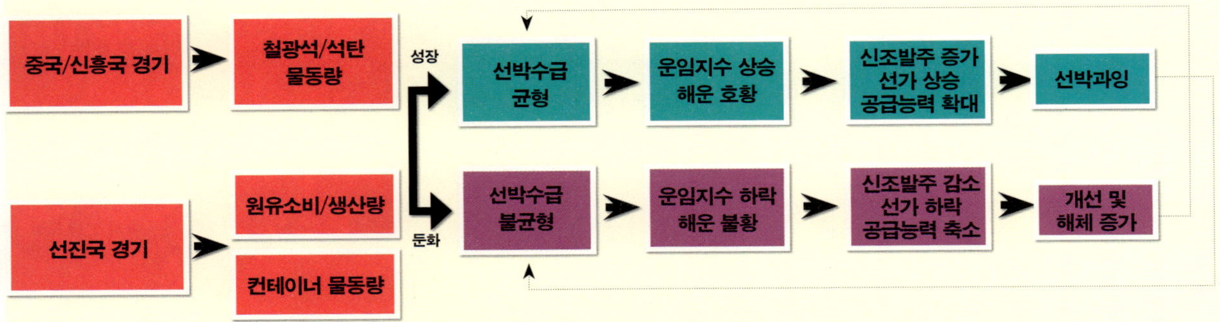

- **경기 변동** | 글로벌 경기 변동 → 국제 교역(물동량) 변동 → 해운 업황 → 조선 경기
- **에너지 수요** | 원유와 석탄은 전체 물동량의 44% 차지.
- **해상 운임** | 운임과 신조 발주량은 거의 비슷한 추세로 변동, 저선가 상태의 경우 운임과 관계없이 투기 수요 존재.
- **환경 규제** | 단일 선체 탱커 퇴출, 연비 효율 상승 및 오염 물질 배출을 최소화하기 위한 선박의 대형화 추세.
- **선박 금융** | 선가의 90%를 외부 자금 조달을 통해 발주 가능, 선박 금융 시장 활성화 → 신조 발주 증가.

> 글로벌 신규 발주 전망

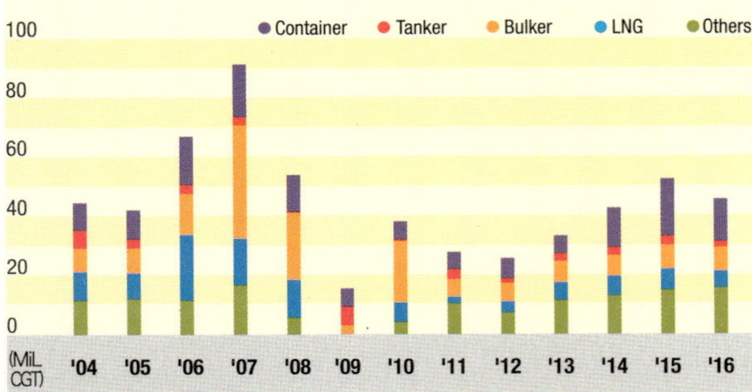

- 2011년 신규 발주 규모는 28.1백만CGT 기록. 2012년 20.0백만CGT 예상.
- 신규 발주는 2013년(37.5백만CGT)부터 증가세, 2015년 54.2백만 CGT 규모 예상.

> 상선 VS. 해양 수주 비중 현황
단위 · 2002.01=100(좌), 십억 달러(우)

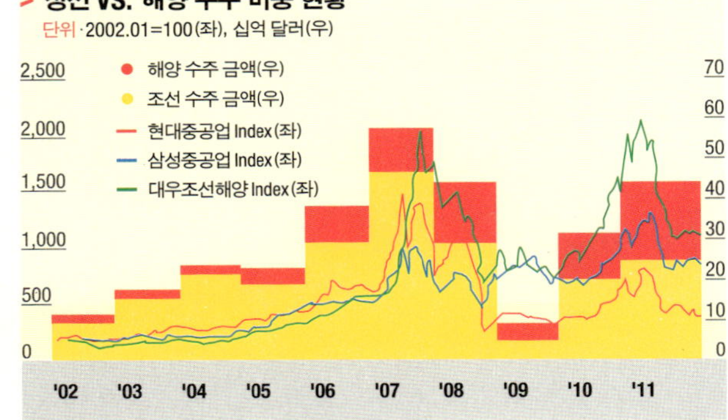

- 상선 부문 부진, 해양 생산 설비 발주 선전.
- 국내 대형 조선 3사의 경우 해양 부문 수주 비중 증가로 상선 부문의 부진 만회.
- 특히 해양 생산 설비 부문에서 경쟁력을 가지고 있는 현대중공업의 수주 증가가 기대되며 주가도 긍정적으로 반응할 것으로 예상.

> 컨테이너 신규 수주 전망

- 컨테이너의 글로벌 수주 잔량은 선복량의 22.6% 수준.
- 소비재 완제품을 적재하므로, 소비지수와 실업률 등에 영향 받음.
- 2013년 이후를 겨냥한 발주 증가 추세, 연비 효율 증대를 위한 대형화 진행.

> HR용선지수 VS. CCFI지수

- 비운항 선사는 장기 용선 계약(3~5년)을 통해 수익 창출.
- 항구의 수, 하역 인프라 및 글로벌 영업망 구축의 어려움으로 신규 진입 어려움(과점적 성격을 가짐).

> 탱커 신규 수주 전망

● Contracting(좌)　● Delivery(좌)　— Orderbook/Fleet(우)

단위·Mil.DWT(좌), %(우)

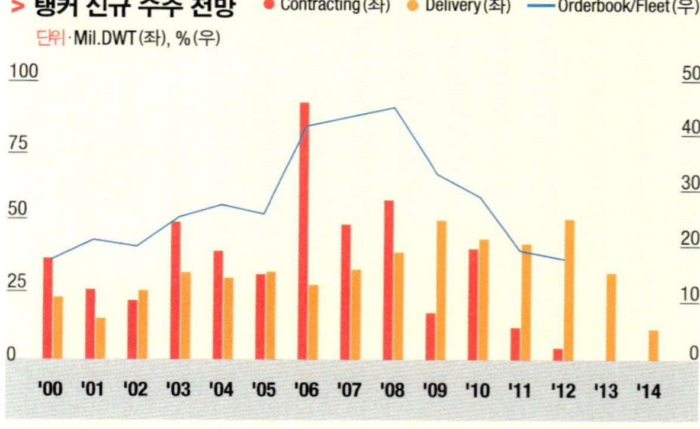

- 70% 이상이 원유 물동량이므로 시계 원유 생산/소비 증감과 밀접한 관계있음.
- 2008년까지의 조선업 호황기 동안 단일 선체 퇴출, 글로벌 석유 소비 증가 및 투기 발주까지 가세하며 수주 잔량 및 선복량이 증가한 상태.
- 2011년~2015년 연평균 발주 규모는 2006년~2008년 호황기 평균 발주량 대비 32%에 불과한 수준.

> 벌크 신규 수주 전망

● Contracting(좌)　● Delivery(좌)　— Orderbook/Fleet(우)

단위·Mil.DWT(좌), %(우)

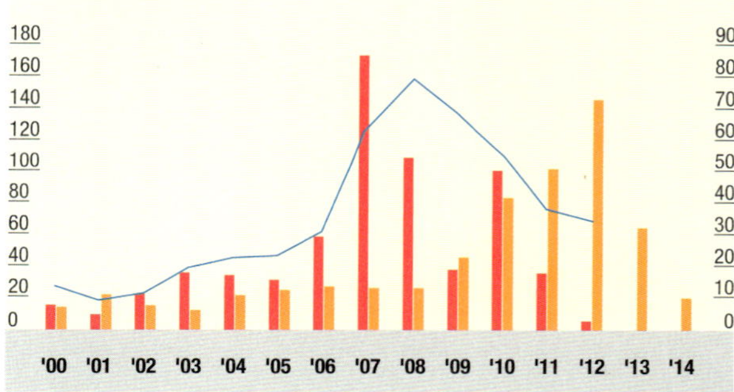

- 철광석, 석탄, 곡물 등 원재료를 운송하므로 유럽 지역 철강 회사 및 한중일 아시아 지역으로 물동량 집중 경향.
- 2012년부터 향후 5개년 동안 연평균 7백만CGT의 저조한 발주량 기록 전망.
- 2010년 중국 조선 업체 벌크선 수주 비중은 자국 발주에 힘입어 60.2% 기록, 향후에도 국내 조선 업체의 벌크선 수주는 제한적으로 예상.

> LNG선 신규 수주 전망

● Contracting　● Delivery　— Orderbook/Fleet

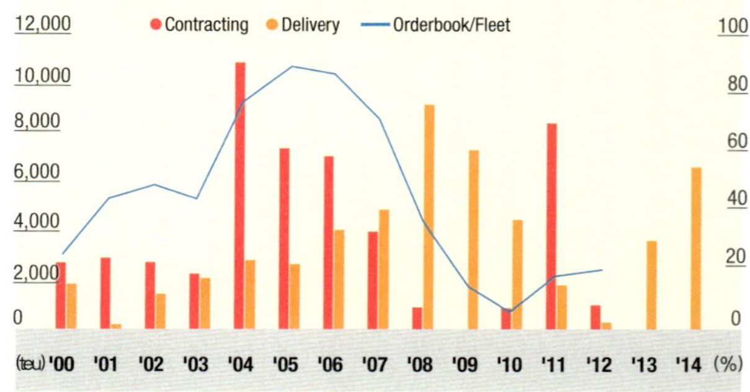

- 2011년 총 51척의 LNG선이 발주됨.
- LNG 개발 프로젝트의 조기 착수, 투기적 수요를 감안할 경우 2012년 LNG선 수요는 33척 수준으로 예상.
- 40척 수요 발생시 30척, 60억 달러가 국내 조선사들이 수주 가능(중국, 일본 물량 10척 가정), 각 조선사가 수주 가능한 금액은 20억 달러 수준.

> WS지수

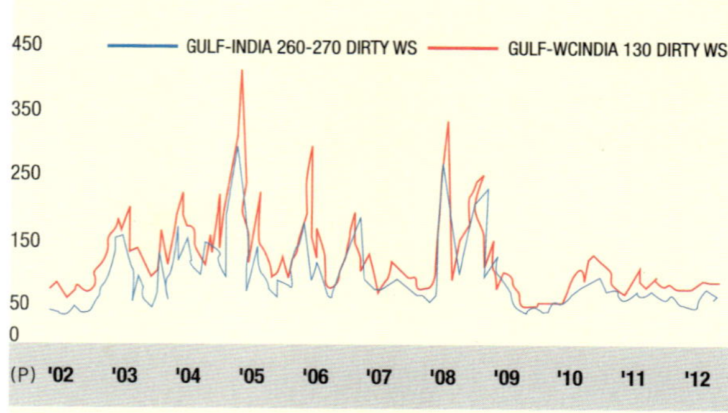

- 2009년 1분기 이후 반등, 2010년 8월까지 상승세 이어갔으나 선박공급량 증가에 따라 운임은 박스권 움직임을 보이고 있음.
- 2008년까지의 과잉 발주에 따른 인도량 증가로 가파른 운임 상승은 당분간 기대하기 어려운 상황.

> BDI와 벌크(1년) 용선료

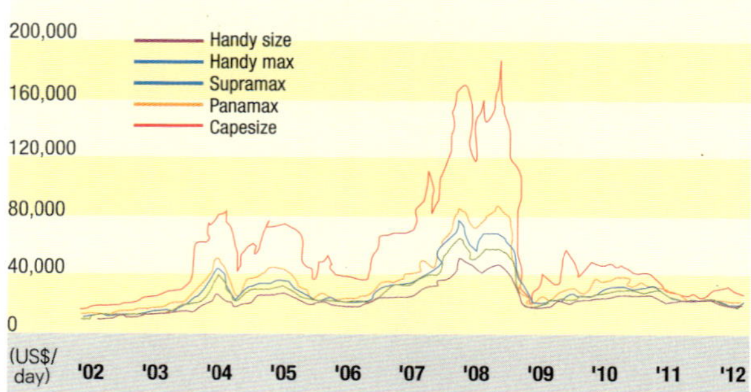

- 향후 벌크선 인도 선박 증가로 공급 과잉은 지속될 전망이며 벌크선 운임의 추가적인 상승을 기대하기는 어려운 상황.

> LNG선 물동량 추이

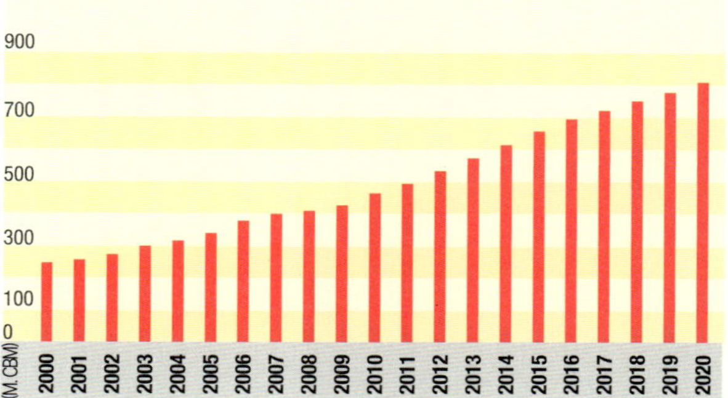

- LNG선의 글로벌 수주 잔량은 선복량의 21.2% 수준, 2004년~2006년 카타르 가스전 개발로 과잉 발주, 미국 셰일가스 등장으로 2010년까지 초과 공급 상태였으나 2011년 일본 지진 및 중국 수요 증가에 따라 발주량 및 물동량 증가.

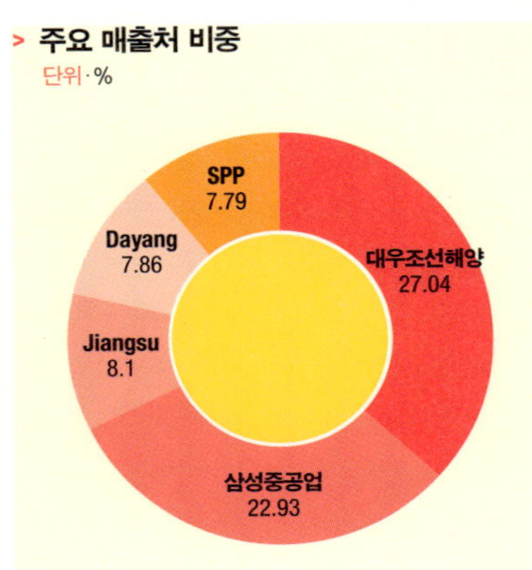

투자 포인트

- 선박용 대형 저속 엔진 세계 시장점유율 2위 업체.
- 2011년 제품별 수주 비중은 상선용 저속 엔진 84%, 해양 플랜트용 중속 엔진이 12% 기록.
- 최근 글로벌 상선 시장의 불황으로 2012년에는 상선용 저속 엔진 비중이 59%로 감소하고, 중속 엔진이 14%로 증가하며, 신규 수주할 육상용 디젤 엔진 비중을 23%까지 높일 계획.
- LNG선용 가스 + 디젤 듀얼 엔진도 신규 제품군에 추가 →LNG선용 엔진 수주 예상.
- 2012년 선박 수주 계획은 국내(주로 삼성중공업, 대우조선해양)로부터 0.5조 원, 중국으로부터 0.6조 원으로 총 1.1조 원 규모.

> 주요 매출처 비중

단위 · %

> 연간 수주 실적 추이

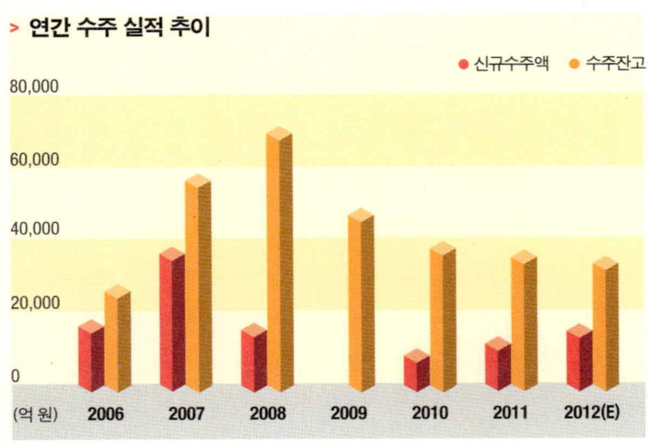

> 사업 부문별 수주 현황

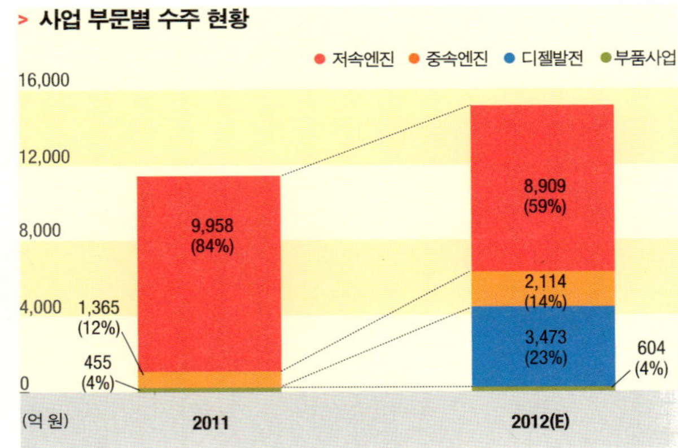

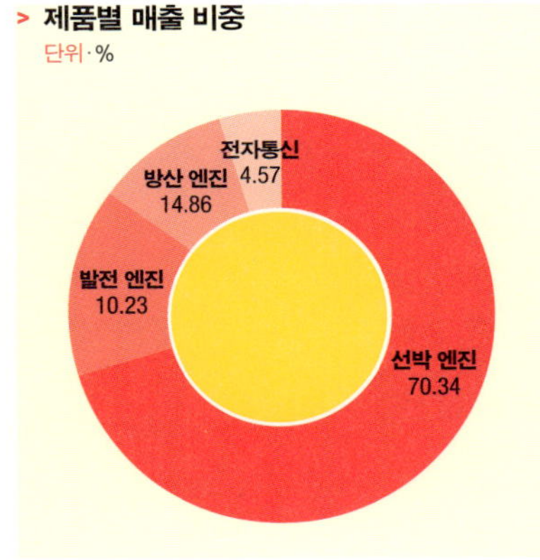

투자 포인트

- 선박용 엔진과 부품 등을 공급하는 선박 엔진 사업과 발전소의 발전기용 엔진 및 부품 등을 공급하는 발전 엔진 사업, 육상 및 해상 방위 산업용 엔진을 공급하는 방산 엔진 사업, 전자통신 장비 등을 공급하는 전자통신 사업 등 크게 4개 사업 부문을 영위.
- 삼성중공업과 대우조선해양 중속 엔진 수주 점유율이 약60~80% 사이로 매우 높음. 중속 엔진 부문에서는 현대중공업과의 수주 경쟁이 심화되고 있음.
- STX그룹의 수직계열화 특성으로 계열사 및 종속 회사 등으로부터 안정적인 매입 공급원을 확보하여 자원 조달의 위험 최소화.

> 제품별 매출 비중

단위 · %

> 선박 엔진 업체별 종속엔진 예상 수주 실적

주 · 삼성, 대우 수주점유율 : STX엔진 60%, 현대중공업 30%, 두산엔진 10% 가정

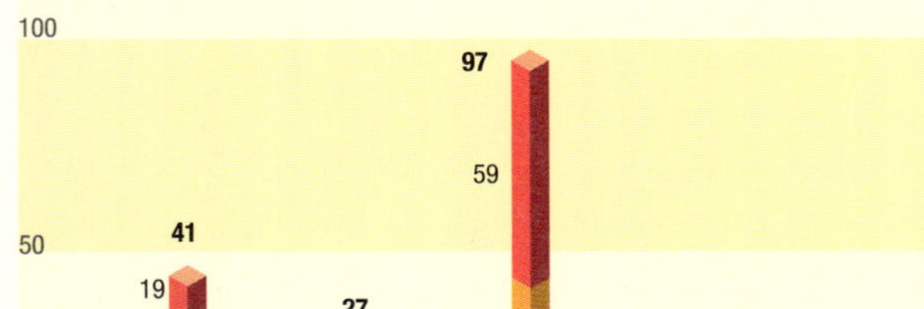

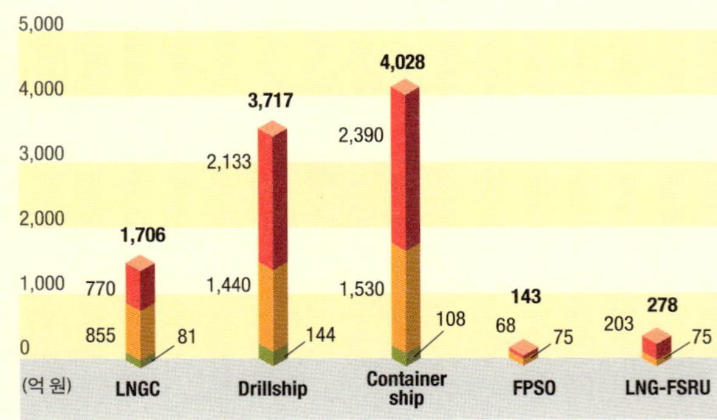

삼영이엔씨
코스닥·IFRS별도

2012년 2분기 누계

매출액	204억 원
영업이익	50억 원
순이익	44억 원

투자 포인트
- 국내 해양 전자통신 장비 1위 업체로 상선, 어선, 특수선, 레저보트 등과 관련된 선박의 조난, 통신, 항해 및 어로에 사용되는 통신 및 항해 장비 생산.
- 차량의 전장 기능의 강화와 같이 선박의 전장화가 진행되고 있으며 신법령 규제를 통한 국내외 선박 통신 장비의 의무 장착에 따른 수요 확대.
- 최근 주목하는 해외시장으로는 지난해 지진 피해로 인해 1.3만 척의 선박이 파손되어 수요가 증가한 일본 시장.
- 유럽 Plastimo, GME의 ODM 경험을 통해 향상된, 규모가 큰 미국시장 진출 예정.

> **매출액 추이**

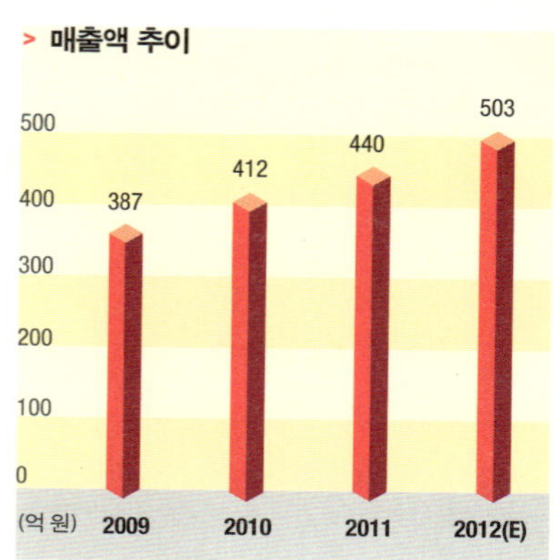

> **주요 제품**

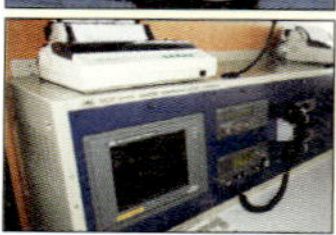

BNWAS
(선교 항해 당직 경보 시스템)
- 일정 시간 당직자의 응답이 없을 경우 단계적으로 경보를 알리는 항해 장비.
- 2011년 7월부터 국제 여객선 및 총 톤수 150톤 이상의 선박에 단계적 설치 의무화.

ECDIS
(전자 해도 정보 표시 시스템)
- 선박 항해에 필요한 정보를 종합적으로 모니터링 할 수 있는 항해 장비.
- 2012년 7월부터 500톤 이상 국제 여객선 및 3,000톤 이상 국제 화물선 등에 단계적 설치 의무화.

어선 위치 발신 장치
- 어선의 위치를 자동 발신하는 통신 장비.
- 2012년 7월부터 국내 전 어선에 단계적 의무 장착.

엔케이
코스피·IFRS별도

2012년 2분기 누계

매출액	786억 원
영업이익	43억 원
순이익	25억 원

투자 포인트
- 선박용 소화 장치와 고압가스 용기 사업을 주력으로 하며, 신규 사업으로 밸러스트 수처리 분야에서 독보적인 행보 보임.
- 선박의 밸러스트 수는 선박의 안정성과 균형을 위해 사용되며 최소 7,000여 종의 생물이 선박의 밸러스트 수에 의해 이동됨. 선박의 밸러스트 수는 세계 해양을 위협하는 심각한 4대 위협 중 하나로 규정되어 있으며, 국제해사기구에서는 해양 침입종의 유입으로 인한 생태 피해와 인류 건강에 대한 위협을 방지하기 위해 선박의 밸러스트 수처리를 의무화해 나가는 중임.

> **사업 부문별 매출 비중**
단위·%

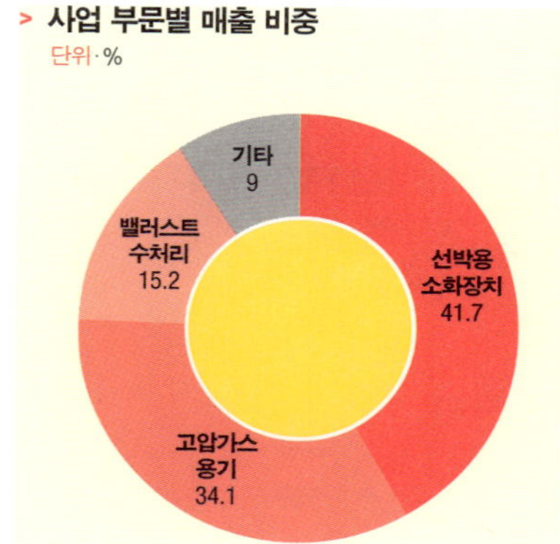

투자 포인트
- 각종 레벨 제어 장치 및 선박의 탱크 계측 장비 생산 업체로, 국내 시장점유율 1위 영위.
- 레벨 계측 시스템이란 밀폐된 공간에 저장된 유체의 상태를 원격 측정하여 자동으로 제어하고 경보를 발하는 시스템.
- 흔들리는 선박에서 실시간으로 +−1mm의 오차 범위에서 정확한 계측을 유지해야 하는 정밀 장치이므로, 기술 진입장벽이 높음.
- 글로벌 경쟁 업체로는 Saab Rosemount Marine(스웨덴)이 글로벌 시장점유율 20%로 1위를 기록 중임.

한라IMS
코스닥·IFRS별도

2012년 2분기 누계

매출액	201억 원
영업이익	9억 원
순이익	22억 원

> **경영실적**

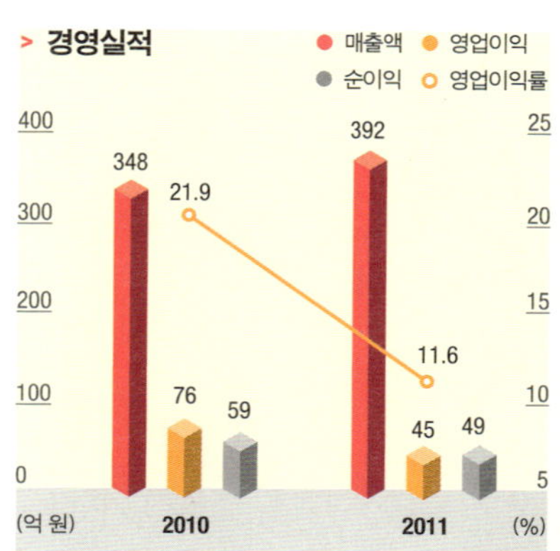

에스앤더블류

코스닥·IFRS별도

2012년 2분기 누계

매출액	387억 원
영업이익	3억 원
순이익	6억 원

투자 포인트

• 선박 엔진 실린더의 흡기, 배기 밸브를 작동시키는 역할을 하는 캠과 캠이 회전함에 따라 밸브를 개폐할 수 있도록 각도를 조정해 주는 캠축 등 선박 엔진 부품을 생산하는 업체.

선박엔진의 핵심 부품으로 국내에서 동사와 현대중공업만이 양산 가능한 종속 캠축.

하이록코리아

코스닥·IFRS별도

2012년 2분기 누계

매출액	964억 원
영업이익	209억 원
순이익	157억 원

투자 포인트

• 국내 계장용 밸브, 피팅 제품 선두 업체.
• 계장용 피팅(Tube Fitting)은 유체의 흐름을 측정하는 계측 장비에 설치되어 유체의 이송과 조절 역할을 담당함. 밸브(Valve)는 유체의 흐름을 제어하는 역할을 함.
• 밸브와 피팅은 상선 부문에서는 에너지원을 운반하는 탱커선이나 LNG선에, 해양 부문에서는 에너지 개발 관련 전 부문에 적용됨.
• LNG선과 드릴쉽은 일반 상선에 비해 계장 피팅 사용량이 높으므로 선사들의 해당 선종 생산량 증가가 동사의 수주 상황에 영향을 미침.

> 계장용 피팅, 밸브류

태웅

코스닥·IFRS별도

2012년 2분기 누계

매출액	2,506억 원
영업이익	78억 원
순이익	60억 원

투자 포인트

• 자유단조 시장에서 생산량 기준 세계 1위 업체로, 1.5만 톤 단조프레스를 비롯하여 최대 규모의 장비 보유.

> 선박 엔진에 사용되는 자유단조 제품

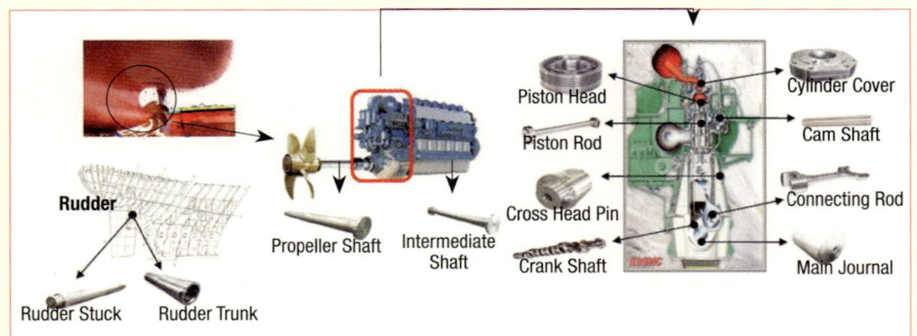

현진소재

코스닥·IFRS별도

2012년 2분기 누계

매출액	2,075억 원
영업이익	38억 원
순이익	15억 원

투자 포인트

• 선박 엔진용 크랭크샤프트 생산 업체.
• 크랭크샤프트와 선미재가 회사 전체 제품군 포트폴리오의 73%, 매출액으로는 57% 차지.
• 동사가 생산하는 크랭크샤프트는 기존 제품보다 수익성이 높은 고부가가치 제품으로써, 국내 소수의 업체만이 생산하는 희소성 있는 제품임.
• 제품 수요는 2008년 이후 꾸준한 매출 증대로 이어지고 있음.
• 2010년부터 크랭크샤프트 완제품 생산이 가능해짐에 따라 많은 매출 증대를 가져다 줄 것으로 예상.

> 선박용 크랭크샤프트

성광벤드

코스닥 · IFRS별도

2012년 2분기 누계

매출액	1,594억 원
영업이익	315억 원
순이익	236억 원

투자 포인트

- 선박용 각종 배관 자재 및 철강관 이음쇠 제조 업체.
- 스테인리스 재질을 사용하는 LNGC선은 척당 7억 원의 피팅이 투입되므로, 일반 상선에 1억 원의 피팅이 투입되는 것과 비교하면 척당 7배의 매출을 기대할 수 있음.
- 국내 조선 업체들은 2011년부터 2012년 상반기까지 60척의 LNGC를 수주하였음.
- 동사는 스테인리스 재질 피팅 물량을 증가시키고 있는데, 이는 국내 조선 업체들의 LNG 선박 프로젝트와 관련하여 수혜가 예상됨.

> 조선 업체별 LNGC 수주 현황

주 · 2012년은 1분기 기준.

국가	조선소	2010년	2011년	2012년
한국	현대중공업		6	6
	현대삼호중공업		4	2
	삼성중공업	4	19	2
	대우조선해양		11	4
	STX조선해양		3	3
일본	미츠비시중공업		3	1
중국	후동중화조선	1	4	
기타		1	1	
총계	회전	6	51	18

오리엔탈정공

코스닥 · IFRS별도

2012년 2분기 누계

매출액	1,324억 원
영업이익	-309억 원
순이익	-1,986억 원

투자 포인트

- 선박용 상부 철제 구조물, 기계 장치 및 해양 플랜트 관련 특수선 구조물 제작 업체.
- 상부 구조물 주요 제품은 Deck House, E/R Casing & Funnel이고, 기계 장치 주요 제품은 크레인 등임.
- 주요 매출처는 국내는 현대중공업, 현대미포조선, 현대삼호중공업, 대우조선해양, 삼성중공업, 한진중공업, STX조선해양 등이고, 일본은 미츠비시, 스미토모, 미쓰이, 카와사키, 코요, 신쿠루시마 등이며, 이 밖에도 중국 및 인도네시아, 인도, 싱가포르 등지 중대형 조선 업체기 포진해 있음.
- 수출이 매출액에서 차지하는 비중은 약 40%임.

> 주력 제품 국내 시장점유율

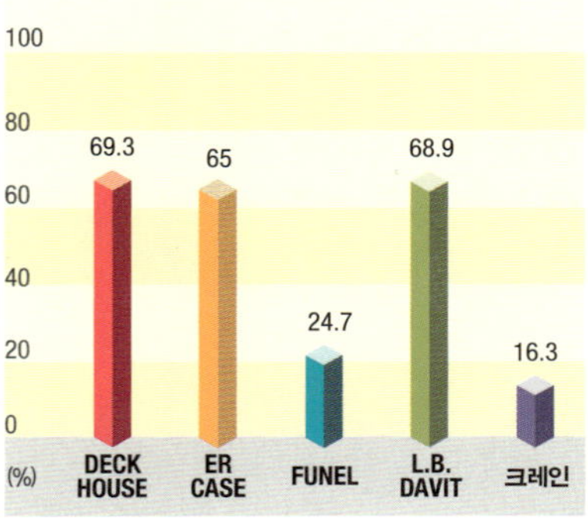

케이에스피

코스닥 · IFRS별도

2012년 2분기 누계

매출액	268억 원
영업이익	17억 원
순이익	13억 원

한국공작기계 42.65%

투자 포인트

- 선박 엔진용 배기 밸브 스핀들을 주력 제품으로 하는 선박 엔진 부품 전문 업체.
- 스핀들 제조에 필요한 단조, 웰딩, 정밀 가공 등 모든 공정을 한꺼번에 소화할 수 있는 국내 유일의 업체로 제품에 대한 까다로운 승인 절차로 인해 국내 경쟁사는 존재하지 않으며, 향후 등장 가능성도 낮음.
- 국내 배기 밸브 스핀들 시장점유율 약 70% 가량 영위 → 일체형 제품은 독점 지위 누림.
- 스핀들만으로는 시장 규모가 제한적이긴 하나, 중국 등 해외 선박 엔진 업체에 대한 매출 확대로 단기 성장은 지속적으로 이루어 질 전망.

> 선박 엔진 부품 스핀들

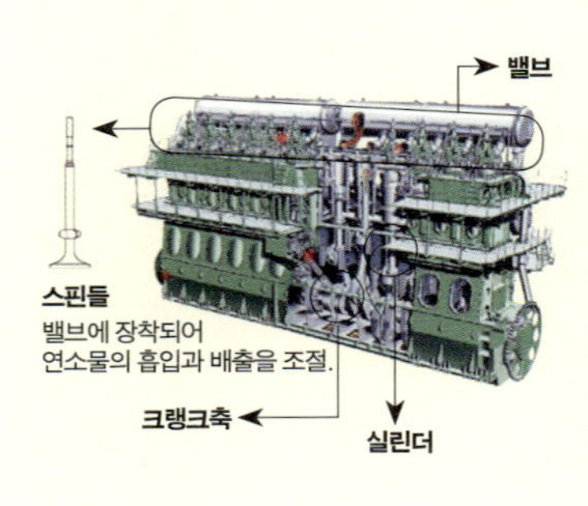

인화정공

코스닥 · IFRS연결

2012년 2분기 누계

매출액	461억 원
영업이익	61억 원
순이익	45억 원

투자 포인트

- 선박 엔진 부품 금속 가공 및 용접 제관 전문 업체로 대규모 설비에 기반한 높은 수익성 확보.

> 경쟁사 매출 비교(2011년)

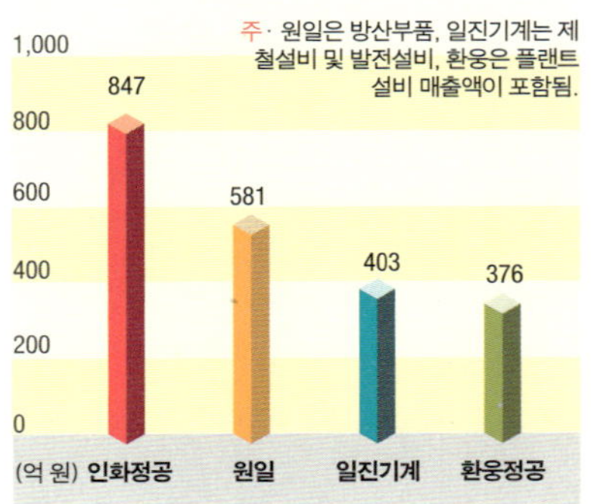

> 주요 제품 국내 시장점유율(2011년)

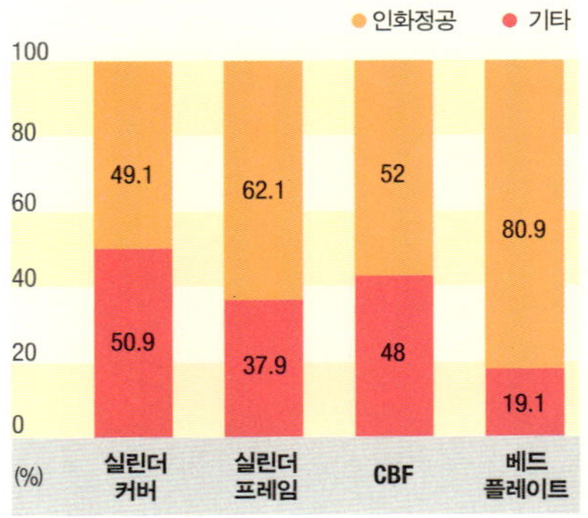

STX메탈

코스피 · IFRS연결

2012년 2분기 누계

매출액	4,921억 원
영업이익	195억 원
순이익	42억 원

50% ← SK엔진

투자 포인트

- 엔진 부품·모듈, 선박 기자재 사업부를 보유하고 있으며 STX그룹의 선박·발전용 핵심 부품 공급 → STX엔진, STX중공업 납품 비중이 전체 매출의 94.5% 차지함.

부문	주요 제품	제품 설명	매출 비율
엔진 부품 및 모듈	BLOCK	엔진의 주 골격을 이루는 부품.	98.59%
	CRANK SHAFT	커넥팅로드에 의해 전달받은 에너지를 회전 운동으로 전환하는 부품.	
	CYLINDER LINER	실린더 블록에 삽입되어 연소실 역할을 하는 엔진 부품.	
	TURBO CHARGER	엔진 보조 장치로 기관의 연비 향상을 위한 부품.	
	기타 엔진 부품	HEAD, PISTON, CAMSHAFT, CONNECTING ROD 등.	
선박 기자재	CARGO OIL PUMP SYSTEM	유압식 카고 펌프 시스템의 핵심 부품.	1.41%
	기타 기자재	HFO, Supply Unit, Purifier Unit, LNGC Insulation Box 등.	

삼영엠텍

코스닥 · IFRS별도

2012년 2분기 누계

매출액	536억 원
영업이익	54억 원
순이익	45억 원

투자 포인트

- 선박 엔진 구조재 및 플랜트 기자재 전문 생산 업체.
- 선박용 대형 내연기관 구조재가 연 매출액의 60% 가량 차지.
- 내수가 75%, 수출이 25% 가량이며, 서서히 수출 비중 늘려가는 중.
- 두산엔진과 현대중공업에 선박 엔진 구조재를 납품하고 일본 등에도 수출. 중국 시장은 주요 종속회사인 대련삼영두산금속제품유한공사를 통해 조달량의 대부분을 공급하는 등 시장점유율 증가 추세.
- 중장기적으로 구조재, 산업기계 사업과 풍력 등 신사업 비중 늘릴 계획.

> **제품별 매출 비중**
단위 · %

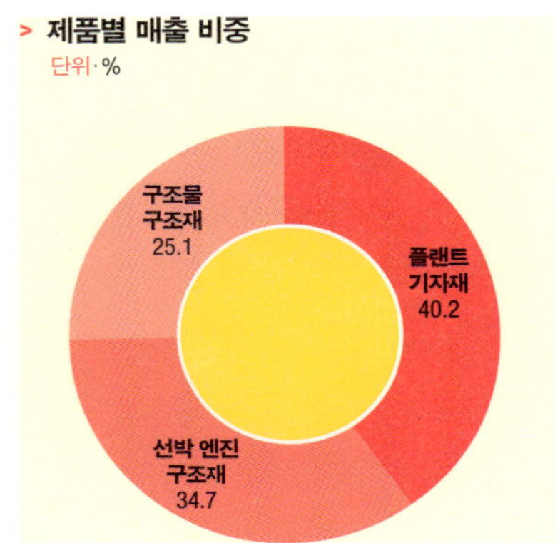

화인텍

코스닥 · IFRS별도

2012년 2분기 누계

매출액	883억 원
영업이익	54억 원
순이익	5억 원

37.19% → 동성홀딩스

투자 포인트

- 세계 유일의 초저온 보냉재 일괄 생산 및 시공 시스템 보유.
- 국내 LNG선 보냉재 시장을 한국카본과 양분.
- 기체인 천연가스를 액화 상태로 운반하기 위해서는 영하 163도의 온도 유지가 필요하며, 동사는 이를 위한 단열재(경질 폴리우레탄) 생산을 주 사업으로 영위.
- 다른 원재료(화산재)를 사용하는 대우조선해양을 제외한 삼성중공업과 현대중공업을 주요 고객사로 둠.
- 미국발 금융위기 이후 발주가 급감하면서 2009년에는 1척도 발주되지 않았던 LNG선은 2010년 회복기를 거쳐 2011년부터 중장기 호황국면으로 진입.

> **제품별 매출 비중**
단위 · %

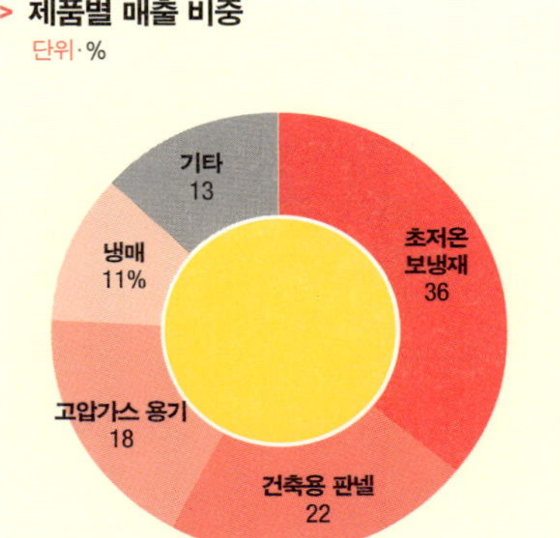

> **화인텍 LNG선 글로벌 수주 현황**

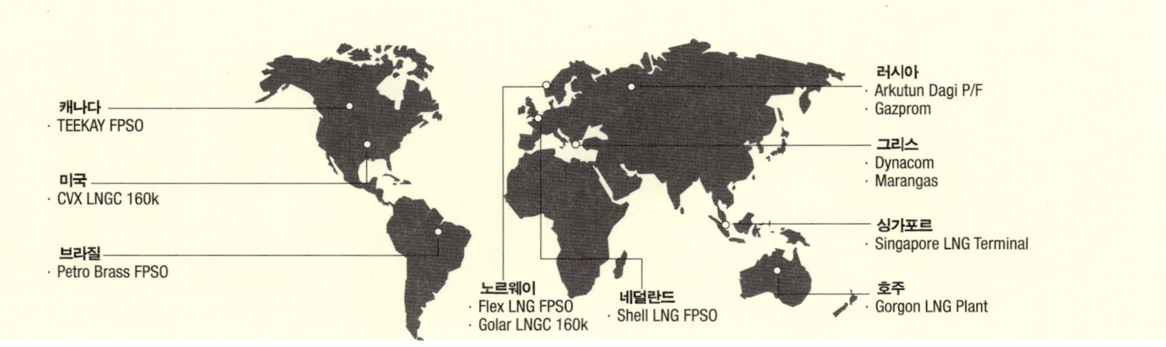

한국카본

코스피 · IFRS별도

2012년 2분기 누계

매출액	699억 원
영업이익	50억 원
순이익	23억 원

투자 포인트

- 화인텍과 함께 국내 LNG선용 보냉재 시장을 양분.
- 일본 원전 사태 이후 복합 화력 발전 수요가 크게 증가.
- 미국 셰일가스를 중심으로 한 비전통적 가스 생산 증가로 향후 가스 가격은 안정적인 흐름을 유지하면서 수요 증가를 뒷받침할 전망.
- 2011년 하반기부터 본격화된 LNG선용 보냉재 수주는 향후에도 지속될 전망.
- 최근 현대중공업으로부터 500억 원을 수주한데 이어 현대중공업과 삼성중공업의 신규 프로젝트 입찰 참여가 진행되고 있어 추가적인 수주 모멘텀 기대.

> 선박용 단열 판넬

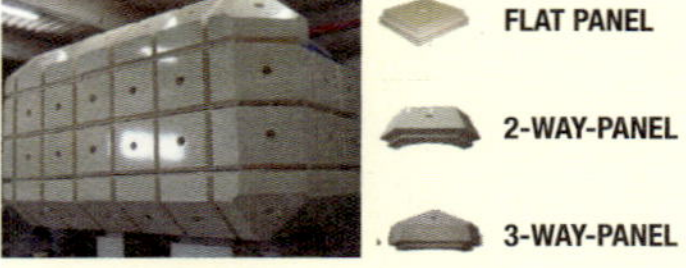

프로젝트 : LNG PRODUCER
기술사 : IHI MU
재원 : SPB(Self-supporting Prismatic shape IMO type-B)
특색
1. 변화하는 LNG선 시장 흐름에 맞추어 다양한 LNG선박용 단열패널 개발.
2. 삼성중공업이 건조할 170K FLEX LNG프로젝트에 참여 중.

해덕파워웨이

코스닥 · IFRS별도

2012년 2분기 누계

매출액	292억 원
영업이익	44억 원
순이익	46억 원

투자 포인트

- 국내 최대 선박 방향타 제작 업체.
- 선박 방향타(Rudder Assembly)란 선체의 후미에 위치하여 선박의 진행 방향을 조정하는 장치를 말하며, 성능에 따라 선박의 운항속도와 연비에 큰 영향을 주기 때문에 선주들의 요구에 따라 맞춤형 제작 비중이 증가하고 있음.
- 동사의 국내 Rudder 시장점유율은 전체 아웃소싱 물량의 80% 이상을 차지하고 있으며, 지배적인 사업자 지위에 따라 20% 이상의 영업이익률을 유지.
- 세계 1위 선박 방향타 설계 회사인 독일의 Beker사와 MOU 체결.

> 선박용 방향타

대양전기

코스닥 · IFRS별도

2012년 2분기 누계

매출액	608억 원
영업이익	69억 원
순이익	72억 원

투자 포인트

- 산업용 조명등 기구, 전자 시스템, 배전, 송풍기 등 제조.
- 특히 선박용 조명 기구는 매출 34년의 오랜 업력을 바탕으로 국내 시장점유율 66.5% 영위.
- 신사업으로 해양 플랜트 및 원자력 조명 장치, LED 조명, MEMS(Micro Electro Mechanical System) 기반 센서 모듈 시장 진입 준비.
- 동사의 조명등 기구는 형광등, 백열등, 신호등, 방폭등 등이 있으며 대부분 조선 기자재로 분류되어 전방 산업인 조선 경기에 크게 영향 받음.
- 선박용 조명기구 제품으로 시작하여 현재는 철도 차량, 산업기지등으로까지 사업 영역 확장.

> 주요 매출처별 비중

단위 · %

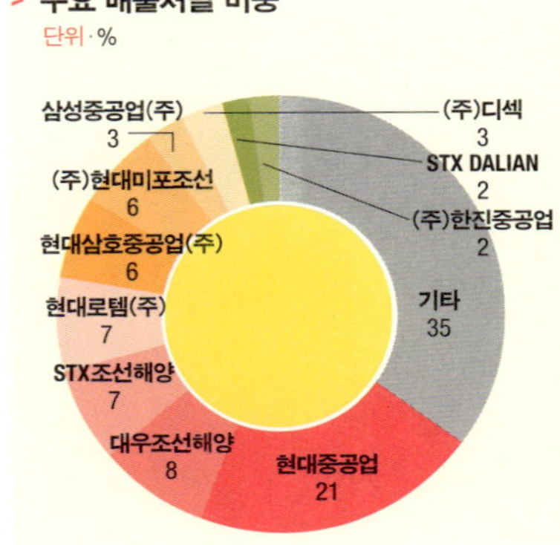

태광

코스닥 · IFRS별도

2012년 2분기 누계

매출액	1,615억 원
영업이익	237억 원
순이익	184억 원

투자 포인트

- 동사와 성광벤드 2강 체제가 확립된 국내 용접용 피팅 산업은 조선 · 해양 · 건설 업체들의 수주 증가가 Seller's Market으로의 중심 이동을 가속화시킬 만큼 제2의 호황기를 맞고 있음.
- 특히, 전방 산업의 발주 프로젝트가 대형화, 고도화되면서, 고가의 대형 피팅 제품을 고객의 Needs에 맞게 적기에 납품할 수 있는 기업은 전 세계적으로 동사를 포함해 5개 업체 내외에 불과.
- 경쟁 상대가 없다는 것은 시장 회복이 고스란히 동사의 수혜로 귀결됨을 의미함.

> 경영실적

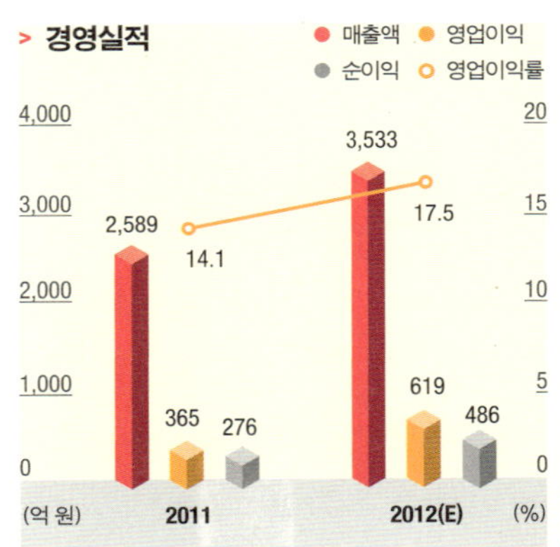

식량 부족 사태를
호재로 누리는 우량주들

세계 인구가 70억 명을 돌파했다. 60억 명을 넘어선 뒤 불과 12년 만에 10억 명이 늘었다. 출산율은 감소하는 반면 평균수명은 연장되고 있다. 인구가 늘어나면서 자연스럽게 식량 수요도 증가하고 있다. 특히 인구 증가 속도가 상대적으로 빠른 신흥국 식량 소비량이 급증하고 있다. 2000년부터 2010년까지 신흥국의 식량 소비량이 22.6% 증가했다는 분석보고서는 이를 뒷받침한다.

소득이 증가하면서 무엇보다 육류 소비가 증가하고 있다. 곡물보다 축·수산물 소비가 더 빠른 속도로 증가하고 있는 것이다. 1980년 소비량을 기준으로 곡물과 축·수산물의 소비량은 각각 1990년 22%, 32%, 2000년 44%, 77%, 2010년 79%, 116%로 간격이 벌어지고 있다. 특히 신흥국은 경제 수준 향상에 따른 소비 패턴 변화로, 곡물 소비는 일정한 반면 육류 소비는 계속 증가하고 있다. 보통 소득이 1% 상승하면 육류 소비는 0.6% 증가한다. '인구의 나라' 중국의 1인당 육류 소비량은 2000년 47.7kg에서 2010년 56.9kg까지 증가했다.

한국의 경우, 닭고기 소비가 더 증가할 여지가 있다. 경제 규모가 비슷한 다른 나라에 비해 1인당 닭고기 소비량이 상대적으로 낮기 때문이다. 미국과 싱가포르의 1인당 닭고기 소비량이 각각 44.5kg, 36.2kg인데 반해 한국은 15.8kg에 불과하다.

육류 소비 증가에 따라 사료용 곡물 수요도 증가 추세다. 소고기 1kg을 생산하기 위해 곡물 8kg이 투입되는 것을 고려하면 육류 소비 증가는 곧 곡물 수요 증가를 의미한다.

식용 외에 연료 생산을 위한 곡물 사용량도 늘고 있다. 바이오 연료 사용량은 2005년 470억 리터에서 연평균 18% 증가해 2011년 1,240억 리터로 늘었다. 미국에서 생산되는 옥수수 가운데 33%가 바이오 연료 생산에 투입되고 있다.

반면 농경지는 지난 1980년 이후 30년간 감소하고 있다. 공업화와 도시화가 진행된 탓이다. 가까운 중국만 살펴봐도 빠른 공업화로 경작지가 줄고 있는 데다 높은 농작 비용 때문에 영농을 포기하는 현상도 나타나고 있다.

세계 곳곳에서 발생하는 이상기후 현상도 곡물 생산의 변수로 작용하고 있다. 지구 온난화 여파로 기온이 2도만 올라가도 농작물 수확이 급격히 줄어든다. 또 홍수와 가뭄으로 농작물 생산량이 감소하는 사례도 빈번하다. 미국은 2012년 최악의 가뭄으로 옥수수 생산량이 크게 감소했다.

한편, 전 세계 수산물 소비량은 1961년 이래 연평균 3%의 꾸준한 성장을 보이고 있다. 1인당 수산물 소비량도 1980년 11.5kg에서 2010년 17.8kg까지 증가했다. 수산물 소비 증가는 중국의 영향이 크다. 1980년 전 세계 소비량의 2%에 불과했던 중국은 2010년 28%까지 비중이 증가했다. 우리나라도 1인당 수산물 소비량이 1980년 27kg에서 2000년 37kg까지 20년 동안 10kg 증가했다.

증시에 상장된 식량자원 업체들의 성장성

증시 전문가들은 최근 부가가치가 낮은 1차 산업으로 분류되던 곡물과 수산물 관련 사업에 대해서 새로운 접근이 필요할 때라고 한목소리를 내고 있다. 즉, 빠르게 증가하고 있는 식량 수요를 공급이 따라가지 못할 수 있기 때문에, 이로 인해 가격 인플레이션 가능성이 제기될 수 있다는 것이다. 이러한 일련의 상황을 반영하듯, 증권가에서는 식량자원 관련 주식들에 대한 관심이 고조되고 있다.

국내 증시에 상장된 식량자원 업체에는 CJ제일제당, 농우바이오, 이지바이오, 선진, 팜스코, 하림, 마니커, 동우, 팜스토리, 사조오양, 사조산업, 사조대림, 사조씨푸드, 동원산업, 동원수산, 신라교역, 한성기업, CJ씨푸드 등이 있다.

국내 1위 종합식품 업체 CJ제일제당은 확고한 시장지배력과 인지도를 바탕으로 안정적인 성장을 이어가고 있다. 특히 사료용 아미노산인 '라이신' 판매량이 꾸준히 증가하면서 실적 모멘텀을 든든하게 뒷받침하고 있다.

농우바이오는 국내외 작물 재배자 대상으로 고추, 무, 수박, 배추 등 종자를 개발·판매하는 종묘 업체다. 적극적인 해외 진출 전략으로 성장 가능성이 큰 업체로 평가받고 있다. 4곳의 해외 법인을 활용한 품종 현지화로 현재 150개국에 판매할 수 있는 종자를 개발했다.

이지바이오는 지속적인 인수·합병을 통해 축산업의 수직 계열화를 완성했다. 이지바이오 계열사는 곡물 생산부터 사료 제조, 양계·양돈에 이르기까지 축산업과 관련된 모든 사업을 영위하고 있다. 사료 제조 및 판매 업체 팜스토리와 육계 업체 마니커 등이 이지바이오의 대표적인 계열사다.

국내 최대 육계 가공 업체 하림은 국내 시장점유율 21%를 차지하고 있다. 지난 2010년부터 시행된 원산지 표시제와 포장 유통 의무화 등은 대형 업체에 유리한 영업 환경을 제공하고 있다.

중국의 수산물 소비 증가로 사조그룹과 동원그룹 등 수산업 관련 업체들이 주목받고 있다. 어획량이 증가하고 있지만 소비도 함께 늘고 있어 어가 하락은 미미한 수준이다.

사조그룹은 어획·가공·유통 등 수산물 관련 수직계열화를 이뤘다. 특히 유통, 수출, 부가 식품 개발 등 가공 유통 업체 사조씨푸드는 그룹 계열사 가운데 가장 가파른 성장 곡선을 그리고 있다.

동원산업은 국내 최대 규모의 원양 어업 회사로 통조림용 가다랑어를 연간 16만 톤 어획하고 있다. 이 가운데 10만 톤을 수출하고 있으며 전 세계에 영업망을 갖추고 있다. 이 밖에 신라교역과 한성기업 등도 원양 어업을 기반으로 부가가치를 높이는 사업을 진행하고 있다.

달러 가치 하락에도 꾸준히 오르는 국제 곡물 가격

글로벌 식량 산업에 대한 거시경제 변수의 영향력이 증가하고 있다. 현재 세계 경기는 미국의 긴축 재정, 유럽의 재정위기, 신흥국의 자산 가격 붕괴 우려 등 불안감이 높은 상황이며, 이러한 불확실성은 농산물 가격의 변동성을 증가시킬 것으로 보인다. 향후 달러 가치 변화가 농산물 가격의 변동 폭을 확대할 것으로 보이는데, 실제로 2010년 6월부터 2011년 7월까지 달러화 가치는 14.1% 하락했고, 국제 곡물 가격은 39.1% 상승했다.

이처럼 식량 산업의 중요성은 달러 가치와의 비교에서도 현격히 드러나고 있는 것이다. 전 세계 투자자들이 왜 식량 산업의 변동에 촉각을 곤두세우는 지 방증하는 대목이다.

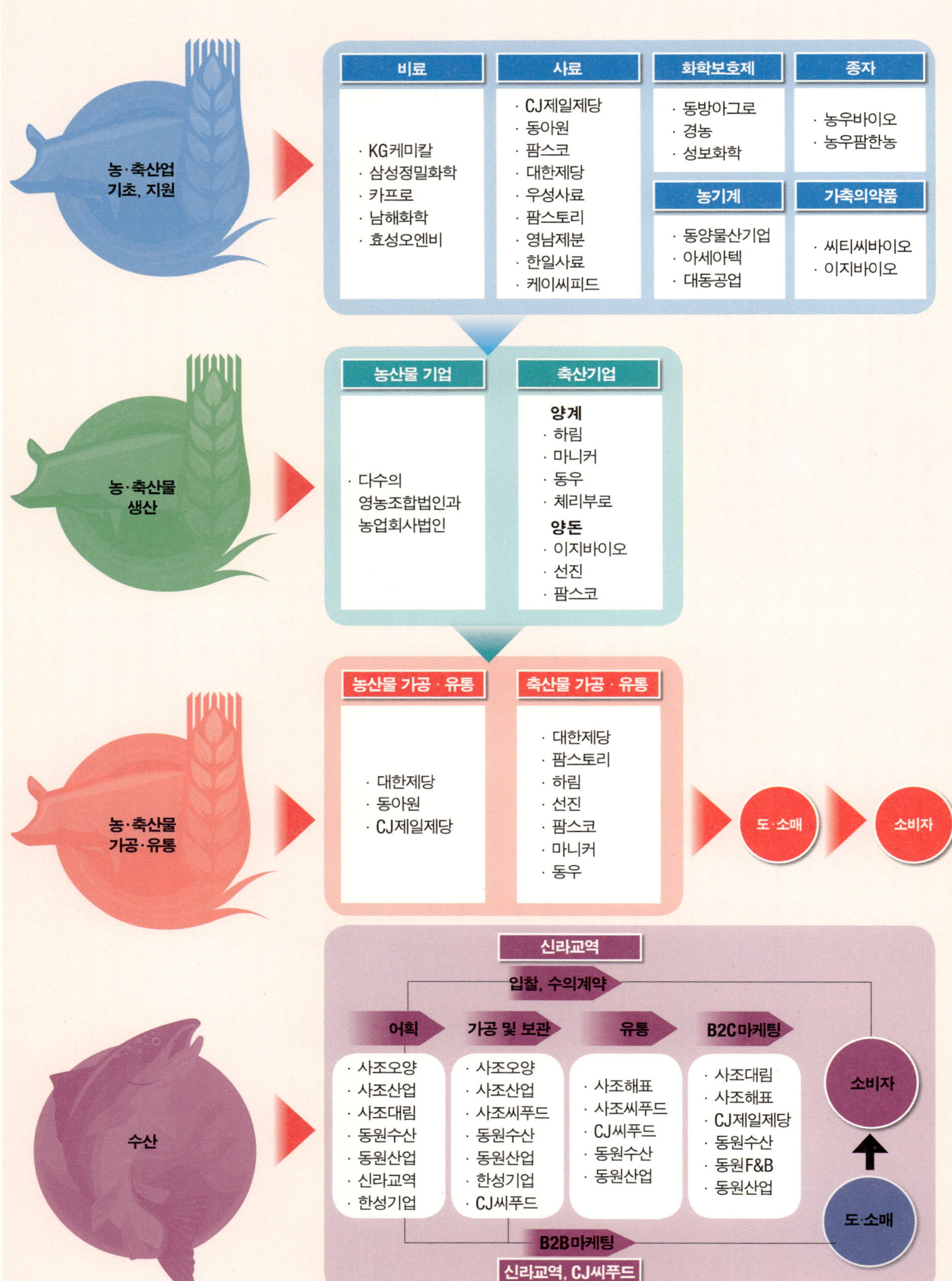
농·축산업 기초, 지원

비료
· KG케미칼
· 삼성정밀화학
· 카프로
· 남해화학
· 효성오엔비

사료
· CJ제일제당
· 동아원
· 팜스코
· 대한제당
· 우성사료
· 팜스토리
· 영남제분
· 한일사료
· 케이씨피드

화학보호제
· 동방아그로
· 경농
· 성보화학

종자
· 농우바이오
· 농우팜한농

농기계
· 동양물산기업
· 아세아텍
· 대동공업

가축의약품
· 씨티씨바이오
· 이지바이오

농·축산물 생산

농산물 기업
· 다수의 영농조합법인과 농업회사법인

축산기업
양계
· 하림
· 마니커
· 동우
· 체리부로
양돈
· 이지바이오
· 선진
· 팜스코

농·축산물 가공·유통

농산물 가공·유통
· 대한제당
· 동아원
· CJ제일제당

축산물 가공·유통
· 대한제당
· 팜스토리
· 하림
· 선진
· 팜스코
· 마니커
· 동우

도·소매

소비자

수산

신라교역

입찰, 수의계약

어획
· 사조오양
· 사조산업
· 사조대림
· 동원수산
· 동원산업
· 신라교역
· 한성기업

가공 및 보관
· 사조오양
· 사조산업
· 사조씨푸드
· 동원수산
· 동원산업
· 한성기업
· CJ씨푸드

유통
· 사조해표
· 사조씨푸드
· CJ씨푸드
· 동원수산
· 동원산업

B2C마케팅
· 사조대림
· 사조해표
· CJ제일제당
· 동원수산
· 동원F&B
· 동원산업

소비자

도·소매

B2B마케팅

신라교역, CJ씨푸드

>> 양돈업 공급 체인

- 국내 양돈 시장에서는 '곡물 → 배합사료 → 양돈 → 육가공 → 유통'으로 이어지는 수직계열화를 달성한 업체(팜스코, 이지바이오)들이 경쟁력 확보함.
- 수직계열화 달성 업체들은 지육가격이 상승할 경우 단기적인 이익 모멘텀이 충분해 업종 내에서 주가 상대 수익률이 높음.
- 구제역 파동 이후 중소형 축산업자 혹은 농가들은 양돈 시장을 떠나거나 대형 사업자의 위탁 농가로 흡수되는 추세.

>> 양계업 공급 체인

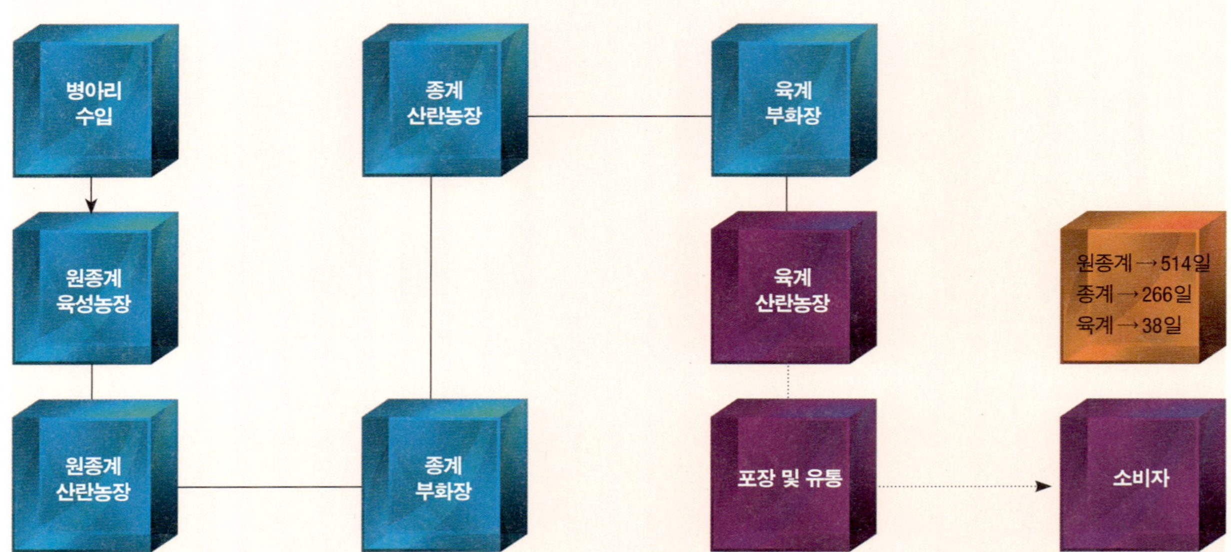

- 육계가 소비자에게 전달되기까지 '원종계 → 종계 → 육계 → 소비자'의 과정을 거치는 것이 일반적임.
- 이 과정에서 어느 단계에서 조류인플루엔자(AI, Avian Influenza)에 전염되었느냐에 따라 피해 차이 크게 발생 → 원종계 단계 감염시 종계와 육계 모두 폐사함.
- AI의 영향으로 출입이 제한된 곳에 원종계 농장을 짓고 있으며, 종계와 육계 농장 간에도 일정한 거리 유지해야 함.
- 국내에서는 하림, 삼화육종, 한국원종 세 업체만이 원종계 육성 담당 → 이외 업체는 종계 병아리를 구매하여 육계 사육함.
- 따라서 AI 발생시 종계 병아리 수급 불균형이 심해, 자체 육성하는 하림이 매우 유리한 지위 누림.

> 곡물 대비 축수산물 소비량 증가 추이

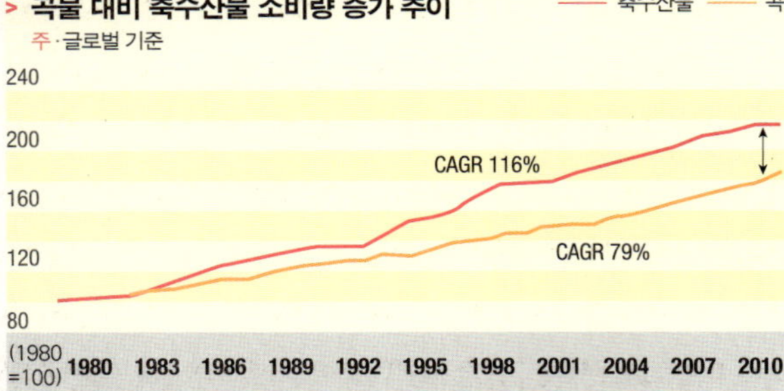

- 곡물보다 축수산물 소비가 더 빠른 속도로 증가.
- 1980년 소비량을 기준으로 곡물과 축수산물의 소비량은 각각 1990년 22%, 32%, 2000년 44%, 77%, 2010년 79%, 116%로 간격 벌어짐.

> 신흥국(중국, 인도) 육류 소비량 증가 추이

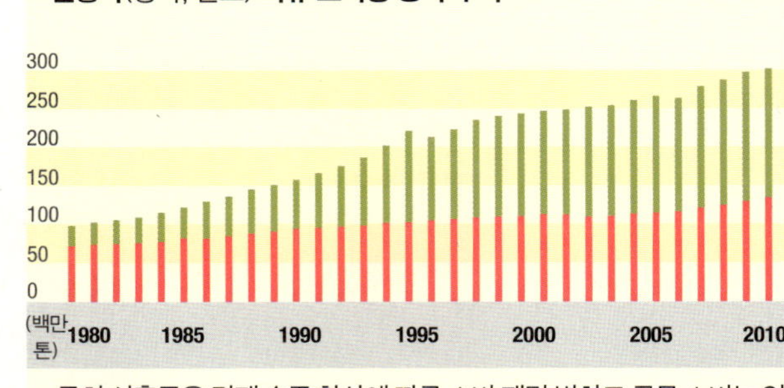

- 특히 신흥국은 경제 수준 향상에 따른 소비 패턴 변화로 곡물 소비는 일정한 반면 육류 소비는 지속 증가 → 보통 소득이 1% 상승하면 육류 소비는 0.6% 증가.

> 축산물 중 닭, 돼지, 소 소비량 증가률

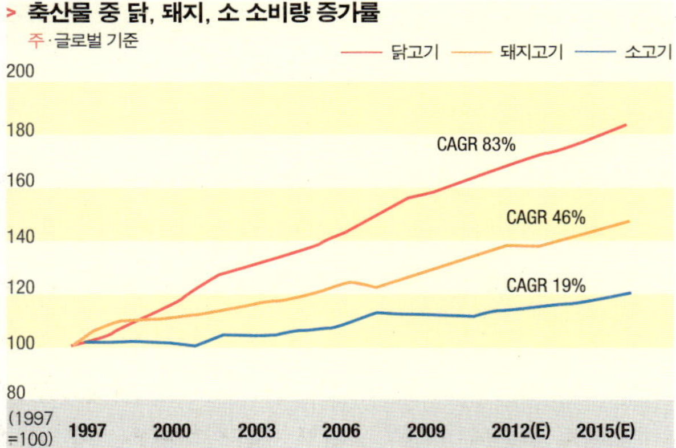

> 육류 소비 중 닭 비중 증가률

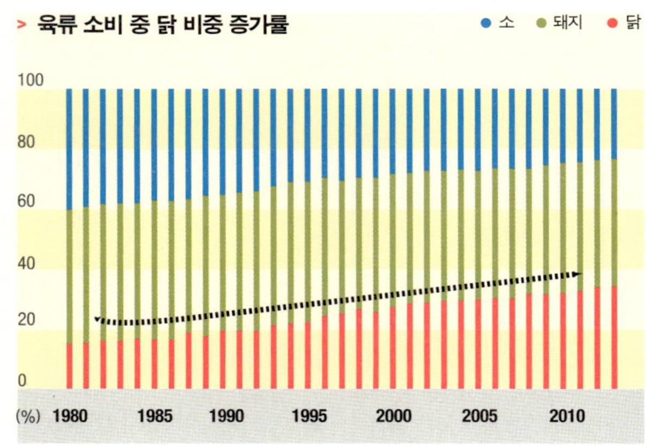

> 국내 닭고기 시장 규모 추이

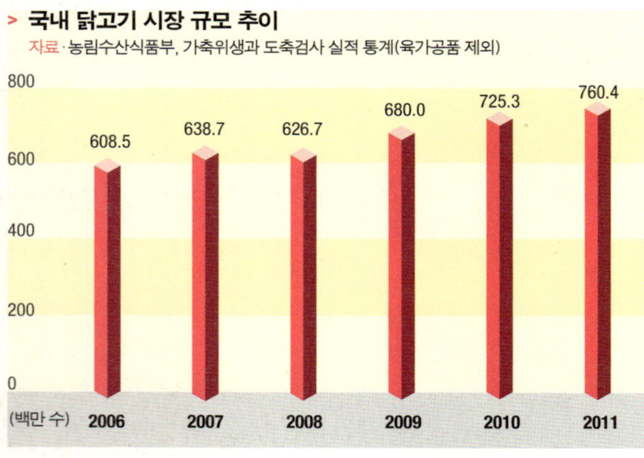

> 국내 닭고기 수급 추이

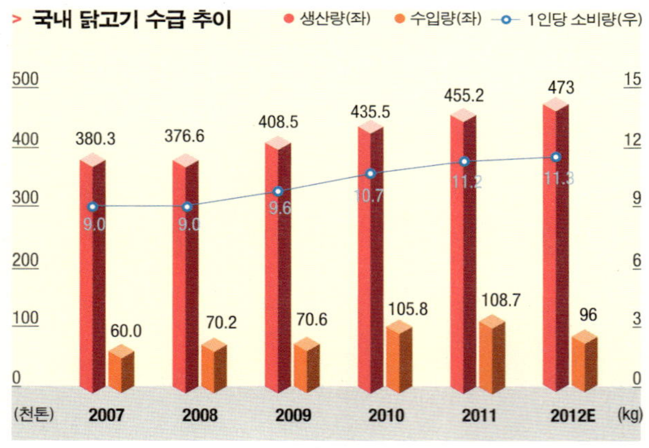

> 국내 닭고기 시장점유율 현황

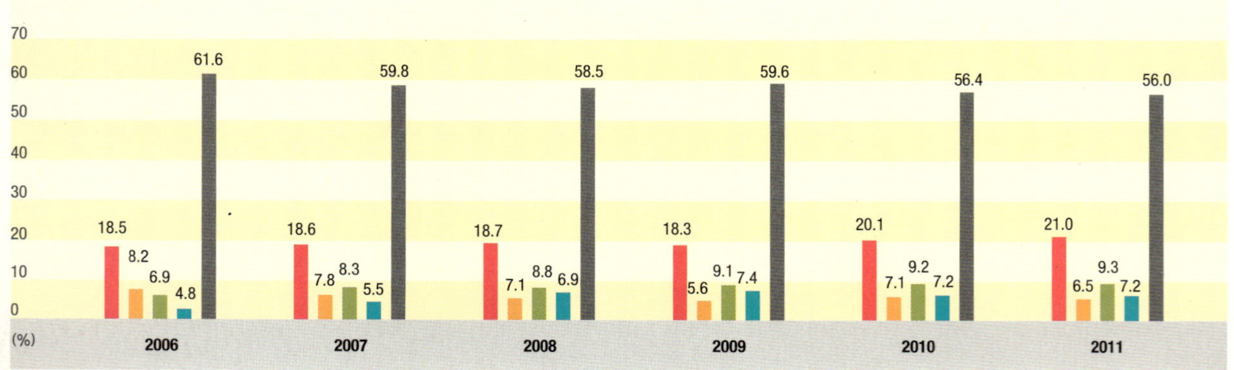

> 1995년 이후 돼지 사육 가수 및 사육 두수 추이

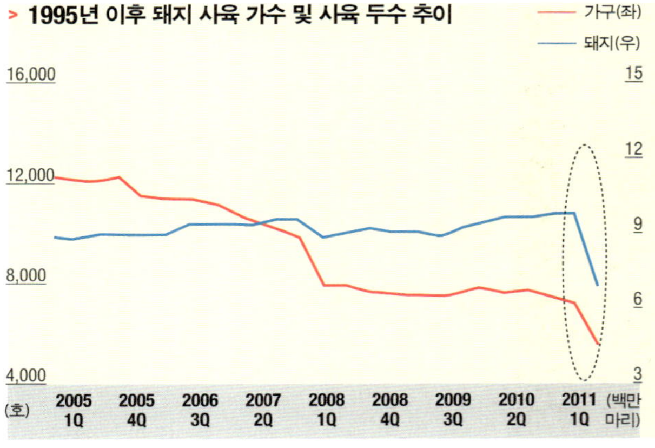

- 1990년대 중·후반부터 최악의 구제역 사태가 빈번해 지면서 양돈 시장과 배합사료 시장의 구조적인 변화가 빨라지고 있음.
- 양돈 시장에서는 지육가격 급등과 돼지 살처분에 따른 보상으로 대형 양돈 기업들의 이익이 점차 증가.
- 농가 및 중소 양돈 업체들은 대형 양돈 기업으로 빠르게 흡수.
- 양돈 시장의 구조조정이 급속히 진행되면서 대형 업체 중심으로 수직 계열화에 성공한 업체들을 향한 시장점유율 쏠림 현상 발생.
- 구제역 여파로 배합사료 시장은 저성장 국면으로 진입.
- 배합사료업의 완전경쟁 시장 형태와 제품 차별화 희석 및 높은 원재료 비중으로 수익성이 매우 낮은 수준임 → 독점적인 시장점유율 영위 업체 없음.

> 배합사료 시장점유율
단위·%

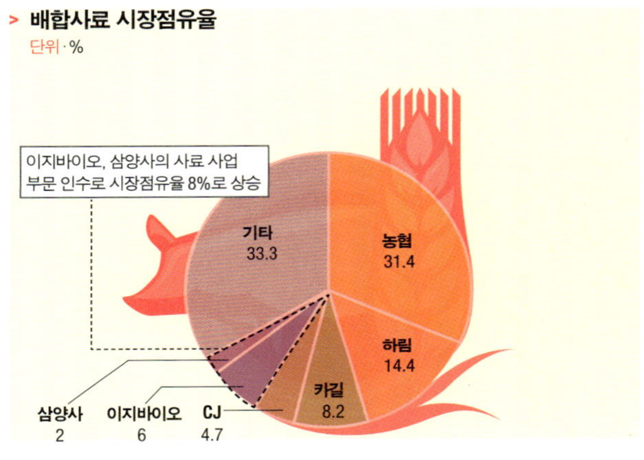

> 축종별 배합사료 생산비율
단위·%

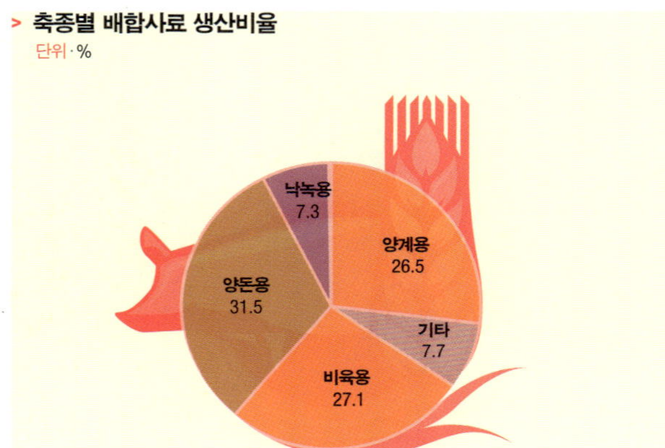

> 글로벌 수산물 가격 사상 최고치 경신(fishflation의 최고 수혜주는?)

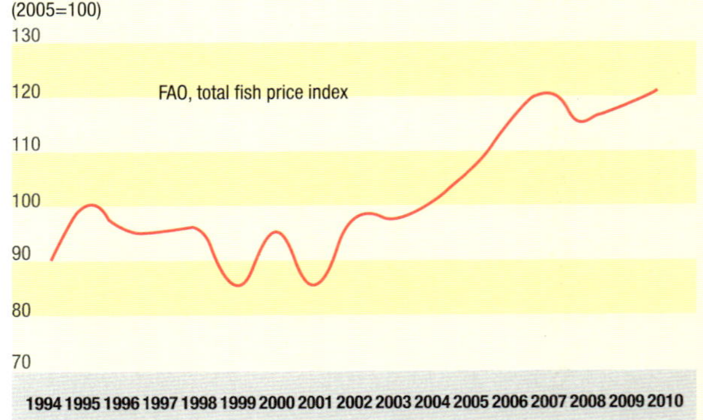

- FAO(세계식량기구)는 일찍이 남획과 지구 온난화, 수산물 소비 급증에 따른 어족 자원 고갈로 수산물 부족이 초래할 인플레이션 경고.
- 2015년에는 약 1,000만 톤의 수산물이 부족할 것으로 전망 → 이러한 흐름을 반영하듯 최근 수산물 가격 사상 최고치 경신.
- 유가 상승에 따른 채산성 악화로 인해 다수의 글로벌 업체들이 퇴출되면서 선박 수도 크게 감소.
- 신조 비용 증가로 중고선을 대체할 배를 새로 만들기가 쉽지 않고, 신규로 시장에 진입하기 위한 규제도 매우 까다로움.
- 국내 대형 수산 업체 중 사조그룹은 연승선 52척, 선망선 6척 등을 보유하고 있으며, 연승참치에 있어서 세계 최다 선단으로 독보적 지위 영위 → 전 세계에 부는 'fishflation'의 최대 수혜 업체로 각광.

> 국내 대형 수산 업체의 선박 보유 현황

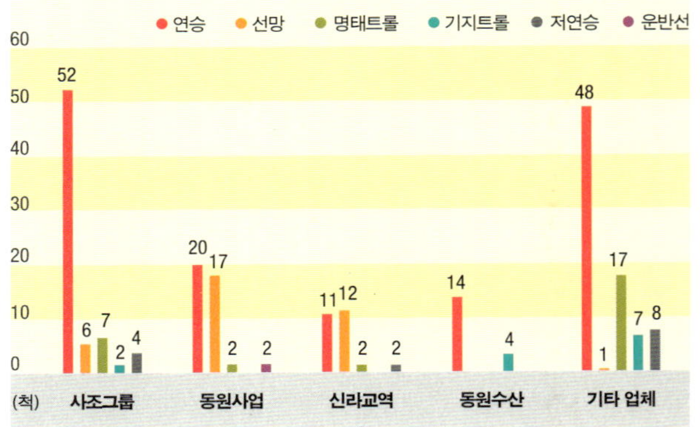

> 태평양 지역 참치(연승식) 선박 척수 추이
주·태평양 지역, 참치 연승식 선박 기준

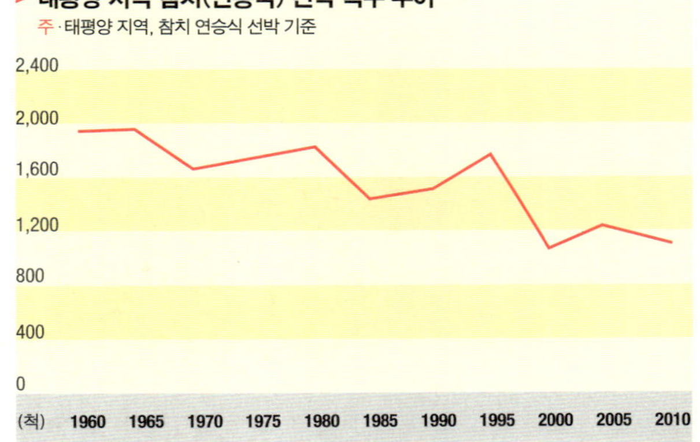

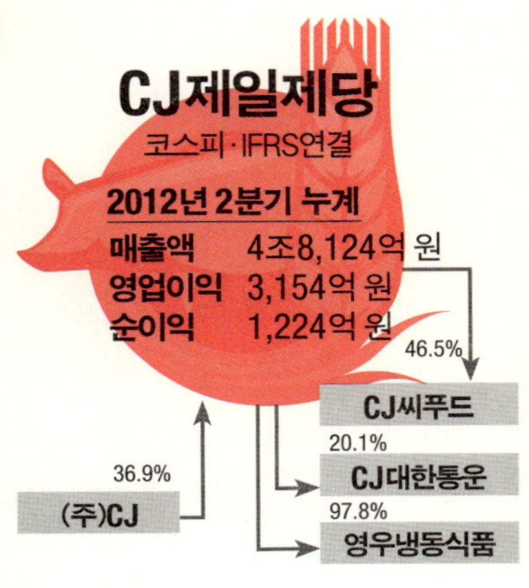

투자 포인트
- 국내 1위 종합 식품 업체.
- 식품사업 : 확고한 시장지배력과 브랜드 파워로 안정적 성장 지속 → 곡물가격 안정으로 소재 부문 투입 원가 하락 예상. 중단기 성장은 소재보다는 가공식품에서 비롯될 전망.
- 사료 : 2010년 해외사료법인 Global Holdings LTD.를 인수함으로써 중국, 인도네시아, 인도, 베트남, 필리핀 5개국의 사료법인을 거점으로 양돈, 양계, 양어 사료 이외에도 다양한 제품을 생산·판매하며 해외 유통망 확장 중.
- 생명공학 : 라이신과 핵산 등 바이오 중심 사업으로 미래 신성장동력 마련.

> **매출액 추이 전망**

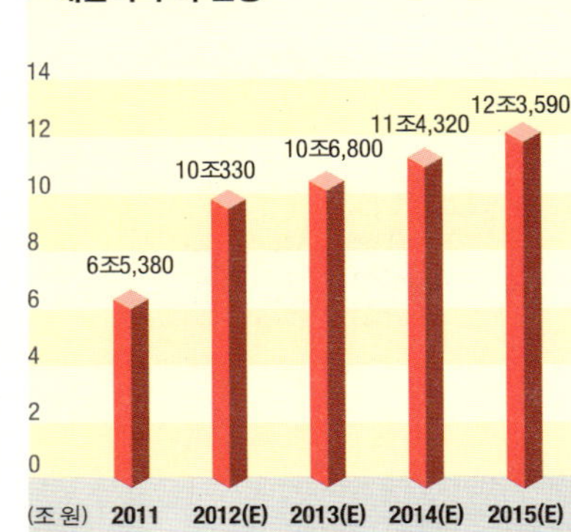

> **CJ제일제당 시장점유율 1위 제품**

단위·%, 점유율 비교

주요제품	2012년 2분기	경쟁사 비중
설탕(가정용)	82	18
밀가루(가정용)	59	41
대두유(가정용)	43	57
다시다/산들애	79	21
육가공(캔햄)	46	54
컨디션	49	51

> **사업 부문별 매출 비중**

단위·%

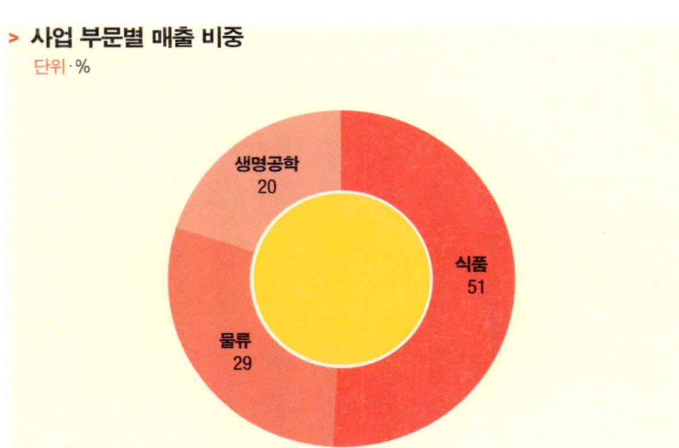

투자 포인트
- 영업이익에서 제당·식품 부문이 차지하는 비중이 높아 국제 원당의 시세가 기업 실적에 가장 중요한 요인이 됨.
- 중국사료법인의 꾸준한 성장세가 새로운 성장동력이 됨→2011년 중국사료법인의 매출액은 909억 원, 영업이익 90억 원, 순이익 67억 원 기록.
- 중국 돼지 사육두 수 증가로 2012년 중국 배합사료 생산량은 전년 동기 대비 25.8% 증가.
- 최근 원당 가격 하락에 따라 실적에서 제당 부문이 차지하는 비중이 높아 동사의 실적 호전 전망.

> **사업 부문별 매출 비중**

단위·%

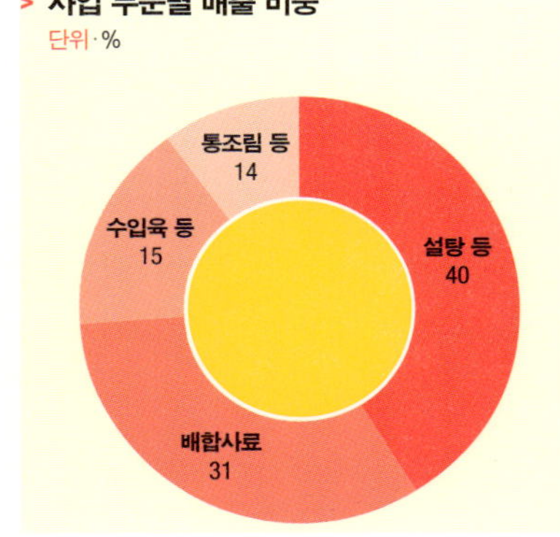

투자 포인트
- 제분(매출 비중 : 54%) 및 사료(매출 비중 : 46%) 사업 영위 → 제분 사업은 국내 시장점유율 25% 영위.
- 제분 사업의 경우, B2B 매출이 95% 이상 차지, B2C 시장 본격적 진출 계획.
- 활성밀가루(치매 및 뇌졸중, 기억력 감퇴를 예방하는 밀가루) 및 가축 질병 예방 첨가 사료 개발 중.
- 자회사 KODO를 통해 미국 나파밸리 와이너리에서 와인 생산 중.

> **매출액 추이 현황**

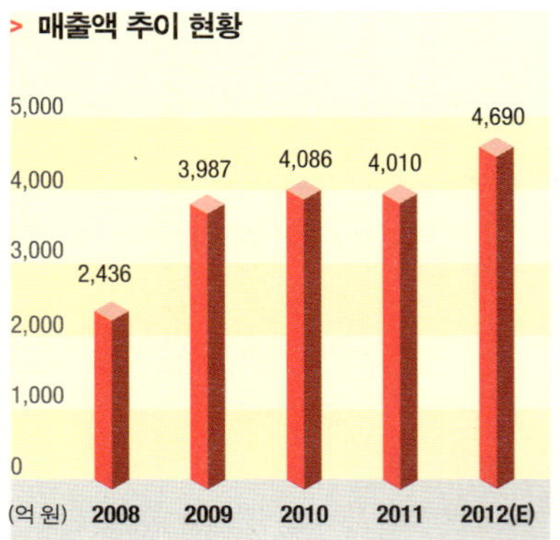

이지바이오

코스닥 · IFRS별도

2012년 2분기 누계

매출액	608억 원
영업이익	104억 원
순이익	83억 원

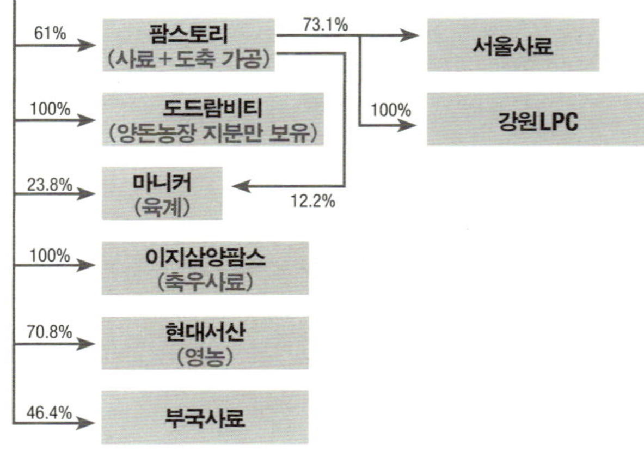

> **사업 부문별 매출 비중**

단위 · %

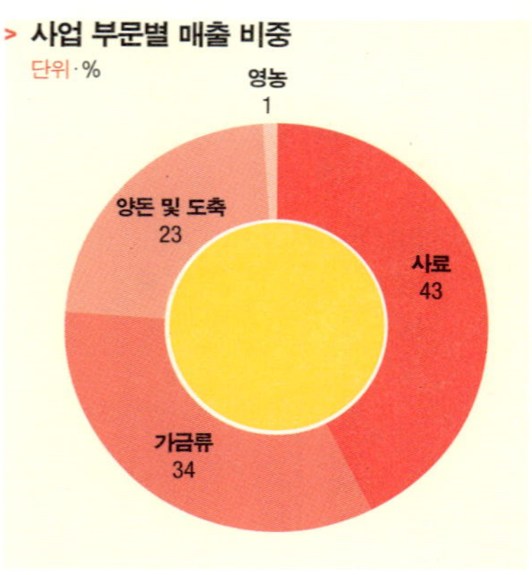

> **매출액 추이 전망**

주 · 별도기준

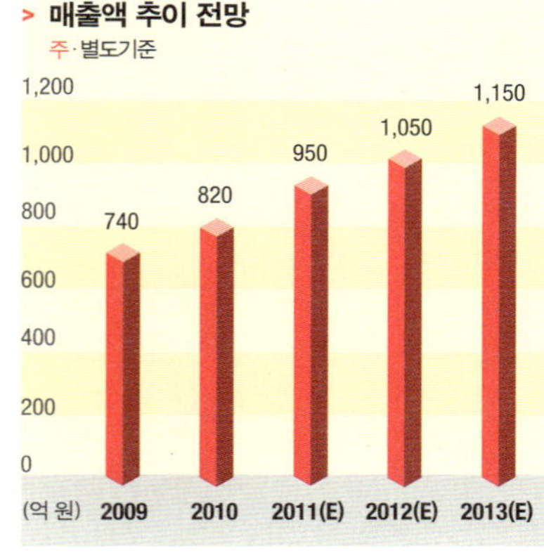

농우바이오

코스닥 · IFRS별도

2012년 2분기 누계

매출액	327억 원
영업이익	123억 원
순이익	129억 원

> **종자 부문 국내 시장점유율**

주 · 국내 종자 시장 규모 : 1,400억 원, 단위 · %

선진

코스피 · IFRS별도

2012년 2분기 누계

매출액	1,996억 원
영업이익	132억 원
순이익	123억 원

> **사업 부문별 매출 비중**

단위 · %

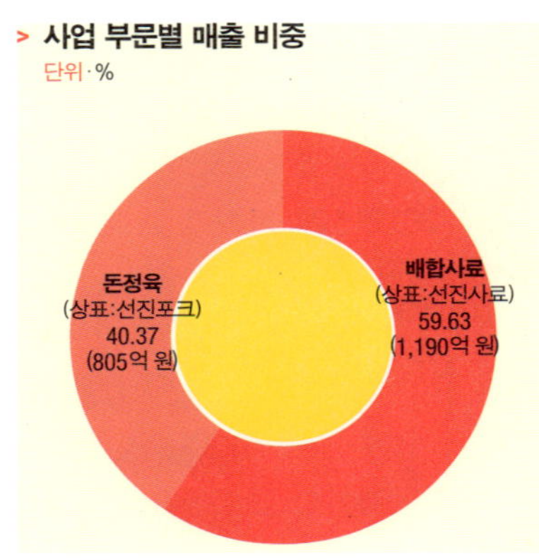

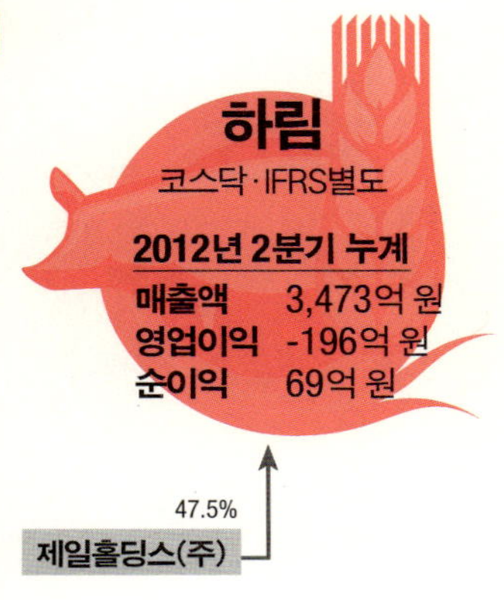

- 국내 닭고기 생산 1위 업체로 원종계(식용 닭고기를 낳는 종계를 낳는 닭)를 수입하여 식용 닭고기를 사육 및 도계(닭을 목적에 맞추어 죽이는 일), 가공, 유통 사업까지 영위.
- 동사의 닭고기 시장점유율은 34% 가량임(계열사 포함). 이는 5년 전에 비하여 7% 가량 증가한 수치임 →국내 닭고기 업체 중 유일하게 시장점유율 상승.
- 닭가슴살 통조림의 판매 증가로 육가공 매출 급증 →향후 3년간 연평균 15% 증가 예상 →2013년 매출 1조 원 달성 기대.
- 92년 업력의 미국 19위권 육계 업체 'Allen Family Foods' 인수를 통해 미국 시장 진출과 선진 기술 확보.

> **매출액 추이 전망**

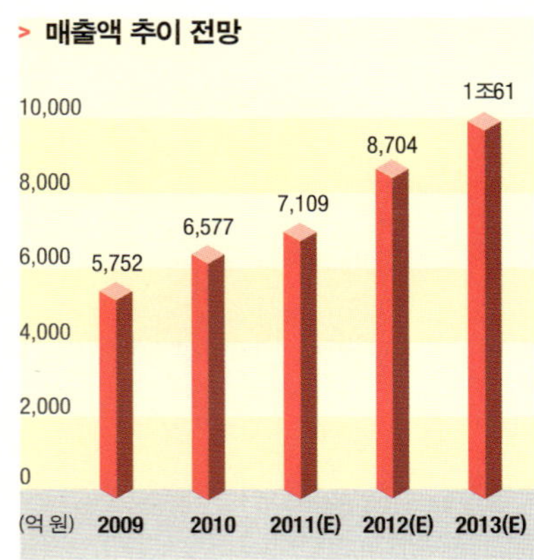

> **제품별 매출 비중**
단위·%

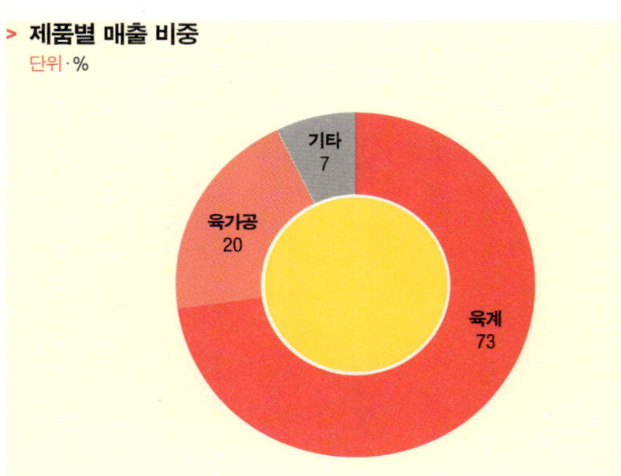

> **유통 채널별 매출 비중**
단위·%

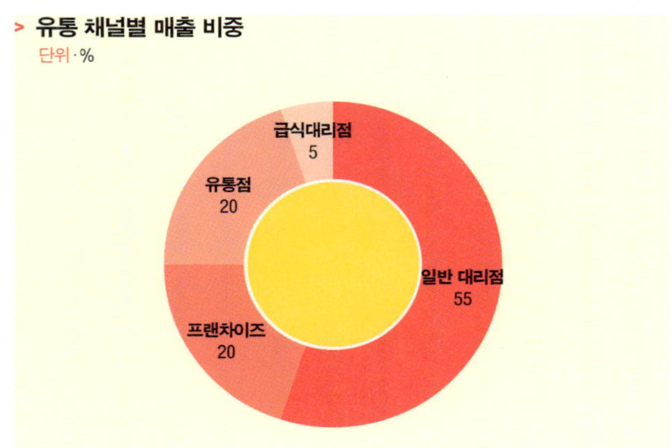

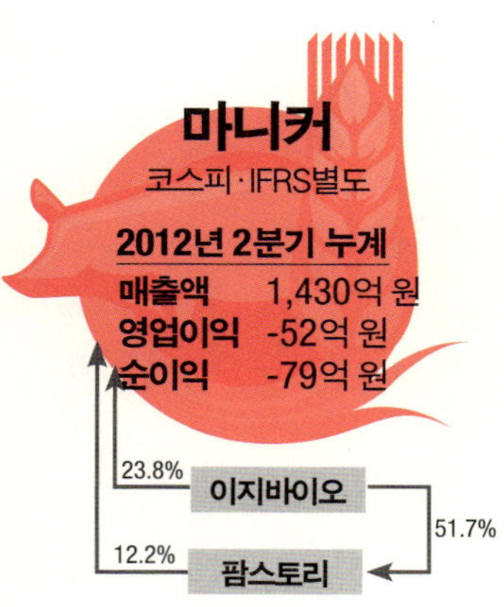

- 도계 기준 국내 시장점유율(6.5%) 5위의 육계 계열화 전문 업체.
- 종계에서 부화, 사육, 도계, 육가공, 유통까지 사업을 계열화하여 영위하고 있음.
- 2011년 이지바이오에게 지분 32.2%(2012년 6월 기준 23.8%)를 넘기며 경영권을 인수시킴.
- 자회사 마니커F&G에서 생산하는 브랜드 제품인 '마니커'의 브랜드 인지도는 하림 다음으로 국내 2위.
- 도계장이 경기도 동두천과 용인에 위치하고 있어, 호남권에 위치한 기타 업체에 비해 수도권 공급시 신선도 및 접근성 측면에서 프리미엄 있음.

> **경영실적**

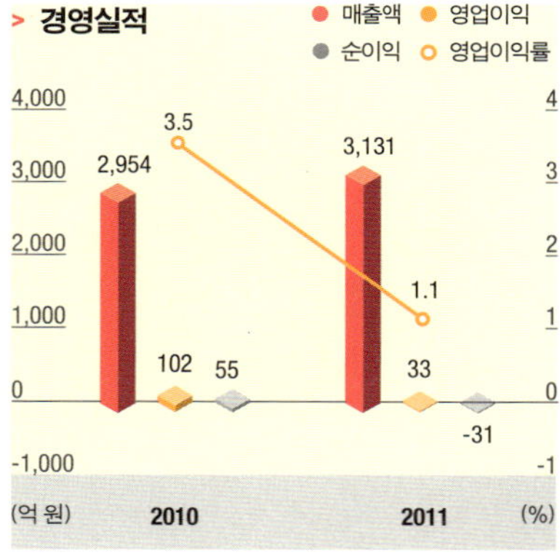

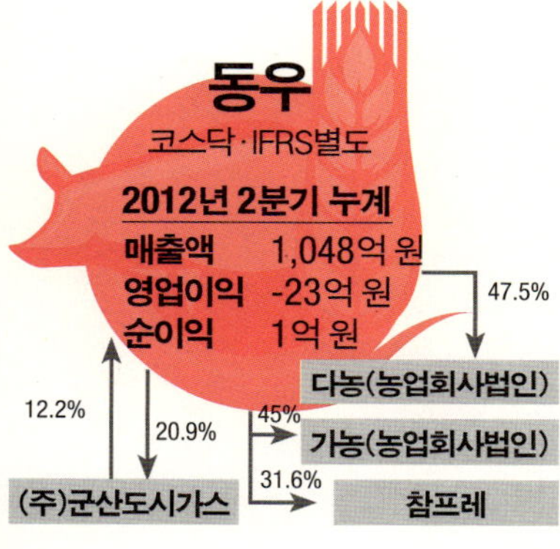

- 국내 유계 시장 2위(시장점유율 9.4%)의 육계 계열화 전문 업체.
- 주요 거래처는 교촌, 네네치킨과 같은 프랜차이즈 업체들과 외식 업체, 단체 급식 업체들이 60%를 차지함.
- B2B 시장에 주력하는 관계로 높은 수익구조를 가진 대신 일반 소비자 인지도는 비교적 낮은 편임 →이를 보완하기 위해 2010년 '참프레'의 지분 31.6%(25억 원) 취득하며 육가공 브랜드 시장 진출 도모.

> **지역별 판매 비중**

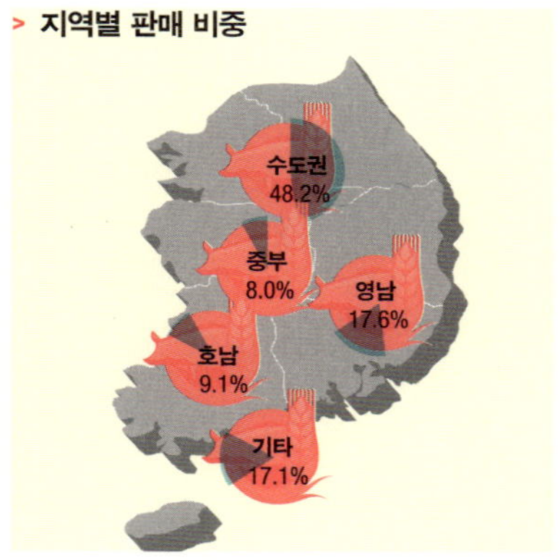

팜스코

코스피 · IFRS별도

2012년 2분기 누계

매출액	3,120억 원
영업이익	142억 원
순이익	127억 원

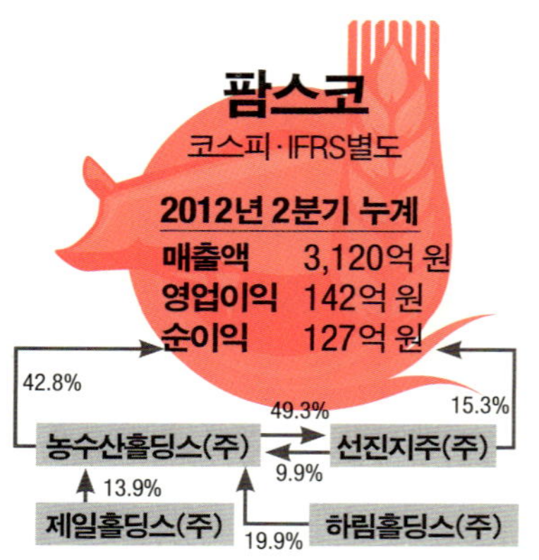

투자 포인트

- 배합사료업(시장점유율 3.5%)을 기반으로 양돈, 신선육, 육가공 등의 사업 영위.
- 매출 비중으로는 사료사업이 60%, 신선육 부문이 26% 정도인데 신선육 사업 비중을 지속적으로 확장할 예정.
- 2008년 하림그룹에 편입된 이후 '곡물 – 배합사료 – 양돈 – 신선육 – 육가공 – 브랜드육' 유통 과정을 포괄하는 수직계열화 이룸.
- 팜스코의 신선육 브랜드는 하이포크로, 신선육 부문의 시장 인지도 높음 → 신선육 부문 시장점유율은 2.6% 정도임.

> ### 매출액 추이 전망

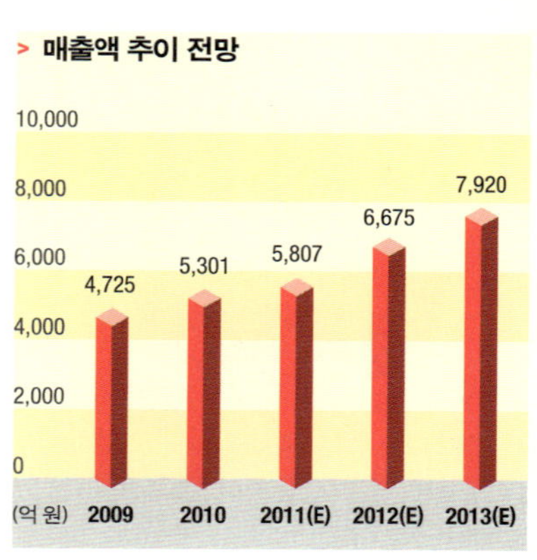

팜스토리

코스닥 · IFRS별도

2012년 2분기 누계

매출액	2,290억 원
영업이익	99억 원
순이익	55억 원

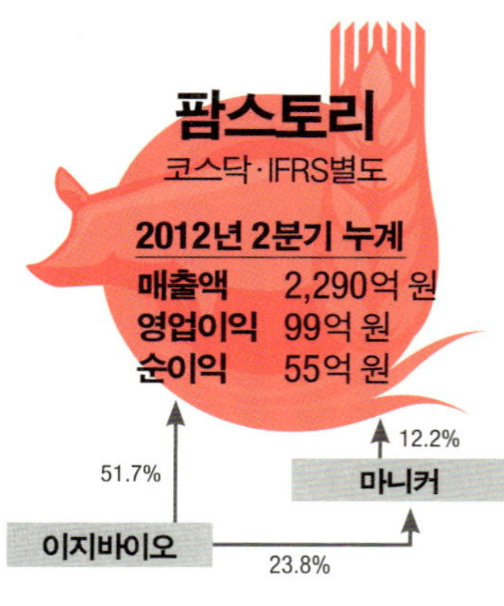

투자 포인트

- 양돈 배합사료, 양계 배합사료, 식육 사업 영위.
- 매출액 비중은 사료 부문이 63%, 식육 부문이 33%를 차지.
- 팜스토리의 식육 부문 브랜드는 '생생포크,' '생생한우'와 '살맛가득'.
- 양돈 사료 부문은 시장점유율 6.1%, 육계 사료 부문은 12.2%, 식육 사업(돼지) 부문은 4.2% 가량 차지.
- 사료 부문은 농장 직판과 지역 도드람을 통한 판매 비율이 약 6:4 정도의 판매 경로를 갖추고 있으며, 식육 사업 부문은 대형할인점, 대리점, 직거래, 특판점, 직매장의 판매 경로를 갖추고 있음.

> ### 연간 돼지 도축 수

업체	도축두수(마리)	점유율(%)
제주축협	709,111	6.5
팜스토리	348,473	3.2
논산계룡축협	362,701	3.3
도드람푸드	274,917	2.5
강원엘피씨	103,856	1.0
영남엘피씨	412,386	3.8
부경축공	320,090	3.0
축림	433,291	4.0
우진산업	212,458	2.0
농협김제목우촌	366,343	3.4
기타	7,275,065	67.3

신라교역

코스피 · IFRS별도

2012년 2분기 누계

매출액	2,006억 원
영업이익	299억 원
순이익	314억 원

투자 포인트

- 1967년 설립하여 원양어업, 철강유통업, 북양트롤 사업(명태 어획) 영위.
- 원양어업은 참치연승어업(횟감용, 11척), 참치선망어업(통조림용, 6척)으로 나뉨.
- 참치연승어업은 남태평양에서, 참치선망어업은 중서부 태평양에서 조업 중.
- 참치연승어업은 국내 유통사를 거쳐 일본으로 판매하며, 참치선망어업은 수출 또는 국내(오뚜기)로 판매함.
- 북양트롤 사업은 러시아 합작법인(지분율 50%)을 통해 러시아 배타적 경제수역 내 북오호츠크해와 북서베링해에서 명태를 어획하여 국내에 수입·판매.

> ### 사업 부문별 경영실적

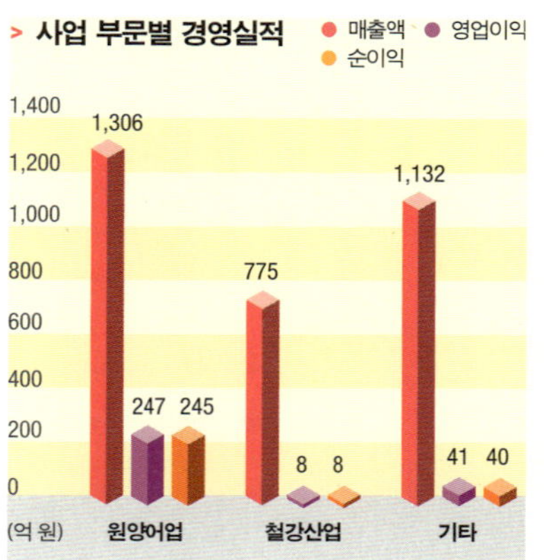

> ### 지역별 매출액 및 원양어업 현황

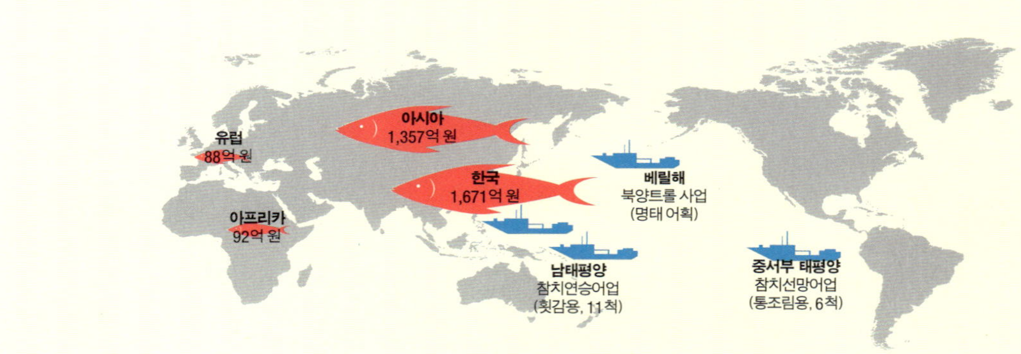

> 사조 계열 상장법인 지배구조도

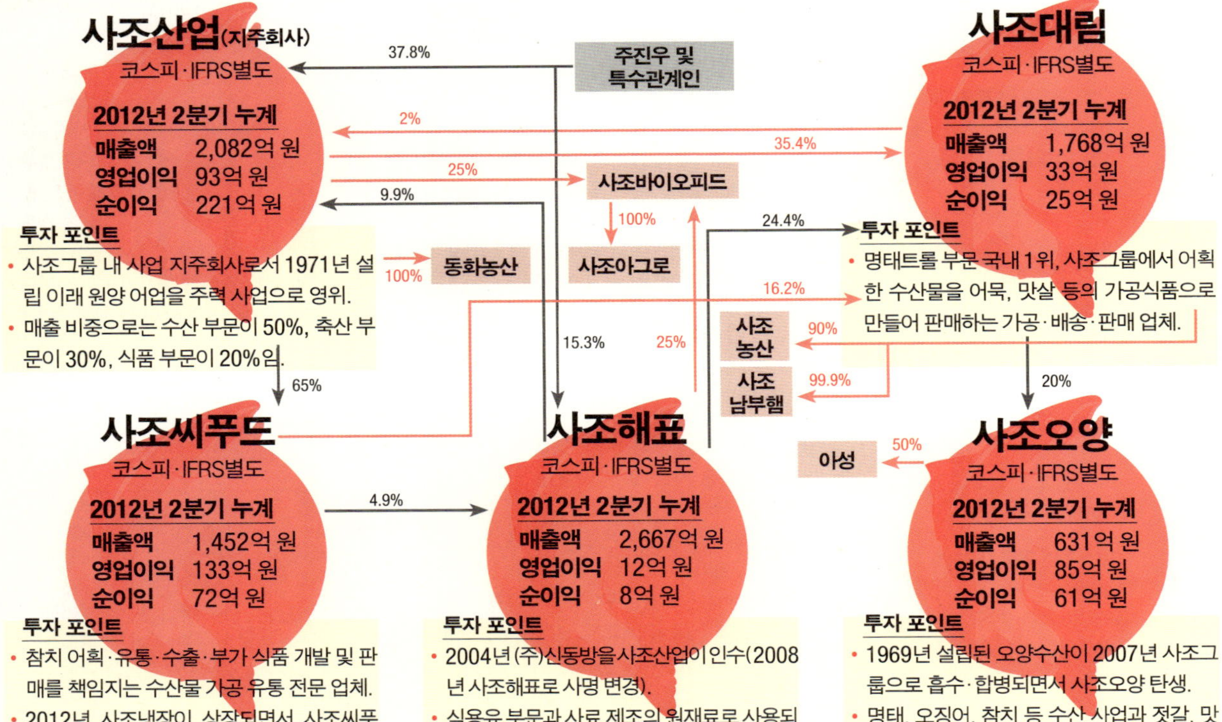

> 사조 계열 내 수산업 밸류 체인

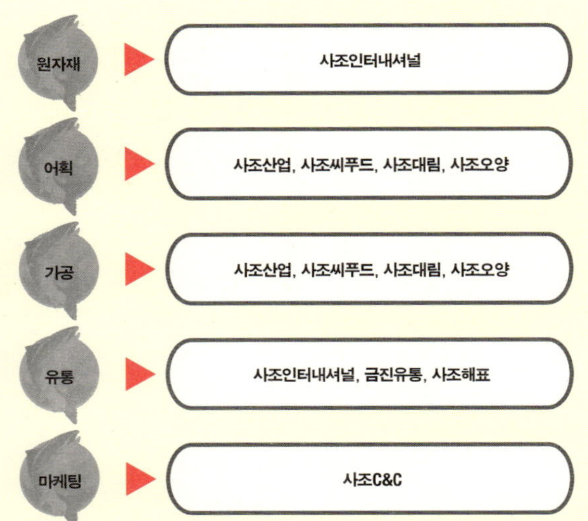

• 수산업 중 횟감참치를 잡는 연승 부문이 주력으로 안정적인 실적 시현.
• 국내 시장점유율로는 참치연승 26%로 2위 동원산업(15%)과 큰 격차로 1위 영위. 참치선망은 11% 수준으로 국내 3위 수준.

> 사조 계열 내 축산업 밸류 체인

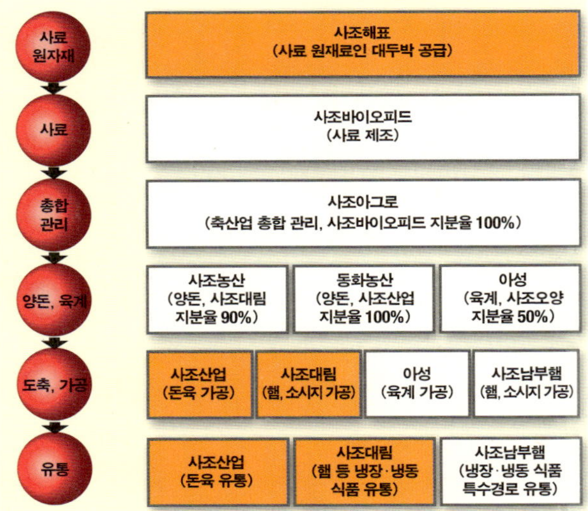

• '사조 로하이 포크'라는 브랜드로 육가공 사업 영위해 오다 2004년 사조대림 인수하면서 냉장·냉동 유통망 보유하게 되고, 2010년 사조대림이 사조남부햄을 인수하면서 축산 관련 사업 강화.
• 2012년 사조농산(사조대림 지분 90%), 동화농산(사조산업 지분 100%) 인수 통해 양돈 사업 확보.
• 2010년 사조바이오피드 인수 통해 사료 사업으로 확장.
• 축산업의 허브가 될 사조아그로(사조바이오피드 지분 100%)를 설립해 육계 가공까지 사업 확대하며 축산업 수직계열화 구축.

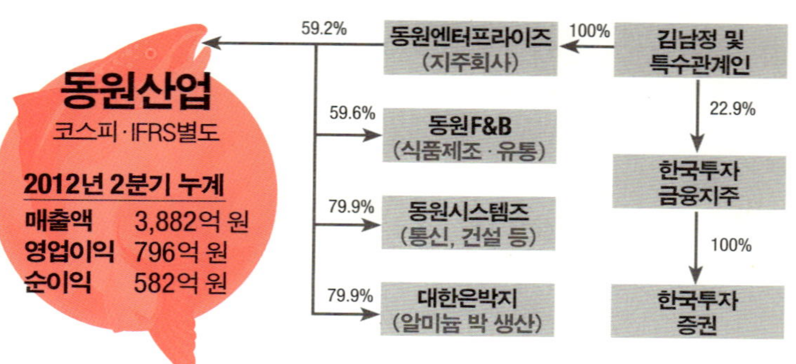

> **매출 비중**
단위·%

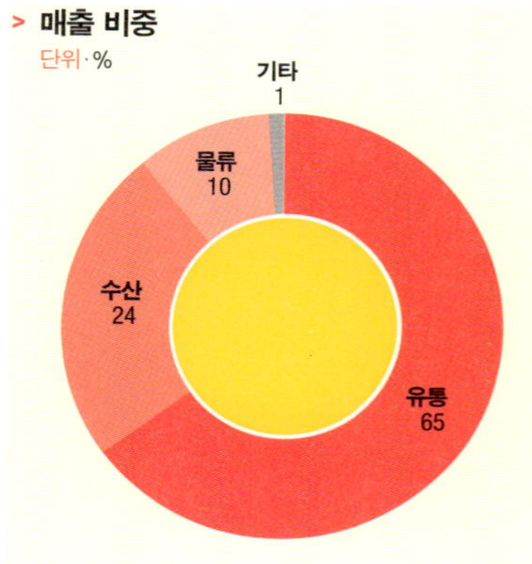

> **원양 산업 업체별 수출 실적**

> **원양 산업 업체별 시장점유율**
단위·%

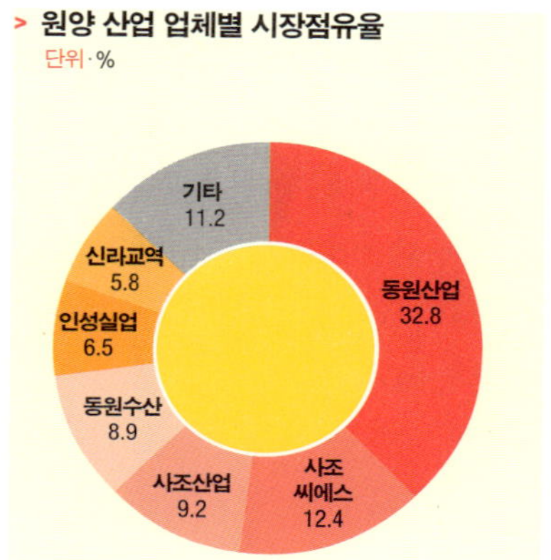

투자 포인트
· 원양어업 및 수산물 제조, 가공, 냉동냉장업 및 기타 관련 사업 영위.
· 참치 독항선 14척, 트롤선 3척 보유.

> **매출 비중**
단위·%

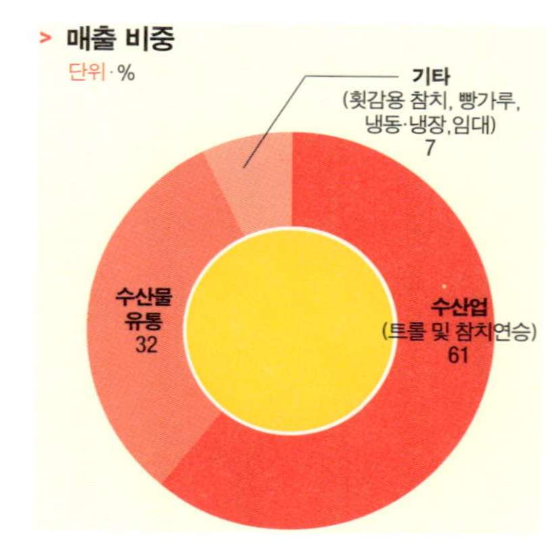

투자 포인트
· 수산업(원양어업) 및 식품제조 가공업을 기본 사업으로 영위.
· 젓갈류에 이어 게맛살류 시장점유율 1위 영위.

투자 포인트
· 삼호물산이 2006년 CJ에 인수합병, 2010년 CJ씨푸드로 사명 변경.
· 국내 어묵 시장점유율 1위 영위.

> **어묵 시장점유율**
단위·%

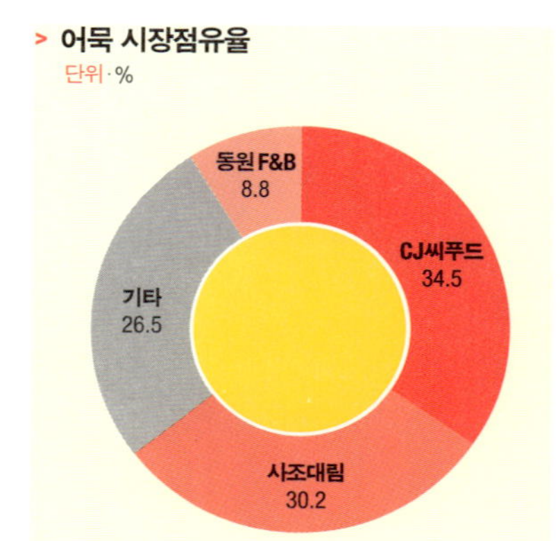

> **젓갈류 시장점유율**
단위·%

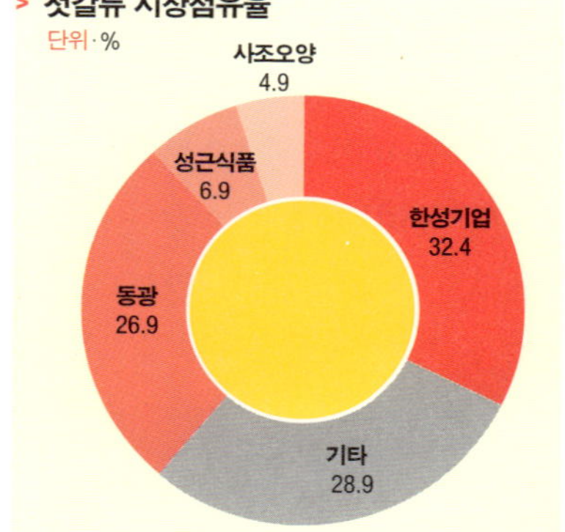

세계 유일의 분단국가라는
운명을 업고 성장하는 시장

한중일 사이에 고조되는 영토 분쟁 위기

핵폭탄이 터진 제2차 세계대전 이후에도 한국전쟁을 비롯해 베트남전과 걸프전 등 인류는 끊임없이 크고 작은 전쟁에 홍역을 치르고 있다. 21세기에 들어선 지금도 아프가니스탄, 수단, 소말리아 등지에서 전쟁이 이어지고 있으며, 이집트, 이스라엘, 시리아를 포함한 MENA(Middle East and North Africa) 지역에서는 인종, 종교, 영토를 두고 내전이 한창이다. 전 세계 220여 개 나라 중 60여 개국이 여전히 위기 상황에 놓여 있다.

아울러 최근 한국과 중국, 일본으로 대표되는 극동아시아에서는 영토 분쟁이 고조되고 있다. '세계는 하나'라는 글로벌 시대의 구호에도 불구하고 영토 수호에 대한 각국의 의식은 확대되고 있으며 그만큼 방위 산업에 대한 중요성도 커지고 있다.

특히 우리나라는 세계 유일의 분단국가인 만큼 북한의 정세를 고려해 정부 차원에서 방위 산업을 육성해 왔다. 최근에는 글로벌 경기 침체에도 불구하고 고수익 사업이라는 점에서 일부 업체를 중심으로 해외 시장 공략에 적극 나서면서 방산 수출이 점차 증가하는 추세다. 특히 첨단 기술력에 기반을 둔 항공기, 함정 및 잠수함 등 고부가가치 산업 위주로 수출 품목이 다변화 되면서 성장 기대감이 높아지고 있다. 따라서 향후 수출 시장 및 품목 다변화를 통해 안정적인 기반을 조성한다면 수년 내 방산 수출 선진국 대열에 들어갈 수 있을 것으로 업계는 내다보고 있다.

고부가가치 산업으로 분류되는 첨단 무기 제조업

방위 산업 발전과 함께 향후 성장성이 기대되는 수혜주로 다양한 종목들이 지목되고 있다. 특히 방위 산업의 특성상 기술 개발 및 유지에 대규모 자금이 필요한 만큼 대형사들이 주목받고 있다.

현대위아는 대구경 화포 전문화, 함포 체계 및 착륙 장치 계열화 지정 업체로 독점적 지위를 확보하고 있다. 축적된 자체 설계능력 및 제조 시설을 기반으로 최근에는 각종 포신류, 곡사포와 장갑차 사업 등을 활발하게 전개하고 있다. 또한 세계에서 두 번째이자 아시아 최초로 위성 항법 장치를 이용해 자동 계산이 가능한 120mm 강선형 자주 박격포 모듈 개발에 성공하기도 했다. 이처럼 기술력에서 입지를 굳히는 현대위아는 유망 방산주로 투자자들로부터 관심을 모으고 있다.

STX엔진은 육군 주력인 K1, K1A1 전차, K09 자주포 및 해군과 해경의 함정에 탑재되는 특수 고속 엔진을 생산하고 있다. 향후 차세대 전력 증강 정책이 기대됨에 따라 첨단 무기 체계로의 전환을 위한 신규 발주가 증가할 것으로 보인다. 아울러 증권가에서는 안정적인 장기 공급 물량을 확보함에 따라 지속적인 성장을 점치고 있다.

삼성테크윈은 국내 유일의 자주포 업체다. 내수 시장을 중심으로 성장해 왔으며 점차 수출을 확대해 나가고 있다. 삼성테크윈은 자주포 시장이 2020년까지 100억 달러 규모의 시장이 형성될 것으로 예상됨에 따라 내수 및 해외 시장에서 우수성이 검증된 K9 자주포를 중심으로 K10 탄약 운반 장갑차, K77 사격 지휘차 및 K55A1 자주포 등 제품 라인업을 다양하게 구성해 해외 시장 확대에 주력할 방침이다. 업계 전문가들은 "글로벌 경기 침체로 각국의 방산 예산이 감축세를 보이고 있는 만큼 당장 실적을 기대하기는 어려워 보이지만 기술력으로 제품 품질을 인증 받은 만큼 시장 확대에 따른 중장기적인 수혜가 예상된다"고 진단했다.

중견 방산 기업들에 주목하라

방산 업력이 무려 40년에 달하는 풍산은 1973년 국방부의 탄약 공급 업체로 지정되면서 방위 산업에 본격적으로 진출했다. 국내에서 소요되는 소총탄 등의 육상용 중소구경 탄약 부문에서 독점적인 공급자 지위를 확보하고 있다. 내수 판매는 전량 군납이라는 특성상 적정한 마진을 보장 받고 있어 상대적으로 안정적인 수익 구조를 확보하고 있다. 또한 오랜 기간 정부와의 파트너십을 유지한 만큼 앞으로도 다수의 정부 투자 프로젝트를 추진할 예정이므로 이에 따른 매출 성장 역시 기대된다. 아울러 2010년 LIG넥스원과 설립한 합작사를 통해 국내 유도무기용 로켓 추진 기관의 제조·판매 및 해외 추진제 교체 사업 분야에 진출을 시도하고 있는 바, 론칭이 성공하게 되면 4,000억 원 규모의 매출이 예상된다.

풍산은 기술과 품질 우수성을 토대로 내수뿐 아니라 수출에도 전력을 쏟고 있다. 군용탄, 스포츠탄 등을 북미 지역 등에 지속적으로 수출하고 있으며 아시아와 유럽, 중동 등 세계 시장으로의 매출 확대를 추진하고 있다.

이엠코리아는 공작기계를 생산하는 업체로 단품 위주의 방산 부품 가공에서 신뢰성과 기술력을 인정받아 육상, 항공, 해상용 방산 시스템 부품 수주에 성공했다. 이후 방산 부문의 매출이 2010년 134억 원, 2011년 164억 원으로 꾸준히 증가해 왔다. 2012년 197억 원, 2013년 300억 원의 성장세를 기록할 것으로 업계는 관측하고 있다. 특히 T-50, TA-50 등에도 납품이 본격적으로 시작됨에 따라, 해당 부품이 민항기까지 확대될 경우 상당한 모멘텀이 기대된다.

이밖에도 국내 방산 업체 중 매출 순위 20위인 퍼스텍, 군 무선통신 내 경쟁적 입지를 확보하고 있는 휴니드, 항공기용 전자전 시스템을 양산하고 있는 빅텍, 국산 항공기를 생산하고 있는 한국항공우주도 추천 종목으로 지목되고 있다.

중국과 일본이 첨예하게 대립하는 센카쿠 열도(왼쪽) 분쟁. 중국과 일본 안에서 반일, 반중 시위가 끊임없이 일어나 분쟁 위기를 고조시키고 있다 (오른쪽 상단). 한때 센카쿠 해안 인근에서 일본과 대만 경비정이 물대포 교전을 벌이기도 했다(오른쪽 하단). 한중일 사이에 고조되는 영토 분쟁은 각국 정부의 국방 예산에 막대한 영향을 끼친다. 그리고 이는 방위 산업에 수혜 요소로 작용한다.

>> 방위 산업 밸류 체인

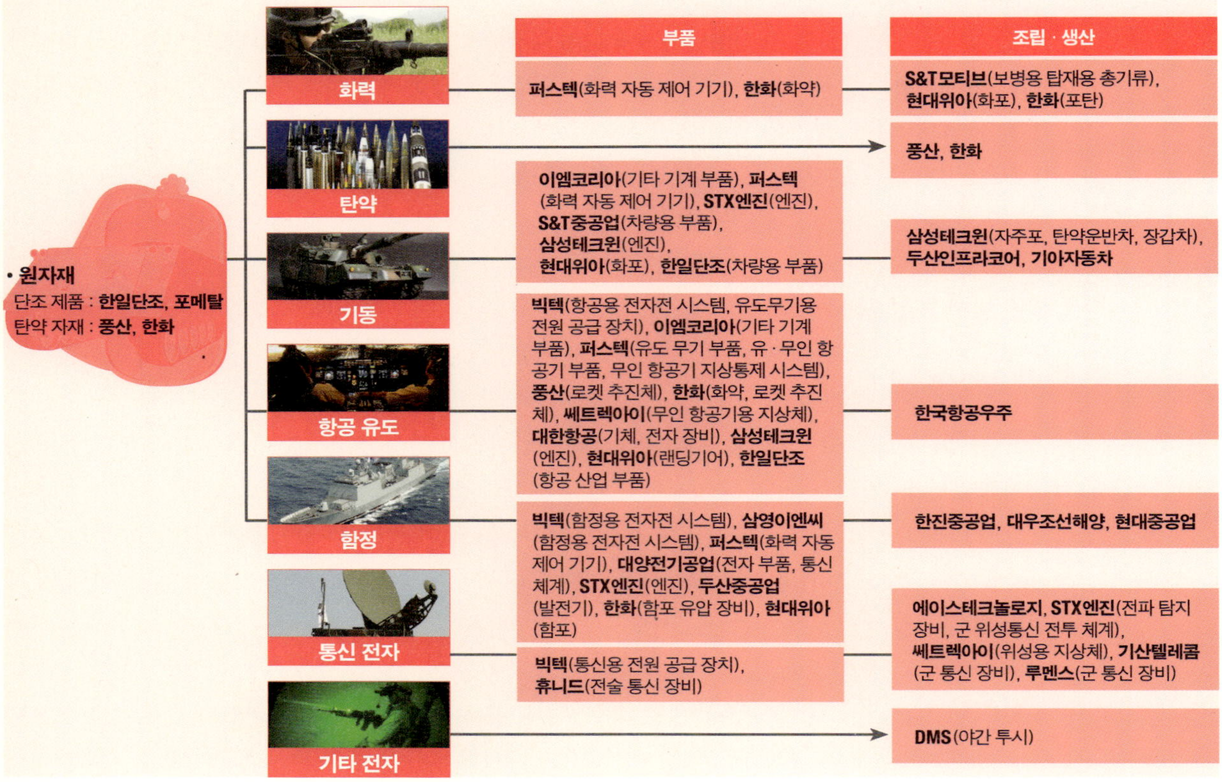

부품

조립 · 생산

화력

퍼스텍(화력 자동 제어 기기), 한화(화약)

S&T모티브(보병용 탑재용 총기류), 현대위아(화포), 한화(포탄)

탄약

풍산, 한화

· 원자재
단조 제품 : 한일단조, 포메탈
탄약 자재 : 풍산, 한화

이엠코리아(기타 기계 부품), 퍼스텍(화력 자동 제어 기기), STX엔진(엔진), S&T중공업(차량용 부품), 삼성테크윈(엔진), 현대위아(화포), 한일단조(차량용 부품)

삼성테크윈(자주포, 탄약운반차, 장갑차), 두산인프라코어, 기아자동차

기동

빅텍(항공용 전자전 시스템, 유도무기용 전원 공급 장치), 이엠코리아(기타 기계 부품), 퍼스텍(유도 무기 부품, 유 · 무인 항공기 부품, 무인 항공기 지상통제 시스템), 풍산(로켓 추진체), 한화(화약, 로켓 추진체), 쎄트렉아이(무인 항공기용 지상체), 대한항공(기체, 전자 장비), 삼성테크윈(엔진), 현대위아(랜딩기어), 한일단조(항공 산업 부품)

한국항공우주

항공 유도

빅텍(함정용 전자전 시스템), 삼영이엔씨(함정용 전자전 시스템), 퍼스텍(화력 자동 제어 기기), 대양전기공업(전자 부품, 통신 체계), STX엔진(엔진), 두산중공업(발전기), 한화(함포 유압 장비), 현대위아(함포)

한진중공업, 대우조선해양, 현대중공업

함정

에이스테크놀로지, STX엔진(전파 탐지 장비, 군 위성통신 전투 체계), 쎄트렉아이(위성용 지상체), 기산텔레콤(군 통신 장비), 루멘스(군 통신 장비)

빅텍(통신용 전원 공급 장치), 휴니드(전술 통신 장비)

통신 전자

DMS(야간 투시)

기타 전자

> '국방개혁 2020' 관련 수혜 업체

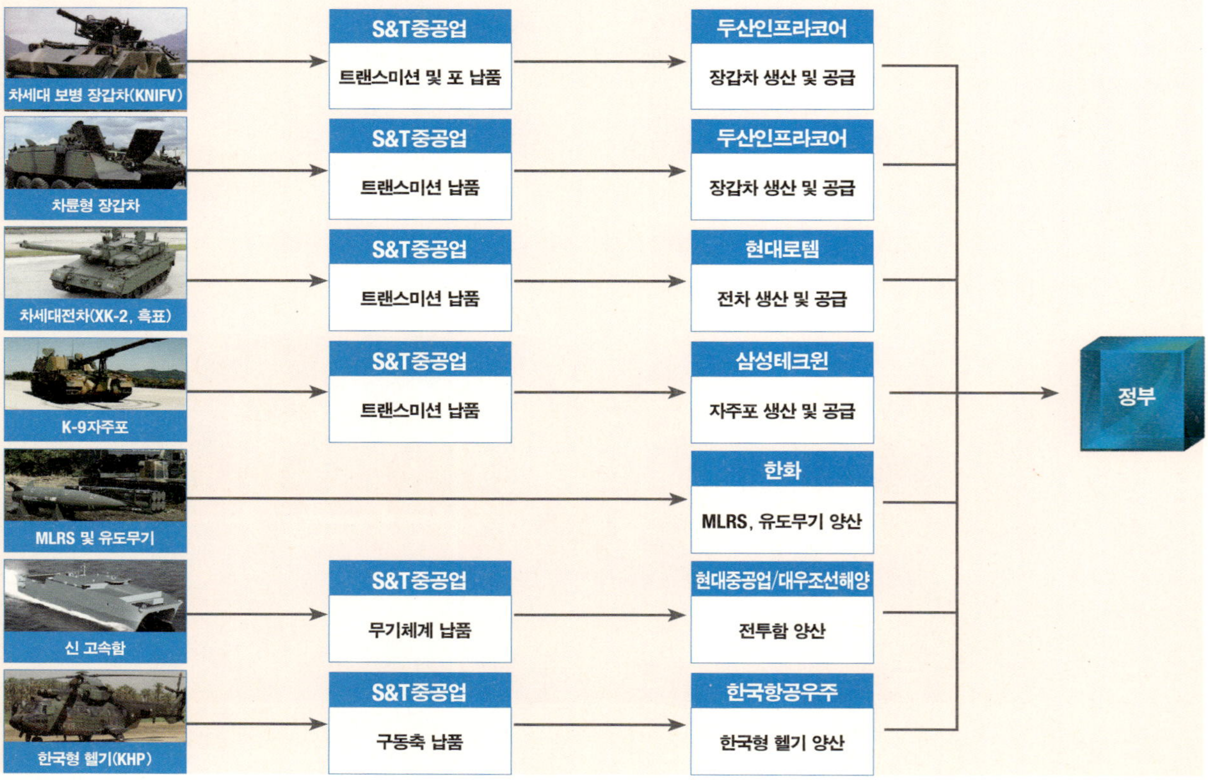

차세대 보병 장갑차(KNIFV)

S&T중공업
트랜스미션 및 포 납품

두산인프라코어
장갑차 생산 및 공급

차륜형 장갑차

S&T중공업
트랜스미션 납품

두산인프라코어
장갑차 생산 및 공급

차세대전차(XK-2, 흑표)

S&T중공업
트랜스미션 납품

현대로템
전차 생산 및 공급

K-9자주포

S&T중공업
트랜스미션 납품

삼성테크윈
자주포 생산 및 공급

MLRS 및 유도무기

한화
MLRS, 유도무기 양산

신 고속함

S&T중공업
무기체계 납품

현대중공업/대우조선해양
전투함 양산

한국형 헬기(KHP)

S&T중공업
구동축 납품

한국항공우주
한국형 헬기 양산

정부

> 국방비 예산 편성 추이 및 전망

주·괄호 안은 증감률

● 국방비 ● 방위력개선비

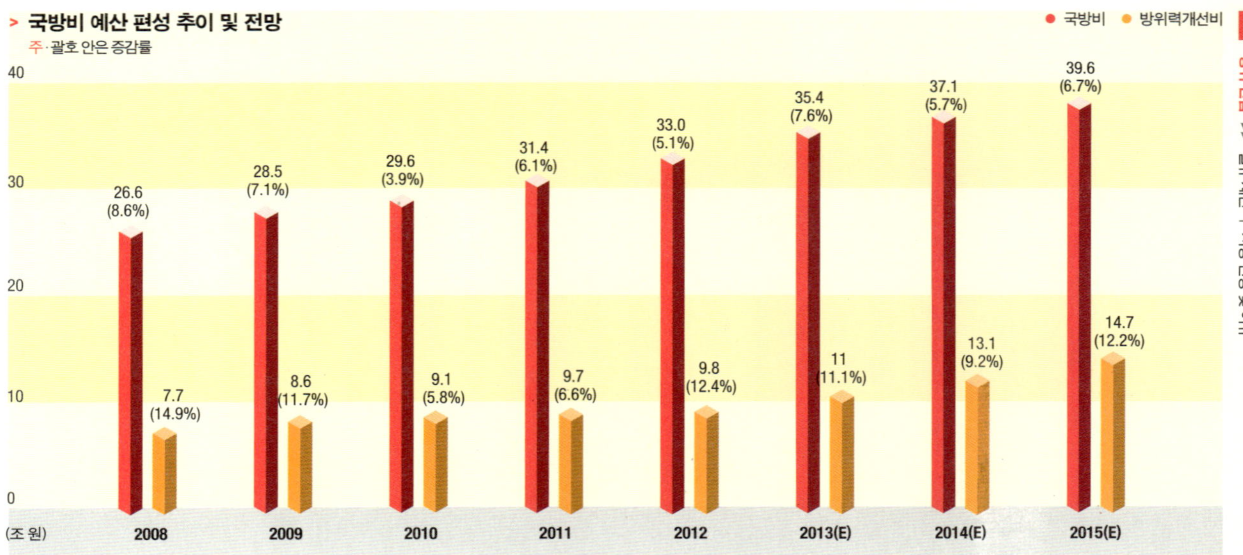

> 분야별 방위력 개선비 현황

● 정밀타격 ● 감시정찰 ● 화력탄약 ● 항공기 ● 함정 ● 기동전력

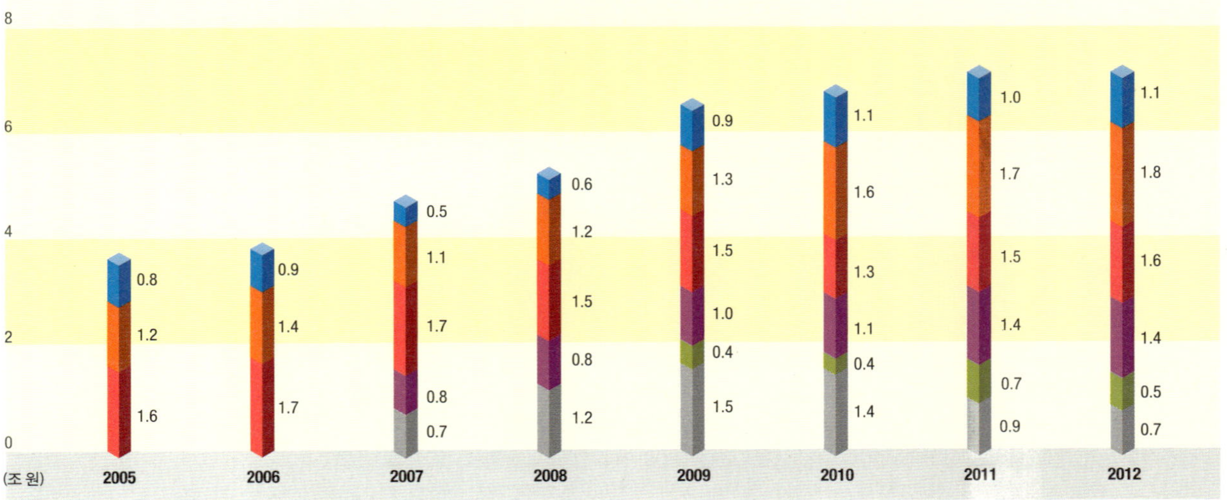

> 미국 국방 예산 추이

● 국방예산 — 국방예산/연방예산(우) ● 기초 예산 ● 해외 비상 작전 예산(OCO)

- 미국 국방 예산 감축은 한국 국방 정책에도 영향을 미침.
- 김정일 사망 등 급변하고 있는 북한 정세를 감안할 경우 한국 국방에도 전력 강화 노력이 필요할 것으로 예상.
- 세계적으로 확산되는 재정위기 등으로 인해 선진국에서는 국방비를 감축하는 추세.
- 미국은 2013년부터 향후 10년간 국방비를 4천5백억 달러를 감축할 계획이며, 추가적으로 축소 규모를 6,000억 달러까지 확대할 계획.
- 복무기간 연장이 현실적으로 어려운 점을 감안한다면, '장비' 위주의 군 병력 확보는 필연적인 상황.

> 국내 방위 산업 수출액 규모 추이

- 구매국의 정치·경제 및 예산 등에 좌우되어 수출 성사까지 장기간 소요.
- 2000년 이후 화포(火砲), 장갑차, K-2전차, K-9자주포, 항공기, 잠수함 등 해외 수출이 크게 증가.
- 지속적인 수출 증가로 현재 세계 18위의 방산수출국이 되었으며, 2012년까지 30억 달러 수출로 세계 7대 방산 선진국 도약 목표로 함.
- 방산수출액은 2006년 2.5억 달러에서 2011년 23.8억 달러로 2006년 대비 약 9.4배 증가.
- 제품 수출 외에도 미국의 F-15 창정비 사업을 수주하는 등 정비·성능 개량 서비스 분야로까지 수출 형태가 다양화 되었다는 점도 최근 방산수출의 특징.

> 전력 분야별 수출 현황

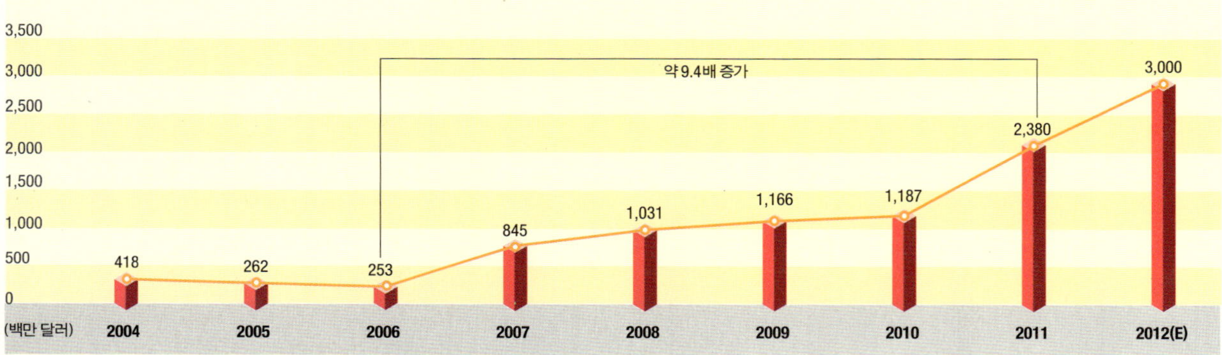

- 글로벌 경기침체에 따른 세계 방산 시장 위축에도 불구하고 2012년 영국 군수 지원함 4척을 국내 업체에서 수주(7.13억 달러)하는 등 한국의 방산 수출 지속적으로 증가.
- 기존 탄약·부품류 등의 수출 위주에서 T-50, 잠수함 등 첨단 기술력에 기반을 둔 고부가가치 무기 체계로 수출 품목이 다양화, 첨단화 되었다는 점에 서 큰 의미가 있음.

> 완제품 대비 부품 국산화율 비중

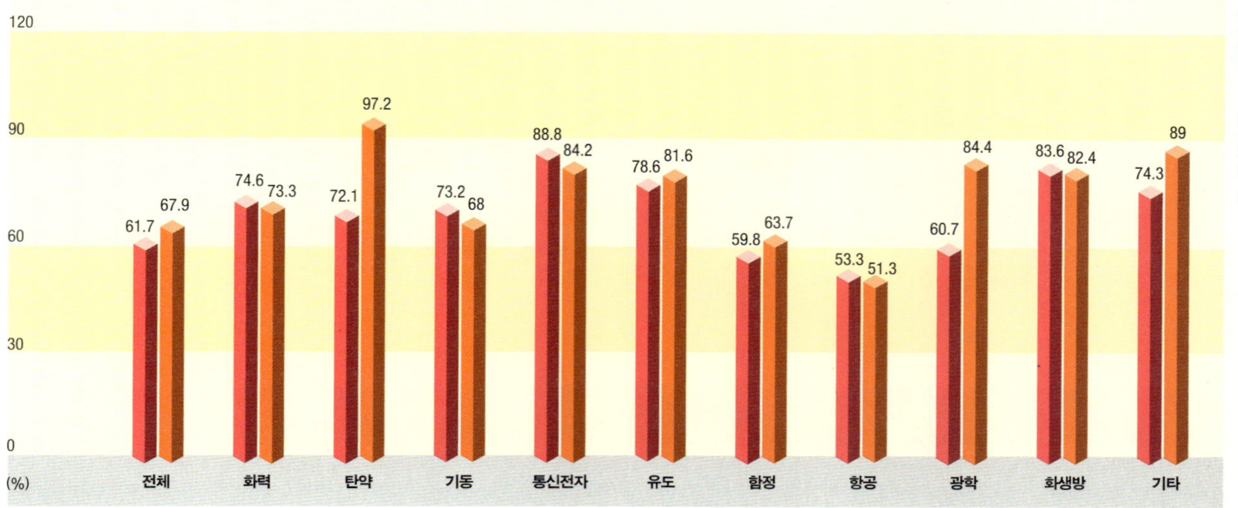

> 최근 5년간 종합 국산화율 추이

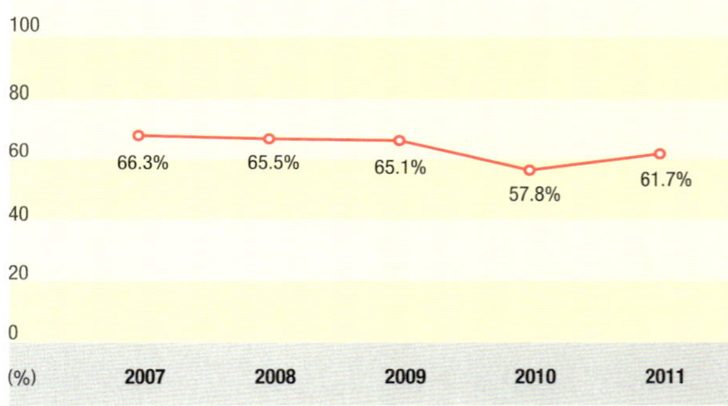

- 함정, 항공 분야의 첨단 무기 체계 획득에 있어서 해외산 구매나 외국과의 기술협력에 의한 사업 증가가 국산화율 저조의 주된 요인으로 작용.

> 업종별 방산 매출액 구성

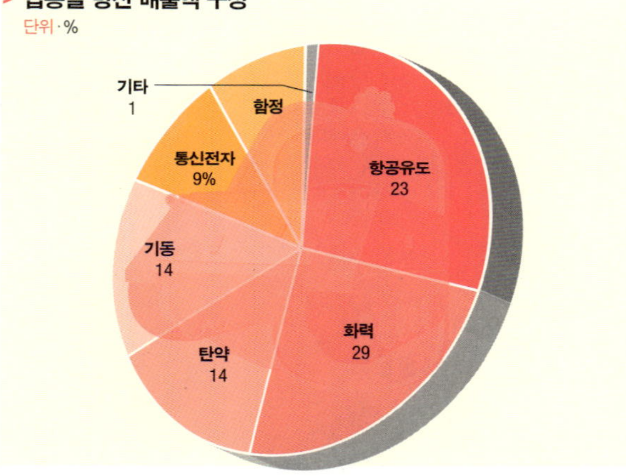

> 공식 지정 방산 업체 현황

분야	주요 방산 업체	일반 방산 업체
화력 (11)	두산DST, 두원중공업, 삼성테크윈, 유니모씨앤씨, 현대위아, S&T모티브, S&T중공업 (7)	동성전기, 진성테크, 진영정기, 칸워크홀딩 (4)
탄약 (8)	동양정공, 삼양화학, 알코아코리아, 풍산, 풍산FNS, 한일단조공업, 한화 (7)	고려화공 (1)
기동 (14)	현대다이모스, 두산모트롤, 두산인프라코어, 두산중공업, 평화산업, 현대로템, LS엠트론, STX엔진 (8)	광림, 기아자동차, 동진전기, 삼정터빈, 신정개발특장차, 시공사 (6)
항공 유도 (16)	극동통신, 금호타이어, 대한항공, 퍼스텍, 한국항공우주, 한국화이바, LIG넥스원 (7)	경주전장, 다윈프릭션, 단암시스템즈, 데크, 성진테크윈, 유아이헬리콥터, 위다스, 한국로스트왁스공업, 한양네비콤 (9)
함정 (12)	강남, 대우조선해양, 성동조선해양, 한국특수전지, 한진중공업, 현대중공업, 효성, STX조선해양 (8)	두산엔진, 스페코, 해안기계산업, STX메탈 (4)
통신 전자 (17)	디에스티, 비앤비쏠루션, 비츠로셀, 삼성탈레스, 연합정밀, 이오시스템, 이화전기공업, 코리아일레콤, 티엑스택, 프롬투정보통신, 휴니드테크놀러지스 (11)	경안전선, 동일쉘터시스템, 삼영이엔씨, 아이쓰리시스템, 인소팩, 현대제이콤 (6)
화생방 (3)	산청, 삼공물산, 에이치케이씨(3)	–
기타 (12)	대양전기, 발레오전장시스템코리아, 삼양컴텍, 서울엔지니어링, 은성사(5)	대명, 대신금속, 대원강업, 도담시스템스, 로우테크놀로지, 케이에스피, 크로시스 (7)
계 (93)	56개	37개

퍼스텍

코스피 · IFRS별도

2012년 2분기 누계

매출액	319억 원
영업이익	6억 원
순이익	10억 원

투자 포인트
- 정밀 기계 생산 및 전자 부품 제조, 무인항공기 지상 통제 시스템 주력 업체.

- 93개의 방산 업체 중 매출 순위 20위권 형성 → 매출액 상위 20개사가 방산 전체 매출액 비중 88.9% 점유.
- KHP(한국형헬기) 개발 사업, T-50, 각종 유도 무기의 양산 및 차세대 정부 기술 과제 개발 등에 적극 참여.
- 방위 사업 외에도 신사업으로 생체인식 산업이 생소했던 국내시장에서, 2003년 국내 최초로 얼굴 인식 산업에 과감히 투자하여 현재까지 국내 생체인식 기술 수준을 세계적 수준으로 발전시키며 국내 생체인식 산업을 주도, 국내에서 최초로 KISA로부터 얼굴인식 성능 인증 받음.

> 경영실적

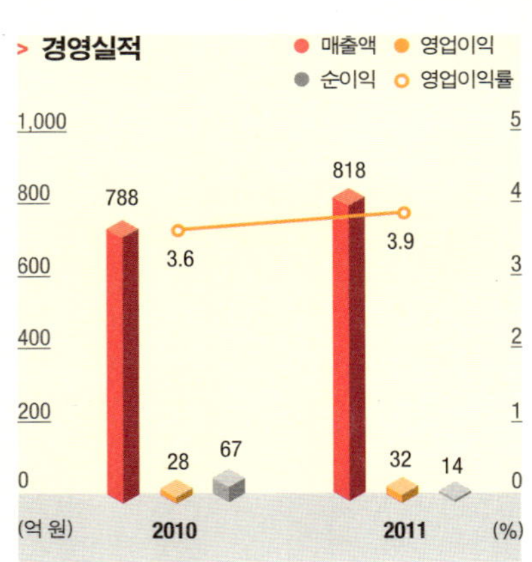

퍼스텍 방위 사업 분야

항공우주	유도 무기	지상 무기	해상 수중 무기	자동 소화 장치	무인화
• 한국형 중형헬기 UH-60의 전장품과 전기장치 패널 공급. • 최첨단 전투기 KF-16의 정밀 기계 가공품 공급. • 전투기, 헬기 관련 21종의 부품 국산화 달성.	• 단거리 지대공 유도 무기인 천마 사업(1989~2010)의 구동 장치, 탄내 배선 조립체 개발, 납품. • 2010년 양산에 들어간 홍상어 사업에 참여해 전원 공급장치, 구동전개감속기 등 공급.	• 한국형 전차(K1,K1A1), 구난·교량 전차, 자주포(K55, K9) 및 자주포 지휘차량(K77), 상륙 돌격 장갑차(KAAV) 생산.	• 76mm 함포의 구동 장치 및 사격 통제 보조장치 국산화 개발. • 장보고 Ⅲ 잠수함 탑재 장비 국산화 개발에 참여.	• 관련 구성품들의 완전 국산화 달성. • 최근 환경 규제에 대응한 친환경 소화액(FM200) 적용한 시스템 전문 업체로 도약.	• 다목적 소형 로봇인 SCO-BOT 개발, 출시. • 국내 3대 무인 항공기 업체인 유콘시스템 인수하여 소형 무인기 사업 및 무인 전투 체계사업 구축.

한화

코스피 · IFRS연결

2012년 2분기 누계

매출액	5조5,704억 원
영업이익	1,751억 원
순이익	1,601억 원

투자 포인트
- 1970년대 시작된 방산 사업은 산업용 화약에서 축적된 화약 기술을 기반으로 탄약 분야에 진출.
- 방산 사업의 견조한 성장을 기반으로 실적 호조세.

> 연결 회사의 부문별 사업 내용

사업 분야	영업 내용	주요 계열사
화약제조	화약류(방산품, 산업화약 등)의 제조 및 판매	(주)한화 제조 부문
기계제조	공업로, 공장자동화시스템, 공작기계의 제조 및 판매	한화테크엠(주)
건설	건축, 토목, 플랜트, 환경, 주택 사업 등의 건설업	(주)한화건설, 검단에코텍(주), 칠곡엔바이로(주) 등
무역도소매	무역업 및 도소매업 등	(주)한화 무역 부문, Hanwha International(S) Pte Ltd. , Hanwha Europe GmbH 등
호텔레저	체육시설(운동 설비) 운영 및 관광숙박업과 급식 사업	한화호텔앤드리조트(주), World Corporation 등
기타	기타 제조 및 판매업	(주)한화저축은행, Hanwha Resources(USA) Corporation 등

> 화약·제조 부문 실적 추이

주 · 괄호 안은 비중

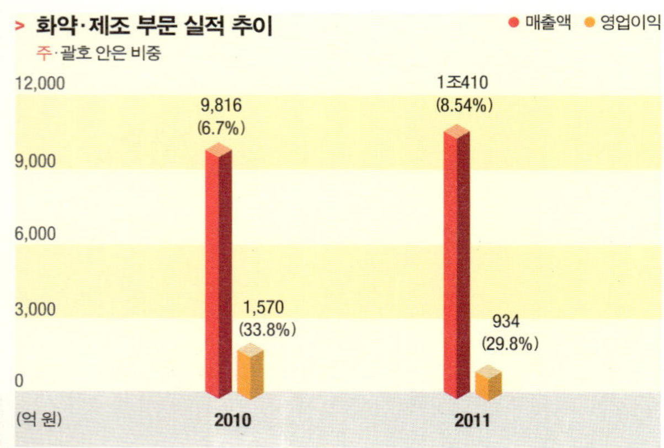

> 산업용 화약 국내 시장점유율

단위 · %

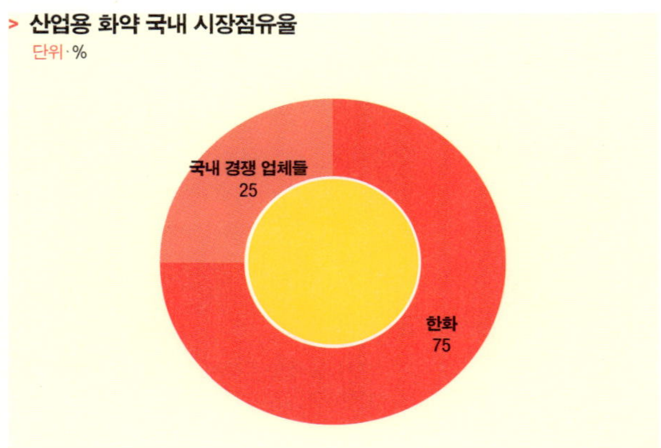

현대위아

코스피·IFRS연결

2012년 2분기 누계

매출액	3조3,371억 원
영업이익	2,386억 원
순이익	1,844억 원

투자 포인트

- 대구경 화포 전문화, 함포 체계 및 착륙 장치 계열화 지정 업체로서 독점적 지위 확보.
- 축적된 자체 설계 능력 및 제조 시설을 기반으로 최근에는 각종 포신류, 곡사포 외에 장갑차 사업 등을 활발히 전개.
- 위성 항법 장치를 이용하여 자동 계산이 가능한 아시아 최초의 120mm 강선형 자주 박격포 모듈에 성공.
- 박격포 사업, 원격 조정 사격 장치(RCWS) 등 선진 업체들과의 기술 협력 및 국산화 개발 추진.
- 육상 화포 생산 기술 축적을 기반으로 함포 분야가지사업 확대.
- K-76L/62, KMK45 등을 제작·납품.

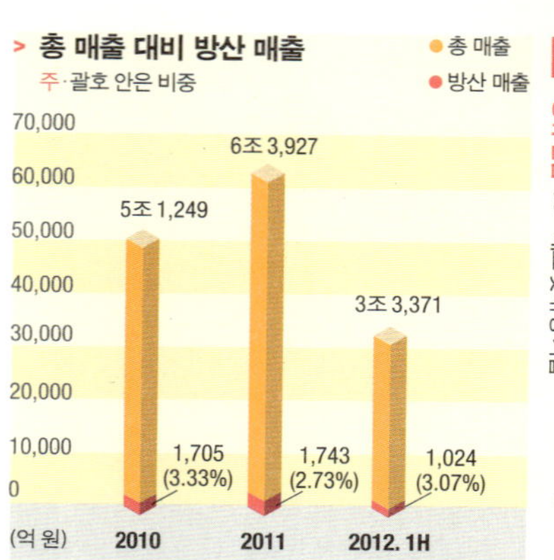

> **총 매출 대비 방산 매출**

> **주요 방산 제품**

S&T모티브

코스피·IFRS연결

2012년 2분기 누계

매출액	4,531억 원
영업이익	108억 원
순이익	104억 원

투자 포인트

- S&T모티브의 방산 사업 매출 비중은 10% 내외이지만 상대적으로 높은 이익률로 영업 이익 기여도는 20% 내외로 추정.

> **신제품 K11 소총**

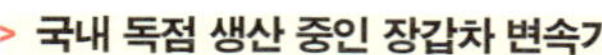

> **사업 부문별 매출 비중**

단위·%

S&T중공업

코스피·IFRS연결

2012년 2분기 누계

매출액	3,843억 원
영업이익	265억 원
순이익	252억 원

투자 포인트

- 탱크와 장갑차용 변속기 국내 독점.
- 국방 산업 특성상 정부가 가격 결정하므로 영업이익률이 9~16%로 고정적이어서 안정적인 이익 창출.

> **국내 독점 생산 중인 장갑차 변속기**

> **사업 부문별 매출 비중**

단위·%

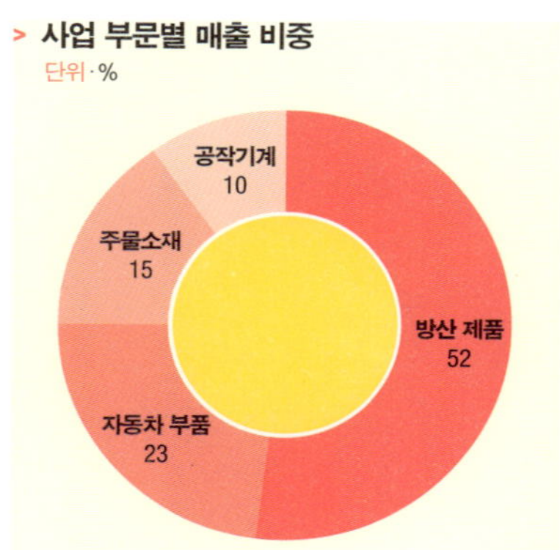

풍산

코스피·IFRS연결

2012년 2분기 누계

매출액	1조4,136억 원
영업이익	679억 원
순이익	280억 원

투자 포인트

- 육상용 중소구경 탄약 부문에서 독점적인 공급자 지위 확보.
- 2010년 LIG넥스원(주)과 합작하여 'LIG POONGSAN PROTECH CO., LTD.'를 설립.

> 독점 생산 중인 육상용 중소구경 탄약 세트

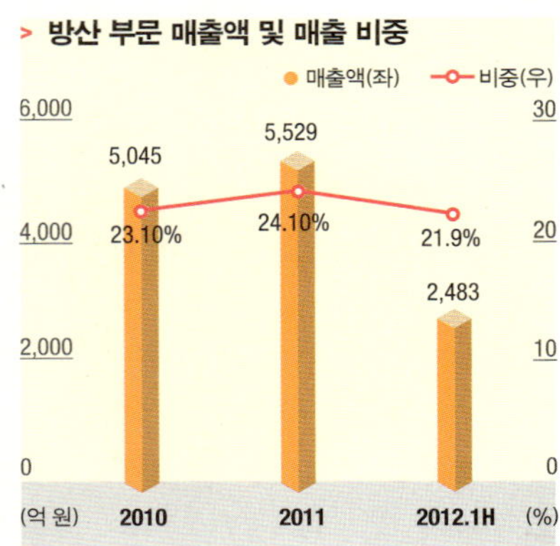

> 방산 부문 매출액 및 매출 비중

이엠코리아

코스닥·IFRS별도

2012년 2분기 누계

매출액	414억 원
영업이익	8억 원
순이익	11억 원

투자 포인트

- 탄약 운반 장치, 차보 송탄 장치, T-50용 Door Actuator 및 랜딩기어, 해상 함포 부품, 전차와 장갑차용 상부포 등 생산.

> 한국형 자주포 K-9의 핵심 부품인 격발기 조립체 탑재

> 총 매출 대비 방산 매출 및 비중

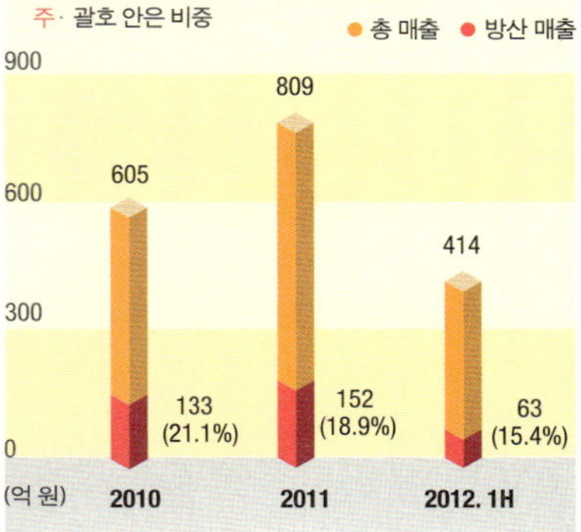

STX엔진

코스피·IFRS연결

2012년 2분기 누계

매출액	8,214억 원
영업이익	550억 원
순이익	-32억 원

투자 포인트

- 육군의 주력인 K1, K1A1 전차, K-9 자주포 및 해군, 해경의 함정에 탑재되는 특수 고속 엔진 생산.

> 전차 탑재 특수 고속 엔진

> 총 매출 대비 방산 엔진 매출 및 비중

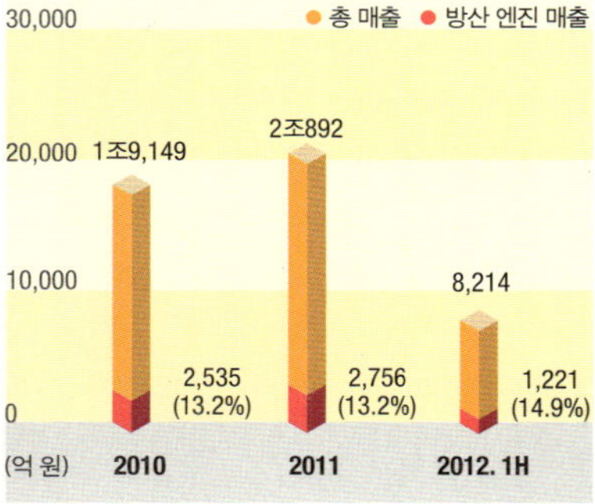

삼성테크윈

코스피·IFRS연결

2012년 2분기 누계

매출액	1조3,884억 원
영업이익	774억 원
순이익	765억 원

투자 포인트

- 국내 유일한 자주포 체계 업체.
- 2020년까지 방위 산업은 연간 매출 100억 달러, 수출 40억 달러로 시장이 확대될 예정이며 당사도 향후 수출 중심의 매출 확대 기대.
- 내수 및 해외 시장에서 우수성이 검증된 K9 자주포를 중심으로 K10 탄양운반장갑차, K77 사격 지휘차 및 K55A1 자주포 등 제품라인업을 다양하게 구성하여 해외 시장 확대에 주력.

> K55AI이 탑재된 K55 자주포

한국항공우주
코스피 · IFRS별도

2012년 2분기 누계

매출액	7,335억 원
영업이익	897억 원
순이익	602억 원

투자 포인트
- KT-1 기본훈련기, T-50 고등훈련기, 군단 무인기 등 국내 전투기 주력 생산.
- 국방부의 항공 방위 예산 개선으로 인한 최대 수혜 업체로 지목.

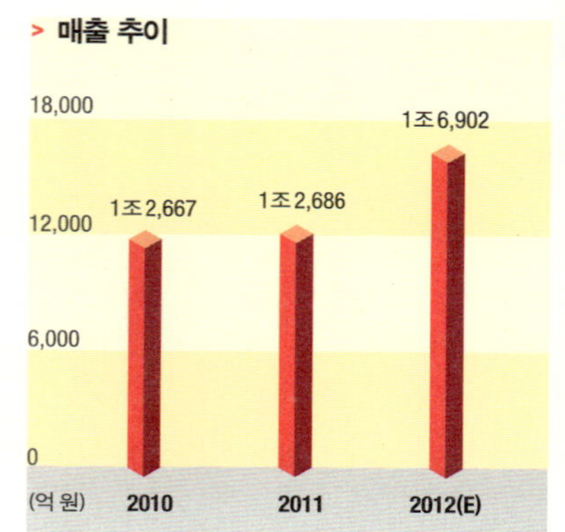

> 사업별 수주 추이

> 매출 추이

빅텍
코스닥 · IFRS별도

2012년 2분기 누계

매출액	141억 원
영업이익	-19억 원
순이익	-13억 원

투자 포인트
- 2001년 함정용 전자전 시스템 개발에 이어, 2006년부터 항공기용 전자전 시스템 양산.
- 이 밖에도 당사는 통신용, 유도무기용, 전자전 시스템용 전원 공급 장치 제품 생산.
- 기존 주력제품군(전자전 시스템, 전원 공급 장치) 이외에 차기 보병 장갑차 양산 물품, TAS 양산 물품, NIFF 물품, 무인 정찰기 EOIR 장비 DC 전원 조립체 등 개발 추진.
- 250W급 군용 SOFC(Solid Oxide Fuel Cell) 전원 개발 중.

> 함정에 탑재되는 전자전 시스템 통합 장비

휴니드
코스피 · IFRS별도

2012년 2분기 누계

매출액	141억 원
영업이익	-21억 원
순이익	-28억 원

투자 포인트
- 지난 40년간 군 무선 통신 관련 특수 통신 및 전술 통신 장비 생산·공급하면서 축적된 기술을 바탕으로 업계 내 경쟁적 입지 확보.
- 다중 채널 무전기(GRC-512 4Mbps) 자체 개발·생산하면서 확보한 탄탄한 기술력과 노하우를 바탕으로 현재의 군 전술 통신 체계를 대체할 차세대 군 종합 전술 정보 통신 체계 'TICN(Tactical Information Communication Network)' 사업의 주요 체계인 초고속 대용량 무선 전송 장치인 'HCTR(High Capacity Trunk Radio)'에 대한 탐색 개발 완료 및 수주 성공.

> 총 매출 대비 방산 매출 및 비중

대양전기공업
코스닥 · IFRS별도

2012년 2분기 누계

매출액	608억 원
영업이익	69억 원
순이익	72억 원

투자 포인트
- 2009년 함내외 통합 통신 체계인 'ICS(Integrated Communication Systems)'의 독자 모델(ADICS 21) 개발, 2010년 국방규격(지식경제부)으로 지정되면서 2011년부터 2015년까지 5년 동안 독점 납품 중.
- 심해 무인 잠수정(UUV: Unmanned Underwater Vehicle) 개발하여 6,000m급(전 세계 바다의 97% 탐사 가능) 성능 시험 성공 → 2006년 해양 연구원 납품(1대)을 통해 기술력 입증.
- 현재 근해용으로 사용할 수 있는 군용 제품(200m급) 무인 잠수정 납품 중.

심해 무인 잠수정

국내 상장 중국 기업

차이나 디스카운트에서
차이나 프리미엄으로

국내 증시에 상장된 중국 기업은 유가증권 시장에 3개, 코스닥 시장에 10개 등 모두 13개다. 대부분 기업의 주가가 공모가를 하회하거나, 오랜 기간 내리막길을 걸으며 저평가 상태에 시달리고 있다.

중국 경기 회복과 소비 확대 등으로 성장 잠재력이 작지 않다는 평가가 꾸준히 제기되고 있지만, 중국고섬 사태로 시작된 '차이나 디스카운트'가 여전히 발목을 잡고 있다. 특히 연합과기와 성융광전투자가 상장 폐지되면서 불안감을 키웠다. 아직도 중국 기업들은 국내 주식 시장에서 투자자들의 신뢰를 충분히 받지 못하고 있는 상태다.

문제는 '차이나 디스카운트'

2011년 중국고섬이 불투명한 회계 문제로 거래가 정지되면서 국내 증시에서 차이나 디스카운트(중국 기업이 지나치게 저평가 받는 현상)는 유독 심화됐다. 국내에 상장된 중국 기업 대부분이 공모가를 밑도는 주가 수준을 보이고 있는 것이다.

중국 기업들은 국내 주식 시장에서 신뢰를 회복하기 위해 부단히 노력 중이다. 국내 회계법인을 선임하거나 한국 국적의 사외이사를 선임하는 등 다양한 시도를 하고 있다. 그러나 중국 기업에 대한 신뢰도 회복에는 다소 시간이 걸릴 것으로 업계는 내다보고 있다. 아울러 신뢰 회복을 위해 좀 더 구체적인 노력이 필요하다는 지적도 제기되고 있다.

모멘텀은 살아있다

한편, 이제는 중국 기업들에 눈을 돌려야 할 때라는 목소리가 서서히 커지고 있다. 중국 경기 회복이 본격화 되면 국내 상장된 중국 기업에 이목이 집중되고 재평가될 것으로 업계는 내다보고 있다. 중국은 2012년 하반기에 정권 교체가 이뤄지면서 소비 중심의 경제 성장이 본격화될 전망이다. 중국 내수 시장의 성장과 중국 경기 회복으로 인해 국내 증시에 상장된 중국 기업들에 대한 국내 증권가의 평가도 달라질 것이란 얘기다. 그렇게 되면 지긋지긋한 차이나 디스카운트의 올가미에서 벗어나게 되는 것이다.

실제로 지난 2010년 시진핑으로 차기 정권이 결정되었을 때, 수출 주도 경제에서 소비 주도 경제로 변모하면서 이른바 '차이나 프리미엄'을 받으며 국내 증시에서 중국 내수 시장 수혜주로 상당한 주목을 받은 적이 있다. 현재 국내 상장된 대다수 중국 기업들의 밸류에이션은 PER 1~2배 수준으로 대단히 낮은 수준이다. 국내 상장 해외 기업 중 실적 성장과 주가 상승을 겸비한 코라오홀딩스와의 밸류에이션 비교를 통해서도 상당히 저평가돼 있음을 알 수 있다. 회계 문제나 기업의 실체에 대해 근본적인 신뢰 회복이 이뤄진다면 새로운 평가를 받을 여지가 충분히 있다는 분석이다.

중국 소비 확대에 따른 직접적인 수혜 상장사

2010년 상장된 차이나킹은 중의약 기반의 건강식품 판매와 동충하초 원재료 유통, 차(茶) 판매 등을 주 사업으로 하고 있다. 중국 소비 수준이 향상되면서 건강식품과 차 제품 등의 매출이 크게 늘고 있는 바, 차이나킹의 모멘텀은 매우 긍정적이다. 건강식품은 '원강' 및 '영생활력' 브랜드 제품 판매를 통해 약 46% 수준의 높은 이익률을 보이고 있고, 향후 판매 대리점을 본사에서 인수해 유통 마진을 추가로 확보할 것으로 보인다. 신규 성장동력 사업인 차 사업의 경우 재배 단지 확보를 통한 제품 자체 공급으로 원가 경쟁력을 지니고 있으며, 향후 추가적인 재배 면적 확대로 자급도를 높일 예정이다.

신발, 의류 등의 스포츠 용품 생산 업체인 차이나그레이트는 2012년 하반기부터 캐주얼 및 아웃도어 의류 매출이 80%를 넘어서고 있다. 그동안 주력했던 스포츠 용품 시장을 철수하고 의류 사업에 힘을 쏟고 있다. 고급 디자인 인력을 다수 채용하면서 제품의 질 향상을 꾀 함에 따라 아웃도어 의류 등의 마진율이 스포츠 용품 대비 10~20% 높게 유지될 전망이다.

중국식품포장은 중국 캔 포장 식품 수요 증가에 대한 수혜가 예상된다. 이 회사는 중국 시장 금속 포장 용기 시장점유율 2위 업체로, 2009년 국내 코스닥 상장 후 생산능력이 5배가량 증가했다. 중국 음료 사업은 연평균 25% 성장하는 시장임에도 불구하고, 현재 중국 1인당 캔 포장 식품 소비량은 선진국의 10% 수준에 불과하다. 앞으로 성장할 여지가 무궁무진하다는 얘기다. 중국 GDP와 음료 시장 규모는 동반 성장세가 예상돼 중국식품포장의 실적 개선이 기대된다.

차이나하오란은 업황 부진으로 매출과 이익 모두 하락세다. 경쟁 업체들의 생산 시설 증설에 따른 공급 과잉으로 실적이 둔화된 것이다. 중국 인쇄용지 시장은 이미 포화 국면에 진입했다. 일부 업체는 적자를 감수하고 덤핑 판매를 감행하고 있는 실정이다. 차이나하오란은 하남성에 신설한 탈잉크펄프 공장에서 고부가가치의 표백 펄프를 생산해 수익성을 보전할 예정이다. 아울러 중장기적으로는 임지 일체화(林地一體化)를 통해 임업과 펄프, 제지를 수직계열화해 나간다는 방침이다.

높아지는 중국 은행들의 위상

국내에 상장되지 않는 중국의 여러 업종 가운데 우량 성장을 거듭하는 업종에는 어떤 것이 있을까? 최근 중국 금융 산업을 대표하는 은행들이 고성장을 이어가면서 주목을 끌고 있다. 특히 중국의 5대 은행인 공상은행, 건설은행, 농업은행, 중국은행, 교통은행의 2011년 순이익 총액은 6,808억4,900만 위안에 달하는 것으로 나타났다. 이들 5대 은행은 대부분 18% 이상의 순이익 증가세를 나타냈다. 이 가운데 교통은행은 전년 동기 대비 29.95%로 가장 큰 증가세를 기록했다.

순이익 규모에서는 공상은행이 2,084억 위안으로 5대 은행 가운데 가장 양호한 실적을 나타냈다. 공상은행은 순이익 2,000억 위안을 돌파해, A주 증시(중국인 대상 주식) 상장사 중에 가장 높은 수익을 기록했다. 이처럼 중국 은행들의 순이익이 늘어난 것은 이자 소득과 함께 수수료 수입이 대폭 증가했기 때문인 것으로 분석된다.

중국의 은행 업계가 괄목할 만한 성장을 이어간다는 것은 중국의 내수 소비가 크게 증가할 수 있음을 보여주는 단적인 예라 하겠다. 아울러 한동안 경기 침체를 겪어온 중국 경기의 반등이 머지않았다는 분석을 뒷받침하는 소식이기도 하다. 국내 상장 중국 기업들에게는 이 또한 커다란 호재가 아닐 수 없다. 차이나 디스카운트가 차이나 프리미엄으로 뒤바뀌는 시기가 도래할 것이란 기대감이 커지고 있는 것이다.

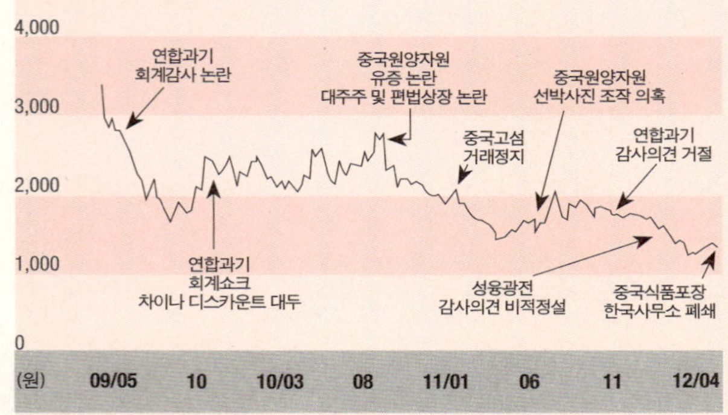

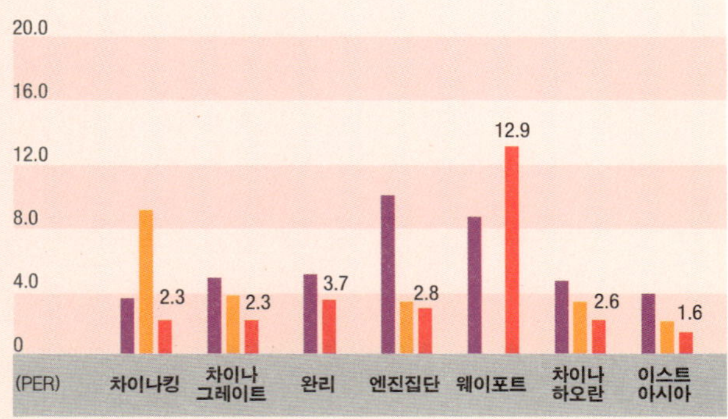

차이나 디스카운트란?

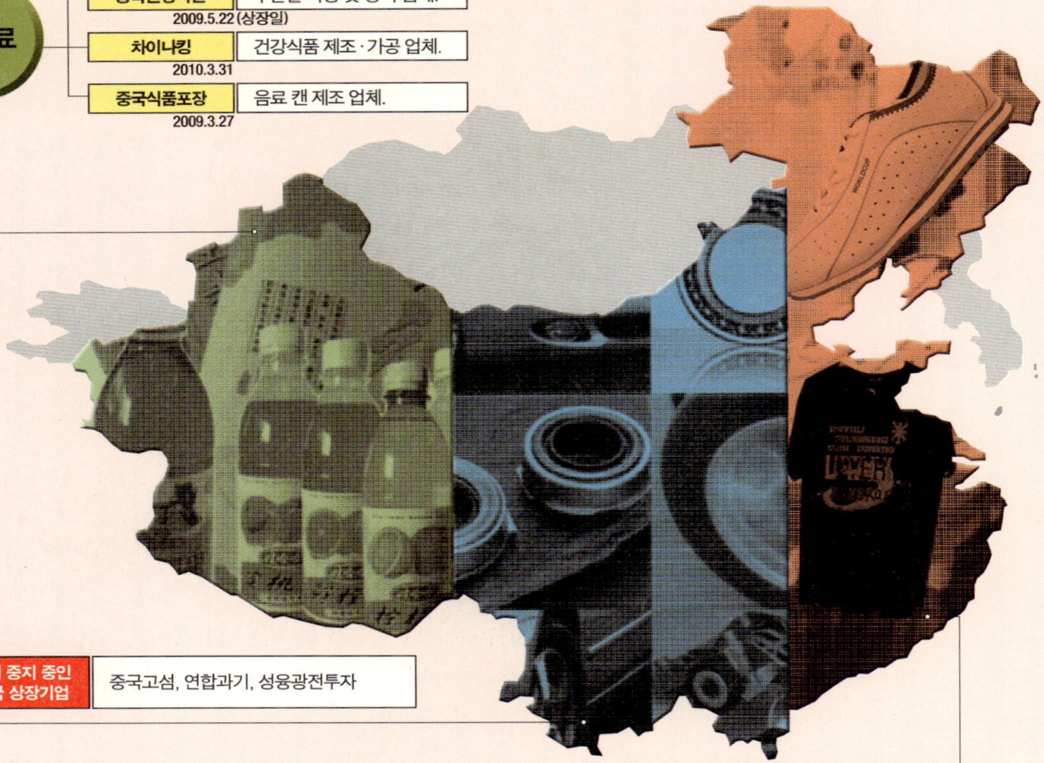

국내 주식시장에 상장되어 있는 중국계 기업의 주식이 평가절하되는 현상. 양호한 실적에도 불구하고 중국 기업이라는 이유로 주가가 기업 가치에 비해 낮게 형성되는 현상을 가리킴. 기업 실적에 대한 투자자들의 불신이 주된 원인이며, 기업 가치를 평가할 수 있는 객관적인 자료 제공에 소홀한 중국 기업의 책임도 문제의 원인이 됨. 즉, 회계 부정, 허위 공시 등 단순 실수로 보기 어려운 사건들이 차이나 디스카운트를 촉발시킴. 하지만 최근 국내 상장 중국 기업들은 한국 회계법인의 감사, 한국인 사외이사 선출, 한국 IR사무소 설립 등을 통해 국내 투자자들과의 소통에 적극적으로 임하는 중.

> 2011년 이후 국내 상장에 실패한 해외 기업 현황

- 국내 증시에서의 기업공개(IPO) 시장 부진이 '차이나 리스크'와 맞물리면서 해외 기업의 국내 상장 실패율 증가.
- 상장 실패 해외 기업에는 중국 기업들이 다수 포진.
- 중국 기업의 경우 기업 가치가 지나치게 저평가 되어 있으나, 기업 실적은 대체로 성장 모드를 보이고 있음 → 이미지 쇄신이 확립되면 주가에서도 큰 폭의 성장세 기대.

> 중국 경제 성장에 따른 수혜 가능성 진단

G2로 부상한 중국의 위상	• 중국GDP, 2002~2011년 연평균 10.7%라는 경이적인 성장률 기록. • 2012년 상반기 이후 기업 실적 부진과 유럽 재정위기 지속으로 중국 증시 큰 조정 직면. • 2012년 하반기 이후 중국 정부 투자 확대, 지준율 인하 등으로 개선 전망.
중국 12차 5개년 계획	• 민간 소득 향상 통한 내수 확대. • 스마트, 신재생에너지, 바이오 등 차세대 산업 고도화 확대.
소득 분배 정책 점화	• 정부와 은행의 수익을 기업과 개인의 이익으로 이전, 분배 정책 추진. • 개인 소득 증가율이 전체 기업 이익 증가율을 상회할 전망. • 개인 소득 증가는 내수 산업 증진을 부추기는 원동력이 됨.

한국에 상장된 중국 기업은 의류, 식품, 자동차 등 소비 관련 사업을 영위하고 있기 때문에 향후 중국의 소비 산업 성장에 수혜를 입을 것으로 전망됨. 중국 기업들은 높은 매출성장성과 영업이익률을 특징으로 함.

> 중국, 브릭스, 미국의 세계 경제 비중 추이

주·구매력 평가 기준

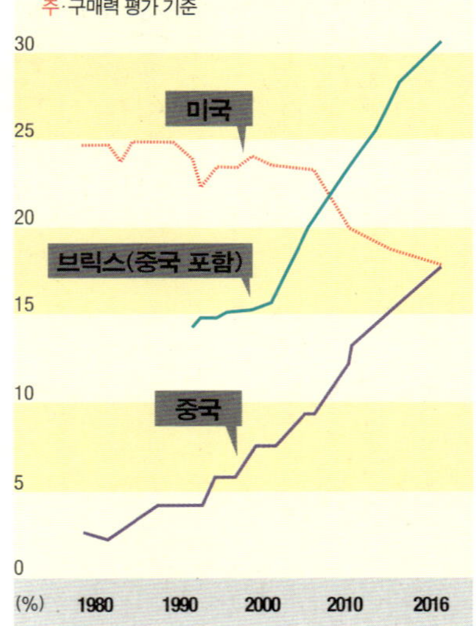

> 2012년 주요국 경제성장률 비교

단위·%, 자료·IMF(2012.10)

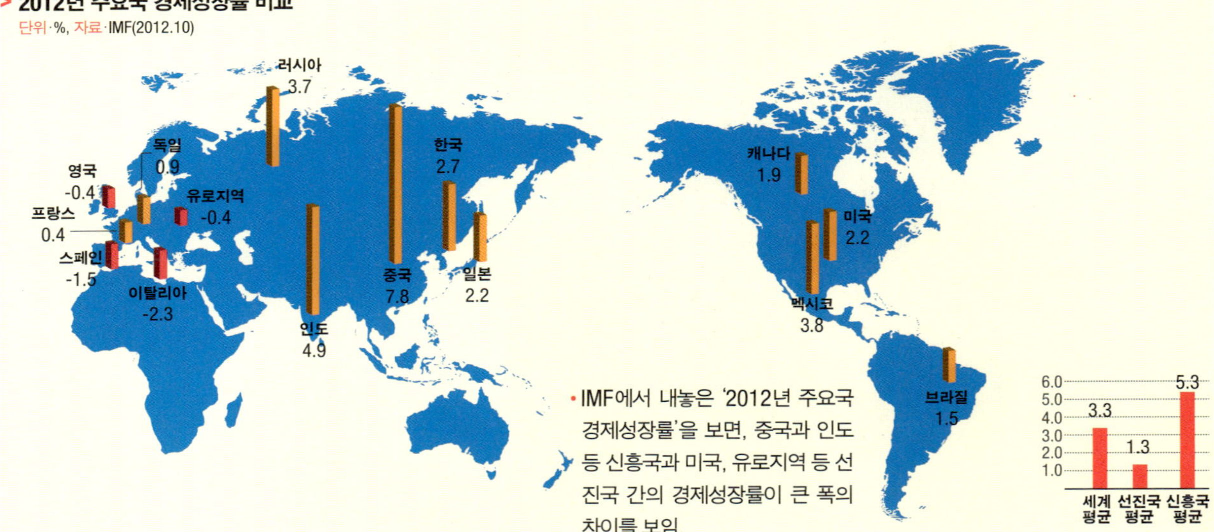

- IMF에서 내놓은 '2012년 주요국 경제성장률'을 보면, 중국과 인도 등 신흥국과 미국, 유로지역 등 선진국 간의 경제성장률이 큰 폭의 차이를 보임.

> 중국의 산업 진화도

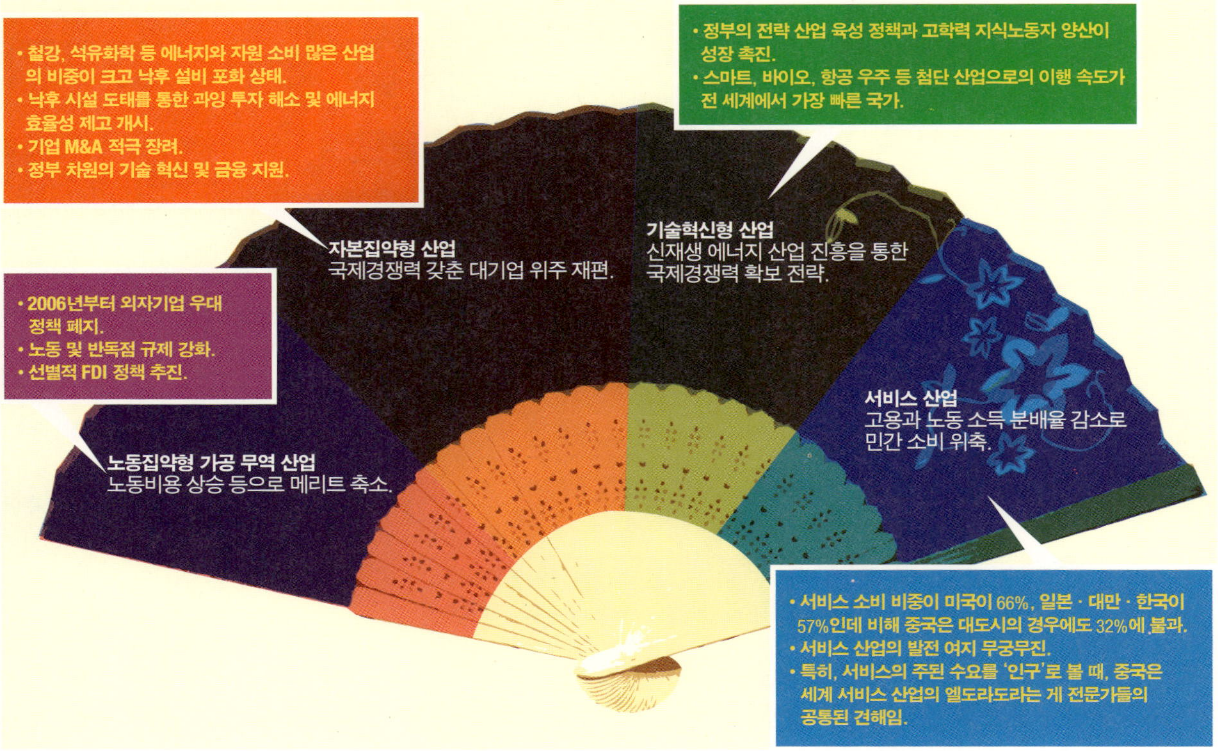

> 중국 GDP 성장률

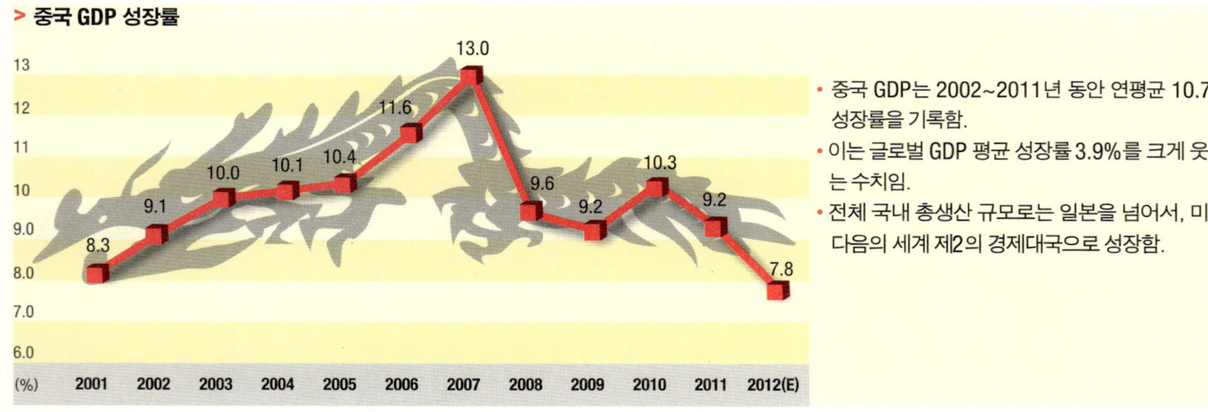

- 중국 GDP는 2002~2011년 동안 연평균 10.7% 성장률을 기록함.
- 이는 글로벌 GDP 평균 성장률 3.9%를 크게 웃도는 수치임.
- 전체 국내 총생산 규모로는 일본을 넘어서, 미국 다음의 세계 제2의 경제대국으로 성장함.

> 중국의 GDP 대비 수출 비중과 수출 구조 | 단위·%

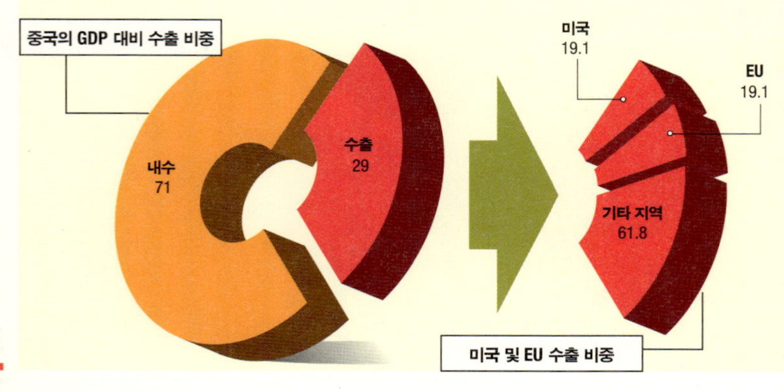

- 중국은 수출에서 미국과 유럽 등 선진국이 차지하는 비중이 여전히 높음. 내수 기반이 약한 중국으로서는 선진국의 경기 침체에 아직까지 영향을 많이 받을 수 밖에 없음.

> 브릭스 중산층 이상 인구 분포

주 · 중산층 기준 : 연소득 6,000달러 이상

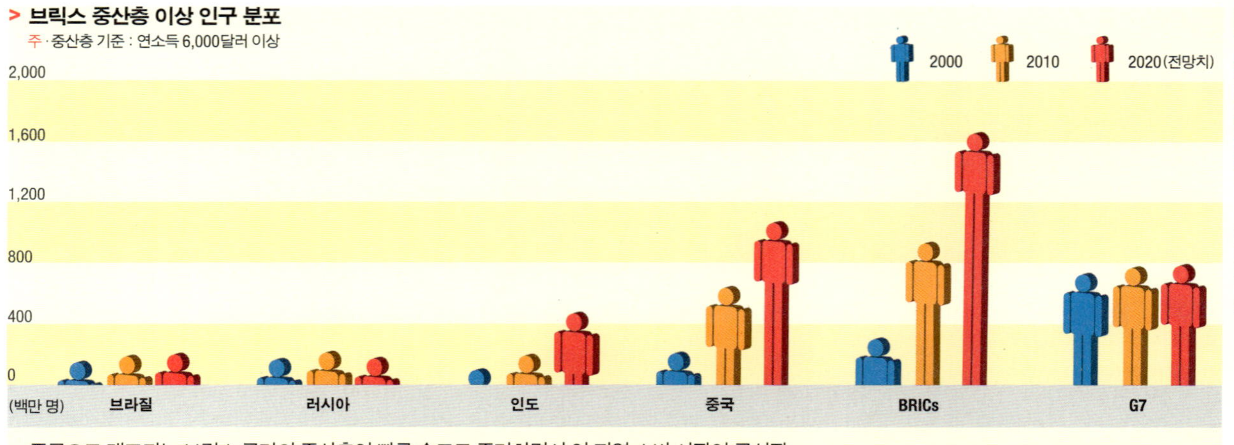

- 중국으로 대표되는 브릭스 국가의 중산층이 빠른 속도로 증가하면서 이 지역 소비 시장이 급성장.
- 브릭스의 연평균 소비증가율은 12.7%이고, 수입증가율은 17.9%를 상회할 전망.
- 대표적인 예로 브릭스에서 향후 10년간 자동차 소유대수가 2억6,000만 대 증가해, 글로벌 자동차 시장 기여도가 70%에 달할 것으로 전망.
- 브릭스에서도 중국의 소비 시장은 단연 독보적으로 성장함에 따라, 국내 상장 중국 기업의 성장성도 향후 매우 높을 것으로 전망됨.

> 중국 도시지역 근로자의 임금 추이

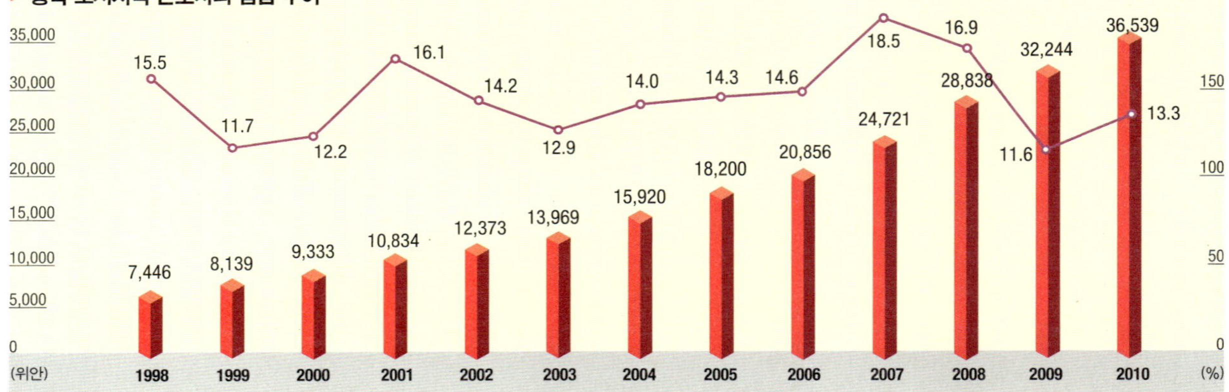

- 중국은 지금까지 저임금을 토대로 세계의 공장 역할을 해왔으나, 1998년(15.5%) 이래 임금 상승률이 13년째 10% 이상 고공행진 중임.
- 세계에서 가장 많은 근로자를 보유한 중국의 임금 상승률은 전 세계 소비 시장에 큰 파고를 가져올 만큼 막대한 영향력을 가짐.
- 특히 소비 시장의 주된 동인 역할을 하는 도시지역 근로자의 임금 상승은 제조 및 서비스 기업들의 실적에 절대적인 수혜 요인으로 작용함.
- 이러한 중국 경제 요인들은 차이나 디스카운트 현상에 몸살을 앓는 국내 상장 중국 기업들의 돌파구로 작용할 수 있음.

> 글로벌 은행 업계에서 중국 은행들의 지위

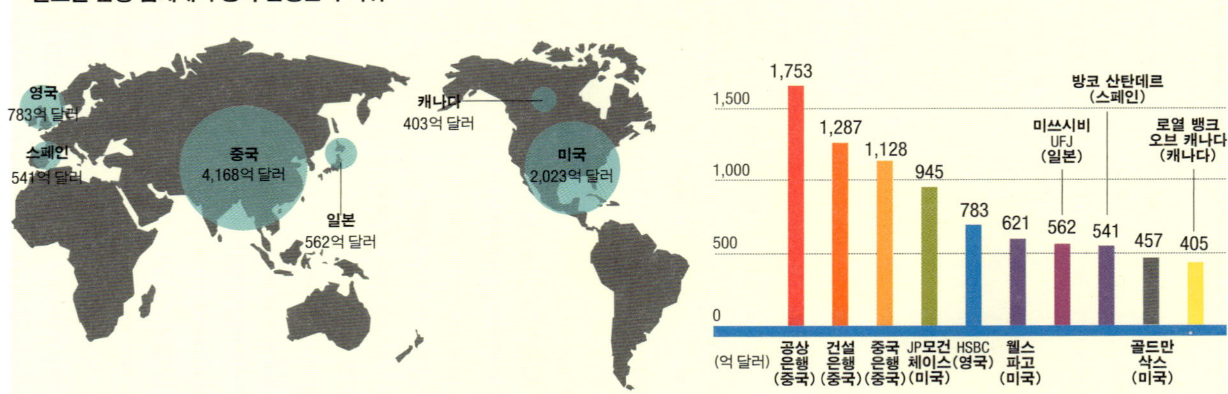

- 중국의 공상은행과 건설은행, 중국은행 등이 시가총액 기준 세계에서 가장 규모가 큰 은행 1~3위를 차지하고 있음.
- 중국인들의 엄청난 저축률에서 비롯한 중국 국영은행들의 규모 성장은 중국 내 도시 근로자들의 소득 증가와 재테크 인식 확산에 기인함.
- 추후 중국계 금융 회사들이 미국, 홍콩, 영국 등 전 세계 주요 증권가로의 진출이 급물살을 탈 것으로 전망됨에 따라 국내 증시로의 진입도 눈여겨볼 대목임.

중국식품포장

코스닥·IFRS연결

2012년 3월 결산 법인(1분기 실적)

매출액	440억 원
영업이익	30억 원
순이익	9억 원

투자 포인트
- 중국시장 금속 포장 용기 시장점유율 2위 영위, 2009년 코스닥 상장 후 생산능력 5배 증가.
- 자회사를 통해 음식료품 캔을 제조·공급하는 지주회사.

100%	하북가미인철제관유한공사
100%	형수가미인철제관유한공사
100%	사천화관식품유한공사
100%	임영가미인철제관유한공사
100%	추저우가미인철제관유한공사
51%	G&Y(HK) Limited

> **중국 1인당 GDP와 음료시장 규모**

차이나킹

코스닥·IFRS연결

2012년 6월 결산 법인(연간 실적)

매출액	2,366억 원
영업이익	951억 원
순이익	679억 원

투자 포인트
- 중국 건강식품 제조, 유통 업체.
- 중국 유일의 동충하초 유효 성분 추출 배합 기술 보유.
- 중국은 세계 2위 건강식품 소비국임.

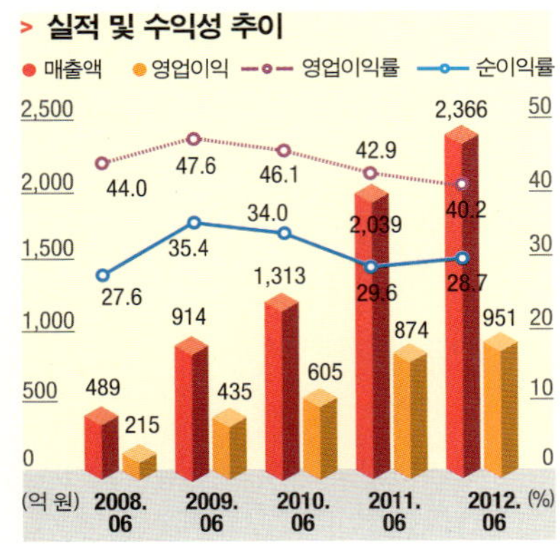
> **실적 및 수익성 추이**

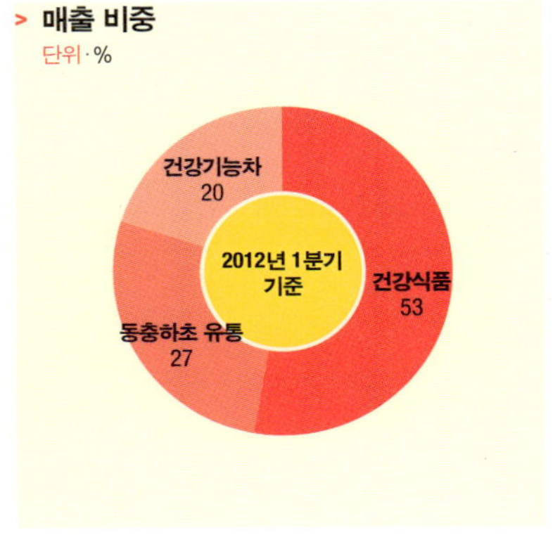
> **매출 비중**

완리

코스닥·IFRS연결

2012년 2분기 누계

매출액	1,041억 원
영업이익	220억 원
순이익	128억 원

투자 포인트
- 건축용 외벽타일 생산 전문 업체.
- 중국의 경제 발전으로 주택 공급 증가에 따른 외벽타일 수요 증가로 안정적인 성장 기록.

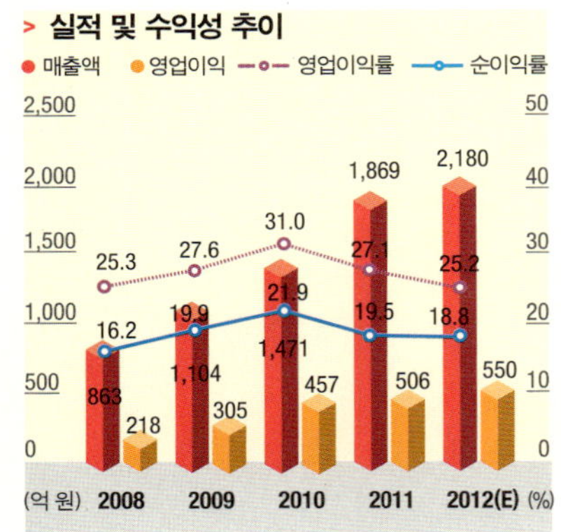
> **실적 및 수익성 추이**

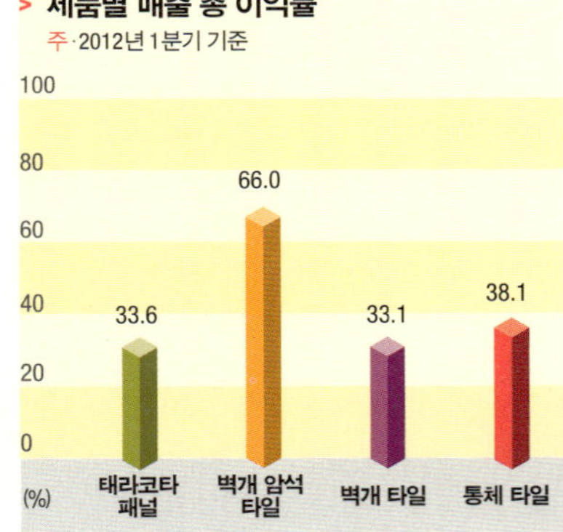
> **제품별 매출 총 이익률**

에스앤씨엔진그룹

코스닥·IFRS연결

2012년 2분기 누계

매출액	1,218억 원
영업이익	326억 원
순이익	261억 원

투자 포인트
- 모터사이클(매출 비중: 42%), 기어 및 부품(43%), 잔디깎기(15%) 제조 업체.
- 기어 부품 사업은 45% 이상의 높은 매출 총이익률 기록.

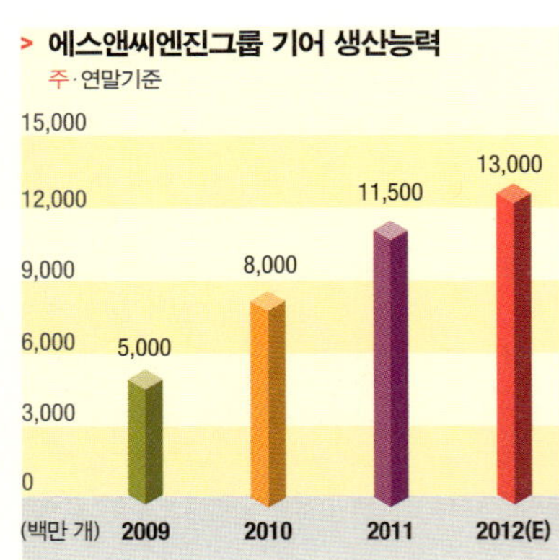
> **에스앤씨엔진그룹 기어 생산능력**

> **대표 제품인 잔디 깎기와 모터사이클**

이스트아시아홀딩스

코스닥 · IFRS연결

2012년 2분기 누계

매출액	745억 원
영업이익	113억 원
순이익	118억 원

투자 포인트

- 운동화와 운동복, 캐주얼 신발과 의류 생산 업체.
- 2,048개의 가맹점을 통해 'Qiuzhi(치우즈)' 라는 브랜드로 운동화 및 의류 판매.

> 실적 및 수익성 추이

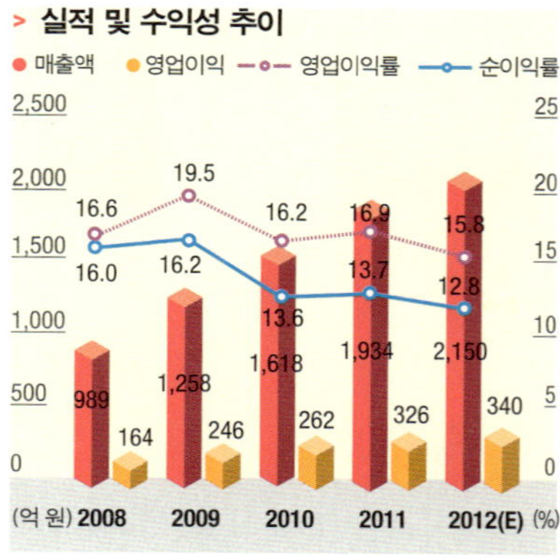

> 매출 비중

단위 · %

차이나그레이트

코스닥 · IFRS연결

2012년 2분기 누계

매출액	2,312억 원
영업이익	312억 원
순이익	233억 원

투자 포인트

- '워덩카(Worldcape)'라는 브랜드로 스포츠 신발 및 의류 생산.
- 스포츠 신발, 의류 매출 비중은 각각 72%, 26%로 전체 매출의 98% 이상을 차지.

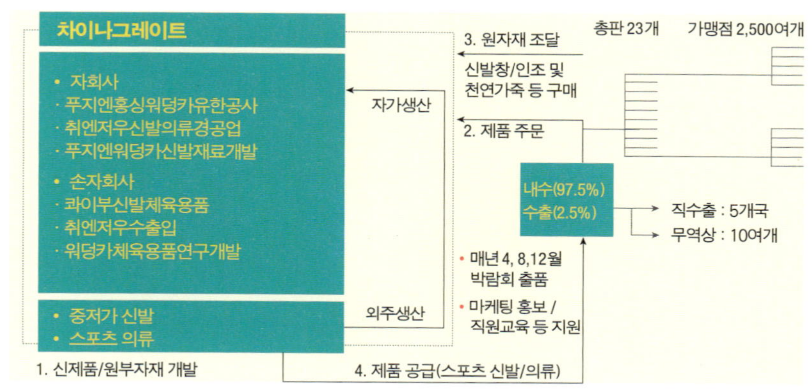

차이나하오란

코스닥 · IFRS연결

2012년 2분기 누계

매출액	2,461억 원
영업이익	129억 원
순이익	129억 원

투자 포인트

- 중국내 폐지 회수, 펄프 및 제지 생산 영위 업체.
- 폐지회수센터 개수를 2009년 7개에서 2010년 15개, 현재 19개로 확대.

> 부문별 매출액 비중 추이

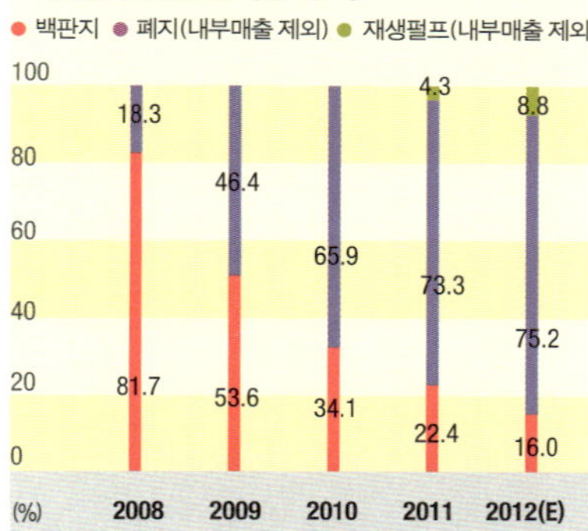

> 폐지 판매 가격과 매출 원가 추이

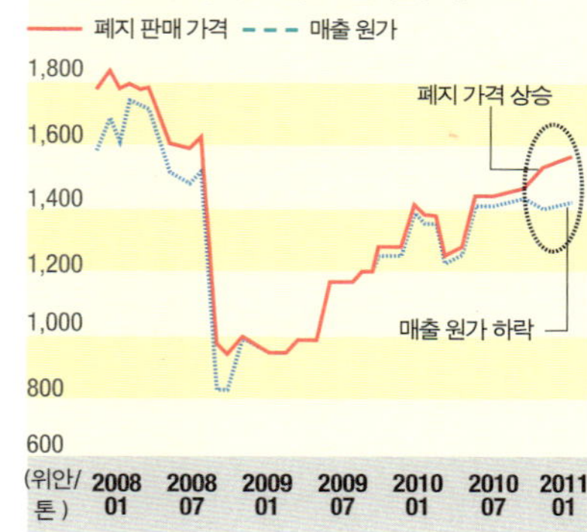

웨이포트

코스닥 · IFRS연결

2012년 2분기 누계

매출액	688억 원
영업이익	-56억 원
순이익	-57억 원

투자 포인트

- 원림공구류(매출 비중 82.4%)를 중심으로 제설기 등 각종 전동 공구, 제초기 생산.
- 2015년까지 중국 내수 비중(자체 브랜드) 30%까지 끌어올려 자생력 확대 계획.

> 제품별 매출 비중 | 단위 · %

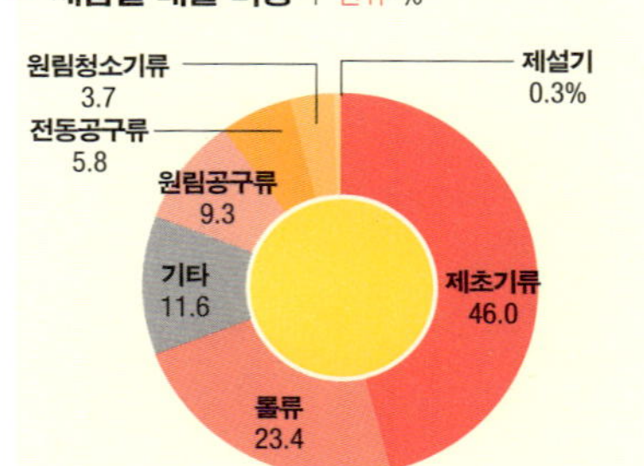

- 제품의 다양화로 고객 요구에 만족.
- 제초기류와 톱류 제품 약 70% 비중 차지.

> 지역별 매출 비중 | 단위 · %

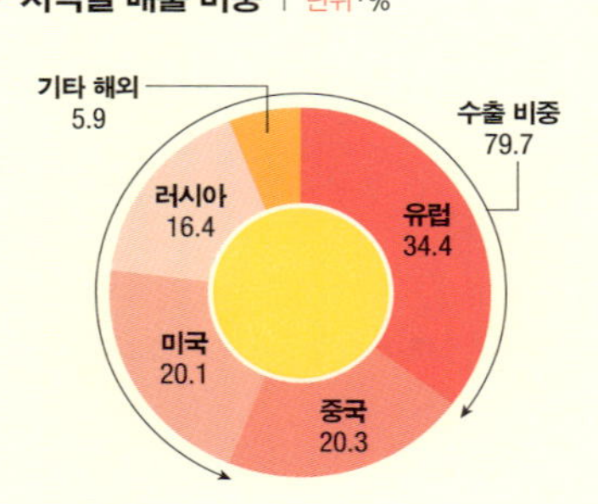

- 수출 비중 79.7%.
- 2012년 1분기 국내 내수판매 20.3%로 소폭 확대.
- 대부분 ODM과 OEM 형식으로 수출.

2013 스몰캡 업계지도

초판 1쇄 발행　2012년 12월 5일

지은이　　**우리투자증권 스몰몬스터팀**　ㅣ　정근해, 손세훈, 유진호, 김영옥, 김진성
　　　　　　이데일리　ㅣ　김상욱, 유재희, 정재웅, 김경민, 박형수, 김대웅, 임성영, 김상윤

발행인　　정숙경
기획·편집　이원범, 김은숙
마케팅　　안오영
홍보·프로모션　조아라

본문 디자인　신인수, 이승현
아이콘·일러스트　성수훈
표지 디자인　강선욱

펴낸곳　　어바웃어북　ㅣ　about a book
출판등록　2010년 12월 24일 제313-2010-377호
주소　　　서울시 마포구 서교동 394-25 동양한강트레벨 1507호
전화　　　**편집팀**　ㅣ　070-4232-6071, **마케팅팀**　ㅣ　070-4233-6070
팩스　　　02-335-6078

ISBN ㅣ 978-89-97382-14-9 13320

- 잘못된 책은 구입하신 서점에서 바꾸어 드립니다.
- 책값은 뒤표지에 있습니다.